农地经营权流转与农户承包权益保护

张应良 等／著

本书系国家社科基金重大项目《三权分置、农地流转与农户承包权益保护研究》(15ZDA023)研究成果。同时获得“西南大学人文社会科学优秀成果文库(2020)资助。

科学出版社
北京

内 容 简 介

本书研究农地经营权流转与农户承包权益保护问题。由理论分析、现实考察、问题诊断、权益诉求和政策设计五部分构成。理论分析包括文献梳理、研究框架、农地制度变迁、农地权利解构与权益重构。现实考察整体把握农地经营权流转与农户承包权益保护情况。问题诊断围绕土地收益权、土地控制权、土地发展权和土地福利权运用相关分析手段，揭示农户承包权益保护存在的问题。权益诉求描述农地经营权流转和农户承包权益保护基本面，开发测度工具测度农户承包权益受损情况。政策设计从农地流转现实情景出发，围绕土地收益权、控制权、发展权、福利权提出政策建议。

本书既可以为从事农业农村经济研究的学者提供研究参考，也可以为政府职能部门提供决策参考。

图书在版编目（CIP）数据

农地经营权流转与农户承包权益保护 / 张应良等著. —北京：科学出版社，2025.3

ISBN 978-7-03-078618-0

Ⅰ. ①农… Ⅱ. ①张… Ⅲ. ①农业用地－土地流转－研究－中国 ②农民－土地承包制－权益保护－研究－中国 Ⅳ. ①F321.1 ②D922.324

中国国家版本馆 CIP 数据核字（2024）第 109198 号

责任编辑：陶 璇 / 责任校对：姜丽策
责任印制：张 伟 / 封面设计：有道设计

科学出版社出版
北京东黄城根北街 16 号
邮政编码：100717
http://www.sciencep.com
北京建宏印刷有限公司印刷
科学出版社发行 各地新华书店经销

*

2025 年 3 月第 一 版 开本：720 × 1000 1/16
2025 年 3 月第一次印刷 印张：28
字数：565 000

定价：298.00 元

（如有印装质量问题，我社负责调换）

课题组核心成员

杨　丹　西南大学教授

周洪文　西南大学副教授

刘新智　西南大学教授

刘自敏　西南大学教授

孔　立　西南大学副教授

高　静　西南大学教授

尹朝静　西南大学副教授

齐皓天　西南大学副教授

黄胜忠　中国矿业大学教授

徐金海　扬州大学教授

文　婷　重庆电子科技职业大学副教授

徐亚东　西南大学副教授

龚燕玲　西南大学博士研究生

前言

本书以“立足现实—厘清问题—破除障碍—寻找对策”为旨意，构建“地权结构细分[①]—经营权流转—承包权益保护”的分析框架，聚焦“约束工商资本跨界、深化土地物权保护、关注农户承包权益、公平分配流转收益”等关键问题，按照“理论分析—现实考察—问题诊断—权益诉求—政策设计”的理论逻辑，聚焦研究地权结构细分框架下经营权流转过程中农户承包权益保护问题。

1. 基本内容

本书分为五篇，基本内容如下。

第一篇：理论分析。产权制度决定了生产要素的优化配置程度，农村土地产权制度是盘活土地资源、促进农村经济发展以及收入合理分配的基础。本篇基本内容主要有研究框架、理论分析、农地制度变迁、农地权利解构与权益构建。通过对现有文献的梳理发现：地权结构细分框架下，农地权利主体之间的权益关系需要重新厘清；通过对国内外农地制度变迁的梳理发现，农地制度发展中，要明晰农地权属关系，加大对工商资本的支持和监管，注重农村金融政策的创新。新中国成立以来，我国农地产权结构经历了“产权合一”“两权分离”“三权分置”三个阶段。随着农地权利结构变化，农地占有权、使用权、收益权、处置权等产权权能在农村集体经济组织和农户之间调整。“产权合一”阶段，农地制度促进了农村社会的公平发展和农业生产效率的提高。在农业集体化中后期，农地制度一定程度上损害了农民的劳动积极性。家庭联产承包责任制下的“两权分离”阶段，农地制度促进了土地资源合理配置，提高了农业生产效率。“三权分置”阶段，农业经济发展和农村社会公平得到协同推进。农地权利结构变化过程中，农地权利主体也经历了“一维主体—二维主体—三维主体”的演变过程。地权结构细分框架下，需要发挥所有权主体的发包权、调整权、收回权、监督协调权以及补偿权功能；保障承包权主体的土地收益权、土地控制权、土地发展权、土地福利权；保护经营权主体的耕作及收益权、交易及抵押权、补偿及优先流转权。

第二篇：现实考察。该篇主要通过田野调查、统计数据以及地方实践，采用统计描述、案例解析等方法，整体把握农地经营权流转与农户承包权益保护的概

---

① 2013年中央农村工作会议提出落实集体所有权、稳定农户承包权、放活土地经营权（简称“地权结构细分”）。

貌。首先，介绍了本书调研设计与实施情况，利用统计数据采用描述性分析，呈现了农地经营权流转的历史、全国态势与现状；其次，对农地经营权流转主要方式和模式进行总结，分析各种方式及模式的特征；再次，根据调研数据利用 IPA（important-performance analysis，重要性–表现程度分析）方法，客观分析农户承包权益受损情况；最后，通过实践案例，呈现农民专业合作社、土地股份合作社、农业共营制等农地经营权流转实践对农户承包权益保护的具体做法，以期得到有益经验借鉴。

第三篇：问题诊断。该篇从文献出发对农户承包权益进行探讨，明确农户承包权益基本内涵，将农户承包权益细分为农户土地收益权、农户土地控制权、农户土地发展权、农户土地福利权四类权益集束。继而围绕四大权益从定性分析、实证分析和案例分析角度研究农户承包权益保护问题。研究发现：流转的主观态度、流转价格、流转合同的规范程度影响到农户土地收益权；农户土地控制权意识、土地用途约定条款是否清晰、土地再流转的自由度等影响了农户土地控制权；农户从农村经济发展中的获益程度、土地经营权的融资功能发挥状况、发展权在农户之间的公平程度影响农户土地发展权；农户与业主短期利益冲突与否、政府在农地经营权流转市场上干预程度等影响农户土地福利权。

第四篇：权益诉求。在深入讨论理论基础、概念范畴、分析框架后，使用调研数据总结了农地经营权流转和农户承包权益保护等基本面上的情况，并详细归纳农地经营权流转与农户承包权益保护的相应模式。进一步从农地产权结构细分、农地经营权流转、农户承包权益保护等维度揭示当前存在的几类共性问题。该篇主要讨论农户承包权益诉求与现状，并开发农户承包权益受损测度工具，以测度农地经营权流转过程中农户承包权益受损的情况。在此基础上，进一步讨论农地双重委托代理及其权利主体之间的利益冲突，基于效率和公平的角度探究农地经营权流转过程中三维主体的利益分配，为农地经营权流转与农户承包权益保护的政策体系构建奠定理论与实证依据。

第五篇：政策设计。该篇从地权结构细分的现实问题出发，根据所有权、承包权、经营权之间的逻辑联系和关系强度，进一步梳理地权结构细分与农户承包权益保护之间的现实困境。抓住当前农户承包权益保护的主要矛盾，针对“落实集体所有权与稳定农户承包权”“放活土地经营权与稳定农户承包权”的矛盾冲突和现实困境，以保护农户承包权益为出发点和立足点，以“稳定农户承包权”为中心，围绕保障农户土地收益权、控制权、发展权、福利权提出政策建议。立足于第二轮土地承包延长三十年的政策初衷，将承包关系解构为主体、客体和载体，对不同元素在未来发展中的动态变化，对保持承包关系长期稳定的发展矛盾进行科学分析。根据乡村振兴战略的实施规划，以乡村振兴阶段性时间点为基准，划分出 2020 年至 2035 年、2035 年至 2050 年、2050 年至 2058 年三个时间段，分析承包关系主体、载体和客体的动态变化，辩证分析动态变化和保持稳定之间的关系，提出三种稳定类型的政策设计思路，构建以“地”为中心的“地—人—权”静态稳定（第一阶段）、以“人”为中心的“人—地—权”暂态稳定（第二阶段）、以“权”为中心的“权—人—地”动态稳定（第三阶段）。

2. 基本观点

本书遵循“保护什么—为何保护—如何保护—保护归宿”的逻辑线索，研究地权结构细分框架下、农地经营权流转过程中农户承包权益保护问题，旨在为各级政府完善农地产权结构细分、稳步推进农户承包权和经营权分离、保护承包农户基本权益的政策提供依据。主要观点如下。

（1）农户土地收益权、控制权、发展权和福利权，是农户承包权益的主要内容。土地收益权是指在农地经营权流转过程中，农户将土地经营权流转给其他主体，签订流转合同并依法取得经营收益，即凭借土地确权证，以租金、红利等形式从农地经营中分享的收益。土地控制权是指经营权流出，但农户作为承包权主体，有控制土地用途的权利、保护土地不被破坏或掠夺使用的义务。土地发展权是指土地利用随技术进步、物价变化，收益也会变化，契约的长短会影响农户基于土地增值收益的分享，从而影响其发展的权利。土地福利权是指承包农户基于土地享有的相应福利，诸如社会保障、就业机会等。由于缺少统一规范的土地承包经营权流转市场和农地经营权流转服务体系，农户在土地经营权流转过程中处于信息弱势地位，缺乏对农地经营权流转价格、土地供需、土地用途等方面的了解，致使农户承包权益受损。在土地权益保护过程中，农户作为土地的承包经营主体，拥有土地保护的权利与义务，提高其自身权益保护意识才能从根源上遏制权益受损。农村妇女土地权益的法律失范问题比较突出，在其土地权益维护过程中，地方政府、农村集体经济组织及农村妇女分别面临治理缺位、失位、失语的困境。应制定和完善农村妇女土地权益保护相关法律法规，提高农村妇女法律维权意识，为农村妇女提供更多的法律援助。对农户承包权益保护的讨论不能避开对经营业主权益的保护，经营业主权益的损失从长远来看不利于农户承包权益的实现。要保护农户承包权益应该综合考虑业主权益的保护。

（2）实证研究发现：在农地经营权流转中有59%的样本农户将农地经营权流转了出去，农地经营权流转数量与拥有土地的数量呈显著负相关，即拥有土地越多的农户流转土地的比率越低；农地经营权流转的自主权是实现农户土地收益权的根本保障，农户仅从农地经营权流转中就可获得约占总收入 1/4 的收入，农地经营权流转收入在农户收入中占有重要地位；农户流转土地的面积越多，规模越大，则越容易失去对土地的控制权，越容易产生纠纷。转出土地每增加 1 公顷，发生争执或纠纷的概率显著地上升 0.314%；农地经营权流转双方信息的充分程度、交易成本等，也影响纠纷的产生。农户了解业主流转土地的目的，比不了解时违约与纠纷出现的概率显著下降了 6.13%，将农地经营权流转给企业，则比流转给其他业主发生纠纷的概率显著下降 8.99%，土地在本村内流转以及跨村不跨镇流转，相比跨镇、县、省等其他流转，发生纠纷的概率分别下降 13.3%和 10%；农户自主流转及受其他干预较少的，发生农地经营权流转纠纷的概率则显著下降。农户主动参与农地经营权流转，比非主动参与土地流转时纠纷下降 10.1%。而村社对农户农地经营权流转意愿的干预程度，5 点量表得分每上升 1 分，纠纷发生的概率上升 1.75%；农地经营权流转从总体上较为明显地降低了违约和流转纠纷，确保了农地经营权流转的收益权。

（3）案例分析表明，不同的农地经营权流转方式和组织模式下，农地产权结构细分制度的设立，使得与农地相关的复杂产权体系及其交易系统趋于规范化，各相关主体的权益诉求出发点不同，但对于农业经营效率的提升和各类主体权益的保护，要求具备以下基本条件：第一，政府的力量不可或缺；第二，农村精英能够发挥至关重要的作用；第三，股份制与职业经理人结合是一个重要的创新方向。与此同时，也有问题不容忽视：第一，地方政府在样板项目上的大额补贴不具备推广价值；第二，农地经营权流转无法降低农产品成本，因为对于传统的大宗农产品生产，基于农地经营权流转的规模化经营降低成本的作用不足以抵消土地租金所引起的成本上升；第三，土地与农户的关系不止于经济利益，进一步的土地制度创新和改革必须重视维护农村集体经济组织成员权的相关问题。

（4）农地经营权流转实质就是以土地为纽带，以独立、平等的产权主体为前提的各利益主体相互作用、相互制衡又有机整合的利益均衡实现过程。农地经营权流转中存在以农户为中轴的双重委托代理关系。第一层委托与代理关系中的利益冲突表现为拥有土地所有权的农村集体经济组织和拥有农地承包经营权的农户在行使权利时引发的利益冲突。第二层委托与代理关系中的利益冲突主要表现为作为委托人的农户和作为代理人的经营业主在行使土地承包权与经营权时产生的利益冲突。交易信息的不对称、各权益主体利益目标的不一致、产权结构及其权能不清晰是三维权利主体间利益冲突形成的主要原因。农地经营权流转过程中，签订农地经营权流转合同是维护农民合法权益的最主要方式。在打破多方利益主体因存在利益冲突减少合作可能而过渡到合作博弈时，参与主体将在集体理性约束下共同扩大流转农地的增值价值，在个体理性约束下重新设计利益分配机制，并使得农户等弱势群体真正成为农地经营权流转和规模经营的积极参与者和真正受益者。

（5）基于“落实集体所有权与稳定经营权”的矛盾与协同，研究提出：一是要依据法理、政策和农业特性，设计“三益（所有权益、承包权益和经营权益）协同”的农地经营权流转总目标。二是要充分尊重市场规律和农户意愿，推动我国土地经营权流转长足有效发展。维护农户合法权益，把选择权交给农户，发挥其主动性和创造性。三是要坚持因地制宜，循序渐进，分类、分阶段推进。一方面，在充分认识农村土地制度改革的长期性和复杂性的基础上，由点及面展开，不操之过急，逐步将实践经验上升为制度安排；另一方面，要大胆创新，用足国家政策空间，遵循“非禁即可”的原则，借助乡村振兴的战略机遇，大胆设计区域性农地经营权流转具体办法和效果评价机制。四是要有农地经营权流转的大格局意识，不断拓展经营权价值实现的空间。科学灵活地运用“股份制”“共营制”“三变改革”等方式，围绕现代农业三产融合发展的产业布局，以农地经营权价值链管理为手段，因地制宜开展农地经营权价值实现方式的创新，不断拓展经营权的价值空间，实现价值的保值和增值。五是要强化业主社会责任，保障农户的福利权。各级政府不仅要从公共服务的角度加大农户社会保障，工商资本也要发挥其在农地经营权流转中的社会责任，推动和谐共生局面的形成。

（6）基于农地承包关系中主体、客体、载体的内涵与动态变化，研究提出：根据乡村振兴战略的目标规划和第二轮土地承包到期延长三十年的政策安排，可分为三个阶段。第一阶段：2020～2035 年。这一阶段覆盖了第二轮承包期到期前后的十年，属于第二轮承包期与延包期之间过渡期，这一阶段承包关系将从大体上继承现有的状态，地块界限变化范围有限，呈现出以“地”为中心的“地—人—权”静态稳定。这一阶段的主要政策目标是实现平稳过渡。第二阶段：2035～2050 年。这一阶段位于延包期中期，农业现代化和城镇化进一步推进，土地资源配置将进一步围绕生产效率、经济效率、生态效率协同发展的目标演进，实现家庭经营与现代农业的进一步有机融合。土地有形边界随生产要求逐步变化，“人地分离”现象越发明显，但个体承包关系依然存续，承包人身份稳定，承包关系由以“地”为核心转向以“人”为核心，承包权人因土地承包资格的延续而继续享有承包权利和权益，形成以“人”为中心的“人—地—权”暂态稳定。2050 年是乡村振兴战略的收官之年，这一阶段的政策目标是助推乡村振兴战略目标的顺利完成。第三阶段：2050～2058 年。2050 年后，乡村全面振兴，农业强、农村美、农民富全面实现，为农业农村的下一步发展奠定坚实的基础。人口自然变动与社会流动使得个体承包人身份失稳，建立在以“人”为中心的“人—地—权”稳定状态逐渐失去稳定基础。与此同时，土地的“用益物权”并不发生根本性的变化，尤其是在坚持农业生产导向的约束下，随着城乡二元体制的消除，土地的保障属性逐渐褪去，将进一步回归生产属性，“用益物权”的特征简单化、稳定化，可以支撑以“权”为中心的“权—人—地”稳定状态。土地承包经营权因农村基本经营制度稳定而存在，权利内涵边界和个体身份存在动态变化，这一稳定状态是一种“动态”稳定。这一阶段政策目标是进一步巩固乡村振兴的成果，对第二轮土地承包延长期之后的制度政策进行预判和试点。

3. 特色创新

（1）有关研究方法的特色与创新。本书对农户承包权益特别是农户承包权益保护问题的分析，采用了文献分析、定性分析、定量分析和案例分析等方法，整体上涵盖了相关研究内容分析的全部领域。围绕四类权益及其保护问题，通过文献分析梳理了现有的研究基础和前期成果，为后续研究奠定基础；通过定性分析将文献资料与调查资料有机结合，深入挖掘问题；通过定量分析，充分利用调查数据，在印证定性分析相关结论的基础上，提出了新的研究结论和观点；通过案例分析，既与前述研究形成了完整的研究整体，又弥补了相关研究的不足，并发现了新的问题，总结了新的规律。通过较为完整的分析而得出的一系列结论和提炼的若干观点，既是对既有研究的呼应、延展和补充，又在特有条件和背景下提出了研究异议和新的观点，形成了自身研究特色和亮点。

（2）有关研究视角的特色与创新。①现有研究对农地权利束因既定法律事实而发生的彼此分离未做深入剖析。也缺乏对农地权利分解后，各项权能在所有权人和其他利益相关者之间如何重新分配，以达到资源有效配置的相关研究。本书在农地制度变迁框架下，从产权权能角度对农地产权结构演变进行了分析；从农地权利的性质、农地权利承载的制度功能两个维度进行农地权利属性解构和剖析。并分别从公平和效率视角对农地权利承载的制度功能进行进一步分析，以丰富和拓展“农地权利解构”的研究视角。②基于哲学认识论，从主体、客体、载体来解构农村土地承包关系；根据三维元素的动态变化，论证承包关系动态变化的必然性，从稳定与变化之间的辩证统一关系来剖析“长久不变”。根据主体、客体和载体的变化规律和趋势，发现、分析、论证“稳定承包关系”的落脚点；在不同的时期，将形成静态、暂态和动态等不同形式的稳定承包关系，据此提出政策设计的逻辑思路。③基于结构主义方法论，将承包权益解构为收益权、控制权、发展权、福利权。基于农地产权结构细分的制度设计和现实困境，针对以往孤立视角重视单一权利诉求分析的不足之处，从权益整体视角，将“落实集体所有权、稳定农户承包权和放活土地经营权”的目标定位为多维度保护承包权益，从“所有权与承包权”和“承包权与经营权”的关系强度和权益冲突切入，实现所有权-承包权-经营权在分析视角上的统一，并据此提出政策建议。

（3）有关研究内容的特色与创新。①现有对农户承包权益的研究主要集中于农户承包权益受损表现和成因、农户承包权益保护路径。不同类型的农户对农地的权益诉求差异较大，将不同类型农户作为一个整体的研究方法会导致摸不准问题、查不清原因，以致诸多政策只能停在面上，落不到实处。在保护机制选择上，多是仅从农民单一主体寻求全面保护，并没有考虑多维主体间的利益博弈和协同。本书基于农地农业生产的使用价值和农地市场流转的交换价值，将承包权益构建为土地收益权、土地控制权、土地发展权和土地福利权四维权益。这将在“农村集体经济组织-承包农户-经营业主”三维主体权益构建研究方面有所突破，从而体现出研究内容的创新。②农户群体随着社会经济的发展在不断分化，对土地的价值认知和产权偏好都发生了改变，形成不同排序的权益诉求。纯农户最重视收益权和福利权中的养老保障，相对不看重控制权；兼业户最重视收益权，其次是发展权，相对不看重福利权；离农户最重视收益权，其次是发展权，对控制权和福利权相对不太看重。③相对于兼业户和离农户，纯农户对四项权益普遍更为重视。纯农户相对重视收益权、控制权和福利权；离农户相对重视发展权；兼业户对四项权益的看重比例介于纯农户和离农户之间。三种类型农户对发展权的看重程度按照离农程度依次提高，对收益权、控制权和福利权的看重程度按照离农程度依次降低。④农地经营权流转中存在的负面现象主要是农户的权益受到损害，表现在经济价值、社会价值和生态价值三个层面。经济价值层面主要是租金支付造成的经济发展权受损。租金的额度、支付方式以及支付的时间不同，会对农户权益造成不同的影响。由于农户组织化程度较低，在谈判中往往处于不利地位，从而导致其利益受损。社会价值层面主要是弱化土地的保障功能，损害了农户的社会福利。生态价值层面主要是放大农业的负外部性，损害了农户的生态权益。⑤依据样本数据计算出在现有土地租金水平下农户自愿的流转率，全国层面为 46.14%。而当前实际情况是中国农地经营权流转面积超过 35%，但是还没有到达理论值，表明当前中国农地经营权流转市场还有一定的空间。农地经营权流转实践中有基于损失整体补偿、基于损失部分补偿和基于阈值部分补偿三种补偿方案，不同补偿方案具有相应的优点和条件，各地选择不同的补偿方案将有助于推进当地的农地经营权流转。

4. 成果与不足

农村土地问题，博大而精深。而土地制度不仅仅是一个经济问题，还是一个社会问题，更可能是一个政治问题，关乎老百姓的基本生存，也关乎社会的长远发展，更关乎一个国家和民族的进步。理论研究层面，学术成果多如牛毛，本书只是从农地经营权流转视角下探讨农户承包权益保护问题，形成了一些观点和结论。但囿于多种原因，还存在进一步展开和完善的地方。总体来说，本书存在以下几个方面的不足。

（1）调研工作存在不足。由于经费、时间、能力的多重限制，本书的调查问卷涉及全国部分省区市，最终共收集有效问卷为 1030 份。一是有效样本量偏少，调研涉及 11 个省区市，每一个省区市的样本量为 100 份左右；二是样本的代表性不足，最初设计是农户与业主之间的对应，但实际很难做到，要么业主太少，农户流转土地没有选择余地，要么农户不在家，很难采集到与业主对应流转土地的农户。

（2）研究对象有些遗漏。本书开题过程中，专家提到研究农户承包权益状况，除了普遍意义上的“农民”之外，还应该有几类特殊情况，包括：农村孩子考上大学离开农村不转户的情况，父母随孩子进城一块儿生活不再或没有返回农村的情况，农村女孩嫁人但户口没有转走的情况，土地确权过程中因夫妇离婚而登记名字的情况，农村工业建设用地征收土地分配收益的情况，大片土地荒芜而业主不愿耕种又不放弃经营权的情况，等等，如此复杂的问题，直接切中权益保护具体问题。研究中虽然都有所涉及，但如果能够作为一个部分集中研究可能会更好。

（3）一些问题解决不好。本书设计的时候，企图解决的一个关键问题是“农户权益受损测度的量表开发”。权益受损是事实，有文献对特殊情境下、特殊群体的利益，采用科学的计量方法测算了农户相对于应得利益的损失。但这些从经济学视角、基于历史的测算并不能真实反映出农户土地承包经营权益的受损及其程度。基于此，本书拟将经营权从承包经营权中解构出来，进行农户承包权益受损量表的开发，该成果也在第 16 章被用于研究了“农户承包权益损益测度的工具开发与运用”，本书还试图立足农地经营权流转过程中农民权益受损实际，从实践中来，到实践中去，反复监测量表的科学性，以准确测度农户承包权益受损情况。但囿于调研问卷内容设计之初考虑不够，调研数据使用受限，最后用了现存数据库中的全国数据做了一个印证，得到了一个普遍意义上的农户承包权益损益结果，但与调研样本实际的匹配需要调研数据去验证，才能提出更加符合样本实际的防范农户承包权益受损的政策建议。

尽管受这些不足和局限的制约，课题组仍然遵循独立之精神、自由之思想、科学之原则尽最大努力完成了本书，期望该成果能起抛砖引玉的作用，开启新时代、新征程中农村土地制度问题研究的新局面。

目　录

第一篇　理论分析

第二篇　现实考察

第三篇　问题诊断

第五篇 政 策 设 计

第一篇　理论分析

〖内容摘要〗产权制度决定了生产要素的优化配置程度，农村土地产权制度是盘活土地资源、促进农村经济发展以及收入合理分配的基础。本篇内容有研究框架、理论分析、农地制度变迁、农地权利解构与权益构建。通过对现有文献的总结发现：地权结构细分框架下，农地权利主体之间的权益关系需要重新厘清；通过对国内外农地制度变迁的梳理发现，农地制度发展中，要明晰农地权属关系，加大对工商资本的支持和监管，注重农村金融政策的创新。新中国成立以来，我国的农地权利结构经历了“产权合一”“两权分离”“三权分置”三个阶段。随着农地权利结构变化，农地占有权、使用权、收益权、处置权等产权权能在集体和农户之间调整。“产权合一”阶段，农地制度促进了农村社会的公平发展和农业生产效率的提高。在农业集体化中后期，农地制度一定程度上损害了农民的劳动积极性。家庭联产承包责任制下的“两权分离”阶段，农地制度促进了土地资源合理配置，提高了农业生产效率。“三权分置”阶段，农业经济发展和农村社会公平得到协同推进。农地权利结构变化过程中，农地权利主体也经历了“一维主体—二维主体—三维主体”的演变过程。地权结构细分框架下，需要发挥所有权主体的发包权、调整权、收回权、监督协调权以及补偿权作用；保障承包权主体的土地收益权、土地控制权、土地发展权、土地福利权；保护经营权主体的耕作及收益权、交易及抵押权、补偿及优先流转权。

第 1 章　文 献 综 述

本书研究地权结构细分框架下、农地经营权流转过程中农户承包权益问题。研究问题分解为：如何明晰土地产权从而建构公平与效率兼顾的土地产权框架；如何界定农地经营权流转权利主体的责、权、利；如何创新农地经营权流转模式，提高农地经营权流转绩效，治理农地经营权流转中农村集体经济组织、承包农户和经营业主之间的权利关系；以及如何保护农户承包权益。基于以上研究问题，本书主要从土地制度变迁及农地产权安排、不同产权制度及主体权利安排，以及农地经营权流转与农户承包权益保护等三个维度进行文献梳理，以期在现有研究基础上做出边际贡献。

1.1　土地制度变迁及农地产权安排

本节主要梳理土地制度变迁及农地产权安排的相关研究，包括制度与产权的作用、不同国家土地制度变迁与产权安排和农地制度变迁绩效评价三个方面。

1.1.1　制度与产权的作用

制度对经济绩效的决定性作用引起诸多学者的关注（Coase，1937；North，1990）。制度提供了人类相互影响的框架，它们构成了一个社会，或者确切地说建立了一种经济秩序的合作与竞争关系（North，1990），经济行为对制度具有高度依赖性（Polanyi，1992）。Doucouliagos 和 Ali Ulubasoglu（2006）的研究表明，制度导致了各国间的人力资本积累、物质资本积累以及生产效率的差异；Assane 和 Grammy（2003）通过对制度变迁与经济增长之间的关系研究证明了制度质量越高，人均收入水平越高，间接说明地区经济增长水平也越高。对于中国经济体，柴华(2004)用制度作为劳动的弹性，得到了修改后的索洛均衡结论。杨友才(2008，2009，2010）将制度因素引入内生经济增长模型，说明了制度质量对经济增长有重要影响；庞东和杨灿（2006）使用邹氏检验也验证制度的阶段性调整会对经济周期造成较大的影响。

对于任何一个社会而言，制度的基础总是一组关于产权的法律规定，它规定了社会成员运用特定资产权利的范围（Libecap，1989；Eggertsson et al.，1990；

Alston et al.，1996）。有效率的产权结构是经济活力的源泉，保持经济组织的效率，最重要的是确立使个人收益率接近社会收益率的产权制度（North，1990）；有效的产权制度能够激励资源、要素的顺利流动，从而适应并不断扩大市场（Olson，1992）；清晰的产权界定是产权有效安排的前提，否则就会出现巴泽尔困境（Barzel，1982）——人们不顾法律限制争相攫取稀缺的经济资源和机会。某种意义上，产权的作用在于防止"破坏性竞争"，清楚界定和保护产权的本质，是用价格竞争代替其他方式的竞争（Alchian and Woodward，1987）。制度变迁能够从根本上促进社会进步，因此有学者提出了制度决定论。产权结构的无效率会导致市场效率低下，制度创新的根本点就是进行产权结构的创新。制度变迁是对内部力量或外部力量做出的反应（Pejovich，1992），实质上，制度变迁就是制度内生变量博弈的过程（Hayami and Aoki，1998）。成功的制度变迁可以从上而下促进政府治理结构变化，进而建立个人所有权，最终形成市场化的产权交易制度、降低交易成本、促进经济增长（Alston and Mueller，2008；Eggertsson，2003）。中国之所以在渐进式改革中取得了举世瞩目的成就，关键是制度变迁起到了重要作用，中国的家庭联产承包责任制和非公有制经济的成功已经证明了这个观点（Lin，1992；易纲等，2003）。

1.1.2 不同国家土地制度变迁与产权安排

不同国家土地制度变迁过程和产权安排差异性较大。在 20 世纪 90 年代开始的俄罗斯农村土地私有化进程中，不利的宏观经济环境和市场制度抑制了土地私有化（Wegren，2002）。与其他资本主义国家相比较，俄罗斯土地产权的中央集权和政府干预更多。与俄罗斯不同，英国实行的是土地保有制度，国家拥有土地所有权，个人拥有他项权及各种权益（土地保有权），土地产权制度中所有权与地产权归属于不同主体。另外，英国农地产权进一步分为自由保有（freehold）和租赁保有（leasehold）两类。法国的土地制度也是土地私有制，农民拥有农村的土地所有权，不同于英国的是，法国的农民拥有土地所有权，可以对土地进行买卖，将土地直接流转。而日本在建立农地私有产权的过程中，更加重视对于土地法权的建设，如土地登记制度、土地产权规定等，同时还特别注重土地产权的流转问题，增强土地的集中与有效配置（关谷俊作，2004）。美国的农地产权则以私有为主，产权边界清晰，政府控制征用权、管理规划权和征收足额土地税权，农地所有者拥有农地发展权，土地发展权转移（transfer of development right）和征购（purchase）是其主要的形式。总之，美国农地产权制度是建立在私有制基础上的市场运行机制，政府的主要作用就是进行市场化的管理，运行效率较高。印度的土地私有制是有面积限制的，规定每户均不能超过一定面积，但是从现实情况来看当前印度完全没有土地的农民占 25%，拥有半亩[①]以下土地和完全没有土地的农民家庭占 43%，可见，印度的农地产权制度极不完善（Besley and Burgess，2004）。越南于 1946 年废除了封建土地制度，将土地平均分给农民。

新中国成立以来中国农村土地制度变迁和农地产权安排主要经历了四个阶段：新中国成立初期的“产权合一”、集体化时期的“两权分离”、家庭联产承包责任制下的“两权分离”和家庭联产承包责任制下的“所有权、承包权和经营权三权分置”。

新中国成立初期的“产权合一”阶段主要包括 1949～1952 年的土地改革时期和 1953～1955 年农业互助合作的互助组、初级社时期。在土地改革时期，农地产权安排是农民私有、农民私营。1950 年《中华人民共和国土地改革法》（1987 年失效，简称《土地改革法》）明确提出“废除地主阶级封建剥削的土地所有制，实行农民的土地所有制”，为 1952 年的土地改革奠定了法律基础。土地私有制的产权制度设计保证了农民拥有“产权合一”的土地产权，实现了农村土地各项权益的高度统一，极大地激励了农民的生产积极性，使中国农村的生产力得到了很大解放（张光宏，2005；曲昊月和肖金波，2013）。土地私有化改革后，国家承认一切土地所有者自由经营、买卖及出租其土地的权利。在互助组、初级社时期，农地产权制度安排为农民私有、合作公营。1953 年 2 月 15 日，中共中央正式通过《关于农业生产互助合作的决议》，提倡农民组织起来，建立初级社。

集体化时期的“两权分离”阶段主要包括 1956～1961 年的高级社、人民公社时期和 1962～1978 年的集体化时期。在高级社、人民公社时期，农地产权制度安排是集体公有、公社公营。1956 年中国进入高级合作化时期，公有产权成为唯一的产权类型，初步实现从土地私有制到土地集体所有制的转变。1958 年人民公社化运动随着“大跃进”运动在全国范围进行，农地制度演变和产权变迁的主要特点是：土地所有权完全归集体所有，农民积极性降低，制度绩效进一步下降。有学者研究认为，这一阶段的劳动力监督成本相当高，大约有 10%～20%的时间用于监督（Dong and Dow，1993）。在集体化时期，农地产权制度安排是集体公有、生产队公营。1962 年 9 月，中共中央八届十中全会上通过的《农村人民公社工作条例（修正草案）》建立了“三级所有，队为基础”的基本制度，生产队拥有了土地所有权、使用权、收益权及有限的处置权。由于生产队是非人格化主体，使用权、收益权及有限的处置权与农户仍然存在关系，农户事实上拥有生产经营权，但法律层面不完善。在这种制度设计下，生产队财产的收益与损失对每个当事人都有强外部性，这一效应随着集体经济组织成员不断增加而加剧，这种制度不提供劳动激励规则，同时造成高劳动力监督成本，出现了劳动激励缺乏和经济效益低下的问题（林毅夫，1994）。

① 1 亩约等于 666.67 平方米。

现有文献对集体所有制初期的农地制度变迁和产权安排也做出了客观的评价。集体耕作制时期的全要素生产率不仅低于自愿合作化、合作化解体和家庭承包制时期，而且在长达 20 年的时间里，全要素生产率一直在低水平徘徊。Li 等(1998)强调土地剩余索取权对农户在集体土地与自留地上的农业生产决策产生显著影响，土地使用权的长期持有会激励节约型土地投资行为的产生。尽管村民能够平等地分享土地集体所有权，但对农地产权的稳定预期会因随村庄人口增长而进行的农地重新分配受到影响（Kung，2002）。在保持集体所有制不变的条件下，农地使用权租赁市场的发育能促进中国农业经济增长。

家庭联产承包责任制下的“两权分离”阶段主要包括 1979～1983 年“两权分离”确立时期、1984～1992 年“两权分离”完善时期和 1993～2013 年“两权分离”巩固时期。在“两权分离”确立时期，这一阶段土地制度变迁的特征，可以归结为从人民公社时期的集体拥有土地所有权和经营权，经历了不联产责任制→联产责任制→包产到组→包产到户→包干到户的各种过渡形态后，最后确立了土地的集体所有、农户家庭经营的基本形态，即“包干到户”的责任制形式使土地所有权和使用权真正得以分离，从而为家庭经营形式奠定了基础。这一阶段是土地产权分离的主要标志性阶段，但在这一阶段农民并不拥有土地自由转让权（冀县卿和钱忠好，2009）；家庭联产承包责任制成为生产的基本组织形式，成为 20 世纪八九十年代农村迅速发展的最重要原因（McMillan et al.，1989）。在“两权分离”完善时期，土地制度与产权制度的改革不断推进，农民逐渐可以转让部分农业用地。1984 年，中央一号文件明确提出，鼓励土地逐步向种田能手集中；中共中央《关于一九八四年农村工作的通知》本着“大稳定、小调整”原则，通过将土地承包期延长至 15 年以促进土地使用权流转、稳定制度安排、稳固土地承包关系。1986 年《中华人民共和国土地管理法》，以法律的形式确立了家庭联产承包责任制。1988 年，《中华人民共和国宪法修正案》规定“土地的使用权可以依照法律的规定转让”。在“两权分离”巩固时期，1993 年中共中央、国务院印发《关于当前农业和农村经济发展的若干政策措施》，进一步提出在原定的耕地承包期到期之后，再延长三十年不变，促进农户土地经营权的完整性。1998 年《中共中央关于农业和农村工作若干重大问题的决定》将以家庭承包经营为基础、统分结合的双层经营体制，确定为农村基本经营制度。分析土地承包期限的不断调整，其实质是承包经营权不断物权化的过程。农民在承包期内对土地拥有事实上排他的占有权，包括土地使用转让、转包、出租、入股和继承等处置权，以及剩余产品的收益权，对农民的农业生产产生了极大激励。2003 年施行的《中华人民共和国农村土地承包法》明确了农村土地承包的原则和程序、发包方和承包方的权利和义务、土地承包经营权的保护、承包合同的基本内容等，使承包经营权具有相对稳定的内涵。集体和农户成为农地产权主体的格局已经形成，承包经营权成为一种新型财产权。

家庭联产承包责任制下的“所有权、承包权和经营权三权分置”阶段主要包括第一次地方性探索时期和第二次全国性探索时期。在第一次地方性探索时期，政府“希望能通过赋予农民稳定的农地使用权来刺激农业投资和生产”，但不具备完善的法律制度，因此产权安排没有达到预期效果，尤其是大量农业用地转化为非农土地。20世纪90年代末，在家庭联产承包责任制制度框架下，为了发挥制度的激励作用，必须进一步进行产权改革。出现使用权（现指经营权）归农民所有，但是承包权可转让。尽管此时的所有权、承包权和经营权分离富有成效，但仍存在缺点和矛盾，表现为产权结构不清晰，使用权在交易中具有不确定性，进而产生较高的交易费用。在第二次全国性探索时期，伴随农业现代化的发展要求与农业规模化经营不断推进，农户承包土地的经营权流转明显加快，2014年《关于引导农村土地经营权有序流转发展农业适度规模经营的意见》要求“坚持农村土地集体所有权，稳定农户承包权，放活土地经营权”“健全土地承包经营权登记制度”“强化土地承包经营权物权保护”“推进土地承包经营权确权登记颁证工作”。这一意见的出台，强化了集体所有权、农户承包权和土地经营权之间的分离关系，不仅为农地经营权流转提供了有力的指导依据，更对农户的承包权利给予了肯定，使农地产权形式更为清晰。

1.1.3 农地制度变迁绩效评价

从研究内容看，大多数学者认为农地制度变迁具有积极的影响。李锦宏（1999）认为，农村土地制度的创新要在适应现有改革路径的基础上进行。张红宇（2002）认为，经过不同经济当事人“一致性同意”的土地制度变迁，促进农业生产要素的跨区流动与农村微观经济组织的改造。陈志刚和曲福田（2003，2006）认为农户对农地制度创新的需求存在异质性，经济发达地区的农民相比于收益权更加需要农地转让权和使用权；而经济欠发达地区的农户更加偏好于农地收益权和使用权，农地产权形式或农地产权结构通过其激励约束功能、外部性内部化以及资源优化配置效应等对主体的目标和行为产生影响，促使农地产权主体的相应行为向有利于增加产出、提高效率和降低成本等高绩效农业的方向发展。但也有少数学者持有不同观点，认为农地产权保护与经济增长之间存在负相关关系。

从研究方法来看，运用不同的研究方法对农地制度变迁绩效的评价也逐渐丰富。有学者应用博弈论和信息经济学模型对农地制度变迁绩效进行了数理分析。如钱忠好（2002）采用经济学理论和方法、比较静态方法对中国的农地制度进行论证。又比如陈志刚等（2007）利用委托代理模型研究表明，农地集体所有制的绩效在中国转型期间要优于私有产权和国有产权的绩效。再如孙圣民（2007）将游说和权力分配等因素引入土地产权制度变迁模型中，证明制度变迁路径的选择是农民、村社干部和中央政府的最优选择，即农地制度是有效率的。

此外，越来越多的学者使用计量模型来研究农地制度绩效。姚洋（1998）用此研究方法分析了农地制度变迁与农业经济增长之间的关系。但刘玉铭和刘伟（2007）用黑龙江垦区数据研究家庭联产承包责任制发现，家庭联产承包责任制阻碍规模经营、分工协作以及统一服务，进而无法促进生产力提高。许月明（2003）认为虽然不同时间的农地制度变迁的内涵和绩效不同，但是均推动了国家经济发展与社会进步。

1.2　不同产权制度及主体权利安排

本节主要梳理不同产权制度及主体权利安排，主要包括国外土地产权的相关研究和中国土地产权的相关研究两个方面。

1.2.1　国外土地产权相关研究

梳理国外关于土地产权的研究发现，国外土地呈现出区域性等特点，主要包括产权制度、权利价值实现、土地分权等方面。产权制度方面，财产税和农村土地价值增加了所有权的碎片化程度，但相对缺乏弹性，进一步调整财产税率可能降低私有制的负面影响；有学者以尼日利亚为例，分析得出农村土地所有权受到地理位置的影响，即具有空间特征（Goboin et al.，2001）；在发展中国家产权弱化迫使农民留守在农村，对此可通过明确权属关系促使农民向工业部门转移；针对苏格兰土地制度改革的情况，土地所有权社区所有制的制度设计，有利于人口、资源、社区三者之间长期协调发展（Hoffman，2013）。在柬埔寨，登记纸质档所有权的地块比其他地块具有更高的生产率和土地价值，但产权对获得信贷只有微弱的影响（Markussen，2008）；以东欧国家为例证，需要从法律层面解决土地价值持续利用问题（Pašakarnis et al.，2013）；农村土地公共价值的实现，离不开政府有效的政策支撑（Hodge and Adams，2014）。土地分权方面，埃塞俄比亚农村土地所有权与转让权相分离的数据表明，转让权可以加强投资行为（Deininger and Jin，2006）；非洲大陆的案例表明，土地分权化的成本很高，可以依赖传统权威进行管理。

1.2.2　中国土地产权相关研究

国内学者对现有土地所有制的制度设计建议有三种代表性的观点。一是主张农地国有化，实行国有农用、永佃经营；二是主张坚持和完善农村土地集体所有制，实行集体所有、家庭经营（党国英，1999）；三是主张农地私有化、农民私营，认为私有化可有效对抗权力、资本及其两者的结合对农民土地财产权利的侵蚀（迟福林，2002）。

主张农地产权归属国家所有的学者不在少数，但是其观点仍然存在一些差别。蔡昉（1987）认为应实行国家租赁制，即宣布全部土地归国家所有，国家建立土地经营管理部门，农民使用土地要向国家租用，农民按租赁合同规定向国家缴纳地租。安希伋等（1988）认为应实行国有永佃制，即土地所有权归国家，不允许私自买卖或转让，土地使用权应通过法律形式永佃给农民，政府不收地租，而是只征收统一地税。厉以宁（1989）认为应实行土地国有化之下的个人土地占有制度，即国家拥有农业土地的最终所有权，但是具体占有并使用土地的是微观经济单位。曲福田和马恒运（1989）最早提出“农地复合产权”，即国家占有产权主体的第一性，农民占有第二性。与其相似，钱忠好（1998）提出应设立农民个人所有制的农地复合所有制，按照“一级所有、两级经营”的目标模式进行。孙鹤（1999）认为国家必须对土地产权保持强有力的剩余控制权，同时农民可以无期限使用土地并进行土地的市场交易。然而秦晖（2000）认为农地产权改革的方向应当是加强国家和农户的权利，削弱社区、地方和基层组织的权利。徐汉明（2004）提出“农民土地持有产权”的概念，认为在坚持土地公有制及公有产权的前提下，给予农民农地使用权、收益权和处置权。李全伦（2007）认为国家依据投入的公共环境比较优势要素占有土地的间接产权，农户依据投入的农业经营管理才能相对优势要素拥有直接产权，明晰二者的共有关系。王万茂和臧俊梅（2006）认为应该将农地发展权（土地用途由农用地转为非农用地的不同用途使用的权利）收归国家所有。

集体土地所有制是国家探索最为深入并应用到实践中的土地制度，对人民公社体制下的农村集体所有制，在20世纪90年代林毅夫（1994）、陈剑波（1994）、党国英（1999）、周其仁（2002）等都做了深入的研究。在集体所有制和双层经营体制下，国内学者对产权的权属关系进行了深入探讨，结论不一。贾生华（1996）提出将农村集体所有制按土地利用类型分为乡镇集体所有和村（组）集体所有两个层次。刘燕萍等（1998）认为村集体土地所有权应该属村委会全体农民公共所有，包括占有、使用、收益、处置等一系列权能的完全所有权。韩俊（1999）、边学芳和吴群（2005）将最低的一级集体组织（村民小组，原生产队）作为土地集体产权的主体，但村民小组仍然受乡镇管辖。雷爱先（2001）认为要确定集体土地使用权的财产属性，以地租和税收作为集体土地收益的主要形式。李昌平（2003）认为中国没有土地私有化的制度条件，现有集体产权制度并不影响农村土地使用权的流转。吴克宁和马素兰（2005）认为农村集体经济组织是集体土地所有权归属的主要形式，村民小组是一种补充形式，应该予以保留。黄韬（2007）认为在加强集体土地产权的界定和保护的基础上，发展多种形式的集体产权，使农村在产权上与城市处于“均势”。温铁军（2008）指出中国农村政策的底线是不搞土地私有化，否则会造成大规模土地兼并，致使农民丧失土地，必然会造成社会动乱。

在集体所有制框架下，还出现了一些其他形式的权利安排，其中以股份合作制为主要形式，争议较大。股份合作制相当于重新建立了集体的土地产权关系，土地的支配权和处置权仍属于集体，但土地的占有权和收益权则通过股份分红属于集体和社员共同所有，由此建立集体和社员共享的土地产权制度。洪名勇（1998）认为在保持集体所有权不变的基础上，实行终极所有权、占有权和使用权的三元农地所有制的制度安排。金丽馥和卢学锋（2006）认为要强化收益权能，也要对劳动折价入股进行核算。

在农民所有制的框架下，周其仁（2002）认为村庄一级要分开政治和经济，农地所有权归属于农户而不是非人格的集体。杨晓达（2004）提出在长期稳定家庭联产承包责任制下，还给农户完整的农地产权，建立现代农地产权制度：农户所有、法律保护、市场配置、国家干预。姚允柱（2006）认为实行永佃制和永久承包，土地产权归属于农民并有法律保护。

1.3 农地经营权流转与农户承包权益保护

本节梳理农地经营权流转与农户承包权益保护的相关研究，主要包括农地经营权流转的影响因素、农地经营权流转效应研究、农户承包权益受损的表现和成因以及农户承包权益保护路径四个方面。

1.3.1 农地经营权流转的影响因素

农地经营权流转的影响因素，主要包括农地经营权流转的驱动因素、制约因素和其他因素三个方面。

对于农地经营权流转的驱动因素，吕晨光等（2013）认为，农地经营权流转的动机包括土地收益差异、机会成本差异、劳动者年龄和农村社会保障。王祎和伍崇辉（2015）以浙江湖州为研究对象，指出农村集体建设用地流转存在四个动因：城镇用地需求增长、利益追逐、追求级差地租和政策。赵佩（2016）研究指出农地经营权流转的积极动因包括农户的土地预期收益、土地规模经营效益及政府推动作用；同时，农户家庭非务农收入比重增加、土地的保障功能弱化也会促使农户将土地转出。

对于农地经营权流转的制约因素，Lohmar 等（2001）认为，农户所持有的土地承包经营权不完整以及土地产权的不稳定，导致农地经营权流转市场规模发展缓慢。过于频繁地调整土地，无法有效地保证土地产权的稳定性，制约了农地经营权流转市场的发育（田传浩和贾生华，2004；Brandt et al.，2004；Wang et al.，2015；Yan and Huo；2016；Deininger et al.，2017）。Bogaerts 等（2002）通过对中欧国家和地区农地交易的调查研究，认为过高的交易成本制约了农地交易。钱忠好（2002）认为土地产权残缺阻碍了农地经营权流转。刘文勇等（2013）则认为，信息不畅是阻碍农地经营权流转的主要问题。毛飞和孔祥智（2012）研究发现土地确权不到位、流转信息平台缺失、农户规模分散、基层政府激励不当增加了土地交易成本，进而限制了农地经营权流转。赵锐敏（2016）研究山区农村土地经营权流转问题，发现自然条件差、基础设施落后、农民转让意愿积极性不高、土地权属不清、市场机制不健全等因素制约山区农村土地经营权流转。王莹滢（2017）认为中国农村土地确权问题多，流转不规范；利益主体多元化，纠纷日益增多；农户心存顾虑，农地经营权流转市场不稳定因素多；监管缺失，农村土地经营权流转风险防范机制不健全四个因素阻碍农村土地经营权流转。此外，过低的流转租金、高风险的拖欠流转租金、流转后的社会保障风险、土地“非粮化”甚至“非农化”、土地硬化以及撂荒风险也显著抑制了农户土地转出意愿（陈振等，2018）。

对于影响农地经营权流转的一些其他因素，对农地经营权流转产生较大影响的还有经济发展水平和农村剩余劳动力转移程度（Yao，2000；Lohmar et al.，2001；Kung，2002；Brandt et al.，2002；Deininger and Jin，2005；Huang et al.，2012；Ji et al.，2018）。Muth（1961）运用计量模型实证分析，认为经济增长同农地经营权流转之间为正相关关系。Rozelle（1999）认为非农就业的较高收益促进农业劳动力流出进而促进农地经营权流转规模的扩大。农村社会保障体制不健全，没有解决农民的后顾之忧，进而影响了农地经营权流转（徐强，2011；屈学书，2014）。农户自身及家庭特征也是农地经营权流转的影响因素（赵晓秋和李后建，2009；张忠明和钱文荣，2014；王恒，2016；崔新蕾和吴丽娜，2018；耿飙等，2018）。具体而言，包宗顺等（2009）指出除了非农产业发展水平之外，劳动力文化素质、家庭收入（钱文荣，2002；郭嘉和吕世辰，2010；周春芳，2012；李昊等，2017）等因素也会影响农地经营权流转。牲畜数量与农地经营权流转规模密切相关，但是与年龄、教育程度的相关性不确定。拥有政治身份会降低土地经营权流转的概率（付振奇和陈淑云，2017）。此外，政府的政策如粮食直补（王亚等，2017）、新型农村合作医疗制度（张锦华等，2016）与政府信任（蒲实和袁威，2018）也影响农地经营权流转。

1.3.2 农地经营权流转效应研究

在农地经营权流转绩效方面，现有的研究比较一致地认为农地经营权流转带来的影响是积极的。张红宇（2002）指出中国农村土地制度变迁一直在实践“帕累托改进”。第一，农地经营权流转缓解了耕地细碎化带来的低效率（黄贤金等，2001；苏旭霞和王秀清，2002；van Dijk，2003），同时农地经营权流转能够使农民劳动生产率显著提升（冒佩华等，2015）。具体而言，相较于出租和反租倒包，股份合作制流转带来的经济绩效更大（岳意定和刘莉君，2010）。第二，农地经营权流转有助于实现规模经营，降低劳动成本（陈欣欣等，2000），而经营规模的扩大增加了农民收入。农户农地经营权流转不仅具有资源配置效应、边际产出拉平效应，还具有交易收益效应（姚洋，1998），而且具有改善农户家庭就业结构的作用（胡初枝等，2008）。第三，农村土地有序流转对农民收入的提高具有显著的正向影响（Deininger and Jin，2005，薛凤蕊等，2011；刘莉君，2013；贺书霞，2014；何一鸣等，2014；江怡，2012；刘银妹，2014；冒佩华和徐骥，2015；夏玉莲等，2017；匡远配和周丽，2018；张琳和冯开文，2017），但是对于转入户和转出户的影响不相同。农地经营权流转使转入户的家庭人均总收入和农业收入显著提高，且转入存在规模效应，即大规模转入的农户人均总收入的增加程度显著高于小规模转入农户。对于转出户，农地经营权流转对于转出户的收入水平没有显著影响，一方面的原因可能是农地经营权流转不规范、市场机制不完善，另一方面是由于农地经营权流转滞后于劳动力转移（杨子等，2017）。第四，农地经营权流转提高了粮食生产技术效率，且对粮食种植结构产生显著影响。例如，农户的土地转入行为能够有效提升粮食种植比例，农户的土地转出行为反而不利于种粮比例提高（钱龙等，2018）。

1.3.3　农户承包权益受损的表现和成因

在农户承包权益受损表现和成因方面，对于农户权益受损的表现，从侵害来源看，分为公权侵害和私权侵害。关于公权侵害，主要是指行政权力对农民权益的损害，其中所有权流转过程中的表现包括：土地征用的压低补偿、不到位补偿、补偿分配混乱等，农民无法获得征地应有的增值补偿（陆道平和钟伟军，2010）。关于私权侵害，主要是指农村基层组织对农民权益的损害，包括强制性地要求转让土地、不到位补偿、低标准补偿、组织腐败等（余新民和丁家钟，2004）。整体而言，土地征收对农民权益侵蚀最突出的是地方政府低价征收补偿标准和农民集体截留土地增值收益这两个层面上的侵害（高洁，2012）。

从侵害权益看，分为经济权益受损、政治权益受损和发展权益受损（兰世惠，2012）。现实中，具体表现有：吕彦彬和王富河（2004）研究了某山区的农地经营权流转情况，发现农户农地经营权流转过程中收入和效益都产生了较大的亏损；刘卫柏等（2012）认为农地经营权流转租金普遍不高且租期较长，价格的制定无法体现农地的内在价值，农户无法获得土地的增值收益，损害了农户的长远利益；

杨德宏（2006）对北京地区的农地经营权流转情况进行了调查分析，发现一些地方农地经营权流转收益较低，个别地方兑现农户农地经营权流转收益无保障；梁爽（2009）实证分析了河北省涿州市土地“非农化”过程中的增值收益情况，在农地经营权流转及城市化过程中，农民集体及个人要遭受极大部分的利益损失。

对于农户承包权益受损的成因，从产权视角分析，农户产权主体不清与身份模糊，必然“弱化”产权的排他性。同时，地方政府具有与农户谈判的信息优势和成本优势（罗必良，2011），从而使农户承包权益受损。从制度层面分析，制度因素是导致农户承包权益受损的重要因素。现行的征地制度将农村集体经济组织作为土地承包经营权的主体而进行征地补偿，忽视农户才是土地承包经营权的真正主体，导致补偿出现偏差（张先贵和王敏，2010）。权能缺失的农地所有权和土地承包经营权的制度安排存在损害农户权益的可能性（温世扬，2014；陈卫平和郭定文，2006；李钢，2009；柳萍，2015）。如集体土地的产权界定不清晰（郭玉田和李少华，2000）、国有与集体土地在财产权上的不对等（黄小虎，2002）、农地经营权流转制度的法律法规不健全（刘士宣，2009；蒙敬泽，2008；吴利生，2002）等使农户承包权益受损。从农地经营权流转实施层面分析，行政权导致对农户利益的损害（刘守英，2003；de Schutter，2010）。如地方政府以行政权力侵害农户的自主决策权，使土地承包经营权流转主体缺位（马茹萍和孙放，2009）或政府职能越位（王选庆和彭小辉，2007），过多参与农地经营权流转，使得农地经营权流转供求失衡、价格扭曲（李国祥，2013）；又如征地之后的监察力度不够（马晓茗和曾向阳，2002）。从农户自身来看，小农意识以及对外侵害一味忍耐的习惯等在一定程度上是农户承包权益受损的主观因素（李韶杰和万桃涛，2010）。

1.3.4 农户承包权益保护路径

在农户承包权益保护路径方面，保护农户的承包权益应该建立完整的制度体系，其中包括产权、市场、管理和法律方面的制度（冯秀萍和林翊，2010）。从本质上来看，要完善农户土地产权进而建立可以保障农户权益的农地经营权流转制度，而不是将土地产权私有化（Chen and Yang，2014）。理论上，学界主张从产权视角入手设计农户承包权益保护的机制。李明和周庆祝（2012）提出弱化土地所有权问题，同时明确农户与集体的权利、完善土地权能和农地经营权流转市场化机制，建立多重社会保障制度。何一鸣等（2014）提出通过土地产权的合法性、行为性与合理性三者的融合降低产权主体在土地用途选择上的交易费用，进而提高主体在土地配置上的潜在净收益，才能有效保障农户权益。衡爱民（2016）认为基于土地发展权来保护农户的权益是大势所趋。张安毅（2015）主张把集体财产所有权中更多的权能直接赋予农户，同时将农民在集体财产中的收益分配权与户籍脱离。陈红岩和尹奎杰（2012）提出从权利思维方式出发讨论农户承包权益保护要注意两点：一是把握中国农村法律体系的发展规律与方向，二是注重权利主体的角色和地位的平等性。史卫民（2012）认为农户承包权益保护的前提在于健全法律法规。农户承包权益保护需要法律制度作为支撑（李长健，2005）。赵淑兰（2016）提出让社会工作介入征地过程，积极维护农户权益。也有学者从博弈均衡理论的角度分析了集体建设用地流转与农户承包权益保护（刘双良等，2009）。

除此之外，在征地过程中，学界认为应明确界定“公共利益”内涵，限定征地范围（Munch，1976），且对征用的土地给予合理补偿（Larbi et al.，2004）。补偿原则应该从“不完全补偿”改为“相当补偿”（薛继斌等，2003）、“完全补偿”（诸培新，2005）、“对等补偿”（高珊和徐元明，2005），补偿方式从一次性补偿变为可持续补偿（张时飞等，2004）；补偿的内容应该包括直接受损和间接受损（梁亚荣，2004），最重要的是提高补偿标准（李炯和邱源惠，2002；周诚，2003；葛永明，2002；张汝立，2004）。在集体土地经营权流转过程中，重点保护农民的土地财产权（王民忠，2002；胡玉贤，2003），明晰土地产权关系（吴丽梅，2004；王延强和陈利根，2008），提高农民组织化程度，建设农村社区组织（刘水林，2010；李长健和伍文辉，2006），甚至建立农民工会组织（张富良，2006），重视农民利益需求的真实反馈，完善农民利益表达的制度化、法治化途径（刘思阳和张丹，2014）。

1.4 研究评述

1.4.1 对土地制度与产权安排研究成果及观点的分析评价

土地成为发展的工具和动力，土地制度的变迁一直未停止过。中国的土地制度变迁受制于制度约束和目标制约，变迁的效率与公平博弈极难协调。新中国成立以来，中国土地制度从土地农民私有制权属关系清晰，到集体化时期产权边界模糊不清，再到家庭联产承包责任制下的权属关系逐渐明晰，经历了“产权合一”“两权分离”“所有权、承包权和经营权三权分置”的演进逻辑和历史脉络。在此期间，学者对土地制度也进行了广泛而深入的研究，主要包括：土地制度变迁过程中，产权主体的变化、制度变迁的绩效、土地制度变迁与经济发展的关系以及土地权属关系变化对农民造成的影响等方面。中国农村土地问题涉及主体较多而复杂，因此，现有文献也存在以下研究不足。

一是权利主体界定虽然逐渐清晰，但产权对应的主体权益依然模糊，在地权结构细分框架下，权利主体之间的权益关系需要重新厘清。

二是土地制度效率研究中，多倾向于理论上的定性研究，研究方法和研究视角略显单调，且缺乏事实依据，关于制度效率的定量研究也较为匮乏，而中国土地制度的优越性可能更多地体现在农村土地的增值和权益分配公平，以实现农村土地的保障功能，因此，本书尝试从此视角讨论土地制度的效率问题。

三是尽管学者对中国土地集体所有制显现出的制度优势予以肯定，但随着土地流转市场的健全和现代农业规模化经营的需要，土地权利主体呈现多样化趋势，而现有研究对不同土地主体的角色定位和权利关系，以及在土地增值中的权益角逐等问题关注不足，这是本书亟须突破的重点和难点。

1.4.2　对农地经营权流转与农户承包权益保护研究成果及观点的分析评价

现有文献对农地经营权流转更多的关注在于农地经营权流转的影响因素和农地经营权流转的绩效，较少考虑农地经营权流转过程中各主体权利的损害和保护，更没有构建农地经营权流转下农户承包权益保护的研究框架。现有文献对农户承包权益的侵害和保护研究主要集中在特殊时期（固定资产高速投资时期）、特殊的非市场环境下（通过土地征收、征用获得农业用地）以及特殊群体（失地农民等），损害的原因集中在产权不清、农民弱势地位、制度不完善等方面。在农户的权益损害计量上，基于未来的考虑较少，对农户的公民性权益和城乡居民公共服务均等化的考虑不足，且区域之间可比性较差；同时，在已有研究中，对目前经济发展新常态下，农村经营体系创新、现代农业发展、农业劳动力大规模转移背景下的情形考虑不足。在保护机制选择上，多是仅从农民单一主体寻求全面保护考虑，并没有考虑多维主体间的利益博弈和协同；在保护主体的选择上，多倾向于寻求非农户的力量，如政府的财政支持、政策引导，或者是企业的经济性补偿，对调动农户自身的力量进行主动性保护的研究较少。在研究方法上，案例研究、全国性的面上研究较少，统计研究居多，博弈研究较少。

第 2 章　绪　　论

2.1　选题背景及意义

2.1.1　选题背景

市场经济体制下产权制度对经济发展的贡献度超过了资源禀赋，产权制度决定了生产要素的优化配置程度（North，1990）。要想使中国新兴市场经济持续发展，必须保持可转让土地的使用权稳定。改革开放至今实施的农地所有权与承包经营权“两权分离”使中国成功摆脱了贫困（Lin，1992），如今进入新型城镇化高速发展期，人地分离带来了实际上的土地承包权与经营权的分离。应理论与实践的推动，2013 年中央农村工作会议提出落实集体所有权、稳定农户承包权、放活土地经营权；2014 年中央一号文件再次予以明确，至此农地地权结构细分的格局逐渐清晰。这是中国农地产权制度的重大创新，被称为中国农村经营制度上的第三次变革（叶兴庆，2014；张红宇，2002）。

2017 年中央一号文件明确指出落实农村土地集体所有权、农户承包权、土地经营权“三权分置”①办法。党的十九大报告再次表明要深化农村土地制度改革，完善承包地“三权”分置制度，同时明确指出保持土地承包关系稳定并长久不变，第二轮土地承包到期后再延长三十年②。党的二十大报告指出，深化农村土地制度改革，赋予农民更加充分的财产权益。保障进城落户农民合法土地权益，鼓励依法自愿有偿转让③。由此，中国农地经营权流转持续推进，农地经营权流转规模已经从 2007 年的 6400 万亩增加到 2016 年的 4.71 亿亩，2016 年的流转面积占比也达到了 35.1%④。然而农地经营权流转持续推进的背后涌现出的土地“非农化”“非粮化”现象严重，农户利益受损、资源配置低效、权力腐败滋生等乱象丛生，探究其根源，主要在于土地产权制度不完善。

---

① 政策文件中所提的“三权分置”是指落实集体所有权、稳定农户承包权和放活土地经营权。

② 《习近平：决胜全面建成小康社会 夺取新时代中国特色社会主义伟大胜利——在中国共产党第十九次全国代表大会上的报告》，https://www.gov.cn/zhuanti/2017-10/27/content_5234876.htm[2017-10-27]。

③ 《习近平：高举中国特色社会主义伟大旗帜 为全面建设社会主义现代化国家而团结奋斗——在中国共产党第二十次全国代表大会上的报告》，https://www.gov.cn/xinwen/2022-10/25/content_5721685.htm[2022-10-25]。

④ 《2017 年中国家庭土地流转面积、家庭承包耕地流转去向分析》，http://chinaidr.com/tradenews/2017-11/116292.html[2023-07-31]。

新的历史时期，在农村地权结构细分框架下，如何明晰土地产权，建构兼备公平与效率的土地产权框架？如何界定农地经营权流转权利主体的责、权、利？如何创新农地经营权流转模式，提高农地经营权流转绩效，治理农地经营权流转中农村集体经济组织、承包农户和经营业主之间的权利关系？如何引导、解决农户承包权益受损？这些问题亟待厘清和解决。在新的历史时期，本书在地权结构细分的制度框架下，研究土地权利解构和主体权益构建，构建效率与公平的农地产权框架；研究农地经营权流转过程中农户承包权益受损现状、原因，探索土地确权登记的多维效应，提炼本书的科学问题；研究农地三维权益主体的利益博弈角力和可能均衡，引导利益主体从不合作走向合作，创新农地经营权流转模式，提升农地经营权流转绩效，建立利益共同体联盟；研究农地经营权流转中农户权益保护的机制和体制需求，尝试以农户承包权益保护为中轴、多维利益主体协同的保护路径；研究“促进农地经营权流转与农户承包权益保护”协同推进的要素支持与制度框架。进而，为破解“三农”困境、推进现代农业发展、全面建设社会主义现代化国家等国家重大发展战略目标提供理论依据、实践模式和决策参考。本书问题的提出主要基于以下背景。

1. 发展农村经济是全面建设社会主义现代化国家的关键

小康不小康，关键看老乡，提高农民收入、实现共同富裕是全面建设社会主义现代化国家的重要一环。新的历史时期，中国发展不平衡不充分问题在乡村最为突出；农村青壮年劳动力外流冲击着传统的农业生产方式，导致了大量空心村的出现，带来了社会治理的新挑战；农村人口老龄化加速、传统家庭结构变化，使得社会化服务体系和社会保障制度的构建与完善变得迫切；市场化和城镇化的快速推进，需要农业生产经营方式以及农村土地制度做出改变；大规模化肥农药的使用以及消费模式的变化，导致农村生态环境和生活环境的局部恶化。这些新问题的出现，使得农村既有的问题更为复杂，要解决这些问题，必须坚持发展现代农业、推进公共资源均衡配置、健全城乡发展一体化体制机制，缩小城乡居民收入差距，转变低效率的经济发展方式。要依靠农民的主体作用和首创精神，鼓励农民创新、创业，建设充满活力、生态文明、城乡和谐的农村经济发展新常态，进而建成社会和谐稳定、国家繁荣富强、人民幸福安康的社会主义现代化国家。

2. 加快农村土地流转是发展现代农村经济的基础

没有农业农村的现代化，就没有国家的现代化。发展现代农村经济是实施乡村振兴战略的题中之义。在现代市场经济条件下，是否优化配置生产要素在一定程度上决定了一个地区的经济发达程度和发展速度。土地作为最直接、最重要的生产要素，必须在流转中创造价值。农地经营权流转可以解决土地经营细碎化的低效率问题，能够显著提高农业适度规模经营的生产效率；农地经营权流转能够实现现代农业发展中大型机械、农业科技对土地规模化的载体要求，引导农民采用新技术，实现农业的集约化生产；农地经营权流转能够有效培育新型农业经营主体，通过农业生产组织模式创新来完善农村经济发展中的市场机制作用，发挥价格的资源配置作用，提高农产品的市场价值，同时满足消费者对安全、可追溯食品的要求。因此，可以说农地经营权流转是现代农业发展的内在要求，是促进农村生产力发展的客观要求，也是农村经济市场化推进的结果。同时，快速的城镇化进程，城乡二元结构带来的人地分离，提供了农地经营权流转的社会基础。

3. 农地产权改革是加快土地流转的制度保障

传统的二元经济在中国不同地区分别达到或接近了刘易斯转折点，2018 年末中国常住人口城镇化率为 59.58%[①]，户籍人口城镇化率为 43.37%。农村剩余劳动力大量涌入城市奠定了农地经营权流转的宏观经济基础；耕地细碎化、种地老龄化导致的农地资源配置效率低下促发了农地经营权流转的微观经济引力。但目前农地经营权流转存在问题较多：流转过程中，乡镇政府、村两委和经营业主主导着农地经营权流转市场，而农民处于弱势地位；流转后耕地质量破坏严重，土地沙化、板结、重金属污染严重。究其原因，农地产权边界不清、权属关系复杂制约了农地经营权流转的可能性和效率（林文声和罗必良，2015）。市场经济在农村的深化与农地产权边界模糊性之间的冲突导致农地经营权流转低效、无序，尤其是承包经营权的权能界定依然不清晰，导致权利“公共域”的存在，引起当事人的利益博弈和侵权行为发生，以致土地配置低效率（钱忠好，2002）。

2013 年中央农村工作会议、2014 年中央一号文件明确提出了落实集体所有权、稳定农户承包权、放活土地经营权，拉开了中国土地产权改革的序幕。党的十八大提出发展多种形式规模经营[②]，十八届三中全会进一步提出，鼓励承包经营权在公开市场上向专业大户、家庭农场、农民合作社、农业企业流转，发展多种形式规模经营[③]。2014 年 11 月，中共中央办公厅、国务院办公厅印发了《关于引导农村土地经营权有序流转发展农业适度规模经营的意见》，强调“坚持农村土地集体所有，实现所有权、承包权和经营权三权分置，引导土地经营权有序流转，坚持家庭经营的基础性地位，积极培育新型经营主体，发展多种形式的适度规模

① 《2018 年末我国常住人口城镇化率达到 59.58%》，http://www.ce.cn/xwzx/gnsz/gdxw/201908/15/t20190815_32922397.shtml[2023-7-31]。

② 《中共中央关于全面深化改革若干重大问题的决定》，https://news.12371.cn/2013/11/15/ARTI1384512952195442.shtml[2013-11-12]。

③ 《胡锦涛在中国共产党第十八次全国代表大会上的报告》，https://www.12371.cn/2012/11/17/ARTI1353154601465336_all.shtml[2012-11-08]。

经营，巩固和完善农村基本经营制度”。党的十九大报告再次表明要深化农村土地制度改革，完善承包地“三权”分置制度①。持续的农地产权改革的制度文件是加快农地经营权流转的制度保障。

4. 保护农户权益是农地产权制度改革的前提

经济组织中自由进入和退出是支撑所有关于市场效率证明的一个重要假定，而目前中国进城农民工普遍出现“离土不离乡”“弃农不弃耕”的现象，其原因主要是缺少退出机制，这对农地产权制度提出了挑战。同时，中国目前“半开放式”的户籍制度和城市管理体制仍然是迁移劳动力永久性转移的制约因素（蔡昉，1987）；社会保障缺失使得他们难以切断与土地的联系，农村人口不能实现真正迁移，不仅使得迁移人口无法融入城市生活，也难以解决留守农村人口扩大农业经营规模的问题，农村土地内部产权缺乏稳定使得农民工等外出务工经商者的“离土”机制难以启动。农村改革要从实际出发，试点先行，切实尊重农民意愿，坚决维护农民合法权益。因此，保护农户承包权益，建立合适的农地退出机制，提高土地之于农户的财产权益、发展权益，拓展创新户籍制度、财税制度的联动机制，是推进农地产权制度改革的前提。

2.1.2 研究意义

本书的现实意义在于通过研究，力求在地权结构细分框架下，实现土地资源生产要素价值挖掘和国家粮食安全战略的协同；创新农地经营权流转模式，提升农地经营权流转绩效，构建土地权益增值的均衡分配与农户承包权益保护的机制与体制；丰富和发展中国产权制度、土地制度、农村经济发展理论体系，这对推进城乡居民基本权益平等化、城乡公共服务均等化、城乡居民收入均衡化、城乡要素配置合理化以及城乡产业发展融合化的高水平城乡融合发展意义深远。在城乡一体化和新型城镇化背景下，研究农民基于对土地功能和价值的认知，进而对农户承包权的权益诉求的差异，明确农户承包权益现状，开发农户承包权益受损工具，有助于对当前农地经营权流转过程中农户承包权益保护存在的问题进行诊断，并结合农户承包权益诉求探寻地权结构细分框架下农地经营权流转过程中农户承包权益保护的路径，为地方政府化解城乡矛盾、主体矛盾、推进城乡融合和国家经济社会顺利转型提升决策水平。

本书的学术意义在于基于产权经济学视角，着眼于产权经济学、制度经济学、管理学中的委托-代理理论、制度变迁理论、利益相关者理论等理论基础，研究中

① 《习近平：决胜全面建成小康社会 夺取新时代中国特色社会主义伟大胜利——在中国共产党第十九次全国代表大会上的报告》，https://www.gov.cn/zhuanti/2017-10/27/content_5234876.htm[2017-10-27]。

国农地制度从一权到两权，再到三权演变的时序转折、时代特征，并评价制度变迁绩效，依此研究、判断未来可能的发展趋势，以丰富和发展中国农地制度理论，为农村全面深化改革的制度需求和制度设计提供可能的理论架构。同时，采用历史归纳法和对比研究法，梳理土地制度变迁—农地经营权流转—权利主体权益变化的对应关系；探索“地权结构细分—农地经营权流转—农户承包权益保护”的内在演进逻辑，为构建保护农民权益、发展农业经济、推动城乡融合、实现中国经济社会顺利转型的理论体系，拓展新的研究范式。此外，基于博弈视域，研究地权结构细分框架下，农地经营权流转模式的创新过程中，土地资源要素的配置效率和价值增值，研究不同权益主体的博弈角力和博弈阈值，探索博弈均衡条件下产权配置的效应，以及均衡条件下的制度需求，将丰富和拓展“农地经营权流转与农户承包权益保护”的研究内容和研究视角。

本书的政策意义在于遵循中国土地制度变迁的历史沿革，界定地权结构细分框架下，不同土地权利主体的权益内涵和外延，明晰土地产权权属边界，奠定农地经营权流转、产权交易的制度基础，有利于实现农地经营权流转过程中，土地作为生产要素的市场价值挖掘和回归、非市场要素领域的社会保障价值延续和生态价值保护；凸显社会主义市场经济条件下，农地产权制度的主体平等性、权益保障公正性、产权交易程序性、制度安排开放性等价值内涵。为党和政府推进土地产权制度改革提供科学决策依据，为地方政府制定以农户承包权益保护为中轴、协同不同主体利益均衡的政策和制度安排提供有益参考，坚持 2018 年中央一号文件提出的农户承包权益保护的宗旨，切实践行党的十九大报告和二十大报告提出的乡村振兴战略①，加快推进农业农村现代化。

2.2 研究内容及思路

2.2.1 研究内容

农地资源的稀缺性要求我们必须实现农地资源的有效配置与合理利用。地权结构细分是为了更好地实现稀缺农地资源的有效配置，提高农地利用率；农地经营权流转是为了实现稀缺农地资源的规模使用，提高农地产出率。地权结构细分为农地经营权流转提供了良好的制度安排，农地经营权流转过程中农户承包权益

① 《习近平：决胜全面建成小康社会 夺取新时代中国特色社会主义伟大胜利——在中国共产党第十九次全国代表大会上的报告》，https://www.gov.cn/zhuanti/2017-10/27/content_5234876.htm[2017-10-27]。

《习近平：高举中国特色社会主义伟大旗帜 为全面建设社会主义现代化国家而团结奋斗——在中国共产党第二十次全国代表大会上的报告》，https://www.gov.cn/xinwen/2022-10/25/content_5721685.htm[2022-10-25]。

保护是农地制度创新的社会基础。在地权结构细分框架下，促进农地经营权流转，保护农户承包权益是根本出发点，而最终归宿是提高农地资源的利用效率，实现农业适度规模经营，促进现代农业持续发展。因此，本书主要问题界定为：地权结构细分框架下，如何促进农地经营权有序流转并切实保护农户的承包权益。将此问题分解，本书将围绕以下五个关键问题展开研究：农户承包权益的基本内涵是什么？为何保护农户的承包权益？如何促进农地经营权流转？如何保护农户的承包权益？保护农户承包权益的归宿在哪里？

基于这些问题的诠释与解决，本书以"立足现实—厘清问题—破除障碍—寻找对策"为旨意，构建"地权结构细分—农地经营权流转—农户承包权益保护"的分析框架，聚焦"约束工商资本跨界、深化土地物权保护、关注农户承包权益、公平分配流转收益"等关键问题，重点研究地权结构细分框架下经营权流转过程中农户承包权益保护问题。本书的内容如图 2-1 所示，主要包括以下五个部分。

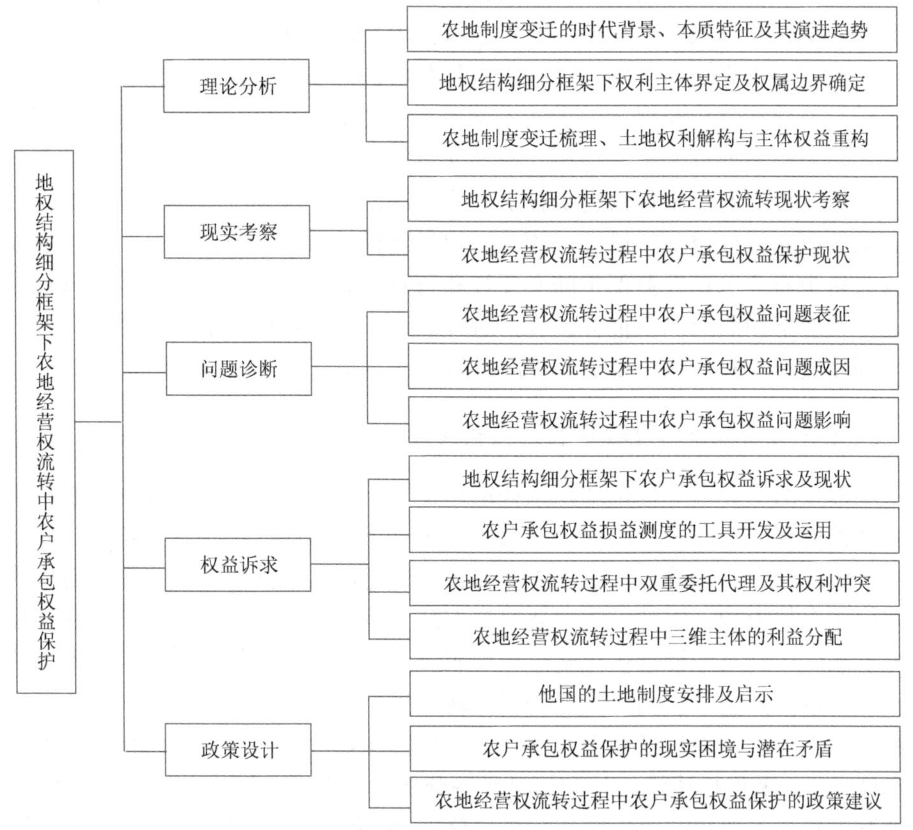

图 2-1　本书的内容结构

1. 农地制度变迁与农户承包权益保护的理论分析

本部分的主要内容包括界定相关概念的内涵与外延，梳理农地制度变迁的演进与趋势，解构农地制度变迁框架下三维主体的权利，以及构建农地制度变迁框架下三维主体权益。采用的主要研究方法包括文献研究法、历史分析法、制度分析法、系统分析法。农户承包权益的内涵是保护农民权益研究的逻辑起点。本部分通过建立农地制度变迁与农户承包权益保护的理论框架，分析中国农地制度变迁的特征、主体行为、动力机制和绩效，梳理中国农地制度变迁的理论逻辑，并通过农地制度变迁背景下三维主体的权利解构和权益构建，揭示农户承包权益的内涵与外延，以期为后续土地制度和农户承包权益保护的政策研究和制度设计提供理论基础，为农户承包权益保护提供理论依据。

2. 农地经营权流转过程中农户承包权益保护的现实考察

本部分的主要研究内容包括地权结构细分框架下农地经营权流转情况的现实考察、农地经营权流转过程中农户承包权益保护的现状。本部分采用的主要研究方法包括抽样调查法、案例研究法和统计分析法。实践是认识的来源，农地经营权流转与农户承包权益保护的现实考察是本书的重要基础。本部分以田野调研为基础，运用问卷调查、田间访谈、座谈交流等方式，实地深入农村，了解农地经营权流转过程中农户承包权益保护的现实情况。同时，本部分基于调研数据利用 IPA 法分析农民权益受损情况，探寻农户承包权益保护的改进路径，并以农地经营权流转中农户承包权益保护的必要性和背景研究为基础，依托农地经营权流转试点个案解剖和面上典型抽样调查，进行农户承包权益保护的现实考察，为后文农地制度改革和农户承包权益保护的政策设计奠定基础。

3. 农地经营权流转过程中农户承包权益保护的问题诊断

本部分的主要内容包括地权结构细分框架下农地经营权流转过程中农户承包权益保护的问题表征、问题成因以及问题影响，也即地权结构细分框架下农地经营权流转过程中农户承包权益保护存在什么问题，这些问题是什么原因造成的，这些问题有何影响。本部分的主要研究方法为案例研究法、统计分析法和计量经济分析法。中国农地经营权流转过程中农户承包权益保护的问题诊断是本书的重要一环。本部分基于中国农地经营权流转过程中农户承包权益保护的现实考察，归纳总结当前农户承包权益保护的情况，由特殊到一般，对农户承包权益保护进行定性分析，采用描述性统计和计量经济分析法对农户土地收益权、土地控制权、土地发展权与土地福利权保护进行定量分析，采用案例研究法对农户土地收益权、土地控制权、土地发展权与土地福利权受损问题进行诊断。通过问题诊断的过程发现问题的表征，探求问题背后的本质，由表及里，剖析问题，为后文理论联系可靠的实际创造条件，也为更有针对性地、更有效地解决问题夯实基础。

4. *农地经营权流转过程中农户承包权益诉求*

本部分的主要内容包括地权结构细分框架下农户承包权益诉求及现状、农户承包权益受损测度的工具开发及运用、农地经营权流转过程中三维主体委托代理及其权利冲突、农地经营权流转过程中三维主体的利益分配。本部分的主要研究方法包括统计分析法、博弈分析法、案例研究法。农地经营权流转过程中三维主体的互动关系与利益分配的研究是保护农户承包权益的难点问题。对于农户承包权益保护，单纯从农户权益诉求出发来解决问题是难以实现的。本部分通过描述性统计分析农户承包权益诉求的现状、农户承包权益保护现状、农户承包权益受损程度，通过博弈分析法分析农地经营权流转过程中三维主体的互动关系与利益分配。由此，在兼顾效率与公平等多重目标约束下，在共同扩大流转农地价值增值的基础上，重新设计农地利益分配机制，实现农地经营权流转过程中三维权利主体关系治理优化与创新，使得农户等弱势群体真正成为农地经营权流转和规模经营的积极参与者和真正受益者，以完善农地经营权流转中农户承包权益保护的机制设计。

5. *农地经营权流转过程中农户承包权益保护的政策设计*

本部分的主要内容包括他国的土地制度安排及启示、农户承包权益保护的现实困境与潜在矛盾以及农地经营权流转过程中农户承包权益保护的政策建议。诚然，土地权属的复杂性和流转模式的多样性都会带来农户利益诉求的极大差异。因而，从机制设计和体制创新层面设计农户承包权益保护路径是推进农村土地制度改革的重要任务，也是巩固和完善农村基本经营制度的重要内容。发达国家的土地制度安排和变迁是中国农地经营权流转过程中农户承包权益保护政策设计的一个重要参考，尤其是与中国资源禀赋相似的韩国和日本。因此，本书借鉴与参考韩国的土地征收制度以及日本的农协制度，结合当前农地“三权分置”背景下农户承包权益保护的现实困境与潜在矛盾，提出农地“三权分置”背景下落实集体所有权与稳定农户承包权、放活土地经营权与稳定农户承包权的对策建议，并基于承包关系结构，紧跟乡村振兴战略目标规划的步伐，提出保持承包关系稳定并长久不变的政策设计。

2.2.2　分析思路

本书的总体思路“理论分析→现实考察→问题诊断→权益诉求→政策设计”

这五大方面的内容是相互承接而逐步展开的，每个方面的内容构成一个子课题，研究的具体路径参见图 2-2。

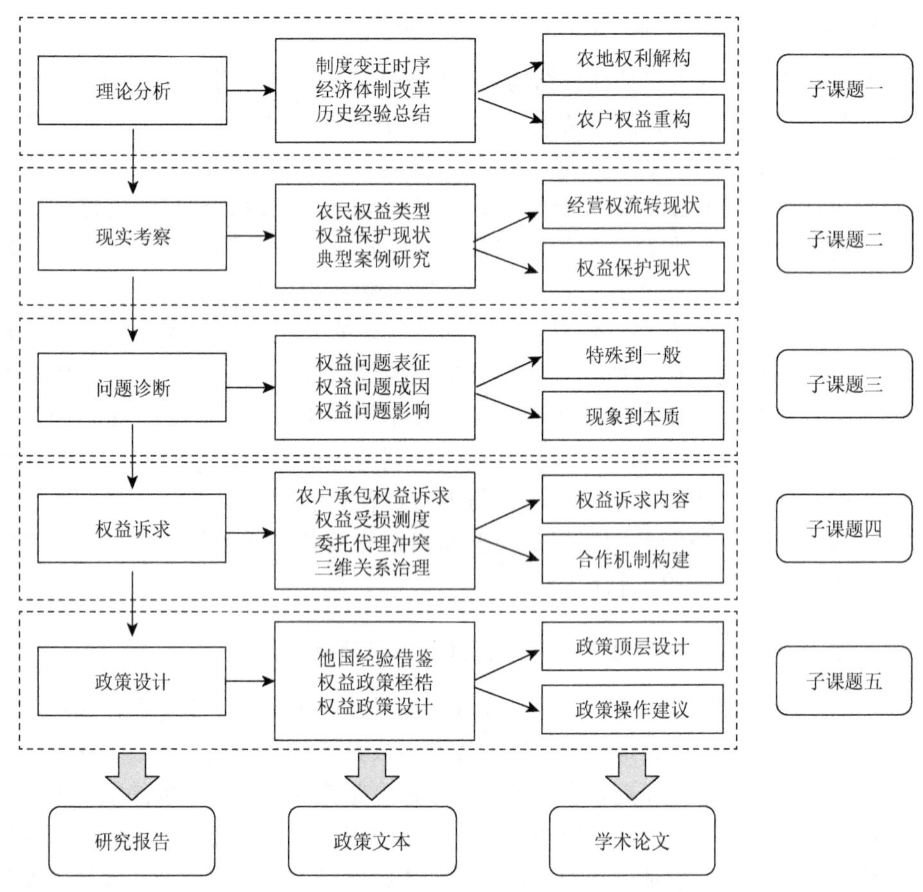

图 2-2　课题研究思路

如图 2-2 所示，最左边一列为本书研究的总体路径，分为五大方面，由五个子课题相互承接构成。右边分别为相应的主要研究内容和研究重点与难点。依课题研究的顺序总体思路如下。

一是理论分析，主要研究内容包括中国农地制度变迁的历史进程回顾、中国农地制度变迁过程与经济体制改革进程的相互关系以及中国农地制度变迁历史经验总结等。本部分的研究重点与难点为农地权利解构和农户权益构建。这些研究内容在子课题一中完成。

二是现实考察，主要研究内容包括地权结构细分框架下农地经营权流转情况的现实考察、农地经营权流转过程中农户承包权益保护的现状和对典型地区进行调查及案例研究。本部分的研究重点与难点是农地经营权流转现状与农户承包权益保护现状的考察。

三是问题诊断，主要内容包括地权结构细分框架下农地经营权流转过程中农户承包权益保护的问题表征、问题成因以及问题影响。本部分的研究重点与难点主要为由特殊到一般，将当前农户承包权益保护的情况凝练为问题，然后由表及里，从现象到本质，剖析问题。

四是权益诉求，主要内容包括承包农户权益诉求、农户承包权益受损测度、农地经营权流转过程中三维主体委托代理及冲突、农地经营权流转过程中三维主体关系及其治理。本部分的研究重点与难点主要为地权结构细分框架下农地经营权流转过程中农户承包权益诉求内容和农地经营权流转过程中三维主体合作的机制构建。

五是政策设计，主要内容包括农地经营权流转过程中农户承包权益保护的他国土地制度安排与启示、地权结构细分框架下中国农地经营权流转过程中农户承包权益保护的现实困境与潜在矛盾以及农地经营权流转过程中农户承包权益保护的政策建议与设计。本部分的研究重点与难点主要为政策顶层设计和提出具备可操作性的政策建议。

五个部分内容的逻辑关联为：农地制度变迁与农户承包权益保护的理论分析是理论基础；在理论分析基础上，从理论回到实践，对地权结构细分框架下农户承包权益保护进行现实考察，通过典型区域面上分析、典型农户点上调查、确权登记个案剖析探究地权结构细分框架下农户承包权益保护现状；然后由特殊到一般，由表及里，对现实状况从定性、定量、案例三个角度进行问题诊断，明确当前农户承包权益保护的问题表征、问题成因及问题影响；接着从理论和实践两方面考虑农户承包权益诉求和农地经营权流转过程中三维主体委托代理关系，探寻农地经营权流转过程中三维主体的互动关系与利益分配，以构建多方利益主体的合作联盟，完善农地经营权流转中农户承包权益保护的机制设计；最后，借鉴他国农地制度改革的经验，吸取他国农地制度改革的教训，立足地权结构细分框架下中国农地经营权流转过程中农户承包权益保护的现实困境与潜在矛盾，提出稳步推进农村土地制度改革、保护农户承包权益的对策建议与政策设计。

2.3 研究方法与数据

2.3.1 研究方法

（1）文献研究法与历史分析法。本书采用文献分析法，从土地制度变迁及农地产权安排，不同产权制度及主体权利安排，以及农地经营权流转与农户承包权益保护等三个维度进行文献回顾与梳理；基于产权理论与新制度经济学理论，通过历史分析法对中国农地制度的变迁历程、原因、结果等进行归纳梳理与总结，明确地权结构细分框架下农地经营权流转与农户承包权益保护的研究现状。不仅为后文的研究奠定坚实的文献研究基础，而且为本书基于已有研究做出有益的边际贡献提供必要的条件。

（2）案例分析法。本书采用案例分析法，通过对黑龙江省克山县仁发现代农业农机专业合作社、四川省崇州市农业共营制、贵州省湄潭县两路口村股份经济合作社、重庆市梁平区农地承包经营权退出、四川省眉山市农地经营权流转机制创新等典型案例深入解剖，总结当前地权结构细分框架下农地经营权流转过程中农户承包权益保护的经验，发现当前地权结构细分框架下农地经营权流转过程中农户承包权益保护的不足。

（3）博弈分析法。本书采用博弈分析法，首先，梳理农地经营权流转过程中三维主体的利益诉求及其关系，同时分析主体间走向合作博弈的可能，进而构建多方利益主体的合作联盟。其次，基于合作博弈的视角，从效率和公平两种不同的侧重点提出三维主体的利益分配方案，并研究在其过程中相关主体利益的动态变化。最后，根据农地经营权流转不同阶段下的要求与目标差异分别提出优先效率的Shapley（沙普利）值法、兼顾效率与公平的修正Shapley值法、优先公平的Owen（欧文）值法，对三维主体的利益分配机制进行设计。

（4）描述性统计分析法。本书采用描述性统计分析法，利用通过农户问卷设计、实地调研取得的基础微观数据和《中国农村经营管理情况统计年报》（2000～2016年）、《中国统计年鉴》（2000～2016年）、《中国农村统计年鉴》（2000～2016年）等宏观数据，对农地经营权流转方式、流转农户类型、流转土地类型、农地经营权流转过程中农户合约的选择、合约履行中农户承包权益的保护情况等进行统计与分析，以对地权结构细分框架下农地经营权流转与农户承包权益保护的情况进行基本的现实考察，了解研究问题的外在表现。

（5）计量经济分析法。本书采用计量经济分析法，在对农地经营权流转纠纷情况、农地经营权流转的市场结构与合约选择因素、政府干预因素、农地经营权流转程序和规章制度以及农地经营权流转的社会因素进行描述性统计分析的基础上，用离散选择Probit计量模型实证分析农户农地经营权流转纠纷的影响因素，在对农地经营权流转的价格、农地经营权流转的方式、农地经营权流转的主要对象、农地经营权流转业主地域来源进行描述性统计分析的基础上，用普通最小二乘法实证分析农地经营权流转对农户农业收入、农户非农收入及农户总收入的影响，以分析农地经营权流转过程中农户承包权益保护的效果。

（6）逻辑分析法。本书采用逻辑分析法，对农地经营权流转过程中纠纷产生的机理进行理论分析，为农地经营权流转纠纷的影响因素实证检验提供理论基础；对农地经营权流转影响农户收入进行理论分析，为后文实证分析农地经营权流转对农户农业收入、农户非农收入及农户总收入的影响提供理论基础；对基于效率和公平角度农地经营权流转过程中三维主体的利益分配进行分析，对博弈视角下三维主体利益的动态变化进行分析，为后文对农地经营权流转过程中三维主体利益分配的案例分析和农地经营权流转过程中三维主体利益分配的机制设计提供理论基础。

2.3.2 数据来源

本书的宏观数据主要来源于 2000～2016 年《中国农村经营管理情况统计年报》、2000～2016 年《中国统计年鉴》、2000～2016 年《中国农村统计年鉴》和《新中国六十年统计资料汇编（1949—2008）》。本书的微观数据来源于研究团队在 2016 年、2017 年两个学年的调研数据。

1. 域外数据来源

本书的国际数据来源于世界银行，《韩国现代史》，韩国的《土地改革法》《农地法》《耕地保护及利用法》《农渔村发展特别措施法》《土地征用法》《国土利用管理法》《国土建设综合计划法》《宪法》《农渔发展综合对策》，日本的《农地法》《土地征收法》《农业基本法》《农协法》《农振法》《农用地利用增进法》《农业经营基础强化促进法》等。

2. 案例数据来源

本书的案例数据来源为：第一，在全国有一定影响、有代表性，流转中农民土地权益得到较好保护；第二，受到高层政府和（或）学界关注，其做法受到政府积极鼓励；第三，其成功经验以及潜在的风险具有典型性。本书的典型案例主要包括黑龙江省克山县仁发现代农业农机专业合作社、四川省崇州市农业共营制、贵州省湄潭县两路口村股份经济合作社、重庆市梁平区农地承包经营权退出、安徽泗县大杨镇李庙村土地托管等。

3. 中国宏观数据来源

本书的宏观数据主要来源于 2000～2016 年《全国农村经营管理情况统计年报》、2000～2016 年《中国统计年鉴》、2000～2016 年《中国农村统计年鉴》和《新中国六十年统计资料汇编（1949—2008）》。《全国农村经营管理情况统计年报》主要包括农村集体经济组织及资源、农村土地承包及流转、农村集体经济组织收益分配及资产负债状况、农业部门统计调查的家庭农场及农民专业合作组织发展、农民负担、农村经营管理机构队伍及信息化等方面的统计数据。《中国统计年鉴》主要包括行政区划和自然资源、人口、人民生活、环境保护、农业等方面的经济和社会统计指标。《中国农村统计年鉴》主要包括农村基本情况与农业生产条件、农业生态与环境、主要农产品种（养）面积与产量、农村市场与物价、农村居民收入与消费等方面的经济和社会统计指标。《新中国六十年统计资料汇编（1949—2008）》主要涵盖行政区划、国民经济核算、人口、环境保护、农业等方面的经济和社会统计指标。

4. 中国微观数据来源

本书的微观数据来源于北京大学中国社会科学调查中心（Institute of Social Science Survey，Peking University，ISSS）主持的中国家庭追踪调查（China Family Panel Studies，CFPS）项目 2016 年数据和以张应良教授为首席专家的研究团队在 2016 年、2017 年两个学年的调研数据，该调研分别选择在华东地区的江苏省苏州市、连云港市和宿迁市，山东省滕州市、邹城市；华中地区的湖南省张家界市、岳阳市，河南省新乡市、信阳市，安徽省宿州市；华北地区的山西省长治市；东北地区的黑龙江省齐齐哈尔市；西南地区的重庆市江津区、大足区、潼南区、梁平区，四川省眉山市、成都市，贵州省遵义市、贵阳市；西北地区的陕西省延安市、西安市、渭南市、汉中市。调研涉及我国 11 个省（直辖市），21 个市，37 个县（区），78 个乡（镇），134 个村。具体调研的区（乡镇）的确定是通过与县、区相关工作人员的交流后确定的，每个市区内确定 2～3 个县级单位开展项目调研。依据产业发展、交通状况、从业人员等因素，从确定的每个区、县的行政村名单中抽取 1～4 个行政村作为调研村庄，并在此基础上，每个行政村抽取 10～20 户农户开展访谈和问卷调研工作。并且根据农户居住情况、务农情况和参与农地经营权流转情况，对抽样进行必要的调整，保障问卷的质量和数量。与此同时，根据当地农地经营权流转的整体情况，设计结构性访谈问卷，与当地的基层政府、村社干部、经营业主和代表性强的农户进行个案访谈，深入了解农地经营权流转过程中农户的权益诉求和行为。项目研究团队于 2016 年 6 月底设计好初稿问卷，2016 年 7 月初展开预调研，进行三次讨论会对问卷进行修改，于 2016 年 8 月初开始正式调研工作，历时两年。样本的总体情况和个体特征详见第 6 章有关内容。

2.4 概念界定与理论基础

2.4.1 概念界定

1. 农地产权结构细分

本书中的“农地产权”是指土地所有权、土地承包权和土地经营权，分离之后土地权利归属于不同的主体。本书中的“地权结构细分”是指农村集体经济组织以及集体组织全体成员对归属于本集体的土地享有土地所有权、作为本集体经济组织成员的农户对承包土地享有土地承包权以及土地经营者对承包或流转的土地依法享有在一定期限内的土地经营权。其中，集体土地所有权是指农村集体经济组织成员对本集体所有的土地享有的占有、使用、收益和处置的权利。

农户承包权是指权利人依照法律和合同的规定，对承包土地享有占有、使用和收益的权利。目前学术界关于农户承包权的性质主要有成员权说、物权说。成员权说认为，土地承包权是基于集体成员资格产生的（叶兴庆，2014），因而土地承包权是享有土地承包权主体资格的承包人的一种身份权（韩志才，2007）。物权说认为农户承包权属于集体土地所有权派生之“用益物权”，其实质是权利人对承包土地的使用和支配，而不是一种身份权。本书的农户承包权属于“用益物权”。

土地经营权是指土地经营权人对流转土地依法享有在一定期限内占有、使用并取得相应收益的一种权利。农村土地经营权是从农村土地承包经营权中分离出的一项权能，是农户将其承包农地经营权流转出去，由其他组织或者个人经营，其他组织或个人取得土地经营权[①]。“在依法保护集体所有权和农户承包权的前提下，平等保护经营主体依流转合同取得的土地经营权，保障其有稳定的经营预期，承包农户流转出土地经营权的，不应妨碍经营业主行使合法权利”，因此，土地经营权应为派生于农户承包权，与农户承包权具有平等法律地位的独立财产权（蔡立东和姜楠，2017）。

农地所有权、承包权和经营权分离的创新要义在于将“用益物权”性质的土地承包经营权分置为农户承包权和土地经营权。土地经营权具有以下特征：第一，土地经营权是承包农户设定的、以土地承包经营权为标的的权利，但不得妨碍土地承包经营权；第二，土地经营权具有独立性和排他性（肖卫东和梁春梅，2016）；第三，土地经营权人具有取得土地经营权的平等性与非身份性；第四，土地经营权流转具有约定期限，且不能超过剩余的二轮承包期限；第五，土地经营权人能够利用土地经营权设定抵押、担保，实现融资目的。

农户承包权和土地经营权的分离，并不意味着土地承包经营权在实践中必然要发生分离，农户承包过来的农村土地，既可以由其自主经营，也可以通过流转土地经营权的方式由其他经营主体经营；也不意味着土地承包经营权因此消灭。农户承包权与土地经营权发生分离前，承包农户享有完整的土地承包经营权；分

① 《什么是农村土地所有权、承包权、经营权“三权分置”？》，https://www.tuliu.com/read-41135.html [2023-07-31]。

离后，土地承包权和土地经营权分别由承包农户和土地经营权人享有。此外，土地承包经营权是一种相对独立的“用益物权”，不是原本就包含农户承包权和土地经营权这两种权利形态，同时也不是农户承包权和土地经营权的相加，更不是农地承包权和土地经营权的混合体。

2. *农地经营权流转*

本书的农地经营权流转概念界定为拥有土地承包经营权的农户将土地经营权（使用权）转让给其他农户或经济组织。针对中国土地制度的特征，学者对农地经营权流转给出了不同的界定。大致分为四类：第一类界定农地经营权流转是指土地使用权流转，即拥有土地承包经营权的农户将土地经营权（使用权）转让给其他农户或经济组织（张红宇，2001）；第二类界定农地经营权流转是土地所有权或使用权在不同经济实体之间的流动和转让（杨学成和曾启，1994）；第三类界定农地经营权流转包括土地产权的更替和土地利用方式的改变（张安录，1999）；第四类界定农地经营权流转是在一定时期内，土地与不同业主的结合关系或结合的疏密程度变更以及社会管制广度和深度变化的过程（牛喜霞，2005）。本书的界定属于第一类，即土地使用权流转。

理论界认为农地经营权流转的方式主要有转包、出租、反租倒包、入股、转让、互换、托管等。

转包、出租、反租倒包、入股这四种方式属于土地经营权的流转，不牵涉发包方和承包方之间土地承包关系的变更。出租（转包）是指承包方将部分或者全部土地经营权，租赁给他人从事农业生产经营。反租倒包是指村委会将承包到户的土地通过租赁的形式集中到一起，再进行统一的规划，再将土地的经营权承包给农业大户或者从事农业经营的公司。入股，是指承包方将部分或者全部土地经营权作价出资，成为公司、合作经济组织等股东或者成员，并用于农业生产经营。

互换和转让属于土地承包权的流转，牵涉原有发包方和承包方之间承包关系的调整。互换是指承包双方之间为各自利益，对属于同一集体经济组织承包的土地进行交换，同时交换相应的土地承包经营权。转让是指农地承包者将自己的土地承包经营权转让给第三方，转让对象可以是个人、集体以及经济组织以外的单位（陈明，2006）。

托管是指部分不愿耕种或无能力耕种者把土地托给种植大户或合作组织，并由其代为耕种管理的做法，托管双方签订协议，委托方向受托方支付一定的费用。托管期间原承包合同规定的权利义务可以由承包方履行，也可以在协议中明确由托管方履行。

当前农地经营权流转的特征主要有：第一，中国农地经营权流转的进程相比农业劳动力向非农业产业转移的进程而言，发展极其缓慢（胡霞和丁浩，2015）；第二，农地经营权流转模式随着农地流转市场的发展日趋多样化，但是以转包和出租为主（宋辉和钟涨宝，2013）；第三，农地经营权流转的流向多元化，但是以流向农户为主（黎霆等，2009）；第四，农地经营权流转的合同契约形式在逐渐增多，但是口头契约在农地经营权流转的模式中仍是主要形式（钱忠好和冀县卿，2016）；第五，农地经营权流转的期限较短，以中短期为主，如福建和黑龙江两省农户农地经营权流转的期限一般在 1 年以内（陈和午和聂斌，2006），重庆的农户在 1～2 年（骆东奇等，2009）；第六，农地经营权流转包括流转农地规模、流转速度、流转方式等在不同的地区之间存在明显差异（包宗顺等，2009）。

3. 农户承包权益

在地权结构细分框架下，土地承包权和土地经营权分离后，学者对其相应的权利内容作了界定与划分。关于承包权和经营权的性质，目前学术界主要有三种观点：一种观点认为承包权是一种资格，属于成员权，经营权来源于土地使用权，属于物权范畴；另一种观点认为承包权和经营权的性质相同，均是物权（郜永昌，2013）；还有一种观点认为承包权和经营权的制度构造可参照清朝的田底权与田面权，拥有田底权的权益主要在于坐地收租的收益权，享有田面权的权益主要在于得到土地经营的收益（梁发芾，2014）。张力和郑志峰（2015）指出“承包权与经营权再分离后的权能划分与性质界定，不能从概念本身去建构，而应从再分离的功能目的去入手”，依据其思路，本书认为应将承包权和经营权的性质定位为一种实实在在的权利，即“用益物权”。

在此基础上，从法权的角度，农地经营权流转过程中涉及的农户承包权益主要包括法定承包权、自主决策权和土地收益权以及由土地功能而带来的各种附属收益，如发展权、生存权等。《中华人民共和国农村土地承包法》第五条规定：“农村集体经济组织成员有权依法承包由本集体经济组织发包的农村土地。任何组织和个人不得剥夺和非法限制农村集体经济组织成员承包土地的权利。”同时，第六条规定：“农村土地承包，妇女与男子享有平等的权利。”由此表明，农村集体经济组织成员具有法定承包权。《中华人民共和国农村土地承包法》第八条规定：“国家保护集体土地所有者的合法权益，保护承包方的土地承包经营权，任何组织和个人不得侵犯。”承包方有权依法自主决定土地承包经营权是否流转和流转的方式。由此表明，农民具有自主决策权。

从土地产权角度，农地经营权流转过程中涉及的农户承包权益是附着在农地承包经营权上的相关土地权益，本书将其界定为包括土地控制权、土地收益权、土地发展权和土地福利权等四项权益。在地权结构细分框架下，农地所有权归属于农村集体经济组织，承包权以土地确权登记为制度基础归于农户，而经营权可以在不同主体之间流转，这是基本的制度安排。可见只有农地经营权才能充分体现农地的基本功能，即作为农业的生产资料和作为农民的财产物权。农地作为农业的基本生产资料，要充分发挥它的生产功能，体现其使用价值，即农地应该用于农业生产以生产农产品；农地作为农民的财产物权，要充分发挥它的价值功能，即应该通过农地经营权流转体现其交换价值。如果农地经营权不流转，仍然依附于承包权，则严格讲就相当于回到了“二权”时代，因此本书仅限于农地经营权要流转的情况。在该情况下，基于农地使用价值而言，如果经营业主获得了农地经营权而不从事农业生产或者从事农业生产而采取短视行为的掠夺性使用土地，便违背了农地使用价值导向，对拥有土地承包权的农民而言，土地的控制权受到了侵害。基于农地交换价值而言，不同的农地经营权流转形式直接影响承包农户基于经营权流转的相关权利（包括土地控制权、土地收益权、土地发展权和土地福利权等）的实现。

农地经营权流转是建立在保持土地承包经营权不变，农户自愿的前提下进行流转的。权益是个法律概念，《中华人民共和国民法典》第十一章把土地承包经营权界定为一种“用益物权”，其实质是把它作为一种财产权利来对待（顾钰民，2009）。现代产权理论认为，把财产投入到经济活动中，就会形成财产权利关系，即产权关系。产权关系是一组权利构成，包括所有权、占有权、支配权、使用权以及由此衍生出来的继承权和发展权（林翊等，2009），农民正是通过土地上相应权利流通和交易来获取收益。随着农地产权制度的演进，农户的承包权益也会随着农地产权制度的实施衍生出不同的权利诉求。在地权结构细分框架下，农户基于农地承包的权利也分化出不同的产权功能特征，因而本书从土地产权的角度界定农户承包权益。

本书基于现实情况，将基于土地经营权流转的农户承包权益分割为土地控制权、土地收益权、土地发展权和土地福利权。土地控制权是指经营权流出，但农民作为承包权的拥有者，理应有控制土地用途的权利、保护土地不被破坏或掠夺使用的义务。土地收益权是指在农地经营权流转过程中，农民将法律赋予的土地承包经营权流转给其他的人或组织，签订流转合同并依法取得经营利益，是农地经营权流转过程中的一项基本的权利，即凭借土地确权证，以租金、红利等形式从农地经营中分享一定的收益。土地发展权是指土地利用随技术进步、物价变化，收益也会变化，契约的长短会影响到农户对土地增值收益的分享，从而影响其发展的权利。土地福利权是指承包农户基于土地享有相应福利，诸如社会保障、就业机会等。农地经营权流转、规模经营之后，经营业主会使用机械代替劳力，然后出现少部分具备知识技能的人将多数农民挤出农业，从而影响到农户的土地社会福利的功能。

2.4.2 理论基础

1. 制度变迁理论

现有的制度变迁理论主要包括旧制度学派的制度变迁理论、新制度学派诺斯（North）的制度变迁理论、新自由主义经济学派哈耶克（Hayek）的制度变迁理论以及马克思主义的制度变迁理论。

旧制度学派的主要代表人物是凡勃伦（Veblen）和康芒斯（Commons）。凡勃伦将制度变迁过程视为“累积因果”过程，认为制度演进的每一步都是由以往的制度状况决定的，制度变迁的动力是竞争。康芒斯认为制度变迁的过程就是使运营机构的“工作规则”不断符合可行性要求的过程，他认为制度变迁的动力是外部变化和制度系统内部个人与组织为追求自身利益采取行动的结果。新制度学派的主要代表人物是诺斯。该学派认为制度变迁可以理解为制度的替代、转换与交易过程，是一种效益更高的制度对另一种制度的替代过程。该学派认为制度变迁的动因是行为主体期望获得最大的潜在利润即外部利润。新自由主义经济学派的主要代表人物是哈耶克。他认为制度变迁是一个物竞天择式的自发演化过程，而不是一个理性设计的人为制造过程，认为分散性个人知识的有效利用、学习知识、道德、传统与惯例及政府是制度变迁的重要力量。马克思主义的制度变迁理论认为制度变迁是生产力发展推动生产关系变迁的结果，生产力发展是制度变迁的最终决定性力量，社会制度变迁的内在动力是利益，并指出利益是“使广大群众、使整个的民族，并且在每一个民族中间又是使整个整个阶级行动起来的动机”（王虎学，2022）。

本书基于制度变迁理论通过对农地制度变迁的主体、农地制度变迁的动力、农地制度变迁的方式、农地制度变迁的效率评价等方面的研究，梳理农地制度变迁的理论逻辑。基于农地制度变迁与农户承包权益保护的内在逻辑，农地制度变迁历程、农户承包权益的失衡表达、农户承包权益未得到充分保护的历史缘由等问题展开研究，使农民能够充分享受土地承包制度下的各种权益，为地权改革与农户承包权益保护的政策设计提供理论依据和实践指导。

2. 产权理论

现有的产权理论主要包括西方现代产权理论与马克思主义产权理论。

西方现代产权理论的重要代表人物是科斯（Coase）。科斯第一定理认为如果在交易成本为零的情况下，无论怎么界定权利，都可以通过市场交易的方式使资源得到最优配置。但是现实生活不是无摩擦的物理世界，因而科斯第二定理考虑现实生活中交易成本不为零的情况，认为不同的效率是由不同的权利界定来决定的，为了优化配置资源，就必须进行权利交易，但是有些交易的费用过高以至于无法进行交易，所以权利的初始界定就非常重要。科斯第三定理认为在交易成本大于零的情况下，要想使福利在原有的基础上进行有效改善，就要求政府在进行产权安排的过程中择优选择，而且，这种改善的效果要好于通过交易所实现的福利改善。

马克思主义产权理论以生产力为基础，科学预测公有产权将取代私有产权。马克思主义产权理论认为产权本质上是生产关系的总和，产权是社会分工的产物，属于历史范畴，产权的内容和形式随着分工推进的时段相异，私有产权制度不符合社会分工发展要求，最终必然被公有产权取代。此外，马克思对产权的宏观层面进行分析，认为新的财产制度在旧的财产制度的内部孕育，在与旧的财产制度长久斗争后，逐步占据统治地位，如果新旧财产制度不断演进，生产力的发展可以作为解释财产制度变化的根本原因，同时财产制度的变化也分别代表新旧财产制度的阶级集团利益博弈的结果。

本书基于产权经济学视角，界定农户承包权益内涵、外延、特征以及本质，厘清农户承包权益及权益演化，揭示农户承包权益的基本构成，分析农地产权治理体制的现实约束及约束机制存在的问题和影响因素，为农地产权治理制度的完善提供一定的理论依据，同时也为地权改革与农户承包权益保护的政策设计提供理论依据和实践指导。

3. 博弈理论

根据是否可以达成具有约束力的协议将博弈分为合作博弈和非合作博弈。合作博弈与非合作博弈的区别在于合作博弈研究博弈者达成合作时如何分配合作得到的收益，强调团体理性；非合作博弈研究每个参与者选择那些使自己利益最大化的行动或对策的博弈类型，强调个体理性。

在合作博弈理论方面，1944 年冯·诺依曼（von Neuman）和奥斯卡·莫根施特恩（Oskar Morgenstern）详尽地讨论了二人零和博弈，提出联盟博弈、稳定集、解概念等重要概念与思想。20 世纪 50 年代，合作博弈发展到顶峰。Shapely 研究联盟博弈的核、值等，加深了对合作博弈的认识。哈桑伊（Harsanyi）将纳什（Nash）的合作理论与泽森（Zeuthen）的议价模型结合起来，建立了 *N* 人合作博弈的通用议价模型。当前，合作博弈的研究主要集中在博弈者联盟的形成过程及影响因素和博弈者联盟的稳定性两个方面。

在非合作博弈理论方面，非合作博弈理论主要经历了“静态博弈—动态博弈—不完全信息博弈”的发展过程。在静态博弈模型方面，Nash（1950，1951）提出了纳什均衡（Nash equilibrium）的概念。Tucker（1950）定义了囚徒困境（prisoner's dilemma）。在动态博弈方面，莱茵哈德·泽尔腾（Reinhard Selten）通过对动态博弈的分析改进了纳什均衡的概念，提出了子博弈完美纳什均衡（subgame perfect Nash equilibrium），使得合理的纳什均衡与不合理的纳什均衡分离。其后，Friedman（弗里曼）在 1971 年将子博弈完美均衡扩展到无限重复博弈，Rubinstein（1982）将有限讨价还价博弈推广到无限的水平。在不完全信息博弈方面，Harsanyi（1967）将不完全信息引入博弈论的研究，定义贝叶斯均衡（Bayesian equilibrium），是纳什均衡在不完全信息静态博弈中的自然扩展，贝叶斯均衡在拍卖理论与机制设计中得到广泛应用。Fudenberg 和 Tirole（1991）在此基础上定义了完美贝叶斯均衡。Selten（1975）对不完全信息动态博弈提出了颤抖手精炼均衡概念。Kreps 和 Wilson（1982）提出序贯均衡（sequential equilibrium）的概念。

本书构建三维主体间的合作博弈框架，分析从非合作博弈走向合作博弈的基础与条件，通过对效率与公平的考量，运用优先效率的 Shapley 值法、兼顾效率与公平共同因子的修正 Shapley 值法、优先公平的 Owen 值法对农地经营权流转中各利益主体的合作博弈进行分析，并分析这类合作博弈联盟形成的条件，以及农地“三权分置”中各不同利益主体可能的部分联合对利益分割的影响。同时分析各博弈方的演化合作博弈进程，在优超、占优、弱占优等不同准则下分析合作博弈的演化特征，得出在农地经营权流转过程中可能实现的价值增值的分配机制。比较分析存在合作与非合作博弈时各利益群体的收益差异，在帕累托上策、风险上策、防共谋（collusion-proof）等标准下比较，尤其注重对工商资本租赁农地的监管和风险防范，以期得出从农户承包权益保护角度出发的各方最优策略。

4. 委托-代理理论

委托-代理理论是经济学关于激励的机制研究，基于经济人假设，形成以不对称信息博弈为基础的理论。现代经典的委托-代理理论起源于 Berle 和 Means（1932）主张的所有权和经营权分离，企业所有者保留剩余索取权；而将经营权让渡。现有的委托代理模型分为静态模型与动态模型。静态模型包括逆向选择模型和道德风险模型。动态模型包括多阶段博弈委托代理模型、代理人市场-声誉模型和棘轮效应（鞭打快牛）模型。

关于逆向选择模型方面，1970 年，美国经济学家乔治·阿克尔洛夫（Akerlof，1970），以旧车市场为例阐释了逆向选择的问题。逆向选择模型的两种特殊模型为信号传递模型和信号甄别模型。前者是指在委托人与代理人签订契约的时候，为了减少双方信息的不对称，代理人选择一种信号用来向委托人传递私人信息，委托人据此决定是否与代理人签订契约。后者是指委托人采取各种措施引导代理人透露自己的真实信息，如委托人提供多种合同给代理人，让代理人选择最适合自己的合同，这样委托人就在一定程度上获取了代理人的信息，减少了双方的信息不对称。

关于道德风险模型方面，道德风险模型分为两种：隐藏行动的道德风险模型和隐藏信息的道德风险模型。前者是指委托人和代理人签订合同时，双方的权利和责任都很清楚地写在契约中，此时双方的信息是对称的，但是在签订合同后，委托人不能观测到代理人的具体行为，只能观测到委托人努力的结果并据此来判断代理人的行为是否符合自身的利益。代理人可能会利用这个漏洞，隐藏自己的行为，出工不出力，甚至在委托人观测不到的范围内为了个人私利，危害委托人的利益。后者是指某些参与人拥有不可观测的知识，委托人与代理人签订合同后，代理人代替委托人负责公司的经营活动，如果委托人采取了有效的措施，就可以让代理人从委托人的利益点出发，向其提供真实的信息。

本书基于标准的委托-代理理论，通过对农村集体经济组织-农户间关系的分析，在国家基本农地承包制度的背景下，分析农户作为代理人与农村集体经济组织可能存在的利益冲突，以及在农村集体经济组织虚化的现实下其他各利益方（如经营方、合作经济组织、地方政府等）对这一层委托代理关系的冲击或影响。基于多委托人-多代理人（multi-principal multi-agent）模型，分析经营方的经营内容、经营风险、经营周期等对农户承包权益的可能影响，进而得出维系农户与不同类型经营方关系的可能措施。同时，利用委托-代理中的防共谋机制，防止各类经营方联合损害农民权益。此外，分析农户在双重委托-代理中的核心地位，以及农户在这样的地位中由于其他主体的影响，可能受到的利益挤占与权益损害，在第一层委托代理关系中与农村集体经济组织的正式契约发挥重要的保护功能，在第二层委托代理关系中需要正式契约与非正式契约共同发挥保护作用。

5. 利益相关者理论

利益相关者理论产生于 20 世纪 60 年代。首次提出利益相关者概念的是 Sundqvist 和 Rhenman（1964）。现有利益相关者理论内容主要包括利益相关者的界定和利益相关者的分类。

关于利益相关者的界定，国内外众多学者进行了研究并提出了各自对利益相关者概念的理解，其中 Freeman 于 1984 年对利益相关者的定义比较具有代表性。他认为企业利益相关者为任何能够影响企业组织目标的实现或受这种实现影响的个体或群体。后来利益相关者概念进一步扩大，不仅将对企业产生影响的个人或者群体定义为利益相关者，而且将那些被其影响的个人或群体也定义为利益相关者（Ansoff，1965）。关于利益相关者的分类，自 20 世纪 80 年代后期，西方学者兴起了对利益相关者分类的研究，较有影响力的为“多维细分法”。多维细分法是指将企业的利益相关者从多个维度进行分类，以寻找利益相关者某些特征的差异。如 Freeman 在 1984 年是将利益相关者按照所有权、经济依赖性和社会利益三个不同的维度进行分类；Charkham（1992）是按照利益相关者是否与企业存在交易性合同关系，将其划分为契约型利益相关者和公众型利益相关者；Clarkson 等（1994）、Clarkson（1995）是按照利益相关者在企业经营活动中承担风险的种类，即与企业的紧密型维度，将其划分为自愿利益相关者和非自愿利益相关者。

本书通过利益相关者理论，分析在地权结构细分框架下农地经营权流转过程中相关利益主体及其权利内涵、外延，各主体的成本收益比较，相关主体利益属性的多元性，利益博弈中的取舍动机，各主体的资源依赖等，来辨析三维主体在不同条件下的行为，以确立地权结构细分框架下三维主体权益构建的目标和原则，即在兼顾效率和公平的基本原则的基础上，维持三维主体的利益均衡目标，同时确立地权结构细分框架下三维主体权益构建的路径和方法，试图对地权结构细分框架下三维主体权益构建进行绩效评价。

6. 机制设计理论

机制设计理论是利奥尼德·赫维奇（Leonid Hurwicz）、埃里克·S.马斯金（Eric S. Maskin）、罗杰·B.迈尔森（Roger B. Myerson）等创立的。机制设计理论是博弈论的分支，是研究在自由选择、自愿交换、信息不完全及决策分散化的条件下，能否设计一套机制（规则或制度）来达到既定目标的理论。现有的机制设计理论主要包括机制设计解决什么问题与如何找到最优机制两个方面。

机制设计主要解决两个问题：一是信息效率，即所设计的机制需要较少的关于参与者的信息，这样可以减少信息收集成本以及规则对信息的依赖；二是激励相容，即在所设计的机制下，各参与者在追求个人利益的同时也能达到设计者既定的目标。如何解决机制运行中的信息不对称问题？1960 年赫维奇提出建立一个信息交流系统并设计一系列可以获得合意结果的信息处理规则。但是个人目标和社会目标未必一致，如何解决个人目标与社会目标不一致呢？1972 年赫维奇提出要解决信息不对称，委托人必须实施某种形式的激励以促使代理人说真话，即激励相容。1973 年赫维奇总结前述有关机制设计理论的研究，发表《资源分配的机制设计理论》一文，正式奠定了机制设计理论的基础。他构建的机制设计理论框架的要点在于：只有满足参与约束和激励相容约束这两个条件，社会目标才能实现。但是这样的机制是否存在？如果存在，如何找到最优机制呢？1979 年，迈尔森在 Gibbard（1973）提出的直接显示机制基础上，拓展出更一般的贝叶斯纳什均衡，并提出了机制的"显示原理"。显示原理大大简化了机制设计理论问题的分析，但是没有涉及多个均衡的问题。1999 年，马斯金提出了"实施理论"，该理论解决了显示原理没有涉及的多个均衡的难题。随着信息效率、激励相容、显示原理以及实施理论的提出和研究的深入，机制设计理论走向了成熟和完善。

本书基于机制设计理论，通过研究三维主体土地权益实现所需的外部环境和内部条件，探讨三维主体土地权益保护所需的体制机制条件，分析现行体制的约束与机制的障碍。同时基于地权结构细分框架下农地经营权流转三维主体关系协同和权益协同的内在逻辑，针对主体权益实现和主体行为实施的内在需求和瓶颈约束，构建农地经营权流转三维主体权益协同保护的运行机制和实现机制，提出农地经营权流转中三维主体间农地权益实现的保护路径。

2.5　研究创新

本书的创新主要包括研究视角创新、研究内容创新、研究方法创新。

1. 研究视角创新

因为单从农民权益诉求出发，来解决土地权益保护问题是难以实现的。随着社会变迁中阶层的分化、群体的分层，每个产权维度中都会衍生出诸多主体类型，以土地经营权主体为例，包括农业经营大户、农民专业合作社、农业公司、家庭农场主等；拥有土地承包权的农民也有农民工、传统农民、长期转移农民等。因而本书基于博弈视域，研究地权结构细分框架下，农地经营权流转模式的创新过程中，土地资源要素的配置效率和价值增值，研究不同权益主体的博弈角力和博弈阈值，探索博弈均衡条件下产权配置的效应以及均衡条件下的制度需求，以丰富和拓展“农地经营权流转—农户承包权益保护”的研究视角。

2. 研究内容创新

经济发展过程中的城乡二元结构和中国新型城镇化背景引致农民分化已为事实，而且由于社会变迁不同类型的农户对农地的权益诉求差异巨大，所以以往混同农户为一体的研究方法会导致根本摸不准问题、查不清原因，以致诸多政策只能停留在面上，落不到实处。本书研究农民居住空间（城与乡）和经济行为（种地与不种地）的差异，对中国当代农民进行实践分型：在城市居住不再从事农业劳作的长期转移农民，在城市务工但是农忙时返乡务工的农民工，在农村生活从事农业劳作的传统小农，在农村居住但不从事传统农业劳作的农地转出农民。基于不同类型农民（农户）与土地依附关系的强弱，探索不同类型农户对土地的权益诉求的差异，将其分为“基本权益”和“附加权益”，采用重点保护和特殊保护相结合的权益保护机制；同时，尝试设计农户利益保护为中轴、三维主体利益协同保护的保护路径，这将在农户权益保护的政策研究方面有所突破，从而体现本书研究内容的创新。

3. 研究方法创新

探索土地三维权利主体的利益冲突，引导利益主体从不合作走向合作，建立长期的利益合作联盟，是保护农户承包权益的有效路径。本书根据新的土地产权框架和新型农业经营体系发展趋势，从利益相关者视角辨析、认知土地权益博弈的三维主体关系，尝试建构利益博弈空间网，改变以往单一节点、平面维度的利益链接关系，为理论模型创建提供了仿真化的现实基础；进而采用信息经济学中的委托-代理理论，从农户所处的双重委托代理链条的中间位置入手，探索利益各方不合作的可能原因，并以此为基础运用合作博弈理论，采用 Shapley 值法、Owen 值法等，从静态延伸到动态，分析多阶段合作过程中的策略均衡，通过引入策略性让步策略、合作微分博弈等方法分析长期合作联盟的利益保障问题，这种研究思路巧妙地将新制度经济学、信息经济学中的理论纳入一体化分析框架，改变了传统单一运用某一理论导致的片面性，这在研究方法上有一定创新。

第 3 章　国内外农地制度变迁及趋势

3.1　中国农地制度变迁

3.1.1　土地改革时期的农地制度

1. 农地制度改革时代背景

新中国成立以前，中国是一个半殖民地半封建社会的国家。在这一时期的土地制度之下，占农村人口百分之九十以上的贫下中农却只能占有不到五分之一的土地，而且常年遭受地主、富农的剥削和压迫，温饱不保。旧中国经济发展（尤其是农村经济）较为落后的主要原因就在于这种以土地所有权高度集中于地主而租佃关系极其分散为特征的封建土地制度。在新中国成立之后，国家各行各业百废待兴，急需出台系统的配套政策来巩固新民主主义革命的果实，稳定民心。然而，由于土地改革尚未在新解放区实行，拥有三亿多人口的新解放区农村亟待进行土地改革，以稳定政局、发展经济。高度集中的农村土地所有权与租佃农民之间的对立关系，是延续在中国农村历史上的主要矛盾。因此，为了提高农民的生产积极性，巩固革命胜利果实，中国共产党必须重视对农地制度的设计。

新中国成立后，按照《中国人民政治协商会议共同纲领》的规定，国家开始逐步废除土地的封建所有制度。1950 年 1 月，中共中央下达《关于在各级人民政府内设土改委员会和组织各级农协直接领导土改运动的指示》，新解放区开始进行土地改革运动，在农村变革生产关系，以稳定和促进农业发展。1950 年 6 月，中央人民政府委员会通过和颁布实施《土地改革法》，作为指导土地改革的基本法律依据。

2. 农地制度改革本质特征

土地改革时期农地制度改革的本质是由中国共产党领导的自上而下的土地革命，目标是变封建地主土地私有制为“农民私有、农民私营”的农民土地私有制。这一时期的农地制度改革以立法的形式明确了“耕者有其田”的政策思想，为农民获得完全的土地权利提供了法律保障。①生产模式。一是土地分配方式。以乡村为单位的土地改革，全部农村人口都可以通过无偿分配的方式，以抽多补少、远近搭配的分配原则来获得相对均等的土地。总之，土地改革时期，我国农地产权制度的基本格局是除了少部分农地产权归国家所有之外，主要实行农民土地所有制，农民所拥有的土地完整而统一。二是生产方式。这一时期的农业活动是以农户家庭为生产和经营单位组织农业生产的，家庭作为组织生产的独立单位为农业生产提供基本的劳动力、物质生产资料、资金，最终和国家分享农业收益。②收益分配方式。这一时期农地作为农民的最大宗资产，其收益分配方式直接影响了国家政权的稳定和经济的恢复发展。从本质上看，当时的农地制度实际上是一种彻底的村社内部均分制，使得农民获得除了土地租让权之外的大部分私有的所有权。农地的收益分配由国家、集体和农户私人共享，交够国家的，留足集体的，剩下的都是农户个人所有，保证了农户家庭生活所需，有利于提高农户生产积极性。

3. 农地制度改革绩效评价

1）积极影响

这一时期的农地制度是一种通过国家政治手段强力建立的、具有强制性特点的土地制度。这一时期，国家力量支持下的农民土地私有制不仅实施和运行成本低，农民还获得了完全的土地私有权利，制度的运转效率远超过旧时的封建地主土地私有制，其优良的制度绩效具体体现为如下几点。

一是经济效率。从经济效率来看，首先，此次土地改革废除了旧中国的地主土地私有制，形成了新的农民土地私有制，即农村土地归农民私人所有，并且以农户家庭为生产和经营单位组织农业生产的土地制度。它彻底消除了土地的租佃权，使农地使用权和所有权高度统一，实现了农业生产者和生产资料相结合，农民对农业剩余产品享有索取权，不再遭受剥削，形成了有效激励。此外，由于土地所有权属于农民，农民拥有对土地长期投资的未来收益，故此，给予了农民关于土地长期投资的正向激励，增加了农民自发对土地长期投资。其次，其效率优势体现为这一时期农村生产要素（土地、人力、资金）可以自由流动，土地市场进入频率、交换程度创新高。市场的竞争机制使农村生产要素不停地进行优化重组，从而产生了优劣差距，在这种频繁分化中，生产力得到了空前发展。主要体现为，这一时期我国农村的中农、富农比例增多，出现“农村中农化”。这一时期，土地制度改革经济效率的现实体现为：在这种农民土地私有制的制度安排下，我国农业取得了较大发展，具体表现为平均面积产值和平均劳动力产值都得到了相当幅度的提升，到 1952 年底，新的农地制度带来的农业收益更加突出，按 1952 年不变价格计算，全国农业总产值由 1949 年的 326 亿元增长到 1952 年的 484 亿元，三年增长了 48.5%。三年中全国粮食产量平均每年增长 15%，到 1952 年粮食总产量已超过抗战前最高水平的 17%（颜信顺，2011）。

二是社会公平。从社会公平角度来看，土地归属农民私有体现了“起点公平”的特点，农民相对平等地拥有了土地，这在新中国成立之前的各个历史阶段是从来没有过的土地制度创举，它赋予农民平等的生产资料、同等的生产机会以及同等获利的可能性，在很大程度上解决了当时农村地区贫富差距过大的问题，促进了社会公平。

三是政治效应。直观来讲，这一时期的土地改革运动，彻底摧毁了我国存在了两千多年的封建土地制度，消灭了地主阶级，直接强有力地巩固了工农联盟和人民民主专政。所以，在土地改革时期，农地制度带有很强的政治效应，并且国家通过政治手段推进农地改革也获得了其政治权威的积累，这在新旧中国政权交替时期起到了稳定民心、巩固政权的作用。

2）消极影响

这一时期的土地改革在当时起到了空前的积极作用，但从长远来看也存在一定的历史局限性。首先，生产资料的分化导致农村贫富差距很快显现出来，农村的稳定秩序也被潜在的矛盾威胁。还有一点值得注意的是，土地改革后形成的个体分散经营的小农经济模式不仅导致了土地、资金、技术等生产要素无法实现规模效益，长期来看，土地的细碎化导致农业科技的普及效率低下，进而导致我国农业向规模化、集约化发展速度减缓、时间变长。

3.1.2 互助组时期的农地制度

1. 农地制度改革时代背景

1）国际背景

马克思不仅主张工人阶级进行合作生产来动摇资本主义制度的基础，而且还注重农业的互助合作，他主张根据国情和实际情况选择推行农业合作社的形式。同时马克思和恩格斯还主张，通过互利互助原则，借助国家力量引导农民自愿走合作化道路，进而改变农民土地所有制形式。继马克思和恩格斯之后，列宁也提出了农村互助生产的相关主张，他认为，国家经济摆脱困难，取得迅速的发展，都是在生产中实行了互助合作制度，恢复了自由贸易和商品交换的结果（韦青松，2010）。苏联的成功实践进一步证实了互助合作社对无产阶级政权的巩固作用。

2）国内背景

新中国成立以前，中国小农经济一直占据着农村经济的主导地位，农户家庭个体生产力低下，为了维持生存，农户个体之间的互助行为由来已久。新中国成立之后，随着政局日渐稳定，农村经济也得到很大程度的发展，但是由于农业基础薄弱，农业生产资料依旧匮乏，对农民来说，此时还必须解决劳动力、农机具、农田水利等问题。而新中国成立初期，沿海的较发达城市作为国家工业发展的前沿阵地，在短时间内无法为内陆农村地区供给农业生产资料。在此背景下，一些农村地区出现了互助组成功的典范，并且得到了政府的支持，加之农村贫富分化日益加重，农业生产者和国家都意识到推进互助组运动的必要性。因此，自 1951 年之后，在国家推动下我国农村互助组运动发展迅速，由临时性互助组逐渐发展为常年固定性互助组，最终发展为农业生产合作社。

2. 农地制度改革本质特征

1）生产模式

互助组时期，互助组内的产权制度继承和沿袭了土地改革的直接经济成果，即在废除封建地主土地所有制的同时建立起来的个体农民对土地等生产资料的个体农民私有制。当时的互助组主要是两种形式，包括临时性互助组和常年固定性互助组，都没有超越土地产权农民私有的制度形式，农民依旧享有完全的土地私有权利。参加互助组的农民只是在细微的农业生产环节上进行协作，来缓解劳动力和生产资料缺乏的状况。随着互助组的发展，开始呈现出不同类型，主要有以下几种。

一是临时互助组织，包括临时季节性互助组和季节性互助组。

临时季节性互助组主要表现为临时换工和帮工互助两种形式，这种组织形式是以亲友帮工、合伙养牛、人工互换、人工换牛工等为基础的组成，它源自旧时传统的换工互助形式：农村农忙季节会有亲帮亲、邻帮邻的传统，无固定形式，不排工，也不计工算账。这种互助活动仅限于农活节令不紧时的邻里互助，反而在农忙时期，各家都忙于自家农务生产，使互助活动难以为继，农户的生产困境仍旧得不到有效持续的解决。

季节性互助组由临时季节性互助组演变而来，具有极强的季节特性。首先，它有初步的计工、排工制度。季节性互助组内的评工计工一般是用工换工，即按照自然时间（日或时）计工；在安排耕作先后顺序时有个标准，即抢时令时按“需要”，一般情况时就按“就便”。其次，它有公平合理的合约安排。这种劳动互助多为主要劳动力参加换工，劳动力之间的强弱和技术高低相差不大，在常年互助组内，评工计分要根据劳动力强弱、技术水平高低评定；耕畜、农具报酬的规定不高也不低；耕作顺序的安排按时令缓急来定。这就弥补了前一种互助组织农忙时节不起作用的缺陷。

二是常年互助组织，包括常年固定性互助组和常年高级互助组。常年固定型互助组也分两种形式：常年初级和高级互助组。常年初级互助组一般是政策支持，农民试办，以贫农和贫下中农为主要成员，而且多是由临时互助组织转变而来。互助组因为具有固定的组织形式、坚强的领导骨干、排工记功结账等制度、简单的生产计划、民主的管理制度，对农民组织观念和集体生产意识的强化具有积极的推动作用。

前三种互助组致力于解决农业生产困境，而常年高级互助组则是为了农业生产发展，它致力于将农业生产和技术运用结合起来，并开始关注农副产品的生产。常年高级互助组的特点是：农业生产与技术相结合，提高农产品产出；拓展农副产品生产销售渠道，增加农村就业机会；在购置共有农具过程中，因产生公共财产而初现公有制成分；在互助组中举办读报学习等活动，提升组内成员的集体意识和知识能力。

三是以土地入股为特点的初级社。初级社是在互助组的基础上由 20～30 户相邻的农户自愿组成，他们按照统一的计划将资产组合起来，进行统一调配使用，最后享受土地本身作物收益和土地分红。初级社以生产队或规模更小的生产组为主要形式，生产队下可再按需划分临时性生产组。生产队在组织上表现出常年固定的特点，即包括劳动力、牲畜、农具和土地在内的生产资料基本常年固定。社员除参加集体生产劳动外，还可经营家庭副业。家庭副业生产工具、零星树木、畜禽和生活资料等归社员私有。

2）收益分配方式

实行土地农民所有制，农户土地上的作物收获归户主自己所有，这是互助组最基本的分配制度。同时在互助组内也存在按资分配、按劳分配的收益分配方式，而对于临时季节性互助组则不存在严格意义上的收益分配制度。当时，土地所有产权仍然归农民所有，因此，农户的土地收益仍归农户私人所有，而互助所付出的劳工则是通过互助双方劳动力互换而相互抵消。此外，由于其时聚时散、短暂互助的特点，互助组内没有公共财产，所以也并不存在可供公共支配的收入。这一时期，收益分配简单有效，很少存在争议。对于常年互助组织，在常年互助组织内，农业生产和经营方式和临时互助组织相同，但是由于其组织固定、规模较大、劳动人数较多，存在公共财产和公共收益，并且有一套完整的计工、排工制度，所以也就有完备的分配方式。这一时期，收益分配主要是依靠农民承认的工分制度，而工分制度主要有以下几种情况：第一，劳动力的评工计分。由劳动力的强弱和绩效来进行打分，首先根据劳动力质量来打出基础分数，然后根据各位劳动力的劳动情况在基础分上给予扣分或加分，对于有特殊技术贡献的劳动力实行基础分＋技术分，用来区分劳动力的强弱和技术差异，这在一定程度上体现了评分公平，对农民起到激励作用。具体的评分方法有：按日计工、按时计工、评分活计、评分死计、按活计工、男女工（同工同酬、同工不同酬）。其中男女工是为了区分男女劳动力在劳动输出上的差别，一般在待遇上女工要低于男工。第二，生产要素的评工计分。生产要素主要包括耕牛和农具，而因为生产要素归农民私有，所以农具和耕牛就需要有偿使用，体现了互助组内“互利等价”的原则。首先，是对耕牛的评工计分。耕牛是农户主要的私有生产资料，且耕牛稀缺是形成互助组的主要原因，所以对耕牛评工计分也是互助合作的主要内容。对耕牛的评工计分主要有五种：租牛、伙养牛、人工换牛工、耕牛计分、计件工。其中伙养牛指的是由农户共同出资购买、饲养、使用耕牛，也可以将耕牛通过折价的方式出售给互助组公有，而每户农户的出资额则按田摊派，对牧童则按工计分，给付工酬。其次，是对农具进行评分计工。主要有两种：私有伙用、死计分。其中死计分又分为两种：按时计分、按件计分。第三，计分和算账。互助组内的耕牛、农具、劳动力往往相互调剂，以完成农业生产，但是由于在实际操作中各户的生产资料和劳动力消耗不可避免地会存在差异，这就需要通过等价交换的原则进行补偿，以顺利完成最终分配，因此，计分和算账应运而生。它主要包括：账簿计工、工票制、账簿计工和工票制相结合。其中第三种方式是一面用工票，一面计底账，能够缓解前两者存在的弊端，相对合理。对于土地入股的农业生产合作社，合作社每年的收入实行统一分配，扣除当年生产费用外，还要提取一定比例的公积金和公益金。在地域上相邻的农户组成初级社，并将社内零散的资产归总后，再统一按照两种分配方式进行收入分配，一种是按工具、牲畜等生产资料入股比重进行分红，另一种则是按照任务完成情况给付报酬，但在这种情况下工具、土地等生产资料仍归单个农户所有。分配次序为：①缴纳农业税；②扣除生产费；③提取公积金、公益金；④支付社员土地、林木、牧畜报酬和租种土地的租金；⑤扣除前四项支出后的剩余部分，按劳动日分配给社员。

3. 农地制度改革绩效评价

1）积极作用

一是经济效率。首先，从产权制度方面来看，第一，互助组内土地上的收益归农民私人所有，对生产资料和劳动力实行按资分配和按劳分配相结合，所实施的等价交换、折价补偿充分尊重了农民的土地私有权利，对农民产生正向的激励作用。第二，由集体组成的劳动组织因其具有公有制和私有制双重特性，能够发挥集体优势，对激发个体劳动积极性、解决个体农户家庭资源单一匮乏问题具有积极作用，从而促进农业农村经济的发展。其次，从其他方面来看，第一，互助组的建立能够降低生产风险，比如农业基础设施的修建和土地的改良抵御了诸多自然灾害，为脆弱的农业生产提供了保障。第二，提高了农业生产技术。主要表现在两方面：一方面是应用改良品种、新化学肥料、新农具以及新的耕作知识和技术；另一方面是互助组内农业技术培训、生产经验交流、政府对农业科研的支持都使科技成果与农业生产相结合，实现粮食增产。第三，互助组生产有利于农业分工和副业的发展，间接提高了劳动效率。互助组内对耕牛、农具等进行统一调配，在一定程度上实现分工、分业。在分工方面，组内成员可以发挥自己的特长来从事某一项工作，随着技术的熟练，工作效率会大大提高；在分业方面，有些互助组合理安排组内劳动力进行农地劳动，剩余的劳动力用来从事副业，比如编席子、编草袋、养鸡、养猪，经营粉房等副业，以此增加组员货币收入。

二是社会公平。互助组时期，农村的人力、牲畜、农具等生产资料相互交换，统一调配，弥补了各家农户生产的短板，使农户的农业收入增加，从而使农村贫农、中农、富农的差距相对减小，促进了农村社会公平。互助组是在共产党领导下的互助组织，它具有半社会主义的萌芽。由诱致性因素导致的互助组运动为日后农业集体化奠定基础，在互助组后期成立初级社和高级社，逐步使土地农民私有制变成土地集体所有制，进而为农村的社会主义改造打开缺口。所以，互助组发展为中国农民走上社会主义道路奠定了重要基础。

2）消极影响

互助组在历史上存在的时间不长，虽然没有进行系统的理论总结和经验交流，其优势和缺陷也都没有充分地暴露，但是其在发挥积极作用的同时确实也存在很多问题，这些问题都直接或间接地影响日后农村的农业生产发展。其消极影响主要有以下两点：一是互助组不是一个稳定的组织，由上文内容可以看出，互助组有临时季节性互助组、常年固定性互助组和初级社，这种由私向公、从互助到共同劳动的动态过渡变化，对农业投资生产的再循环以及农业长期发展都会产生不利影响。此外，早期的互助组仅限于农忙时期互相帮忙，对农户本身的收益并无直接影响，利益不相关容易导致组织涣散和解体。二是常年固定性互助组采用复杂的评分计工方式，在具体实施过程中出现争议不断的排工、出工问题，这种具有初步工业集体劳动性质的管理制度和方法给组员带来了很多农业组织无法解决的矛盾，降低了农业生产的效率，组织凝聚力遭到了破坏，限制了农业生产的进一步发展。

3.1.3　人民公社时期的农地制度

1. 农地制度改革的时代背景

1953 年初，始于新中国成立初期的土地改革基本完成，封建时期地主所有的土地剥削制度被彻底废除，农民拥有土地权利后，农村经济开始逐步恢复。1953 年 9 月，随着过渡时期总路线在全国确定，社会主义“三大改造”便逐步在全国开展起来。农业是“一化三改”的关键任务之一，国家对农业的社会主义改造也在稳步推进。这个阶段按照中国对发展社会主义经济制度的基本构想，对农业的社会主义改造的核心思想是希望通过农业合作化运动来引导农民走集体化道路，所以中国农村先后成立了包括土地在内的生产资料组内私有和小规模合作生产的互助组，以农民土地入股、统一经营、集中分配为主的初级社，生产资料转归合作社集体所有的高级社，同时也为人民公社化运动拉响了前奏。

1957 年底，由于“一五”计划的超额完成，加之在国内外形势的催化和“加速进入社会主义”的战略思想引导下，为了进一步扩大合作社规模，中央推行了

“小社并大社”的举措，并在此基础上通过了《关于在农村建立人民公社问题的决议》，而后人民公社化运动便在全国范围内快速实施起来。在人民公社时期，农村的生产经营在很大程度上受到了“左”倾思想的影响，“浮夸风”“共产风”等不良社会风气盛行，国民经济也严重受挫。

2. 农地制度改革本质特征

1）权属关系

在人民公社时期，将原各农业合作社合并为人民公社，并将农业合作社的所有生产资料收归集体所有。在1962年正式通过的《农村人民公社工作条例（修正草案）》中，确定了“三级所有，队为基础”的集体所有体制，即人民公社所有制、生产大队所有制和生产队所有制，并以生产队作为农村生产资料的基本组织、核算和所有单位，以此强化生产队对土地的所有权和使用权。人民公社制度允许公社成员在保留少量自留地的基础上从事小范围的农业副业，从而使得农村集市贸易得以保存；虽然宅基地权属生产队集体，但社员可在禁止私下交易宅基地的前提之下长期无偿使用宅基地。在这个阶段，“农民所有，个体经营”的农民土地私有制的农地所有权形态被彻底解除，取而代之的是“集体所有，集体经营”的农村集体所有制，包括土地在内的生产资料无偿归属集体所有，集体再根据政府指令来统一调控安排生产活动所需的生产资料。

2）社会保障制度

在人民公社时期，人民公社采取了形式和渠道均多样化的社保制度来强化公社体制的凝聚力和巩固党在农村地区的号召力，比较突出的有对农业生产的贷款支持、对粮食的返销制度、对生活困难社员的社会救济、农村合作医疗等。其中农村合作医疗是人民公社时期社保制度的一个重要体现。在这个阶段，公共卫生保健制度是在公社三级组织内、面向全体社员的基础上建立的，并由“一院两站”构成，即生产大队卫生站、公社卫生院和县人民医院三级卫生网站，生产大队负责统筹安排全体社员的医疗费用，卫生站的医生负责社员的医疗救治、防疫保健等工作，卫生站的医生无法解决的疑难病症患者则会转送至卫生院或者县医院。这个阶段的农村合作医疗制度几乎涵盖了全国所有乡村，体现了以乡村社区自我保健为主的公共保健制度特点。

3. 农地制度改革绩效评价

人民公社时期，包括土地在内的生产资料全部收归集体所有，并在此基础上严格执行“三化”制度，即组织军事化、行动战斗化和生活集体化，同时人民公社以“一大二公”（公社规模大和公有化程度高）、“一平二调”（平均主义和无偿调拨）为基调，从各方面严格把握人民公社集体共享的特点。

1）积极影响

人民公社制度在中国农村发展史上维持了20余年，是一项持续时间长、个性鲜明的农村社会制度，在后来农村社会制度的演变中也有着深远的影响。纵观人民公社在历史舞台发挥作用的20余年时间，中国正处于政治和社会生活百废待兴的关键阶段，在此背景下，人民公社制度就成为农村地区的强效稳定剂。高度集中的制度安排使得当时的农村社会在生产生活各方面都能维持相对稳定的局面，有效减缓了整个中国社会的混乱状况。而人民公社制度的出现也遏制了土地改革之后重新出现贫富分化的现象，避免了像其他发展中国家那样由土地私有制造成的政治经济危机。同时从历史实践中总结而来的经验教训是对社会发展最好的指向标，在人民公社制度的经验积累下家庭联产承包责任制逐渐成熟，可以说人民公社制度为后面的农村改革提供了重要的经验参考，并为其打下了坚实的基础。

2）消极影响

农民群众在高度集中的组织中进行农业生产和其他日常生产活动，一方面直接体现了人民公社制度的本质特征，另一方面也体现出这个阶段的历史局限性，具体表现为以下两个方面。第一，在产权的权属方面，明晰的产权权属关系对农业生产具有正向的促进作用。虽然这个阶段已明确规定以生产队作为农村生产资料的所有单位，但是这个时期的农村经济正处于百废待兴的恢复阶段，生产队高度集中的模式和其倡导的"平均主义"不仅不能满足农民的生产生活所需，而且由于其模式单一，缺乏有效的激励机制，对农民的生产积极性也产生了消极影响。第二，当时倡导的"一大二公"和"一平二调"严重脱离了中国社会的实际情况，一味追求合作社规模和公有化程度在量上的扩张，而忽视了生产关系要与生产力发展状况相适应的客观发展规律，导致在过于集中的权利体系中，没有建立起相应的责任制度。同时，在农民丧失农业生产自主权而导致生产积极性受挫的影响下，农产品的供给急剧下降，国民经济发展因此严重受限。人民公社化运动时期我国浪费了大量资源，造成国民经济比例严重失调，农民劳动积极性也因此严重受挫，农村社会生产力的培育和释放进一步受限。

3.1.4 家庭联产承包责任制改革

1. 家庭联产承包责任制改革时代背景

1978年，中国迎来了具有划时代意义的党的十一届三中全会的顺利召开，至此，改革开放的春风开始吹拂祖国大地，风雨飘摇的中国经济也迎来了转变的历史机遇。中国作为农业大国，农村经济的改革牵动着整个国民经济的发展方向。

人民公社“三级所有，队为基础”的集体所有的生产经营方式经过实践的检验后显然已不能满足中国农村发展的迫切需求，穷则思变，通过改革来稳定当下土地政策就成为首要任务。

党的十一届三中全会召开以后，改革开放逐渐成为我国经济发展的主旋律。而土地政策作为经济改革的核心内容，始于农村地区的农地制度就成为经济改革的先行者。1978 年 11 月 24 日，安徽省凤阳县小岗村 18 位村民以户为单位分开承包集体土地的突破性尝试开启了家庭联产承包责任制的先例，极大挑战了人民公社时期的“大锅饭”制度。虽然小岗村的首次尝试就大获丰收，与人民公社时期农村停滞不前的状态形成了鲜明的对比，但是“包产到户”的做法仍然饱受质疑和批判，直到 1980 年 5 月 31 日，针对农村改革出现的包产到户问题，邓小平同志在同中央负责工作人员谈话时指出：农村改革开放以后，一些适宜搞包产到户的地方搞了包户到户，效果很好，变化很快（龙新民，2019）。肯定了小岗村“包产到户”的做法和成效，各方意见才逐渐开始达成一致；1982 年，中央一号文件正式确定了家庭联产承包责任制作为中国农村土地制度的合法地位。为了稳定人民公社制度结束和家庭联产承包责任制确立这段过渡时期的土地制度，党中央逐步推出系列土地政策，前后经历了过渡和确立期、稳定和发展期、稳固和深化期、完善和转折期四个逻辑衔接阶段，在党中央的积极引导下，家庭联产承包责任制在农村得以巩固和完善，同时多元化的生产经营方式在农村地区蓬勃发展，农民增收渠道进一步拓宽，农村经济也得到了突飞猛进的发展。

2. 家庭联产承包责任制本质特征

家庭联产承包责任制是以家庭为单位的农户承包集体组织的生产资料（主要是土地）和生产任务的农业生产责任制形式。家庭联产承包责任制仍以土地的集体所有制为基本前提，但与人民公社制度不同的是它允许农户以家庭为单位，按照家庭规模即农户家庭的人口数量承包集体土地，然后自主经营所承包的土地，即“包产到户，包干到户”。同时农户与国家签订合同，在向国家缴纳了合同约定的生产任务所要求的农产品数量后，农户可自由处理余下的农产品，包括自给所需和在自由市场上交易。这个阶段的显著特征是“集体所有，家庭经营”，集体继续保留土地所有权，但土地的承包经营权归属农民，首次实现了土地所有权和经营权的分离，而农业生产责任制的本质属性也要求农户在承包集体土地的同时，也要承包集体组织的生产任务。

3. 家庭联产承包责任制改革绩效评价

1）积极影响

作为始于改革开放以后的农地制度改革，家庭联产承包责任制为新时期农村经济的恢复与发展奠定了坚实的基础。首先，家庭联产承包责任制的实施彻底打破了人民公社时期以“一大二公”为特征的传统计划经济体制下低效的产出格局，有效缓解了合作社时期监督困难、农民积极性和效率低下的问题。在允许农户以家庭为单位承包农村土地的制度推动下，农户的收入回报与其付出在量上产生了直接联系，在家庭经营的背景下，农民享有农业生产的剩余所有权，极大地激发了农民的生产积极性，充分调动了个人的主观能动性，使得农村生产力进一步释放，农业产出效率也大大提高。其次，家庭联产承包责任制的推行使得农村的市场化机制逐渐建立起来，农村市场的非农部门开始发挥作用，乡镇企业的发展为农民非农就业创造了大量机会，促进了农村剩余劳动力向非农产业部门转移，在一定程度上也促进了二、三产业的蓬勃发展；同时，“包产到户，包干到户”的土地制度有利于农村地区进一步发挥比较优势，促进资源的合理配置与流动。由于各家各户土地、劳动力的边际产出各有不同，而在合作社体制下各地区的粮食主要在本区域内进行分配，进行相对割据独立的管理，因此在合作社体制之下农产资源的发展也相对比较停滞。家庭联产承包责任制通过市场机制的作用，使得对粮食生产具有比较优势的农户可以在不同区域间自由交换农产品，这对农民利益的保护和资源配置的有效性而言都是极大的保障。

2）消极影响

由于特殊的制度依赖路径，家庭联产承包责任制也表现出了一定的历史局限性。以家庭为单位的分散经营方式，使得农业经营规模过小，难以达到规模经济的经营效益；另外存在于家庭经营下的细碎化农田结构为农业的规模化经营带来诸多不便，加之每户农民家庭能够经营的土地十分有限，使得农业机械化种植无法大规模普及，高端的农业技术成果难以体现，也在一定程度上导致中国的农业科技贡献率水平较低的局面。

3.2 日本和韩国的农地制度变迁

3.2.1 日本的农地制度变迁

1. 基本情况

日本是四面环海的岛国，属于人多地少、农地资源紧缺、土地细碎化的典型国家。日本国土面积为 3780 万公顷，2022 年，可耕种的农地面积约为 400 万公顷，人均耕地面积仅为 0.031 公顷；日本国内人口老龄化现象严重，200 万左右的农业就业人口中有近六成的人口年龄超过 65 岁。同时由于日本长期以来较低的粮食自给率，其国内存在大量依赖国外进口的粮食需求，如大米、小麦、玉米等大田作物都需要大量依赖海外进口才能解决日本国内的粮食自需。但是长期以来，日本致力于农地保护和耕地有效使用的研究，并且取得了显著成效，使其成为世界上农地使用较为合理的国家之一。

2. 农地制度

日本的农地制度改革始于二战以后，是战后的日本在寻求经济复苏过程中所采取的特殊政策。日本明治时期的农地制度实行的是以地主土地所有制和土地租佃制为主的封建土地制度，这对于日本农业生产力的释放和资本主义的整体发展都是极其严重的桎梏，加之农民运动的不断盛行，给战后亟须解决国内经济低迷问题的日本政府施加了极大的压力。所以，从 1945 年 12 月起日本实行了旨在保护耕地者权利的第一次土地改革，此次改革出台实施了一系列保护佃农、扶持自耕农、抑制地主权利的政策措施，诸如佃农可以以合理的价格从地主处购入土地、已脱离佃农身份的农民理应获得法律的保护、减少地主的保有土地、土地买卖必须经由政府进行才能视为合法。

1952 日本制定了《农地法》，主要对土地的管制问题进行了明确，并首次立法确立了土地的农民所有制性质。首先《农地法》对土地的使用数量明确了严格的界限；然后对农业生产主体进行了界定，即农业生产的主体应为自耕农而非雇用农民耕作土地的农主；同时对地主收回已出租土地的情况进行了严格的限制。《农地法》的条例设定旨在防止封建地主剥削制度的复辟和租佃制的复活。但首次制定的《农地法》在一定程度上阻碍了生产要素的自由流动，限制了农业生产的规模扩大，对农业投资经营产生了极大的负面效应，所以《农地法》先后多次被修改，发展至今《农地法》已成为日本保护农地所有者权益的核心法律。

由于国内资源禀赋的限制，为了稳定农业生产、提高产出效率，现如今日本也在保证农民土地所有制的前提下积极寻求农地发展的有效途径，其中较为突出的是日本的农地规模经营制度体系。首先是要培育专业的农业经营者，其中对农业经营者的认定制定了专门的规章，对已认定的农业经营者给予经营集聚协力金支持和农业经营安定所得补偿。其次鼓励农地向核心经营者集中，向转出耕地者提供经营转换协助金以支持其耕地流转；并成立了农地中间管理机构，负责集中流转和平整土地，同时对中间机构流转土地提供税收优惠，以此来促进农地的流转和连片化经营；为了促进规模经营，日本也逐渐放宽了工商企业经营农地的限制条件，放宽农业生产法人资格的认定条件，并在不改变农地用途和符合市町村农业委员会审核的前提下取消特定法人的租赁制度；日本政府也为已认定为农业经营者的农民提供金融政策方面的扶持，一方面为其提供农业经营强化基础资金、青年务农资金、农业现代化资金；另一方面日本政策金融公库也为农业经营者提供高额度的金融贷款、较长时限的贷款周期以及更低的贷款利率，以此鼓励农业经营者扩大生产规模，拓宽国内农产品的供给市场。

3.2.2　韩国的农地制度变迁

1. 基本情况

韩国成立初期，作为典型的农业国家，农业是支撑其经济发展的基础产业。韩国地处东亚，农业资源稀缺，截至 2023 年耕地面积为 183.56 万公顷，其中 18.4%为农耕地，人均耕地不足 0.04 公顷，是世界上人均耕地较少的国家之一。韩国耕地中有近 2/3 为水田，加之气候适宜，水稻成为主要种植作物，但随着韩国工业化和城市化进程的不断推进，耕地面积进一步减少，粮食自给率持续下降，所以韩国农产品的进口依赖程度高，除大米和薯类可以勉强自给外，大部分粮食都要依赖进口来满足国内需求。并且随着韩国经济的高速发展，农业对国民经济的贡献率不断下降，农业在国民经济中所处的地位也发生了巨大改变，与此同时农业从业人员迅速减少，农村劳动力老龄化现象明显。迫于人多地稀、资源匮乏、农村劳动力素质下降的困境，自 20 世纪 70 年代起，韩国政府就积极实施农地制度改革，推动农地流转和农地保护，以此来提高农地的利用率和生产效率。

2. 农地改革

二战以后日本战败，韩国从日本的殖民统治中得以光复，迫切寻求政权稳定和经济复苏的韩国政府战后就实施了一系列土地改革政策。早期的土地改革，主要围绕土地分配和取消租佃制度进行，其主要目标是建立属于自己的自耕农体制。后期的农地制度改革则主要围绕耕地的开发保护、农地流转以及土地法制的完善健全进行。

因为长期以来垄断式土地私人占有的权属关系，韩国也成为典型的土地私有制国家。韩国农业多以家庭小规模经营为主，这种私有土地分散经营的模式对农业现代化产生了诸多限制，因此如何推动农地的有效流转和耕地的开发保护就成为韩国农地改革中经久不变的主旋律。1972 年，韩国政府开始制定颁布一系列农地相关的法律（1994 年经整理后统一命名为《农地法》），法案中对土地用途的限制、农地类型的划分、农地基金的设立等内容进行了明确界定。同时国内所有土地也被划分为五个地域类型，即城市地域、准城市地域、农林地域、准农林地域、自然环境保护地域，并对各自部分地域的具体用途做了明确界定，土地用途受到了严格限制。政府对划定的农村土地也执行严格的保护措施，如设定农地保护等级，以此来保障国家的耕地安全；针对农地转用的问题，韩国划分了农业振兴区域和农业保护区域，并在此基础上制定了转用许可制度，该措施将可转用 40%的优质农地下降为 20%；农地基金是指由政府设立，对新农地的开发平整、农地的规模化使用进行补偿的机制，这项基金的设立旨在鼓励农民开发农地潜力、扩大农业经营规模，最大限度地提高农地的利用效率。同时为了最大限度地利用土地，减少土地撂荒的情况，韩国政府还颁布了《开发促进法》，专门对土地开发利用的相关政策措施进行了细化规定。

3.2.3　经验启示

日本、韩国都是中国一衣带水的邻邦，又同为人口众多而农地资源紧缺的国家。日本、韩国在农地改制初期同时面临着提高农地使用效率和农业效益的历史使命，通过一系列改制措施最终实现了农业现代化，上述国家的成功施政经验对我国的农地制度改革具有重要的参考价值。

第一，明确界定农地权属关系，确保地权稳定。日本推行土地农民私有，并通过立法保障农民土地所有权的持续稳定，政府积极介入并推动土地有序流转，促进规模化经营。事实证明，长期稳定的农地产权制度并没有导致日本土地的过度集中和占有不公，相反，在保证土地私人所有的前提下，政府的诱导扶持和支持政策成效显著，农地使用权流转，土地分散化、细碎化现象得以缓解，农业规模化经营得以实现。我国实行的是农村土地集体所有，农民拥有承包经营权，经营权可以流转。为更合理利用土地，明晰农地权属关系就尤为重要，解决阻碍农地有序流转过程中的土地权属问题，并给予农户土地承包权益的法律保护，促进农地规模经营，对我国农业现代化发展具有现实意义。

第二，要重视农地保护问题，保障农地安全。虽然中国拥有占世界耕地面积10%的农耕地，但在巨大的人口基数面前，中国仍是全世界人均耕地较少的国家。随着国家工业化和城市化进程的全速推进，农用耕地被占用，农地安全的警钟也随之敲响。近年来随着乡村振兴战略的实施，“保护 18 亿亩耕地红线”又再次成为政策关注的焦点。这一点可以借鉴韩国的经验。韩国在后工业化时期，产业结构的优化升级导致农村劳动力的大量转移，而留守农村的劳动力呈现出明显的老龄化现象，所以农地占用和撂荒成为韩国农地安全的一大威胁。基于这种情况，韩国政府积极制定相关的政策，对土地类型进行划分，严格限制土地用途，并在此基础上制定了农地保护的等级和标准，从中央政府到地方部门分级落实责任分工，形成了一套由上至下、权责清晰、科学管理的农地保护机制。中国在城市化、工业化进程中也要严格遵守农地非农利用的限制条件，严守耕地红线不被突破。一方面对于被征用开发的农地，要制定严格的资格准入的审查制度，另一方面对征地不开发或者对土地造成严重不可逆破坏的征地项目要实施全面监管，并责令限期整改，对逾期不改的征地项目要强行收回并施以处罚措施。

第三，要对进入农业经营领域的工商资本既鼓励支持，又加强监管。纵观日本农地改革的历史，对于工商主体介入农业，日本政府经历了从严格禁止到允许进入的过程，而日本对企业等工商主体进入农业的担忧主要在农地用途的改变，所以现阶段日本的工商主体进入农业前面临诸多严苛的审查。由于目前中国积极倡导多产业融合，并助力促成农业与地方企业的合作，如龙头企业和农业基地的产业联合模式。所以相比于日本，中国的工商资本进入农业的条件就更为宽松。随着越来越多的工商资本和投资主体进入农业领域，所涉及的土地面积日益广泛，农民利益受损、农地用途改变、环境污染等问题也进一步凸显。因此我们既要鼓励支持工商主体介入农业来推动农地流转，也要设置严格的准入门槛，加强对工商资本事前审核和事后监管。同时政府也可以适度介入其中，针对进入企业的经营水平和业务能力为其匹配合适的农业项目。

第四，政府要加大对农村和农业的补贴扶持力度，并辅以金融政策的支撑。为了促进农地的流转，日本出台实施了一系列资金扶持政策，诸如农业经营强化基础资金、青年务农资金等，并对已认定的农业经营者进行免费的农业技术培训和跟踪辅导。另外，日本也积极将资金融资项目引入农业经营领域，为优质的农业项目提供便利的融资渠道和宽松的贷款环境。中国有着相似的资源环境，农业环境复杂，农业人口众多，建立健全农业支持制度体系是一项因地制宜之举。可以通过建立农地经营权流转补贴体系和经营风险控制体系，为流转大户和优质的农业项目提供资金补贴和保险支撑，为其开设专项的融资渠道，来支持农村土地的有序流转和健康发展。

3.3　中国农地制度变迁的内在逻辑和演进趋势

在上述分析中，我们将中国农地制度变迁历程进一步细化为以下九个时期：土地改革期、互助组期、初级社期、高级社期、人民公社期、家庭联产承包责任制确立期、家庭联产承包责任制完善期、家庭联产承包责任制巩固期、“三权分置”期。从产权的角度看，新中国成立至今，农地产权结构主要经历了“产权合一—两权分离—所有权、承包权和经营权三权分置”的变化过程。

3.3.1　内在逻辑

事物所处的外部环境和内部条件共同决定了事物产生发展的必然性，因此中国农地制度的历史变迁是由现实条件和内部产权结构共同约束而形成的阶段性产物，符合国家宏观层面的战略发展需要。从前文的详细分析中可以看出，尽管不同时期关于农地的制度安排表现出不同甚至相互对立的特征，但是这种不同的制度安排下有其内在的联系和逻辑。

20 世纪 50 年代中期土地改革之前，我国农业生产基础设施与农业生产经营技术落后，农地分散种植特征显著，劳动力增加下的农地边际产出逐渐递减，加之农民经营能力弱，农地集中与雇用劳动力现象出现，由此贫富分化加重，并且这种自给自足的小农经济的商品化率和规模化率低的表现无法满足我国工业化发展的需求。因此，我国通过互助组、初级社、高级社等形式，将农地变为集体所有，并开始集体劳动、统一经营，但并没有带来农业总产值的快速增长、要素投入和产值增长速度的增加。1958 年开始的农业合作化发展模式和“三级所有，队为基础”的人民公社新体制，使得农业生产违背经济发展规律、农业总产值下降、生产效率低下等问题层出不穷。随着我国改革开放，人民公社体制时期高度集中的农地产权结构阻碍了当时的农业生产力发展，贫困及生计压力激发了农民开始探索农地产权制度的创新，由下而上催生的家庭联产承包责任制得到推行。在这一农地制度背景下，农民生产积极性得到极大调动，农民收入和农业产出得到空前高速增长。随着农业生产力的不断发展、我国城镇化推进以及对人口流动的放松，大批农民进入非农产业，自发通过“两田制”“股份制”等方式将承包农地交给他人耕种，逐步显现出具有市场化性质的农地制度形式。从 1993 年开始，政策逐步放开了对土地使用权转让的限制，同时随着农业现代化技术的进步和农业机械化的普及，集约化、规模化的农业生产要求与分散、低效率的农地耕种模式相背离，2001～2013 年，关于农地经营权流转和规模经营的相关政策规定不断明确细化，农地“使用权”的“灵活性”和“自由度”逐步加强，农地产权结构细分的农地“三权分置”制度由此确立。

3.3.2　演进趋势

从上述规律看，在城镇化发展进一步加快、劳动力转移进一步推进、农业生产方式亟待调整和农民财产性收入增长缓慢的背景下，要进一步完善农户承包权的权能，赋予农户完整的承包地产权，地权结构细分顺应时势，其核心在于农地经营权的市场化运作，通过市场放活土地经营权，以实现农地适度规模经营，进而降低农业生产成本和提高劳动生产率。地权结构细分这一改革对中国乡村的现代化进程将产生深远影响，它促进了集体成员与土地的分离，促进了新型农业经营主体的进入和成长，为我国农业发展方式转变和农业现代化提供了制度性基础。这一改革的关键就在于解决好农民和土地的关系、农民和新型农业经营主体的关系、新型农业经营主体和土地的关系，既要保护好农民的权利和权益，又要关照新型农业经营主体的生存和发展，因此，坚持农村土地集体所有的根本地位和稳定农村土地的承包关系尤为重要。习近平总书记在党的十九大报告中明确指出“巩固和完善农村基本经营制度，深化农村土地制度改革，完善承包地‘三权’分置制度。保持土地承包关系稳定并长久不变，第二轮土地承包到期后再延长三十年”[①]；2019 年中央一号文件也指出“保持农村土地承包关系稳定并长久不变，研究出台配套政策，指导各地明确第二轮土地承包到期后延包的具体办法，确保政策衔接平稳过渡”；2019 年 6 月中共中央办公厅、国务院办公厅印发的《关于促进小农户和现代农业发展有机衔接的意见》中提出要稳定完善小农户土地政策，衔接落实好第二轮土地承包到期后再延长三十年的政策。建立健全农村土地承包经营权登记制度，为小农户“确实权、颁铁证”。习近平总书记在党的二十大报告中明确指出：“巩固和完善农村基本经营制度，发展新型农村集体经济，发展新型农业经营主体和社会化服务，发展农业适度规模经营。[②]”国家宏观政策对农民承包地产权做了进一步强化，“长久不变”更像是一场及时雨：一是给各级政府指出了未来农村土地承包关系的方向，为放活农地经营权、探索适度规模经营提供了制度保障；二是给广大农民吃了颗“定心丸”，降低了农民流转土地的心理负担成本；三是给新型农业经营主体提供了政策预判，内在激励新型农业经营主体立足农业产业，增加投资，稳步发展。地权结构细分的有效实现巩固了“长久不变”的制度基础，而“长久不变”作为地权结构细分有效实现的前提和基础，也为实现适度规模经营目标搭建了宏观框架。

① 《习近平：决胜全面建成小康社会 夺取新时代中国特色社会主义伟大胜利——在中国共产党第十九次全国代表大会上的报告》，https://www.gov.cn/zhuanti/2017-10/27/content_5234876.htm[2017-10-27]。

② 《习近平：高举中国特色社会主义伟大旗帜 为全面建设社会主义现代化国家而团结奋斗——在中国共产党第二十次全国代表大会上的报告》，https://www.gov.cn/xinwen/2022-10/25/content_5721685.htm[2022-10-25]。

第 4 章　农地制度变迁框架下农地权利解构

新中国成立以来，我国的农地权利结构经历了“产权合一”“两权分离”“所有权、承包权和经营权三权分置”三个阶段。自 1978 年以来，我国集体土地的法定权利类型不断丰富，尤其是《中华人民共和国物权法》[①]出台后，已基本形成独立的权利体系。农地权利解构是指农地权利束因既定法律事实而发生的彼此分离。农地权利解构是指所有权权能在所有权人与非所有权人之间分享，在所有权不发生变动的情况下，非所有权人获得支配农地的权利。农地权利分解后，其各项权能在所有权人和其他利益相关者之间得以重新分配，达到资源有效配置的目的。

4.1　农地权利界定

4.1.1　农地所有权

集体土地所有权是农村集体经济组织成员作为所有权者对集体土地的要求权，这种权利与国家权利、其他私利等都有较大差别（韩松，2016）。法学家哈尔盖对农地所有权给出定义，即“农地所有权是指农地所有者对土地具备的支配性权利。农地所有权具有稳定和发展生产等多重社会功能，相关利益主体在这个过程中享有相应权利和权益”。我国的集体土地所有权除了承担生产活动需要，还包括为集体成员提供生存保障的制度功能，坚持农村土地的集体所有权一直是党在推进农村改革中毫不动摇的政策。“尊重集体所有权”，主要是指集体土地所有权人依法享有对集体土地的相关权能，包括占有权、处置权，以此促进农村集体经济组织在处理农地撂荒问题、平整和改良土地等方面的作用（叶兴庆，2013）。农地所有权具有绝对的排他性，包括占有、使用、收益、处置等四项权利。占有权是指农村集体经济组织全体成员对其拥有的集体土地具有实际支配和控制的权利。使用权是指相关权利人在既定法律规范下，按照自然特性合理使用土地的权利。收益权是指农村集体经济组织获取承包农地上所产生之利益的权利。处置权是财产权利人在法律规定范围内，对农地进行最终处理的权利，处置权决定了农地在事实上的命运，具体体现为农地的发包、担保抵押等。

① 2021 年 1 月 1 日《中华人民共和国民法典》施行，《中华人民共和国物权法》同时废止。

4.1.2 农地承包经营权

根据《中华人民共和国土地管理法》第十三条可知，农民集体所有的土地由本集体经济组织的成员承包经营，从事种植业、林业、畜牧业、渔业生产。家庭承包的耕地的承包期为三十年。发包方和承包方应当订立承包合同，约定双方的权利和义务。农民土地承包经营权受法律保护。承包经营权的性质主要包括以下几点：①承包经营权是以承包合同为根据而产生的农地权利；②承包经营权的主体存在行政隶属关系，发包人一般是集体经济组织，承包方一般是集体经济组织的成员；③承包经营权的内容由承包合同确定，一般只有占有、使用、收益权，而没有处置权；④承包经营权是一种有期限的财产权，承包合同规定的承包期满，承包经营权消灭，承包经营人应将承包财产返还发包人。

4.1.3 农地承包权

依照《中华人民共和国农村土地承包法》第五条规定，农村集体经济组织成员有权依法承包由本集体经济组织发包的农村土地。任何组织和个人不得剥夺和非法限制农村集体经济组织成员承包土地的权利。依照该法第六条、第七条规定，土地承包权的享有应坚持男女平等以及公开、公平、公正的原则。承包权这种取决于农民身份的权利，保障农民与土地的法权联系，承载着“平均地权”的功能（蔡立东和姜楠，2017）。农地承包权是一种特殊的产权，兼具成员的身份性以及财产性。集体经济组织成员是土地承包权的配置主体，表现为农地承载的公平价值取向；农地承包权的具体行使主体是农户，体现为农地承载的效率目标（丁文，2017）。土地承包权是集体成员基于其成员资格而获得的一种独立的权利类型（丁文，2017）。具体内容包括占有、使用、收益、处置等四项权利。占有权是指土地承包权主体在法定权限内依据其集体经济组织成员资格而享有的对承包土地的排他性控制、支配权。使用权是指农地承包主体在既定法律规定下，按照农地特性合理进行农业生产活动的权利。收益权是指土地承包权人获取承包土地上所产生之利益的权利。处置权是指农地承包主体依法对承包农地进行处分的权利。根据国家法律规定，农地处置权利包括出租、转包、互换、转让等权利，此外，还包括其他方式的土地承包权利，如农地担保、抵押、继承等权利。

4.1.4 农地经营权

经营权是一种独立的权利，是从承包经营权中分离出来的权利。农户将依其集体成员身份获得的经营权流转出去，其他组织或者个人依据农地流转合同取得土地经营权。农地产权结构细分后，在“两权分离”的基础上将承包经营权分割为承包权和经营权。可以通过农地流转，将经营权转让。当经营权因租约期限届满后，农地承包人得到圆满的农地承包经营权（蔡立东和姜楠，2017）。经营权能够在一定范围内自由处分，如各地进行的经营权抵押试点就让经营权成为抵押的客体，这为经营权的金融功能发挥提供了很好的示范（蔡立东和姜楠，2017）。《国务院办公厅关于金融服务“三农”发展的若干意见》中，将土地承包经营权、承包土地收益权作为抵押权的标的。2015 年中央一号文件则指出承包土地的经营权可以作为抵押权的标的。经营权的具体内容包括占有、使用、收益、处置等四项权利。占有权是指土地经营权权利人在合同约定但不超过剩余承包期内对土地的排他性控制、支配权。使用权是指农地经营权权利人在既定法律规定下，按照农地自然特性使用农地的权利。收益权是指农地经营权权利人在既定法律范围内，获得其所耕作农地上所产生之利益的权利。处置权是指农地经营权权利人依法对其所流转土地享有处分的权利，如出租、转让、入股、抵押、担保、继承等。

4.2　中国农地产权结构演变

我国的农地产权结构经历了以下三个阶段：所有权与使用权高度统一的“产权合一”阶段，所有权和承包经营权分离的“两权分离”阶段，以及承包权和经营权分离的“三权分置”阶段。产权结构的演变对农村经济发展有着重要的意义。

4.2.1　农地“产权合一”

《土地改革法》明确提出废除地主阶级封建剥削的土地所有制，实行农民的土地所有。这种制度设计让农村土地的产权权能高度统一，农民拥有的是完整的土地产权（赵阳和王学峰，2007）。1950 年的土地制度改革后，国家法律承认土地所有者可以对农地进行自由出租、买卖、经营，因此，在这个阶段农民得到的是完全的土地产权。

1953 年 2 月正式通过的《关于农业生产互助合作的决议》，提倡农民“按照自愿和互利的原则，发展农民互助合作”。在这份决议中，强调以发展初级社为主，并可以用不同生产资料入股。初级社进行统一经营，分配方式以按股分红和按劳分配为主（李德彬，1986）。在互助组向初级社转变的过程中，并未改变土地私有制，但要求农民土地入股、统一生产经营、统一成果分配、入股土地分红。这一阶段农地制度的产权安排有以下特征：农户仍拥有土地所有权，但使用权却与农户初步分离，收益权、处置权则为合作社和农户共同所有，由合作社统一经营使用。“产权合一”阶段的农地产权制度改革先后经历了土地改革时期，互助组、初级社时期，产权结构的演变主要如表 4-1 所示。

表 4-1　“产权合一”阶段农地产权结构

时间段	产权	产权权能			
		占有权	使用权	收益权	处置权
土地改革时期（1950～1952年）	农户拥有土地所有权	农户对其土地拥有实际支配和控制的权利	农户拥有按照农地自然特性和法律规定使用所有人土地的权利	农户拥有获取所有人土地上所产生之利益的权利	农户拥有将所有人土地进行出租、赠予、互换、入股、转让、抵押等权利
互助组、初级社时期（1953～1955 年）	农户拥有土地所有权	农户对其土地拥有终极支配和控制权。互助组和合作社拥有对土地的部分直接控制权	农户和合作社拥有按照农地自然特性和法律规定使用所有人土地的权利	农户和合作社拥有获取所有人土地上所产生之利益的权利	农户拥有将所有人土地进行出租、赠予、互换、入股、转让、抵押等权利

4.2.2　农地“两权分离”

事实证明：有效的产权制度能够促进资源有效配置，但有效的制度并不意味着权利束的高度统一，有时候恰当的权利分解才是解决问题的有效方式（张红宇，2002）。初级社阶段，农民的生产活动以自愿、互利为原则。这种生产方式中，私有产权属性较强，集体产权仍然处于萌芽阶段。1956 年我国进入高级合作化时期，公有产权成为唯一的产权类型。1958 年人民公社化运动展开，这个阶段农地产权结构的变化，使得土地能在更大范围内集中、规模化使用。集体成为农地所有权方，农地的产权边界更加模糊，农户拥有的自主经营权越来越少。1962 年 9 月通过了《农村人民公社工作条例（修正草案）》，指出建立“三级所有，队为基础”的基本制度，生产队拥有了土地所有权。由农户共同商讨决定农地的生产经营活动，从实际来看，这个阶段的农户开始拥有有限的农地使用权、收益权和处置权。但并不具备完整的处置权。1978 年党的十一届三中全会以来，农地制度有着明显的阶段性变迁特征。1979 年至 1983 年间，我国的农地产权制度经历了各种过渡形态的制度变迁，最后确立了集体所有、家庭经营的双层经营方式。1993 年，中共中央、国务院印发《关于当前农业和农村经济发展的若干政策措施》，提出在原定的耕地承包期到期之后，再延长三十年不变。家庭联产承包责任制作为我国农村治理和农村经济发展的一种基本组织形式，成为 20 世纪八九十年代农村经济迅速增长的重要原因。纵观农村土地承包期限的调整以及产权结构的变化，实质上是承包经营权不断物权化的过程。2003 年施行的《中华人民共和国农村土地承包法》对农村土地承包的相关内容进行了细致规定，使所有权和承包经营权具有相对稳定的内涵。高级社、人民公社时期，集体化时期以及家庭联产承包责任制下的“两权分离”时期，农地产权主体和产权权能均在发生变化。“两权分离”阶段农地产权结构如表 4-2 所示。

表 4-2　“两权分离”阶段农地产权结构

时间段	产权	产权权能			
		占有权	使用权	收益权	处置权
高级社时期（1956～1961 年）	生产大队拥有土地所有权	生产大队对其土地拥有实际支配和控制的权利	生产大队拥有按照农地自然特性和政策规定使用所有人土地的权利	生产大队拥有对其土地上所产生之利益进行分配的权利	生产大队拥有将所有人土地进行出租、赠予、互换、入股、转让、抵押等权利
	生产队和农户分别拥有部分土地使用权	生产队对其控制范围内的土地拥有支配和控制的权利	生产队和农户拥有按照农地自然特性和政策规定使用所有人土地的权利	生产队和农户拥有获取所有人土地上所产生之剩余利益的权利	无
集体化时期（1962～1978 年）	生产队拥有土地所有权	生产队对其土地拥有实际支配和控制的权利	生产队拥有按照农地自然特性和政策规定使用所有人土地的权利	生产队拥有对其土地上所产生之利益进行调配的权利	生产队拥有将所有人土地进行出租、赠予、互换、入股、转让、抵押等权利
	生产队和农户拥有土地使用权	生产队对其控制范围内的土地拥有支配和控制的权利	生产队拥有按照农地自然特性和政策规定使用所有人土地的权利	生产队拥有获取所有人土地上所产生之剩余利益的权利	无
家庭联产承包责任制下的“两权分离”时期（1979～2013 年）	集体拥有土地所有权	集体对其土地拥有实际支配和控制的权利	集体拥有按照农地自然特性和政策规定使用所有人土地的权利	集体拥有其土地上所产生之部分利益的权利	集体拥有将土地进行发包的权利
	农户拥有土地承包经营权	农户对其承包土地拥有支配和控制的权利	农户拥有按照农地自然特性和政策规定使用承包土地的权利	农户拥有获取承包土地上所产生之利益的权利	农户拥有土地使用权转让、转包、出租、入股和继承等处置权

4.2.3　农地“三权分置”

政府希望通过稳定的农地产权来刺激农业生产和农业投资，但产权实施的效果并不理想，尤其是出现了大量农转非的现象，主要是因为相应的法律制度不完善。20 世纪 90 年代末，在家庭联产承包责任制的制度环境下，为了进一步发挥家庭农场的激励机制，提高农业生产效率，农地产权改革势在必行。一些地方开始了所有权、承包权和经营权“三权分置”的探索，即农地所有权仍然属于农村集体经济组织，但农地使用权可以交易。在现实中表现为农户仍然拥有农地承包经营权，经营权在一定期限内被转让给其他农地使用者。农村集体经济组织是土地的所有权者，农户是农地承包经营权的权利人，而拥有使用权的农户通过农地经营权流转契约控制土地的收益权（黄祖辉和陈欣欣，1998）。这个阶段的“三权分置”，具有一定效果，但在实践中仍然存在诸多缺点和不足。主要表现在产权结构不够清晰，使用权交易的费用较高，农地的集体控制不利于农地经营权流转。

随着农村经济的发展和农业现代化进程的不断推进，农地经营权流转速度加快。2014 年《关于引导农村土地经营权有序流转发展农业适度规模经营的意见》指出，要“坚持农村土地集体所有权，稳定农户承包权，放活土地经营权”，同时要推进土地承包经营权确权登记颁证工作，促进农地经营权流转，保护农户承包权益。这一意见的出台，强化了农地集体所有权，农地所有权、承包权和经营权三者之间的关系逐渐清晰，不仅为农地经营权流转提供了有力的指导依据，更对农户的承包权利给予了肯定，农地产权形式更为清晰。2017 年，中国的农村土地承包法修正案（草案）提请十二届全国人大常委会第三十次会议初次审议，该草案明确，国家要对农民的承包权益进行保护，稳定农村土地承包关系。本轮农地承包到期后再延长 30 年。此次土地承包法，对 7 个方面的内容进行了修改，包括农地“三权分置”政策、稳定农地承包关系等。土地承包法的修改有利于资源的有效配置和农业现代化的推进。地权结构细分框架下的农地产权结构如表 4-3 所示。

表 4-3　地权结构细分框架下农地产权结构

产权类别	集体拥有土地所有权	农户拥有土地承包权	不同情况下的经营权	
			原土地承包户拥有土地经营权	通过市场流转，其他经营主体获得土地经营权
占有权	集体对其土地拥有支配和控制的权利	承包期内，农户对其土地拥有实际支配和控制的权利	承包期内，农户对其土地拥有实际支配和控制的权利	合同期内，经营主体对其转入的土地拥有实际支配和控制的权利
使用权	集体拥有按照农地自然特性和政策规定使用所有人土地的权利	承包期内，农户拥有按照农地自然特性和政策规定使用承包土地的权利	承包期内，农户拥有按照农地自然特性和政策规定使用承包土地的权利	合同期内，经营主体拥有按照农地自然特性和政策、流转合同规定使用转入土地的权利
收益权	特定情形下，集体拥有获取所有人土地上所产生之部分利益的权利	承包期内，农户拥有获取承包土地上所产生之利益的权利	承包期内，农户拥有获取承包土地上所产生之利益的权利	合同期内，经营主体拥有获取转入土地上所产生之利益的权利
处置权	集体拥有将土地进行发包的权利	承包期内，农户拥有将承包土地自愿有偿退还集体经济组织的权利	承包期内，农户拥有将承包土地出租、转让、入股、抵押、担保、继承等权利	合同期内，经营主体拥有将土地出租、转让、入股、抵押、担保、继承等权利

资料来源：叶兴庆（2013，2015）

4.3 农地制度变迁框架下农地权利属性解构

4.3.1 农地权利的内涵及外延

农地权利是指权利人依据国家法律规定，对农地直接进行支配的权利，包括对农地实施取得利益的各种行为。从产权权能角度来看，农地权利包括占有权、使用权、收益权和处置权四项基本权能。按照农地权利的要素来分，农地权利主要包括权利主体、客体和内容的确定。我国农地权利体系设置有其特殊的主导思想：现行的农地权利制度既要保证公平和效率，又要保障农村社会经济的可持续发展。农地权利的属性取决于权利性质、制度功能以及法律依据等多种要素（丁文，2017）。农地权利制度是经济社会发展的制度基础、依法保护土地权利人合法权益的重要前提；是定分止争，维护和促进社会安定团结的根本环节，也是促进土地资源合理利用与保护的有力保障。

农地权利是一个权利束的概念，包含大量具体的权利，因此农地权利是一个非常广泛的概念。国家的整体社会结构会对农地经营方式产生较大的影响，外在结构的变化必然会影响土地经营方式和相关农地政策，进而不断影响农地权利的外延。在不同的农地产权结构下，农地的权利性质、承载的制度功能都在不断变化。

4.3.2 “产权合一”阶段农地权利属性解构

新中国成立以来，中国先后确立了私有私营（土地改革时期和初级社时期）、公有公营（农业合作化后期和人民公社时期）、公有私营（改革开放至今）的农村土地产权制度，其中的本质就是农村土地所有权与使用权的统一与分离，以及其反映出来的国家、农村集体经济组织、农民之间相互认可的行为关系。

1. 农地权利的性质

土地改革后，农民拥有农地的所有权和使用权，农地权利高度集中（肖卫东和梁春梅，2016）。农民自己耕种自己的土地，既是所有者，又是经营者。1953 年，通过国家政策的引导，在实践中农业生产互助组得到较大发展。这种生产方式是在个体私有制基础上的劳动互助合作，但并没有改变生产资料的私有性质。基本的生产经营单位仍然是家庭，农民拥有高度集中的所有权。初级社只是实现了土地的所有权和使用权的分离，土地的所有权主体仍然是农民。初级社的产权制度安排仍然继承了土地改革时期土地农民私有。“产权合一”阶段农地权利的性质如表 4-4 所示。

表 4-4　“产权合一”阶段农地权利的性质

时间段	农地权利的性质	
	权利的主体	权利的内容
土地改革时期（1950～1952 年）	农户	请求分配土地的权利。《土地改革法》第十条：所有没收和征收得来的土地和其他生产资料，除本法规定收归国家所有者外，均由乡农民协会接收，统一地、公平合理地分配给无地少地及缺乏其他生产资料的贫苦农民所有。对地主亦分给同样的一份，使地主也能依靠自己的劳动维持生活，并在劳动中改造自己。 自由经营、买卖及出租其土地的权利。《土地改革法》第三十条：土地改革完成后，由人民政府发给土地所有证，并承认一切土地所有者自由经营、买卖及出租其土地的权利。 土地分配和财产保护中的民主权利。《土地改革法》第三十四条：为保障土地改革一切措施符合于绝大多数人民的利益及意志，各级人民政府应负责切实保障人民的民主权利，农民及其代表有在各种会议上自由批评及弹劾各方各级的一切工作人员的权利。侵犯上述人民权利者，应受法律判裁
互助组、初级社时期（1953～1955 年）	农户	参与农业生产互助合作的权利。《中共中央关于农业生产互助合作的决议（草案）》中，根据已有的经验，农业生产上的互助合作大体上有三种主要形式。第一种是季节性的，第二种是常年的互助组，第三种是以土地入股为特点的农业生产合作社。中央要求，根据发展农村生产力的必要性，各地发展农业互助合作运动应采取不同的步骤

2. 农地权利承载的制度功能

1）公平视角

（1）土地改革时期。地主阶级失去了大部分土地，大量雇农和贫农在这次改革中分得了土地，受益较多。土地改革后，广大农村实现了“耕者有其田”。在土地改革过程中，广大无地、少地的农户平均分得一定数量的土地，他们除了向国家缴纳一定的税外，没有任何地租。土地改革摧毁了封建土地所有制，实行农民土地所有制。土地改革保证了土地资源的公平分配，使得广大农户“耕者有其田”，维护了新中国成立后的人民政权的稳定。

（2）互助组、初级社时期。根据当地实际情况，农户可以选择加入季节性的互助组、常年的互助组或者以土地入股为特点的农业生产合作社。防止部分农户因生产资料匮乏而造成的两极分化，提高了农业生产率，保证农户在农业经济收入方面的公平。互助组、初级社能在农业技术、生产资料以及农业收入分配方面对贫困农户给予帮助，缓解了土地改革以来农村地区开始凸显的贫富差距问题，促进了农村社会的公平发展。

2）效率视角

（1）土地改革时期。土地改革后，农户拥有了完整的土地产权，可以对所拥有的土地进行自由买卖、出租、抵押等。这个阶段，农户拥有的是完整的土地产权，农地的占有权、使用权、收益权和处置权高度统一。国家对土地进行统一管理，主要承担登记、发证、征收契税等工作。土地改革促进农地产权稳定，使农村社会内部农地制度更加公平，提高了农户的生产积极性，使农村生产迅速得到恢复，我国的粮食产量出现了连续增长。土地制度改革带来的制度绩效也为国家财政经济状况的好转创造了条件。

（2）互助组、初级社时期。农业生产互助组和初级社的成立，实现了一定范围内生产资料的合理配置。有效地缓解了耕畜、犁、耙、刀等农业生产工具缺乏的现状，提高了农业生产效率。牲畜联合，互助生产，有助于克服单家独户缺少牲畜或使用效率低的困难。义务帮工、人畜换工、有偿代耕等方式的实行，促进了农业生产效率的提高。相对于单家独户而又生产力低下的农民个体而言，互助组是一个很大的进步。

4.3.3　“两权分离”阶段农地权利属性解构

1. 农地权利的性质

1956 年，我国农村制度改革进入高级社、人民公社时期。《农村人民公社工作条例（草案）》将生产大队作为基本的核算单位，并对人民公社、生产大队、生产队等相关主体的权利与义务进行了规定。1962 年，《农村人民公社工作条例（修正草案）》对上述主体的权利与义务进行重新规定，并将生产队作为基本的核算单位。至此，将人民公社的基本核算单位由生产大队改为生产队。根据各地方不同的情况，人民公社的组织结构会有差异。根据实际情况，可以选择“公社和生产队”两级生产管理体制，也可以构建“公社、生产大队和生产队”三级生产管理体制。

家庭联产承包责任制下的“两权分离”阶段，农地承包经营权经历了多次调整。开始是适度年限的土地调整，比如各地普遍采取“三年一小调，五年一大调”的做法；后来为适应发展需要，采取以户为单位承包农地，并且保持农地承包关系长久不变，旨在提高农户对经营权的稳定预期，进而提高农地利用绩效。

在“两权分离”制度框架下，为了让农地承包关系稳定发展，鼓励农民种地积极性，农地的集体所有权权能在逐渐让位于农地承包经营权。这个阶段，农地承包经营权权能不断扩张。从产权角度来看，土地承包经营权在向“准所有权”转变（叶兴庆，2014）。农地承包经营权权能不断得到完善，成为农地集体所有制下的家庭保障。农地承包经营权是一种混合性的权利，既是一种身份权，同时也承载着制度保障的功能（刘恒科，2017）。土地承包经营权实际上在农地物权法律体系中承担基础物权的角色，与一般意义上的“用益物权”差异较大（朱广新，2015）。农民的土地承包经营权，正是他们作为土地所有权人的一部分所享有的一项“自物权”（孙宪忠，2016）。集体所有权是构建农村土地权利体系的基石，是其他农村土地权利产生的本权，其他农村土地权利均由集体所有权派生（崔建远，2003）。由此，在双层产权关系中，集体所有权居于主要地位，是本源性权利，土地承包经营权是派生权利。“两权分离”阶段农地权利的性质如表 4-5 所示。

表 4-5　“两权分离”阶段农地权利的性质

时间段	农地权利的性质	
	权利的主体	权利的内容
高级社、人民公社时期（1956～1961 年）	农村人民公社	制订农地经营计划的权利。《农村人民公社工作条例（草案）》第十条：（一）根据国家计划和各生产大队的具体情况，兼顾国家和集体的利益，向各生产大队提出关于生产计划的建议，并且可以对各生产大队拟定的计划，进行合理的调整
	生产大队	农地收益核算和分配的权利。《农村人民公社工作条例（草案）》第二条：公社在经济上，是各生产大队的联合组织。生产大队是基本核算单位，生产队是直接组织社员的生产和生活的单位。《农村人民公社工作条例（草案）》第十七条：各生产队按包产计划上交的产品和收入，生产大队直接经营所得的产品和收入，也都属于生产大队所有，由生产大队分配。 农地所有权。《农村人民公社工作条例（草案）》第十七条：在生产大队范围内，除了生产队所有的和社员所有的生产资料以外，一切土地，耕畜、农具等生产资料，都属于生产大队所有。 制订农地生产计划的权利。《农村人民公社工作条例（草案）》第二十条：生产大队对生产队必须认真实行包产、包工、包成本和超产奖励的三包一奖制
	生产队	有限制地制订农地生产计划的权利。《农村人民公社工作条例（草案）》第二十七：生产队在管理本队生产上，有一定的自主权。在保证完成包产任务的前提下，它有权因地种植、有权安排农活；有权决定增产措施；有权管理本队选留的种子；有权调整本队的劳动定额；在不妨碍水土保持、不破坏森林的条件下，有权在本队范围内，开垦荒地和充分利用一切可能利用的土地。 农地收益分配的权利。《农村人民公社工作条例（草案）》第三十三条：生产队必须认真实行按劳分配、多劳多得，避免社员和社员之间在分配上的平均主义
	农户	耕种自留地、开垦荒地的权利。《农村人民公社工作条例（草案）》第三十七条：人民公社社员可以经营以下的家庭副业生产：耕种由人民公社分配的自留地。自留地一般占当地耕地面积的百分之五，长期归社员家庭使用。 耕种集体土地的权利。《农村人民公社工作条例（草案）》第四十一条：每一个社员都应该自觉地遵守劳动纪律，必须完成应该做的基本劳动工分
集体化时期（1962～1978 年）	农村人民公社	提出农地经营计划建议的权利。《农村人民公社工作条例（修正草案）》第十条：根据国家计划和各生产队的具体情况，兼顾国家和集体的利益，向各生产队提出关于生产计划的建议，并且可以对各生产队拟定的计划，进行合理的调整。在调整的时候，只许采取协商的办法，不许采取强制的办法
	生产大队	对农地经营进行指导、检查和督促的权利。《农村人民公社工作条例（修正草案）》第十九条：对生产队的生产工作、财务管理工作和分配工作，进行正确的指导、检查和督促，帮助它们改善经营管理

续表

时间段	农地权利的性质	
	权利的主体	权利的内容
集体化时期（1962～1978 年）	生产队	农地经营管理、核算和分配农地收益的权利。《农村人民公社工作条例（修正草案）》第二十条：生产队是人民公社中的基本核算单位。它实行独立核算，自负盈亏，直接组织生产，组织收益的分配。这种制度定下来以后，至少三十年不变。第二十二条：生产队对生产的经营管理和收益的分配，有自主权。 农地所有权。《农村人民公社工作条例（修正草案）》第二十一条：生产队范围内的土地，都归生产队所有。生产队所有的土地，包括社员的自留地、自留山、宅基地等等，一律不准出租和买卖
	农户	耕种自留地、开垦零星荒地的权利。《农村人民公社工作条例（修正草案）》第四十条：人民公社社员可以经营以下的家庭副业生产：耕种由集体分配的自留地。自留地一般占生产队耕地面积的百分之五到七，归社员家庭使用，长期不变。经过生产队社员大会讨论和公社或者生产大队批准，在统一规划下，可以开垦零星荒地。 耕种集体土地的权利。《农村人民公社工作条例（修正草案）》第四十四条：要根据农业生产的习惯，按照农忙农闲的情况，安排劳动时间
家庭联产承包责任制下的“两权分离”时期（1979～2013 年）	农村集体经济组织	农地所有权。2004 年 8 月 28 日第二次修正版《中华人民共和国土地管理法》第十条：农民集体所有的土地依法属于村农民集体所有的，由村集体经济组织或者村民委员会经营、管理；已经分别属于村内两个以上农村集体经济组织的农民集体所有的，由村内各该农村集体经济组织或者村民小组经营、管理；已经属于乡（镇）农民集体所有的，由乡（镇）农村集体经济组织经营、管理
	农户	承包农村土地的权利。《中华人民共和国农村土地承包法》（2002 年 8 月 29 日第九届全国人民代表大会常务委员会第二十九次会议通过，2003 年 3 月 1 日起施行）第五条：农村集体经济组织成员有权依法承包由本集体经济组织发包的农村土地。 土地承包经营权流转的权利。《中华人民共和国农村土地承包法》第十条：国家保护承包方依法、自愿、有偿地进行土地承包经营权流转。 享有农地收益的权利、请求赔偿的权利。《中华人民共和国农村土地承包法》第十六条，承包方享有下列权利：依法享有承包地使用、收益和土地承包经营权流转的权利，有权自主组织生产经营和处置产品；承包地被依法征收、征用、占用的，有权依法获得相应的补偿；法律、行政法规规定的其他权利。 农地转让的权利。《中华人民共和国宪法修正案》（1988 年）第二条，宪法第十条第四款“任何组织或者个人不得侵占、买卖、出租或者以其他形式非法转让土地。”修改为：“任何组织或者个人不得侵占、买卖或者以其他形式非法转让土地。土地的使用权可以依照法律的规定转让。”

2. 农地权利承载的制度功能

“两权分离”下的土地承包经营权制度存在以下两个突出问题：一是土地承包经营权承载着政治治理（表征和维持社会公平、实现乡村治理、支持和落实地方行政管理、推行和发挥基层民主）、社会保障和经济效用等涵盖面极为广泛的多种制度功能，存在功能超载的现象；二是土地承包经营权所承载的社会保障功能与经济效用功能之间存在难以调和的冲突，两者难以兼容（赵万一和汪青松，2014；丁文，2015）。

1）公平视角

（1）高级社、人民公社时期，集体化时期。该时期的制度安排实际上存在诸多不公平之处。表现为两个方面：第一，在人民公社制度内部提倡按劳分配，这种分配方式看似公平，实际执行过程中差异较大。实践中，按劳分配的方式基本上和平均主义分配方式无较大差异。对劳动者的监督成为比较困难的问题，集体生产中的搭便车行为比较普遍。监督困难导致少劳者占有多劳者成果的现象，造成分配不公平，结果是“无论劳动数量多少、劳动质量好坏，都一个样”的局面。第二，国家通过严格的户籍管理制度，对城乡居民进行区别管理，限制农村居民向城市转移，农民只能在既定的土地上进行劳作、生活，没有择业的自由，高级社、人民公社时期以及集体化时期，农村土地制度在一定程度上损害了公平，但为国家工业化发展提供了有力的保障。

（2）家庭联产承包责任制下的“两权分离”时期。20 世纪 70 年代末的农村改革中，通过国家主导进而改变所有权的逻辑得到改变，即通过新的交易来形成有效的产权形式（周其仁，2002）。承包关系长久不变，使得农地承包经营权成为农民的财产性权利。农地承包经营权的按户确权登记，构成了对集体土地的事实上的分割，原本抽象的集体土地所有权变得明晰（高富平，2016）。农地承包经营权长期稳定不变的这种做法，深刻地改变着集体土地所有权的基本特性。但这种制度也比较容易造成农户代内或代际持有土地份额或收益的不公平，这样的结果与集体土地的保障功能相矛盾。更为重要的是，由于农地经营比较收益低，农地经营权流转又受到限制，“两权分离”下的制度变革实际上是一个低效率、遗留问题较多的制度安排（温世扬，2014）。这个阶段，农地制度的保障功能在逐渐减弱。

2）效率视角

（1）高级社、人民公社、集体化时期。高级社规模较大，能够做一些初级社做不了的事情，如较大规模的农业基础设施建设便于农地的统一整理、规划以及统一的机械化运作。当时，我国的农业生产力水平普遍还比较低，农业机械化条件并不具备。在这种情况下对农业经营进行工厂化的管理，虽然能够集体统一调配和使用劳动力，但农业生产的管理较为困难。社员集体生产劳动，窝工浪费现象也就相应产生。从效率视角看，农地集体统一经营，监督成本和组织成本高昂是必然的，这与农业生产经营特性有较强的关系。这个阶段的农地制度是一种效率较低的制度安排。

（2）家庭联产承包责任制下的“两权分离”时期。随着农地所有权和使用权的分离，中国农地制度变迁的成效逐步显现并得到肯定。王品潮（1991）通过对几种农地经营形式利弊的分析，认为农地经营形式的创新，必须建立在充分尊重农民农地使用权的基础上。家庭联产承包责任制下土地收益权清晰的界定为农业生产带来巨大成功。农地“两权分离”制度的发展，印证了经济发展中的一个基本事实：有效的产权制度并不意味着权利束应高度集中于同一主体，有时候权利的适当分解也是解决问题的有效方式（张红宇，2002）。在新的体制下，土地权利重新分配给农户家庭，新的农地制度给农民提供了激励和约束，监督劳动的成本就在家庭里被内部化了（黄祖辉和陈欣欣，1998）。农地使用权归属和界定清晰，使得农户树立了对土地使用的预期信念，促进了土地资源合理配置，提高了农业生产效率。土地承包经营权长久不变，这些政策稳定了农户的承包经营权预期，使得集体成员固化，但同时，承包土地分配不公平，农地经营效率低等问题也成为这个时期农地制度未解之难题。

4.3.4　“三权分置”阶段农地权利属性解构

1. 农地权利的性质

“两权分离”下，农地承包权经营的身份性和财产性导致农地难以进行市场化流转，也妨碍了农地资源合理流向具有生产比较优势的主体，妨碍了农地资源的有效配置。要提高农地的利用效率、促进规模化经营（张力和郑志峰，2015），又要顾及、保护农民的权益不受侵害，只能通过农地经营权流转促进资源合理配置。通过农地经营权流转过程，农地所承载的身份性权利保留于农地承包权中，从而释放出土地经营权（刘恒科，2017）。“所有权、承包权和经营权三权分置”的权利结构是集体拥有农地所有权，农户拥有承包权，经营主体拥有土地经营权，这样的权利架构，构建了从承包农户到新型农业经营主体之间清晰的产权关系（肖卫东和梁春梅，2016）。土地承包权是农村集体经济组织成员基于其成员身份而取得的土地使用权。土地承包权人可以将其土地自愿流转给土地经营方。经营权是土地承包权人依据农地经营权流转合同而取得的使用农地进行生产活动的权利。土地承包权具有身份性和财产性的双重属性，土地经营权则不受身份限制，成为完全自由流转的财产权利。“集体分配 + 农户劳作”的集体土地社会保障转换为“集体分配 + 农户处分”的土地财产保障。在地权结构细分框架下，集体土地以某个时点为依据，按照既定规则公平分配给农户家庭。承包经营权的身份保障性得到实现。在此时点以后，农地承包关系保持长久不变，稳定了农户的承包权预期，其他经营主体通过农地经营权流转得到土地经营权。由此，农地的保障功能和经济功能被分离。集体土地的公平分配、土地承包经营权的长久不变、土地经营权的自由流转实现了平衡协调。“三权分置”阶段农地权利的性质如表 4-6 所示。

表 4-6 “三权分置”阶段农地权利的性质

时间段	农地权利的性质	
	权利的主体	权利的内容
“三权分置”阶段（2014 年至今）	集体	农地所有权。《中华人民共和国土地管理法》第十一条：农民集体所有的土地依法属于村农民集体所有的，由村集体经济组织或者村民委员会经营、管理；已经分别属于村内两个以上农村集体经济组织的农民集体所有的，由村内各该农村集体经济组织或者村民小组经营、管理；已经属于乡（镇）农民集体所有的，由乡（镇）农村集体经济组织经营、管理
	农户	稳定的承包权利。2014 年中央一号文件提出稳定农村土地承包关系并保持长久不变，在坚持和完善最严格的耕地保护制度前提下，赋予农民对承包地占有、使用、收益、流转及承包经营权抵押、担保权能。2017 年，我国的农村土地承包法修正案（草案）提请十二届全国人大常委会第三十次会议初次审议。草案明确，国家依法保护农村土地承包关系稳定并长久不变，为给予农民稳定的土地承包经营预期，耕地承包期届满后再延长三十年
	新型经营主体	流转农地，获得农地经营权的权利。2014 年《关于引导农村土地经营权有序流转发展农业适度规模经营的意见》指出：“坚持农村土地集体所有权，稳定农户承包权，放活土地经营权，实现所有权、承包权、经营权三权分置，引导土地经营权有序流转，坚持家庭经营的基础性地位。”2017 年中央一号文件提出落实农村土地集体所有权、农户承包权、土地经营权“三权分置”办法

2. 农地权利承载的制度功能

1）公平视角

在地权结构细分框架下，集体土地所有权的实现形式发生变化，集体土地的公平保障功能也只是基于某个固定时点，而不是任意时期（刘恒科，2017）。“三权分置”农地制度的实施，对农地承包权和经营权进行了明确的界定，这有利于保护农户的承包权。土地承包权是基于农地的集体成员身份而获得，故具有身份权的属性。但农户可以对稳定的农地承包权进行流转，并获得相应的收入。这种收入得益于自益权，因此，农地承包权又具有财产性权利性质（王泽鉴，2000）。成员集体的价值在于依据其集体成员身份，集体土地成为每一个成员依赖并获得生存保障的基础，而集体土地又具有成员流动性和土地不可分割性两项特征。总之，地权结构细分框架下，集体土地为集体成员提供了相应的保障功能。所有权-承包权-经营权的权利结构保障了农民的土地权利，也保证了农业经济发展和农村社会公平的协同推进。

2）效率视角

农地“三权分置”政策不仅让农户拥有稳定的承包权，同时也使农地的使用者拥有稳定的经营预期，这有利于提高农地经营效率。保护承包权以求公平，用活经营权以求效率，实现公平与效率的有机统一（张红宇，2013）。农地“三权分置”政策是在既定的法律框架下，在“两权分离”的基础上，新设立农地经营权，旨在保护农民权利，同时又引入规模经营主体，实现农地的规模化经营和有效利用（刘恒科，2017）。这种制度设计既稳定了农地承包关系，有利于农地财产性权利的实现，也有利于破解农地经营权流转的制度障碍（蔡立东和姜楠，2015）。“所有权、承包权和经营权三权分置”改革赋予了农民充分的财产性权利，提供保障功能，也可以通过市场化流转达到资源合理利用和有效配置的目的。这一时期的制度安排有利于提高土地利用效率，促进农业现代化发展。

第 5 章　地权结构细分框架下三维主体权益构建

产权经济学认为，产权不是某一个权利，而是一组权利，通常包括财产的所有权、占有权、支配权、使用权、收益权和处置权等一系列权利，因此被称为权利束，产权具有独立性、排他性、可分离性、可流动性等基本特征。土地产权是产权的一种，即是与土地财产相关的一系列权利（权利束），它包括土地所有权，以及与所有权相关但又具有一定独立性的其他权利，如土地使用权、土地收益权、土地租赁权等。这一权利束在某种条件下也可以分离，各权利分别归属于不同的主体。研究表明，产权只有通过合理分割，并按照比较优势原则实现重组，才能充分发挥产权的资源优化配置功能（黄少安，2004）。

权能是指权利人基于权利而拥有的能力，是权利的实现形式及微观结构。权益是权利主体通过行使享有的权能而相应获取的现存利益及将来利益的总和。因此，各主体的权益与其拥有的权利属性及基于权利而拥有的权能息息相关。那么，伴随着农村土地权利的解构，各权利主体的土地权益的内涵与外延也将发生深刻的变化。

本章按照“权利—权能—权益”的理论逻辑进行分析，在地权结构细分框架下，农地存在三维权利主体：农村集体经济组织、承包农户及经营业主，分别拥有土地所有权、承包权和经营权。各主体因其权利属性的不同拥有不同的权能，有着各自不同的权益诉求、权能行为及实现能力。“权利—权能—权益”的分析框架，主要是分析分别拥有所有权、承包权、经营权三种权利的三维主体各自拥有什么样的与权利相匹配的权能，以及选择什么样的行为来行使权能，以求最终实现土地权益。

具体而言，就是主要分析土地的占有、收益、使用、处置等权能如何在三维主体之间进行配置，即农地所有权主体、承包权主体、经营权主体应当分别拥有哪些权能，使得权能结构与其权利性质相适应。而权益的实现则体现各主体的权能及其行使，那么土地的不同主体匹配不同的权能，又应该获得什么样的权益，以确保各主体基于农地的权益的实现。必须体系化实现各种权能，才能平衡各方利益冲突。当农地从“二权”演变为“三权”时，各权利主体原有的权益结构已经失衡，就会开始追求新的权益架构，呈现出权利解构与权益构建的变迁状态。

目前，地权结构细分权利主体界定虽然逐渐清晰，但产权对应的主体权益依然模糊。社会变迁中阶层的分化、群体的分层，都会在每个产权维度中衍生出诸多主体类型，以土地经营权主体为例，包括普通农户、农业经营大户、专业合作社、农业公司、家庭农场等；拥有土地承包权的农民也有农民工、传统农民、兼业农民、长期稳定转移农民等；再考虑到农地经营权流转目的、方式的差异，不同流转方式中，土地权利主体的诉求、契约以及行为选择又各不相同。面对如此纷繁复杂的情形，需要在地权结构细分框架下，遵循农户利益保障和农业经营效率双重逻辑的基础上，构建三维主体权益，确定土地三维权属的法理边界和利益边界，并对各方权益进行协同保护。这既是充分发挥“所有权、承包权和经营权三权分置”功能作用的必然要求，也是有效防范可能带来负面效应的关键所在。

5.1　农地权利主体演变

农村土地权利及权利主体问题一直是土地制度的核心。在农地制度变迁框架下，不同阶段土地权利主体也发生了变化，主要经历了“一维主体—二维主体—三维主体”的演变过程。土地权利主体的每一次变化都深刻地改变我国农村土地的权属关系。

5.1.1　“产权合一”阶段的一维主体

“产权合一”阶段，是指新中国成立初期，经过土地改革，在农村废除了长达几千年的封建地主土地所有制，实行“耕者有其田”，而建立起农民土地所有制的阶段。这一阶段，在农民层面实现农村土地产权的高度合一，农村土地所有权及相关的占有、使用、收益及处置等权利高度统一，且归属于农民，即农户充分享有上述完整的土地权利束。此时，农民是土地权利的唯一的、独立的主体，可以自由经营、买卖、出租土地以及采用其他方式处置土地。在这种土地所有制背景下，农户的生产经营积极性被极大地激发出来，从而有效提高了农地配置效率，对新中国早期农业生产的恢复与发展发挥了至关重要的作用。但这一阶段也出现了一些问题，农村出现新的分化现象。部分农民依靠资金、农具、劳动力等资源优势，收入增长较快，甚至少数人通过雇工或放高利贷发展为新富农。而另一些农户因各种原因出现生产及生活上的困难，开始典让、出卖土地。与此同时，在一些地区带有社会主义萌芽性质的集体经济组织适时出现，在这些集体经济组织内部，农民开始了互助合作。根据这些情况，党中央十分重视，遵循自愿、互利的基本原则，通过典型示范，吸引农民自发成立集体经济组织，实行互助合作，以避免出现两极分化和提高农村生产力（赖平，2010）。

初级社阶段，是指在农民土地所有制基础上，将农民的私有土地评产入社，由合作社占有、统一经营、使用及处置，在收益分配上实行按股分红和按劳分配相结合的阶段。实行初级社改革的目的是解决个体农户分散经营不利于大规模农业基础设施建设、难以抵御自然灾害等问题。

5.1.2 “两权分离”阶段的二维主体

1. 集体化时期的“两权分离”

1956年，我国进入高级合作化（人民公社）时期，在全国范围内实现了从土地私有制到集体所有制的转变，公有产权成为土地唯一的产权类型。在这一时期，按照农村的行政区划，农民被划分到不同的农村经济集体成为社员，他们完全丧失了土地所有权，甚至不能行使独立的土地使用权和收益权，必须在规定的集体经济内进行劳动，并按劳动和人口来进行生活资料的分配。

为了纠正人民公社化运动带来的“一大二公”问题，1962年，我国建立了“三级所有，队为基础”的基本制度。按照当时的相关法律政策规定，包括农村土地的所有权、使用权、收益权、处置权在内的一系列权利归属于生产队。生产队是这一时期农地名义上的产权主体。但由于生产队具有非人格化特征，所以在实际操作中则通常由该生产队中的农户来讨论决定相关的土地生产经营事项。从这个意义上讲，农村土地的使用权、收益权、处置权等权利又重新回到农民手中，虽然农民拥有的产权是不完备的，但较人民公社时期的情况，已经是很大的进步。因此，这一时期的农地制度在一定程度上实现了所有权与经营使用权的初步分离，并相应形成了生产队和农户这两大权利主体。

2. 家庭联产承包责任制下的“两权分离”

1978年的农村家庭联产承包责任制改革，在中国农村建立起以家庭联产承包为基础，统分结合的双层经营体制。在这一体制下农村土地所有权与使用权有了更深一步的分离。与此相对应地，农地所有权主体和农地承包经营权主体也正式确立，农地二维权利主体格局最终形成。

这一阶段的“两权分离”，是农地所有权依然属于农村集体经济组织，但承包经营权赋予了农户家庭。农民在承包期内对土地拥有事实上的排他占有权，包括土地使用、转让、转包、出租等处置权，以及上缴小部分给国家和集体后剩余产品的收益权。这种以农户家庭承包经营为基础的土地产权制度能够将农民的要素投入与其收益紧密结合起来，既适应当时农业生产力的现实特征，又符合广大农民的意愿，有效调动了农民的自主性和积极性，极大地促进了农业生产的发展。

5.1.3　“三权分置”阶段的三维主体

“三权分置”是指在“二权分离”的基础上，将农地承包经营权进一步分解为农地承包权和农地经营权两大权利，至此，农村土地产权结构演变为所有权、承包权以及经营权三大权利并行分置的新结构，新的产权结构明晰赋予了经营权应有的地位及权能，如抵押融资，而这一功能是原承包经营权所不具备的。国家提出“所有权、承包权和经营权三权分置”，并赋予经营权新的权能，这不仅改变了原有的承包地权利结构，还增加了承包地权利归属主体。

地权结构细分框架下，权利主体也必然演变为“三维”格局，形成三个权利主体：所有权主体、承包权主体以及经营权主体。所有权归属于农村集体经济组织，承包权归属于集体经济组织的成员农户，而经营权则归属于事实上进行土地生产经营的各类主体，包括传统农户或新型经营主体（如种养大户、集体农场、专业合作组织、龙头企业等）。经营权可以进行流转，既可以在承包农户与经营业主间流转，也可以在经营业主间流转，甚至还可以在经营业主与银行等金融机构之间进行流转。而附着在承包经营权中的权益也将随之被分割，并在承包农户和经营业主之间实现重构，分别形成承包权益及经营权益。

5.2　三维主体权能分析

地权结构细分框架下，我国农地产权呈现出集体土地所有权、农户土地承包权和业主土地经营权三维一体的结构形态。如果不考虑产权的实用性，纯粹理论上的界定并没有多大的经济意义。而从具体功能上对产权进行界定，才能让产权实实在在发挥作用，这就是权能的价值体现。然而，权能也有着非常丰富的内涵，对上述三种权利所对应的权能问题的分析，不能只看形式而忽视本质。从本质上说，权能体现了权利人在实现其利益时的意志自由，而权能的具体形式及内容则取决于权利属性及权利主体的价值追求。因此，权利主体为实现权利所进行的一切行为理应属于权能的范畴。阐释权能内涵的意义在于使权利主体能够明确自身利益该如何实现，并且在权利主体实施权能行为时明确义务主体应如何有效尊重并配合。

农地三维主体的权能是指权利人依法享有的对自己承包土地的占有、使用、收益和有条件的处置等具体权利。其中，占有权是使用权、收益权、处置权等权能的基础，是权利主体实际控制及支配农地的权利；使用权是权利人依法合理有效使用土地的权利；收益权则是指权利人获得土地相关的利益的权利；而处置权则是指对土地依法处理的权利，包括进行出租、互换、转包、转让、入股以及抵押等处置。

占有、使用、收益以及处置等共同构成土地权能的基本要素，相互作用，相互影响，必须在地权结构细分的格局中重新进行分割与重组，建立新型权能构造，确定所有权、承包权及经营权各自的权能价值目标、具体内容及实现形式。

5.2.1 所有权主体权能

1. 权能的价值体现

土地的所有权确定的是土地财产的归属，是其他一切权利存在的基础，也决定了权能的内涵。不同性质所有权基础上的权能价值体现也各有不同。在我国，农地集体所有权性质是典型的公有制，这就决定了其权能就是要实现农村集体经济组织成员的共同利益，这是公有制的价值追求和体现，既与现有集体成员的利益密切相关，也与未来集体成员的利益息息相关，所有权性质充分保证了农村集体经济组织成员能够平等地享有集体公有的各种利益。

当前，我国农村土地产权实践中呈现出明显的“重收益，轻所有”特征，即在明确所有权归属的条件下，确保农民完全享有农地的收益权，而所有权在经济上基本没有得到体现或实现，学术界认为这是土地所有权的“功能性虚置”。相较于承包权和经营权，土地所有权的权能主要体现在具有排他性和内部调整两大功能。排他性功能是指一旦确定了某一土地所归属的集体，那么就只有本集体内的成员才能拥有该土地承包权。内部调整功能则是指农村集体经济组织对土地资源高效配置的激励功能，如充当投资者，对集体土地相关的基础设施进行投资建设；充当中介者，协调承包农户和经营业主之间的利益关系，减少矛盾冲突，提高农地经营权流转效率；充当监督者，避免土地的不规范利用对粮食安全和农户承包权益造成的危害。

2. 权能的取得方式

农村集体土地所有权不是通过土地的交易产生的，而是通过社会的政治运动与变革，通过土地改革和社会主义改造而产生的。其中，合作化运动中各家农户交出的耕地构成了村民小组（生产队）的集体土地，各村民小组的集体土地又构成了村委会（大队）的集体土地。这种取得方式决定了集体土地所有权的权能要体现社会主义公有制，并保证集体成员合法利益的实现。农民集体享有农地所有权对应的占有、使用、收益及处置权，并按照法律规定行使该权利。

3. 权能的主要内容

农地产权结构细分的前提是坚持土地集体所有制，这一农地产权制度变革的核心是承包经营权权能的再分配，因此并不触及农地所有权。基于集体所有权保障集体成员利益的价值追求，其权能内容主要体现在两个方面。

一是有限制的处置权能。承包地所有权所包含的内容有发包、调整、监督、收回等，这些都是土地权能中处置权的体现。根据此权能，农户不可能享有承包地的所有权利，他们不能在市场中买卖农村承包地，农地所有权不会发生让渡。二是管理权能。没有管理权能，集体的所有权则无从实现（韩松，2016）。因此，为了保证集体成员的集体利益，集体组织必须从地和人两方面行使管理权能：采取措施保证集体农地的数量及质量、保证成员对农地保障的持续公平享有。如在农地的流转使用过程中，农村集体经济组织负有监督监管职责，通过对农地使用性质的控制，保障土地的合理利用，严格保护耕地资源，确保国家粮食安全。也只有如此，才能保障集体成员的基本利益，从而进一步巩固农村集体土地所有制。

4. 行使权能的行为

集体作为所有权主体，其权能行为主要体现在对集体土地进行民主管理。只有对集体土地进行监督和管理，才能保障和实现集体成员的利益，才有集体成员的民主参与的权利。这种利益保障不仅仅指集体成员的土地财产利益，也包括集体成员应该享有的集体土地的社会保障利益。实践表明，由于集体经济组织内部有较强的认同感和归属感，在进行农地确权、发包、管理时，交易成本较低，便于政策的执行和秩序的稳定。因此，在实践中集体经济组织或村民委员会往往担任了土地所有权人的角色，并行使相对应的各种具体权能，但农村集体经济组织不得凭借所有权的名义侵害承包权、经营权的权利，尤其是不得损害相关经济主体的利益。

5.2.2　承包权主体权能

1. 权能的价值体现

承包权负载的是农民生存的保障功能，以及维持农村集体经济组织的稳定功能（普金霞，2015）。在地权结构细分这一新的框架下，农地承包权不再局限于土地承包的资格权，还会因农地流转、经营权让渡而赋予承包权利新的内容。其中，承包权属于集体成员农户，不进入流转市场，以确保集体成员农户承包土地的权利，而与承包权分离后的经营权允许入市流转，其目的是更好地配置土地资源，更加有效地实现农地的财产价值。

2. 权能的取得方式

作为集体组织成员的农民，通过土地的发包以及承包合同的签订，便能取得该土地的承包权。这是一种特殊的成员权，是中国在特殊的发展历程中为保证农民基本生存需要、稳定农村社会以及确保二元户籍制度实施的必然结果，成员权特指农民作为集体经济组织的成员天然获得的承包集体所有土地的权利。具体而言，包括对集体土地的占有、使用、收益和处置的权利。作为农地所有权主体，集体经济组织必须通过建立一系列完善的管理机制，明确并保护其内部成员的成员权，从根本上避免村社干部利用集体经济组织控制农村集体土地，损害农民土地权益。

3. 权能的主要内容

承包权的权能主要包括维持承包农户拥有承包地位的权能以及农户获得相应收益的权能两个方面。首先，维持承包农户拥有承包地位的权能简称承包资格维持权能，属于承包权中最为重要的身份权（潘俊，2015）。当经营权与承包权相剥离时，原属于承包人的权能必然实现部分让渡，但承包人作为集体经济组织成员，其承包资格不会发生变化，与土地发包方即集体经济组织原有的土地承包关系也会维持不变，这是保障作为集体成员农民的土地财产安全和基本生存生活的基本要求。其次，农户获得相应收益的权能也称受益权能，就是指集体成员通过对集体所有的土地进行占有、经营、使用、有条件地处置从而实现个人利益的权能。从某种意义上说，这种受益权才是集体成员权利的集中体现和本质要求。在农地经营权流转之前，经营权内含于承包权，因此，承包农户依法占有、使用、处置承包地，并获取经营收益。在农地经营权流转后，土地经营权从承包权中剥离并让渡他人，土地占有、使用、收益等相关权能将在承包人和经营权人之间进行重新分配，直接占有、使用该土地的主体是经营权人而不再是承包人，但依照法律规定原承包人依然享有间接占有土地的权利，并享有取得相应的经济利益或经济补偿的权利。

4. 行使权能的行为

如前所述，承包农户作为集体经济组织的成员，依法享有对承包地的占有、使用、收益、处置以及流转等权利，而实现这一系列权能的主要行为就包括承包土地、经营使用土地或将农地经营权流转给他人等。具体而言，农户可以根据情况选择自己在承包土地上从事农业生产经营，直接获取相关收益；也可以选择将农地经营权流转给他人从事农业生产经营，此时，承包农民离开土地但不脱离土地，他们虽然割断了与土地之间的经营关系，但可以获得因让渡土地经营权而产生的财产收益。一般而言，承包农户的选择都是经过理性分析后的决策，这种选择上的可能既解决了农户不愿或无力经营土地引起的土地撂荒问题，又能让农户更加充分地实现承包土地的收益权。

5.2.3 经营权主体权能

1. 权能的价值体现

经营权是由农村土地承包权派生出来的一项权利，在农地经营权流转情况下，经营权剥离于承包权而独立存在。经营权承载的是农村土地的发展功能，其基本价值目标是实现土地资源的优化配置，促进农地的科学有效利用，具体表现为通过推进土地的适度规模化经营，促进农业产业结构的优化调整及农地利用方式的转变，从而最终实现农业的专业化、标准化、集约化经营等。因此，从本质上说，经营权的独立及流转是对我国农地作为生产要素功能的激活。

2. 权能的取得方式

经营权是经营业主通过与承包农户之间签订农地经营权流转合同或协议所取得的。在农地经营权流转合同生效之后，原占有人（承包农户）按照合同约定将经营权在合同期限内委托给经营业主，从而后者取得与土地经营权相关的一系列权能（李伟伟和张云华，2015）。按照相关规定，农地的承包权和经营权的原始赋权都归农民，经营业主的经营权是通过市场交易让渡而得，此时经营业主和承包农户之间的关系由农地经营权流转契约来确定。

3. 权能的主要内容

经营权由承包权派生而出的意义在于实现农地的流转，而农地经营权流转的实质是承包地的部分占有权、使用权、收益权和处置权在流转合约规定期限内的转移，如此，原承包经营权的大部分权能就赋予了经营权。在农地经营权流转协议保护下，土地流入方拥有对农村土地进行合理化经营及享受收益的权利，而流出方（农民）享有对土地经营进行监督的权利，以保障农地使用性质不改变、农民切身利益不受损，但农民不得随意违约收回土地的经营权和无故干扰业主的正常生产经营活动。

4. 行使权能的行为

经营权权能行为是经营业主在一定期限内，通过农地经营权流转合同等契约形式，以支付土地租金或股份红利等方式换取原归属于承包农户的部分土地权能，包括占有、使用等，进行农业生产经营的一系列行为。三维主体权能分析见表 5-1。在农村集体经济组织同意的情况下，经营主体与承包农户所签订的农地经营权流转合同中约定并获得的所有土地权利，就是农村土地经营权的具体内容。由于各地区土地资源禀赋（如地理位置、土地质量）、基础设施建设水平、经济发展水平以及农民收入水平差异巨大，加上农地经营权流转合同是流转双方自由商议的结果，必然造成合约的选择、内容、形式无法统一，差异较大。流转合同签订后，经营业主可采取多种模式经营土地获取收益，既包括传统的经营模式，也包括土地托管、股份合作等新模式。但经营权能的行使应该受到承包农户、农村集体经济组织的必要监督；不能改变农地集体所有权的性质，不能侵害承包农户的合法权益。

表 5-1　三维主体权能分析

权能类型	权能归属主体	权能价值体现	权能取得方式	权能主要内容	行使权能行为
所有权	农村集体经济组织	稳定功能，具体表现为排他性功能和内部调整功能	基于土地改革和社会主义改造等政治变革	一是有限制的处置权能：发包、调整、监督、收回等。 二是管理权能：保证集体农地的数量及质量、保证成员对农地保障的持续公平享有	对集体土地进行民主监督和管理
承包权	承包农户	保障功能：保障农户生存发展，维系农村集体经济组织的稳定	基于农民集体组织成员的身份，与集体经济组织签订承包合同的法律行为	一是土地承包资格维持权能，二是受益权能，占有、经营、使用、有条件的处置	承包土地、经营使用土地或将农地经营权流转给他人等
经营权	经营业主	发展功能：实现土地资源的优化配置	基于签订经营权流转协议（合同）的市场交易行为	部分占有权、使用权、收益权和处置权在流转合约规定期限内的转移	签订流转契约；多种经营方式经营土地

5.3　地权结构细分框架下三维主体权益构建方案

权利的分割及权能的实施决定了三维主体相关权益能否得以实现，如果实现了，则是对各方权益的保障，反之，则是权益受到损害。在权利分割的基础上，按照效率优先、公平与效率兼顾的原则以及维持三维主体利益均衡的目标，对集体的所有者权益、农户承包权益以及业主的经营权益进行构建，明确界定农地权利主体各方的责、权、利，确定“三权”的权益边界，治理农地经营权流转中三维主体之间的权利关系，充分发挥“三权”各自的功能和整体效用，以活化权能、释放潜力、提高效率，促进农地资源合理、高效、可持续利用。

5.3.1　三维主体权益构建目标和原则

1. 三维主体权益构建目标

三维主体权益构建的基本目标是以农户承包权益保护为中轴协同不同主体利益均衡，处理好三维主体之间的利益关系。在农地经营权流转过程中找准三方利益的平衡点，才能最大限度地共享土地经营权流转所带来的“红利”，确保“三权分置”的有效实施。单纯从任何一方主体权益诉求出发，来解决其土地权益保护问题是难以实现的。因此在农地经营权流转中要协同好不同主体利益均衡，就必须兼顾公平与效率，二者不可偏废（赵丙奇和贾日斗，2011）。

2. 三维主体权益构建原则

兼顾公平与效率是三维主体权益构建的基本原则。首先，决定我国农地制度变迁的关键因素是提高效率。公平与效率两大原则在权益构建中并不是对立存在的，而是相互作用、相互促进。在地权结构细分框架下，兼顾公平与效率，主要体现在农地经营权流转中要遵循保障农民权益和提高农业经营效率的双重逻辑。实现公平则要充分保护土地承包权，提高效率则要放活土地经营权（陈朝兵，2016）。通过土地确权登记颁证、延长土地承包关系等方式确定农民与土地的长期稳定的产权关系，并保障实际享有，这是确保公平。其次，明确农地经营权流转交易的市场边界，确立土地资源配置中坚持市场调节的根本性作用，通过市场化配置确保土地的有效利用和价值最大化发挥，这是确保效率。同时在市场失灵方面明确政府介入以保护农民权益及市场正常运行。结合市场与政府手段，创新农地经营权流转模式，完善相应的法律法规，保障农地经营权流转与承包农户权益保护目标的实现。

公平既包括代内公平，还包括代际公平，不仅要关注农户等经营主体当前的福利，更要为下一代人留下足够的发展空间。公平原则在权益构建中是基础性和导向性的，主要体现在土地权益的保护、社会保障的完善等方面。在三维主体权益构建中需以农户承包权益保护为基础与中轴，尊重农民主体地位，切实尊重农民意愿，坚决维护农民合法权益。这主要是基于公平的原则，农民是三维主体中的弱势群体，也是双重委托代理的核心，在实践中也有承包农户权益受损现象，若是农户承包权益不能得到有效保护，这将对农村稳定、农业发展以及农民生活质量造成严重的影响。

效率原则主要体现在土地产权的确权、土地市场的健全、流转模式的创新等方面。基于效率的角度，构建三维主体权益，除了以农户承包权益保护为中轴之外，还需要进行多维利益主体的协同保护。因为在地权结构细分框架下三方利益相关者通过利益联结构成了一个有机的共生体，对其他主体权益的保护，也是为了从根本上保护农民的承包权益。那么，实现多维利益主体的协同保护，就要保护农村集体经济组织的农地所有权益和农业经营主体的经营权益。

5.3.2 农地所有权主体权益

对于已经实行家庭承包的农村土地，所有权不直接派生经营权，但在各自行权的过程中仍会相互制约。一方面，农村集体经济组织行使其所有权时不得无故干扰经营权的正常行使，即不得无故干扰经营主体所进行的正常生产经营活动；另一方面，经营权的行使在某种程度上仍然要受制于所有权，换言之，当经营主体出现损害、浪费土地资源的行为时，集体有权出面阻止，土地经营权如要再流转或抵押时也需要经农村集体经济组织备案。对于一些常年在外的流转土地的承包农户，农村集体经济组织还要承担起监督、管护、协调等责任。

1. 发包、调整及收回权

首先要明确农村集体经济组织是代为行使集体土地所有权的唯一合法主体，某种意义上，这是地权结构细分框架下实现三维主体权益协同保护的关键环节。只有明确了农村集体经济组织的合法地位，才能够进一步地明晰现行的农地产权，从根本上避免因所有权虚置而导致的农户承包权益受损问题。

发包权、调整权和收回权是农村集体经济组织行使所有权的具体权利工具。依法属于农民集体所有的承包地，由农村集体经济组织或者村民委员会进行发包，任何组织和个人不得非法干预集体承包地的发包，确保发包后不改变土地的集体所有权；确保集体经济组织有对由不可抗力因素导致的特殊情况进行承包地调整的权利；确保集体经济组织有权依法回收集体经济组织的承包地。

2. 监督协调权

集体经济组织有权监督农地承包权人和经营权人是否合法、合理地使用承包地，阻止一切乱占、滥用土地以及随意改变土地农业用途等行为。在农地经营权流转及利用时做好“把关人”，实施统一和备案制度，保障集体经济组织对农地经营权流转行为的知情权和同意权。引导和监督流转双方按照正规合法的程序进行农地经营权流转，确保农地经营权流转不改变土地的农业用途，并对农地经营权流转方式、流转价格等做出必要的指导，切实保障农民的权益不受损害，同时协调承包方与经营方之间的矛盾纠纷。

3. 补偿权

集体承包地被征收的，集体经济组织作为土地所有权人，依法获得相应的补偿。在制定土地征收补偿方案、标准时，应充分听取农村集体经济组织和相关农民的意见及考虑其诉求。土地补偿费依法归集体经济组织所有，并按照法定程序提交本集体经济组织成员讨论决定的土地补偿费的使用分配方案。属于集体经济组织安置被征地人员情况的，安置补助费归农村集体经济组织所有，由集体经济组织统一管理和使用，做到专款专用，不得挪用。

5.3.3　农地承包权主体权益

农户承包权益是集体内部成员农户承包农业用地而获取的相应权益。基于农地农业生产的使用价值和基于农地市场流转的交换价值，承包权益可构建为土地控制权、土地收益权、土地发展权和土地福利权四维权益。

1. 土地控制权

土地控制权主要指主导农地用途变更和农地经营方式等。经营权流出，但农民作为承包权的拥有者，理应有控制土地用途的权利和保护土地不被破坏或掠夺使用的义务。目前，一些农村的农地经营权流转存在“非粮化”、“非农化”与“土地过度化使用”等现象，实践中的农地经营权流转项目往往以发展经济作物种植以及现代养殖为主，不少项目还通过农地经营权流转建设观光农业、休闲旅游农业等园区，不断增加“附属生产用房”的占地规模，甚至将流转土地用于修建养老公寓、度假公寓等房地产开发。这种“非粮化”和“非农化”问题，必将使耕地面积减少，难以恢复土地原有用途，最终影响承包农户的生存与发展。还有的业主由于流转期限较短，在流转期内出现不少短期行为，如过度使用土地，滥用化肥、农药，不注重农业水利设施等基础设施建设等，这些土地使用的短期行为，将造成土地资源的破坏，最终受损的是农民长远的土地权益。因此，保障土地承包权益首先必须要保障承包农民的土地控制权。

具体而言，土地控制权就是要在农地经营权流转中充分给予农户土地流转的选择权、谈判权、知情权、参与权以及对经营权益不当的终止权，强化承包农户在土地流转中的监督权，规范流转程序。

2. 土地收益权

土地收益权主要指合理获得经营收益、按时获得足额租金等权益。土地收益权是土地经济价值的体现，土地作为一种重要的生产要素，在经营或流转的过程中就会有收益。承包农户凭借土地确权证，在与流转方签订合同后应取得相应的合同利益，以租金、红利等形式从农地经营中分享一定的收益。土地收益权是农地经营权流转过程中承包农户应有的一项基本权益。保障土地收益权，才能吸引农户参加农地经营权流转。

具体而言，土地收益权就是要给予农户参与具体流转价格的磋商权、表达权、自主决策权、求偿救济权，保障农民利益诉求渠道的畅通，完善土地承包合同管理制度，完善风险金、保证金制度，建立完善的农地经营权流转信息公示制度等。农地经营权流转中承包农户应得的收益部分，任何组织及个人都无权干涉和截留。

3. 土地发展权

土地发展权主要指获取土地增值收益的权益，即土地租金等收益随着经济社会发展应保持正常增长等。农地在使用和流转过程中，由于经济社会发展的作用与土地投资的改良，其作为一种特殊的商品会实现价值的增值，形成地租或地价的上涨，这是土地增值收益。而承包农户凭借土地承包权，理应分享土地增值收益。可尝试制定调整的农地经营权流转动态化补偿标准和增值收益分配方案。另外，因“非粮化”“非农化”而改变土地用途，都会对土地造成一定程度的毁坏，有的毁坏难以修复，有的虽可修复但需要大量的资金和较长的时间。这些情况，会影响到农户土地的后续使用，承包农户未来依托土地得以发展的权利必然遭受一定程度的损害。因此，完善农村农地经营权流转审核预警制度和农地经营权流转保证金制度也是保障承包农户土地发展权的需要。

4. 土地福利权

土地福利权主要指获得更好的就业机会、良好的社会保障等权益。农地往往是农户“社会保障权”和“农业就业权”的载体。承包农户基于土地享有诸多相应福利，包括社会保障、就业机会等。但在农地经营权流转、规模经营之后，业主会使用机械替代劳力，就会出现少部分人将多数农民挤出农业，而影响到农户的土地福利权。

保障承包农户的土地福利权，一是要建立科学、合理的农地退出机制，给予承包权退出农户合理的退地补偿，以弥补农民因放弃土地承包权所遭受的损失。二是要建立、完善农村社会保障体系，在养老、医疗、基本公共服务等方面建立合理的社会保障增长机制，不断提高农村居民的社会保障水平，彻底消除农民的后顾之忧，从而弱化土地所承担的保障功能。三是要赋予农民在身份、阶层流动、生活方式、子代教育、就业机会等方面平等的社会发展权益，以此增强农民的获得感与幸福感。

5.3.4　农地经营权主体权益

经营权是基于市场行为角度创设的，经营权的取得是市场资源配置的结果，是经营业主通过市场交易手段从承包农户手中获得的农村承包地的部分权利。其主要功能是保障经营权人从事农业生产经营的自主权利，提高经营业主的投资意愿和生产意愿，促进农地经营权的适度集中，以期实现农业新型经营主体的培育和土地的适度规模经营。经营权和承包权具有平等的法律地位，需要进行平等的保护。经营业主的经营权益主要包括以下几个方面。

1. 耕作及收益权

经营权是独立的权利，具有排他性，经营权主体在农地经营权流转期限内拥有对承包地自主决策、合法经营、取得收益的权利。赋予经营权在耕作及收益上的权利，才能吸引更广泛的主体参与农业生产与发展，带来更多的资源。因此，只要是在坚持不改变土地集体所有权的性质、不改变土地的农业用途以及不损害承包农户合法权益的前提下，无论是转出土地经营权的承包农户，还是拥有所有权的农民集体，都不得无故干预和妨碍经营主体自主利用流转土地从事农业生产经营并获得相应收益的权利，以保证经营业主自我决策、自主经营的积极性，灵活应对市场风险变化并做出理性选择。

2. 交易及抵押权

经营权具有可交易性，经营业主取得经营权是基于行为，价高者得，没有身份限制。在土地经营中，一些经营主体为了提高土地经营效率和发展需要，可能需要进行土地经营权再流转或抵押融资，以降低交易成本，发挥规模经济效应。其目的是更好地发展农业生产，这也是放活土地经营权的具体方式之一，应当赋予该权益。经营权可单独抵押融资，同时可进行再流转，但是需要承包农户的准许并向集体经济组织备案。

3. 补偿及优先流转权

承包土地被依法征收后，土地的权属、性质将发生根本性变化，原有的承包关系将不再存在，因此在承包权上派生出的经营权自然也不复存在。目前，相关政策法规中明确的征地补偿对象，主要是农民集体和承包农户，不涉及经营主体。但在实际中，考虑到很多经营主体在地力改良、设施建设等方面投入较大，在签订农地经营权流转合同时，双方必须在合同中明确在土地征收时，地面附作物补偿、青苗费补偿的归属问题，并严格按照合同执行。在流转合同到期之后，原经营权主体应当拥有在同等条件下优先续租承包土地的权利。

地权结构细分框架下三维主体权益构建见图 5-1。

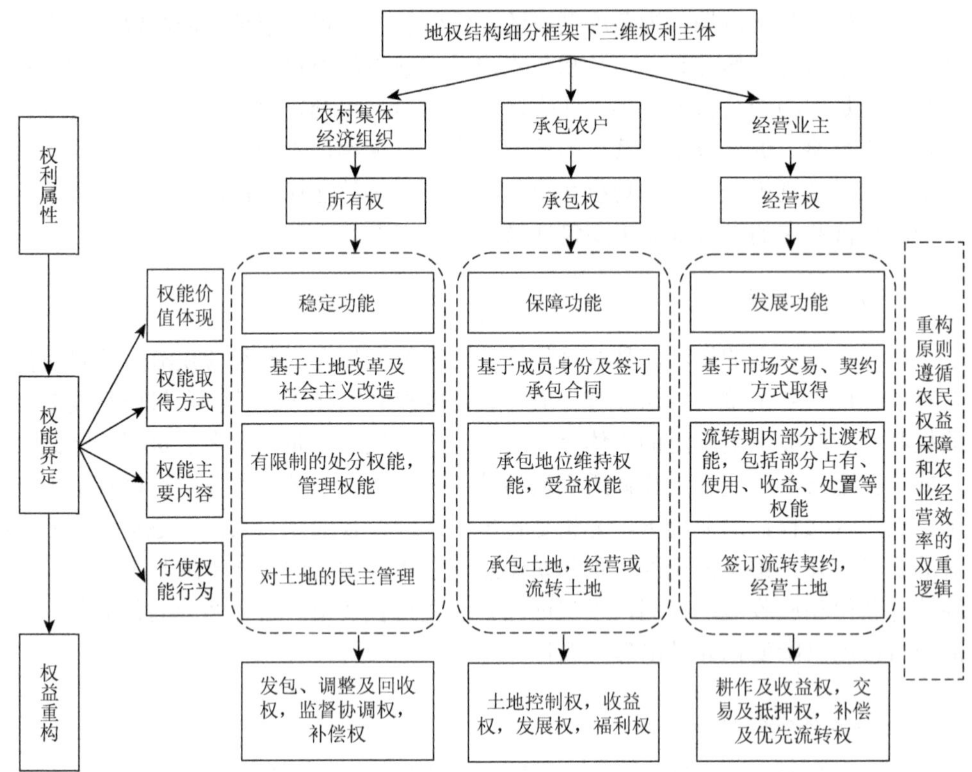

图 5-1　地权结构细分框架下三维主体权益构建

第二篇　现实考察

〖内容摘要〗本篇分为五章（第 6 章到第 10 章），主要对实地调查数据、统计数据以及地方实践典型，分别采用统计描述、案例分析等方法，在整体上把握农地经营权流转与农户承包权益保护的概貌。第 6 章介绍调研方案设计、抽样调查与组织实施情况，并系统报告了调研结果；第 7 章利用统计数据，采用描述性分析，呈现了农地经营权流转的历史沿革、全国态势，并从农户类型、土地类型、定价方式、流转对象等角度，详细报告了农地经营权流转的现状；第 8 章从术语的逻辑体系出发，对农地经营权流转、流转方式、流转模式等核心概念进行界定和区分，然后对当前的农地主要流转方式和模式进行系统梳理与归纳总结，分析不同流转方式中的土地权益转换关系，以及不同流转模式下的交易主体特征和交易结构特征，并对各种模式进行对比分析；第 9 章首先对农户承包权益及其保护的概念进行界定，并基于前期调研数据对农地经营权流转农户合约选择、合约履行中的权益保护情况进行分析，运用 IPA 法对农户权益诉求现状及改进路径进行评估；第 10 章选择了 5 个典型案例，分别对专业合作社、土地股份合作社、农业共营制等不同的流转方式和组织模式下的农户权益变化情况开展分析，揭示农地经营权流转中农户承包权益保护的基本条件和潜在风险，呈现在农民专业合作社、土地股份合作社、农业共营制等具体流转实践中，对农户承包权益保护的具体做法，以期得到有益经验借鉴。

第6章 调研概况

翔实的数据支撑是保障项目研究质量的基本前提。根据研究内容设计，本书的数据来源有三个方面。

第一是官方统计数据。主要查阅了《中国农村经营管理情况统计年报》(2000～2015年)、《新中国六十年统计资料汇编》(1949～2008年)、《中国统计年鉴》以及《中国农村统计年鉴》等统计数据。

第二是课题组实地调研数据。理论要付诸实践检验，而朴素的理论更是来源于实践。回顾新中国成立70多年来诸多重大理论素材都来自农村，重要的创新都来自农民，发源于农村。要把握农地经营权流转、农户权益与政策调控这一社会系统中的内在规律，必须通过田野调研，获得一手数据。所以本书课题组高度重视调研工作，从"方案设计—组织实施—数据质量监控"开展调研工作，最终访谈了我国11个省（直辖市），21个市，37个县（区），78个乡（镇），134个村；获得农户问卷1030份，村级访谈问卷67份，政府工作汇报材料67份。

第三是文本与媒体音频材料。文本材料主要包括国家、政府主管部门以及地方政府的政策文件，调研中获得的访谈资料、签订的农地流转合同、产业开发合同、务工合同等相关材料，访谈录音资料长达2060分钟，录音频材料共113份，网络媒体材料以及国内外经典文献689篇。

6.1 调研方案设计

根据研究思路和子课题研究内容，课题组在东、中、西部三大区域有针对性地开展抽样调查和个案分析，重点关注农地经营权流转的现状、"三权分置"政策实施情况、地权结构细分框架下相关利益群体的行为逻辑、权利解构和权益构建，把握农户承包权益的变化情况，重点关注土地转出农户的权益保护情况。

6.1.1 调研区域选择

为保证数据获取的质量和数量，本章主要根据三条原则选择样本区。

其一，经济发展水平差异。按照中国经济发展的东、中、西部划分，三大区域的经济发展水平差异显著，对农地经营权流转的组织方式、农户转出行为、权益保护举措都影响较大。东部地区，经济发达、城镇化率高，城乡融合发展态势良好，农户容易进行非农就业，以非农收入为主。以江苏为例，2022 年城乡居民收入比为 2.11，农户收入中工资性收入占比为 48%，所以农户收入没有土地依赖性，农地流转意愿强烈，同时经济发达地区的土地价值较高，也容易获得土地转入者的青睐，农地流转市场发育良好。中部地区，经济发展态势居中，城乡融合态势良好，由于土地资源禀赋良好，农业社会化服务体系发育完善，同时，农户具有明显的土地情结，所以农地经营权流转形式更加多样化，不仅限于土地的租赁、转包形式，还有土地托管、合作联营等创新形式。西部地区，经济发展相对落后，城镇化率低于全国平均水平，并且山区、峡谷的地形地貌决定了农业劳作辛苦，家庭农业收入较低，所以农户的农地转出意愿较强烈。选择不同经济发展水平作为调研样本，可以分析经济发展与农地流转之间的互动逻辑。

其二，农村政策实施改革试验区。农地经营权流转是在新时期家庭联产承包责任制的制度创新，有序推动农地流转能够巩固中国农村统分结合的基本经营制度。因此，国家政策在农地经营权流转过程中起到积极的引导作用。选择政策试点区域，能够揭示农地流转过程的政策效应，并从试点效果反馈锚定政策的着力点和推进方向，释放农地流转的政策红利。经过政策梳理，本章主要考虑的政策区域包括：33 个农村土地承包经营权流转规范化管理和服务试点地区，如重庆市大足区、黑龙江省齐齐哈尔市克山县、江苏省太仓市等；1096 个全国农村创业创新园区，22 个全国土地承包经营权确权登记颁证试点，2 个全国统筹城乡综合配套改革试验区。

其三，农业资源禀赋差异。遵循级差地租理论，土地资源质量会影响农地经营权流转效率和价格。为提升农业经营效率，土地的质量、区位、地形地貌等资源性因素会影响农地经营权流转。以区位为例，靠近交通干线的土地易于流转，能够节约农业的物流成本，因为现代农业存在明显的流通半径限制。根据地理学基本知识，本书将全国地区分为平原、丘陵和山区，如平原地区主要包括河南、江苏、黑龙江；丘陵地区主要包括陕西，山区主要包括重庆、贵州。

根据以上原则，本书最终确定的调研样本分布省、市区域，包括 11 个，分别是：山东省、湖南省、河南省、安徽省、山西省、陕西省、黑龙江省、重庆市、四川省、贵州省、江苏省。覆盖全国华东地区、华北地区、华中地区、西北地区、东北地区、西南地区六个主要区域。

概括分析，六大区域的主要特点如下。

华东地区：经济水平良好，县域经济发达，基础设施完善；主要是平原和丘陵，地区物流服务体系完善。现代农业主要集中在规模化种养业、智能智慧农业，农业加工企业农业的科技化、规模化、集约化特点显著。地方政府大力支持农地经营权流转，鼓励发展适度规模的现代农业，双创工作稳步推进，所以土地价值高，农地流转市场发育完善。本书选择了江苏省、山东省、安徽省作为样本区。

华北地区：该地区地处华北平原，地势平坦，主要以麦作区、农牧区为主，但由于水资源的短缺，现代农业发展受到生态制约严重，土地的规模化经营效益并不理想；同时受到核心城市产业升级的影响，农民进城务工的机会减少。农户对土地依然有一定程度的依赖。本书选择了山西省作为样本区。

华中地区：借中部地区崛起战略实施，经济飞速发展，是国家重点商品粮基地、传统农业产区，农业机械化程度高，社会化服务完善。地形地貌主要是平原，土壤质量好，农户爱惜土地。由于社会化服务体系较为发达，依靠传统农作物的种植能够获得稳定可观的收益，农地经营权流转主要向大户、新型业主集中。本书选择了湖南省和河南省作为样本区。

西北地区：西北地区是国家重要的生态安全屏障区、农牧交错区和特色优势农产品产区，耕地质量退化，土地等级偏低，水土资源分布不协调，农业收益低；农地流转政策分散，规范化程度低，农地流转中不规范、不均衡的现象较多。本书选择了陕西省作为样本区。

东北地区：该区域土壤肥沃，宜农荒地多，水绕山环、沃野千里，农产品种类丰富，农地经营权流转主要向企业化农场、家庭农场集中，农业机械化服务、社会化服务体系和物流体系都较为完善；将金融嵌入农地流转是该区域现代农业的发展特色，如“农地流转＋土地信托＋期货保险”，土地转出农户获得稳定的租金收益，土地转入业主能够合理规避农产品的市场价格风险。本书选择了黑龙江省作为样本区。

西南地区：该区域农业资源禀赋差异较大，既有成都平原，也有重庆山区，人力资源相对丰富，土地细碎，土壤质量差异较大，生态资源优越，生产性基础设施投资大。但该区域创新改革试验区密集，是国家多个战略改革实施的前沿地带。例如，成都较早建立农村产权交易所，是全国统筹城乡综合配套改革试验区；贵州省湄潭县承担了农村产权的“两权”抵押、新型城镇化等多项国家级改革试验试点任务。该区域的现代农业主要集中在“农业旅游、生态农业以及三产融合”方面；由于城乡公共服务水平差异较大、农业收入和非农收入差距大，农户倾向于进城从事非农工作，对土地的依赖性低，社会化服务业较为发达，所以农地流转形式多样。本书选择了重庆市、四川省、贵州省作为样本区。

6.1.2 样本选择及调查方案

1. *农户抽样调查*

定位区县：根据文献和研究基础缩小拟调查区域；通过与县（区）相关工作人

员的交流，根据农地流转市场的发育程度，确定拟调查的县级单位。一次抽样：根据产业发展、交通、从业人数等因素，从每个县（区）中确定 1～6 个乡（镇），从每个乡（镇）中抽取 1～4 个自然村。二次抽样：根据村民名单进行二次抽样，根据村民居住情况、务农情况和参与农地经营权流转情况确定待抽样农户的花名册，按照等距抽取，每三户中抽取一户，如果这一户当时不在，则以邻近农户替代。

2. 农户个案调查

在进村调查过程中，根据当地农地经营权流转的整体情况，设计结构性访谈问卷，选择 3～5 户具有代表性的农户进行个案调查，深入剖析农地流转过程中农户的流转行为和权益变化情况，通过合约选择过程与执行过程分析，探究农户权益诉求内容、权益保护现状，找出权益诉求与权益保护偏差，进而评价权益是否受损，如何保护。

3. 经营业主访谈

经营业主作为土地的重要转入方，业主的经营行为直接影响土地资源的保护和利用，进而影响农户的权益，甚至村庄发展和农村未来。从流转目的、土地经营情况、成本收益、纠纷矛盾、经营困境与政策诉求等方面，展开经营业主的访谈，对比土地转入前后农户承包权益变化的主要原因。

4. 村社负责人访谈

村两委是党的领导与村民自治的有机体。村社负责人一般具有良好的政策敏感性，对于村庄内部，熟悉村庄关系，了解村庄发展优势；且拥有较好的社会资源。在农地经营权流转过程中，村两委既是直接参与者，又是管理者，也是国家政策落实的执行人，因此，村社负责人的发展理念、社会资源、管理能力决定了农地流转的效率，也决定了他们是农户权益保护最直接的屏障。

5. 地方政府管理人员访谈

主要是县（区）农业行政管理的负责人访谈，国家政策引导下的农地流转，在区域实践中各具特色，比较典型的有四川眉山的“公司主导”模式、四川崇州的“农业共营制”、安徽宿州的“土地托管、农业联合体”等，它们都是地方政策创新的表现。因此，从区域政策层面，能够反映农地经营权流转推进路径的差异，也旨在调研国家政策的红利效应。

6.1.3　调查内容分解

根据研究目的和研究框架，本章农地经营权流转调研框架如图 6-1 所示，并详述调研内容。

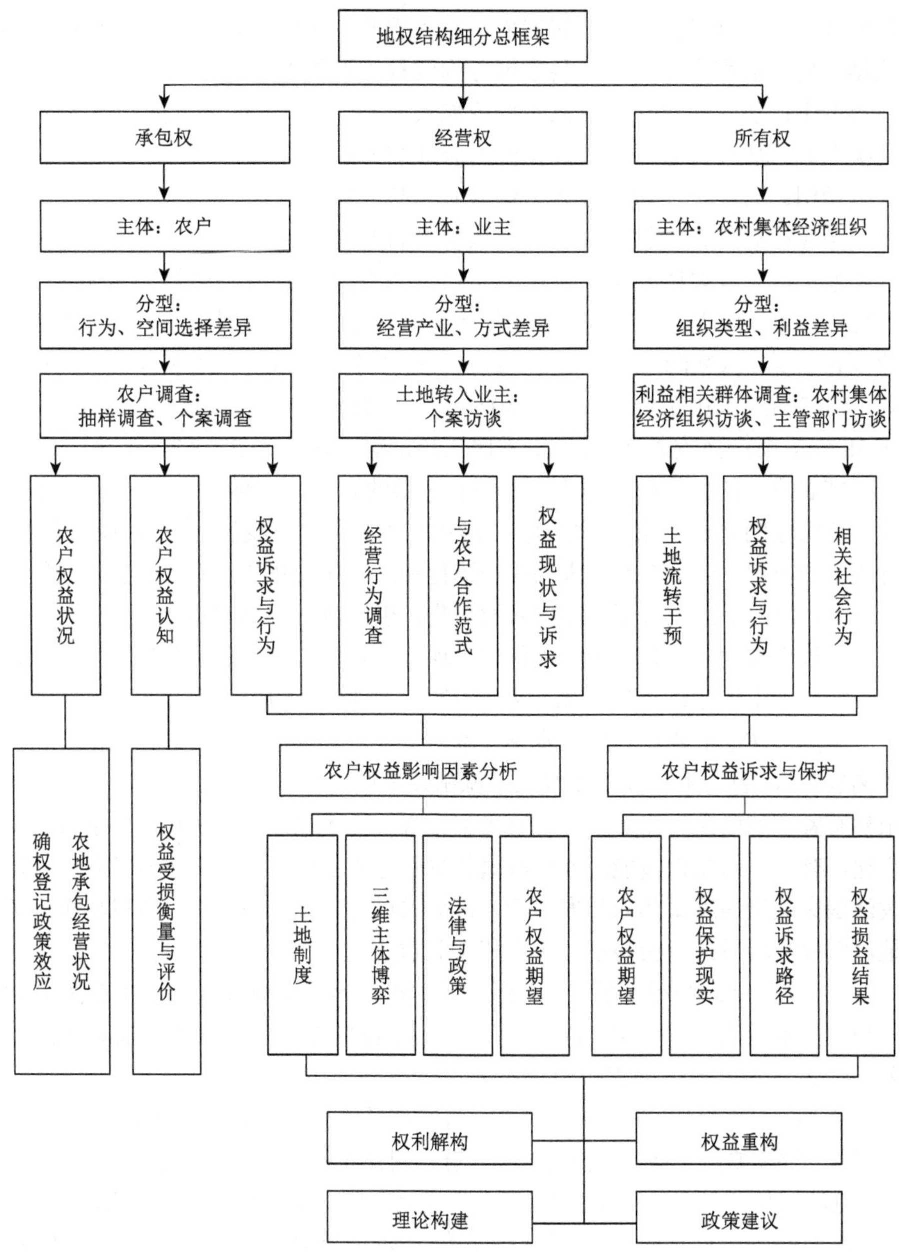

图 6-1 农地经营权流转调研框架

1. 主体分型

农户分型：综合调研和已有文献，本章根据农户的生产和生活行为所带来的空间选择和收入来源差异，进行农户分型。本章并没有采用户籍区分，主要是因为在城乡一体发展过程中，户籍对农户行为选择的影响逐渐弱化。所以研究中主要依据人们生活和生计的选择科学地分为四种类型的农户，分别如下。

类型Ⅰ：居住在农村，收入主要依靠农业。

类型Ⅱ：居住在农村，收入来源为农业和非农业兼具。

类型Ⅲ：居住在城镇，收入来源为农业和非农业兼具。

类型Ⅳ：居住在城镇，收入主要依靠非农产业。

类型Ⅰ，一般被认为是“纯农户”，生产和生活都在农村区域，这类农户的农地流转意愿差异较大，有的由于客观原因无法耕作，所以流转出去，也有人依然将农业作为主要收入来源，不愿意流转；但从数据分析，2016 年农村居民人均可支配收入 12 363 元，其中工资性收入为 5021.8 元，占比 40.6%，经营净收入 4741.3 元，占比 38.4%，财产净收入 272.1 元，占比 2.2%，转移净收入 2328.2 元，占比 18.8%，说明“纯农户”的数量越来越少。类型Ⅱ和Ⅲ的农户，可称为“兼业户”，主要是农业和非农业的兼顾，比如“农业＋服务业”“农业＋自我创业”“农业＋其他”，这种类型的农户占绝大多数。因为在城镇化和工业化进程中，农户较容易获得非农就业机会，但由于国家政策不断向农村聚集，也让他们看到农村未来的价值，所以并不愿意放弃农业，同时也无法胜任城市现代产业岗位工作，回到农村是必然，所以这类群体把土地当作最后保障，又希望通过土地保证收益，因此对农地经营权流转十分关注，这也是兼业户成为本章样本的研究重点的原因。类型Ⅳ的农户，可称为“离农户”，因为生计和主要收入来源都逐渐脱离农村，但由于代际关系，与农村依然有紧密的联系，比如第二代农民工。这一群体已经不会种地，生活方式也更城市化，有一定的知识技能，能在城镇获得稳定的工作，对土地没有依赖性，但较为关注国家政策高度聚焦农村发展后，带给农村的未来升值潜力，所以也极为关心农地经营权流转后的身份特征变化和相关利益变化。

业主分型：根据农地经营主体的组织形式差异，将农业经营业主分为农业企业、新型农业经营主体和普通农户。这三类主体的资本差异较大、流转土地的目的差异较大，国家政策的支持点也不同。

类型Ⅰ：工商企业。工商企业具有良好的市场优势、资金实力和技术优势。一是由于产业发展需要，会通过后向延伸产业链，向种养业延伸，所以会涉及土地转入。如河南延津县与贵州泸州老窖签订原料生产基地合同，土地面积有 1 万亩，主要是以合作社作为中介组织，进行农地经营权流转，形成“企业＋基地＋合作社”的生产方式。二是企业直接转入土地，这类主要是借助地方政府的农业园区建设，引入农业生产企业，如重庆鼎上农业发展有限公司在武隆凉水井村流转土地，租金为 300 元/亩，如位于四川崇州白头镇的成都惠丰生态农业科技有限公司流转土地租金为 1000 元/亩。

类型Ⅱ：新型农业经营主体。主要包括农民合作社、股份合作社、联合社与家庭农场。农民合作社是社会性和营利性兼备的农业经营组织，主要通过提升普通农户的组织化程度促进小农户与市场的衔接能力，截至 2022 年底已发展到 224 万家，家庭农场来源于中国的种养大户，主要是依靠家庭成员为主要成员发展农业经营，这既是发达国家现代农业的主要经营形式，也是中国当前提升农户家庭收益的重要渠道。在国家层面，2013 年中央一号文件首次提出“家庭农场”概念，2014 年《关于促进家庭农场发展的指导意见》（农经发〔2014〕1 号）印发。国家鼓励和引导土地向家庭农场流转和向合作社有序流转，强调要深刻认识我国农业发展的特点和阶段，突出抓好农民合作社和家庭农场两类农业经营主体发展。全国农业经济统计数据也显示，2017 年农地流转入合作社的土地面积，比上年增长 12.4%，占耕地流转面积的 22.704%。

类型Ⅲ：种养大户与普通农户。2017 年底，我国依然有农户数 27 086.9 万户，有 57.50%的土地依然是流转入普通农户。在中国人多地少的资源禀赋背景下，小农户将长期存在。习近平多次强调，要尊重农民意愿，坚持依法自愿有偿流转土地经营权，不能搞强迫命令，不能搞行政瞎指挥。①温铁军教授强调，中国经济的坚韧性就在于农村发挥了蓄水池的功能，广大的普通农户为中国健康发展做出了突出贡献。国家在 2019 年印发《关于促进小农户和现代农业发展有机衔接的意见》，旨在提升小农户发展能力和组织化程度，健全面向小农户的社会化服务体系，促进小农户和现代农业发展有机衔接，让小农户共享改革发展成果。

土地所有权人分型：《中华人民共和国民法典》明确了村内农民集体、村农民集体、乡（镇）农民集体的农村集体土地所有权主体地位。农民集体作为农地的实际所有人，对农地流转和农地权益分配具有直接的重要影响力。不同类型的农民集体，由于利益诉求不同，在参与三维主体博弈的过程中，通过其掌控的产权配置优势、信息优势等途径对农户承包权益产生实际影响。

2. 农户权益整体状况：抽样调查

主要从农户权益状况和农户权益认知两个维度进行面上调查；通过农地承包经营现状和确权登记政策效应来反映农户权益状况的整体状况，包括农地流转规模、流转方式、流转时限、流转收益、权益认识、权益保护等内容；通过对农户权益认知的调查，分析在农户主观认识层面上，农地权益的边界、权利义务的匹配、农户权益受损程度和保护途径。

3. 农户权益影响因素：个案调查

在面上调查的基础上，以各种典型权益主体为对象，以结构化调查问卷和案

① 《习近平关于“三农”工作论述摘编》http://www.moa.gov.cn/ztzl/xjpgysngzzyls/zyll/202105/t20210521_6368120.htm[2019-06-25]。

例访谈为主要方法，对不同利益主体的诉求和行为进行归纳和总结，从土地制度、市场环境、三维主体博弈等角度调查分析影响农户权益的因素，以求案例研究与实证研究相互呼应，更加生动、深刻地揭示影响农户权益的重要因素。

6.2 调研组织实施

6.2.1 问卷与访谈设计

根据研究需要，课题组设计了三种类型的调研工具，分别是《承包农户调查问卷》《经营业主半结构式访谈》《村级组织访谈问卷》。

遵循科学的问卷设计程序，才能保证问卷的信度和效度。课题组从五个步骤，进行问卷的制作开发，分别是：①根据调研内容，明确调研目标，梳理相关概念并转化为测量指标；②列出需要收集的信息，明确信息类别、获得渠道和访谈对象，提高信息获得效率和质量；③设计问卷中的问题（主要包括内容、形式、表述、顺序）；④确定问卷的排版风格，科学性、易读性、学术性要匹配；⑤试调、测试、修改与最后定稿。

课题组于 2016 年 6 月底设计好初稿，并经过三次专家会议讨论，完成问卷第一稿。2016 年 8 月初，在重庆、成都、扬州，由子课题负责人和课题组成员进行预调研，并根据调研过程遇到的问题，进行问卷和访谈提纲的修正，形成最终正式调研工具。

6.2.2 调研进度安排

课题组在 2016 年、2017 年两个学年度，分别选择在华东地区的江苏省苏州市、连云港市、宿迁市，山东省邹城市、滕州市，安徽省宿州市；华北地区的山西省长治市；华中地区的湖南省岳阳市、张家界市，河南省新乡市、信阳市；西北地区的陕西省延安市、西安市、渭南市、汉中市；东北地区的黑龙江省齐齐哈尔市；西南地区的重庆市江津区、大足区、潼南区，四川省眉山市、成都市，贵州省遵义市、贵阳市展开项目调研工作。调研涉及我国 11 个省（直辖市），21 个市，37 个县（区），78 个乡（镇），134 个村[①]。

首先，由课题组招募调研员，本着地域相宜原则，先在西南大学以及子课题负责人所在学校通过微信平台推送信息，然后学生进行报名，初步筛选主要看学生的基本素质和所在区域，利用学生的家乡背景优势获得调研对象的支持和信任，

① 本书以 2016 年、2017 年调研当时的行政区划为准。

确定参加培训的调研员。其次，调研员培训。培训采用“课堂讲解+田野试调”相结合的形式，试调过程中，由课题组教师旁站指导，对调研对象接洽、自我介绍、出示凭证、调研展开以及数据核实旁站观察，并记录下访谈中存在的问题，然后及时反馈给调研员，力求通过对细节的严格把关，确保调研工作顺利进行。最终培训合格的调研员有68人。最后，每个调研省份，配备1～2名带队教师，主要负责调研工作的时间规划、接洽当地农业主管部门负责人，保障调研员的生活和工作安全问题；从实际调研看，针对农户的调研问卷，每份花费时间在40～60分钟，针对经营业主的半结构性访谈，每人需要时间在100～120分钟；针对村级负责人的访谈，每人时间大约为120分钟。

获取后的数据，经过了三轮复核。第一轮复核由区域带队教师进行，对于不清楚的数据、缺失数据及时追问调研员，确保调研数据的信度，必要时，通过电话回访，解决数据模糊或缺失问题；第二轮复核，由区域带队教师交叉审核，以确保获取数据的统一性，并对不一致的回答，提出处理方案；第三轮复核，由课题首席专家抽样复核，确保最终数据的有效性。对于无效问卷的处理或相关数据问题，通过课题组会议讨论，最终确定有效数据。

6.3 数据获取结果

经过两个学年度的调研工作，最终获取数据如表6-1所示。经过“带队教师审核—区域互校—首席专家终审”的方式，严格审查问卷的有效性，最后，由专门的数据处理人员负责数据的录入工作，形成可编辑的数据格式，为本章研究提供翔实的数据支持。从数据分布看，覆盖的11个省，兼顾了中国经济发展区位、国家政策试验区以及农业资源禀赋差异；34个县（区），80%属于国家“三农”领域改革试验区，90%以上完成了农地确权工作，能够反映本章选择样本区域的三个准则。表6-2初步统计了农户样本个体的基本特征：从流转农户的区域分布看，除四川和贵州的分布比例略低外，其余9个省的分布比例在4.4%～11.3%，农户类型中，占比最高的是兼业户，比例为47.5%，纯农户占比第二，比例为32.2%，离农户占比最低，为20.3%，与《全国农村经营管理情况统计年报》中的数据大体吻合。综上而言，样本的区域分布和农户类型分布能够很好地满足本书研究需要。从农户的人口学特征来看，户主占比64.6%，一般在农村，以男性为主，这恰好与人口性别分布比例66.4%吻合。年龄分布上，56岁及以上的占比最高，为48.6%，这也是农村人口老龄化的生活现实。受教育程度以初中为主，农业从业人员的人口素质还是普遍偏低，这也是农地经营权流转以后，仍然难以实现农业产业化效益的重要原因，优质劳动力的缺乏始终是农村发展的掣肘。

表 6-1　课题组获取数据详细分布

地区	省级行政区	市	区县（县级市）	乡镇（街道）	村（社区）	村社	业主	农户	备注
华东地区	江苏省	苏州市	太仓市	璜泾镇	杨漕村	1	0	9	江苏省调研一共涉及3个区县（县级市），8个乡镇，15个行政村。一共收集到10份录音材料，13份行政村问卷，111份农户问卷
					雅鹿村	1	0	13	
				浏河镇	万安村	1	0	14	
					何桥村	1	0	10	
		连云港市	东海县	平明镇	平明村	1	0	12	
					条河村	1	0	13	
				双店镇	孔白村	1	0	11	
					北沟村	1	0	4	
				青湖镇	王朱洲村	1	0	0	
					东丁旺村	1	0	0	
				白塔埠镇	白塔村	1	0	0	
					新元村	1	0	0	
		宿迁市	沭阳县	钱集镇	钱集村	0	0	14	
				庙头镇	冷庄村	1	0	6	
					古龙村	0	0	5	
	山东省	济宁市	邹城市	北宿镇	羊厂村	1	3	5	山东省调研一共涉及2个县级市，5个乡镇，13个行政村。一共收集到19份录音材料，8份合同材料，1份合作社材料，4份行政村问卷，16份经营业主问卷，119份农户问卷
					北屯村	1	6	9	
				郭里镇	郭南村	0	0	6	
					东郭村	0	0	12	
				石墙镇	大石三村	1	2	7	
					南岳庄村	0	3	13	
		枣庄市	滕州市	南沙河镇	上徐村	1	1	11	
					王开村	0	0	7	
					冯庄村	0	0	5	
					上营村	0	1	6	
				西岗镇	大王庄村	0	0	15	
					东王庄村	0	0	14	
					孔楼村	0	0	9	

续表

地区	省级行政区	市	区县（县级市）	乡镇（街道）	村（社区）	村社	业主	农户	备注
华东地区	安徽省	宿州市	灵璧县	灵城镇	界沟村	0	3	7	安徽省调研一共涉及4个区县，7个乡镇，12个行政村。一共收集到5份录音材料，8份合同材料，28份政府文件，25份政府工作汇报材料，1份合作社材料，7份经营业主问卷，86份农户问卷
				朝阳镇	戚楼村	0	0	6	
					大湖村	0	0	2	
					赵庄村	0	0	12	
			埇桥区	灰古镇	秦圩村	0	1	10	
				永镇乡	关湖村	0	0	13	
					小圩村	0	1	4	
			萧县	黄口镇	杨阁村	0	1	4	
					地阁村	0	0	10	
					邵庄	0	0	8	
				永堌镇	前进村	0	0	5	
			泗县	大杨乡	李庙村	0	1	5	
华北地区	山西省	长治市	潞城市	辛安泉镇	古城村	1	0	8	山西省调研涉及2个县（县级市），4个乡镇（区），7个行政村。收集到5份录音材料，9份合同材料，2份合作社材料，4份政府工作汇报材料，7份行政村问卷，7份经营业主问卷，60份农户问卷
					西南村	1	1	8	
				翟店镇	小天贡村	1	1	8	
					翟店村	1	2	8	
			长治县	振兴新区	振兴村	1	0	10	
				韩店镇	桥沟村	1	2	8	
					水泉庄村	1	1	10	
华中地区	湖南省	岳阳市	君山区	广兴洲镇	洪市村	0	1	27	湖南省调研涉及5个区县，6个乡镇，12个行政村。收集到9份经营业主问卷，110份农户问卷
			岳阳县	中洲乡	平江河村	0	2	23	
					天灯村	0	0	5	
			经济技术开发区	西塘镇	仁长村	0	0	4	
					泗水村	0	1	13	
					金黄村	0	0	4	
					岳彭村	0	1	0	

续表

<table>
<tr><th>地区</th><th>省级行政区</th><th>市</th><th>区县（县级市）</th><th>乡镇（街道）</th><th>村（社区）</th><th>村社</th><th>业主</th><th>农户</th><th>备注</th></tr>
<tr><td rowspan="19">华中地区</td><td rowspan="5">湖南省</td><td rowspan="5">张家界市</td><td rowspan="4">桑植县</td><td rowspan="2">空壳树乡</td><td>虎形村</td><td>0</td><td>1</td><td>9</td><td rowspan="5">湖南省调研涉及 5 个区县，6 个乡镇，12 个行政村。收集到 9 份经营业主问卷，110 份农户问卷</td></tr>
<tr><td>八斗桥村</td><td>0</td><td>0</td><td>10</td></tr>
<tr><td rowspan="2">洪家关白族乡</td><td>南岔村</td><td>0</td><td>1</td><td>2</td></tr>
<tr><td>龙头村</td><td>0</td><td>2</td><td>12</td></tr>
<tr><td>慈利县</td><td>许家坊土家族乡</td><td>大塘村</td><td>0</td><td>0</td><td>1</td></tr>
<tr><td rowspan="14">河南省</td><td rowspan="9">新乡市</td><td rowspan="7">延津县</td><td>僧固乡</td><td>东史固村</td><td>1</td><td>2</td><td>4</td><td rowspan="14">河南省调研一共涉及 4 个区县，11 个乡镇，14 个行政村。一共收集到 8 份录音材料，8 份政府工作汇报材料，8 份合同材料，9 份行政村问卷，20 份经营业主问卷，42 份农户问卷</td></tr>
<tr><td>王楼镇</td><td>任庄村</td><td>1</td><td>5</td><td>3</td></tr>
<tr><td>石婆固乡</td><td>小滑村</td><td>0</td><td>0</td><td>2</td></tr>
<tr><td rowspan="2">小谭乡</td><td>罗庄村</td><td>1</td><td>0</td><td>2</td></tr>
<tr><td>李庄村</td><td>0</td><td>0</td><td>2</td></tr>
<tr><td>司寨乡</td><td>郭柳洼村</td><td>1</td><td>1</td><td>2</td></tr>
<tr><td>王楼镇</td><td>前牛村</td><td>0</td><td>2</td><td>0</td></tr>
<tr><td rowspan="2">长垣县</td><td rowspan="2">樊相镇</td><td>上官村</td><td>1</td><td>1</td><td>4</td></tr>
<tr><td>小屯村</td><td>1</td><td>2</td><td>1</td></tr>
<tr><td rowspan="5">信阳市</td><td rowspan="2">浉河区</td><td>东双河镇</td><td>周庙村</td><td>1</td><td>3</td><td>2</td></tr>
<tr><td>吴家店镇</td><td>吴店村</td><td>1</td><td>2</td><td>6</td></tr>
<tr><td rowspan="3">罗山县</td><td rowspan="2">竹竿镇</td><td>高庙村</td><td>0</td><td>0</td><td>6</td></tr>
<tr><td>姚集村</td><td>1</td><td>1</td><td>2</td></tr>
<tr><td>青山镇</td><td>冲口村</td><td>0</td><td>1</td><td>9</td></tr>
<tr><td rowspan="5">西北地区</td><td rowspan="5">陕西省</td><td rowspan="5">延安市</td><td rowspan="5">甘泉县</td><td rowspan="2">道镇</td><td>寺沟河村</td><td>0</td><td>1</td><td>12</td><td rowspan="5">陕西省调研一共涉及 8 个区县，13 个乡镇（街道），21 个行政村。一共收集到 21 份录音材料，6 份政府工作汇报材料，1 份政府文件，8 份合作社材料，13 份行政村问卷，19 份经营业主问卷，196 份农户问卷</td></tr>
<tr><td>纸房村</td><td>1</td><td>1</td><td>8</td></tr>
<tr><td rowspan="3">石门镇</td><td>王坪村</td><td>1</td><td>1</td><td>12</td></tr>
<tr><td>石门村</td><td>1</td><td>0</td><td>13</td></tr>
<tr><td>和子坪村</td><td>0</td><td>1</td><td>12</td></tr>
</table>

续表

地区	省级行政区	市	区县（县级市）	乡镇（街道）	村（社区）	村社	业主	农户	备注
西北地区	陕西省	延安市	甘泉县	城关镇	袁庄村	0	1	10	陕西省调研一共涉及8个区县，13个乡镇（街道），21个行政村。一共收集到21份录音材料，6份政府工作汇报材料，1份政府文件，8份合作社材料，13份行政村问卷，19份经营业主问卷，196份农户问卷
					西沟村	0	0	11	
				美水街道	美水泉村	1	0	10	
				劳山乡	杨庄科村	1	0	11	
					林沟村	1	1	6	
		西安市	高陵区	通远镇	仁村	0	1	8	
					火箭村	1	1	12	
					北孙村	2	5	7	
					灰堆村	1	1	14	
				张卜镇	张卜村	0	1	11	
		渭南市	大荔县	安仁镇	上鲁村	0	2	11	
			富平县	流曲镇	卤川村	0	1	10	
		汉中市	南郑县	新集镇	焦山庙村	0	1	18	
			西乡县	沙河镇	马踪村	1	0	0	
		宝鸡市	凤翔县	彪角镇	彪角村	1	0	0	
			陈仓区	慕仪镇	齐东村	1	0	0	
东北地区	黑龙江省	齐齐哈尔市	克山县	河南乡	二河村	0	6	13	黑龙江省调研一共涉及1个县，5个乡镇，11个行政村。一共收集到2份录音材料，2份政府工作汇报材料，1份合作社材料，4份行政村问卷，18份经营业主问卷，117份农户问卷
					公政村	1	2	11	
					学习村	1	2	11	
				双河镇	齐心村	1	2	15	
					中心村	1	5	8	
				向华乡	幸福村	0	0	20	
				发展乡	双发村	0	0	2	
					平安村	0	1	10	
				河北乡	新中村	0	0	4	
					新城村	0	0	11	
					新启村	0	0	12	

续表

地区	省级行政区	市	区县（县级市）	乡镇（街道）	村（社区）	村社	业主	农户	备注
西南地区	重庆市		江津区	慈云镇	凉河村	1	3	15	重庆市调研一共涉及3个区，7个乡镇，11个行政村（社区）。一共收集到26份录音材料，5份政府工作汇报材料，3份政府文件，2份合作社材料，4份完整政府案例材料，8份合同材料，8份行政村问卷，22份经营业主问卷，102份农户问卷
					一水村	1	4	12	
					小园村	0	0	11	
			大足区	龙水镇	盐河社区	1	3	6	
					复隆村	1	0	8	
				石马镇	太平社区	0	2	8	
				铁山镇	高龙村	1	2	6	
					三寨村	1	1	11	
				金山镇	天河村	0	1	10	
			潼南区	古溪镇	龙摊村	1	1	7	
				柏梓镇	中渡村	1	5	8	
	四川省	眉山市	彭山区	彭溪镇	兴崇村	1	4	9	四川省调研一共涉及3个区县（县级市），5个乡镇，9个行政村。一共收集到9份录音材料，5份政府工作汇报材料，22份政府文件，3份合作社材料，10份合同材料，2份行政村问卷，10份经营业主问卷，65份农户问卷
					新开村	0	1	11	
				凤鸣镇	金烛村	0	2	7	
					江渔村	0	0	8	
		成都市	崇州市	白头镇	山洞村	0	1	2	
					五星村	0	1	6	
					高棿村	0	0	8	
				王场镇	菜花村	0	0	12	
			双流区	永安镇	三新村	1	1	2	
	贵州省	遵义市	湄潭县	永兴镇	茅坝村	1	1	3	贵州省调研一共涉及2个区县（县级市），7个乡镇（社区），9个行政村。一共收集到8份录音材料，12份政府工作汇报材料，1份合作社材料，10份合同材料，7份行政村问卷，6份经营业主问卷，22份农户问卷
				天城镇	德荣村	1	1	1	
					皂角村	0	1	1	
				黄家坝镇	牛场村	0	1	5	
				复兴镇	两路口村	1	1	2	
				职教城西区社区		1	0	2	

续表

<table>
<tr><th>地区</th><th>省级行政区</th><th>市</th><th>区县（县级市）</th><th>乡镇（街道）</th><th>村（社区）</th><th>村社</th><th>业主</th><th>农户</th><th>备注</th></tr>
<tr><td rowspan="4">西南地区</td><td rowspan="4">贵州省</td><td rowspan="4">贵阳市</td><td rowspan="4">清镇市</td><td rowspan="3">红枫湖镇</td><td>右七村</td><td>1</td><td>0</td><td>3</td><td rowspan="4">贵州省调研一共涉及2个区县（县级市），7个乡镇，9个行政村。一共收集到8份录音材料，12份政府工作汇报材料，1份合作社材料，10份合同材料，7份行政村问卷，6份经营业主问卷，22份农户问卷</td></tr>
<tr><td>中八村</td><td>1</td><td>1</td><td>3</td></tr>
<tr><td>塘边村</td><td>1</td><td>0</td><td>1</td></tr>
<tr><td>站街镇</td><td>林歹村</td><td>0</td><td>0</td><td>1</td></tr>
</table>

注：以调研期间的行政区划为准

表 6-2 农户样本个体特征（$n = 1030$）

<table>
<tr><th>个体特征</th><th>选项</th><th>人数/人</th><th>比例</th><th>个体特征</th><th>选项</th><th>人数/人</th><th>比例</th></tr>
<tr><td rowspan="2">是否户主</td><td>是</td><td>665</td><td>64.6%</td><td rowspan="11">地理位置</td><td>江苏</td><td>111</td><td>10.8%</td></tr>
<tr><td>否</td><td>365</td><td>35.4%</td><td>黑龙江</td><td>117</td><td>11.4%</td></tr>
<tr><td rowspan="2">性别</td><td>男</td><td>684</td><td>66.4%</td><td>山东</td><td>119</td><td>11.6%</td></tr>
<tr><td>女</td><td>346</td><td>33.6%</td><td>安徽</td><td>86</td><td>8.3%</td></tr>
<tr><td rowspan="5">年龄</td><td>25岁及以下</td><td>13</td><td>1.3%</td><td>湖南</td><td>110</td><td>10.7%</td></tr>
<tr><td>26～35岁</td><td>40</td><td>3.9%</td><td>河南</td><td>42</td><td>4.1%</td></tr>
<tr><td>36～45岁</td><td>142</td><td>13.8%</td><td>山西</td><td>60</td><td>5.8%</td></tr>
<tr><td>46～55岁</td><td>334</td><td>32.4%</td><td>陕西</td><td>196</td><td>19.0%</td></tr>
<tr><td>56岁及以上</td><td>501</td><td>48.6%</td><td>贵州</td><td>22</td><td>2.1%</td></tr>
<tr><td rowspan="5">受教育程度</td><td>未上过学</td><td>107</td><td>10.4%</td><td>四川</td><td>65</td><td>6.3%</td></tr>
<tr><td>小学</td><td>327</td><td>31.7%</td><td>重庆</td><td>102</td><td>9.9%</td></tr>
<tr><td>初中</td><td>436</td><td>42.3%</td><td rowspan="3">农户类型</td><td>纯农户</td><td>332</td><td>32.2%</td></tr>
<tr><td>高中</td><td>132</td><td>12.8%</td><td>兼业户</td><td>489</td><td>47.5%</td></tr>
<tr><td>本科及以上</td><td>28</td><td>2.7%</td><td>离农户</td><td>209</td><td>20.3%</td></tr>
<tr><td rowspan="3">政治面貌</td><td>群众</td><td>847</td><td>82.2%</td><td rowspan="2">时间</td><td>2016年</td><td>318</td><td>30.9%</td></tr>
<tr><td>中共党员</td><td>181</td><td>17.6%</td><td>2017年</td><td>712</td><td>69.1%</td></tr>
<tr><td>民主党派</td><td>2</td><td>0.2%</td><td>合计</td><td></td><td>1030</td><td></td></tr>
</table>

注：合计不为100%是四舍五入修约所致

第 7 章　农地经营权流转状况考察

本章内容主要利用统计数据和调研数据，总体把握农地经营权流转的历史与概况。一是从时间维度考察新中国成立后农地流转过程的历史，包括产权变化特征及时代背景；二是利用统计数据从宏观上考察农地流转的概况，再利用调研数据探究农地流转的特征。

7.1　农地经营权流转的历史回顾

大约 1.2 万年前，农业革命拉开序幕，土地在为人类提供食物的过程中，也渐渐被赋予部落城邦强大的意义。《诗经》曰：溥天之下，莫非王土。土地是王权的象征，帝王将相时代的烽烟四起也主要是为了拓展疆域，土地只存在抢夺或分封现象；近代历史，孙中山先生三民主义的重要政治主张之一，便是“平均地权”，主张“耕者有其田”，赋予普通农民土地，然而，这一政治主张由于缺乏明确的实施路径而变成了政治理想；相比之下，新中国成立初期，从土地改革到 1950 年的《土地改革法》，通过“减租减息、地主献田、清算购买、征收购买”等方式实现了“耕者有其田”，土地从地主、富农等群体手中转移到了普通农户手中。这一革命方式完成的土地改革奠定了革命的基础，完成了从旧中国向新中国成立这一伟大社会进步。并且土地改革从苏区向解放区推广，最后覆盖全国，且在土地改革完成后，颁发了《土地房产所有证》。这一历史性社会运动不仅奠定了革命的群众基础，也拉开了农地流转的序幕，主要是完成了土地所有权的重新分配，革命兑现了政治承诺，也赋予了土地财产的功能，农户拥有完整的土地所有权，可以自由买卖、自主经营和出租，土地产权完全私有，边界清晰、权益明确。

其后，在集体化时期，1958～1960 年的“大跃进”运动，最初是为了提高农户家庭作业的效率和降低农业风险问题，通过成立“互助组—初级社—高级社”，仅仅用了 1～2 年的时间就完成了土地从农民所有到集体所有的转变；不可否认，后来这一农地所有权形式成为事实，虽然历史重新审视了这一社会变革性的思潮，但由此带来的土地所有权的转移诞生了土地集体所有制。这一时期，农地流转意味着所有权的转移，并不同于今天的“用益物权”的流转。

显然，人民公社不适应农业生产。集体劳动缺乏效率，搭便车和机会主义行为普遍，当然最重要的是农民不拥有土地，也没有使用权，土地所有权归集体。失去了这一重要财产后，农户缺乏生产积极性，搭便车和机会主义行为就产生了。1978 年中国制定了改革开放的基本国策，小岗村开始实行家庭联产承包责任制，拉开了我国对内改革的大幕。农户从农村集体经济组织获得了土地使用权，极大地调动了农民的生产积极性，极为有效地解决了粮食短缺问题。其实质是获得土地使用权之后，建立了家庭农庄，农民通过农业生产获得了企业家报酬和经营性收益，这是激励农民积极性的经济逻辑。对比人民公社时期，土地从农民手中流转到集体，是土地完整的产权转移；而土地从集体流转到农民手中，仅是使用权的转移，部分土地产权转移，是通过农户实践探索出的由下而上的土地制度变革；这一双向变革，产生了土地的“两权分离”：所有权和使用权的分离，也奠定了农村统分结合的双层经营体制。

伴随改革开放的不断深入，民工潮、城镇化等多种因素，产生了土地在农户家庭之间配置的不均衡，微观上，劳动失能者、婚丧嫁娶、进城落户、摆脱农民身份等原因更加剧了“有田者不耕”和“欲耕者无田”的双重困境，其实质是土地要素与劳动力要素之间错配，如果从现代经济逻辑看，企业家才能、技术要素、信息要素、知识等都应该是产生超额利润的重要因素，那么，将土地和劳动力与现代生产要素放在一个生产框架下，必然会产生更多的配置模式，如要达到新的配置均衡，就需要建立地权交易市场以促进交易效率提升。这需要两个必要前提：一是土地产权的细分，这是保证交易标的丰富性。土地从“产权合一”、“两权分离”到如今的“三权分置”，以至衍生的抵押权、担保权，即土地产权的细分丰富了交易标的体系。二是灵活的交易机制。从契约的角度看，交易涉及标的物转移、标的成交方式、价款支付、双方责任义务。具体到土地而言，就是产权的转移、价款支付、流转期限、双方权益、交易组织方式。由此产生了日趋完善的土地交易形式，如承包权置换、退出，经营权租赁、入股、合作、抵押、担保，以及承包经营权的整体交易；从土地转出方、转入方的直接交易，发展到涉及村两委、土地经纪人、信托公司、金融机构、社会化服务组织等多方中介，加上现代技术的支持，土地产权交易平台发展迅速；结果证明：交易的透明性与方便快捷促进了土地交易市场的健康发育。考察农史，在 18 世纪以前，中国曾以占世界 7%～8%的耕地养活了世界上 25%的人口，主要得益于活跃的地权交易市场。

当然，形成这一丰富交易体系的前提是土地产权与制度变迁。表 7-1 梳理了改革开放以来，国家关于农地流转的政策支持，总体上反映出国家对土地“限制流转—鼓励探索—规范流转—创新流转”的制度变迁脉络。

表 7-1　改革开放后我国农地流转的政策梳理

年份	政策或会议	政策目的	制度变迁
1978	十一届三中全会	家庭联产承包责任制改革正式开启	限制流转
1979	《关于农村工作问题座谈会纪要》	包干到户	

续表

年份	政策或会议	政策目的	制度变迁
1982	《中华人民共和国宪法》	不允许农村土地承包经营权转让	限制流转
1983	《当前农村经济政策的若干问题》	普遍推行包干到户，实现了土地所有权和使用权的分离	鼓励探索
1984	《中共中央关于一九八四年农村工作的通知》	“大稳定、小调整”原则，鼓励使用权流转；土地承包期一般应在 15 年以上	
1986	《中华人民共和国土地管理法》	土地经营权的流转突破家庭承包经营限制，开始进入试验期	
1988	《中华人民共和国宪法修正案》	土地使用权可以依照法律的规定转让	
1993	《关于当前农业和农村经济发展的若干政策措施》	土地承包期延长 30 年不变，同时允许土地使用权依法有偿转让	
1995	《关于稳定和完善土地承包关系的意见》	允许对承包土地依法转包、转让、互换、入股	
2003	《农村土地承包法》	土地承包经营权可以依法采取转包、出租、互换、转让或其他方式流转	规范流转
2005	《农村土地承包经营权流转管理办法》	农地经营权流转在操作层面实现了有法可依	
2007	《中华人民共和国物权法》	对我国土地承包经营制度作了规定	
2008	《中共中央关于推进农村改革发展若干重大问题的决定》	首提农村土地确权颁证	
2009	《中共中央 国务院关于 2009 年促进农业稳定发展农民持续增收的若干意见》	对集体所有土地的所有权进一步界定清楚，同时进一步规范农村土地承包经营权的流转	
2010	《中共中央 国务院关于加大统筹城乡发展力度进一步夯实农业农村发展基础的若干意见》	规范农地经营权流转行为	
2011	《中共中央 国务院关于加快水利改革发展的决定》	加强农村水利基础设施建设，为农地经营权流转创造基础条件	
2013	《中共中央关于全面深化改革若干重大问题的决定》	赋予农民更多财产权利	创新流转
2014	《中共中央 国务院关于全面深化农村改革加快推进农业现代化的若干意见》	在落实农村土地集体所有权的基础上，稳定农户承包权、放活土地经营权，允许承包土地的经营权向金融机构抵押融资	
	《中共中央 国务院关于加大改革创新力度加快农业现代化建设的若干意见》	坚持和完善农村基本经营制度，坚持农民家庭经营主体地位，引导土地经营权规范有序流转，创新土地流转和规模经营方式，积极发展多种形式适度规模经营，提高农民组织化程度	
	《关于引导农村土地经营权有序流转发展农业适度规模经营的意见》	放活土地经营权，首次明确适度规模经营的“度”，健全土地承包经营权等级制度，推进土地经营权确权登记颁证制度	
		农村土地所有权、承包权、经营权“三权分置”	

7.2 农地经营权流转的全国态势

以历史的纵深维度研判事物发展的方向，从开拓的横向视野把握事物演化的态势。基于此，本节内容旨在分析农地经营权流转的全国态势，通过翔实的数据分析，从纵横两个维度把握我国农地流转的基本态势，并探索这一趋势背后的可能成因，为农地经营权流转行为的微观考察铺垫坚实的数据基础。本节数据分析来源于《全国农村经营管理情况统计年报》。

7.2.1 总体概览

1. *农地经营权流转速度*

对农地经营权流转速度的考察，主要从流转规模和流转率两个方面进行研究。

（1）农地经营权流转规模。2003～2016 年我国农地经营权流转由原本的零星流转向规模流转发展，流转规模呈现先平缓后稳步增长的趋势，具体如图 7-1 所示。总体上，我国农地流转规模从 2003 年的 0.56 亿亩（373.33 万公顷）增加到 2016 年的 4.79 亿亩（3193.33 万公顷），扩大了 7.55 倍。其中 2003～2007 年流转总面积稳定，流转率在 5%左右[①]，2007～2008 年有一个明显的飞跃上升；农地经营权流转

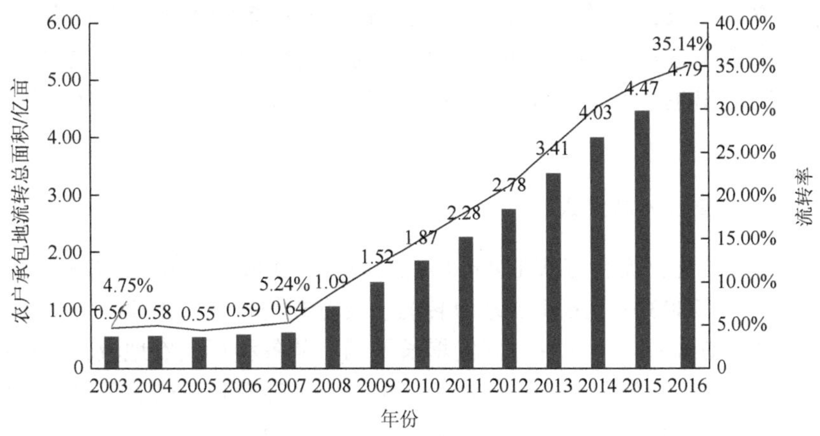

图 7-1 2003～2016 年农地经营权流转率及流转规模

① 农地流转率＝家庭承包耕地流转总面积/家庭承包经营的耕地面积×100%

率从 2003 年的 4.75%增加到 2016 年的 35.14%，年均增长率为 16.64%。从政策层面看，2007 年颁布的《中华人民共和国物权法》为加强农地经营权流转打下了坚实的基础，其明确界定了农村土地权利是一种传统民法中的“用益物权”。与此同时，《中华人民共和国农民专业合作社法》于 2007 年开始实施，其激励合作社通过流转土地的方式发展适度规模经营，合作社数量不断增加，流转速度也会随之加快。2008 年，党的十七届三中全会通过的《中共中央关于推进农村改革发展若干重大问题的决定》中提出的“现有土地承包关系要保持稳定并长久不变”这一土地政策长期保障了农民土地产权，不仅保障了承包权，完善了产权权能，而且将农地经营权流转纳入规范，所以农地经营权流转风险下降。从社会层面看，2007 年依然是农民工数量高速增长期，农户进入非农领域后，也必然会提升农地流转意愿。

（2）农地经营权流转率。如图 7-1 所示，同流转规模的发展趋势一样，农地经营权流转率也呈现先平缓后持续上升的趋势。我国农地流转率从 2003 年仅有的 4.75%提高到 2016 年的 35.14%，意味着我国超过 1/3 的土地发生了流转，这个比例当时在发展中国家中是最高的。此外，从图中我们也可以发现，2015～2016 年，农地流转率的增速逐渐放缓，这与我国有关农业适度规模经营的政策息息相关。2013 年 11 月，十八届三中全会强调，稳定农村土地承包关系并保持长久不变。在坚持和完善最严格的耕地保护制度前提下，赋予农民对承包地占有、使用、收益、流转、承包经营权抵押、担保权能，允许农民的承包经营权入股，发展农业产业化经营。鼓励承包经营权在公开市场上向专业大户、家庭农场、农民合作社、农业企业流转，发展多种形式规模经营。此后，更多的国家政策强调发展适度规模经营已成为农地制度改革的一项迫切任务。适度规模的提出也意味着未来我国农地经营权流转速度将逐渐减慢，最终趋于平稳。

2. 农地经营权流转方式

我国农地经营权流转方式主要有转包、转让、互换、出租、入股和其他形式。如图 7-2 所示，2003～2016 年农地流转的主要方式是转包和出租，每种流转方式都曾呈现出递增现象，但每种方式的增长不同。从各种形式农地流转面积可以看出以下几点：第一，转包和出租的增长趋势与农地经营权流转整体趋势类似，从侧面反映出我国农地流转规模在 2008 年后开始快速扩大在一定程度上是由于转包和出租面积的增加；第二，转让的面积变化不明显，说明农民依然非常惜地；第三，互换的面积增长趋势不明显；第四，入股的面积在 2010 年后呈现逐渐上升的趋势，但在 2015 年后又有所回落，前者与我国合作社的蓬勃发展相关联，而后者与国家鼓励土地适度规模经营有关。

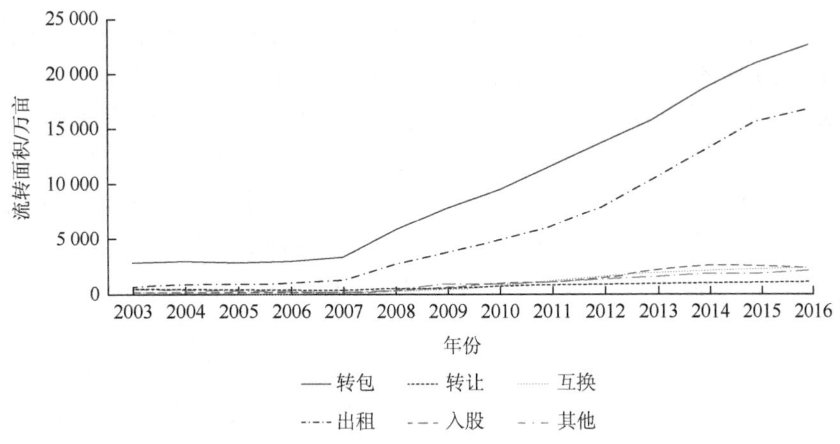

图 7-2　2003～2016 年农地经营权流转方式

从农地经营权流转方式占比分析，如图 7-3 所示，我们可以得出以下结论：第一，目前转包和出租是农地经营权流转最主要的方式，转包占比逐渐下滑，而出租占比逐年攀升，但出租占比的增长趋势一直上扬，2016 年达到 35%，预计依然会持续增长，而转包占比在 2013 年后的波动不明显，未来一直保持；第二，转让占比在逐步降低，而其他几种流转方式的占比基本保持平稳。未来，应重点建设与完善土地租赁市场，因为在这种方式下，双方的责、权、利明确，尤其是对农民而言，承担风险较小。但也应该加强土地租金的合理引导。

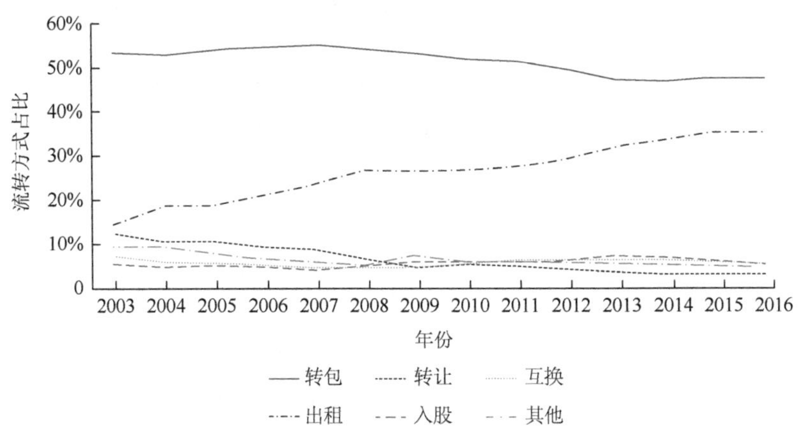

图 7-3　2003～2016 年农地经营权流转方式占比

3. 农地经营权流转去向

从图 7-4 可以看出，农户、专业合作社和企业是我国农地经营权流转的主要主体。农地经营权流转主体的相关数据统计是从 2009 年开始的，这可能与我国 2007 年实施的《中华人民共和国农民专业合作社法》联系密切，《中华人民共和国农民专业合作社法》鼓励合作社通过流转土地的方式发展适度规模经营，使农地流转主体数量增加，农地流转去向多元化。如图 7-4 所示，不管是农户、专业合作社还是企业，每年的农地流转规模都在增加，而其中又以专业合作社的农地流转规模增长最为明显。图 7-5 显示，第一，大体上我国农地经营权流转去向最多的主体是农户，专业合作社次之；第二，2009～2013 年，农户主体的占比呈逐渐下降趋势，而专业合作社主体占比逐渐上升，2013 年以后，农地流转主体占比几乎稳定，而这正好和适度规模经营的提出相符合；第三，土地流向企业的比例较低且几乎没有多大变化，这在一定程度上表明了农户与企业之间的合作与对接存在一定的困难。一般来说，专业合作社与农户的合作不需要依靠中介，主要是通过农户自主的流转方式，专业合作社直接和农户达成农地流转合同；企业与之不同，

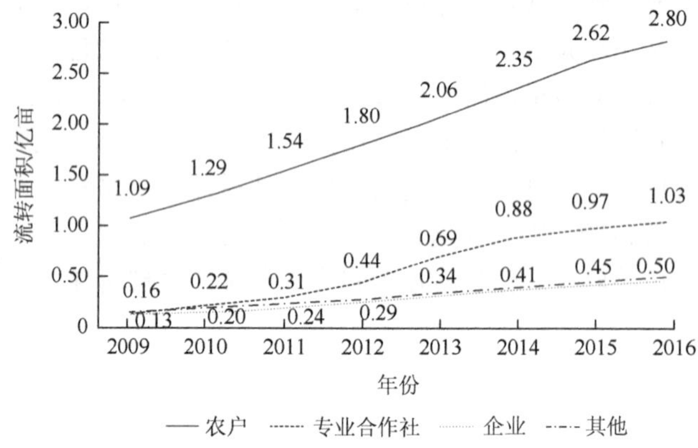

图 7-4 2009～2016 年农地经营权流转主体

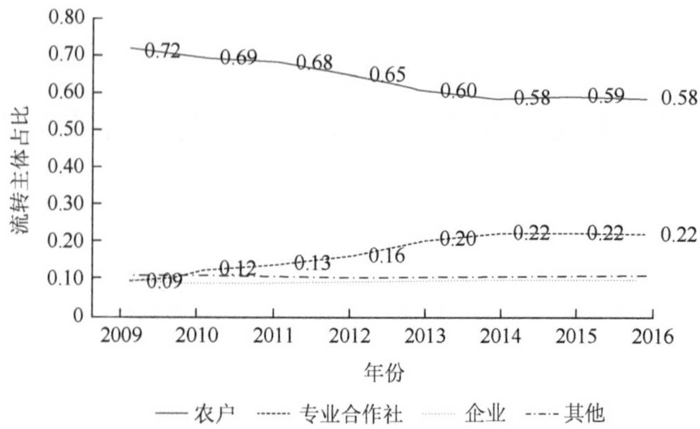

图 7-5 2009～2016 年农地经营权流转主体占比

主要是依靠乡村集体提供中介服务来进行农地经营权流转，单独农户与陌生企业的农地流转交易需要乡村集体的中介担保和监督。

7.2.2　八大区域对比

在分析了全国的总体情况后，我们来对比八大区域的流转概况。学术界根据地理和经济联系，将中国 34 个省级行政单位归类划分为三大片、八大区域。在本书中，排除了香港、澳门、台湾和西藏，我们用 30 个省区市 2003～2016 年的农地经营权流转相关数据来说明我国八大区域的状况。八大区域分别为辽宁、黑龙江、吉林等东北地区，北京、山东、河北、天津等华北沿海地区，山西、河南、内蒙古、陕西等黄河中游地区，上海、浙江、江苏等华东沿海地区，福建、广西、广东、海南等华南沿海地区，安徽、湖北、湖南、江西等长江中游地区，四川、重庆、贵州、云南等西南地区，青海、宁夏、甘肃、新疆等西北地区。

1. 农地经营权流转率对比

从图 7-6 可以看出，2016 年华东沿海地区（上海、浙江、江苏）的农地经营权流转率最高，达到了 58.89%；其次是东北地区和长江中游地区，超过了 40%；再者是西南地区，农地经营权流转率为 36.16%，高于全国平均水平的 35.14%；剩下四个区域的农地经营权流转率均没有超过全国平均水平。可见，沿海地区具有引领优势，中西部地区具有后发优势。主要是由于沿海地区受改革开放的政策

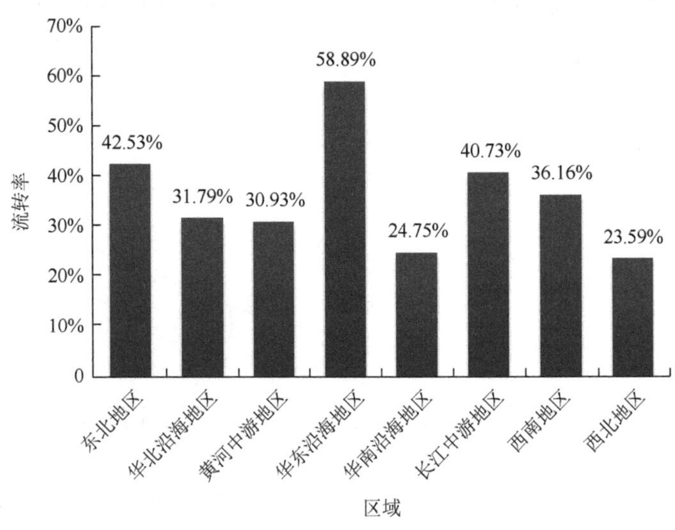

图 7-6　2016 年中国八大区域农地经营权流转率

带动与市场经济的渗透，土地回归生产要素的功能，相对自由流转，农地流转市场逐渐发育完善，所以在农地经营权流转上具有先行优势；而中西部地区由于经济发展相对落后，土地资源并不丰富，但充分借鉴了先行地区探索过程中所积累的经验，所以农地流转市场发育较快，农地流转率较高。

总的来说，农地经营权流转率高的地区呈现两种特点：一是经济发达地区，产业结构集中度较高，借助现代技术要素、资本要素、人力资本支持，农地经营权流转向现代农业发展领域。如上海通过发展“都市农业”“家庭农场”，引导土地向适度规模集中；二是资源优渥地区，沃野千里、气候水文条件良好，通过农地经营权流转可以获得农业的规模收益。如黑龙江省，农业生产条件良好，是中国的粮仓，再借助农场管理的组织力量、现代的物流体系，农地经营权流转后的生产效率较高。

2. 农地经营权流转率变化

如图 7-7 所示，八大区域中农地经营权流转率变化趋势最明显的是华东沿海地区，有三个明显转折点，2008 年党的十七届三中全会将“农地经营权流转”作为新时期的农地流转政策，而华东沿海地区在 2008 年出现了农地经营权流转率猛增，然后在 2009 年增速下降，第三个明显的转折点出现在 2013 年，2014 年 11 月国务院印发了《关于引导农村土地经营权有序流转发展农业适度规模经营的意见》，要求各地区各部门加快农地经营权流转并发展适度规模经营。这一政策导向在一定程度上使华东沿海地区农地经营权流转的增长趋势逐渐放缓。由此，可以初步判断：华东沿海地区的农地经营权流转过程中，政策作用显著，可以通过政策来调节该区域的农地流转。与华东沿海地区相反的是华南沿海地区，

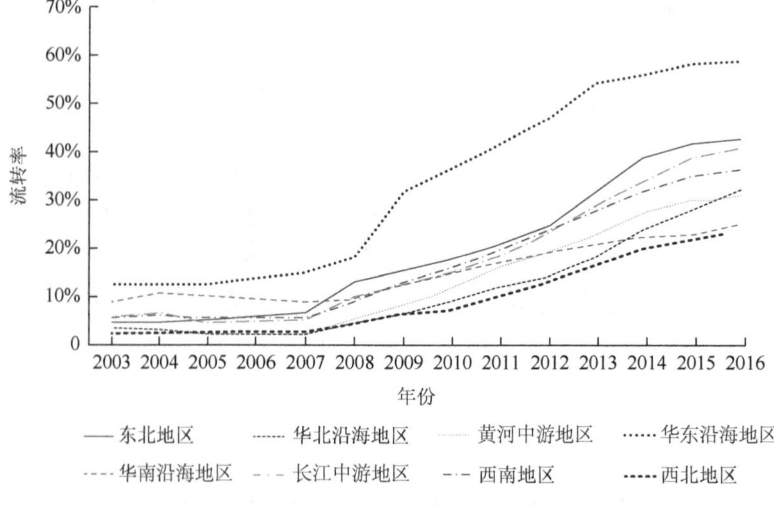

图 7-7　2003～2016 年中国八大区域农地经营权流转率

从图 7-7 我们可以发现华南沿海地区 2003 年农地经营权流转率在全国排第二，而到了 2016 却成为倒数第二，华南沿海地区的农地经营权流转率增长速度十分缓慢，这可能与华南沿海地区非农产业及城镇化的快速发展相关，非农产业及城镇化的快速发展导致了华南沿海地区农用地迅速减少。其余地区总体上来说农地经营权流转趋势与全国的总体情况类似。

总的来说，从宏观上来看，我国农地经营权流转呈现先平缓后持续增长的趋势；而八大区域中以华东沿海地区农地经营权流转率最高，其次是东北地区和长江中游地区；在八大区域中，华东沿海地区农地经营权流转受政策影响最明显，华南沿海地区则受非农产业和城镇化快速发展的影响，增长最缓慢。

7.3　农地经营权流转的现状考察

本节内容主要是基于调研数据考察全国农地经营权流转态势，主要包括流转农户类型分化、流转土地类型分布、市场定价机制形成、流转对象构成多元、流转方式创新多样以及流转行为日趋规范六个方面。

7.3.1　流转农户类型分化

随着我国农村经济体制改革的深入，广大农户在进行农业生产时，既务工又务农，出现兼业化现象。农户分化的原因有很多，一是农户自身内部因素，比如农户增收的迫切愿望。农户和非农户之间收入差距的加大，导致农户更多进行农地经营权流转，自身则参与非农生产来赚取更多经济利益；而农户之间的年龄、性别、受教育程度和生产技能存在差异，相互有自己的长处，也有不足，促进了家庭专业化分工，农户兼业化体现了个体专业化与家庭专业化的统一。二是外部政策环境因素，2015 年 10 月，党的十八届五中全会通过了《中共中央关于制定国民经济和社会发展第十三个五年规划的建议》，强调要大力推进农业现代化，稳定农村土地承包关系，完善土地所有权、承包权、经营权分置办法，依法推进土地经营权有序流转；城镇化的快速发展和农村经济市场化进一步为农户分化创造了条件；而社会保障不健全，导致从事非农生产的农户依然想保持土地承包经营权，没有完全脱离土地，成为兼业户。

根据本书定义，统计出农地经营权流转农户的类型分布如图 7-8 所示，流转农户中最多的为兼业户 464 户，占比 45.05%，其次是纯农户 347 户，占比 33.69%，再次是离农户 219 户，占比 21.26%。结果说明纯农业生产与兼业程度较高，而农户仅从事非农生产的程度较低。主要原因在于大多数农户都是小规模生产，而从事非农生产可以提高家庭收入，因此大部分农户选择流转土地，但由于个人人力资源禀赋差异、社会保障不健全等因素，多数农户没有完全脱离土地，依然保留土地承包权，这说明土地与农户的联系依然紧密。

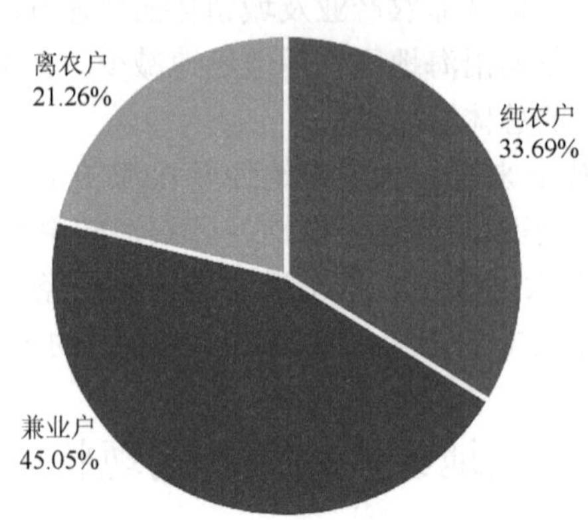

图 7-8　农地经营权流转农户类型分布（$n = 1030$）

7.3.2　流转土地类型分布

根据农村经济统计资料的土地分类标准，将农地分为田地、土地、园地、林地和水域，分别研究其流转面积。

不同类型的农地流转面积如表 7-2 所示，田地流转面积集中在 0～5 亩，占比 57%，其次有 28%的田地流转面积为 5～10 亩，仅有 15%的田地流转面积超过 10 亩，表明田地流转面积在 10 亩及以内的占比为 85%。67%的土地流转面积集中在 0～5 亩，其次土地流转面积为 5～10 亩，占比 27%，仅有 6%的土地流转面积超过 10 亩，表明土地流转面积在 10 亩及以内的占比为 94%。62%的园地流转面积集中在 0～5 亩，园地流转面积为 5～10 亩的占比为 25%，有 13%的土地流转面积超过 10 亩，表明 87%的田地流转面积在 10 亩及以内。林地流转面积集中在 0～5 亩，占比 50%，其次有 25%的土地流转面积为 5～10 亩，有 25%的农地经营权流转面积超过 10 亩，表明 75%的林地流转面积在 10 亩及以内。水域流转面积集中在 0～5 亩，占比 62%，其次有 23%的水域流转面积为 5～10 亩，有 15%的水域流转面积超过 10 亩，表明 85%的水域流转面积在 10 亩及以内。

表 7-2　不同类型农地流转面积

流转面积	田地	土地	园地	林地	水域
0～5 亩	57%	67%	62%	50%	62%
>5～10 亩	28%	27%	25%	25%	23%

续表

流转面积	田地	土地	园地	林地	水域
＞10～15 亩	4%	4%	13%	14%	15%
＞15 亩	11%	2%	0	11%	0

综上，各种类型农地的流转面积集中在 10 亩及以内，农地经营权流转呈现规模小、数量少的特点，这样就限制了农地经营权流转的期限和集中程度，而小规模的农地流转不利于机械化生产经营。农户主动进行农地流转的积极性低，动力不足，主要存在两个原因，一是对法律知识的认知不足，农户对国家农地流转政策一知半解，对于政策的稳定性也信心不足；二是一部分农民选择外出打工，一部分劳动力选择坚守农业生产，各自目标和想法的不同使得土地无法进行大规模流转。

7.3.3　市场定价机制形成

1. 计价方式与总体分布

价格是市场发育的重要标志，同样在农地流转市场，流转价格是农地流转双方极为关注的问题，也是土地市场发育程度的重要标志，有效而完善的市场定价机制能够有效地彰显土地价值发现功能，进而通过价值与价格的互动，促进农地流转市场更好发育。农地流转价格是以地租和地价的形式表现出来的，是流入方为取得相应的经营权而实际支付的价格，由流入方和流出方个人或集体协商确定实际交易价格。根据调研数据，土地租金价格主要有两种支付方式，一是货币计量，二是实物为中介折价计量。具体计价细则如表 7-3 所示。

表 7-3　农地经营权流转价格计算方式

计价方式	具体计算方式	计价特征与区域分布
固定租金	合同约定固定租金，约定支付日期	一般采用租赁方式，土地租赁期约 5 年内，农户风险规避意识较强，陕西、山东较多
固定租金＋浮动调整	约定货币＋5%～10%的浮动调整	租赁为主，部分入股方式，土地租赁期较长
实物-稻谷	固定稻谷（大米）数量×约定时间市场价格，折算为现金支付	适用土地出租或入股方式，四川、湖南、重庆较多，以南方水稻种植为主，实物计价可以避免价格变动，风险双方共同分摊
实物-大米		
实物-其他	固定玉米数量×约定时间的市场价格，折算为现金支付	适用土地租赁方式，主要在山东、山西、陕西，北方麦作区，青储玉米区
货币＋实物	保底部分固定实物+绩效现金分红	使用土地入股方式，保底部分采用实物可以避免价格波动，货币部分主要基于业主经营绩效，农户可以获得部分经营性收益，对双方均具有激励作用

【专栏 7-1】

对比实物计价与货币计价分布能够反映市场的价格理性。

调研中农户谈到，“选实物计价合适，大米就是硬通货、软黄金，钱贬值得太快了”。

经营业主认为，“选货币计价或实物计价，主要是依据当地形成的规则，双方谈好了，就可以，如果选实物计价，对双方公平，现在是粮食年年略涨，所以农户会理性地选择实物计价方式”。

村级组织谈到，“现在土地价格基本稳定，没有大的变化，但只能见涨不能见跌，农民心里有个底线，我们作为基层组织要做到一碗水端平，既要保护百姓的权益，又要保证企业的收益，否则企业没有收益后发生违约、跑路的事也很多见，最后受损的是咱老百姓，工作的重担还是压在我们身上，所以每一次农地流转，我们都是费尽心力，也承担着极大的风险”。

本节重点分析货币计价与实物计价两种价格分布情况，见表 7-4、表 7-5。

表 7-4　农地经营权流转的价格分布（$n=986$）（货币计价）

选项/(元/亩)	人数/人	占比	累计占比	均值/(元/亩)	
				选项均值	总均值
≤100	12	1.4%	1.4%	45.00	744.81
101～200	11	1.3%	2.7%	180.91	
201～300	45	5.2%	7.9%	295.78	
301～400	136	15.8%	23.7%	391.03	
401～500	74	8.6%	32.3%	494.80	
501～600	56	6.5%	38.8%	574.46	
601～700	109	12.7%	51.5%	686.79	
701～800	69	8.0%	59.5%	792.67	
801～900	72	8.4%	67.9%	884.17	
901～1000	158	18.4%	86.3%	999.22	
1001～1100	22	2.6%	88.9%	1072.73	
1101～1200	53	6.2%	95.1%	1196.70	
≥1201	42	4.9%	100%	1520.71	

注：大于 100 且小于 101 的数值归为 101～200 组，余同

表 7-5　农地经营权流转的价格分布（$n=986$）（实物计价）

选项/(斤稻谷/亩)	人数/人	占比	累计占比	均值/(斤稻谷/亩)	
				选项均值	总均值
200	4	3.92%	3.92%	7.84	83.30
230	1	0.98%	4.90%	2.25	
250	1	0.98%	5.88%	2.45	
300	3	2.94%	8.82%	8.82	
350	2	1.96%	10.78%	6.86	
400	4	3.92%	14.71%	15.69	
450	1	0.98%	15.69%	4.41	
500	18	17.65%	33.33%	88.24	
550	4	3.92%	37.25%	21.57	
600	17	16.67%	53.92%	100.00	
700	22	21.57%	75.49%	150.98	
750	12	11.76%	87.25%	88.24	
760	2	1.96%	89.22%	14.90	
800	8	7.84%	97.06%	62.75	
1000	2	1.96%	99.02%	23.53	
1200	1	0.98%	100%	19.61	

注：其他实物有 25 份，1 斤等于 500 克

第一，货币计价。根据表 7-4 的统计分析，采用货币计价的占比为 87.12%，以价格分布的样本数量为权重，计算出农地经营权流转的价格均值为 744.81 元/亩；价格主要分布区间为 200～1200 元/亩；分析图 7-9，从单项占比看，排列前三位的分别是 901～1000 元/亩，占 18.4%；301～400 元/亩，占 15.8%；601～700 元/亩，占 12.7%；三者的累计占比为 46.9%，就是说，接近 50%的流转租金在 301～800 元/亩，从累计占比看，约 90%的土地价格都在 1100 元/亩以内。

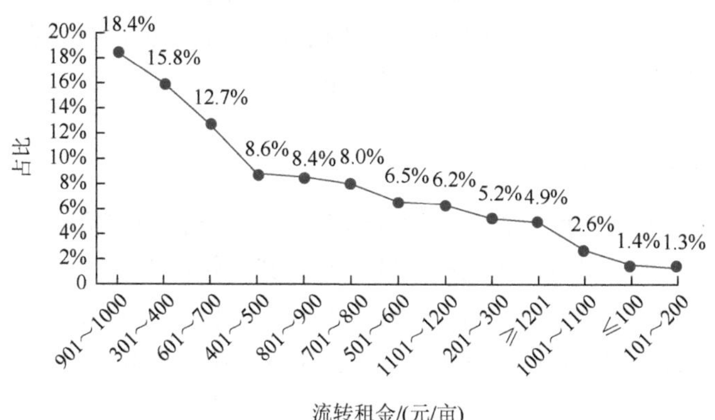

图 7-9　货币计价的农地经营权流转租金分布

第二，实物计价。实物计价的方式，主要采用稻谷计价，部分采用大米、玉米，较少采用小麦，主要是因为麦作区分布在北方，小麦作物的经济附加值小，一季小麦的投入与产出价值相当，在价格与收成平稳的年份，麦季的农业盈利几乎为零。稻谷的分布区间在 200～1200 斤/亩，依然采用价格区间的样本数作为权重，计算出农地经营权流转的均价为 83.30 斤稻谷/亩，以稻谷最低收购价计算［参考《关于公布 2017 年稻谷最低收购价格的通知》（发改价格〔2017〕307 号）］，价格在 803～927 元/亩；从单项占比看，如图 7-10 所示，排前三位的分别是 700 斤稻谷/亩，占 21.57%；500 斤稻谷/亩，占 17.65%；600 斤稻谷/亩，占 16.67%；合计占比约 56%，也就说明，接近 60%的实物租金分布在 500～700 斤稻谷/亩；81.37%的实物租金分布在 500～800 斤稻谷/亩。

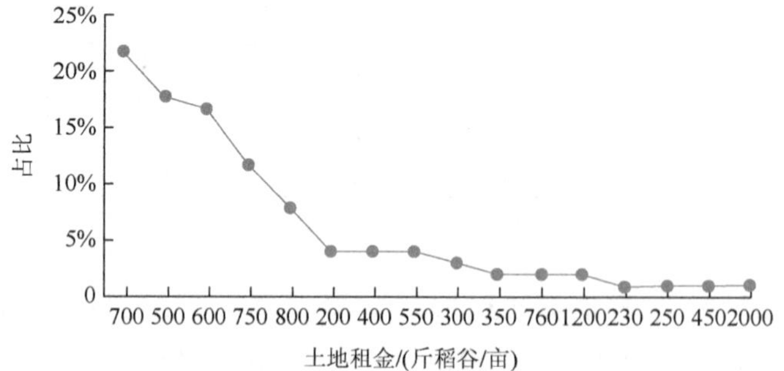

图 7-10　实物计价方式的土地租金分布

对比两种农地流转的租金计价方式，实物计价方式的价格略高于货币计价方式，货币计价分布较为分散，实物计价方式较为集中；总体而言，两种计价方式都能充分揭示土地的市场价格。2018 年 3 月，江苏省首次推出“农村承包土地经营权转让交易价格指数”[①]，与本文调研数据基本吻合，也说明了农地经营权流转的个体理性与市场理性基本吻合，农地流转市场建设有序。

2. 土地类型与价格差异

不同的土地类型，也即农业资源禀赋对农地经营权流转价格影响较大，本书主要从田地、土地、园地、林地和水域，对比其流转价格。

如表 7-6 所示，从分布看，田地和水域流转价格分布类似，40%～50%的田地与水域都分布在 801～1200 元/亩，30%～40%的田地与水域价格分布在

① 《江苏省农村承包土地经营权转让交易价格指数》，http://www.jsnc.gov.cn/jyfx/jyfx/2018/03/30085436813.html[2018-03-30]。

401～800 元/亩；土地和园地价格分布类似，主要分布在 800 元/亩及以内，林地的价格分布偏倚，71%都分布在 1～400 元/亩；1201～1600 元/亩的价格有 10%的土地，其余几乎为零，可见土地价格并没有畸高现象。

表 7-6　不同类型农地经营权流转价格

流转价格/(元/亩)	田地	土地	园地	林地	水域
1～400	20%	25%	15%	71%	18%
401～800	38%	46%	75%	21%	33%
801～1200	41%	19%	10%	8%	49%
1201～1600	1%	10%	0%	0%	0%

注：大于 400 且小于 401 的数值归为 401～800 组，余同

对比价格高低，田地主要集中在 801～1200 元/亩，占比 41%；土地主要集中在 401～800 元/亩，占比 46%；园地主要集中在 401～800 元/亩，占比 75%；林地主要集中在 1～400 元/亩，占比 71%；水域主要集中在 801～1200 元/亩，占比 49%。所以，价格高低的次序主要为水域、田地、土地、园地和林地，极符合生产现实，主要是由于田地的稻谷产出和水域的养殖业收益良好，成为市场流转的抢手热地，且国家对土地的规模化流转给予的价格补贴较高。从分布看，补贴价格在 100～500 元/亩不等，在很大程度上高于土地的农业产出纯利润。所以很多经营业主对农地流转会存在“保本靠经营，盈利靠补贴”的观点。

3. 农户与业主的价格评价

那么这一价格分布情况，农地经营权流转双方存在怎样的评价？表 7-7 显示，62.04%的土地转出农户认为农地流转价格正常、合理，与农户预期吻合，说明农地流转价格较为公平。但调研发现，老百姓算账的出发点不同，对价格有不同的评价。

表 7-7　农户价格评价——土地租金与市场价格比较（$n=1030$）

选项	频数	频率
高	93	9.03%
正常	639	62.04%
低	298	28.93%

【专栏 7-2】

四川省崇州市五星土地股份合作社社员王姓老人，明确表示：“种地不赚钱，这个租金比一年的净收成还多呢，再说了，现在哪有自己种地的，不懂技术。邓小平都说了科学技术是第一生产力[①]，得相信现在的年轻人懂技术、会管理。”

【专栏 7-3】

安徽宿州，加入意利达农业科技专业合作社联合社的农户刘姓年轻人表示：“种地麻烦，自己受不了这个罪，现在在蚌埠干快递，夫妇俩年收入能有接近 10 万块，孩子还可以跟着接受好的教育，所以都把地托管给合作社了，不能荒地。”

【专栏 7-4】

重庆江津区某年轻农户表示：“现在江津实行了水稻生产的全程社会化服务技术，一亩地全部托给别人管，大约 750 元/亩，政府补贴 30%～50%，我们自己只出 300～400 元/亩，所以，现在土地也没必要流转，后面收的稻谷扣除服务费后，还是比农地经营权流转的价格高。”

对比不同年龄阶段的群体，年老群体的农地经营权流转者，认为土地租金能够超过农业净收益，所以合理，这是基于历史比较；年轻群体更看重非农机会带来的其他福利，对租金不看重，认为合理，这是前向预测。也有极少部分的农民表示，租金低是基于业主经营获得了较高的收益和国家补贴，对比之下，租金低了。总体而言，农户对土地租金满意度良好。

表 7-8 给出的业主对农地经营权流转价格评价，与农户的评价反差较大，其中 76.19%的业主认为土地租金偏高了，只有 16.67%的业主评价租金正常。

表 7-8 业主价格评价——土地租金与市场价格比较（$n=126$）

选项	频数	频率
高	96	76.19%
正常	21	16.67%
低	9	7.14%

访谈中，典型业主如下。

① 《科学技术是第一生产力》，https://cpc.people.com.cn/n1/2016/0108/c69113-28030592.html[2016-01-08]。

【专栏 7-5】

成林农机专业合作社成立于 2008 年，四川省眉山市彭山区凤鸣镇金烛村 1 组，理事长王程琳，30 岁，初中文化，8 人入股。自有农机设备价值约 500 万元，购买过程中获得了 30%～50%的购机补贴。农机设备构成和 2016 年土地种植投入产出明细见专表 7-1 和专表 7-2。

专表 7-1　成林农机专业合作社农机设备构成

项目	大中型拖拉机	收割机	播种机	喷药机	烘干机
价格/(万元/台)	10～20	12～20	0.5～3	0.3	12～16
数量/台	15	5	6	2	6

专表 7-2　成林农机专业合作社 2016 年土地种植投入产出明细

项目	计算明细
租金	960 元/亩
成本：水稻	人工费 100＋农资 140＋育苗 150＋农药 50＋插秧 130＋收割 70＋烘干 120＋运输 12＝772 元/亩
玉米	大约有 600 元/亩
项目	计算明细
收入：水稻	1300 斤/亩×1.3 元/斤＝1690 元/亩
玉米	700 斤/亩×0.9 元/斤＝630 元/亩
利润 1：种植业	1300×1.3＋700×0.9–(960＋772＋600)＝–12 元/亩 –12 元/亩×1100 亩＝–1.32 万元
利润 2：种植大户补贴	100 元/亩×1100 亩＝11 万元
利润 3：农机作业	(320–100)元/亩×1100 亩＝24.2 万元
种植业利润：利润 1＋利润 2＋利润 3	24.2＋11–1.32＝33.88 万元 33.88 万元/1100 亩＝308 元/亩
农机作业利润：政府购买农机服务	100 元/亩×5000 亩＝50 万元
合作社利润＝种植利润＋农业作业	50＋33.88＝83.88 万元

程理事长说道："2016 年大概的利润有 80 万元，但种植这块赚不到钱，主要还是农业作业服务，通过农业作业把自己的地种着，租金太高了，现在粮食价格又下跌，肯定得和老百姓谈谈租金，不然的话，入不敷出。做农业就是这样，亏也亏不到哪里，但附近的老百姓赚到钱了，也轻松了，做农业就是这样，不会亏，但赚的钱又扩大再生产了，也没有看到赚的钱在哪里。"

7.3.4 流转对象构成多元

国家政策推动和土地产权改革带来了农地流转市场的完善与活跃。土地转入主体从普通农户、种养大户不断向村组织、农业企业、新型农业经营主体拓展，甚至土地信托、粮食银行、土地托管机构等新型主体逐渐渗透农地经营权流转市场。

如图 7-11 所示，农地经营权流转的经营主体主要为企业，占比 25%；其次是种养大户，占比 21%；再次是农民专业合作组织，占比 17%；最后是普通农户、家庭农场和农村集体经济组织，占比分别为 16%、12%和 9%。其中新型农业经营主体（农民专业合作组织和种养大户）占比为 38%，成为土地转入的主要对象，这些经营主体在劳动力雇用监督、组织化水平、技术采用和产业融合能力方面各有优势，农地经营权流转对象多元化说明农地流转的规范性、政策性、市场化导向性特点突出。一方面，流入新型农业经营主体，能够吸引资本、信息和技术等资源和要素集中到农村土地经营，为农业经营主体奠定资源基础，促进现代农业发展；另一方面，能够确保土地“三权分置”的政策下，小农户能参与分享现代农业发展成果。

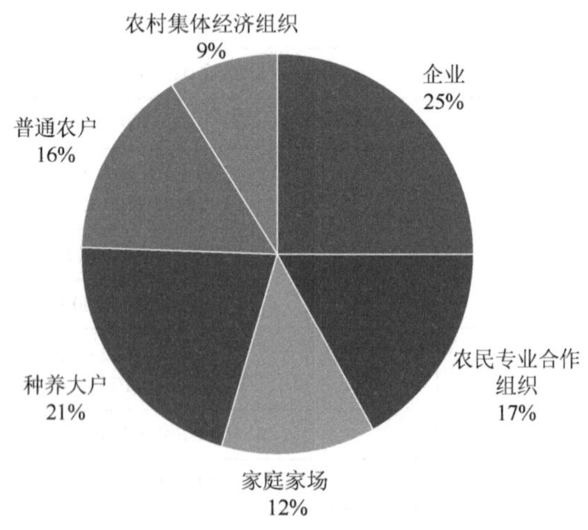

图 7-11　土地流入对象构成

7.3.5 流转方式创新多样

农户间通过委托代耕、转包等形式进行的自主流转是早期的农地流转方式，主要是为了防止土地撂荒。随着社会不断发展，更多资源和要素流入土地，农地流转方式随之变化，过去单一的转包、转让、互换等形式变化为现在的以转包、转让、出租、互换、入股、土地托管和土地信托为代表的多样化流转方式。其中，转包、出租、入股、土地托管和土地信托五种农地经营权流转形式的承包权同以前一样，转让和互换两种流转形式的承包权较以前不同，发生了变化。随着农村土地承包权和经营权的事实分离，特别是农地“三权分置”改革的背景与土地确权的逐步完成，农地经营权流转方式的发展现状及变化趋势更具现实意义。如图 7-12 所示，出租的流转方式占比 50%，为最高；转包的流转形式占比 36%，为第二；位于第三的转让的流转方式占比 9%，入股、互换、土地托管和土地信托的占比合计为 5%。农地流转方式变多表明了土地在农户间较为自主和分散的流转方式已经慢慢改变为较为集中有组织的方式，为农业现代化发展、农民增收创造了有利条件。

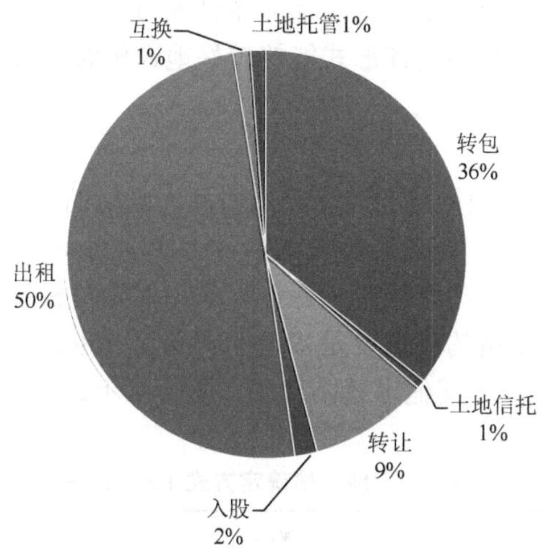

图 7-12　农地经营权流转方式构成情况

为提高农地经营权流转效率，土地的跨村、跨区域流转越来越普遍，外来业主与本地业主成为土地转入主要对象，对于外来业主而言，不熟悉村社关系、地方传统，很难形成土地的连片流转，所以需要依靠第三方中介组织达成农地经营权流转。调研中，这一中介组织主要由村社组织、合作社、经纪人或者信托机构来担当。如表 7-9 所示，通过社（队）流转土地的比例接近 90%，其次是通过中介组织、经纪人、合作社，占比 8.83%，最后为通过其他方式组织流转，占比 1.46%。这一数据极具现实意义，村社组织作为百姓眼中的“准政府机构”，他们熟悉村社内部关系，熟悉村庄资源禀赋、礼节礼俗。对外，他们具有敏锐的政策触角、谈判能力、竞争意识，所以成为农地经营权流转中介的最佳选择。这也预示规范农地流转行为的重点，在于规范村社组织在其中的权限边界。

表 7-9　流转组织形式（$n = 1030$）

选项	频数	频率
通过社（队）流转	924	89.71%
通过中介组织、经纪人、合作社	91	8.83%
其他	15	1.46%

7.3.6　流转行为日趋规范

公平、公正、充分协商是保证交易完备性的重要原则。在农地经营权流转过程中，价格确定方式和合同签订形式能够较好地评价农地流转行为的规范与否。

1. 价格确定方式

如表 7-10 所示，土地价格通过“双方协商”确定的比例最高，占比 35.83%，其次是“第三方居中协商”，这两种方式累计占比达到 68.35%，就保证了近七成农地流转价格由农户直接参与谈判，保证了农户的知情权和议价权，这与前面所述，农户对农地流转价格的满意度是接近的。当然，也有部分是由业主单方指定的，占比 20.49%。还存在其他形式，比如“随行就市、参考周边”。

表 7-10　土地价格确定方式（$n = 1030$）

选项	频数	频率
业主单方指定	211	20.49%
第三方居中协商	335	32.52%
双方协商	369	35.83%
其他	115	11.17%

注：频率之和不为 100%是四舍五入修约所致

2. 合同签订形式

是否签订流转合同、如何签订流转合同是规范性的另一个重要方面。

《农村土地经营权流转管理办法》第十四条规定：“承包方可以采取出租（转包）、入股或者其他符合有关法律和国家政策规定的方式流转土地经营权。”

2016 年 6 月，农业部印发《农村土地经营权流转交易市场运行规范（试行）》，要求“交易双方应参照土地经营权流转交易合同示范文本订立合同”。如图 7-13 所示，书面约定占比高达 75.34%，口头约定仅占 24.66%。由于私下的口头约定稳定性差，纠纷、隐患较多，双方权益无法受到法律保护，而较为稳定的方式是签订流转合同，这能有效防止双方的“背叛”行为，使得双方能够保持长期的友好的土地使用关系，避免进行掠夺式使用，促进规模经营的长期性，因此更多的农户在农地经营权流转过程中签订书面合同，高比例的契约合同说明农地流转行为逐渐规范。

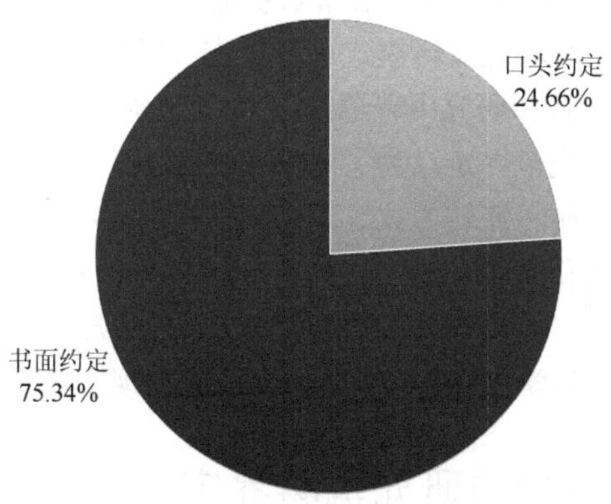

图 7-13 农地经营权流转合同形式

农地经营权流转合同签订方式主要为户主签订、社（队）代签、家属或亲属签订和其他人签订。如图 7-14 所示，由户主签订农地经营权流转合同的比例达 71%，其次是由社（队）代签，占比 21%，再次是由家属或亲属签订，占比 7%，由其他人签订合同的占比仅为 1%。说明现在农地经营权流转合同主要由户主签订，越来越多的农户重视农地经营权流转及其权益保障。

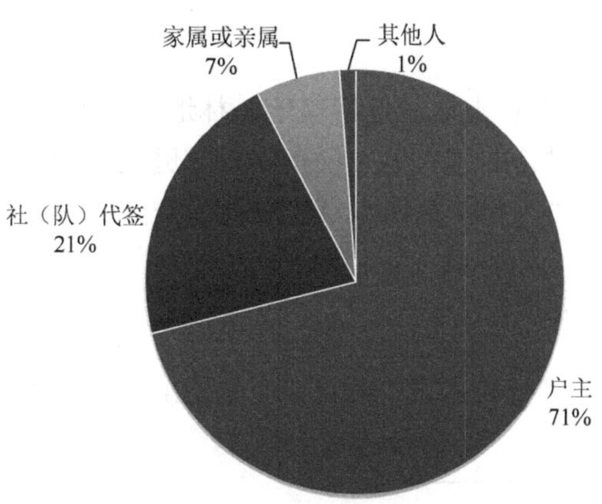

图 7-14 农地经营权流转合同签订方式

第 8 章　农地经营权流转的主要方式与模式

农地经营权流转的主要方式与模式是本书考察农地流转现实的重要方面，但实践和文献中对农地流转方式和模式的理解和界定各不相同，部分将流转方式和流转模式混为一谈；部分用特定地区的做法命名农地经营权流转模式①，部分从政府主导和市场化运作两个方面对农地流转模式进行界定（肖轶等，2009；韩春虹和张德元，2018）。可见，目前在实践和研究中普遍缺乏对农地经营权流转方式与农地经营权流转模式内涵及其特征的规范界定。为了本书研究需要，本章首先从术语的逻辑体系出发，对农地经营权流转、流转方式、流转模式等核心概念进行界定和区分，其次分别从制度内涵与规制和流转交易的结构特征两个方面对农地经营权流转的具体方式和主要模式展开阐述，最后对各种流转模式加以比较。从而系统厘清不同农地经营权流转方式和模式的科学内涵与特征，为农地流转现实考察的深入研究奠定基础。

8.1　相关概念与研究范畴界定：术语的逻辑体系

“农地”“农地经营权流转”“农地经营权流转方式”“农地经营权流转模式”本是一组相对模糊的概念，本节基于研究对象（在地权结构细分框架下、农地确权登记制度基础上，研究农地经营权流转与农户承包权益保护之间的关系）和研究问题（地权结构细分框架下农地经营权流转对农户基于承包地的权益实现或保护的影响），做出如下概念界定。

8.1.1　农地

“农地”本来泛指农村土地，包括耕地、林地、草地、滩地、“四荒地”和农村建设用地等。本书讨论的“农地”仅指农户家庭通过承包方式从农村集体经济组织获得的土地，即“农户承包地”，包括耕地、林地、草地等。

8.1.2　农地经营权流转

“农地经营权流转”泛指农地产权主体的变化，包括在不改变农地承包权权属

① 如重庆市长寿区麒麟村的“农地入股”流转模式和重庆市九龙坡区的“宅基地换住房、承包地换社会保障”模式。

的前提下进行的农地经营权流转和农地承包权、经营权同时流转两种情形。需要强调的是，由于农地承包权一旦发生流转（如农地转让），原承包户就不再享有对流转出去的土地的承包经营权，农户承包权益保护的问题也就不复存在；所以，涉及农地承包权流转的情况不属于本书的研究范畴，本书主要研究农户承包地经营权流转问题。此外，需要指出的是，凡是不涉及农地权属主体变化的情形，都不属于农地经营权流转。现实中以及有的文献中把农地托管代耕[①]现象认为是农地经营权流转的表现，本书认为这是不恰当的。因为农地托管代耕的本质是生产环节外包或是生产劳务购买[②]，农地权属主体没有发生变化。

8.1.3　农地经营权流转方式

“农地经营权流转方式”指农地权属主体变化的途径：一是通过交易实现，这种交易关系具体表现为转包、出租、转让、互换、股份合作、信用合作、信托代理等；二是通过非交易实现，如赠予、继承、行政分配等。通过交易关系实现的流转是有偿的，其中会有流转农户权益保护的问题；非交易实现的流转一般是无偿的，也就不涉及流转农户权益保护的问题。本书主要研究通过交易关系实现的农地经营权流转方式。

8.1.4　农地经营权流转模式

“模式”通常指事物的标准样式或解决某一类问题的方法论。本书把“农地经营权流转模式”定义为：促成农地经营权流转交易关系的解决方案。刻画农地经营权流转模式时，有两个关键要素：一是参与、促成农地经营权流转交易的主体，二是参与农地经营权流转的各主体之间交易的结构特征。农地经营权流转模式具有多样性，具体如农户自主协商流转模式、村社组织协调流转模式、农户委托村社流转模式、村集体反租倒包流转模式、农地经营权流转服务中心[③]撮合流转模式、农村股份合作社带动流转模式、土地银行存贷流转模式、信托平台代理流转模式等。

综上所述，本书研究中相关术语的逻辑体系是，农地指农户承包地，农地经营权流转指农地权属变化的交易，农地经营权流转方式指农地经营权流转的交易

① 托管代耕是指部分不愿耕种或无能力耕种者把土地托管给农业生产服务组织或种植大户，由其代为耕种管理的做法。

② 权威学者也这么认为，如陈锡文、卫龙宝等权威学者认为中国农业规模化存在两条路径：一是通过农地流转实现规模化，二是农地不流转也可以实现规模化——服务规模化。所以托管是农业生产性服务，不是农地流转。

③ 农村土地流转服务中心、农村产权交易中心等类似中介机构的简称。

关系，农地经营权流转模式指农地经营权流转交易关系达成的方法。相关术语的内涵与逻辑体系如图 8-1 所示。

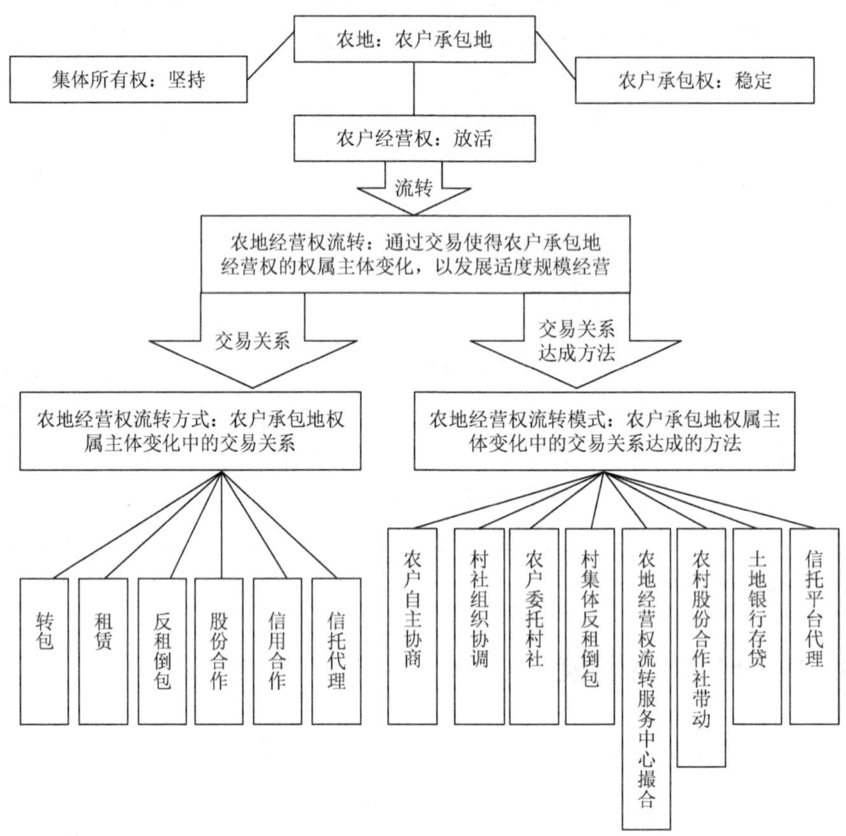

图 8-1　相关术语的内涵与逻辑体系

8.2　农地经营权流转方式：制度内涵与规制

我国农地流转实践中，存在的农地经营权流转方式包括互换、转让、转包、出租、反租倒包、股份合作、信用合作、信托代理、继承、赠予等。这些流转方式的概念有的有法律明文规定，有的只是人们在农地流转实践探索中提出来的约定俗成的叫法，尚无权威界定。有些关于农地经营权流转方式的概念，在“两权”和“三权”不同制度语境下，其制度内涵不同。厘清这些概念的制度内涵，明晰不同流转方式的区别与联系，界定清楚本书关于农地经营权流转方式的研究范畴，是准确考察我国农地经营权流转现实的前提，也是开展后续研究的基础。

基于《中共中央关于做好农户承包地使用权流转工作的通知》(2001 年)、《中华人民共和国农村土地承包法》(2018 年修正版)[①]、《农村土地经营权流转管理办法》(2021 年)等法规相关条款以及对实践的总结，描绘了农地经营权流转各种基本方式的区别与联系，见图 8-2。由于赠予[②]、继承[③]两种流转方式属于无偿流转，不存在交易关系，不属于本书所涉及的范畴，因此下文对这两种流转方式不做阐述。

8.2.1　转让与互换关系的流转

在“两权”制度语境下，转让和互换两种流转方式都要求变更原承包合同，农地承包权和经营权同时发生流转。不同的是，互换交易的双方必须是同一集体经济组织成员，而对转让交易的受让方没有要求必须是同一集体经济组织成员。在同等条件下，转让交易的受让方中本集体经济组织成员享有优先权。言外之意，农户承包地也可以转让给本集体经济组织外的人或组织，但必须经发包方同意。在近些年的农地互换流转实践中，存在农户间因住宅与农地距离的变化，为了方

---

① 《中华人民共和国农村土地承包法》(2018 年修正版)第二章第五节土地经营权：

第三十八条　土地经营权流转应当遵循以下原则：

(一)依法、自愿、有偿，任何组织和个人不得强迫或者阻碍土地经营权流转；

(二)不得改变土地所有权的性质和土地的农业用途，不得破坏农业综合生产能力和农业生态环境；

(三)流转期限不得超过承包期的剩余期限；

(四)受让方须有农业经营能力或者资质；

(五)在同等条件下，本集体经济组织成员享有优先权。

第三十九条　土地经营权流转的价款，应当由当事人双方协商确定。流转的收益归承包方所有，任何组织和个人不得擅自截留、扣缴。

第四十条　土地经营权流转，当事人双方应当签订书面流转合同。

第四十一条　土地经营权流转期限为五年以上的，当事人可以向登记机构申请土地经营权登记。未经登记，不得对抗善意第三人。

第四十三条　经承包方同意，受让方可以依法投资改良土壤，建设农业生产附属、配套设施，并按照合同约定对其投资部分获得合理补偿。

第四十四条　承包方流转土地经营权的，其与发包方的承包关系不变。

第四十五条　县级以上地方人民政府应当建立工商企业等社会资本通过流转取得土地经营权的资格审查、项目审核和风险防范制度。

第四十六条　经承包方书面同意，并向本集体经济组织备案，受让方可以再流转土地经营权。

第四十七条　承包方可以用承包地的土地经营权向金融机构融资担保，并向发包方备案。受让方通过流转取得的土地经营权，经承包方书面同意并向发包方备案，可以向金融机构融资担保。

② “赠予”流转方式是指，在不改变承包合同关系的条件下，承包户把自己部分或者全部承包地的使用权无偿赠予亲戚邻里耕种而发生的农耕地流转。

③ “继承”流转方式是指，由原承包户分家、人口死亡等原因引起的农地承包经营权在法定承包期内以实际继承的方式在家庭成员间的流转。

便耕种，经自行协商只交换不同地块的经营权而不做承包合同变更登记的情况，因此，在“三权”制度语境下，农地互换流转方式包含了农地承包经营权同时流转和只有经营权流转两种情形。

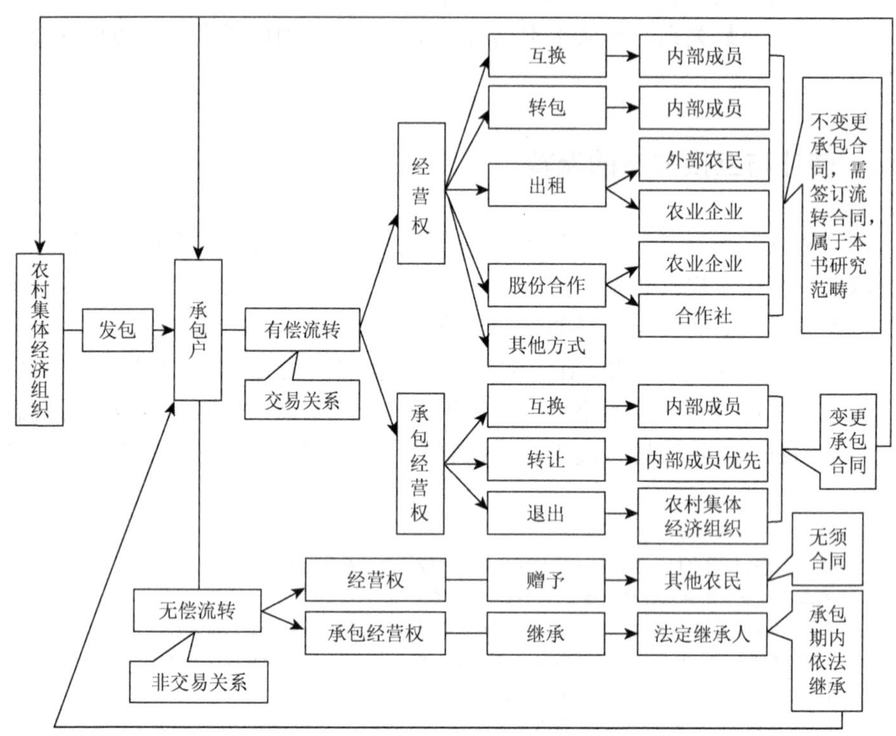

图 8-2　农户承包地流转方式的区别与联系

8.2.2　转包与出租关系的流转

转包和出租①的流转概念虽然是在“两权”制度语境下提出的，但其实质上存在承包权和经营权分离的事实，转包和出租的都是农地的经营权（使用权）而非承包经营权；转包和出租都不需要经发包方同意，只原则上要求上报备案即可。转包和出租的区别在于流转交易中的受让方（转包交易关系中的接包方和出租交易关系中的承租方）身份不同。转包交易的接包方是与原承包户属于同一集体的

① 《农村土地经营权流转管理办法》（2021 年）第十四条规定：承包方可以采取出租（转包）、入股或者其他符合有关法律和国家政策规定的方式流转土地经营权。出租（转包），是指承包方将部分或者全部土地经营权，租赁给他人从事农业生产经营。

其他成员，出租交易中的承租方是除了本集体成员外的其他人（或组织）。

虽然转包和出租在“两权”制度语境下已经提出，但由于转包和出租实质上存在承包权和经营权分离的事实，所以在“三权”制度语境下，转包和出租的制度内涵并没有发生变化。实践中，长期以来人们对这两种流转方式的理解也是一致的。

8.2.3　股份合作关系的流转

在“两权”制度语境下，农地承包经营权入股①流转方式强调农户间的合作联营，农户要参与股份合作后的生产经营决策，承包权与经营权并没有完全分离，入股的承包户与业主之间的委托代理关系不明显，因为其本身也是业主的一员。在近年的农地入股流转实践中，普遍存在承包户以承包地经营权折算股份入股农业企业、合作社等经营主体，流转农户不直接参与生产经营决策，农地承包权与经营权分离。所以，在“三权”制度语境下，以农地经营权入股的承包户可能参与生产经营也可能不参与经营，如果不参与经营，则其与业主之间存在显著的委托代理关系，如何保护其权益就是个问题。

8.2.4　反租倒包关系的流转

反租倒包②也称承租返（反）包，在“两权”制度语境下，官方没有提出承包权和经营权是可分的，认为乡镇政府或村级组织出面租赁农户的承包地侵害了农户承包权，所以对反租倒包流转方式予以制止。在近些年的农地流转实践中，反租倒包提高了土地规模化和基础设施水平，促进了现代农业发展③。官方也认识到反租倒包的本质是承包户出租了承包地经营权，并不影响家庭承包的基本经营制度。所以，“三权”制度语境下，反租倒包是被政府鼓励的农地经营权流转方式。

---

① 《农村土地经营权流转管理办法》（2021 年）第十四条：入股，是指承包方将部分或者全部土地经营权作价出资，成为公司、合作经济组织等股东或者成员，并用于农业生产经营。

第十五条：承包方依法采取出租（转包）、入股或者其他方式将土地经营权部分或者全部流转的，承包方与发包方的承包关系不变，双方享有的权利和承担的义务不变。

第十六条：承包方自愿将土地经营权入股公司发展农业产业化经营的，可以采取优先股等方式降低承包方风险。公司解散时入股土地应当退回原承包方。

② 《中共中央关于做好农户承包地使用权流转工作的通知》（2001 年）指出：“由乡镇政府或村级组织出面租赁农户的承包地再进行转租或发包的‘反租倒包’，不符合家庭承包经营制度，应予制止。”

③ 乡镇政府或村级组织将承包到户的土地通过租赁形式集中到农村集体经济组织（称为反租），进行统一规划、布局和整理，然后将土地的使用权通过市场交易的方式承包给农业经营大户或者从事农业经营的公司（称为倒包）。

8.2.5 信用合作关系的流转

信用合作流转方式[①]，是近年来农地经营权流转实践中创新的方式，初创于宁夏平罗县。这种方式是指在不改变农村土地集体所有权和保障农户承包权的前提下，由土地信用合作社（也称土地银行）引入金融机构的存贷款机制，农户自愿把承包地存入土地信用合作社并获得存地费；土地信用合作社可直接经营存入的农地，也可以通过其他形式实现农地经营。

8.2.6 信托代理关系的流转

信托代理流转方式，是指在不改变集体所有权和农户承包权的前提下，农户将农地经营权在一定期限内依法自愿、有偿地委托给信托机构（受托人），农业企业再从信托公司手中通过租赁或者股份合作方式连片流转农地，从事农业开发经营活动。信托期限一般在 10 年以上。信托代理流转是农户、信托机构和企业三方的间接流转交易，信托机构代表农户与流入土地的企业签订租赁协议或股份合作协议。在农地信托代理流转实践中，信托机构多数是政府控制的资产管理平台。

信托服务不仅降低了农户和农业企业在流转谈判中的交易成本，而且可以实现农地的集中利用，还可以运用金融资本对土地进行投资开发，提高农地收益率。承包户通过信托机构流转承包地可以获得更稳定的租金或者股权收益。流转农地的企业也可以以低交易成本获取集中连片的土地开展农业经营。信托机构在流转中赚取服务费和投资收益分成。农地信托流转方式是一种进步。但是，相关政策转化为法律尚需一定的程序和时间。在很多基础性法律问题还没有明确的情况下，土地信托流转项目仍存在很大的政策性风险。

8.3 农地经营权流转模式：交易主体与结构视角

本章 8.1 节已经阐明，任何有偿的农地经营权流转都是通过市场交易实现的，我们把农地经营权流转表现的不同交易关系定义为农地经营权流转的方式，把促

① 信用合作流转方式不同于股份合作流转方式，也不同于反租倒包流转方式。农村土地信用合作社一方面因引入银行的自由存贷机制，使农地流转更加方便灵活；另一方面因为引入合作社“民有、民办、民管、民受益”的管理机制，使得运作更加规范，稳定了农地的集体所有权，保障了农地的农户承包权，盘活了农地的使用经营权。

成农地经营权流转交易关系的解决方案定义为农地经营权流转的模式。刻画农地经营权流转模式时，有两个关键要素：一是参与、促成农地流转交易的主体，二是参与农地流转的各主体之间交易的结构特征。因参与农地流转交易的主体不同、各主体间的交易结构特征不同，所以农地经营权流转模式具有多样性，比如农户自主协商流转模式、村社组织协调流转模式、农户委托村社流转模式、村集体反租倒包流转模式、农地经营权流转服务中心撮合流转模式、农村股份合作社带动流转模式、土地银行存贷流转模式、信托平台代理流转模式等。不同流转模式的交易结构[①]不同，其对流转户农地权益的影响也不同。基于调研发现和文献梳理，对农地经营权流转的各种模式做具体阐述。

8.3.1　农户自主协商流转模式

农户自主协商的农地经营权流转模式是小规模农地流转中最常见、最基本的模式。其最终显著特征是以熟人关系为基础的自发流转，流转交易参与主体少，交易结构简单，见图 8-3。

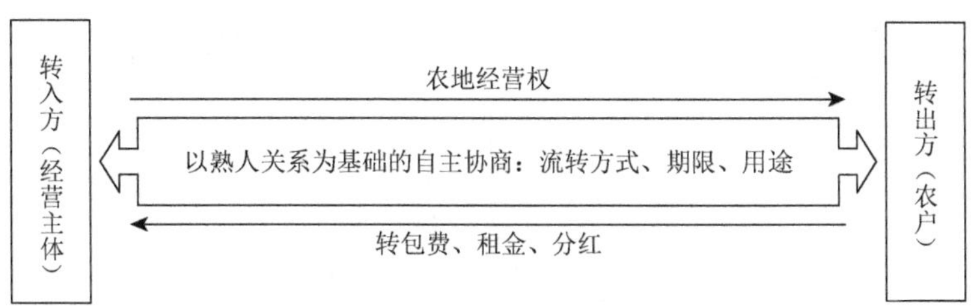

图 8-3　农户自主协商流转模式

1. 交易的参与主体

农户自主协商的农地经营权流转模式中，流转交易的参与主体有两方：①作为农地转出方的户主或者其受托人；②作为农地转入方的户主或其他农业经营主体法定代表人，转入方以农业大户居多，也有农业企业和各类农业专业合作社。

2. 交易的结构特征

①农地经营权流转交易双方以熟人关系为基础，通过自主协商的方式确定农地经营权流转的具体方式、面积、用途、期限、价格、支付方式等，形成农地经

① 交易结构（deal structure）是指交易双方以合同条款的形式所确定的、协调与实现交易双方最终利益关系的一系列安排。

营权流转契约关系；②在实践中，这种流转模式中常见的流转方式有，农户之间的农地转包、租赁，以及农户与新型农业经营主体之间的农地租赁，股份合作方式较少；③农户自主协商流转模式中达成的农地经营权流转交易关系多数是由以熟人关系为基础的口头协议来确定，少有书面合同确定。

8.3.2 村社组织协调流转模式

村社组织协调流转模式是在农户自主协商的农地经营权流转模式的基础上发展起来的。调研发现，对于那些希望连片转入较大规模农地开展农业规模化经营的转入主体，在流转谈判过程中，面对众多原子化的分散农户，自主协商难以高效达成协议，通常需要村社干部出面协调。所以村社组织协调的农地经营权流转模式是较大规模农地流转中最常见、最基本的模式，见图 8-4。

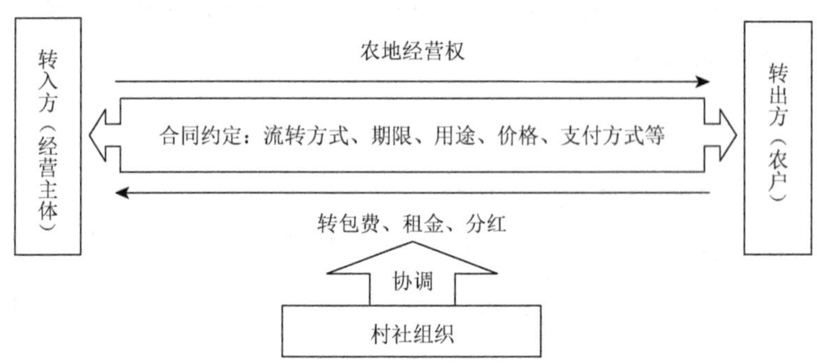

图 8-4　村社组织协调流转模式

1. 交易的参与主体

村社组织协调流转模式中，农地经营权流转交易的参与主体有三方：①作为农地转出方的承包户；②作为农地转入方的农业经营主体，转入方以农业企业居多；③作为农地经营权流转协调方的村社组织。

2. 交易的结构特征

①在村社组织协调下，作为农地转出方的承包户与作为农地转入方的农业经营主体协商达成农地经营权流转交易，流转方式、期限、价格等由转出方与转入方协商确定；②作为协调方的村社组织只参与协调流转工作，与农地经营权流转双方没有构成委托代理的契约关系；③协调促进农地经营权流转，是村社组织干部的工作职责，工作经费不由农地经营权流转交易双方承担。

8.3.3　农户委托村社流转模式

农户委托村社流转模式是在政府参与和主导农地规模化流转过程中形成的基本模式。调研发现，因每户独自流转经营权规模小，农业投资者无法实现其商业模式，难以有效流转，一些地区为了解决这一问题，采取了鼓励农户委托农村集体经济组织进行统一流转的模式①。即鼓励农户与村社组织签订农地委托流转协议，将自己承包的土地委托给村社组织，由村社组织代表各农户，集中统一对外流转，见图 8-5。

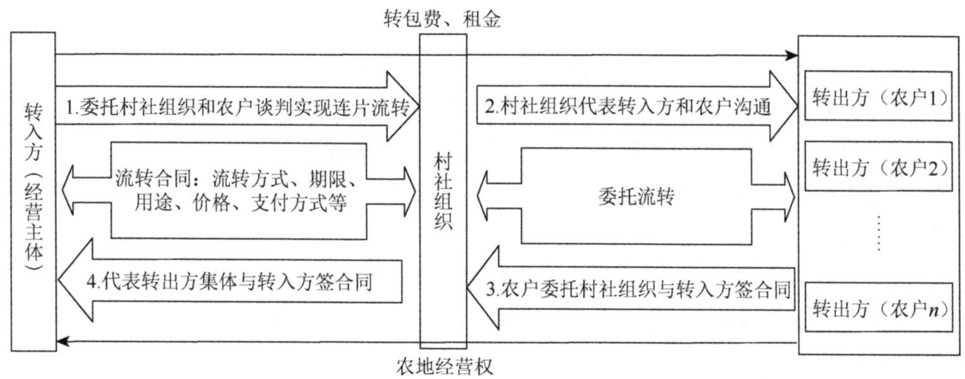

图 8-5　农户委托村社流转模式

1. 交易的参与主体

农户委托村社流转模式中，农地经营权流转交易的参与主体有三方：①作为农地转出方的承包户，同时也是转出农地的委托方；②作为农地转入方的农业经营主体，同时也是转入农地的委托方，转入方以农业企业居多；③作为农地流转受托方的村、社（小组）的集体经济组织，村社组织同时作为转入方和转出方双方的受托人。

2. 交易的结构特征

①首先，转入方和转出方分别与村社组织达成农地经营权流转的委托代理关系：一是想要集中连片流入土地的农业经营主体委托村社组织去和分散的农户做农地统一流转的工作，并支付工作经费；二是村社组织在做通农民

① 重庆市大足区龙水镇盐河社区土地集中流转就是这种模式。

工作之后，每个农户与村社组织签订统一流转土地的申请委托书，村社组织与要转入农地的农业经营主体达成农地经营权流转交易，流转方式以出租为主，流转期限、费用等以村社组织与转入方协商结果为准。②作为受托人的村社组织以转出方集体的名义与转入方签订农地经营权流转（租赁）协议。③作为受托人的村社组织一般会先向农地转入方（经营主体）收取一定金额的工作经费。

【专栏 8-1】

广东省惠州市农户承包土地委托经济合作社统一流转操作指引

一、意向洽谈阶段

（1）农业投资者与村经济合作社、村组成员充分沟通，提出农业用地需要的地段、面积、用途、使用方式（承包、租赁、合作等）、使用期限、愿意支付的流转价格、愿意为经济合作社支付的服务费情况等。

（2）经济合作社根据当地实际情况，初步调查分析能否提供符合投资商要求的土地。

（3）签订意向协议。经济合作社与农业投资商签订的意向协议中，应当叙明投资商的基本情况、对土地的基本要求、愿意支付的价款和费用、用途和使用期限等。

（4）经济合作社可以酌量收取农业投资商的意向保证金。主要用于担保在合作社寻找到符合投资商的土地时，投资商必须要签订合同，否则，就要赔偿经济合作社因此付出的误工费、通信费等。

（5）农业投资商出具关于用地的要求、愿意支付的价款标准和服务费用标准以及具备履行能力的承诺书。注意，该承诺书应当清楚、明确并加盖印章或签名。

二、农户意见征求及授权确认

（1）村经济合作社应当根据意向投资商承诺的条件，制作打印《农户意见征求及授权确认表》。内容项目包括：投资商使用土地的总面积、地段、用途、使用期限、使用方式、愿意支付的流转价款标准等。

（2）入户解释并填写确认表。经济合作社应当向村组干部等人员解释清楚目的、意义、真实意思、要求并按照农户居住情况分配具体负责人，由相关人员带确认表入户解释情况，并在农户完全自愿的情况下，该户全部成年人签名并打指模。

三、拟定、签订正式合同

（1）经济合作社应当根据工作进度情况，会同本村律师和投资商拟定正式合同，相关法律问题应交由律师把关，相关商业条款应符合农户和投资商意愿。

（2）签订正式合同。村经济合作社在前期已经取得农户充分授权的情况下，可以代表农户统一与投资商签订合同，但需要注明是代理人。必要时，可以再次入户，请每户代表签名、确认合同。

四、经济合作社与投资商的服务关系

（1）经济合作社在为农户和投资商提供服务的过程中，可以和投资商协商签订专门的服务合同。主要内容包括：为投资商提供土地流转信息、入户征求农户意见并取得授权、促成流转、代表农户履行监督职责、代表农户提供必要的协助义务、为投资商提供其他服务。

（2）村经济合作社可以在服务合同中约定服务费的标准和收取方式。

五、其他

（1）村经济合作社应当及时向农户报告合同签订情况，并通知农户交付土地时间、方式、清场时间等。

（2）经济合作社督促投资商支付相关价款并及时制表发放至农户手中。

（3）村经济合作社履行日常监督管理、协助服务、跟进合同实际履行等义务。

资料来源：《农户承包土地委托经济合作社统一流转操作指引》，http://www.sohu.com/a/197958092_99940420，2023-08-04。

8.3.4　村集体反租倒包流转模式

村集体反租倒包流转模式[①]是典型的政府主导型农地经营权流转模式，见图 8-6。

1. 交易的参与主体

村集体反租倒包流转模式中，农地经营权流转交易的参与主体有三方：①作为农地转出方的承包户；②以反租倒包方式主导农地经营权流转的乡镇政府或农村集体经济组织；③作为农地转入方的各种农业经营主体。

① 在家庭联产承包责任制基本制度框架下，根据农民意愿，将已经发包给农户的耕地反租给集体经济组织，经过土地规划整理、改善生产条件后，重新发包给本集体经济组织的农业大户或者租给其他农业公司或者本集体经济组织以外的经营主体。反租倒包由反租和倒包两个环节组成：第一个环节是集体经济组织将土地从农民手里反租回集体，反租的本质其实就是土地承包经营权的转包（出租），只不过受让方是集体组织。第二个环节是集体将转包过来的土地再次出租给本集体的经营大户或从事农业的公司企业，此环节的实质是土地的转租。最后，农业大户或公司企业再将土地分配给农民，由农民按生产要求耕种，并给付公民适当报酬。因此，在理论上，反租倒包是两次转包（出租）的过程，是土地承包经营权两次债权性质的流转（魏一南，2014）。

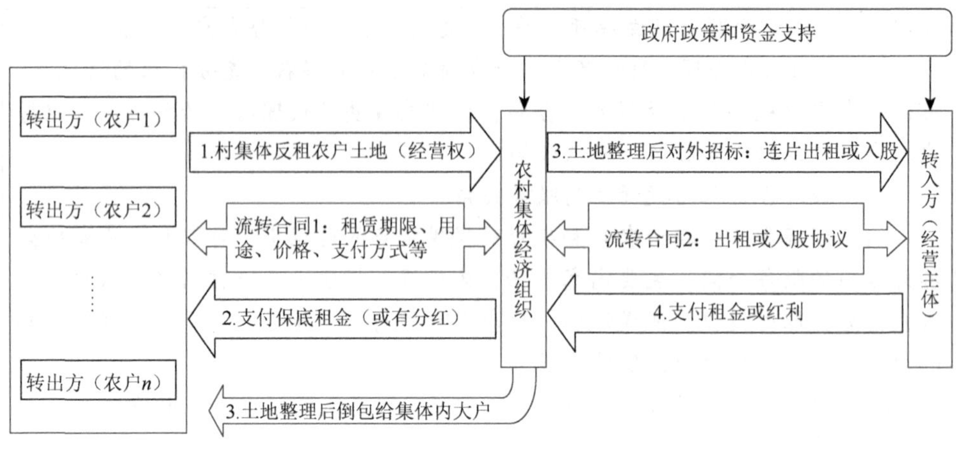

图 8-6　村集体反租倒包流转模式

2. 交易的结构特征

①首先，乡镇政府或农村集体经济组织出面租赁农户的承包地（反租），把分散的农地集中到基层政府手中，二者形成第一层流转交易（反租）关系，流转的期限、租金、支付方式等由乡镇政府或农村集体经济组织和农户协商确定；②乡镇政府或农村集体经济组织利用相关财政资金对农地统一规划、整理后，成立公司经营，或者入股私营农业公司合作经营，或者把农地转租、转包给其他农业经营主体，二者形成第二层流转交易关系；③乡镇政府或农村集体经济组织为转入农地的农业经营主体争取财政支农资金的扶持，二者形成政绩目标与经济目标结合的利益共同体。

8.3.5　农地经营权流转服务中心撮合流转模式

为了促进和规范农地经营权流转市场发育，近年来各地政府纷纷牵头成立了农地经营权流转服务中心①，调研显示，约有 87%的被调研乡镇建立了农地经营权流转服务中心。同时根据农业农村部政策与改革司 2019 年 7 月公布的数据，全国已有 2 万多个农地经营权流转服务中心。特别是在农地流转市场发育较好的地

---

① 主要职责为汇集土地使用权委托流转和受让的信息，输入计算机网络，取得和储备土地使用权可流转与需受让数量；通过多种形式，及时发布农地经营权流转供求信息。组织开展农地经营权公开招标竞投活动，促进农地经营权流转的市场化；协调农地经营权流转过程中的有关事项，促成流转双方达成意向，并协助办理有关流转手续，提供统一的合同（协议）格式，做好合同（协议）的鉴证服务；多渠道收集并积极推介发展效益农业项目，总结、宣传效益农业的先进典型，引导种养大户和工商业主以市场为取向，适时调整结构；审查业主资质，确保受让业主经营项目符合国家法律、政策规定；协助调解合同纠纷，维护土地所有者、承包者和经营者三方的合法权益。

区，农地经营权流转服务中心在农地流转中扮演重要角色[①]。

1. 交易的参与主体

农地经营权流转服务中心撮合流转模式中，农地流转交易的参与主体有三方：①作为农地转出方的农户或者其受托人；②作为农地转入方的农业经营主体；③作为提供信息服务和撮合交易的中介服务机构，此类中介一般被称为农地经营权流转服务中心或者农村产权交易中心等。

2. 交易的结构特征

①农地经营权流转服务中心作为信息中介，一方面收集和发布农地转出的供给信息，一方面收集和发布农地转入的需求信息；②农地经营权流转服务中心对农地流转的供求信息进行匹配，成功后撮合供求双方完成农地流转交易，并提供信用担保、相关政策、法规咨询等服务；③农地转出方与转入方在农地经营权流转服务中心的撮合下达成流转交易，流转的方式、费用、支付方式等由流转双方协商确定；④农地经营权流转服务中心一般是政府创建的，具有公益性，不以营利为目的。

在实践中，不同地区的农地经营权流转服务中心运行模式不尽相同，大致可分为两类。一类是农地经营权流转服务中心直接对接愿意转出土地的农户和转入经营主体，流转结构示意图如图 8-7 所示。此类农地经营权流转服务中心运行模式比较初级，主要发挥信息发布与匹配的功能。另一类是农地经营权流转服务中心不直接对接分散的农户，而是先由农村集体经济组织和愿意转出土地的农户对接，农村集体经济组织和农户签订书面委托书，把农户分散的土地集中起来统一规划布局后，形成规模化的流转信息再上报给乡镇农地经营权流转服务中心，其流转结构示意图如图 8-8 所示。

3. 调研案例

调研发现，目前绝大多数县和乡镇都有农地经营权流转服务中心（有的是农村产权交易中心），并且切实发挥了作用。以贵州湄潭县为例，2015 年在全县建立了 15 个农地经营权流转服务平台，2016 年农村产权交易中心（大、中型）完工，投资 3000 万元，共占地 1 万平方米，向农户和业主提供农地经营权流转的信息，

① 农地经营权流转服务中心作为农地流转的信息和管理咨询中介，为农民群众提供流转土地承包经营权方面的法规、政策咨询，价格评估和纠纷调解等服务，开展农村土地承包经营权流转政策宣传，提供相关法律法规咨询，做好农地流转鉴证审核，落实土地承包合同的档案管理，调解农村土地承包经营权流转合同纠纷，从而维护流转双方的合法权益。

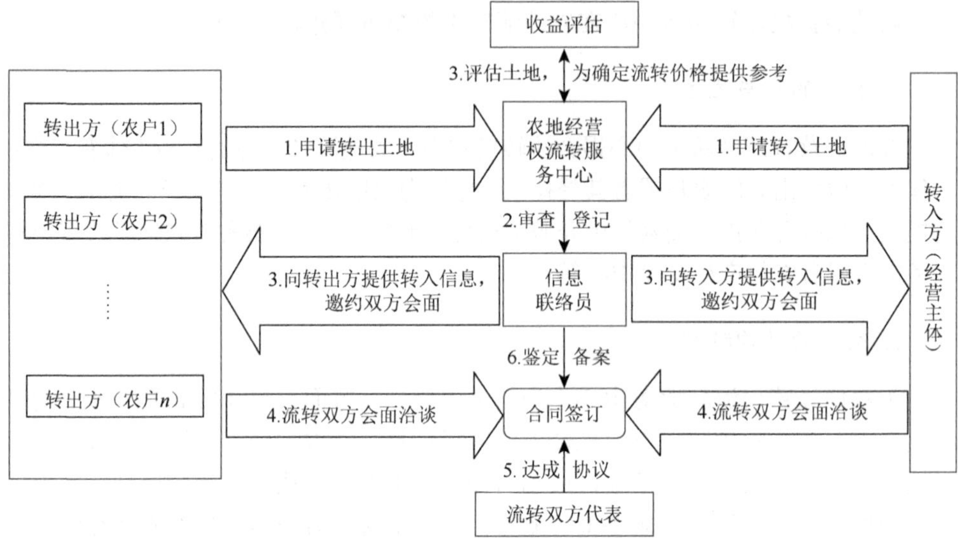

图 8-7　农地经营权流转服务中心撮合流转模式（初级）

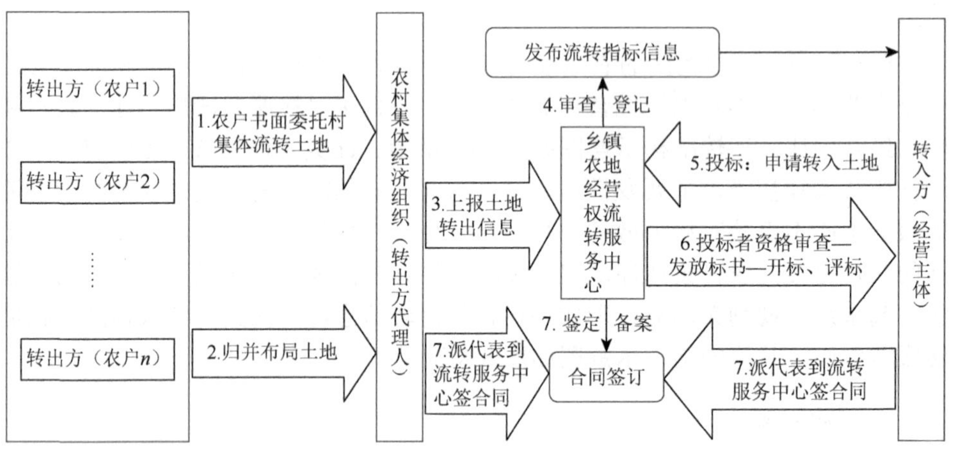

图 8-8　农户委托村集体＋农地经营权流转服务中心撮合流转模式（高级）

提供交易签证服务，为农村的产权交易提供信息、技术、政策和法律支持[①]。2016 年一个镇的土地产权交易中心发布农地经营权流转信息 265 条，成交农地经营权流转面积 8000 亩，最大的业主流转面积是 500 亩，流转价格平均达到 800 元/

① 在流转管理机制方面，推行“流转申请→信息发布→资格审核→价值评估→平台交易→合同签证→建档立卷”七步流转程序，健全土地流转资格审核、价值评估、备案登记、档案管理、监测监管、纠纷调处等十三项管理制度，实行“统一信息发布、统一合同文本、统一服务标准、统一档案管理、统一区域价格”五统一管理模式，为土地流转提供规范、高效、便捷的服务，实现流转程序的规范化和管理的制度化。

亩，实现了土地资源配置的市场化与信息化、业主经营合法化和农民利益最大化。

【专栏 8-2】

重庆市江津区慈云镇农村产权交易平台建设实施方案

一、工作意义

农村产权交易不断活跃，促进了农村生产要素的合理流动和优化配置，增加了集体经济组织和农民收入，但仍然存在交易程序不规范、交易活动不公开、交易监督不到位等诸多突出问题。为切实加强对农村产权交易行为的监督管理，从发展壮大村级集体经济、增加农民收入、促进农村基层党风廉政建设、密切党群干群关系的高度，充分认识加强农村产权交易管理的重要意义，按照“政府引导市场、市场公开交易、交易规范运作、运作统一监管”的工作思路，切实加强农村产权交易平台的培育和发展，优化农村资源配置，加快推进城乡一体化建设。

二、工作内容

（一）建立镇村二级交易平台

依托农业机构，在镇公共管理服务中心设立农村产权交易服务站，由镇统筹办（园区办）负责日常工作。各村（社区）组建农村产权交易服务点，在村便民服务中心内搭建农村产权交易大厅，全面受理本村（社区）范围内农村产权流动等工作。

（二）明确交易平台主要职能

主要职能有：为各自区域范围内农村各类产权流转交易提供各类服务，如场所设施、政策咨询、信息发布、组织交易、交易鉴证等。村（社区）农村产权交易服务点负责本区域范围内产权交易信息的收集整理、产权交易申请的受理预审，接受农民个人产权委托流转及组织农民承包地的预流转。

三、工作原则

遵循依法、自愿、有偿、平等协商、诚实信用的原则。

四、交易范围

农村产权交易分为两大类：农村集体产权和农民个人产权，主要包括以下内容。

（1）农村集体所有的塘、库、堰、“四荒地”、机动地等资源经营权；所有的森林和林木的所有权、使用权以及林地的使用权；农业基础设施、机械装备等资产所有权或使用权。

（2）农民依法取得的农村土地承包经营权，森林和林木的所有权、使用权以及林地的使用权；以农地经营权流转方式依法获得的农村相关产权再流转的。

（3）农村新型股份合作社个人股股权。由相关部门另行制定规则组织交易。

（4）其他依法可以交易的农村产权等。

五、交易条件

（1）权属明晰，权证齐全有效，无权属纠纷，无合同纠纷。

（2）以转包、出租、入股方式获得的农村相关产权再流转应告知原承包方及产权所有人。

（3）按照民主议事规则和决策程序，农村集体“三资”产权交易方案需经镇农村产权交易机构审核，并提交村民大会（或村民代表大会）投票表决通过。

（4）受让方应具备农业投资、经营能力。

六、交易程序

农村产权交易按“提出申请—审核批准—信息发布—组织交易—签订合同—出具成交确认书备案登记”的程序进行。

农村产权的转出方，应向镇农村产权交易服务站提交以下材料。

（1）农村产权交易转出申请书。

（2）农村产权权属证书复印件。

（3）通过流转方式依法取得产权、使用权再流转的需提交原流转协议复印件。

（4）转出方身份证明材料复印件（转出方为自然人的，提交身份证或户口簿，转出方为法人或其他组织的，提交企业法人营业执照、组织机构代码证、税务登记证、法定代表人身份证；委托他人办理的，还应提供授权委托书和代理人身份证）。

（5）通过流转方式依法取得产权、使用权再流转的，需告知原承包方及产权所有人，应提供原承包方及产权所有人出具的告知书（流转合同中另有约定的除外）。

（6）农村集体资产资源交易应提交村民小组会、村民大会（或村民代表大会）投票表决通过决议。

（7）如果是农村土地承包经营权和农村集体资产的转出，多一样：《转出申请登记审查表》。

（8）按规定应提供农村产权转出方认为应提供的其他材料。

以上材料为复印件的，须出示原件验证。

镇农村产权交易服务站受理转出方申请并对申请文件材料进行形式审查。审查通过的，即与转出方签订《农村产权转出委托合同》。

转出方与镇农村产权交易服务站签订农村产权交易委托协议。镇农村产权交易服务站自签订农村产权交易委托协议之日起5个工作日内，制作交易信息公告并通过网上交易平台公开发布。

公告内容包括标的坐落、面积、交易（流转）方式、交易（流转）期限、交易（流转）价格、转出方联系方式和公告期限等。

意向受让方应在规定的期限内向镇农村产权交易服务站提出受让申请，提出受让申请所需资料如下。

（1）农村产权受让申请书。

（2）身份证明材料复印件（申请人为自然人的，提交身份证或户口簿，意向受让方为法人或其他组织的，提交企业法人营业执照、组织机构代码证、税务登记证、法定代表人身份证；委托他人办理的，还应提交授权委托书和代理人身份证）。

（3）资信证明材料（原件）。

（4）如果是农村土地承包经营权和农村集体资产的转出，还多一样：《慈云镇农村产权意向受让方登记表》。

（5）按规定应提交的其他相关材料。

以上材料为复印件的，提交申请时须验证原件。

镇农村产权交易服务站受理受让方申请并对申请文件材料进行形式审查。审查通过的，即与受让方签订《农村产权受让委托合同》。

农村产权交易达成当日，镇农村产权交易服务站在其网上交易平台发布成交公示。成交公示包括转出标的名称、转出方和受让方名称、成交价款金额及公示期限和质疑投诉方式等。

在镇农村产权交易服务站达成的交易项目，公示期为 5 个工作日。法律法规另有规定的，从其规定。

意向受让方或其他利害关系人对成交结果有异议的，应于公示期内向镇农村产权交易服务站提出质疑，也可直接向区级相关行政主管部门投诉。

由镇农村产权交易服务站出具《慈云镇农村产权交易确认书》。

转出方和受让方应于签订成交确认书之日起 10 日内，签订《慈云镇农村产权交易合同》（或流转合同）。

农村产权交易合同（流转协议）一式四份，产权所有人、受让方、土地所属集体经济组织（社或村民小组）、区（或镇）农村集体“三资”管理机构各存一份。

交易双方凭生效的农村产权交易合同（流转协议）到相关部门申请办理合同备案或权属变更登记。

七、交易方式

农村产权交易可采取公开协商、招标、拍卖和法律法规允许的其他方式。

公告期内只有一家提交受让申请的，采取公开协商方式进行交易，镇农村产权交易服务站组织交易双方当面洽谈相关事宜，就拟签订合同所有条款内容达成共识。

八、交易终止

农村产权交易过程中，出现下列情形之一的，经镇农村产权交易服务站确认后可终止交易。

（1）相关行政主管部门提出终止交易的。

（2）人民法院依法发出终止交易书面通知的。

（3）进场交易期间，交易条件发生变化的，转出方或与农村产权、农村集体“三资”有直接关系的第三方向相关行政主管部门提出终止交易书面申请，并获批准的。

（4）农村产权、农村集体“三资”存在权属争议的。

（5）转出企业或受让企业解散，或依法被注销的。

（6）转出方或意向受让方为自然人，丧失民事行为能力或死亡的。

（7）无正当理由超出本办法规定时限的。

（8）因法律、法规和政策调整或其他不可抗力因素等依法应当终止农村产权交易的情形。

交易项目终止的，镇农村产权交易服务站应在原信息发布媒体上发布交易终止公告。

8.3.6　农村股份合作社带动流转模式

农村股份合作社带动流转模式在我国已有十几年的探索历程，如浙江平湖2006年就出现“土地股份合作社”（孙兆明等，2019）。近年来随着农村产权制度改革的持续推进以及现代农业发展的现实需要，农村土地股份合作社或村集体经济股份合作社带动农地经营权流转模式已在全国大量涌现。股份合作社带动流转模式多数是由农村集体经济组织牵头成立土地股份合作社（如四川崇州等）或村集体经济股份合作社（如贵州湄潭、六盘水等），在家庭联产承包责任制基本制度框架下，根据农民意愿，以农地经营权入股到土地股份合作社或村集体经济股份合作社，股份合作社把分散的农户承包地集中起来对农地进行统一规划布局和整理开发，然后开展农业规模经营或者集中统一对外流转。该模式与村集体反租倒包流转模式非常相似，也是基层政府主导农地经营权流转的典型模式，不同之处在于前者是股份合作的方式，后者是反租倒包的方式。农村股份合作社带动流转模式见图8-9。

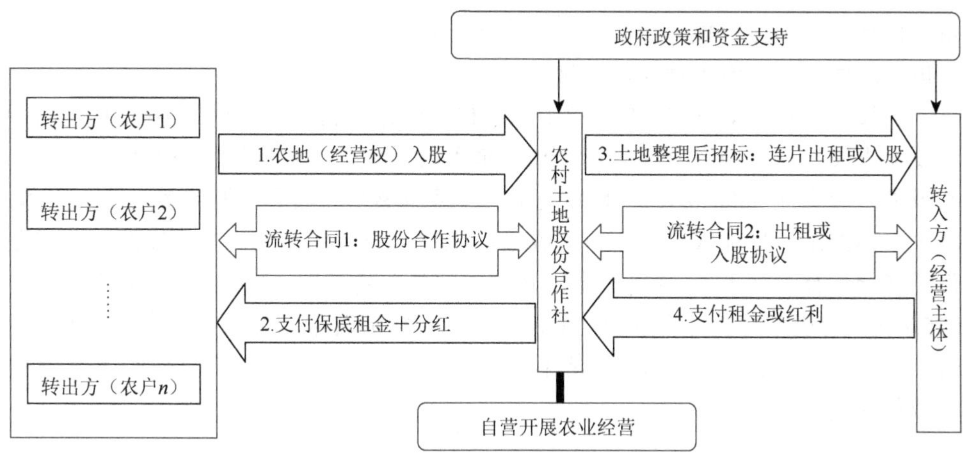

图 8-9　农村股份合作社带动流转模式

1. 交易的参与主体

农村股份合作社带动流转模式中，农地经营权流转交易的参与主体有：①作为农地转出方的承包户；②作为农地初次转入方的农村土地股份合作社；③土地二次流转的转入方（生产经营主体）。

2. 交易的结构特征

①承包户以农地经营权等要素入股农村土地股份合作社，农户与合作社之间形成以农地经营权入股为基础的合作经营的关系，收益共享、风险共担；②这种模式中，一般以特色产业为支撑，农户以农地经营权入股合作社后，农民可以以产业工人或者职业经理人的身份参与合作社的农业生产和经营；③入股并参与合作社农业生产经营的农户不仅可以收到基于农地经营权量化股份的红利收益，还可以得到工资收入或者生产经营产出的绩效奖励。

3. 调研案例

四川崇州的农村土地股份合作社带动农业共营制和贵州湄潭的村集体经济股份合作社带动农地入股流转都是农村股份合作社带动流转模式，前者在现有文献中已经有了较多的介绍，本书主要介绍贵州湄潭的村集体经济股份合作社带动农地入股流转。

贵州湄潭的做法和四川崇州有所不同，湄潭县不单独成立土地股份合作社，而是直接在农村集体资产清产核资、农村土地承包经营权确权的基础上，鼓励农户以农地产权入股经营主体，实现“农民变股东”，获得“保底收益 + 按股分红”收益。在湄潭常见的农地股份合作模式是，农户以农地经营权入股村集体经济股份合作社，然后由村集体经济股份合作社自行开展农业经营或者再入股其他经营主体，从而增加农地经营权流转收益。

例如，2016 年，全县 15 个镇中金花村、两路口村、龙凤村等 16 个村，引导和发动农民，以土地经营权等资产和资金入股，建立了村集体经济股份合作社，共吸纳入股土地 3800 亩，资金 97 万元，积极探索股份合作，发展多元经营主体，壮大集体经济，增加农民土地财产收益，深化“三变”改革。复兴镇两路口村股份经济合作社吸纳土地 2134.7 亩，其中，稻鱼共生基地 1229 亩，精品水果基地 655.7 亩，有机茶叶基地 250 亩，全村农地经营权流转率达 96%。土地达到规模经营，产业结构不断优化，集体经济不断壮大，农民收入快速增长，于 2015 年底成功减贫摘帽。

8.3.7　土地银行存贷流转模式

农村土地信用合作社和“土地银行”本是西方舶来概念[①]。农村土地银行在国外是一种成熟的农地金融安排，中国学者（黄宗智等）20 世纪 80 年代开始将其带入中国的研究视野，主要作为一种农地金融制度进行研究（孙兆明等，2019）。20 世纪 90 年代末，贵州湄潭县进行了农村土地银行试点，最终失败并引发学界关注。2005 年《农村土地承包经营权流转管理办法》施行，各种形式的农地经营权流转平台涌现出来，较早的如宁夏平罗 2006 年出现的“土地信用合作社”（程志强，2008）、四川省彭州市 2008 年出现的“农业资源经营专业合作组织”（阮小莉和彭嫦燕，2014）、湖北钟祥 2008 年出现的“土地存贷合作社”等，类似机构遍及全国（孙兆明等，2019）。这些机构仅是一种农地经营权流转中介机构，不办理土地抵押融资业务，也不承担土地开发整理与储备任务，出于其在土地存贷过程中发挥的作用类似于一般金融机构在资金存贷过程中发挥的作用，和未来为金融创新作铺垫的需要，而将之命名为“土地银行”，农村土地银行自此成为流行（孙兆明等，2019）。2013 年《中共中央关于全面深化改革若干重大问题的决定》赋予农地承包经营权抵押担保新权能，为农民承包土地经营权流转的金融创新指明了方向。原先仅具流转中介职能的“土地信用合作社”加上“抵押”，土地银行至此也形成国内较为认可的定义：农村土地银行是经营农村土地存贷及与土地有关的长期信用业务的金融机构，履行农地经营权

① 在运作过程中，合作社作为土地承包经营权流转的中介组织，吸收“存入”土地（经营权），并经整理形成连片，再“贷出”土地（经营权），以存贷差价获取收益。合作社的收益一部分用于合作社的日常运营开支，一部分作为集体的公共基金用于村内公益项目支出或扩大再生产。农户自愿以流转面积存入合作社，从合作社获取存地利息。这种借用金融业存贷款机制促进农地经营权流转和规模经营的运作方式，被外界形象地称为农村“土地银行”（翟优子和王斌，2015）。

流转中介和与农地相关的金融服务双重功能（孙兆明等，2019）。

1. 交易的参与主体

土地信用合作社——土地银行存贷流转模式中，交易的参与主体有：①作为农地转出方的承包户（向土地银行存入土地方）；②作为农地存贷流转中介的农村土地银行（土地信用合作社）；③土地转入方的生产经营主体（从土地银行贷出土地方）。

2. 交易的结构特征

目前较为流行的土地银行存贷流转模式如图 8-10 所示。基本运营模式为：①农户自愿将土地承包经营权存入土地信用合作社（土地银行）；②土地信用合作社（土地银行）对存入土地的农户相应的存地利息；③在存地期内土地信用合作社（土地银行）可对土地进行整理、开发、投资，经过整理的土地可连成片，再根据贷地者的需求将整理好的土地统一划块打包贷给有种植需求的经营主体，并收取相应的利息（土地使用费）；④同时与有关农业龙头企业合作，通过信息互换，由他们提供农资和技术指导，帮助农户鉴定产品收购保底价，以便降低农户的种植风险；⑤土地银行以赚取差额利息等方式进行自身建设发展和风险资金管理，并结合我国土地抵押制度，开展诸如土地存贷与评估业务、土地监管与整理整合业务、土地信息互通交流服务及农业金融发展服务等工作。与此同时，还需要国家政策支持与相关法律制度的配合（廖皓杰和曾鸣，2019）。

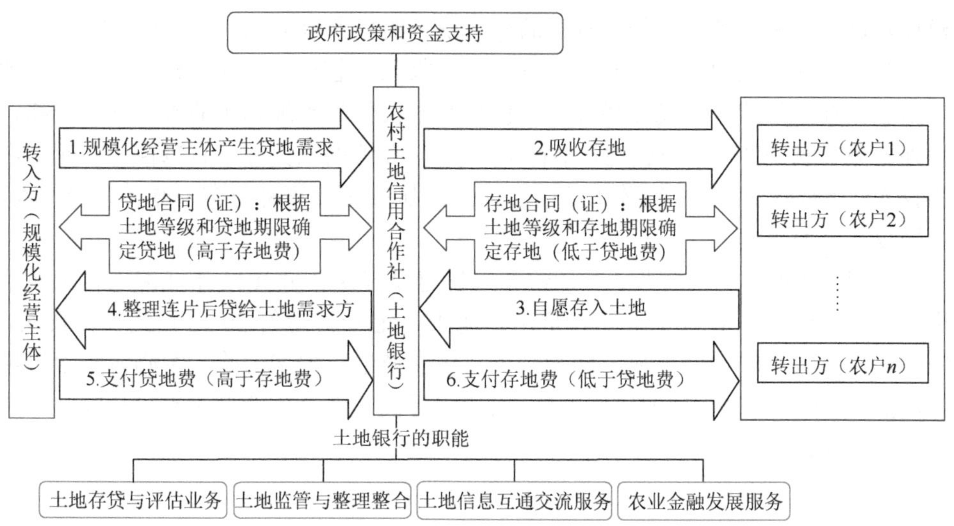

图 8-10　土地银行存贷流转模式

3. 调研案例：信阳市江湾村土地银行

河南省信阳市光山县江湾村是河南省农村改革发展综合试验区示范村。为了提高土地使用的综合效益，避免农民之间土地自发转移产生的争议，经村民代表大会讨论、光山县工商行政管理局注册登记后，江湾农村土地信用合作社于 2009 年 3 月 27 日正式成立，成为河南省第一个农村土地信用合作社，是全省第一个土地银行模型。合作社实行社员代表大会、理事会、监事会的治理结构，并建立了相关规章制度①。土地信用合作社作为土地经营权流转的中介组织，通过存地、贷地获得差额收益。江湾农村土地信用合作社是对农地经营权流转模式的新探索，对深化农地流转和促进农业适度规模经营有着积极的现实意义（翟优子和王斌，2015）。

第一，建立农地流转平台，使农地经营权流转更加规范。江湾农村土地信用合作社为土地集中提供了良好的渠道，突破了农地流转中存在的信用壁垒，降低了信用风险，避免了土地自发流转过程中可能出现的纠纷。在经营过程中，土地信用可以在一定程度上实现高效农业的发展，从而有效地保护农地流转各方的利益。江湾农村土地信用合作社 2016 年农业用地 3300 多亩，占农村土地总面积的 94.7%。

第二，农业机械化程度提高，实现农业产业化规模经营。江湾农村土地信用合作社的建立，实现了土地的规模化经营，提高了生产效率并降低了生产成本，为农业实用技术的推广应用提供了便利。目前，江湾农村土地信用合作社已建立了千亩木本花卉基地、千亩超级稻生产基地和江湾村的沙特黄梨园，这些基地的建设是以统一机械栽培、统一种植品种和统一的技术服务三种方式进行的。

第三，促进农村劳动力有序转移，农民收入显著提高。江湾村通过农村土地信用合作社的形式，推动规模经营，促使原本仅依靠土地为生的农民就近转移，使外出务工农民“离乡不丢地，不种也收获”。存地的农民除了有每亩 400 元左右的收入，还有就地就业或者外出务工的收入、国家粮食直补每亩 100 多元的收入，农民收入显著提高。

第四，增加集体经济收入，加快新农村建设步伐。如 2016 年江湾农村土地信用合作社缴纳保证金 400 元/亩，贷出土地 450 元/亩，差价 50 元/亩为集体收入。同时，江湾村以农地经营权流转为契机，采取换地、旧房拆除、空心村整治等措施，完成了集体建设用地的集约调整，已建成居民 600 余人的最大农村社区——江湾新型农村社区。

① 资料来源：《江湾村农村土地信用合作社章程》《江湾村农村土地信用合作社财务管理制度》。

8.3.8 信托平台代理流转模式

土地信托平台代理流转模式是在农地经营权流转实践中，为解决农地规模化流转、农业产业化经营以及与之相应的金融服务需求问题而创新形成的新型农地经营权流转模式。我国农村土地信托平台代理流转模式的早期探索是政府主导的，即政府成立农地经营权流转信托公司并注入农地经营权流转信托基金，主导开展农地信托流转经营，如广为媒体宣传的益阳农地信托流转模式和沙县农地信托流转模式。随着农村产权制度改革的持续推进，2013 年前后开始出现商业信托公司主导农地信托流转的业务模式，如中信信托与安徽省宿州市埇桥区政府合作成立的农村土地信托计划——“中信·农村土地承包经营权集合信托计划 1301 期”，北京信托在江苏无锡开展的“北京信托·无锡阳山镇桃园村农村土地承包经营权集合信托计划”。近年来多家信托公司进入农地流转市场，如中信信托、北京信托、中建投信托、兴业信托等信托公司活跃于农地信托流转市场。但不管是政府主导的农地信托流转还是商业信托机构主导的农地信托流转，农地经营权流转、农地开发、农业经营以及金融服务都紧密结合，所以该模式表现出了参与主体众多、流转交易环节更多、结构更复杂等特点。

1. 交易的参与主体

土地信托平台代理流转模式中，农地经营权流转交易的参与主体众多，主要有：①作为农地转出方的农户或者其受托人；②作为农地转入方的农业经营主体；③作为农地经营权代理的信托机构；④作为农地集中流转的组织者、中间人的基层政府和农村集体经济组织或土地股份合作社；⑤作为资金提供者的资金信托计划委托人；⑥其他各种服务商，如土地经营权信托流转服务中心、农业产业化经营招商服务商等。

2. 交易的结构特征

从目前的实践看，土地信托平台代理流转模式的交易结构复杂多样，下面通过对典型案例的分析图解来分别阐述政府主导的农村土地信托代理流转和商业信托公司主导的农村土地信托代理流转的交易结构。

3. 典型案例

1）政府主导的农地信托流转——湖南省益阳市案例

2010 年 4 月，湖南省益阳市沅江市草尾镇试点推行农村土地信托流转。经过几年的实践检验，证明这一农村土地信托流转效果良好，被媒体和学界称为农耕地流转的“益阳模式”（万菲，2015）。其基本做法可以概括为“政府平台、信托本质、产业推动、要素聚集”。其基本流程是：①首先由政府出资设立信托基金（沅江市政府出资 200 万），成立农村土地经营权信托流转服务中心和国有独资农村土地承包经营权信托有限公司；②在农户自愿的前提下，信托公司从农户方获取土地，签订为期 10 年的信托流转合同，并支付相应信托流转转让费；③信托公司对土地进行统一整治后，以招标竞拍等方式选择合适的土地经营主体；④信托公司取得的收益中，部分用于返还基金，其余部分则用于完善基础设施和公共服务，以期提高农户社会保障水平。益阳市政府主导下的农村土地信托流转交易结构如图 8-11 所示。

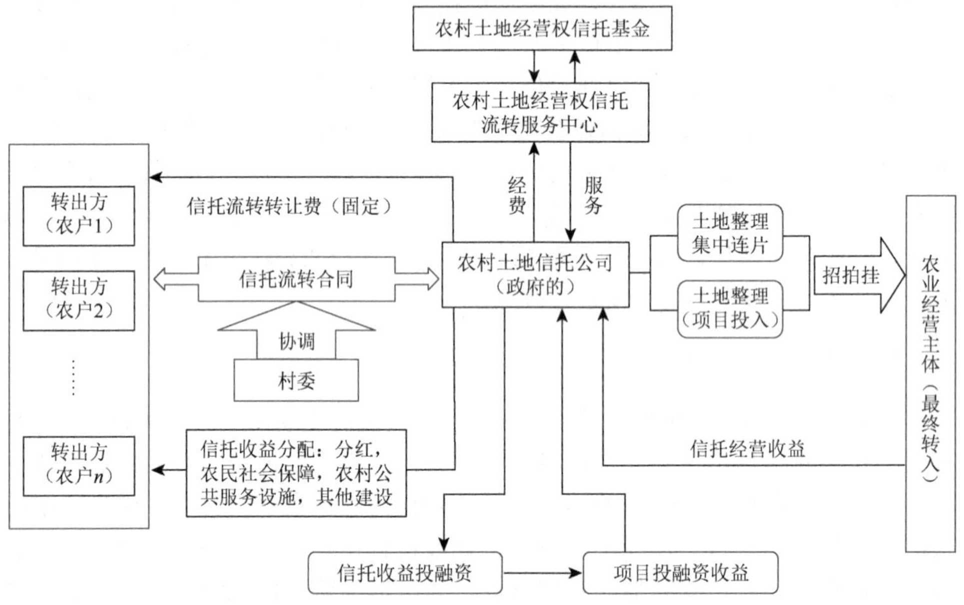

图 8-11　益阳市政府主导下的农村土地信托流转交易结构

从益阳市农地信托流转的实践效果看，政府为农户与土地经营者搭起了桥梁，再通过信托公司的介入，加强两者间的关系。一方面，这一模式短时间内促成了土地适度规模经营，提高农业生产水平，带动了村域经济发展，帮助农民增收；另一方面，农村土地信托流转与区、乡镇、村的基础设施和公共服务建设挂上钩，土地整治增加了城乡建设用地空间，有利于村镇建设，同时也盘活了闲置土地，缓解了土地抛荒的“沉疴”。

2）政府主导的农地信托流转——福建省沙县案例

继湖南益阳之后，2011 年，福建省沙县也开始试点农村土地承包经营权信托流转工作，其运营模式与益阳市农村土地信托流转模式大同小异，主要不同在于农户委托村委会统一和信托公司签订信托流转合同，不再直接与信托公司产生关系，其基本交易结构如图 8-12 所示。

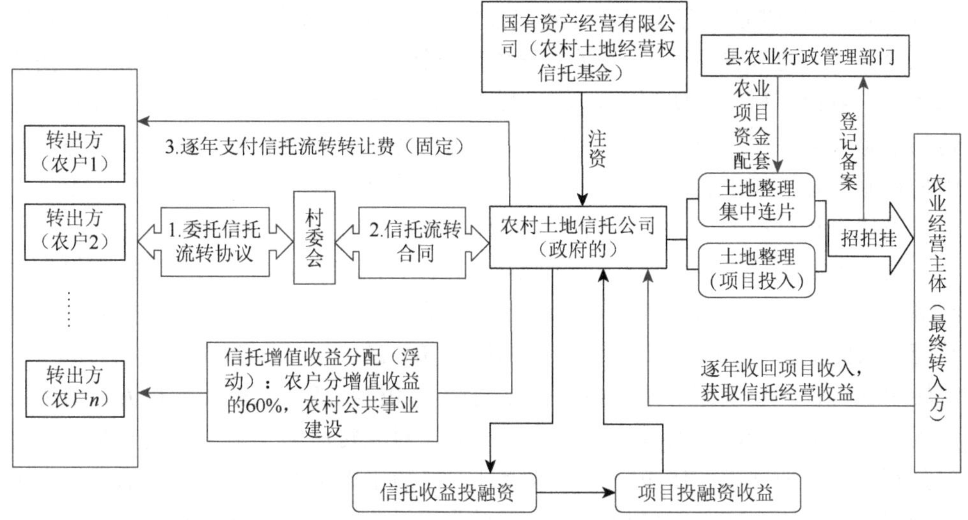

图 8-12　沙县政府主导下的农村土地信托流转交易结构

沙县政府主导下的农村土地信托流转，在保障流转双方权益、提高流转效率、促进农业集约化经营、引导农业长期投资等方面取得显著效果（万菲，2015）。一是规范管理，保障各方权益。政府作为农地经营权流转的中介，与委托方和受让方同时产生联系，能更好保护双方权益。而土地信托公司通过对土地、资金、技术和市场等农业生产要素的整合，能更好提升农地利用率，增加农地经营效益。同时还能使农户获得相较于其他流转方式更高的收益。二是提高流转效率，加快集约化经营。农地经营业主直接获取整治过的土地，同时省掉与村委会、农户谈判等烦琐程序，极大提高农地经营权流转效率，有效促进农业适度规模化和现代化。三是引导长期投资，促进农业项目做大做强。信托公司在对接国家强农、惠农和富农政策方面更具优势，在与农业企业、专业合作社、经营大户和种养能手等签订中长期合约的同时，能为经营主体提供更有力的保障，促进业主对农地进行长期投资。四是为农村金融体系培育创造了条件。该信托流转模式，更有利于农地经营权流转的规模化和规范化。体系完善的县乡两级农村土地信托服务平台，有效对接农地供需双方，在一定程度上能调动金融支持农村土地信托流转的积极性。

3）政府主导的农地信托流转——四川省眉山市彭山区案例

2014 年，眉山市彭山区获农业部、中央农村工作领导小组办公室等 13 家中央机构批复，建立第二批国家级农村改革试验区，承担农场改革试验任务。眉山市彭山区探索实施委托流转土地信托模式，建立了区、乡镇、村三级服务机构对土地进行收储、整合、流转，取得良好效果。其基本做法是：区财政部门出资 5000 万元成立国有正兴农业发展投资有限公司（简称正兴公司，其本质是农村土地信托公司），随后，在全区分设乡镇子公司 13 个、村社服务站 80 个，搭建起“区—乡镇—村”三级平台，发挥农地经营权流转中介服务功能，开展农地流转的信息收集、地块收储整合、包装推介等业务，即开展农地信托流转业务，其中村社服务站工作由村组干部兼任。该做法和沙县模式基本相同，区别在于，允许农民代表和村社干部参加正兴公司和转入业主之间的流转谈判。

其基本流程是（图 8-13）：①预流转，村民有流转意向后，书面委托农村集体经济组织进行农地经营权流转；②村社将农地经营权流转信息上报村委会→乡镇政府→农业部门（300 亩以下）→区领导（300～2000 亩）→2000 亩以上省审查，流转用地符合产业规划等条件后，予以通过；③村社通过农地经营权流转服务站与正兴公司进行农地经营权流转；④正兴公司对流转后的土地进行统一整治和合理分割，使土地规模和质量得以有效保证，之后于农地产权交易中心信息平台进行挂牌招标；⑤有转入主体投标后，正兴公司对业主资质进行审查，资质审查通过后，组织业主、村两委、生产队长（组长）、村民代表一起谈判议价；⑥成交后，正兴公司分别与村社签订信托流转协议，与业主签订流转合同，并向业主收取“一费三金”（即农地经营权流转服务费 20～50 元/亩，风险金 200～300 元/亩，复耕保证金 100 元/亩，租金），其中租金通过村社转交给农户；⑦流转后，为了帮助业主发展以保证信托收益，正兴公司为业主的土地经营权证抵押提供融资担保（如果发生坏账，正兴公司承担 70%的坏账担保）；设立收益保险（保额 = 平均成本 + 适当利润。如种植葡萄保额 5000 元/亩、红心柚 4000 元/亩），保费为保额的 8%，其中一半由政府补贴；⑧若业主经营遭遇不测，发生违约事件（如退租等），正兴公司可以利用农地经营权流转风险处置专项基金，及时垫付土地租金，农民土地收益不受影响；⑨此外，正兴公司还组建疑难问题调处队，为业主在投资过程中出现的民事纠纷、社会矛盾、生活难题等提供援助，适时发布天气信息、市场行情、营销策略、政策法规等辅助信息。

4）商业信托公司主导的农地信托流转——中信·安徽宿州农地信托流转项目

中信信托与安徽省宿州市埇桥区政府合作，于 2013 年 10 月正式成立“中信·农村土地承包经营权集合信托计划 1301 期”，该项目是国内首例由商业信托公司主导的农村土地信托计划①。

① 《国内土地流转信托首单花落宿州》，https://www.ahsz.gov.cn/zwzx/zwyw/12850603.html[2013-10-18]。

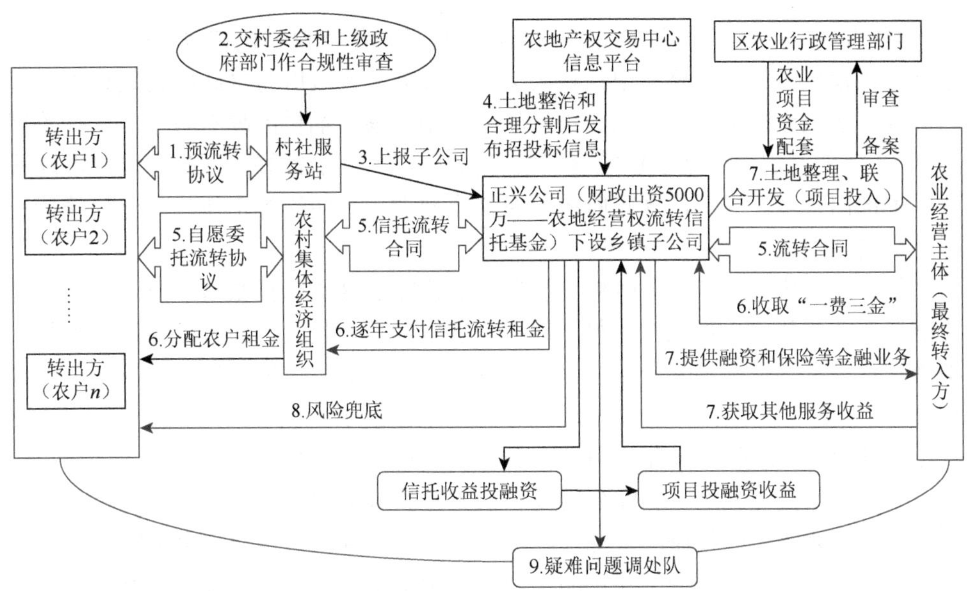

图 8-13　四川省眉山市彭山区政府主导下的农村土地信托流转交易结构

该项目实际为结构化集合信托计划，为事务管理类和资金信托相结合的模式，由 A 类委托人委托的信托财产和 B 类、T 类委托人交付的资金共同组成。前者为事务管理类信托，后者为资金信托。一方面通过农地经营权流转形成集约化经营，另一方面通过资金信托的介入对接农业生产经营过程中产生的资金需求和短期流动性缺口。其交易结构（图 8-14）分为如下三点。

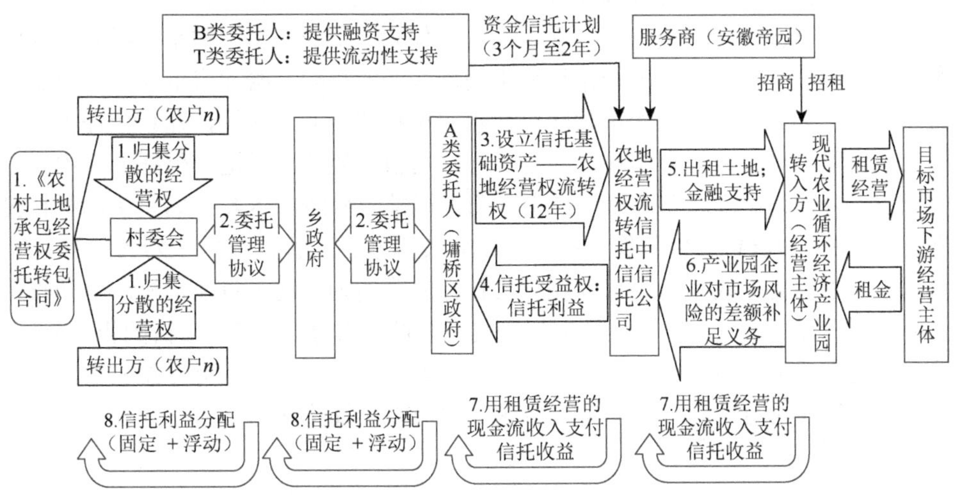

图 8-14　中信·安徽宿州农地信托流转项目交易结构

第一，村委会与全体农户签订《农村土地承包经营权委托转包合同》，实现土地承包经营权的初次转移集中；村委会与乡政府、乡政府与区政府再签订委托管理协议，实现土地承包经营权的再次转移集中；最后埇桥区政府与中信信托签订为期 12 年的《农村土地承包经营权集合信托计划信托合同》，同时向区级农地管理相关部门备案。其中，区政府统筹协调土地调换和纠纷等工作，充分保障信托标的物的完整性。

第二，受托人可参考土地整理投资需求等确定 B 类信托数量，投入土地整理的信托资金可从地租收入中获得土地整理投资本金和收益。同时，与商业银行、小微贷款等金融机构开展合作，为农户提供融资渠道。实际操作中，信托公司将土地转租给土地开发商（安徽帝园置业发展有限公司），收取固定租金。农户依据信托凭证参与土地收益分配，而信托公司收取相应管理费用。

第三，收益与分配。农业公司及种植大户获取土地时所支付的土地租金和土地增值收益即为信托收益的来源。收益按区政府→乡政府→村委会→农户的渠道进行分配，最后农户获得了固定的土地租金和土地增值这两部分的收益分配。而 A 类信托财产所产生的地租收入则先用于满足向 A 类受益人分配基本收益，只有当信托计划出现资金短缺，不能满足向 A 类受益人足额分配基本收益，也不能足额支付 B 类预期收益或 B 类投资本金时，才可启动 T 类信托募集资金，这也是该项目主要的风险管控措施。

5）商业信托公司主导的农地信托流转——北京信托·江苏无锡农地信托流转项目

北京信托在江苏无锡开展的“北京信托·无锡阳山镇桃园村农村土地承包经营权集合信托计划”，其信托期限在 15 年以上，采取土地合作社和专业合作社的“双合作社”模式（图 8-15）。其交易流程具体为：①农户将土地承包经营权入股农村土地股份合作社，再由合作社将土地承包经营权委托给北京信托，双方签订信托合同。②桃园村种植能手共同组建水蜜桃种植专业合作社，北京信托再将受托土地出租给种植专业合作社，让合作社成员自主经营。③这一信托计划中，三类受益人分别为：户籍在无锡市惠山区阳山镇桃园村的自然人（A）、桃园村村民委员会（B）和农村土地股份合作社（C），受益权益的优先级排序为 A＞B＞C。信托计划中的受托人则为北京信托。信托标的物则为土地承包经营权。信托收益分配规则：信托计划前 7 年，仅 A 类受益人有权参与每年 1700 元/亩的租金分配，其余受益人暂不参与收益分配；第 7 年后的每年，A、B、C 三类受益人按种植专业合作社年净收益的 20%、4%和 1%这一比例参与收益分配。

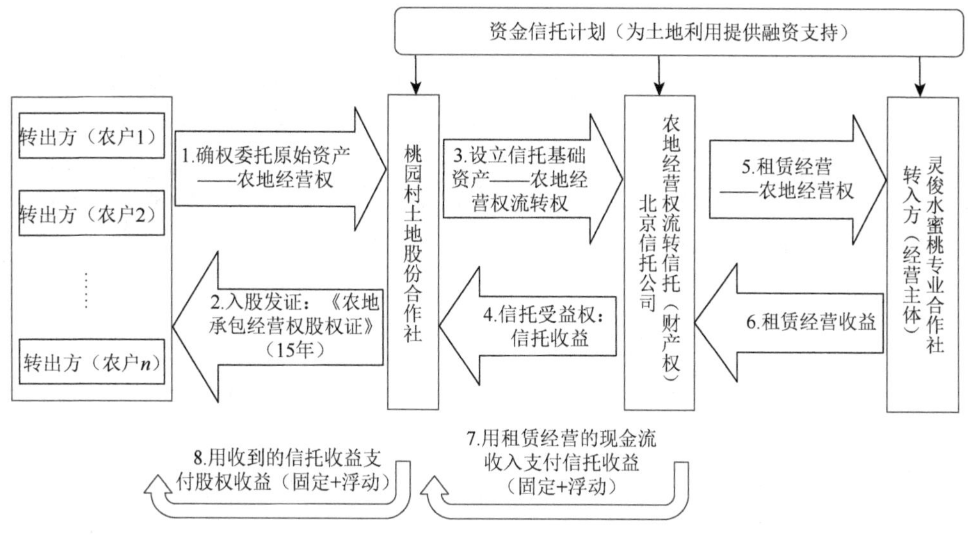

图 8-15　北京信托·江苏无锡农地信托流转项目交易结构

8.4　农地经营权流转模式比较

本章 8.3 节从参与、促成农地经营权流转交易的主体以及各主体之间交易的结构特征两方面对农地经营权流转模式进行了刻画，并结合调研案例对复杂的农地经营权流转模式做了进一步解析。本节基于前文分析，从主要参与主体、流转规模与范围、流转环节政府干预程度、主要流转方式以及其他主要特征等方面对各种流转模式进行简单比较（表 8-1）。进一步解释农地经营权流转不同模式各自的特点和适用性，以及不同模式之间存在的一些规律性联系。

表 8-1　农地经营权流转各种模式比较

流转模式	主要参与主体	流转规模与范围	流转环节政府干预程度	主要流转方式	其他主要特征
农户自主协商流转	1. 转入经营主体 2. 转出农户	规模小，范围小	无干预	租赁	熟人关系、口头协议、松散、期限短
村社组织协调流转	1. 转入经营主体 2. 转出农户 3. 村社组织	规模较大，范围较小	弱干预	租赁、股份合作	松散、期限短、流转主体权益难以得到保障
农户委托村社流转	1. 转入经营主体 2. 转出农户 3. 农村集体经济组织担保	规模较大，范围较小	农村集体经济组织主导	租赁	降低业主土地流转交易成本，减少农户流转风险
村集体反租倒包流转	1. 转入经营主体 2. 转出农户 3. 农村集体经济组织	规模较大，范围较大	政府（村委会）主导	反租倒包	集中统一流转，以农业项目为导向

续表

流转模式	主要参与主体	流转规模与范围	流转环节政府干预程度	主要流转方式	其他主要特征
农地经营权流转服务中心撮合流转	1. 转入经营主体 2. 转出农户 3. 农地经营权流转服务中心 4. 各级政府/集体经济组织/土地股份合作社	规模大，范围广	各种情况都有：政府弱干预，政府参与，政府主导	各种方式都覆盖	本质是服务中介，其他各种流转模式都可能借助农地经营权流转服务中心的信息撮合匹配功能
农村股份合作社带动流转	1. 转入经营主体 2. 转出农户 3. 土地股份合作社	规模较大，范围较大	政府（村委会）参与，合作社主导	股份合作	利益共享，风险共担
土地银行存贷流转	1. 转入经营主体 2. 转出农户 3. 农村土地信用合作社（土地银行） 4. 各级政府/集体经济组织/土地股份合作社	规模大，范围广	各情况都有：政府参与，政府主导	信用合作	农地规模化流转，与农业金融结合，运作主体是村委会，以贷定存，农民收益固定（存地利息）
信托平台代理流转	1. 转入经营主体 2. 转出农户 3. 农地信托公司 4. 各级政府/集体经济组织/土地股份合作社 5. 相关服务商	规模大，范围广	各种情况都有：政府参与，政府主导	信托＋租赁＋股份合作	农地规模化流转，与金融支持结合，“政府平台、信托本质、产业推动、要素聚集”，农民收益为固定＋浮动

从比较结果来看，农户自主协商流转通常发生在农户与农户之间以熟人关系为基础的口头协商流转，流转的面积小，流转期限也比较灵活，一般没有流转合同，也无须向政府部门报备，政府几乎不干预；该模式中主要流转方式是租赁。

村社组织协调流转模式，是在农户自主协商流转模式的基础上发展而来的，流转通常发生在大户和分散小农户之间。之所以需要村社出面协调，一般主要是解决流转农地集中连片问题需要村社干部对个别农户做思想工作，村社本身并不参与农地经营权流转交易。所以该模式中政府有一定干预，但干预程度很小，一旦发生经营业主跑路事件，转出地农户的权益难以得到保障。实践中，该模式中主要流转方式是租赁，也有农地入股的流转方式。

农户委托村社流转模式，与村社组织协调流转模式相比，首先是村社从经营业主规模经营的意愿出发，作为委托方与农户谈判。而作为代理方，代表农户的基本权益与经营业主谈判。通过委托代理，使转出户（农户）与转入户（业主）达成一致意见而实现土地经营权流转。

村集体反租倒包流转模式，与前两种模式相比，最突出的特点是农村集体经济组织直接参与并主导农地经营权流转。这种模式通常发生在有农业项目支撑的村（社），农业项目建设要求农地集中统一流转。农村集体经济组织不仅参与和主导农地经营权流转，而且可以对接农业项目资金。

农地经营权流转服务中心（或农村产权交易中心等）撮合的农地经营权流转模式中，涉及的主要参与主体、流转规模与范围、主要流转方式都是多样的，政府干预程度也是分情况而言的。因为农地经营权流转服务中心的本质是服务中介，其他各种流转模式都可能借助农地经营权流转服务中心的信息撮合匹配。

农村股份合作社带动流转模式，最大的特点是农村集体经济组织通过股份合作的方式实现农地规模化流转，使农地转出户与转入经营主体之间形成收益共享、风险共担的利益联结机制。流转的土地规模较大、分布范围较广。流转交易涉及农村土地股份合作社、转出农户、转入经营主体三方。政府通过控制合作社参与农地经营权流转交易。

土地银行（土地信用合作社）存贷流转模式是农地经营权流转的创新模式。其最大特点是通过土地银行把农地规模化流转以及与之相关的金融服务相结合；流转交易参与主体多，流转的规模大，分布范围广。该模式的流转方式是信用合作基础上的存贷流转，农民获得固定的存地利息（固定租金）收益。土地银行的运作，政府干预非常重要。

信托平台代理流转模式也是农地经营权流转的创新模式，该模式参与主体多元，交易结构复杂，通常是信托、租赁、股份合作多种流转方式并存，把农地规模化流转与金融支持结合。该模式也可总结为“政府平台、信托本质、产业推动、要素聚集”，可见，该模式中政府干预非常重要。通过该模式转出土地的农民，不仅可以获得固定收益，而且还可以分享浮动增值收益。

第 9 章　农户承包权益保护情况

本章内容侧重把握农户承包权益的保护情况。首先对农户承包权益及其保护的概念进行界定，基于本书课题组前期调研数据对农地经营权流转农户合约选择、合约履行中的权益保护情况进行分析，并运用 IPA 法对农户权益诉求现状及改进路径进行探析，以期更精准把握农户承包权益的变化情况，为本篇后半部分内容作好铺垫，为完善对农户权益的保护措施，更好地促进农地经营权流转提供理论和实践参考。

9.1　农户承包权益及其保护的概念界定

权益，是一个法律概念，指公民受到法律保护的权利和利益的总称。“权”指权利，包括宪法和法律规定的政治权利、民主权利、人身权利等。“益”即利益，在生产生活中主要表现为经济利益，亦称物质利益，它是人们进行社会活动的物质动因。而权益后面加了保护二字组成“权益保护”，权益保护即通过法律、行政、经济等手段对公民的权利和利益进行保护的行为与过程。权益保护前加上农户二字，即“农户权益保护”，意指通过行政、法律、经济等手段对农户的权益进行保护的行为和过程。“农户权益”和“农户权益保护”构成了本章的主要研究对象。

学者对农地经营权流转中的农户承包权益进行了相关的研究，也对农户承包权益进行了定义。万朝林（2004）研究认为生存权、经济权、教育权、就业权等方面的权利和利益是与农地经营权流转紧密相关的权益。吴志刚（2013）研究认为农户承包权益是农户基于土地承包所享有的权益，而非农户享有的土地权益，其不仅包括基于土地的经济权益、政治权益等实体权益，还包括农户土地程序权益。罗必良等（2017）认为在农地经营权流转中，农户的土地承包权益体现为土地控制权和索取权，必须提高农户获取土地潜在净租金的权利强度。

综合以上观点，结合本书的研究进展，本章把农户承包权益定义为：农户在农地经营权流转的合约选择、合约履行、争议仲裁等全程中享受的权利和利益的总称，包括对土地的控制权、收益权、发展权、福利权等。基于此，本书把农户承包权益保护定义为：通过行政、法律、经济手段使农户在农地经营权流转中的合法权益不受侵害。既然前文把农户承包权益保护界定为“行为和过程”，那么从农地经营权流转中农户承包权益保护过程的实践角度出发，应从流转前、流转中、流转后三个维度对农户承包权益的保护情况进行梳理分析。农户和业主达成流转意向，产生法律效力的关键节点即合约（包括口头约定）的订立。合约是当事人为设立、变更、终止财产权利义务关系而进行协商、达成协议的过程。《中华人民共和国民法典》第三编规定“合同是民事主体之间设立、变更、终止民事法律关系的协议”。基于此，课题组把流转前、流转中、流转后三个维度进一步转化为合约选择、合约履行、农户权益诉求达成情况三个维度去研究对农户承包权益的保护，这样使得研究问题更加明确、具体。从保护的行为和方法角度看，自然是从行政、法律、经济等维度去研究农户承包权益的保护。

“农户承包权益”界定了研究对象的实体范畴，“保护”界定了研究对象的具体范畴，本书限定了研究范畴，不是保护农户的全部权益，而是基于地权结构细分框架农地经营权流转中的农户承包权益保护。

9.2　农户合约选择

课题组于 2016～2017 年对重庆、陕西、河南、四川等 11 省市进行了调研，较全面地考察了农地经营权流转包括合约选择、合约履行全过程中的农户承包权益保护现状。

9.2.1　农户合约选择的现状

1. 信息获取相对全面便捷，基本依法自愿流转土地

关于农地经营权流转采用的各流转模式在前文 8.4 节已经进行了较详细的阐述及对比，本节则侧重从采用的各流转模式所占比例进行分析（表 9-1），有 616 人选择了“通过社（队）流转”，占 59.81%，290 人选择了“自己和流转方谈的”，占 28.16%，29 人选择了“通过中介组织、经纪人、合作社”，占 2.82%，78 人选择了“通过产权交易平台（乡镇农服中心–乡镇政府机构）”，占 7.57%，另有 17 人通过其他方式，占 1.65%。通过社（队）进行农地经营权流转占据了最高的比例，其次就是农户自己和转入方面对面进行商谈，同时我们也不能忽略通过中介组织、经纪人、合作社和产权交易平台流转土地的组织方式，虽然它们所占比例不高。在农地经营权流转实践中基本做到了充分尊重农户的流转意愿，依法自愿流转土地。

表 9-1　农地经营权流转采用的流转模式

流转采用的组织模式	频数	频率
通过社（队）流转	616	59.81%
自己和流转方谈的	290	28.16%
通过中介组织、经纪人、合作社	29	2.82%
通过产权交易平台（乡镇农服中心-乡镇政府机构）	78	7.57%
其他	17	1.65%
总计	1030	100%

资料来源：课题组 2016～2017 年调研数据

调研中发现，农地经营权流转市场环境总体良好。通过对农地经营权流转市场分析发现，随着农村农地经营权流转管理服务制度的基本建立，2015 年我国 20 个省区市建立了工商资本租赁农地监管和风险防范制度，各地建立了近 2 万个农地经营权流转服务中心，为促进农地流转发挥了重要作用。如图 9-1 所示，总体而言，43%的农户认为农地经营权流转没有什么可担心的，也有 34%的人担心租金不能及时足额支付，也有少数人开始关注土地用途发生变化（15%）和土地生态被破坏（8%），农户对农地经营权流转市场的关注逐渐由经济维度向社会生态维度拓展。

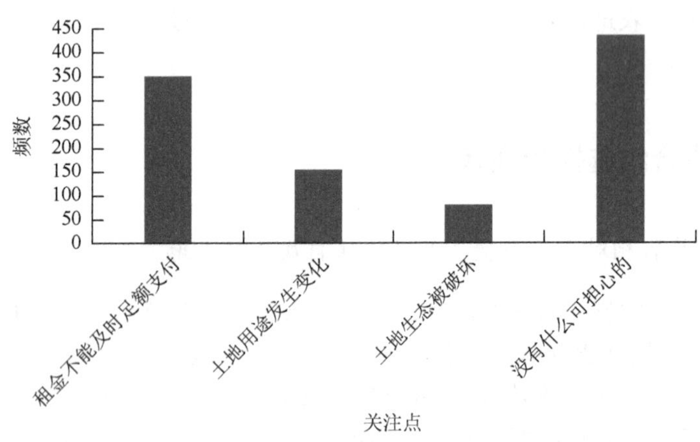

图 9-1　农地经营权流转中农户关注点频数

资料来源：课题组 2016～2017 年调研数据

由表 9-2 数据分析，从供需双方分析农地经营权流转的市场结构，土地流入方为 1 个的占比 73.11%，而 2 个及 2 个以上的占比之和为 26.89%；农户转出土地难易程度中，“比较容易”的占比最高，为 44.27%；其次为“很容易”，占比 31.84%，两者累计之和为 76.11%；这说明地方政府认真贯彻落实了党中央、国务院关于农地经营权流转工作的要求，依法规范农地经营权流转行为，建立健全了农地经营权流转程序，执行了农地经营权流转合同制度，工作得到了大部分农户的认可。不可否认的是依然有接近 9%的农户选择了“很麻烦”或是“比较麻烦”，15.24%的农户选择了“一般”，说明农地经营权流转工作中仍然存在值得改进的空间，或是部分地方的流转手续烦琐，或是获取流转信息不畅，或是业主履行合同程度不高，还包括一些其他因素，这在后续的工作中需加以改进。获取农地经营权流转信息难易程度中，感觉“很容易”和“比较容易”的占比较高，两者之和为 57.18%，接近 60%；关于流转中介机构的信息是否完善，有 54.27%的被访农户表示没有中介机构的信息，知道有流转机构的仅有 15.73%，可以研判农地经营权流转中介机构的建设和功能发挥还不充分。

表 9-2　农地经营权流转的市场特征（$n = 1030$）

题项	测量标准	频数	频率	题项	测量标准	频数	频率
流入方选择个数	1 个	753	73.11%	获取农地经营权流转信息难易程度	很容易	199	19.32%
	2 个	116	11.26%		比较容易	390	37.86%
	3 个及以上	161	15.63%		一般	299	29.03%
农户转出土地难易程度	很容易	328	31.84%		比较麻烦	105	10.19%
	比较容易	456	44.27%		很麻烦	37	3.59%
	一般	157	15.24%	流转中介机构的信息是否完善	有	162	15.73%
	比较麻烦	56	5.44%		没有	559	54.27%
	很麻烦	33	3.20%		不知道	309	30.00%

资料来源：课题组 2016～2017 年调研数据

注：频率总计不为 100%是四舍五入修约所致

2. 书面流转合同为主，口头约定亟须规范

调研数据显示（图 9-2）：75.34%的农户和转入方签订了农地经营权流转的书面合同，24.66%的农户和业主进行了口头约定，这是因为各地大部分村社积极引导农户履行必要的手续、程序，有的地方则制定了农地经营权流转合同模板，督促农户和业主签订农地经营权流转的书面合同，以更好保障双方利益。依然有少部分农户和业主进行口头约定，其原因是，在我国很多地方农户间流转土地以口头承诺形式替代签订书面协议已经形成了一种习俗。同时，由于村庄内部进行农地租赁时农户之间的博弈属于重复博弈，因此业主和农户之间能够建立信任机制。乡土社会的人情关系、声誉影响和重复博弈能够在一定程度上约束农地经营权流转缔约双方的行为，这能显著降低农地经营权流转中事前、事中和事后的交易费用，

确保“关系型合约”的稳定性（罗必良，2015）。相较于书面合同，口头约定虽简便易行，快捷迅速，交易成本低，但是一旦农户和业主发生纠纷，则难以举证，同时不能完全排除双方出现道德风险的可能，这也不利于保护双方合法权益。因此，调研中发现各地有加大力度进一步推进流转双方签订书面合同的趋势。

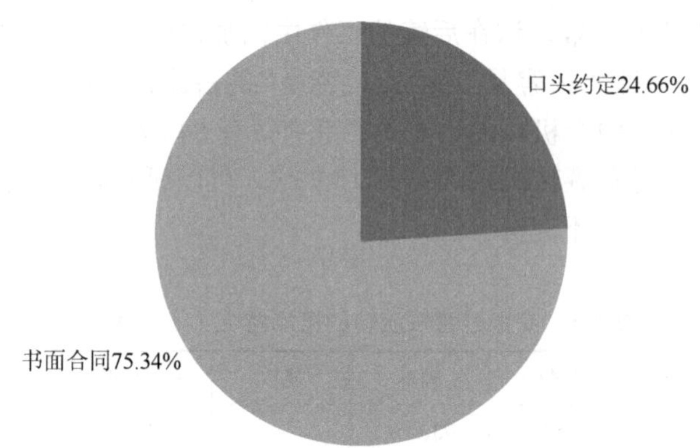

图 9-2　农地经营权流转书面合同和口头约定所占比例

资料来源：课题组 2016～2017 年调研数据

3. 关注农地经营权流转用途，谨慎选择流转业主

对于业主流转土地的目的，有 874 名被访农户选择了“了解”，占 84.9%。156 名被访农户选择了“不了解”，占 15.1%（图 9-3）。

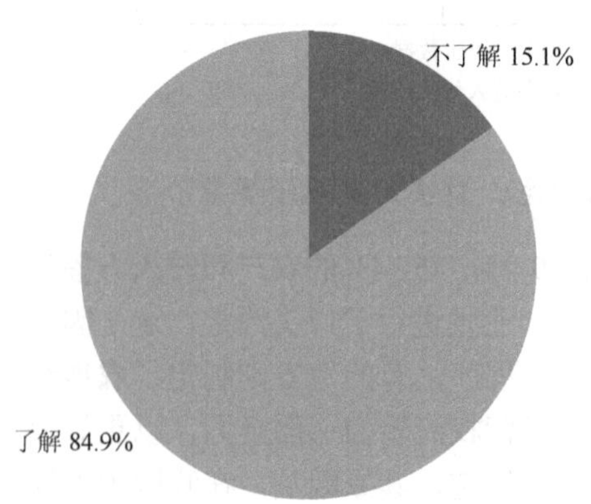

图 9-3　农户对业主流转目的的了解情况

资料来源：课题组 2016～2017 年调研数据

土地作为最主要的、不可替代的农业生产资料，同时承担着养老、就业的功

能，大部分农户对流转土地的目的和是否改变土地用途十分关心。选择“不了解”的 156 名被访农户中有 98 名年龄处于 31～59 岁，58 名处于 60～83 岁；99 名为户主，57 名为非户主；在文化程度上有 75 人为小学或者小学以下，49 人为初中，30 人为高中，2 人为大学及以上。选择“不了解”的被访农户中 60 岁以上占有较高比例，在农村 60 岁以上的老年人因常年劳作和受村镇医疗条件的影响，身体状况普遍不好，仍然在田间地头从事农业生产的比例不高，将来再回到土地进行生产的可能性极小，因此对业主农地经营权流转的目的并不是特别关心。同时选择“不了解”的被访农户文化程度偏低，非户主比例较高，这些因素在一定程度上也影响了他们对业主流转目的的了解情况。

关于农地经营权流转时的流入方选择，有 753 名被访农户回答有 1 个流入方可选择，有 116 名选择有 2 个流入方，161 名选择有 3 个及以上的流入方。当农户面临多个流入方进行选择时，农户将农地经营权流转给在品种选择、种植技术上有优势的业主能获得收益分红，同时可以被业主雇为员工，获得就业机会。租金差异显著影响农地转出对象选择。

4. 政府主动干预流转比例较大，村社组织干预影响力有限

学术界对政府干预农地经营权流转的态度不一，主要表现为政府干预土地的流转面积较大、流转效率高，但对农户增收影响不大（张建等，2016）。如表 9-3 所示，政府主动参与干预的农地经营权流转占比 72.91%，这一比例远高于市场经济中政府角色定位；从村社组织干预来看，村社组织是农地经营权流转的最基层“准政府”，其干预对农地经营权流转“没影响”的占比最高，为 51.07%，而与此相对的“完全影响”占比最低，为 8.45%，而且在干预过程中，村社态度“保持中立”的占比最高，为 39.51%，“没有参与”的占比为 29.42%，这两者之和接近 70%，说明大部分村社组织在农地经营权流转中没有干涉流转行为。也有少量的村社态度是“偏向业主”的（占比为 14.56%）。从上级政府的主动参与的“70%”和基层村社保持中立的“70%”可以判断，农地经营权流转中，上级政府积极推动，从国家战略实施、产业发展规划、社会结构变动等方面积极谋划农地经营权流转，基层村社组织主要是政策的执行者，或者说在“政经分离”的农村集体经济改革过程中，村社组织逐渐归位于应有的职能位，村社组织的权力越来越小。

表 9-3　政府干预（$n = 1030$）

题项	测量标准	频数	频率
政府干预	主动参与	751	72.91%
	不主动参与	279	27.09%

续表

题项	测量标准	频数	频率
村社组织干预	完全影响	87	8.45%
	较多影响	205	19.90%
	一般	124	12.04%
	有少量影响	88	8.54%
	没影响	526	51.07%
村社态度	偏向业主	150	14.56%
	偏向农户	170	16.50%
	保持中立	407	39.51%
	没有参与	303	29.42%

资料来源：课题组 2016～2017 年调研数据

注：频率总计不为 100%是四舍五入修约所致

5. 合同签订总体较规范，代签问题仍不容忽视

调研发现 64.05%的流转合约是由户主签订。通过访谈进一步了解到被访农户家庭在面对重大决策时基本上会一家人进行商议，但最后代表家庭进行“签字”的行为往往还是户主做出。而 7%由家属或亲属签订，这部分家庭主要是由于签订合约时户主外出打工或不在家等原因。约 21%的合约由社（队）代签，有社（队）在访谈中解释这是因为农地经营权流转工作量较大，为简化流转程序，在征得农户同意后由社（队）统一批量进行代签。但在对农户调研中也发现个别农户没有接到社（队）的关于合约签字的相关通知，事后才获悉已经代签。

关于合约条款的确定，有 34.95%的被访农户表示是由对方提供的合同格式，42.83%的被访农户表示是经过双方充分商量后拟定的，13.70%的被访农户表示是由农地经营权流转服务中心、村社、农村合作社等第三方拟定的，另有 8.52%表示不清楚合同条款的来源。对于合同条款的满意度，18.98%的表示非常满意，52.09%表示比较满意，27.27%表示一般满意，0.69%表示不满意，0.97%表示非常不满意。大部分被访农户对合同条款表示满意或者可以接受，只有不到 2%的农户表示不满意或非常不满意。

9.2.2 地方政府对农户合约选择的权益保护体现

1. 完善土地经营业主招标程序

在调研中发现，大部分涉及农地经营权流转的乡镇、行政村均出台了土地经营业主招标程序，由农地经营权流转服务中心、农业服务中心等职能部门为负责

单位，负责土地经营业主招标全程的指导、管理、协调、服务、监督等职能，对具有参加土地流转意向的经营业主进行资格审查，招标公告通过当地的农业信息网进行发布，接受竞标者投标，对标书予以必要的审核。如发现违背国家法律法规的，依法予以制止。中标单位经公示后由招标人向中标人发出中标通知书，并按有关法律法规和招投标文件签订农地经营权流转合同（图 9-4）。

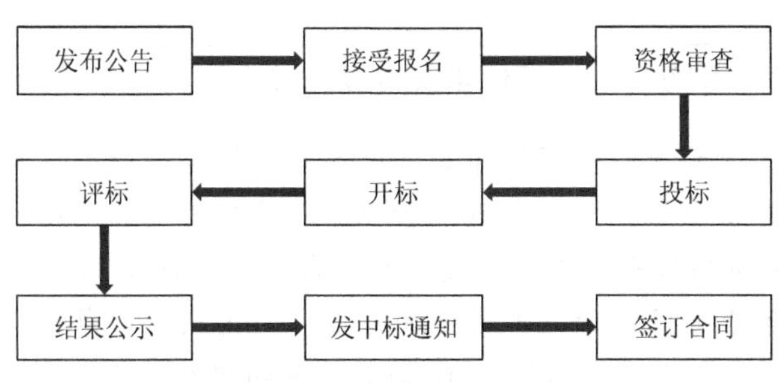

图 9-4　土地经营业主招标程序

【专栏 9-1】

重庆市大足区完善土地经营业主招标程序

重庆市大足区在土地经营业主招标环节建立了农地经营权流转审核预警制度。镇、街、区农地经营权流转服务中心为规模经营业主农业经营能力的审核机构。行政村（流转协会）收到意向性流转本辖区 5 亩以上农村土地的申请后，预先审核其身份证或工商营业执照复印件、投资项目计划书、资信证明等材料，再提交给当地镇街农地经营权流转服务中心。流转中心在 10 个工作日内对业主的资信情况、经营能力、履约能力、环境保护政策、产业发展规划等进行考察评估、形成意见；若镇街农地经营权流转服务中心不能审核，对业主经营能力有怀疑的，可提交区农地经营权流转服务中心审核，由区农地经营权流转服务中心形成意见。对无经营能力、履约能力的业主，向行政村（流转协会）及农户发出警示；对不符合当地产业发展规划、不符合法律法规、对当地环境有重大影响的投资项目，劝阻双方签订流转合同；流转后经营项目不符合法律法规、对当地环境有重大影响的，由农业、市场监督管理、国土资源和房屋管理、环保等部门按各自的职能职责对业主进行处罚。

2. 出台流转土地价格保护机制

多个涉及农地经营权流转的区县实施了流转土地价格保护机制，对流转土地的最低价格进行了限定。在较大程度上给予了农户自主的价格决定权，允许他们参考市场行情，通过与经营业主进行协商决定流转价格。同时多地建立了价格调整机制，明确约定了价格调整的时限和幅度，充分考虑了物价、政策等因素，在合同中规定每隔一年或者几年按照一定比例上调或者合同履行到一定期限后双方再协商调整价格。

【专栏 9-2】

河南省新乡市延津县出台流转土地价格保护机制

在调研中，河南省新乡市延津县转包农户尹海祥和接包方申发胜签订的农村土地承包经营权出租合同在农地经营权流转价格上的约定比较有代表性。合同中约定：出租价格按当年国家小麦保护价每市斤 1.10 元计算，每亩租金 1000 元。以后按国家小麦保护价每市斤增加或减少 1 角钱时，每亩租金分别增加或减少 100 元，最低每亩租金不低于 1000 元，并明确约定出租金、国家种粮直补和农资综合直补由甲方领取。同时为维护甲方权益，乙方需以现金方式预交下一年度租金。该合同的条款由当地乡镇农地经营权流转服务中心初步制定（不包含流转具体价格），具体流转金额经双方协商后拟定，双方签字后并经当地乡镇农地经营权流转服务中心备案后生效。

3. 加强农地经营权流转宣传引导

调研中发现大部分实施农地经营权流转的乡（镇）、村（社）积极通过电视、报刊、手机短信、宣传单等多种媒介，以上门访问、召开座谈会等多种形式、多渠道宣传农地经营权流转，消除村民的顾虑；加大农地经营权流转的典型宣传，提高农户的积极性，加强土地知识培训，宣传农地经营权流转的意义；大力宣传农地经营权流转大户增收致富的典型事例，使广大农民切实感受到农地经营权流转带来的切身好处，从而增强他们参与到农地经营权流转中的积极性、主动性。

9.3 合约履行中的承包权益保护

9.3.1 合约履行中的农户承包权益现状

1. 合约履行整体良好，但违约现象依然存在

调研中在“合约履行过程中，是否出现过争执或者纠纷”这个问题上，870 人占 84.47%，回答没有出现过，160 人占 15.53%，回答出现过。纠纷的类型主要包括：不按时足量给付土地租金（约占纠纷总数的 26.66%）；改变土地用途或对

土地生产方式不满意（约占 15.33%）；不愿意接收流转农户去业主企业工作（约占 8.28%）。对于农地经营权流转合约履行过程中出现纠纷的原因，已有文献进行了讨论：法律政策的频繁变化所导致的农村现实利益关系的冲突、法律规定与错综复杂的农村现实之间的脱节（徐凤真，2011）。纠纷的产生有深刻的社会根源，包括国家农业政策的改变、城市化进程的加快和农民追求自身利益，农业的特点使农业经营充满了风险，同时随着农地经营权流转市场的发育壮大所诱致的新的机会增多，农户土地转出后的预期不稳定，在农地经营权流转过程中事后的机会主义经常成为纠纷的根源（罗必良，2019）。本书调研发现关于纠纷原因的类型基本上与前人的研究成果一致，但本书调研中出现纠纷最多的是不按时足量给付土地租金，这需要引起相关部门的注意。

【专栏 9-3】

贵州、河南、陕西等地业主和农户履约过程中出现的损害农户权益的行为

贵阳市清镇市红枫湖镇有个项目是北京的融资公司流转农户土地来做的，后来因为资金链断裂等问题，业主跑路，土地荒废了，因为缺乏法律依据，一直没有解决，老百姓来找政府，政府也没有办法。

河南省信阳市浉河区有一业主租农户的土地 30 年，约定租金一次付清，但是中途业主对土地使用有“非农化”的现象，农户不同意，和业主发生纠纷，向业主提出赔偿申请。

陕西省甘泉县 2015 年发生的案例：农户 A 转出土地给一个老板，租金是 100 元/亩，签了 20 年合同，2014 年当地流转费用平均 485 元/亩，差价太高，农户不同意，找到政府提出申诉。

调研中发现农地经营权流转出现纠纷的原因，76 人约占 47.50%，选择是业主方的原因，其中选择“改变用途时，没问过业主意见，强行改变”的有 20 人，占 26.32%，选择“改变用途时，征求过我意见，但我没同意”的有 9 人，占 11.84%，选择“土地用途改变后，无法复耕”的有 32 人，占 42.11%，选择“其他”的有 15 人，占 19.74%；48 人约占 30.00%，选择是第三方（政府、村两委、其他利益相关者）的原因；36 人约占 22.50%，选择是家庭的原因。

对于“如果出现纠纷，关于土地收益的原因”，38 人选择支付数额不足，46 人选择支付不及时。说明业主土地租金支付数额不足、支付不及时是关于土地收益纠纷的主要体现。

对于“关于经营行为的原因”，18 人选择了“转入方提前终止经营时间”，17 人选择了“抛荒不种，或低效率种植”，6 人选择了“污染生活环境”，24 人选择了“损害土地资源”，说明参加农地经营权流转的农户虽然把经营权转让给了户主，把土地交给了流入方经营，但是作为拥有承包权的农户依然非常关注经营业主的经营行为，关心业主是否有“损害土地资源”“抛荒不种”等行为。

2. 流转法律法规趋于完善，农户了解程度亟待加强

依法治国的背景下，应依法治农。完善的法律环境能够合理保护农地经营权流转各利益相关者，尤其是保证小农户分享现代农业的发展成果。从表 9-4 数据分析看，关于农户对农地经营权流转程序的了解程度方面，占比最高的为“不熟悉”，为 36.89%；而“非常熟悉”和“比较熟悉”的占比之和仅为 22.81%；同理，关于对法律法规的了解程度方面，“一般”和“不太熟悉”的占比之和为 33.98%，与此对应“非常熟悉”和“比较熟悉”的占比之和为 13.49%。从这两个选择判断，关于农地经营权流转的法律和流转程序方面可能宣传不到位，没有做到农户对于农地经营权流转的知情权。再从对法律较为了解的 331 位农户的调查发现，认为“非常完善”和“比较完善”的占比达到 31.12%，认为“不太完善”的比例也较高，为 22.96%，所以关于农地经营权流转的法律环境存在分化现象，可能是区域分化，比如，浙江、江苏等农地经营权流转较市场发育良好的地区法律环境较优良，而对应的西北地区，或者可能存在群体的人口学素质差异，比如，获取信息能力较强的农户，会主动搜索相关法律法规，主张自己的权益，当然，这有必要进行更深一步的探索。

表 9-4 法律环境

题项	测量标准	频数	频率
对农地经营权流转程序的了解程度（$n=1030$）	非常熟悉	51	4.95%
	比较熟悉	184	17.86%
	一般	238	23.11%
	不太熟悉	177	17.18%
	不熟悉	380	36.89%
对法律法规的了解程度（$n=1030$）	非常熟悉	17	1.65%
	比较熟悉	122	11.84%
	一般	193	18.74%
	不太熟悉	157	15.24%
	不熟悉	541	52.52%

续表

题项	测量标准	频数	频率
当前法律法规是否完善（$n=331$）	非常完善	18	5.44%
	比较完善	85	25.68%
	一般	105	31.72%
	不太完善	76	22.96%
	不完善	23	6.95%
	不清楚	24	7.25%

资料来源：课题组 2016～2017 年调研数据

9.3.2　地方政府对合约履行中的承包权益保护现状

1. 落实农村土地产权结构细分办法

2014 年 11 月，中共中央办公厅、国务院办公厅在《关于引导农村土地经营权有序流转发展农业适度规模经营的意见》中明确提出“坚持农村土地集体所有，实现所有权、承包权、经营权三权分置”，把农民土地承包经营权分为承包权和经营权，实现承包权和经营权分置并行。但是法律还没有在具体操作层面就如何进行农地“三权分置”予以明确，不过调研发现少部分被调研区县对农地“三权分置”办法进行了落实，这些区县在被调研区县中所占的比例较小，但在实践上具有重要意义。

【专栏 9-4】

贵州省遵义市湄潭县、西安市高陵区明确“三权分置”办法

贵州省遵义市湄潭县按照农地“三权分置”的要求，向土地集体所有权人颁发所有权证，向承包人颁发承包权证和经营权证，农地经营权流转双方凭流转合同到登记部门变更登记，业主方可取得流转土地的经营权证，着力在“三权分置”上探索政策与法律修订的路径。

西安市高陵区则在落实农地“三权分置”，完善农村产权权益保障制度上采取如下措施：一是在前期确权登记颁证工作的基础上，对因暂缓和征地等问题地貌发生改变的村组进行权证变更登记，建立了确权登记颁证后续工作长效机制；二是修订、完善《西安市高陵区农村承包土地的经营权流转规范化管理实施办法》，明确农地经营权流转的原则、方式等内容，进一步规范和引导农村土地承包经营权有序流转；三是出台工商企业租赁土地的资格准入

审核等相关管理办法，明确了审查主体、内容、程序，探索建立了农地经营权流转风险保证金及年审制度；四是按照农村土地承包纠纷仲裁处理工作要求，完成了农村土地承包纠纷仲裁处理的仲裁庭、合议调解室、案件受理室、档案会商室建设。

2. 出台农地经营权流转政策法规

如表 9-5 所示，调研显示，大部分区县出台了农地经营权流转的政策法规，包括实施意见、管理办法、实施细则等内容，在坚守农户家庭承包经营制度和稳定农村土地承包关系的基础上，实现集体所有权、农户承包权、土地经营权“三权分置”，遵循平等协商、自愿、有偿三原则，引导土地经营权有序流转，巩固和完善农村基本经营制度，积极培育新型经营主体，发展多种形式的适度规模经营。完善了对农村土地的管理，优化了对土地资源的优化配置，加快构建了农地经营权流转的市场体系，从制度上明确约定了土地流转双方的责、权、利，规范了农地经营权流转行为，促进发展农业适度经营。

表 9-5　部分地方出台的农地经营权流转政策法规

省（直辖市）	市	区、县	文件名	颁布时间
重庆市	重庆市	大足区	《大足区农村土地承包经营权流转规范化管理和服务制度》	2013 年
		江津区	《江津区慈云镇人民政府关于规范农村产权交易管理的通知》	2015 年
四川省	眉山市	彭山区	《关于推进农村产权流转交易市场体系建设的实施意见》	2015 年
			《农村土地承包经营权抵押贷款价值评估办法（试行）》	2015 年
			《眉山市彭山区农村土地承包经营权流转管理暂行办法》	2016 年
			《眉山市彭山区农村土地经营权证管理办法（试行）》	2016 年
河南省	信阳市	罗山县	《罗山县创新农村农地经营权流转机制实施细则》	2008 年
贵州省	遵义市	湄潭县	《湄潭县土地承包经营权流转管理暂行办法》	2016 年
安徽省	宿州市	泗县	《泗县促进和规范农村土地承包经营权流转实施意见》	2014 年
		宿州市	《宿州市人民政府办公室关于引导农村土地经营权有序流转发展农业适度规模经营的实施意见》	2014 年
		埇桥区	《埇桥区国家现代农业示范区促进农地经营权流转实行规模经营的指导意见》	2010 年
山西省	长治市	长治县	《长治县农村农地经营权流转工作实施意见》	2014 年
陕西省	西安市	高陵区	《西安市高陵区农村承包土地的经营权流转规范化管理实施办法》	2017 年

资料来源：课题组 2016～2017 年调研数据

注：长治县现已改为上党区

3. 建立农地经营权流转服务中心

调研显示，约有87%的被调研乡镇建立了农地经营权流转服务中心。同时根据农业农村部政策与改革司2019年7月公布的数据，全国已经建立了超过2万个农地经营权流转服务中心。这些农地经营权流转服务中心在农地流转工作中发挥了非常重要的作用。配备专职人员负责农地经营权流转交易的具体工作，并建立了完整的工作机制。加强农地经营权流转基层组织建设，成立县级农地经营权流转服务中心和镇、村农地经营权流转所，县-镇-村三级农地经营权流转组织达到全覆盖，功能实现政策咨询、文书签订、纠纷调解等全包含。为农民群众提供流转土地承包经营权方面的法规、政策咨询，价格评估和纠纷调解等服务，开展农村土地承包经营权流转政策宣传，做好农地经营权流转鉴证审核，落实土地承包合同的档案管理，调解农村土地承包经营权流转合同纠纷，从而维护流转双方的合法权益。

【专栏9-5】

安徽省宿州市泗城镇建立土地流转服务中心

为推动农村土地健康有序流转，安徽省宿州市泗城镇成立土地流转服务中心。村成立土地流转服务站，服务中心办公室设在农地流转服务站，并确定了专职工作人员，配备了电脑，安装了电子显示屏。信息员由村文书兼任。服务中心的主要职责是：宣传和贯彻农地经营权流转相关法律、法规和政策；统一规范农地经营权流转合同，搞好登记、统计与汇总上报工作；搞好流转中介、合同鉴证服务，促进土地有序流转；收集、整理、发布农地经营权流转信息及跟踪反馈工作；依法配合有关部门调解和处理农地经营权流转纠纷等。土地流转服务中心虽然成立不久，但已经发挥了初步成效。现在，农民的法律意识增强了，农地经营权流转几乎100%签订合同，同时经过服务中心的统一鉴证和管理，程序规范了，操作透明了，纠纷减少了，农村社会更加稳定了，提高了农民的收益。因为流转速度的加快和规模的扩大，农地经营权流转金也在增加，以前农民农地经营权流转金平均为800元/亩，2017年提高到了1000元/亩，农民得到更多实惠。

4. 加大对农地经营权流转过程的监督

各地加大了对农地经营权流转过程的监督，着力实现流转程序的法治化、规范化、透明化，对农地经营权流转过程监督的具体实施各地有所差异，但监督的路径、方法、环节大同小异，可以归纳为以下几点：首先，在农地经营权流转前，各地农地经营权流转的主管部门均会明确“流转双方遵循平等、依法、自愿、有偿的原则协商，拟定农地经营权流转合同的主要内容。任何组织和个人不得强迫、阻碍土地承包经营权流转。”各乡镇、行政村着重对以上内容进行监管，防止出现违背农民意愿流转土地的情况。其次，对参加流转的经营户进行严格的资格审查，防止不具有经营资质的人员参与农地经营权流转，对农民的利益产生损害。再次，组织和监督流转土地双方签订流转合同，统一制定农地经营权流转合同格式，包括流出方（甲方）和流入方（乙方）的名称、农地经营权流转面积、流转期限与支付方式、双方的权利和义务等。最后，农地经营权流转服务中心对合同存档备案，并定期对农地经营权流转工作进行检查和指导，确保农地经营权流转工作规范化、合法化。

【专栏 9-6】

贵州省遵义市湄潭县对农村农地经营权流转过程的监督

贵州省遵义市湄潭县创新三项机制，规范农地经营权流转监督管理。一是创新承包经营权管理机制，完善了《湄潭县农村土地承包经营权流转管理办法（试行）》。其中，为解决农地经营权流转无序、规范化程度不高等问题，必须严格坚持规范原则；允许土地经营权可以抵押；对符合产业发展规划的规模经营，按流入面积 3%的比例安排农业设施用地。二是创新农地经营权流转管理机制。推行流转申请、信息发布、资格评估、建档立卷等程序，健全价值评估、纠纷调解等制度。实现流转程序的规范化和管理的制度化。三是创新风险防控机制。推行“风险评估-风险预控-风险处置”的风险防控机制，降低工商资本规模流转土地的风险。例如：核桃坝村、两路口村在签约时对流转规模、经营业态、诚信等进行风险评估，为预防风险，积极鼓励规模业主购买农业保险，对业主退租的大宗土地，由村集体股份经济合作社协调进行二次招租，保障农民的流转收益不受影响，不引发群体性社会矛盾。

5. 建立农户利益受损申诉和仲裁机制

超过 92%的被调研乡镇建立了农户受损和仲裁机制，对流转的程序进行了严格规范，充分维护流转农户的知情权、参与权、监督权和申述权，着力构建了农地经营权流转农户利益受损申述机制，鼓励农户当利益受损的时候进行申诉，以维护自己的合法权益，当农地经营权流转过程中发生争议或者纠纷时，流转农户可以首先和经营业主协商解决，协商不成的，可以向上级部门进行申述和申请仲裁，如还未能解决，可以向法院提起诉讼。

【专栏 9-7】

山西省潞州区[①]和重庆市大足区建立农户利益受损申述和仲裁机制

山西省潞州区在每个行政村建立了仲裁厅，每个乡镇招募了 3 名“农民仲裁员”，市农业局也选聘了 5 名仲裁员，分别从法、理两个层面对农地经营权流转中的纠纷进行仲裁。

重庆市大足区农地经营权流转服务中心 2013 年 3 月出台《大足区农村土地承包经营权流转规范化管理和服务制度》，建立了农地经营权流转纠纷解决制度，当对于农村土地承包经营权发生纠纷时，双方可以进行协商，如协商不成，可以向村委会，镇、街政府申请调解。如调解无果，当事人可以向农村土地承包纠纷仲裁委员会申请仲裁，或者向法院提起诉讼。

6. 完善流转土地农户保障体系

调研中发现多地着力完善流转土地农户保障体系，进行梳理归纳后主要有以下方面：首先，出台了有关农地经营权流转的规范性文件。其次，建立起公开、透明的农地经营权流转信息平台，有效降低交易信息成本。建立专业服务机构或培育社会中介机构，免费为农户提供法律服务。最后是制止侵权行为，采取严厉措施，坚决制止侵害农民土地权益的违法行为，确保农地经营权流转行为的“依法、自愿、有偿”和农地经营权流转价格的“公平、合理”。同时部分地方建立了法律救济制度。在农地经营权流转中，即使处于近乎完美的制度下，依然会有部分流转农户的权益受到损害，通过法律救助，为处于弱势的流转农户提供法律援助，以维护农民的合法权益。

【专栏 9-8】

安徽省宿州市砀山县李庄镇完善流转土地农户保障体系

安徽省宿州市砀山县李庄司法所从以下六个方面入手，全力为所需流转土地的农民提供法律服务。一是广泛宣传农地经营权流转的经济效益和社会效益；二是张榜公布司法所、法律服务所为农地经营权流转提供法律服务的工作人员名单；三是遇有农地经营权流转意向的，于两小时内赶到现场，提供及时服务；四是经商谈拟书写流转协议的，在一个工作日内完成协议起草，需公证的确保最短时间完成出证；五是遇到涉及农地经营权流转纠纷的，要主动介入进行调

① 山西省潞城市于 2019 年 6 月正式更名为潞州区。

解，调解不成，适时支持当事人诉讼或仲裁，杜绝久拖不决，延误播种季节；六是坚持做到结案后跟踪回访。流转协议签订后做到经常听取双方意见，督促双方正确履行协议。

7. 对农地经营权流转户进行法治教育

调研发现，几乎每个涉及农地经营权流转的乡镇均对农地经营权流转户加大了农地经营权流转法律政策的教育力度。通过深入宣传《中华人民共和国农村土地承包法》《农村土地承包经营权流转管理办法》《中华人民共和国宪法》《中华人民共和国合同法》[①]等法律法规和政策，提升农民的维权意识，当农户在农地经营权流转过程中权益受到侵害时，能充分运用法律武器维护自己的合法权益。

9.4　农户承包权益诉求现状

《现代汉语词典》对诉求的解释为诉说理由并提出请求。农户权益诉求就不难理解为农户对自己受法律保护的权益的请求或要求。在前人研究的基础之上，结合本书前期研究取得的进展，本书将农地经营权流转中的农户权益诉求主要分为对收益权、控制权、福利权和发展权四类权益的诉求。进一步细化，收益权包括收益或租金合理、业主按时按量支付租金；控制权包括对土地用途变化、土地质量变化的控制；发展权包括随物价变动土地租金相应增加和随地价增加收益增加；福利权包括获得更多就业机会、获得良好养老保障。本节将从以上维度对农户权益诉求现状进行分析。

9.4.1　现状描述

1. 过半农户收入有所增长，流转收益仍具提升空间

农户最关心的当属农地经营权流转后的收益。关于农地经营权流转后的家庭收入状况，91 人选择“增加了很多”，占 8.83%；511 人选择“比原来多些”，占 49.61%；287 人选择“和原来一样”，占 27.86%；123 人选择“变差些”，占 11.94%；18 人选“变差很多”，占 1.75%。通过农地经营权流转，农户减少甚至完全没有了用于种养殖业的土地，因此农户的农业经营收入普遍减少，是农地经营权流转将农村劳动力从土地上解放出来，很多年轻劳动力外出打工，或在本地从事其他产

① 2021 年 1 月 1 日，《中华人民共和国民法典》施行，《中华人民共和国合同法》废止。

业，再加上每年可获得一笔农地流转金作为财产性收入，因此大部分农户的非农收入普遍有所增加。具体见表 9-6。

表 9-6　参加农地经营权流转后农户收入情况统计

流转前后收入变化情况	频数	频率
增加了很多	91	8.83%
比原来多些	511	49.61%
和原来一样	287	27.86%
变差些	123	11.94%
变差很多	18	1.75%
总计	1030	100%

资料来源：课题组 2016～2017 年调研数据

注：频率总计不为 100%是四舍五入修约所致

2. 就业状况改善有限，养老保障亟待完善

关于农地经营权流转后被访者和家庭成员的就业状况和养老保障情况统计如表 9-7 所示，其中，就业状况，82 人选择“得到良好改善”，占 7.96%；471 人选择“得到一些改善”，占 45.73%；425 人选择“和以前一样”，占 41.26%；46 人选择“变差些”，占 4.74%；6 人选择“变得很差”，占 0.58%。

表 9-7　农地经营权流转后农户就业状况和养老保障情况统计

类别	选项	频数	比例
就业状况	得到良好改善	82	7.96%
	得到一些改善	471	45.73%
	和以前一样	425	41.26%
	变差些	46	4.74%
	变得很差	6	0.58%
	总计	1030	100%
养老保障	得到良好改善	61	5.92%
	得到一些改善	410	39.81%
	和以前一样	468	45.44%
	变差些	83	8.06%
	变得很差	8	0.78%
	总计	1030	100%

资料来源：课题组 2016～2017 年调研数据

注：频率总计不为 100%是四舍五入修约所致

调研中接近46%的被访者和家庭成员的就业状况得到改善，如前文所分析，主要是通过农地流转将农村劳动力从土地上解放出来，青壮年劳动力可投入到其他产业或外出打工。如果家里成员以60岁以上老年人居多，同时儿女已经分家出去，这样的农户通过农地流转不用再在土地上辛苦劳作，从这个角度上看有效降低了这部分群体的工作强度和压力，但就业受年龄、健康状况、技能等因素的影响，他们很难从事其他行业或者外出打工，因此就业状况很难得到进一步的改善。

关于农地经营权流转后的养老保障，61人选择“得到良好改善”，占5.92%；410人选择“得到一些改善”，占39.81%；468人选择“和以前一样”，占45.44%；83人选择“变差些”，占8.06%；8人选择“变得很差”，占0.78%。土地一直是农民安身立命的根本。不可否认的是，当前我国的社会保障依然存在城乡二元结构，城市和农村的养老保险还存在较大差异，在还没有完全实现城乡保障一体化的今天，土地对农村人口的养老保障的作用依然是存在的，农民通过流转土地经营权获得收益，收益中的一部分将用于养老。但是农民流转土地的面积和流转金额有限，农户从农地流转中获得的养老保障提升也是有限的，因此接近40%的被访农户选择“得到一些改善”，接近一半的被访农户选择了“和以前一样”，仅有5.92%回答“得到良好改善”，在后续需要不断增加农村人口养老保障水平，同时提升农户农地流转收入予以完善。

9.4.2 农户承包权益诉求现状与改进路径：IPA

1. 基于流转土地重要性的农户满意度分析

IPA法的基本思想是农地经营权流转后农户的满意度源自其对土地属性的重视程度。基于这样的理念，我们将农地经营权流转过程中农户的权益分为收益权、控制权、发展权和福利权四类，其中收益权包含收益或租金合理、按时按量支付两个指标，控制权包括土地用途变化、土地合理利用两个指标，发展权包括随物价变动土地租金相应增加、随地价增加收益增加两个指标，福利权包括更多就业机会、良好养老保障两个指标。每个指标均分为“流转前的重视程度”和“流转后的满意程度”，重要性与绩效表现量表均采用5点量表，重要性划分为“不看重”“不太看重”“一般”“比较看重”“非常看重”五个等级，满意度则划分为“满意”“比较满意”“一般”“不太满意”“不满意”五个等级。

数据来源于国家社会科学基金重大项目《三权分置、农地流转与农户承包权益保护研究》于2016～2017年在全国11个省市进行的微观调查。根据研究设计，将调研区域定位于西南地区、华东地区、东北地区、华中地区、华北地区、西北地区六个主要区域，从中选择代表性的样本县进行调查，调研方法为分层抽样和农户访谈，共回收 1030 份问卷，采用 SPSS 21 进行 IPA。

2. 农地经营权流转中农户满意度测度结果

1）差异性分析

首先通过 t 检验分析农地经营权流转前农户的重视程度与流转后农户的满意程度在各个权益维度是否存在显著差异。表 9-8 显示了 t 检验的结果。结果表明，衡量农户流转权益的 8 项指标存在显著差异，各项指标的满意度均值显著低于重要性均值。这说明，在农地经营权流转之前农户对衡量权益的各项指标较为重视，但流转之后，其满意度明显较差，农地经营权流转中还存在明显损害农户权益的行为，从而造成了农户满意度较低的主观认知。

表 9-8　农户对农地经营权流转重要性和满意度的差异比较

权属类别	指标	重要性均值	满意度均值	差值	估计系数
收益权	收益或租金合理	4.157	2.298	1.859	28.417*** （0.000）
	按时按量支付	4.150	2.119	2.031	31.759*** （0.000）
控制权	土地用途变化	3.330	2.274	1.056	16.101*** （0.000）
	土地合理利用	3.386	2.368	1.018	12.991*** （0.000）
发展权	随物价变动土地租金相应增加	3.654	2.599	1.055	16.675*** （0.000）
	随地价增加收益增加	3.653	2.608	1.045	16.036*** （0.000）
福利权	更多就业机会	3.193	2.502	0.691	10.183*** （0.000）
	良好养老保障	3.462	2.708	0.754	11.060*** （0.000）

资料来源：课题组 2016～2017 年调研数据

注：括号内为 p 值

***表示 1%水平上显著

2）IPA

我们根据农户对农地经营权流转重要性及满意度均值，构造出四象限矩阵。农户对农地经营权流转的重要性均值为 3.623，对农地经营权流转满意度的均值为 2.435，分别将衡量权益的各维度重要性和满意度作为横坐标和纵坐标，并将所有维度重要性和满意度的均值作为中轴线，构建 IPA 象限图，对影响农户农地经营权流转满意度的 8 个指标进行重要性和满意度测度。如图 9-5 所示，可以清楚地看出基于农户满意度视角下农地经营权流转的优势和弱势。

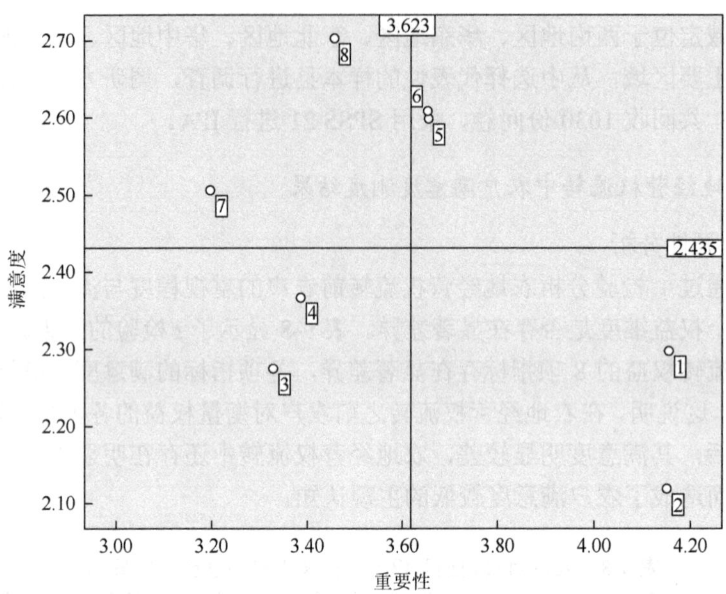

图 9-5　重要性-满意度象限图

农地经营权流转的优势区（第一象限）。图 9-5 表示了 8 个指标在坐标中的分布情况，可以看出“随物价变动土地租金相应增加”和“随地价增加收益增加”两个指标位于第一象限，这两个指标的重要性和满意度均较高，而这两个指标正好衡量农地经营权流转过程中农户的发展权，可以看出，相较于农地经营权流转中的其他权益，农户的发展权益在农地经营权流转过程中得到了较好的保障。

农地经营权流转的维持区（第二象限）。“良好养老保障”和“更多就业机会”两个指标位于第二象限，这是衡量农户的福利权，说明相较于其他权益，农户对福利的重视度较低，但却获得了较好的满意度。

农地经营权流转的机会区（第三象限）。“土地用途变化”和“土地合理利用”两个指标位于第三象限，这是衡量农户的控制权，说明农户对农地经营权流转过程中控制权的重视度和满意度均不高。

农地经营权流转的改进区（第四象限）。“收益或租金合理”和“按时按量支付”这两个指标位于第四象限，这是衡量农户的收益权，表明农户对农地经营权流转过程中收益权的重视度较高，但满意度却较低。

3. 流转土地农户权益保护的改进路径

从上述分析来看，改进路径应当着重从第三象限和第四象限着手，具体实践上，应当从以下方面进行改进。

第一，提高对流转农户收益权的保护，保证租金合理。

政府作为权利划分的制定者、决策者及执行者，在已全面建成小康社会推进乡村振兴战略的实践中，应赋予参加农地经营权流转的农民更多收益权，让他们能够切实享受到更多农地经营权流转带来的红利，提高农民收入，从而缩小城乡收入差距。各级政府要着力保障农户通过农地经营权流转获得财产性收入的权利，加强对经营业主的监督力度，保障经营业主按时足量支付给农户土地租金，对拖欠农户农地经营权流转金的行为予以坚决的制止和纠正，同时要加强对农户、经营业主双方签订合同过程的监督，特别是对土地价值评估、议价过程等环节的监管，以保证农户从农地经营权流转中获得收益的租金合理。

第二，充分保障农户对土地的控制权，防止土地用途随意变更。

开展农地经营权流转工作的区（县）要出台相应的政策法规，并在农地经营权流转协议中明确规定严禁随意更改土地用途，出台对擅自改变土地用途的违规行为的处理办法，加大对土地复垦保证金收取的力度，严格规范农地经营权流转程序，农户土地自主流转中执行程序包括双方洽谈磋商，认定土地用途、流转方式、流转时间、流转价格、流转收益支付方式等。双方签订书面流转合同分别报送土地发包方和所在乡镇、街道农村土地承包经营权流转服务中心存档。经营业主因经营生产需要，如确需改变土地用途的，必须经过农户的同意，并经过相关部门的批准，从而保障农户对土地的实际控制权，同时也在一定程度上保证了土地的质量。

第三，继续完善流转农户发展权，保障其合法权益。

土地发展权即对土地在利用上进行发展的权利，即土地所有权人或土地使用权人改变土地现有用途或者提高土地利用程度的权利。在农地经营权流转中，流转农户的土地发展权主要体现为农户得以分享土地额外增益的一项新型财产权。本章中，将“随物价变动土地租金相应增加”“随地价增加收益增加”作为衡量农户土地发展权的两项重要指标，通过对1030份问卷的统计，这两个指标位于IPA的第一象限区，即这两个指标的重要性和农户的满意度均较高，意味着在当前农地经营权流转的实践中农户的发展权得到了较好的保护。那么今后的农地经营权流转中要在现在的基础上继续夯实完善农户的发展权。一是鼓励农户将土地作为股份参与主业经营，定期参加分红，增加农户的合法收入。二是完善税收制度，对经营业主合理征税后，通过转移支付等手段投入到农业基础设施建设中，让流转农户获得切实利益。三是建立科学的土地发展价格评估制度，协同相关土地管理部门和专家学者，对土地价格进行科学、合理的评估，充分体现土地的价值，以保障农户的流转利益。

第四，加强流转农户福利权建设，让流转农户无后顾之忧。

本书将“更多就业机会”“良好养老保障”作为衡量农户福利权的两项重要指标，在IPA中，该两项指标位于第二象限，即相较于其他权益，农户对福利的重视度相对较低，但却获得了较好的满意度。在调研中表现出的农户对福利权的重视程度较低有多种原因，包括农户的文化程度、当地的经济发展状况等。我们不能因为农户对该权利的重视程度不够或者当前满意程度较高就忽略对流转农户福利权的保护。要继续加大对农户福利权的建设，引导流转农户进入业主企业工作，有序组织流转农户进城务工，通过政策扶持、技术指导、贷款支持等多种手段鼓励农户创新创业。切实打破城乡居民养老保险二元差异，提高农户养老保险保障水平，让流转农户无后顾之忧，更加乐于将农地经营权流转给经营户。

第 10 章　典型案例及启示

本章重点描述实地调研中采集的典型案例，以期对不同农地经营权流转方式下农户权益变化情况开展分析，揭示农地流转中农户承包权益保护的基本条件和潜在风险。从 21 世纪初自发、零星的农地经营权流转，到 2014 年中央一号文件明确农地“三权分置”、放活土地经营权，全国农地流转规模逐年加大，流转方式和模式多样化。本章选择案例的依据是：第一，在全国有一定影响、有代表性，流转中农民土地权益得到较好保护；第二，受到政府和（或）学界关注，其做法受到政府积极鼓励；第三，其成功经验以及潜在的风险具有典型性。研究素材来自课题组连续两年调查获取的超千份农户样本、百余份村级访谈问卷和业主问卷，并参阅了相关文献和权威媒体报道。

10.1　黑龙江省克山县仁发现代农业农机专业合作社

10.1.1　仁发合作社及农地经营权流转概况

克山县位于黑龙江省齐齐哈尔市，耕地资源丰富，是我国重要的大豆和马铃薯种植区。2008 年，黑龙江省为提高农业机械化水平，出台了相关财政支持政策，加快推进规模化的农机合作社建设。为响应这一政策，2009 年，村支部书记李凤玉与其他 6 位村民共同出资 850 万元，建设场地，利用政府农机购置补贴 1234 万元，成立了克山县仁发现代农业农机专业合作社。截至 2017 年，合作社共吸纳社员 1014 户，拥有固定资产 5789 万元（其中机械装备 132 台套），规模经营土地 5.6 万亩。先后被评为“全国农民专业合作社示范社”“全省现代农业农机专业合作社示范社”；理事长李凤玉被选为第十二届省委候补委员、党的十九大代表，并获得“全国十佳农民”“全国先进工作者”“黑龙江省劳动模范”等系列荣誉。“仁发模式”受到多方关注并在全国推广。

仁发现代农业农机专业合作社农地经营权流转经历了三个阶段。

第一阶段：“代耕服务 + 租地自营”模式。合作社成立的第二年即为周边农户提供代耕服务，同时以 240 元/亩的价格租赁 1100 亩土地种植大豆。但由于所租赁的土地不连片，不仅自有的大型农业机械不能发挥作用，还要花钱另租小型机械，这无疑增加了大豆种植的成本，致使当年亏损 87 万元，合作社仅靠秋天为他人提供整地服务获得 100 万元毛收入。一年经营下来，合作社纯收入仅 13 万元，如果将机械的折旧费纳入核算，实际亏损 187 万元[①]。合作社面临困境。

第二阶段："带地入社、保底分红"模式。针对前述困境，2011 年，合作社在政府指导下，以"土地要素向农机资本集聚"为目标，创立"带地入社，保底分红"模式。主要做法是：第一，设定土地入社保底价格为 350 元/亩，该价格明显高于 240 元/亩的流转价格；第二，年终盈余按入社资金分红，其中国家补贴资金产生的盈余则按社员人数平均分配；第三，提取可分配盈余的 50%作为合作社发展的公积金；第四，合作社实行民主管理，重大事项决策时一人一票；第五，入社自愿、退社自由。新模式迅速扩大了合作社经营的土地规模，一方面能够发挥大型农机优势，配合玉米、马铃薯、大豆种植中的大垄技术，增产幅度达到 10%～15%，显著提高了土地产出。另一方面，新模式下的利益机制激发了周边农户带地入社的积极性。2011 年带地入社农户达到 314 户（含前一年的 7 个创社农户），2012 年达到 1222 户，3 万亩入社土地亩均分红超过 700 元。"仁发模式"初获成功。该模式下的利益分配见表 10-1。

表 10-1　"带地入社、保底分红"模式下的利益分配

年份	入社户数/户	入社土地/万亩	收入/万元	支出/万元	盈余/万元	土地分配/(元/亩)	土地分配/万元	成员权益/万元	国投分红/(万元/户)	每元回报/元	土地分红/(元/亩)
2010	7	0.11	100	287	−187						
2011	314	1.5	2763	1721	1042	350	525	817.2	1.23	0.31	710
2012	1222	3.01	5594	2835	2759	350	1054	1704	0.56	0.43	730

第三阶段："取消保底、按股分红"模式。"带地入社、保底分红"弥补了合作社土地规模小的不足，实现大型机械与大规模经营的协调配合，也取得了显著的经营成果，但仍存在两个明显缺陷：一是 7 个初创农户承担了全部经营风险，但没有相应的补偿，二是管理人员的劳动未取得相应报酬。对此，2013 年合作社修改分配方案：一是将总盈余的 3%作为管理人员报酬，二是根据相关法律规定的合作社盈余分配办法，视入社土地为社员与合作社的交易量且土地分配盈余占比不低于 60%。新的分配机制全面体现了土地、资本和劳动的贡献，各方利益得到体现。具体利益分配如表 10-2 所示。

① 2017 年 7 月克山县仁发现代农业农机专业合作社党委书记卢玉文访谈记录。

表 10-2　“取消保底、按股分红”模式下的利益分配

年份	入社户数/户	入社土地/万亩	收入/万元	支出/万元	盈余/万元	土地分配占比	土地分配/万元	成员权益/万元	国投分红/(万元/户)	每元回报/元	土地分红/(元/亩)
2013	2436	5.02	10 596	5 267	5 329	74%	3 943	1 386	2 813	0.33	922
2014	2638	5.4	10 748	5 858	4 890	75%	3 668	1 222	1 486	0.22	854
2015	1014	5.4	9 055	4 859	4 196	78%	3 273	923	6 109	0.35	708
2016	1014	5.4	8 662	5 037	3 625	78%	2 828	798	5 481	0.28	602

资料来源：2017 年 7 月克山县仁发现代农业农机专业合作社党委书记卢玉文访谈记录，薛建良和朱守银（2018）

10.1.2　入社农户的土地权益

在模式较为成熟的后两个阶段，农民以土地承包权入股合作社，实现土地经营权向合作社的流转。其在本质上是围绕农机利用的土地入股合作模式，在盈余分配上兼具合作制和股份制特征，农民的成员权和土地承包权均得到体现。

在“带地入社、保底分红”的第二阶段（2011～2012 年），其盈余分配流程为：首先兑付入社土地保底金 350 元/亩（这一标准本身已高出当地农地经营权流转价格 110 元/亩），其余部分，其中 50%作为公积金计入成员账户，另外 50%分别依国投资金、入社土地折资、入社现金以及上年盈余 4 部分，按比例分配给所有权主体，其中的国投资金即政府农机购置补贴所得份额按入社成员人数平均分配。在此分配制度下，农民得到包括土地保底金、保底分红、国投资金分红、公积金分红 4 部分，不承担任何风险。

在“取消保底、按股分红”的第三阶段（2013 年以来），在盈余分配方面有几个变化：首先取消土地保底金，拿出总盈余的 3%作为管理人员（“片长”）的工资，并于 2015 年停止提取公积金且已提公积金不再参与分红；其次以入社土地分配 74%～78%、以成员权益分配 22%～26%。与上一阶段相比，农民得到入社土地分红、国投资金分红，并承担经营风险。农户所得利益与上一阶段比明显增加，2015 年以后则因玉米价格大幅下降而减少，这也是农民承担市场风险的一种体现。

10.2　四川省崇州市农业共营制

10.2.1　农业共营制的由来和农地经营权流转概况

崇州市位于川西平原，属成都市辖区范围，是国家和省级多个农业农村改革项目的试验点。2016 年崇州常住人口约 67 万，其中农业人口约 46 万，农村劳动力约 37 万人，劳动力外出比例超过 70%。全市耕地面积 48.5 万亩（确权颁证面积 52.12 万亩），人均耕地少、细碎化明显。为解决无人种田的难题，从 1998 年开始，崇州市鼓励种粮大户、引入龙头企业流转土地，但收效甚微。尤其是 2009 年一家龙头企业流转的 3000 多亩农地发生了毁约退租，原来的流出农户不愿接收退回的承包地，要求当地政府承担责任。政府被迫尝试新的探索，将退租土地划为 300～500 亩不等的连片地块，动员种田能手承包经营，试验获得成功，并在机制上不断完善。

崇州试验的核心内容是：仍然坚持农户家庭承包联产责任制的制度基础，借助土地股份合作社实现农业的规模化和农民的组织化，依靠农业职业经理人推进农业的专业化，通过新型农业综合服务机构推进农业的社会化，最终形成了多元主体共同经营的、被罗必良教授称为“农业共营制”的模式（罗必良，2015），如图 10-1 所示。

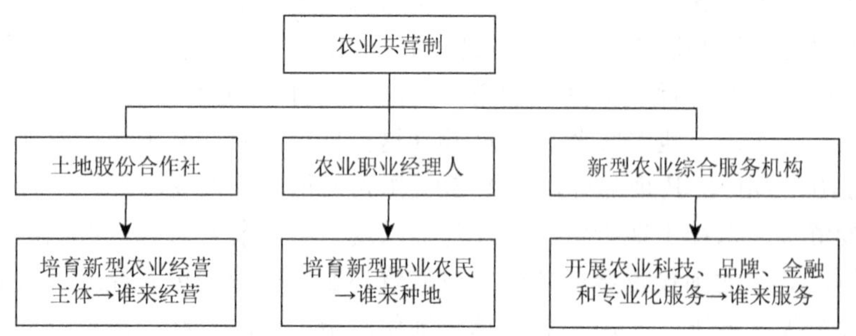

图 10-1　崇州农业共营制架构

在农业共营制架构中，土地股份合作社、农业职业经理人、新型农业综合服务机构三方主体在农地“三权分置”原则下，采取“土地经营权入股合作社，引进农业职业经理人，培育新型农业综合服务机构”的三方主体共营模式，最终形成了“集体所有、家庭承包、多元经营”的新型农业经营体系。

10.2.2　共营制下的农户承包权益

解决了“谁来种地”的问题，是农业共营制得以成功的突出亮点，而经理人的进入激励，源于获取“企业家能力”回报。职业经理人要获得“合作剩余”，必然要求规模经营以实现规模经济，由此催生了当地土地股份合作社的创立。作为合作社社员，农户以其承包的土地入股并承担生产成本出资责任，与此同时享有理事会及监事会选举、分配方案制定等重大事项决策权利，由此成为合作社的实际决策人和控制者；理事会代表全体社员公开招聘职业经理人并与其签订委托合同，就产出指标、成本控制、奖惩规则等进行约定；职业经理人制定具体生产计划和预算方案等，经由村民代表会议讨论通过后方可执行。生产性支出由农业职业经理人提出申请，理事长和监事长共同审签入账，农资和农机具的放置、申领、使用等，实行专人负责，及时公示，接受社员和监事会监督（罗必良，2015）。

合作社收益分配主要有 3 种模式，最普遍的是“保底分红”模式，即经营收益中 500 元/亩的土地保底费用，剩余二次分红：合作社提取的公积金、风险金、工作经费占 20%，社员入股土地分红占 30%，职业经理人佣金占 50%[①]。这一分配框架类似于黑龙江仁发现代农业农机专业合作社的“带地入社、保底分红”模式。另外两种方式分别是“除本分红”和“基本佣金＋超奖短赔”，这两种方式不普遍。

2016 年的实地调查显示，职业经理人的报酬大约在 150～300 元/亩不等，一般而言，中级职业经理人的收入年薪在 5 万元以上，高级职业经理人在 10～20 万元。入社农户对比入社前每亩地增收 400 多元，加上务工性收入，每年户均增收 6000 元以上。股份合作社的农业经营的回报率在 5%～10%。

10.3　贵州省湄潭县两路口村股份经济合作社

10.3.1　两路口村农地经营权流转背景和概况

复兴镇两路口村位于贵州省遵义市湄潭县北部，2016 年，8 个村民小组共 915 户、3563 人，曾经是贵州省级贫困村。一个不容忽视的背景是，2003 年该村有两位主要村社干部因腐败问题落马，唐书浪当选为新一任党支部书记。新书记和新领导班子作风扎实、发展思路清晰，受到政府肯定，经过努力争取到贵州省国土资源厅 3150 万元的土地专项整治经费，整治后新增耕地 200 余亩，村集体资源得到扩充。2009 年被司法部、民政部联合授予“全国民主法治示范村”。2011 年开始探索“农地经营权流转、规模经营、村企合作”发展模式，加大基础设施投入、推进农地经营权流转、壮大村集体经济、实施产业扶贫，实现了农民增收、企业增效、村集体经济增长。2016 年经村民大会表决通过，收回全村农转非土地由农村集体经济组织统一管理，加上部分农户流转给集体的承包地，筛选出发展前景优良的茶叶公司等企业签订农地经营权流转合同，保证按时收租、取得分红，并优先解决相关村民的就业问题。至 2016 年，全村流转土地 2500 余亩，农村集体经济组织资金累计达 500 余万元，村民人均可支配收入达 10 000 元，成功实现了整村脱贫，成为市级小康示范村。

① 2016 年 7 月崇州市农村发展局座谈数据。这一分配方式与罗必良教授 2014 年的调查相比已有所变化。

两路口村的农地经营权流转基于集体股份经济制度的 4 个专业合作社——蔬菜专业合作社、果树专业合作社、稻鱼专业合作社、中药材专业合作社。农户承包地直接流转给农村集体经济组织，农村集体经济组织按照分区发展规划，由这几个合作社规模化利用土地，培育特色产业，带动农民增收。成功争取“全球重要农业文化遗产——浙江青田稻鱼共生系统”项目落地，吸引外出打工人员回村参与养殖，探索发展稻鱼共生产业，逐步实现规模化和专业化经营；成立蔬菜专业合作社，与重庆双福农产品批发市场有限公司签订辣椒合同，以保底市场价降低经营风险和缓解农户担忧顾虑情绪，带动做大做强辣椒等优势产业；整合人力资源，探索村支两委成员与专业协会交叉任职方式，建立青田鱼养殖协会、辣椒专业合作社、茶叶协会和中药材合作社等中介服务组织，深化“支部 + 协会 + 农户”管理运营模式。生产过程由合作社按照标准化流程全程控制以保证产品质量和标准，所获产品与超市、专业市场对接，销路和价格均有保障。农户以其流转土地入股合作社，合作社企业化运作，财务向村民公开，每年年底召开股东大会，提取公积金、公益金以后，利润按股分红。

10.3.2 两路口村农地经营权流转特征及流转中的利益分配

两路口村的农地经营权流转有如下几个特点：第一，坚持土地村内流转，而不是引进外部企业。如村党支部书记唐书浪所言，大部分社会资本进入农村流转土地旨在套取相关补贴，真心经营农业又能够稳定盈利的企业少之又少。一旦经营不善、补贴无望，企业就容易跑路，届时农户肯定受损。而农地经营权流转给农村集体经济组织则可以堵住上述漏洞。因此这个村 90%以上的土地都是流转给农村集体经济组织。第二，充分尊重农民意愿，循序渐进。开始启动农地经营权流转时，部分农民心存疑虑，担心流出土地不能保证收入，农村集体经济组织对该部分农户采取保底租金制度（固定租金，每亩每年 600 元），其余农户相信农村集体经济组织，则对其不设保底租金，直接按股分红。实践中由于后者农户收入高于前者，目前农户均已接受全部按股分红的方式。第三，以村集体经济保证农民收益。两路口村的农地经营权流转，所依托的载体是以农户入股土地为主要资产所构建的集体所有的 4 个专业合作社，合作社的理事长由入股村民选举的村社干部担任，监事会成员一般都是农民来担任，体现民主管理。4 个专业合作社统一经营，所有利润在村集体层面统筹分配。按照村支书唐书浪的说法，建立合作社是出于特色产业发展的需要，目的是取得农地经营权流转的合法资质，因为村委会不具备这类职能。而之所以实行统筹分配，是为了平抑不同产业（即 4 个专业合作社）之间的生产周期以及收益方面的差距，以保证不同农户之间的公平。收益分配顺序是：首先提取 20%风险基金（用于应对未来可能产生的各种风险），其次提取公积金和公益金，最后按股分配给农户。村级集体通过荒坡地整治出租、专业合作社收益留存等途径获取集体收益累计达 500 余万元。第四，村社干部发挥重要作用。两路口村两委成员尤其是村支部书记唐书浪在村民中威望高，在村集体经济发展、农地经营权流转中起到了关键的推进和稳定作用。

10.4　重庆市梁平区农地承包经营权退出

10.4.1　承包经营权退出概况

2014 年底，作为全国第二批农村改革试验区，梁平县（现为梁平区）承担了农村承包地有偿退出试验项目。2015 年，梁平县制定了《农村土地承包经营权退出试点实施办法（试行）》，先后在礼让镇川西村、屏锦镇万年村、合兴镇护城村（原花园村一组）试点，开展农户承包地退出试验。

（1）礼让镇川西村探索的“整户退出，集体用地”模式，要求退地农民（或其子女）在城镇有住房、有稳定收入、有社保，以确保养老无忧。实验选在川西村九组，该组 70 余个农户中有 21 户向农村集体经济组织提出退地申请，经村组审核 15 户符合条件，土地共 82 亩，参照同期国家征地补偿标准一次性现金补偿 1.4 万元/亩，退地补偿资金由集体先行垫资。通过“小并大、零拼整”或“确权确股不确地”的方式，将农户退出的承包地集中连片加以整治后，统一对外出租或重新发包。

（2）屏锦镇万年村试验的“整片退出”模式。以经营业主对土地的连片需求为导向，20.2 亩地块涉及 59 个农户，只是家庭承包地的一小部分，不设门槛，业主按市场价格支付 2 万元/亩，其中 1.6 万元/亩付给退地农户，其余的 0.4 万元/亩作为集体收益，由村小组平均分配给全组成员。改革试验区之外的蟠龙镇义和村也遵此模式，退出农户承包地 15 亩流转给另一业主，价格为 3.45 万元/亩，其中 3 万元/亩支付给退地农户，0.45 万元/亩由农村集体经济组织平均分配给所有成员。严格说来，这种模式算不上典型的承包经营权退出，因为相关农户依然依托所保有的大部分承包土地从事农业经营，没有割断与土地的经济关系。

（3）合兴镇护城村的“整社退出，统一用地”模式。为了解决修建公路占用部分的农户土地所引发的矛盾，整个村组的 36 个农户中有 34 户同意将所承包的 179 亩土地“还给”集体、集体再统一将这 179 亩农地经营权流转给 3 个业主经营，所得租金按照原承包人口平均分配，2016 年每人分得 900 多元。这种模式解决了土地撂荒、界限不清、增人不增地的矛盾等问题。严格意义说，这种模式也并不是承包经营权退出，农民没有脱离与土地的经济关系，具有土地托管或者土地入股式的土地经营权流转特征。但是在实际操作中，集体把农户的承包权证统一收回，所以当地政府把它看作一种承包经营权退出的模式。因此，本质上仍然是土地经营权流转。一个值得注意的问题是，这种运作模式是在村组中一位德高望重的乡贤引导下实现的。

10.4.2 承包经营权退出的农户权益

上述试验的几种模式中，只有第一种“整户退出，集体用地”模式属于典型的承包经营权有偿退出。与单纯的土地经营权流转相比，承包经营权有偿退出是一种更为彻底的“流转”：农户不仅出让了经营权，而且出让了承包权，与土地完全分离，逻辑上讲不再拥有与土地相关的一切权利，彻底脱离了与土地的经济联系。退地农民放弃这种权利所得的一次性补偿，可以看作原有承包土地未来年份经济收益的永续贴现。

试验中的两个做法对保护退地农民的合法权益起到重要作用[①]。第一是在尊重农户意愿的基础上设置严格的承包经营权退出前置条件。凡是申请退出的农户，必须具备三个条件：一是户主本人在本集体经济组织外有固定住所，或户主子女有城镇住房且家庭关系和睦；二是除农业经营外，家庭劳动力有稳定的职业或收入来源；三是家庭主要劳动力参加城镇职工养老保险，老年家庭成员参加重庆城乡居民社会养老保险、合作医疗保险等。就本地实际情况来看，符合上述条件的农户通常长期定居城镇，拥有稳定的非农职业和收入，其工作和生活脱离了农村，对农村土地的“生存依赖”已经消失。通过设置严格的退出条件，既有效规避了农户退出全部承包地以后的风险，又基于自愿原则保证了农户权益。第二是兼顾各方利益，综合确定退出补偿标准。试验区兼顾国家、集体和个人三方利益，基于“合法、合理、可操作”原则，对承包地退出的补偿标准确定了三个准则：一是基本补偿标准由集体与自愿退地的农户协商，并经集体成员民主讨论确定；二是考虑不同土地类型和地理位置、结合二轮承包期剩余年限和当地平均农地经营权流转价格，适当兼顾承包关系“长久不变”因素；三是原则上不超过同期同区域国家征地补偿标准。根据这些准则最终确定，试点期间承包地退出补偿指导价为 1.4 万元/亩。与此同时，区政府制定了《农村土地承包经营权退出周转金管理办法（试行）》，为土地退出试点安排 160 万元周转资金。该办法规定，如若集体经济组织暂时无力付清协议款项，相关农户的退地补偿由周转金管理单位（试点所在镇）先行垫付，通过银行转账的方式将补偿款一次性支付给退地农户。集体用退出土地的出租、发包收益，偿还政府垫付的周转金。这一做法保证了补偿资金能够及时支付。

① 2017 年 7 月重庆市梁平区农业农林委座谈记录。

一个不容忽视的问题是，退出土地承包经营权的农民，并没有被剥夺集体成员权。随着农村集体产权制度的改革和不断完善，未来农村集体收益的分配中仍然不可忽视这部分农民的权益。

10.5　四川省眉山市农地经营权流转机制创新

10.5.1　四步流转机制

2016 年，眉山市彭山区辖 12 个镇、3 个乡，约 34.5 万人。全区耕地面积约 24 万亩，承包耕地农户约 6.7 万户、22.3 万人。该区于 2014 年获农业部、中央农村工作领导小组办公室等 13 家中央机构批复，建立第二批国家级农村改革试验区，承担农村改革相关试验任务。为避免农地经营权流转中普遍存在的“农民怕业主跑路，业主怕农民难缠，政府怕无限兜底”“三怕”现象，彭山区探索出“三级土地预推—平台公开交易—资质审查前置—风险应急处理”四步流转机制，保障了农村农地经营权流转更加规范。具体做法如下[①]。

1. 三级流转平台，整合土地资源

为避免流转土地的碎片化、减少业主与农民户户见面的烦琐，2014 年底，彭山区财政出资 5000 万元成立了正兴公司，并在全区设置 13 个乡镇子公司、80 个村社服务站，构建“区—乡镇—村”三级农地经营权流转平台承担中介服务职能，开展农地经营权流转的信息收集、地块收储整合、包装推介等业务，确保待转土地适度规模和品质优化。

2. 平台公开交易，保障双方权益

为防止农地经营权流转过程不畅、暗箱操作等可能造成主体利益受损情况的发生，2015 年成立彭山区农村产权交易中心，规定凡 10 亩以上农地经营权流转项目，必须通过交易中心统一挂牌流转。目前该中心已实现与省级平台——成都农村产权交易所互联互通，免费为流转土地的农民及受委托的正兴公司提供信息发布、交易鉴证等服务。提高了流转效率，保障了双方权益。

3. 资质审查前置，防范盲目投资

针对业主流转土地可能存在的经营风险，正兴公司设置了前置资质审查环节。对申请转入土地的投资业主，就其资金实力、农业经营能力、项目前景等进行综合评估。评估合格通过者，方可进入流转环节，以防范盲目投资，规避业主经营风险。

① 课题组 2016 年 7 月彭山区农业局座谈记录；张艳玲（2016），梁双和邹汝林（2018）。

4. 重视应急处理，化解流转风险

在农地经营权流转全过程推行风险“评估—预防—处置”防控机制。根据风险评级，正兴公司会分类向业主收取风险保障金每亩 200～300 元，用于建立区级农地经营权流转风险处置专项基金。按照制度设计，一旦出现流转“事故”——业主因“无力种地”而退租且农民又不愿意接手耕种的情况，正兴公司利用该专项基金及时“接盘”，通过“垫付租金—托管自营—再行招商”的模式，进行风险兜底，彻底规避经营风险。

10.5.2 四步流转中的双方权益

四步流转机制实现了“农民流转有收益、业主投资得效益、政府服务做公益”多方共赢，被总结为“四步流转，三方获益”新机制。在这一机制中，由于区政府全资建立的正兴公司的积极作用，不仅提高了农地经营权流转效率，流转各方的权益也得到较好保护。

1. 农民权益

彭山区农地经营权流转中的农民权益，在两个关键环节得到保障。第一，流转前的意愿表达和风险规避。首先，村民若有流转意向，需通过书面委托农村集体经济组织来表达，村社收集的农地经营权流转信息逐级上报村委会和政府部门审查，以保证流转用地符合产业规划等条件；其次，委托正兴公司在区农村产权交易中心挂牌，成交后由正兴公司分别与村社和业主签订流转合同，并向业主收取“一费三金”（即农地经营权流转服务费 20～50 元/亩，风险金 200～300 元/亩，复耕保证金 100 元/亩，租金）。在这一环节，农民转出土地完全出于自愿，挂牌成交实现了价格公正，同时，通过正兴公司的前置审查、签订合同，可以阻止业主投机，并保证合约的严谨和权威性。第二，流转后的风险补偿。农地经营权流转实际发生后，若业主经营遭遇不测，发生违约事件（如退租等），正兴公司可以利用农地经营权流转风险处置专项基金，及时垫付土地租金，农民土地收益不受影响。

2. 业主权益

彭山区农地经营权流转中，业主不与分散的农户直接打交道，而是利用区农村产权交易中心的挂牌信息，通过公开竞标与相应乡镇的农地经营权流转公司（正兴公司的乡镇级子公司）签订协议，信息透明，过程规范高效。为了帮助业主发展，正兴公司为业主的土地经营权证抵押提供融资担保（如果发生坏账，正兴公司承担 70%的坏账担保）；设立收益保险（保额 = 平均成本 + 适当利润。如种植葡萄保额 5000 元/亩、红心柚 4000 元/亩），保费为保额的 8%，其中一半由政府补贴。这样就能够在一定程度上保护好业主的利益。此外，公司还组建疑难问题调处队，为业主在投资过程中出现的民事纠纷、社会矛盾、生活难题等提供援助，适时发布天气信息、市场行情、营销策略、政策法规等辅助信息，等等。如此一来，流转服务机构不仅成了农民利益的“监护人”，还成了投资业主的“后援团”。

10.6　案例启示

农地产权结构细分和农地经营权流转中的农户承包权益保护问题，或者进一步讲，我国农地制度变革中的农户承包权益保护问题，在实践中一定建立在如下逻辑基础之上：一是制度的创新和实施必须有利于提高农村经济整体效率，从而以土地作为关键资源的各项要素的收益不减；二是在取得的整体收益（制度红利）中，农民不能够被排除在分享主体之外；三是制度演进的方向基本稳定，相关者对制度有稳定的预期。基于此，与由土地产权结构细分推动的农地经营权流转和土地规模化相适应的现代农业经营制度应当不断完善，制度变革中的典型风险应当避免。

10.6.1　股份制与职业经理人结合是现代农业经营制度创新方向

上述典型案例中，无论是土地资源丰富的黑龙江克山，还是土地相对紧缺的四川崇州与彭山、贵州湄潭和重庆梁平，都出现了农村劳动力大量外流，反映出无论土地资源丰歉，单一的农业经营相对效益下降。在国家农地“三权分置”制度正式出台之前，各地已经自发出现各种形式的农地经营权流转，不仅体现出城镇化进程中农村人口的分工分流、农业产业的内部分工进一步细化，同时也揭示，农村包括土地在内的自然资源，其产权在集体所有制的大框架下正在逐步明晰。

四川崇州市的农业共营制被罗必良教授推崇为最具推广价值的农地经营权流转模式，其基于土地股份合作社的职业经理人制度最具亮点。黑龙江克山县的农机专业合作社，是基于农机利用的土地入股合作模式，在盈余分配上兼具合作制和股份制特征，其在农业生产管理中的“片长”也已表现出职业经理人职能。两地的不同之处在于，四川崇州的职业经理人具有相对独立性，而黑龙江克山的“片长”直接受雇于合作社。前者是外部合约，后者是内部合约。贵州湄潭两路口村的农地经营权流转，更是突出了农地集体所有权，农民的承包权直接转化成了股权，与此同时以村社干部为主的合作社负责人承担了职业经理人角色。重庆梁平的承包经营权退出改革试验中，其退出土地的流转收益在留地集体成员中的分配，同样具有以股分配特点。可以预见，随着农地“三权分置”制度的持续完善、农村集体产权制度改革的不断推进，适应产权明晰内在要求的股份制、提供分工效率保证的职业经理人制度，在现代农业发展中成为主流方向。

10.6.2 政府推动力量至关重要

四川崇州的农业共营制源于市场倒逼的改革，黑龙江克山的农机合作社源于省政府对农业机械化的推动，贵州湄潭两路口村的集体股份合作社基于不断壮大的集体经济积累（其原始基础是省国土资源厅的土地专项整治经费），重庆梁平的承包经营权退出则是承担国家的改革试验，四川彭山区的土地有序流转更是有赖于政府全资公司的推动和全方位服务。五个案例中，政府都发挥着至关重要的作用。其中，政府投资的作用尤其明显。各地政府以直接投资、农机购置补贴、融资担保或贴息等方式，在基础设施建设、土地整治、平台建立和运行、大型农机购置、职业经理人培训和融资支持、承包经营权退出补偿金垫支等方面给予资金保障，在农地制度创新改革、农业经营制度改革中起到了保驾护航的作用。这是我国几十年来农业农村改革和发展的成功经验，也是未来乡村振兴和农业现代化进程中应当不断总结和完善应用的领域。

10.6.3 不容忽视的问题

第一，政府补贴的效率和可持续性问题。如前文所言，农业产业的发展需要持续补贴，这一点毋庸置疑。几个典型案例也都涉及大量的政府补贴：黑龙江克山仁发现代农业农机专业合作社，李凤玉等 7 人最初利用省级政府农机购置补贴 1000 多万元起家，后来还获得了高标准农田建设资金 2193 万元、东北黑土地保护资金 1280 万元、农业综合开发项目中的马铃薯全程机械化作业机具支持 4100 万元、水利部门配套机井投资 500 万元、扶贫项目带动资金 1300 万元、三产融合发展资金 500 万元、农业互联网＋基地建设资金 100 万等，前后共计获取政府各种资金支持和补贴超过 1.10 亿元（薛建良和朱守银，2018），按其经营土地面积 5.4 万亩计算，亩均财政投入 2000 元以上。四川崇州规模化种植中的中央、省、区三级政府各类补贴达到 18 亿元，以全区耕地面积 50 万亩计，亩均补贴达 3600 元；重庆梁平农地承包权整户退出的补偿为 1.4 万元/亩，逻辑上是由集体支付，但由于集体经济虚无，仍由政府垫支，待土地所有权人——农村集体经济组织将土地出租、发包出去以后，以其所取得的收入归还政府。但以 2016 年的土地承包费水平，全部收回政府垫支金额至少需要 10 年时间。黑龙江克山仁发现代农业农机专业合作社先后被评为国家级和省级示范合作社，理事长成为众多荣誉加身的全国知名人物，四川崇州的农业共营制被树为农业经营制度改革的成功典型，在我国目前体制下自然受到政府的重视和支持，容易吸引政府各类资金，因此两个案例中政府投资和补贴金额较多，其可持续性问题不容忽视。农业农村领域中大量政府资金集中投入到示范项目、示范单位、示范基地的现象在全国各地比较普遍，这种投入方式容易形成对财政资金的虹吸效应，造成非示范性一般农业生产获取政府资金支持的困难。从农业农村整体发展的角度看，政府投入和补贴的效率问题应当引起重视。

第二，农村社会精英的作用不可忽视。几个案例都显示，在农地产权结构细分改革中的各个关键节点上，农村社会精英发挥了不可替代的作用。黑龙江克山仁发现代农业农机专业合作社的理事长、重庆梁平承包经营权退出中的乡贤、四川崇州共营制中的职业经理人、贵州湄潭富有改革牺牲精神的党支部书记，都是推进改革、平衡各方利益的关键人物。农村作为熟人社会，在改革推进初期、各种配套制度并不完善的阶段，大部分农民在预期利益不明的状况下，行为取向直接受到农村精英人物的影响和左右，农村社会精英的作用不可忽视。他们不仅是推进农村各项改革的关键力量，也是农户承包权益保护的重要衔接人。

第三，经营权流转降低农产品成本的疑问。农用土地“三权分置”制度设计的初衷，是为了破解我国由人多地少、土地细碎、农业经营规模小而造成的农业生产效率低下、农产品生产成本过高问题。地权结构细分在一定程度上解除了农地经营权流转的障碍，促进农地集中、扩大经营规模，也在一定程度上提升了农业生产效率，但是否实质性地降低了农产品生产成本，还有待验证。直觉上，对比农地经营权流转之前的农户小规模经营，经营权流转以后规模化经营比例增加，规模化生产技术的应用确实有利于降低农产品成本，但经营主体增加了两方面的直接支出：一是农地经营权流转费用，二是雇工费用。从本章的案例以及其他地区实地调查结果看，这两项支出已经构成农产品生产成本的主要内容。因此，从财务核算角度看，如果希望通过农地经营权流转、规模经营实现降低大宗农产品（如粮食）生产成本的目的，唯有满足一个条件才可以实现，那就是：土地集中所带来的规模效应能够引起的成本降低幅度大于农地经营权流转费用与雇工费用之和。从实地调查数据看，这一条件很难满足。因此，农地经营权流转的结果更多的是增加了流出农户的非农收入，而非降低农产品成本。

第四，承包权退出后农户的集体成员权问题。重庆梁平试点中，退出土地承包权的农民并没有被剥夺集体成员权。随着农村集体产权制度的改革和不断完善，农村集体土地以外的其他资产若取得经营收入，退地农户理应以其集体成员权享有这部分收益的分配。然而，目前的试验中没有对此做出明确规定，这可能会留下隐患。在我国大部分地区，农村集体经济组织除土地以外没有其他资产，农民的集体成员权也仅仅与土地相关——土地承包权、宅基地使用权等，农户退出土地承包权以后，意味着其集体成员权已无实质性经济意义。在此环境下，退地农户对集体成员权不存留恋。但是，我国农村集体产权制度正处在改革完善进程中，今后对农村集体建设用地、非耕农地、其他集体资产的产权界定逐步清晰，且不排除市场化交易的可能，集体经济会逐步壮大，各类集体资产取得收益。届时这部分农户的集体成员权便具有实质性的经济意义。试点地区应当抓紧研究可能面临的问题，以绝后患。

第三篇 问题诊断

〖内容摘要〗为厘清农户土地承包基本权益、权益构成、权益受损等问题，深入挖掘农户承包权益保护中存在的基本问题，本篇主要从文献分析、定性分析、实证分析、案例分析四个维度研究农户承包权益和权益保护问题。

从文献角度对农户承包权益进行探讨，明确了农户承包权益基本内涵，将农户承包权益细分为农户土地收益权、农户土地控制权、农户土地发展权、农户土地福利权四类权利集束。从定性分析、实证分析和案例分析角度围绕农户土地四大权益对农户承包权益保护问题进行分析。定性分析研究发现：流转的主观态度、农地流转价格、流转合同的规范程度均影响了农户土地收益权；农户土地控制权意识、土地用途约定条款是否清晰、土地再流转的自由度等影响了农户土地控制权；农户从农村经济发展中的获益程度、土地经营权的融资功能发挥状态、发展权在农户之间的公平程度影响了农户土地发展权的实现；农户与业主短期利益冲突与否、政府在农地经营权流转市场上干预程度等影响了农户土地福利权。实证分析研究发现：农地经营权流转实现了农户土地收益权，而农地经营权流转的自主性是实现农户土地收益权的根本保障；农地经营权流转的间接收益权在更大程度上是农户土地发展权；农地经营权流转交易成本及流转的自主程度影响了农户土地控制权；实现土地可持续流转，是保护农户土地发展权和福利权的重要保障。案例分析研究发现：农村妇女土地权益纠纷数量呈不断上升趋势，在农村妇女土地权益维权过程中，政府、村组织及农村妇女分别面临治理缺位、失位、失语的困境；提高农户自身权益保护意识才能从根源上遏制滥用土地的现象，有效保护农户土地控制权；政府在农地经营权流转过程中的角色至关重要，政府要做好服务引导和市场监管，起到协调好经营业主和农户沟通的桥梁作用，进一步保障农户土地发展权的实现。并发现，缺少统一规范土地承包经营权流转的土地交易市场及农地经营权流转服务体系，以农地承包权为依据的养老保险制度不完善，致使农户土地福利权无法得到有效保障。

随着城镇化、工业化进程推进，农地经营权流转规模和流转速度都发生了变化。2016 年底，全国家庭承包耕地的流转面积达到 4.79 亿亩，35.14%的家庭承包经营土地进入流转市场，而这一比例在 2003 年只有 4.75%。农地经营权流转促进了农业经营规模的提高，2016 年底，户均经营面积 100 余亩，有 376.20 万户农民的经营规模超过 50 亩。然而，土地经营权流转过程中却出现了多种农户承包权益保护问题。2014 年 9 月，习近平总书记在中央全面深化改革领导小组第五次会议的重要讲话中指出："我们要在坚持农村土地集体所有的前提下，促使承包权和经营权分离，形成所有权、承包权、经营权三权分置、经营权流转的格局。""要尊重农民意愿，坚持依法自愿有偿流转土地经营权，不能搞强迫命令，不能搞行政瞎指挥。"[①]在第十二届全国人民代表大会常务委员会第二次会议上李克强总理作政府工作报告特别强调："农村改革要从实际出发，试点先行，切实尊重农民意愿，坚决维护农民合法权益。"[②]

① 《中央全面深化改革领导小组第五次会议：严把改革方案质量关督察关》，https://www.gov.cn/govweb/xinwen/2014-09/29/content_2758791.htm[2014-09-29]。

② 《李克强在第十二届全国人民代表大会第二次会议上作政府工作报告》，https://news.12371.cn/2014/03/05/ARTI1393988642134163_all.shtml[2014-03-05]。

第 11 章　农户承包权益概述

农户承包权益保护问题一直是学界关注的热点。关于这类问题的研究主要围绕农户承包权益概念、农户承包权益受损表现、农户承包权益受损原因及保护路径几方面展开。

11.1　农户承包权益概念

从中华人民共和国成立至 1978 年，我国农地所有权不断调整变化。1950 年《土地改革法》颁布实施，确定农民的土地所有权属，中国农村土地制度由此发生了质的变化；1956 年通过《高级农业生产合作社示范章程》，完成了由土地的农民所有制向集体所有制的转变，1962 年中央通过了《农村人民公社工作条例（修正草案）》，人民公社制度得到稳定并全面执行，土地共有共用得到确认。

十一届三中全会确定的家庭联产承包责任制彻底明确了农村土地产权“共有”属性，按照“共有私用”的思路，将农地的所有权和使用权分离，自此，学界对这一新型农村土地制度展开了充分讨论。讨论的焦点集中在：第一，农村土地集体所有权问题。有学者认为农村集体经济组织只拥有土地的经济所有权，而实质的所有权归国家，土地所有权具备国家主权性质，农村集体土地产权模糊，必须界定农地权属关系，稳定产权结构，规范土地产权体系，还有学者提出了土地产权私有化的观点。第二，农村土地承包权问题。与土地所有权相比，学界对承包权的权属争议较小，学者主要研究了土地承包期限、土地承包的主要形式，考察农地承包经营的运行情况，提出解决土地家庭承包主要问题的对策，等等。第三，土地承包权处置研究。研究主要集中在土地的转包领域。

2002 年 8 月通过了《中华人民共和国农村土地承包法》，进一步强化了土地承包经营权的长期稳定性，开启了一个以土地利用为中心的“用益物权”制度阶段，《中华人民共和国物权法》于 2007 年颁布实施，真正确立了家庭承包经营权的物权化，自此相关研究呈井喷之势，主要集中在以下领域。①在土地所有权领域：这一阶段的研究主要集中在集体土地所有权的性质与内容、农村集体土地所有权主体和行使主体的重构、农村集体土地所有权的缺陷及完善农村集体土地所有权的制度改革。②在土地承包权领域：有学者认为土地承包经营权人的权利存在模糊和残缺，应从法律角度进行完善。农地产权安排的内在权利冲突严重影响了农地承包制对农业投资水平和技术的选择，并引起了很多农地承包纠纷。③在农地经营权流转领域：研究的重点主要是农地经营权流转的供给与需求、农地经营权流转影响因素、农地经营权流转的模式。④在农地确权领域：2008 年，十七届三中全会发布《中共中央关于推进农村改革发展若干重大问题的决定》，要求“搞好农村土地确权、登记、颁证工作”，关于土地确权的研究成果日渐丰硕，围绕土地确权的作用、集体土地确权、农地承包确权以及相关典型案例展开研究。

2014 年中央出台了《关于引导农村土地经营权有序流转发展农业适度规模经营的意见》，首次明确提出了农地“三权分置”思想。其实早在 20 世纪 90 年代就开始探讨农地产权结构细分问题，包括农地产权结构细分思想、农地产权结构细分主要形式。之后很长时间关于农地产权结构细分的研究进展缓慢，学界更多从农地经营权流转角度探讨农地产权的分离，直到 2009 年以后学者才又对农地产权结构细分有了赞成或异议等不同意见的讨论。该意见出台后，新的农地权利结构得到了政策层面的认可，但在法律层面仍未获得支持，必须要对地权结构细分的权利内容进行界定并进行风险防范，完善农村集体土地产权结构细分下的法律制度。

在地权结构细分框架下，对于所有权、承包权和经营权的权利性质的认识主要有三种：第一种，认为地权结构细分设立的是“所有权—用益物权—次级用益物权”权利架构，承包权对农地占有、使用及收益权能优先于集体所有权，经营权对农地占有、使用及收益权能优先于承包权（蔡立东和姜楠，2017）。第二种，承包权是“用益物权”，而经营权是债权。前两种看法对地权结构细分架构理解的差异，主要源于对承包权和经营权性质理解的差异。第三种，不笼统地讲中国农村土地权利结构是“两权分离”或者“三权分置”。考虑农村集体经济组织统一经营农村土地和预留机动地的情况，农地未流转时，中国农村土地权利结构实际上是以“所有权＋用益物权”为主，以土地所有权和“所有权＋债权”为补充的复合型权利结构（肖鹏，2018）。

“三权”之间的矛盾关系派生出“征地”“经营性建设用地所有权归属”“集体土地收益分配”“集体经济组织成员资格”“承包权继承”“经营权流转抵押”等一系列错综复杂的问题。再加上农地经营权流转市场的信息不对称以及当地政府盲目追求种植大户数量和农地经营权流转率等政绩，缺乏长期风险意识，造成的第三方经营者不断主张自己的土地权利，经营权侵蚀承包权，经营权绑架所有权，造成“三权”之间的失衡。

上述分析可知，无论是“两权分离”还是“三权分置”，土地所有权、承包权、经营权及其他权利归根到底涉及的核心都是农民的土地权益，农民土地权益的界定是研究农户承包权益保护的基础和前提，但是学术界关于农民土地权益的内涵仍未达成共识，对农民土地权益内涵具有不同的理解，主要形成了以下几种观点：①基于“权利”视角，农民土地权益是指农民享有的土地权益或与土地有直接关系的土地使用权、收益权、处置权等土地权益（章伟国和刘红，2007）。在法律上表现为集体土地所有权、土地承包经营权和宅基地使用权（张安毅，2009）。②基于“权利＋利益”视角，农户承包权益是指农户基于土地所享有的“权益”，而非农民享有的“土地权益”，包括土地权利和土地收益两方面（林翊等，2009；吴志刚，2012）。③基于“权利＋利益＋发展权”视角，土地对农民的社会保障、土地发展权也是农户承包权益的体现（李长健等，2009；吴志刚，2012）。④多层次的“权益包”，农民土地权益是指以土地为基础的农户可获得的包括土地经济权益、政治权益、社会权益和文化权益等在内所有的权益（冯宇和李政，2010）。⑤结合特定研究对象的农户土地权益，专门研究如农民工、农民妇女等特定对象的土地权益（陈会广等，2012；李长健和张巧云，2013）。

2019 年 8 月修正的《中华人民共和国土地管理法》规定：“农村和城市郊区的土地，除由法律规定属于国家所有的以外，属于农民集体所有；宅基地和自留地、自留山，属于农民集体所有。”《中华人民共和国民法典》规定：“土地承包经营权人可以自主决定依法采取出租、入股或者其他方式向他人流转土地经营权。”“土地经营权人有权在合同约定的期限内占有农村土地，自主开展农业生产经营并取得收益。”可以看出，我国农民在法律上拥有农村土地的所有权及相关财产权。

结合上述分析，我们认为，在地权结构细分框架下，农户的土地承包权益是在其特殊身份关系或实现特定条件前提下，以承包经营权为基础派生出来的与土地直接关联或因土地而产生的若干权利集束，主要包括如下四类。

第一，农户土地收益权。农户土地收益权是农民在土地上获得经济利益的权利，主要指农民因土地而获得的财产性权利，建立在农民的承包、经营权基础上，主要包括农民经营土地的直接收益、因农地经营权流转而获得的财产性权益、因土地增值而获得的权益、因土地参与入股等而获得的红利权益等。土地收益权是农民的最根本性权益和最核心利益。

第二，农户土地控制权。农户土地控制权指农民作为土地的承包权人，在农地经营权流转过程中所享有的维护土地用途、土地完整、土地质量等一系列权利。农户土地控制权既是国家法律框架下赋予农民的天然权利，又是农地经营权流转过程中当事人之间因约定而使农民单方享有的权利。

第三，农户土地发展权。农户土地发展权是因承包经营土地、流转土地或利用土地进行融资、入股而实现的权益增进，或农民因农地经营权流转而获得的其他发展机会，是农民所享有的私权利。

第四，农户土地福利权。农户土地福利权是因农地经营权流转而使农民获得的再就业、再培训、保障及再保障等系列权利，是基层集体组织、基层政府或其他社会组织等农民外部群体赋予农民的社会福利。

11.2 农户承包权益保护

理论上，学界从产权视角设计农户承包权益保护机制。李明和周庆祝（2012）提出淡化土地所有权，明晰集体与农民的权利边界，完善土地承包经营权的权能，规范农地经营权流转市场机制，建立强制性的多层次农村社会保障制度；罗必良（2014）提出土地产权的合法性、行为性与合理性三者的融合将有利于降低土地用途选择上的交易费用，实现产权主体在土地配置上的潜在净收益，有效保护农户承包权益。衡爱民（2016）认为基于土地发展权来保护农民的权益是大势所趋。张安毅（2015）主张把集体财产所有权中更多的权能直接赋予农民，同时要将农民在集体财产中的收益分配权与户籍脱离。陈红岩和尹奎杰（2012）提出基于权利思维研究农户承包权益保护需注意：第一，在社会变迁大背景下把握中国农村法律体系的发展；第二，在平等基础上重构权利主体的角色和地位。史卫民（2012）认为农户承包权益保护的前提在于健全法律法规。农户承包权益保护需要宪法、经济法、行政法，尤其是经济法的共同保护。上述产权制度安排需要落实到制度层面，在农地产权制度、财政制度、村民自治制度以及社会权益保障制度设计上，应围绕农户承包权益保护进行设计与安排（李钢，2009）。农地经营权流转长期化应在政策层面予以定力，激活农地流入方的吸纳活力。在征地过程中，学界认为补偿原则应改“不完全补偿”为“相当补偿”、“完全补偿”（诸培新，2005）、“对等补偿”、注重公平和效率，补偿方式从一次性补偿变为可持续补偿（张时飞等，2004）；补偿的内容应该包括直接受损和间接受损（梁亚荣，2004），最重要的是提高补偿标准（李炯和邱源惠，2002；周诚，2003；张汝立，2004）。

在农地经营权流转过程中，应重点保护农户的土地财产权（王民忠，2002；胡玉贤，2003），明晰土地产权关系（吴丽梅，2004；王延强，2008），提高农民组织化程度，建设农村社区组织（刘水林，2010；李长健和伍文辉，2006），甚至建立农民工会组织（张富良，2006）。要重视农民利益需求的真实反馈，完善农民利益表达的制度化、法治化途径（刘思阳和张丹，2014）。无论何种流转模式，必须保障农民的发展权；在具体操作层面，在流转方式、出让价格、流转运作机制和政府监管等方面加强研究和实践，确保农村集体建设用地流转的规范有序。在权益保障方面，通过“看得见的手”完善农户土地权益保障相关立法，利用“看不见的手”确立土地的价格进行补偿。通过构建农户土地权益结构，建立农户承包权益“三层次”保护机制，保障农户权益。综合而言，适当控制政府力量、发挥农民力量、积极调动社区力量、驱动农民组织，发挥多维合力的作用是保护农户承包权益的长效机制。实证研究中，学者从现代产权理论、公共物品理论与博弈均衡理论等角度分析了集体建设用地流转与农户承包权益保护（刘双良等，2009），以及通过农村集体建设用地流转博弈模型和农村集体经济组织与农民个体间的博弈模型，分析不同条件下博弈的均衡解和在这种均衡点的农户承包权益保护情况。

第 12 章　农户承包权益保护定性分析

12.1　农户承包权益保护典型问题表现

课题组于 2016～2017 年赴重庆、江苏、贵州、安徽、河南、山东、四川、陕西、山西、湖南等 11 省（市）34 县（区）进行了调研（表 6-1）。调研内容主要围绕农户承包权益变化情况展开。样本地区的选择主要考虑了地区经济发展水平差异、农村政策实施改革试验区以及农业资源禀赋差异等情况，然后根据农地经营权流转市场的发育程度，在每个区域确定调查区县，再根据产业发展、交通、从业人数等因素，从行政村名单中抽取 1～4 个村，最后，根据村民名单随机抽取 10～20 户农户开展访谈和问卷调查，并且根据农户居住情况、务农情况和参与农地经营权流转情况，对抽样进行必要调整。为保证样本数据获取的质量和数量，所有调研人员在前期均接受了包括问卷内容、调研方法、技巧等方面的专业培训。调研采取入户面对面访谈的形式，主要了解农地经营权流转过程中转出户的土地权益变化，共回收有效问卷 1030 份。

基于实地调研数据，通过农户对土地收益权、控制权、发展权和福利权的满意程度，来反映农户承包权益的受损程度以及权益保护现状，不满意程度越高表明农民土地承包权益的受损情况越严重，农户的承包权益越需要得到保护。

12.1.1　农户土地收益权保护问题

1. *农户土地收益权实现情况*

农户土地收益权是指农户凭借土地确权证，以租金、红利、经营利润等形式从农地经营中获得全部或部分收益的权利。表 12-1 为农户土地收益权的情况，主要包括农户对土地收益或租金合理、按时按量支付两方面的满意度情况。据表 12-1 的数据分析，农户对土地收益或租金合理的满意程度，占比最高的为“非常满意”，为 28.83%；其次为“比较满意”，为 21.55%；但“不太满意”和“不满意”的占比之和仍占到 23.69%，可见仍有不少农户对于土地收益或租金仍不满意，有的地区土地租金仍较低，表明农户土地收益权没有得到较好的实现；关于按时按量支付方面，“非常满意”和“比较满意”占比之和为 53.01%，与此对应，“不太满意”和“不满意”占比仅为 19.32%，可见多数农户对按时按量支付租金比较满意，但是对此不满意的农户也较多。部分农户对土地收益权实现不满的主要原因是一些业主经营不善、盈利低，有的甚至选择了“跑路”。农业规模经营风险大，加上经营主体对风险估计不足，使其在经营困难时拖欠租金和降低合同中约定的租金时有发生，对农户土地收益权造成侵害，特别是没有要求经营业主缴纳保障金的情况，农户遭受的损失更是无法弥补。

表 12-1　农户土地收益权的情况（$n = 1030$）

题项	测量标准	频数	频率
收益或租金合理	非常满意	297	28.83%
	比较满意	222	21.55%
	一般	161	15.63%
	不太满意	130	12.62%
	不满意	114	11.07%
	拒绝回答	106	10.29%
按时按量支付	非常满意	350	33.98%
	比较满意	196	19.03%
	一般	149	14.47%
	不太满意	99	9.61%
	不满意	100	9.71%
	拒绝回答	136	13.20%

注：频率总计不为 100%是四舍五入修约所致

2. 农户土地收益权保护存在的问题

地权结构细分框架下，承包经营权主体可以在自己的权利范围内让渡一部分权利给经营业主，设立经营权。在制度和法律层面设立经营权是为了发展规模化农业、绿色农业、科技农业（蔡立东和姜楠，2015），促进承包权主体和经营权主体的利益在长期实现协同增长。但在土地租金水平、租金交付期限、土地使用方式、违约责任认定等方面，两大权利主体在短期存在利益冲突，农户作为弱势群体，其收益权特别需要得到保护。

问题一：农地经营权流转合同不规范，给后续维权带来困难。

农户土地收益权受损主要表现为业主不能按期支付租金，或者业主经营不善单方面要求更改租金或租金支付条款，或者提前终止农地经营权流转合约，对于这一类经营业主的违约行为，农户很难追究经营业主的责任，其原因可能是：①农户与经营业主之间没有签订正式的农地经营权流转合同；②农户与经营业主之间虽然签订了正式的农地经营权流转合同，但合同对当事人双方的权利义务关系的约定还存在漏洞，且有很多合同缺少违约条款；③虽然可以根据农地经营权流转合同认定经营业主的违约责任，但由于经营业主没有可处置的资产，难以强制其执行赔偿。

问题二：农地高价流转对农户长期收益权实现产生威胁。

农户的土地收益权需要在长期和短期间进行权衡，短期来看，由于土地的稀缺，加上农户对短期收入的追求，会尽量要求更高的土地价格，以获得更高的租金收益；要求经营业主缴纳保证金能保障农户的权利。但长期来看，经营业主的生存发展能为农户提供长久的资本性收益，提高租金以及要求缴纳过高保证金都会加大经营业主的资金压力，不利于新型经营主体的培育，因此也难以通过农业产业的升级最终提高当地农户收入及福利水平。

农地经营权流转的价格以及向经营业主收取保证金的额度将影响农户长期收益和短期收益之间的平衡，太高或太低的农地经营权流转价格和保证金都将有损农户的承包权益。

问题三：强制流转造成农户土地收益权受损。

除了不能按时按量收取租金对农户造成的损失外，收益和租金的不合理也会使农户土地收益权受损，前者的不太满意和不满意总共占 19.32%，后者则占比 23.69%。有一些流转是被动的，给农民的权益造成了损失。农户出现权利受损的情况，无法得到外部救助，只能自己主张权利保护，处于弱势地位的农户，难以有效保护自己的正当权益。

12.1.2　农户土地控制权保护问题

1. 农户土地控制权实现情况

农户土地控制权是指土地转出，农户理应有控制土地用途的权利、保护土地不被破坏或不被掠夺使用的义务。表 12-2 为农户土地控制权的情况，主要包括农户对土地用途变化和土地合理利用两方面的满意度情况。由表 12-2 可知，农户对土地用途变化的满意程度，占比最高的为“非常满意”，为 25.15%；其次为“一般”，为 22.33%；“不太满意”和“不满意”占比之和为 16.51%。农户对土地用途变化满意程度接近 50%，不太满意程度比较低。表明农户的这部分土地控制权相对来说受损不太严重，但仍存在一些业主不与农户协商改变土地用途情况的发生。另外，农户对土地合理利用的满意程度，占比最高的为“非常满意”，为 23.88%；其次为“一般”，为 22.23%；“不太满意”和“不满意”占比之和为 15.54%，农户对土地合理利用也是较满意的。这说明在调研地区农户的土地控制权实现情况较好，但仍有少量业主过度开垦或非农用地等不合理使用土地的现象。

表 12-2　农户土地控制权的情况（$n = 1030$）

题项	测量标准	频数	频率
土地用途变化	非常满意	259	25.15%
	比较满意	207	20.10%
	一般	230	22.33%
	不太满意	83	8.06%
	不满意	87	8.45%
	拒绝回答	164	15.92%
土地合理利用	非常满意	246	23.88%
	比较满意	193	18.74%
	一般	229	22.23%
	不太满意	80	7.77%
	不满意	80	7.77%
	拒绝回答	202	19.61%

注：频率总计不为 100%是四舍五入修约所致

2. 农户土地控制权保护存在的问题

问题一：农户土地控制权意识淡薄，农地用途约定条款较模糊。

调研发现，农户对控制权保护不满的情况很少，但觉得满意的农户占比也并不高。其原因主要是农户和经营业主对农地控制权的认识模糊，特别是农户较少预见自身控制权受损的情况及其带来的损失，因此双方很难在签订合同时对控制权进行清晰的划分。

农户对土地控制权多关注于：①经营业主是否改变农地性质；②经营业主改变农地性质后能否复原，以及对复原标准的认定；③经营业主对农地边界有没有破坏。调研中发现有业主转入农地后私自将土地用于非农建设的情况，如修建停车场，或在基本农田上种植非粮作物，或将基本农田改建为鱼塘等，还存在过度耕种等不合理使用土地的现象。这些情况下农户和经营业主谁应该承担违反法律规定的责任，经营业主退出经营后应该将土地恢复到什么状况都容易出现纠纷。比如有一些地方经营业主种植的经济作物的根深入土壤后破坏耕作层，使土地在经济作物经营退出后十年之内都无法再种植粮食，转出土地的农户就对将来土地收回后的使用价值表现出担忧。更普遍的问题是经营业主对农地边界的破坏，农地经营权流转之前农户之间以田埂为界线，经营业主转入土地后必然会打破边界进行规模经营，部分农户对日后收回土地的具体边界表现出担忧。

调研还发现，农地经营权流转表现出土地用途从经营大田作物向经营设施农业和种植经济作物转变的趋势。考虑到不同种植项目或不同种植方式的投入产出差异，就不难理解这一转变趋势。为了能承担上涨明显的农地经营权流转费用，经营业主选择附加值更高的经营项目是理性的。因此，农地经营权流转后，不可避免地会出现“非农化”“非粮化”的现象。放活土地经营权将经营权人从集体内部扩大到集体外，如果对农地经营的模式不加法治管控，将会有经营权人为追求高收益滥用经营权，甚至对土地进行“涸泽而渔”般的过度利用，会加重农地的“非农化”“非粮化”问题，这将是对农业产业可持续发展及粮食安全的重大威胁（朱道林，2017）。对农业的可持续发展形成威胁，就会影响到农户长远利益，因此需要对农户的土地控制权进行保护。

问题二：经营权人独立行使经营决策自主权与农户行使土地控制权之间存在冲突。

按照作物品种选择权、土地再流转权等权利的权能大小，可以将合约分为充分、受限、禁止和无约定 4 种状态。对经营权人作物品种选择权的限制，主要是限制耗地作物种植或要求必须种植粮食。比如薛建良（2018）在甘肃、黑龙江、河南、天津等地对新型农业经营主体的调研发现：山药作为耗地作物在这些地区被普遍地限制种植，而在集中种植山药的怀山药主产区河南温县，农地平均租金为每亩 500～600 元，而种植怀山药的土地租金达到每亩 2000 元左右，其原因是一块农地用于种植怀山药后要再次投入使用需要大约 8～10 年倒茬。另一种作物品种选择权限制是农户要求流转土地必须用于种植粮食，其主要原因是转出方为了获得国家发放的种粮补贴。一般来说，如果在限制地块上种植其他作物，土地转入方必须经土地转出方同意，或重新议定价格。如果农户过分让渡作物品种选择权，就可能暴露在因经营主体损害土地的种植行为而受损的风险中。

经营权人行使土地再流转权一般需要征得承包权人同意，而课题组在调研中发现农地经营权流转双方当事人很少以书面合同的形式约定经营权人是否持有土地再流转权，如果经营权人将土地再流转，再流转合同到期时恢复土地原貌责任的认定容易出现纠纷。

当然，在法律规定范围内，流转土地经营权的权利权能状态不是绝对的，普遍存在着以农地经营权流转价格为核心的调节，即受限的权利权能在支付更高的农地经营权流转价格后，会变得更加充分。

问题三：部分农户因土地经营权入股合作社丧失收回土地的权利。

一些地方成立的土地股份合作社为了吸引资本要素的加入，加大了按资分红的比例，又为了保护出资方的利益，需要保证土地股份合作社的经营稳定性，采用了“入股者一般不得退股”的规定。这种做法致使承包权主体丧失了对土地收回的权利，如果土地股份合作社经营不善，按合作社规定，在合作社存续期间农民又无法行使土地回收权，造成农户的正当权益无法得到合理保护。

12.1.3　农户土地发展权保护问题

1. 农户土地发展权实现情况

土地利用受技术进步、物价变化等因素的影响，其收益也会变化。而契约的长短会影响到农户基于土地增值收益的分享，从而影响其基于土地的发展权。表 12-3 为农户土地发展权的情况，主要包括农户对随物价变动土地租金相应增加和随地价增加收益增加两方面的满意度情况。由表 12-3 可知，一方面，农户对随物价变动土地租金相应增加的满意程度，占比最高的为“一般”，为 27.18%；而“非常满意”和“比较满意”占比之和仅为 36.12%，说明农户对土地租金随物价变动而增加的满意度比较低。“不太满意”和“不满意”占比之和超过 20%，远未达到 50%，说明农户的这部分土地发展权受损比较严重。另一方面，农户对随地价增加收益增加的满意程度，占比最高为“一般”，为 27.96%；“非常满意”和“比较满意”占比之和为 34.86%，仍未达到 50%；相对应地，“不太满意”和“不满意”占比之和为 19.62%，表明随地价增加收益增加导致农户的满意度仍很低，整体上农户对土地发展权益实现的满意程度一般。

表 12-3　农户土地发展权的情况（$n=1030$）

题项	测量标准	频数	频率
随物价变动土地租金相应增加	非常满意	182	17.67%
	比较满意	190	18.45%
	一般	280	27.18%
	不太满意	127	12.33%
	不满意	81	7.86%
	拒绝回答	170	16.50%
随地价增加收益增加	非常满意	172	16.70%
	比较满意	187	18.16%
	一般	288	27.96%
	不太满意	125	12.14%
	不满意	77	7.48%
	拒绝回答	181	17.57%

注：频率总计不为 100%是四舍五入修约所致

2. 农户土地发展权保护存在的问题

农户土地发展权是指农户转出土地享受的由经济技术进步、业主收益增加导致地租上涨而实现的收益增加的权利。业主的发展权是业主利用流转土地进行农业经营的发展权，是利用农地等资源获得规模扩大、利润增加、知名度提高等发展的权利。农户的土地发展权是通过对经营业主的利润进行再分配实现的，因此农户的土地发展权和经营业主的发展权在短期是冲突的，在长期是统一的，二者紧密联系。

问题一：农户因农村经济发展获得收益增长权的路径不畅通。

从调研数据可以看出，农户对土地发展权的满意度不高，对地租上涨和因地租上涨带来的收益增加都没有明显的感受。究其原因主要有：①经营业主自身风险较大、收益不稳定，业主“存活率”不高会影响地租水平，地方政府推动的农地经营权流转容易出现乡（镇）干部为引进经营业主而夸大商机的情况，被这种宣传激励的经营业主“存活率”较低；②抛荒土地较多的农村地区转出方在农地经营权流转中谈判优势不大；③农地经营权流转市场不成熟、信息不对称、基础设施落后等都是造成农地经营权流转率不高，农户难以通过提高地租来提高收益的原因。

问题二：农户土地经营权的抵押融资功能难以有效实现。

我国法律已赋予了农户土地经营权的抵押融资功能，但农户在办理以农地经营权抵押融资的业务中却面临不少困难。农户要实现经营权的抵押权能，首先要取得经营权证，而在“三权分置”的背景下，农户持有的承包经营权已经通过确权颁证的形式获得了保证，但经营业主持有的土地经营权还未在全国范围内要求确权颁证。农户要用未流转土地的经营权进行抵押融资，又缺少土地经营权证，妨碍了借贷双方契约的达成，如果每一笔抵押贷款业务的办理都需要农民为此到相关部门申请办理土地经营权证，会增加经营权抵押贷款的成本。是由政府统一规划办理土地承包经营权证还是由农户根据需要自愿申请办理是待解决的问题（黄源和谢冬梅，2017）。

土地经营权抵押融资功能难以实现将减少农户的可融资资产，限制了他们从事生产经营时的投资能力，对其发展权的实现是不利的。

问题三：农户土地发展权在农户之间存在不公平。

我国的第一轮农村土地承包基本在20世纪90年代就已完成，此后一直实行“大稳定、小调整”的政策，十七届三中全会提出“现有土地承包关系要保持稳定并长久不变”，在全国推行“增人不增地、减人不减地”的制度。2019年8月修正的《中华人民共和国土地管理法》规定，“家庭承包的耕地的承包期为三十年”“耕地承包期届满后再延长三十年”。在这样的政策下，有一类农户由于没有承包地的新增成员较多，人均耕地面积很小，生活困难；还有一类农户大部分成员已转为城镇户口，剩余的少量农村人口拥有较多承包土地，甚至整户已完全转出，但集体在行使收回承包地权利时过于谨慎，造成部分城镇人口仍然拥有农村承包土地。作为获得财产性收入基础的土地在农村人口中的分配不均将导致农户土地发展权的不平衡，有扩大其收入差距的可能。

地权结构细分后没有土地的农户不是个例，土地承包权在农户之间分配不均也是比较普遍的现象，随着农地经营权流转率的增加，农地经营权流转价格的上涨，地租带来的收益越发可观，无地农民以及地少人多的农民家庭将更明显地感受到财产性收入低于周边的有地农民。土地承包权在农户间的分配不公平将使持有较少农地承包权的农户觉得发展权受到了损失。

12.1.4　农户土地福利权保护问题

1. 农户土地福利权实现情况

农户土地福利权是指承包农户基于土地享有相应福利，诸如社会保障、就业机会等。农地经营权流转、规模经营之后，业主会使用机械替代劳力，就会出现少部分人将多数农户挤出农业，而影响到农户的土地福利权。表 12-4 为农户土地福利权的情况，主要包括农户对就业机会和养老保障两方面的满意度情况。由表可知，农户对获得更多就业机会的满意程度，占比最高的为“一般”，为 28.83%，而“非常满意”和“比较满意”占比之和仅为 34.76%，未超过 50%，说明农户对获得更多就业机会的满意度比较低。“不太满意”和“不满意”占比之和为 18.35%，说明农户的这部分土地福利权存在受损情况。与此相同，农户对良好养老保障的满意程度，占比最高的仍为“一般”，为 30.87%。“非常满意”和“比较满意”占比之和仅为 30.68%，说明流转后农户并没有普遍地获得更好养老保障。相对应地，“不太满意”和“不满意”占比之和为 21.26%，仍然有很大一部分农户对获得良好养老保障感到不满意，农户土地福利权的实现还需要加强保护。

表 12-4　农户土地福利权的情况（$n=1030$）

题项	测量标准	频数	频率
更多就业机会	非常满意	195	18.93%
	比较满意	163	15.83%
	一般	297	28.83%
	不太满意	115	11.17%
	不满意	74	7.18%
	拒绝回答	186	18.06%

续表

题项	测量标准	频数	频率
良好养老保障	非常满意	185	17.96%
	比较满意	131	12.72%
	一般	318	30.87%
	不太满意	140	13.59%
	不满意	79	7.67%
	拒绝回答	177	17.18%

注：频率总计不为100%是四舍五入修约所致

2. 农户土地福利权保护存在的问题

问题一：农业补贴的发放在承包权人和经营权人之间存在利益冲突。

国家对农业进行补贴的目的是鼓励生产，政策的初衷是为经营权人设计一项权利。但事实却是全国大多数地区都将粮食直补、农资综合补贴发放给了承包户，依据的是农户持有的具有身份权性质的承包权，出现了“拿钱的不种粮，种粮的不拿钱”的现象。粮食补贴没有发挥刺激农业生产的作用。若将补贴发放给经营业主，又会使一直将补贴作为自己的一项收入的承包农户遭受损失，引起农户不满。因此补贴的发放应在承包权人和经营权人之间找到平衡（张克俊，2016）。

问题二：被动流转土地的农户土地福利权受损较明显。

土地是农业劳动力从事农业生产必需的生产资料，土地的产出为农户提供了生活保障。被动流转土地主要发生于由农村集体经济组织引导产业升级或规模经营的地区，为了实现连片经营，难免会使一些农户被动流转土地，这部分被动流转土地的脱离了土地的劳动力则必须和其他生产资料相结合才能维持之前的收入水平，否则流转后的地租收入很可能低于之前的农业经营收入，从而使生活水平降低。在城市对普通劳动力的需求逐渐萎缩的环境下，被动流转土地后脱离土地的农业劳动力的就业机会并不多，特别是经营业主转入土地后大量采用机械化操作的情况，本地对农业劳动力的需求很低，被动流转土地的农民缺少就业机会，容易因无法参与劳动而感受到福利权受损。

被动流转土地的农户对农地经营权流转合约不满意的比例较高，其原因主要是流转后土地带来的收入减少了，这又往往与这类农户就业困难相关，由于与土地分离的劳动力难以和其他生产资料结合赚取收入，农地经营权流转后的地租收入又往往低于自己种植获得的经济收入，因此这部分农户从土地获得的保障水平较流转前更低，造成对自己的养老保障不满意。

12.1.5　经营业主权益保护存在的问题

农地经营权流转后，农户和业主之间既存在利益冲突，也存在利益联结，农户承包权益的保护不应该以牺牲业主利益为前提，要长久地维护农户承包权益恰恰需要通过业主正当权益的实现，使业主和农户之间形成长久有益的利益联结。因此，要讨论农户承包权益的保护离不开对经营业主利益的关注，农地经营权流转后经营业主权益保护存在的问题同样需要我们注意。

问题一：经营业主从事农业经营起步艰难。

农地经营权流转后，农户土地收益权、控制权、发展权和福利权的实现最终都要依赖于转入土地的经营业主良好经营所带来的经营收入以及对当地经济社会发展的正外部效应。而经营业主要进入农业的生产经营领域将面临不少困难：一是较高的土地租金。课题组调研发现，大部分以实物作为租金的农地经营权流转合同，一亩地一年需要支付的粮食量大约等于农户自己经营农地的粮食产量，甚至高于这一产量，可见投资农业的经营业主要想维持其经营必须通过投资收益高于大田作物的经济作物或者规模经营以获得更高收益，而这两种投资都将面临比小农经营大田作物更高的风险。二是高昂的交易成本。我国的土地细碎，课题组调研发现，农户平均持有农地 6.66 亩，而每户的土地平均由 3.02 块地块组成，平均每块土地的面积为 2.71 亩，业主经营规模一般都不低，需要和几十户农民进行谈判的业主不是少数，和这么多农户磋商并签订农地经营权流转合同，这一交易成本是巨大的，特别是当其中有农户对农地有较深的情感或将其作为生存保障时，高昂的交易成本是很多经营业主难以承担的。三是对经营业主行为的各种限制。经营业主投资农业不但受到法律上不能投资非农产业以及不能在基本农田上投资非粮产业的限制，还会受到农户对其经营品种以及对土地使用的限制。调研发现，在有些地方，农户会将经营业主的种植品种限定为大田作物，经营业主进行规模经营后破坏了原有的不同农户持有农地的界限而使农户不满甚至要求中止合约的纠纷特别普遍。

问题二：经营业主扩大经营规模面临投资融资困难。

以法律的形式承认农地经营权可以抵押贷款在很大程度上解决了经营业主在经营中期扩大投资的资金来源问题。但实践中这一权能却很难实现，有学者认为农地经营权流转分为物权型流转和债权型流转，我国农地经营权流转的主要形式中，入股属于物权型流转，而转包和出租属于债权型流转。承包农户一般不会同意租赁方用土地经营权去银行抵押贷款（除非在租赁期限内一次性付清租金），当土地经营权面临处置时一般也不会同意按照银行与租赁方的贷款协议处置和转让土地经营权，这就造成了农地经营权流转方式的局限与经营权需要抵押功能的严重冲突（张克俊，2016）。

经营业主利用经营权进行融资即便能获得承包权人的同意，仍然面临不少困难。

首先，三权抵押（林权、宅基地权、农地经营权抵押）中，农地经营权抵押贷款最难实现，主要原因在于银行对抵押品进行处置时，农地的集体所有性质不能突破，只能在本集体内部进行处置，抵押品变现困难就为银行带来了很大的风险，因此农地经营权抵押很难获得银行的贷款。2016 年课题组调研时发现，重庆农商行在开展三权抵押贷款试点期间，在重庆大足区某乡镇总共发放了 4 笔贷款，贷款前先由当地成立的评估公司对建筑物、农地经营权等资产价值进行评估，业主凭评估公司出具的评估证明向重庆农商行申请贷款，重庆农商行发放的 4 笔贷款总共 100 多万，但期限都很短，并且这种业务形式最终并未得到推广。重庆农商行三权抵押贷款试点的操作方法是引入担保公司，三权抵押还需有除土地以外的其他固定抵押物，而贷款金额实际是按固定抵押物估值的一定比例发放的，引入担保公司对农地经营权价值进行担保的作用在于将贷款比例提高，并不是真正意义上的经营权抵押贷款。

其次，各地对经营权抵押贷款程序的规定差异很大。有些地方相对宽松，只需要提供相关证明即可（如重庆永川区），而有些地方手续很复杂，如重庆江津区则严格按照《重庆市农村土地承包经营权抵押登记实施细则（试行）》来办理经营权抵押贷款，要提交农村土地承包经营权证、流转合同、承包方同意的书面证明、发包方同意抵押的书面资料等总共 8 项材料才能办理经营权抵押登记。各地对经营权抵押贷款的具体手续差异中比较突出的一项是是否需要承包户表示对经营权抵押贷款的同意，比如通过提供土地承包经营证或签署统一的抵押贷款证明等方式，但承包户同意抵押土地的行为将使承包权人和经营权人承担什么责任和风险，对抵押物的估值应该包括哪些权利物标的，如果发生违约，承包权人和经营权人的责任是什么，这些问题农户都不清楚，各地的解释也不尽相同，给以后的纠纷埋下隐患。

最后，考虑到经营权人行使其所持有的抵押权的可行性问题，有人提出是否应该也给经营权进行颁证，这显然是将经营权定性为物权，那么经营权和承包权这两种物权的关系是怎样的，两种权利凭证的权利物有什么区别，它们之间是否存在冲突等一系列问题，在确权颁证政策的实施中都没有得到明确的指示。

综上，农户土地收益权、控制权、发展权和福利权四种权益的保护均需要重视。具体而言，农户对其权益实现的满意度并不高，有近四分之一的农户对其权益实现并不满意。经营业主不能按合同约定支付租金，不能按合同约定和法律规定使用土地，地租的增长不符合农户的预期，就业机会和社会保障的不足是造成农户四种权利受损或存在受损隐患的主要原因。

对农民权益的保护问题的讨论不能忽视对经营业主权益的保护问题，经营业主权益的损失从长远来看不利于农户承包权益的实现。要保护农户的四种权益应该深入研究出现以上问题的深层原因，并综合考虑业主权益的保护。

12.2　农户承包权益保护典型问题产生的原因

12.2.1　制度性原因

首先，现行法律和现实操作中对经营权人的限制较多，不利于放活土地经营权。

2016 年 10 月中共中央办公厅、国务院办公厅印发的《关于完善农村土地所有权承包权经营权分置办法的意见》（简称《完善意见》）关于放活土地经营权的内容包括以下六个方面。第一，赋予经营主体更有保障的土地经营权，是完善农村基本经营制度的关键。土地经营权人对流转土地依法享有在一定期限内占有、耕作并取得相应收益的权利。在依法保护集体所有权和农户承包权的前提下，平等保护经营主体依流转合同取得的土地经营权，保障其有稳定的经营预期。第二，在完善“三权分置”办法过程中，要依法维护经营主体从事农业生产所需的各项权利，使土地资源得到更有效合理的利用。第三，经营主体有权使用流转土地自主从事农业生产经营并获得相应收益，经承包农户同意，可依法依规改良土壤、提升地力，建设农业生产、附属、配套设施，并依照流转合同约定获得合理补偿；有权在流转合同到期后按照同等条件优先续租承包土地。第四，经营主体再流转土地经营权或依法依规设定抵押，须经承包农户或其委托代理人书面同意，并向农民集体书面备案。流转土地被征收的，地上附着物及青苗补偿费应按照流转合同约定确定其归属。第五，承包农户流转出土地经营权的，不应妨碍经营主体行使合法权利。加强对土地经营权的保护，引导土地经营权流向种田能手和新型经营主体。支持新型经营主体提升地力、改善农业生产条件、依法依规开展土地经营权抵押融资。第六，鼓励采用土地股份合作、土地托管、代耕代种等多种经营方式，探索更多放活土地经营权的有效途径。《中华人民共和国农村土地承包法》尽管设置了“土地承包经营权的流转”一节，但所规定的主要是流转的方式、主体、发包方和承包方的责、权、利等，没有涉及农地经营权流转后转入方即经营权人的权利。2005 年 1 月，农业农村部发布的《农村土地承包经营权流转管理办法》规定了土地转入方的责、权、利，但这一规定更多的是限制和责任，如“受让方应当具有农业经营能力”“受让方应当依照有关法律、法规的规定保护土地，禁止改变流转土地的农业用途”等，规定经营权人单方面权利的条款只有“受让方在流转期间因投入而提高土地生产能力的，土地流转合同到期或者未到期由承包方依法收回承包土地时，受让方有权获得相应的补偿”。2021 年 3 月 1 日开始施行的《农村土地经营权流转管理办法》规定，“土地经营权流转应当坚持农村土地农民集体所有、农户家庭承包经营的基本制度，保持农村土地承包关系稳定并长久不变，遵循依法、自愿、有偿原则，任何组织和个人不得强迫或者阻碍承包方流转土地经营权”。

由于农地涉及农户的基本权利，我国的法律对经营权人可能享有的收益权、投资权、再转让权、抵押融资权等权能大小进行了规定，对收益权权能规定较为充分，而其他几项权能都受到一定限制，且不同法律之间还存在不一致的现象。

其次，对经营权性质规定的模糊使经营权的抵押贷款权能难以实现。

第一，对于经营权的性质学界到目前为止并没有形成统一认识，三种主要的观点是：①“总括权利说”，即经营权不是一项独立具体的权利，而是包含土地承包经营权在内各种农地权利的总称；②“物权说”，《中华人民共和国民法典》最终将土地承包经营权归为物权规范，赋予土地承包经营权物权性质的救济手段，将最大限度地保护土地承包经营权人的合法权益；③“债权说”，即经营权具有债权性质，经营权人与承包权人之间的关系应该受《中华人民共和国民法典》约束。

第二，经营权的登记制度混乱。我国现行法律对经营权登记制度的规定采用的是“两权说”，对物权型流转和债权型流转做出了不同的规定，物权型流转采用了债权形式主义模式，是否登记由当事人选择；而债权型流转仅需要书面合同，无须登记（徐超，2017）。混乱的登记形式造成流转方理解上的困难，使得登记意识本来就不强的农民更没有主动登记的意愿。

《中华人民共和国农村土地承包法》第二十二条规定承包经营合同的条款内容应包括承包土地的质量等级，而《不动产登记暂行条例》第八条只要求农地标示登记的内容包括坐落、界址、空间界限、面积、用途等自然状况，没有将用于农业生产的农地质量纳入标示登记内容。使承包经营合同中农地质量的农地信息未记载到土地登记簿及土地权利证书，无法经由登记所公示的农地质量信息来判断农地经营者是否尽到了《中华人民共和国农村土地承包法》第十八条规定的依法保护和合理利用土地之义务，因此现行登记制度的内容还有缺失。

我国经营权登记办理的实际情况是：由于农地经营权流转的交易范围狭窄，流转规模较小，流转主体的登记意识淡薄，再加上对经营权性质和流转性质的认识模糊，经营权登记存在登记生效模式混乱、登记涵盖范围缺失、登记效力不足等问题，有碍于经营权经过登记获得对抗第三人的效力，这一使经营权物权化的法律程序的欠缺必然影响经营权抵押贷款权能的实现。

第三，金融机构不愿意办理经营权抵押贷款业务。金融机构不愿意为农户提供经营权抵押贷款的最主要原因是农业的获利低于交易成本以及土地经营权处置变现困难。经营权抵押贷款的实质是土地产出物的价值（孔祥智，2017）。农民贷款所获得的资金主要用于农业生产，其收益远远低于第二、三产业，法律赋予经营权人的抵押权在土地肥沃的平原地区由于从事农业生产的利润高、收入稳定还能发挥作用，但在南方，特别是农业发展落后、风险大的地区，土地租金又被进入农业的工商资本抬得很高，比如调研期间江苏东海县地租在 700～1000 元/亩，种植粮食几乎没有利润，很多家庭农场都在亏损。当经营权抵押贷款出现坏账，银行要将经营权变现比较困难，农地经营权对农业经营者具有特殊价值，对其他非农经营者价值不大，因此经营权变现面对的目标客户范围窄，再加上缺少配套的服务平台为双方提供交易信息，导致经营权很不容易变现，一旦经营权不能及时变现，银行还要承担向承包权人支付的租金，加大银行的损失，银行的贷款意愿大大减少（黄源和谢冬梅，2017）。

农业自身的风险大是经营权抵押贷款难的又一原因，受自然灾害和市场波动的影响较大，金融机构为尽可能降低风险，要求用经营权抵押贷款的农民参加培训或者提供大量材料。这些都增加了农户获得经营权抵押贷款资格的难度。经营权贷款的期限短，由于农业风险大，金融机构往往只提供短期贷款，远远小于农业的投资周期，不能很好地解决农户的资金需求。由于转出方和转入方的合同往往是一年一签，租金也是一年一交，在这种情况下银行的风险巨大，不愿意提供长期贷款（孔祥智，2017）。

12.2.2 主体利益冲突

1. 农户与业主的短期利益冲突阻碍其长期利益调和

长远来看，“三农”问题的解决需要工商资本的注入，为工商资本提供更宽松的政策环境，减轻它们在发展初期的经济负担不但有利于涉农工商资本自身的发展，也有利于通过放活土地经营权来唤醒农村资源，最终提高农业农村发展水平和农民收入水平。但短期来看，在吸引工商资本入驻阶段，经营主体的发展与农户承包权益的保障存在矛盾；再加上农地的经济功能要求农地作为一种要素在配置中遵循“价高者得，经营者得，能者多得”的原则，而作为保障功能又应该遵循“按人均分，特定身份者得，无地业无保障者优先”的原则（刘远风和伍飘宇，2018）。经营业主和农户对农地不同功能的需求必然形成两大主体短期的利益冲突。

第一，农地要素过分资本化对其生产资料功能形成冲击。

农地市场化存在的问题包括：通过市场对农地资源进行配置能解决劳动力转移造成的土地抛荒问题和技术进步要求农业规模化生产的问题，实现农业农村发展，但应防止农村土地资本化过程中出现过度资本化问题。农地市场化使农户和集体有机会获得财产收入，如果地租上涨，他们还有机会分享土地增值收益，但有一个问题需要我们注意，土地增值收益的多少取决于土地产出水平，若农户一味追求土地增值将不断推高经营业主的地租成本，不利于经营业主的持续经营，最终对农产品的产出与供应产生不良影响。土地的生产功能是资源功能、生态功能、资产功能等功能的基础，其重要性不言而喻。土地作为生产要素，当它以生产功能为主时，可能促进其资产功能的实现，而以资产功能为主时则可能限制其生产功能，因此应特别注意防止过度资产化对生产功能的冲击（朱道林，2017）。

第二，资本下乡对土地保障功能形成冲击。

从促进规模经营的目的出发，应该鼓励资本下乡，而从农户生活权利保障的逻辑出发，则要顾忌外部资本侵蚀农户土地权利，使农民失去生存之基。农地均分是社会稳定的基础，农地过分集中在少数人手中必将引起社会的动荡。同时，地权结构细分后出现的大量农地经营权流转可能会使农户对土地使用失去控制，经营业主改变农地用途或农地性质可能使农户收回土地后无法从事其擅长的农业经营，土地的保障功能有被减弱的风险。

第三，规模经营风险对农户稳定收入形成冲击。

农地经营权流转的前提是规模经营能带来比小农生产更高的收益率，但与规模经营的高收益率相伴随的还有高风险，尤其是在投资初期，而转出农地的农户要求的是稳定的收入，要兼顾对投资初期的工商资本的支持和在经营遭遇风险时对农户收入的保障并不是一件容易的事，实践中政府也很难找到合适的方法来平衡这一矛盾。

一方面，在实践操作中，经营权人受到地方性规定或做法的限制也比较多，如一些地方要求经营权人预交相当于半年到一年租金的风险金或保证金，大大增加了经营权人的资金负担。大部分地区都由专业大户领办农民专业合作社，而为一般农民提供保底分红是专业大户吸引农户以土地经营权入股最常采用的利润分配方式，保底分红的“底”相当于农地经营权流转费用的利润分配，除此之外入股农户还能在年终有盈余时获得二次分红。这样的规定严重侵害了大户的权利，也使其领办的合作社难以规范发展。地方的规定和做法对经营权人限制的根本原因还是土地经营权没有在法律上得到保护（孔祥智，2017）。

另一方面，经营业主经营规模较大，经营项目大多不是有价格支持的大田作物，因此风险较大，若不预交租金或风险保证金，很难在经营业主严重亏损时防止其跑路以降低给转出农地的农民带来的经济损失。现实中，经营业主向农户流转农地不但不交保证金，大部分流转行为都没有履行登记手续，甚至没有签订书面合同，农户的承包权益很难得到保障。

2. 部分地方政府在农地经营权流转市场上的过度干预破坏了农户与业主长期利益关系的形成

有一些地方在对乡镇政府工作进行考核时，将农地经营权流转面积作为一项指标，农地经营权流转面积的多少直接影响乡镇的政绩排名。为完成上级安排的农地经营权流转面积，地方政府不同程度介入到农地经营权流转市场中，有些乡（镇）政府直接从承包户手中转入土地，再将土地转给业主，乡（镇）政府参与农地经营权流转后通过降低业主与多个承包户磋商的交易成本大大提高了当地的农地经营权流转面积，但一旦出现业主经营不善跑路的情况，政府作为与承包户签订合同的转入方要承担相应的责任。

【专栏 12-1】

重庆市大足区政府在认识到自己应该做“裁判”，而不是“运动员”之后，针对政府过多介入农地经营权流转带来的隐患，制定了五项制度：第一，实行农地经营权流转土地备案制，流转行为要签订规范的合同，规模在 5 亩以上的流转行为，要将合同交农村集体经济组织备案，规模在 50 亩以上的流转行为，将合同交镇政府备案。第二，土地审核预备金制度，2013 年，被确定为“全国农村土地承包经营权流转规范化管理和服务试点地区”。审核工商资本的诚信情况、经营能力，但是承担审核工作的农业农村委员会完成这一审核工作的难度很大，最终审核预备金制度只能根据产业规划进行审核。第三，流转价格指导制度，农地经营权流转价格波动较大，固定价格会激化业主与农民的矛盾，于是参照物（稻谷）价格变动，实行动态的指导价格，即依据当年市场价格，兼顾农地质量，公布农地经营权流转指导价格，保持区域内的稳定。第四，纠纷调解制度，遵循村—镇—农业农村委员会的程序调解。第五，土地保证金制度，基于农户迫切的流转愿望与业主经营风险之间的矛盾，制定土地保证金制度以解决“非粮化”之后的土地复垦赔偿问题。但由于农业投资长、见效慢的特点，土地保证金制度执行效果并不好。

地方政府在介入农地经营权流转时，对经营权人的态度也在不断调整，在追求政绩的刺激下，政府往往用各种有利政策吸引工商资本，追求大规模、大资本，而工商资本良莠不齐，而且大规模意味着大风险，经营不善的业主给政府的教训使其开始思考什么是适度的规模，同时加大对工商资本的监督和审核，并开始制定一些制度对风险大、能力差、信誉不良的工商资本的进入进行限制，这些审核审批备案制度的实施无疑会加大工商资本进入的成本，减缓农地经营权流转市场的发展。目前政府对工商资本进入农业的风险控制的制度主要有保证金制度、审批制和备案制，这些制度各有利弊，各地采用的风险控制制度有异，没有一个统一的做法，基层在执行这些制度时显得混乱。

【专栏 12-2】

河南省信阳市浉河区采用了备案制，农地经营权流转 500 亩以下的在乡镇备案，500～1000 亩的报到区级备案，1000 亩以上的报到市级农业部门备案，10 000 亩以上的报到省级农业部门备案，当地同时还采用了审批制，审批制和备案制的交叉使基层工作人员无所适从。

江苏省东海县采用“国有公司 + 工商资本 + 农民”的模式，由国有公司和农民签订农地经营权流转合同，然后国有公司对流转的土地进行统一规划及基础设施建设，并对有意入驻的工商企业进行资格审查，与通过审查的工商企业签订承包协议，这种模式改政府托底为国有公司托底，对土地流出农户起到了保障作用。

调研发现，地方政府对农地经营权流转行为的干预对农户承包权益的保护并没有起到正向的作用。当地方政府对农户的流转意愿形成完全影响时，农户对收益或租金“不满意”和“不太满意”的比例为 23.69%，对租金按时按量支付“不满意”和“不太满意”的比例为 19.32%，而当地方政府对农户的流转意愿完全无影响时，以上两种比例变为 25.77%和 18.17%；地方政府过度干预不仅仅影响农户当下的收益权，也会通过影响经营业主的生存能力对代表农户长期收益的发展权形成损害。当地方政府对农户的流转意愿形成完全影响时，农户对随物价变动土地租金相应增加“不满意”和“不太满意”的比例为 20.19%，对随地价增加收益增加“不满意”和“不太满意”的比例为 19.62%，而当地方政府对农户的流转意愿完全无影响时，以上两种比例降低为 20.00%和 18.72%。现实中政府过度参与农地经营权流转的行为包括让没有流转意愿的农户流转土地，整村流转，规定流转价格，等等，前两种行为虽然降低了经营业主的谈判成本，但往往引起农户的不满，埋下纠纷的隐患，后一种干预流转双方价格形成的行为无论是压低了还是抬高了租金都会对农户承包权益的实现产生负面影响，压低租金会使农户感觉当前的收益权受损而抬高租金，会使业主难以生存，最终影响农户土地发展权的实现。

第 13 章　农户承包权益保护实证分析

本章对项目的调查结果进行了整理和分析，先对农地经营权流转的现状进行了简要描述性统计，接着对农地经营权流转过程中农户土地收益权、控制权、发展权、福利权等 4 个权益的保护问题进行实证分析，对农地经营权流转与农户收入变动，农地经营权流转过程中纠纷的产生及其对农户土地控制权的影响，以及农地经营权流转对农户土地发展权、福利权的影响的相关因素进行实证研究。

13.1　农地经营权流转的现状判断

13.1.1　土地转出比率与供给

本节数据来源于课题组 2017 年 7 月至 8 月对安徽、河南、黑龙江、湖南、山东、山西、陕西、四川、浙江等东、中、西部 9 省 30 个区县的调查。大规模调查是在预调查（2015 年、2016 年曾进行 2 次小规模的预调查）的基础上进行的，通过 100 多份问卷的小规模调查，根据调查过程中发现的问题，对调查表前后进行了 3 次修订，2017 年最终发放修订后问卷 800 余份，回收有效问卷、获得样本为 712 个。由于 2015 年和 2016 年预调查问卷的内容有若干变更，考虑数据质量和匹配度等因素，决定只利用 2017 年的数据进行实证分析。在 712 户有农地经营权流转的样本农民中，其拥有的地块数、面积和流转面积的描述性统计见表 13-1。

表 13-1　农户拥有的地块数、面积和流转面积的描述性统计

变量	中位数	均值	标准差	Q25	Q75	最小值	最大值
地块数/块	3	3.05	2.05	2	4	1	18
耕地面积/亩	5.10	9.45	16.87	2.80	9	0.30	218
转出面积/亩	3.90	6.61	9.86	2	7	0.20	120
转出比率	100%	80.70%	27.26%	61.54%	100%	7.14%	100%

注：Q25 和 Q75 分别代表 25%和 75%分位值，中位数为 50%分位值

由表 13-1 可知多数农户拥有耕地块数为 3 块，平均拥有 9.45 亩土地，中位数为 5.10 亩。样本农户平均流转土地 6.61 亩，中位数为 3.90 亩，流转土地的平均比率为 80.70%。在 712 户农户中，有 420 户农户将其所有的农地经营权流转出去，占总户数的 58.99%，即将近六成的流转户将其所有的农地经营权流转了出去。流转比率分布的直方图及其概率密度曲线估计见图 13-1。

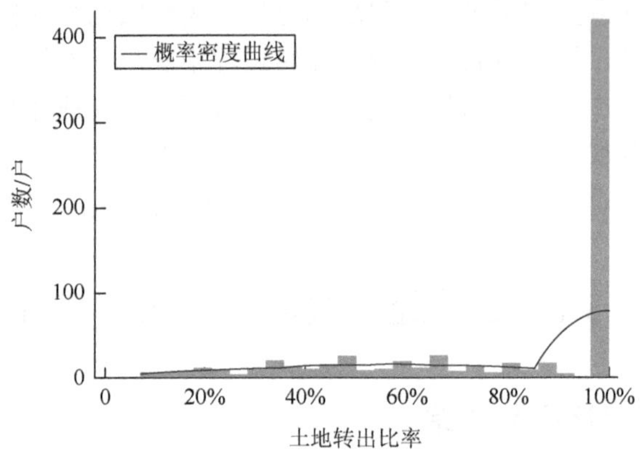

图 13-1　样本农民农地经营权流转比率分布情况

由图 13-1 可以看出，除了六成完全转出土地的农户，剩余四成农户农地经营权流转比率比较均匀地分布在 10%～90%。

从绝对数量上看，地块数与耕地面积的相关系数为 0.3041，而拥有耕地面积与转出面积的相关系数为 0.7171，二者均在 1%水平上显著。即拥有土地的数量越多，流转的绝对数量也就越多，相关散点图见图 13-2。

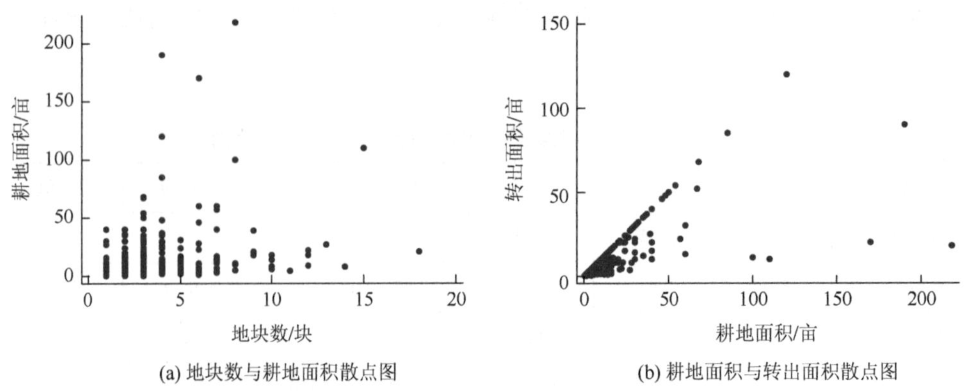

(a) 地块数与耕地面积散点图　(b) 耕地面积与转出面积散点图

图 13-2　地块数、耕地面积与转出面积之间的散点图

但从转出比率上看，地块数、耕地面积与转出比率之间的相关系数分别为–0.3192 和–0.2213，均在 1%水平上显著，表明农地经营权流转数量与拥有土地的数量呈负相关，拥有土地越多的农户流转土地的比率越低，相关散点图见图 13-3。

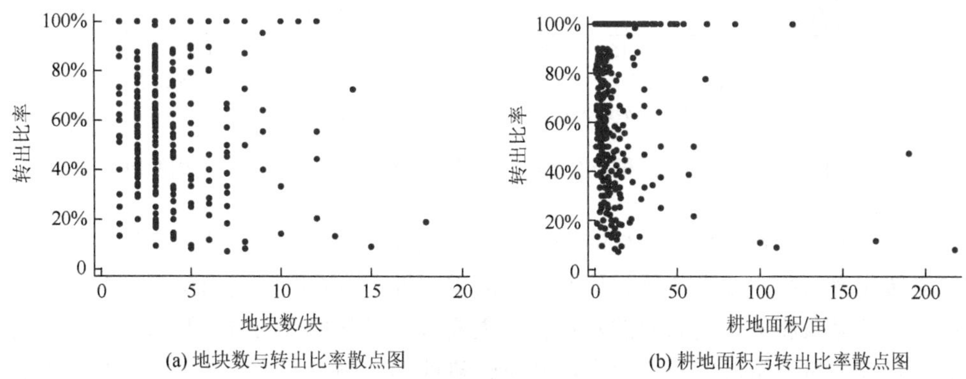

(a) 地块数与转出比率散点图　(b) 耕地面积与转出比率散点图

图 13-3　地块数、耕地面积与转出比率之间的散点图

可见，土地作为农户的主要生产资料，务农收入作为农户收入的主要来源之一，农户拥有土地数量与其流转出去土地绝对数量虽为正相关，但与流转土地的比率呈负相关，表明农业生产资料越丰富的农户，流转土地的比率越低。

经计算，农地经营权流转前农户农业收入与耕地面积的相关系数为 0.5043（1%水平上显著），而农地经营权流转后农户农业收入与耕地面积的相关系数下降为 0.2146（1%水平上显著）。同时，农地经营权流转前和流转后，耕地面积与非农收入的相关系数分别为–0.0270 和 0.0225，均不显著。农户拥有耕地面积与其农地经营权流转前后的农业、非农收入的散点图见图 13-4。

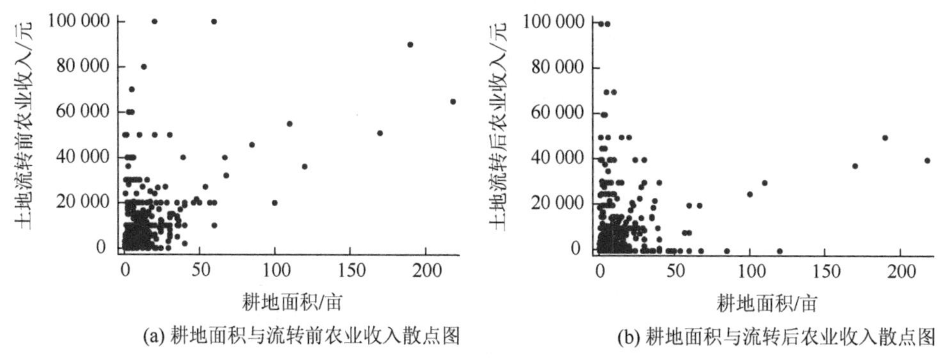

(a) 耕地面积与流转前农业收入散点图　(b) 耕地面积与流转后农业收入散点图

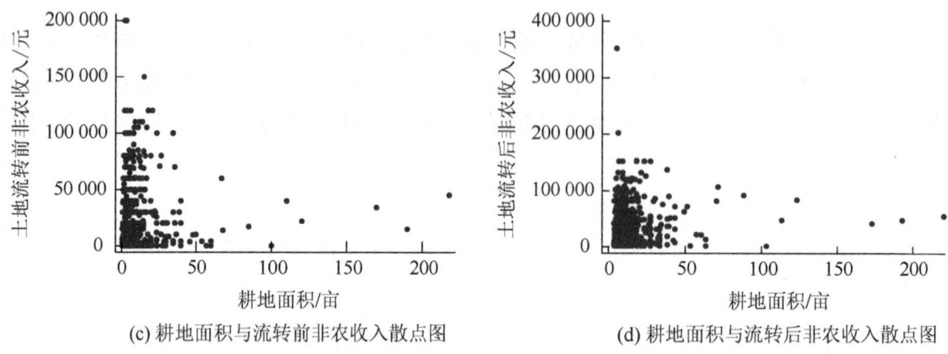

(c) 耕地面积与流转前非农收入散点图　(d) 耕地面积与流转后非农收入散点图

图 13-4　农户拥有耕地面积与农地经营权流转前后农业、非农收入之间的散点图

综上所述，在农地经营权流转市场中，土地的绝对数量是流转土地的基础，但流转比率可能主要取决于农地对农户的重要性。农户拥有的耕地面积数量与其流转比率呈负相关，而农户的农业收入主要取决于其拥有的耕地数量。因此，对于拥有较多耕地资源的农户而言，其流转耕地的比例较低。农地资源越少，农业收入越不重要，农户将农地经营权流转出去的比率就越高，农地经营权流转市场中的供给主体主要由农地数量少、趋向于打工而非务农的农户构成。农地经营权流转，将有利于促进土地的进一步集中和规模经营。

13.1.2　农地经营权流转及其纠纷

在农地经营权流转价格的决定方面，调查的 712 个样本中，各种流转价格决定方式的比例如图 13-5 所示。农地经营权流转价格决定方式最多的为双方协商，有 288 例，占 40.4%；其次为第三方（含村委会）居中协商，有 231 例，占 32.4%；

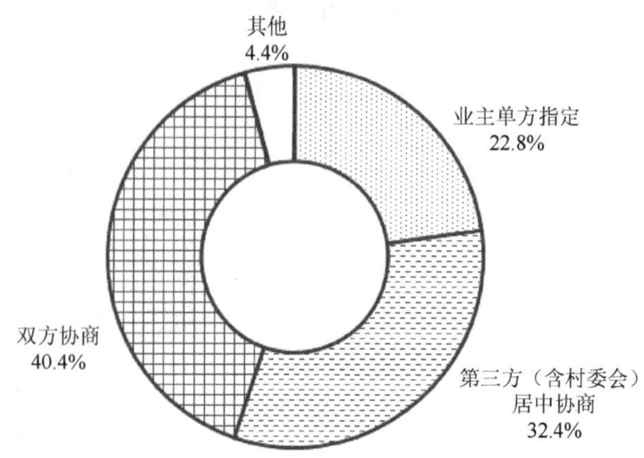

图 13-5　农地经营权流转价格的决定方式

再次为由业主单方指定，有 162 例，占 22.8%；其他方式只有 31 例，占 4.4%。总体上，农户与业主双方协商、第三方（含村委会）居中协商占价格决定方式的 72.8%，表明农户在农地经营权流转价格的决定中具有一定的谈判能力。

在农地经营权流转方式上，出租有 335 户，占 47.05%，转包有 282 户，占 39.61%，转让有 67 户，占 9.41，入股有 13 户，占 1.83%，其他方式（土地互换、土地信托、托管等）合计 15 户，占 2.11%。可见，出租和转包为主要的流转方式，合计占 86.66%，见图 13-6。

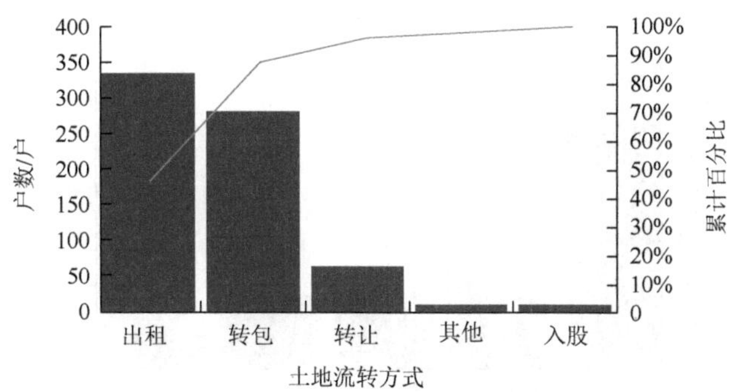

图 13-6　农地经营权流转的主要方式

图 13-7 给出了调查样本中农户将农地经营权流转给各种经营对象的情况，其中种养大户、企业、合作社、普通农民、家庭农场和农村集体经济组织分别为 174 户、140 户、140 户、137 户、66 户和 55 户，占比分别为 24.44%、19.66%、19.66%、19.24%、9.27%和 7.72%。可以看出，农户流转土地的对象比较多样化，而且分布比较均匀，农户拥有较多的选择空间。

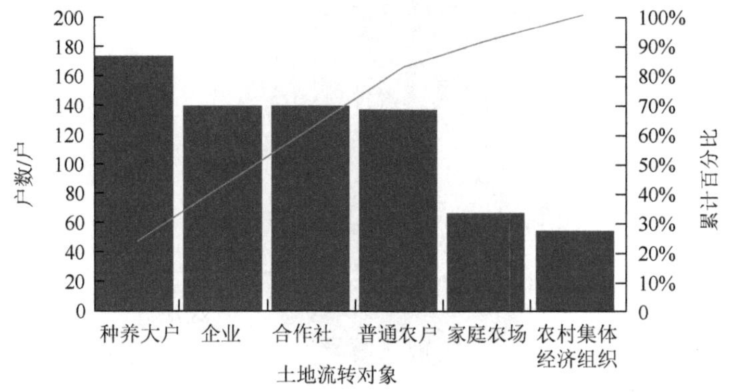

图 13-7　农地经营权流转的主要对象

在农地经营权流转业主的地域来源方面，有超过一半的业主来自本村内，共计 364 户，占 51.12%；其次来自跨村本镇，有 123 户，占 17.28%；来自跨镇本县和跨县本省的业主分别为 95 户和 87 户，分别占 13.34%和 12.22%；跨省的业主最少，只有 43 户，占 6.04%，见图 13-8。农地经营权流转业主地域来源越近，越有利于流转双方信息的互通和了解，但地域越近，流转对象的选择越少，流转局限也大，因此，流转地域的远近是一把双刃剑，对农地经营权流转既有积极的影响，也有不利的限制。

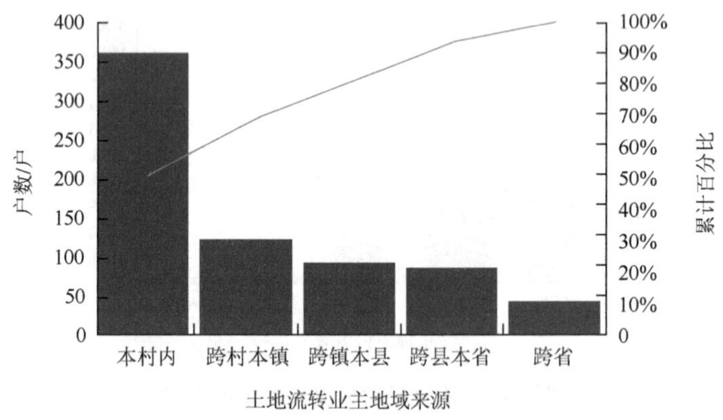

图 13-8　农地经营权流转业主的地域来源

图 13-9 给出了农地经营权流转过程中，与业主产生争执或纠纷的情况。在 712 个样本农户中，从未遇到争执或纠纷的农民有 625 户，占 88.78%，曾经出现过争执或纠纷的有 87 户，占 12.22%。

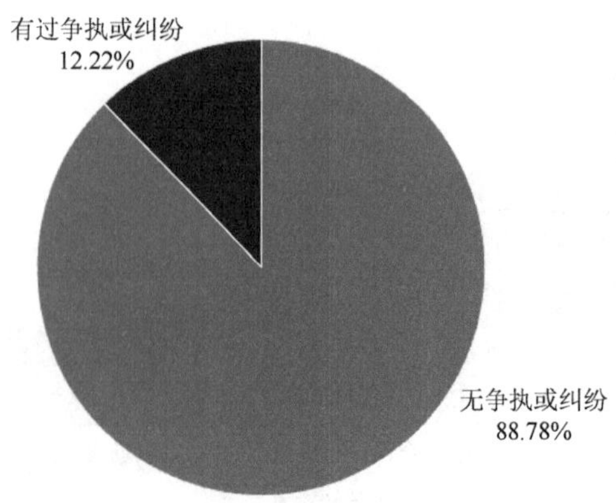

图 13-9　农地经营权流转中纠纷情况

13.2　农户土地收益权保护的实证分析

13.2.1　农户土地收益权实现机理

农户的收入有三部分来源：第一，务农，投入要素为土地和劳动力。假设农产品价格、化肥农药等投入成本给定，则农业净收入是单位农业产出的函数。第二，将土地进行流转，得到流转收入，由于免去耕种土地投入的劳作，获得更多的打工的机会，对于增加收入而言，一举多得。第三，务工收入，进入城镇打工获得工资收入。

假设一个代表性的农户，总收入为 Y_T，务农收入为 Y_A，农地经营权流转收入（租金收入）为 Y_U，务工收入为 Y_U，土地要素的变量为 K，劳动力要素的变量为 L，单位农产品的纯收益为常数 p，农业生产函数为 $F(K, L)$。假设务农投入的土地和劳动力为 K_1 和 L_1，则务农收入是土地和劳动力投入的函数：

$$Y_A = pF(K_1, L_1) \tag{13-1}$$

设每亩土地的租金为 r，农户出租的土地数量为 K_2，则租金收入可以表示为

$$Y_R = rK_2 \tag{13-2}$$

设农户家庭劳动力在城镇务工的年收入为 w，打工投入的劳动力为 L_2，则务工收入可以表示为

$$Y_U = wL_2 \tag{13-3}$$

由上述假设，农户家庭总收入 $Y_T = Y_A + Y_R + Y_U = pF(K_1, L_1) + rK_2 + wL_2$。假设农户拥有的土地总量为 K_0，劳动力总量 L_0，土地和劳动力总量均为固定常数，则农户收益最大化行为决策为以下规划的最优解：

$$\begin{aligned} &\max_{K_1,K_2,L_1,L_2} \{Y_T = pF(K_1, L_1) + rK_2 + wL_2\} \\ &\text{s.t.}\quad K_1 + K_2 = K_0,\ L_1 + L_2 = L_0 \end{aligned} \tag{13-4}$$

令 $L_1 = L$，$K_1 = K$，则 $L_2 = L_0 - L$，$K_2 = K_0 - K$，式（13-4）转化为

$$\begin{aligned} &\max_{K,L} \{Y_T = pF(K, L) + r(K_0 - K) + w(L_0 - L)\} \\ &\text{s.t.}\quad K \leqslant K_0,\ L \leqslant L_0,\ K, L \geqslant 0 \end{aligned} \tag{13-5}$$

式（13-5）的两个一阶条件为

$$\frac{\partial Y_T}{\partial K} = p\frac{\partial F(K, L)}{\partial K} - r = 0 \tag{13-6}$$

$$\frac{\partial Y_T}{\partial L} = p\frac{\partial F(K,L)}{\partial L} - w = 0 \tag{13-7}$$

由$\frac{\partial F(K,L)}{\partial K}$代表土地的边际产出，可得$p\frac{\partial F(K,L)}{\partial K} = MR_K$代表土地用于农业生产时的边际收入，而租金$r = MC_K$代表土地的边际机会成本，因此，式（13-6）含义为土地的边际收入等于边际成本：$MR_K = MC_K$，类似地，式（13-7）代表劳动力的边际收入等于其边际成本：$MR_L = MC_L$。

最优性条件式（13-6）和式（13-7）即是收益最大化的边际相等原则，而如果在要素投入的极限范围内，式（13-6）或式（13-7）不能成立，则存在角点解。例如，在$K \in [0, K_0]$时，总有$p\frac{\partial F(K,L)}{\partial K} < r$，则表明若农民拥有的要素禀赋在一定的条件下，土地用于农业生产的边际收入总小于租金收入，此时，农户最优决策是$K_1 = 0$，$K_2 = K_0$，即农户将所有的农地经营权流转出去，不再用自己的土地进行农业生产。反之，如果当$K \in [0, K_0]$，总有$p\frac{\partial F(K,L)}{\partial K} > r$，农户将自己耕种自己的土地，不进行农地经营权流转。除角点解外，农民将按$MR_K = MC_K$的条件对土地在自己生产和流转出去之间进行分配。对于劳动力的最优配置与土地要素类似，不再赘述。

13.2.2　农地经营权流转对农户土地收益权实现的实证分析

由前文的理论分析可知，如果农地经营权流转是自愿行为，农户是理性的，则农户可以根据自身农业生产的成本收益情况、打工收入状况以及农地经营权流转的价格等因素，进行利益最大化的选择。因此，除非出现不可抗力，或者是被迫流转，合法权益受到了侵害，农地经营权流转的结果一般情况下将增加农户的总体收入，至少不会降低农户的总收入。

我们把农户的收入分为农业收入和非农收入，把流转土地所得的收入界定为财产性收入，纳入非农收入范畴。由前文分析可知，在农户土地和劳动力总量给定的条件下，务工和务农、自己耕种土地和流转土地均存在替代关系。农地经营权流转后除了获得土地租金收入，还空出更多的劳动力进城打工，获得更多的工资收入。因此，农地经营权流转一般会降低农户的农业收入，同时增加非农收入。

根据课题组调研数据，由农地经营权流转的价格和流转面积，计算出农户农地经营权流转所得的收入，进一步绘制流转收入分布的直方图及其概率密度曲线，见图 13-10。为清晰反映主要收入分布的情况，绘图时我们将相关变量右尾 1%的极值进行了删除。

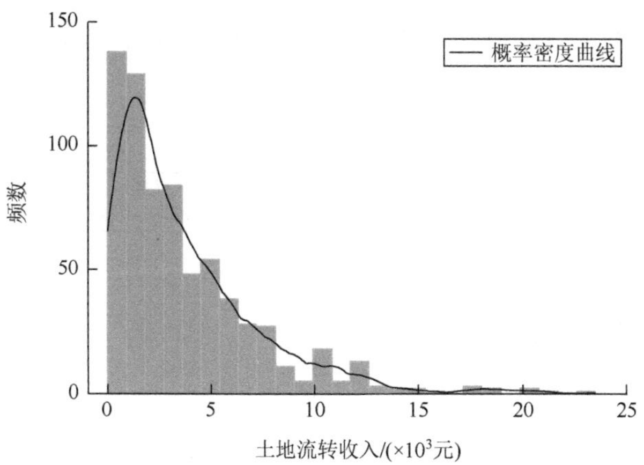

图 13-10　农民土地流转收入

由图 13-10 可知，农户农地经营权流转收入并不服从正态分布，大多数农户的收入处于分布的左端，即随着收入的增加，户数迅速减少，农户农地经营权流转收入基本上不超过 15 000 元。经计算得到农户农地经营权流转收入的中位数为 2800 元，平均值为 3976 元，标准差为 4496 元，不同农户农地经营权流转收入占其农地经营权流转后非农收入的比例平均约为 24.39%。

表 13-2 给出了调查中农户农地经营权流转前后收入相关变量的描述性统计。

表 13-2　农户农地经营权流转前后收入相关变量的描述性统计　单位：元

变量	样本数	中位数	均值	标准差	最小值	最大值
流转前农业收入	701	5 000	8 493	11 046	0	100 000
流转后农业收入	701	1 000	5 784	10 584	0	100 000
流转前非农收入	701	16 000	24 619	28 794	0	200 000
流转后非农收入	701	30 000	34 082	31 484	0	200 000
流转前后农业收入变动	701	–2 000	–2 708	9 838	–70 000	80 000
流转前后非农收入变动	701	4 000	9 463	15 828	–54 400	120 000
流转前总收入	701	22 500	33 112	31 472	0	207 000
流转后总收入	701	31 000	39 867	32 913	0	202 000
流转前后总收入变动	701	2 000	6 755	15 039	–50 000	100 000

注：为避免异常值对均值的影响，删除了 11 个尾部极值后进行描述性统计

图 13-11 至图 13-15 给出了流转土地农户在农地经营权流转前后，农业收入、非农收入、总收入、农业与非农收入变动、总收入变动分布的比较图。为清晰反

映变量在主要分布区间的情况，绘图时我们将相关变量左尾或右尾1%的极值进行了删除。

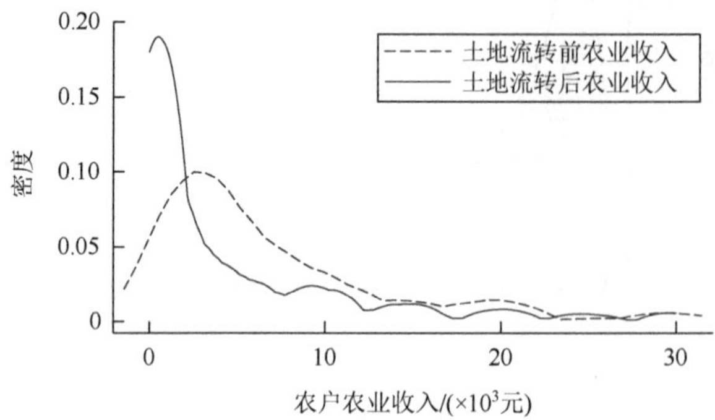

图 13-11　农地经营权流转前后农户农业收入分布的比较

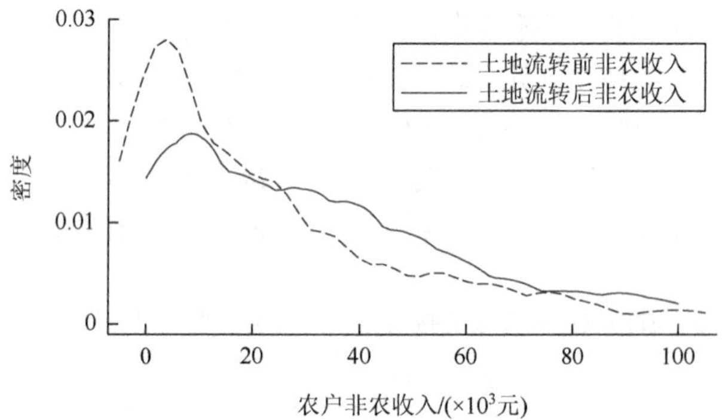

图 13-12　农地经营权流转前后农户非农收入分布的比较

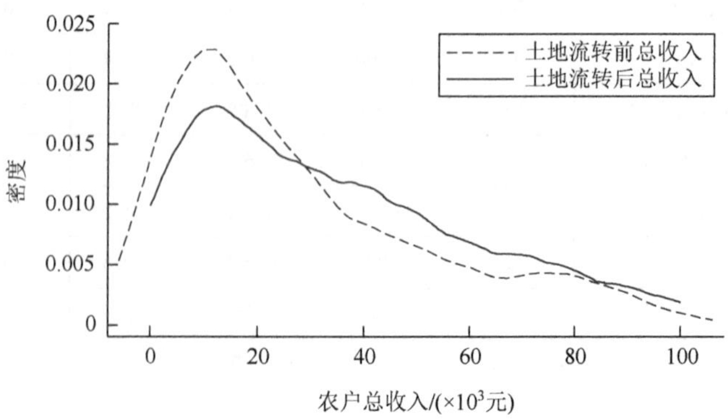

图 13-13　农地经营权流转前后农户总收入分布的比较

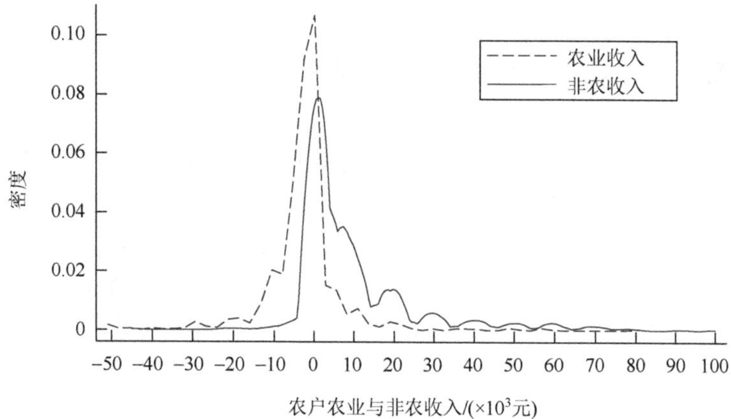

图 13-14　农地经营权流转前后农户农业与非农收入变动分布的比较

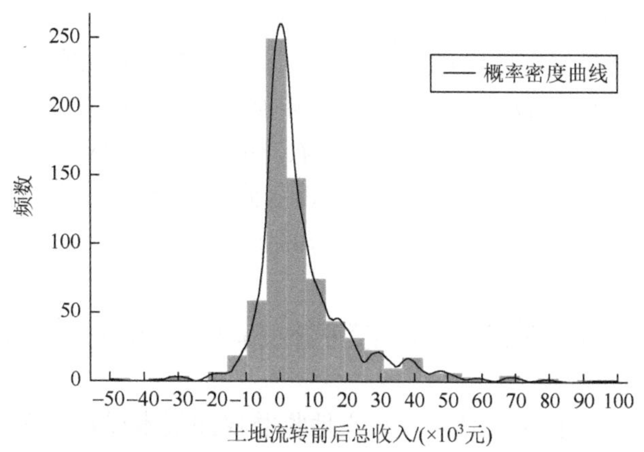

图 13-15　农地经营权流转前后农户总收入变动分布的比较

由表 13-2 和相关收入分布的密度图形可以看出，农地经营权流转前后，农户农业年收入由 8493 元下降为 5784 元，并且在 2000 元至 10 000 元的主要分布区间农业年收入下降的幅度最明显。

而农户的非农收入在农地经营权流转前后出现了明显的上升，平均由约 25 000 元上升至 34 000 元，年非农收入在 1 万元至 2 万元区间的农户有较大幅度的减少，而年非农收入在 2 万元至 5 万元区间的农户数量有较大幅度的增加。

就平均而言，农地经营权流转使农民农业收入减少了 2708 元，非农收入增加了 9463 元。而总体上，流转前农户年总收入由 33 112 元上升至 39 867 元。

流转前后年总收入平均增加了 6755 元。综上所述，农地经营权流转从总体上大幅增加了农户的净收入，农地经营权流转实现了农地的收益权。

13.2.3 农户土地收益权保护的关键因素

综上所述，关于农户在农地经营权流转中的收益权的实证分析表明以下内容。

（1）农地经营权流转的自主权是实现农户土地收益权的根本保障。农户根据自身劳动力、土地资源等禀赋，在务农与打工、流转与不流转之间进行自主选择，只要农户决策自由，不受外部力量干预，没有强行流转、违背流转意愿的情况，农户就可以实现约束条件下的收益最大化，农地经营权流转的收益权得以实现。

（2）农地经营权流转的直接收益在农户收入中占有重要地位。经计算得到农户从农地经营权流转中得到的收入中位数为 2800 元，平均值为 3976 元，标准差为 4496 元，不同农户农地经营权流转收入占其农地经营权流转后非农收入的比例平均约为 24.39%。即在劳动力流动与进城打工的背景下，农户仅从农地经营权流转中就可获得约占总收入 1/4 的收入，土地收益权在农户收入中占有重要地位。

（3）农地经营权流转的间接收益权，实质上是农户农地经营权流转的发展权。采用调研数据，分组比较了农地经营权流转前后，农户的农业收入与非农收入以及总收入的变动情况。农地经营权流转使农户的平均农业收入减少了 2708 元，但由于农地经营权流转后有更多的劳动力投入到进城务工，非农收入平均增加了 9463 元，即农地经营权流转后农户收入净增加 6755 元。

13.3 农户土地控制权保护的实证分析

前文指出，土地自主流转是农户土地收益权的根本保障。现实中，由于受到信息、受教育水平、对法律法规的了解程度、交易平台与方式、地域范围等交易成本因素的影响，甚至地方政府、村社干部等人为因素的影响，农户农地经营权流转往往出现交易摩擦，使得土地交易无法顺利进行，或被人为扭曲，最终出现农地经营权流转纠纷，农户承包权益受损。本节分析市场、政府、社会、农户自身、流转业主、区位环境等各方面因素，与农地经营权流转纠纷的关系，对农地经营权流转中农户土地控制权问题进行实证分析。

13.3.1 农地经营权流转的合约及其影响因素

1. 市场结构与合约选择因素

根据经济学理论，农地经营权流转的组织方式、流转业主数量、信息、交易成本、中介机构等，体现了交易的市场结构及其完善程度，理论上交易方式和流转业主数量越多，则交易越公平，交易信息越完全，交易中介机构越多，则交易成本越低，交易的摩擦越小，交易的阻碍和纠纷就越少。图 13-16 至图 13-22 分别对 712 个样本农户农地经营权流转采用的组织方式，可选择的农地经营权流转业主个数，农地经营权流转的难易感觉，获取土地转入、转出信息的难易程度以及当地是否有比较完善的流转中介机构等状况进行统计分析。总体上，农户农地经营权流转采用的组织方式比较单一和不均衡，可选择的业主对象不多。交易的容易程度和获取交易信息的情况则相对较好，但交易的中介机构较少。

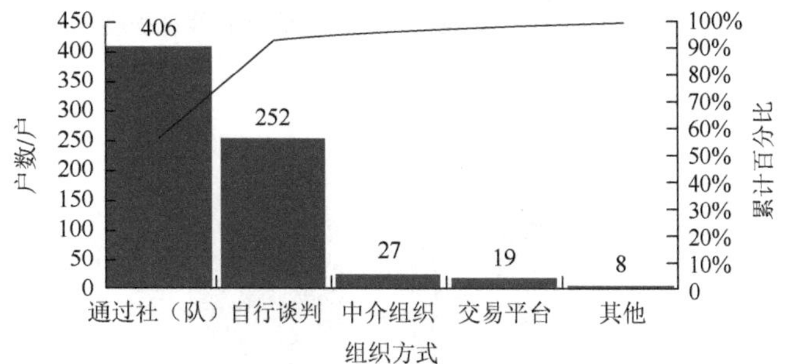

图 13-16　农地经营权流转采用的组织方式

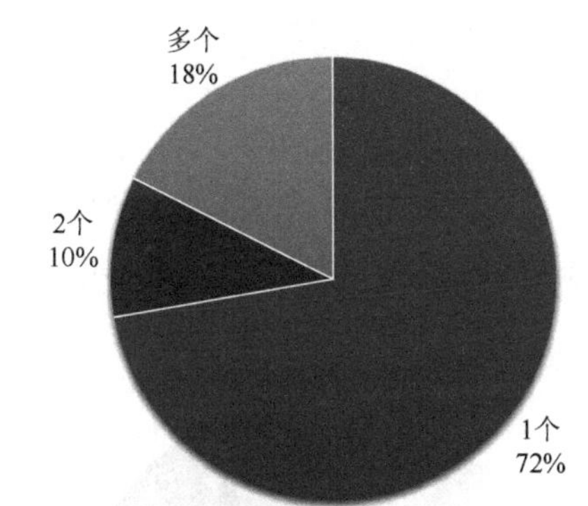

图 13-17　可选择的农地经营权流转业主个数

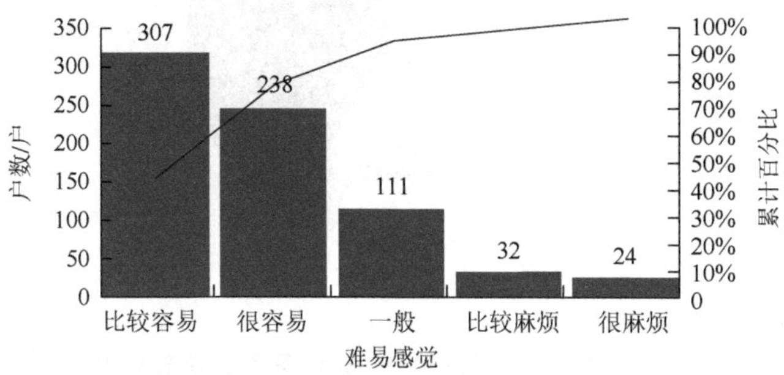

图 13-18　农地经营权流转的难易感觉

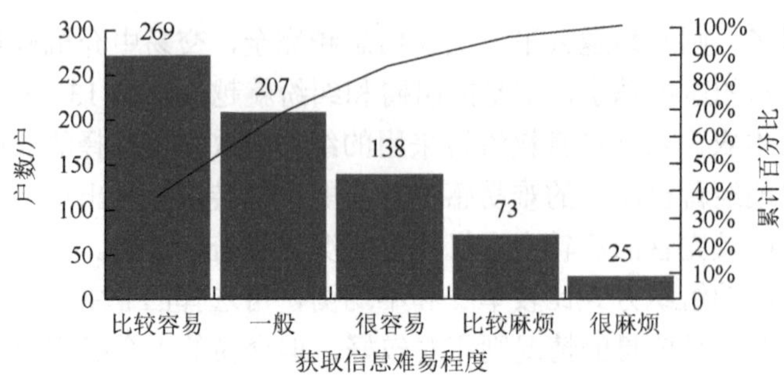

图 13-19　获取土地转入、转出信息的难易程度

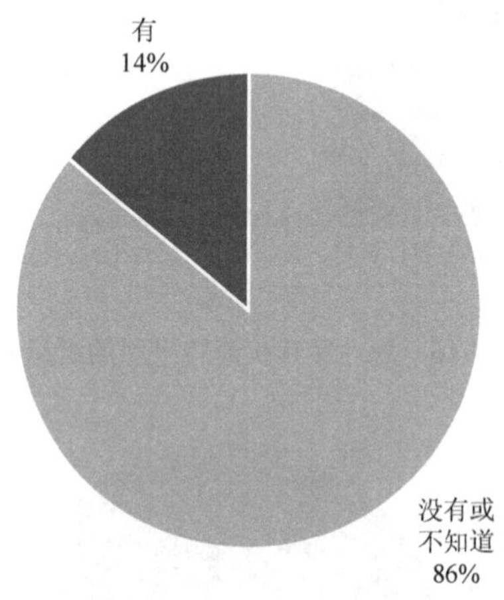

图 13-20　当地是否有比较完善的流转中介机构

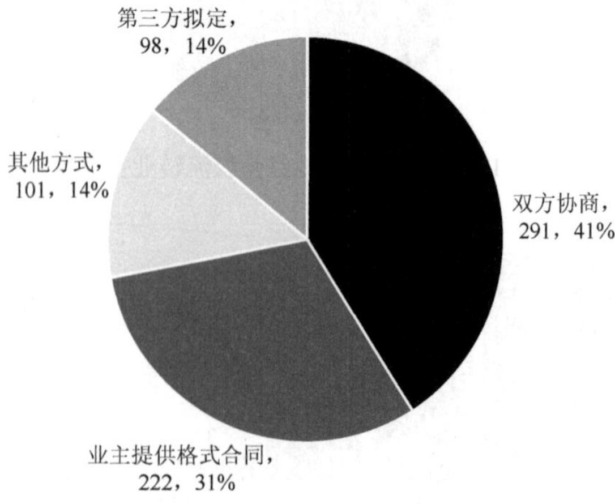

图 13-21　农地经营权流转合同条款的确定方式

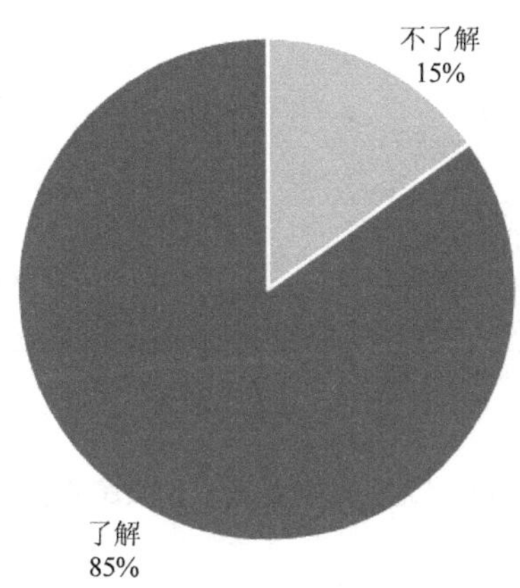

图 13-22　是否了解业主流转土地的目的和用途

在合约选择方面，有 41%的农户与业主双方协商确定农地经营权流转合同的具体条款，有 31%的农户签订了由业主提供的格式合同，第三方机构拟定的农地经营权流转合同和其他方式确定的合同各约占 14%。有 85%的农户了解业主流转土地的目的和用途，而 15%的农户对业主流转土地的目的和用途不了解。

2. 地方政府干预因素

图 13-23 和图 13-24 展示了农户主动参与农地经营权流转与村社及地方政府干预流转的状况。由图 13-23 可知，近 3/4 的农户主动参与了农地经营权流转，但仍有 1/4 的农户非主动地参与农地经营权流转。图 13-24 显示，受到村社及地方政府干预流转意愿影响较多的农户达 171 户，完全被干预的有 62 户，两项合计占 32.72%，即近 1/3 的农户的农地流转意愿受村社及地方政府影响较大。

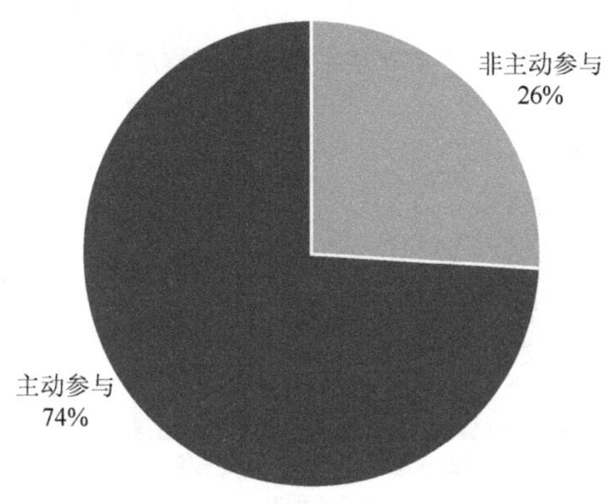

图 13-23　是否主动参与农地经营权流转

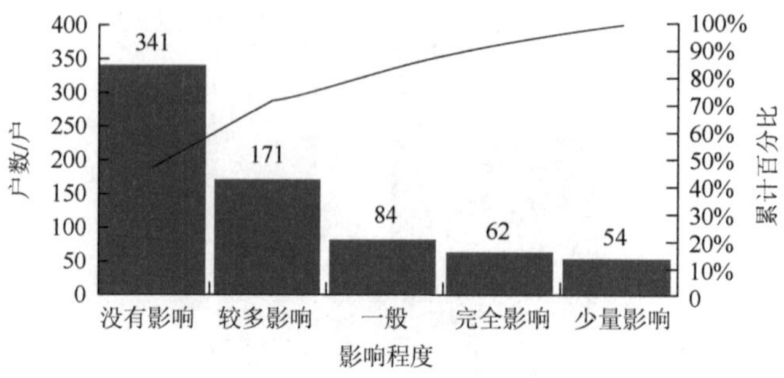

图 13-24　村社及地方政府是否干预农民的农地流转意愿

3. 农地经营权流转程序和规章制度

图 13-25 和图 13-26 反映了农户对农地经营权流转程序和相关法律法规的了解程度，其中，不熟悉农地流转程序的农户占 42.13%，不太熟悉的占 19.52%，两项合计占 61.65%。对农地流转法律法规不熟悉的占 61.24%，不太熟悉的占 15.03%，两项合计占 76.26%。总体上，超过六成的农户对农地经营权流转程序不熟悉或不够熟悉，对农地经营权流转相关法律法规不够熟悉的则超过 3/4。

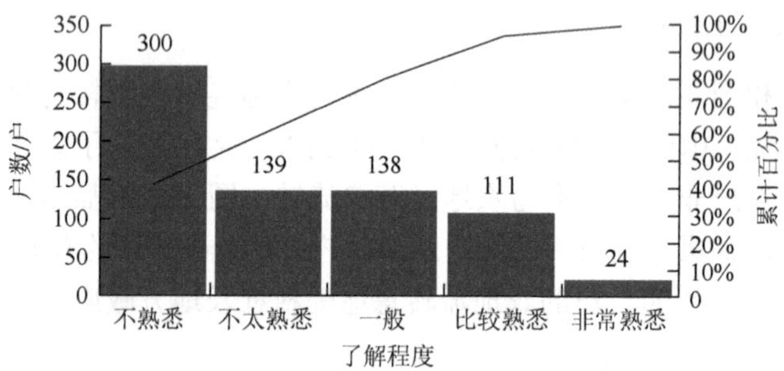

图 13-25　农户对农地经营权流转程序的了解程度

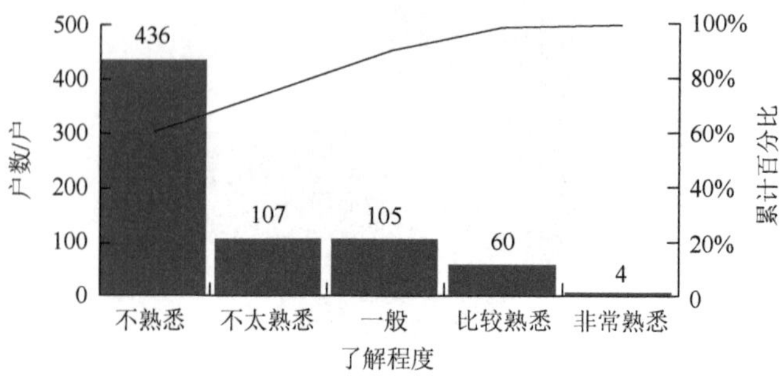

图 13-26　农户对农地经营权流转法律法规的了解程度

4. 农地经营权流转的社会因素

图 13-27 至图 13-29 反映农户周边其他农户在参与农地经营权流转的多寡、参与农地经营权流转的积极性，以及乡村精英在农地经营权流转过程中所起的作用情况。总体上，农户周边的其他农户农地经营权流转的比例较高，周围的农户参与农地经营权流转的意愿也比较强烈，而乡村精英，包括家庭富裕的、在村里有威望的或退休干部等，在农地经营权流转过程中所起的作用不大。

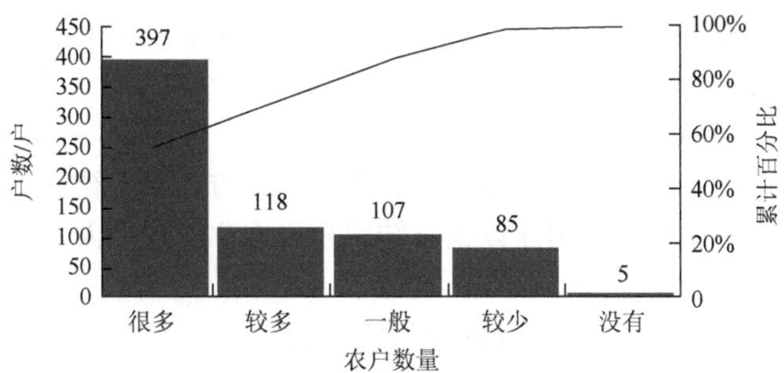

图 13-27　周边参与农地经营权流转的农户数量

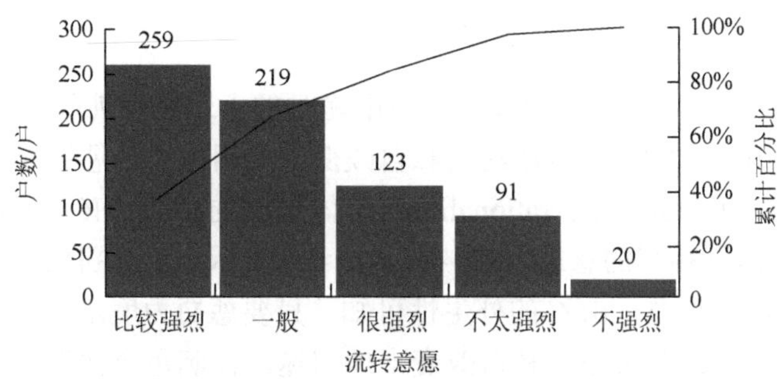

图 13-28　周边农户参与农地经营权流转的意愿

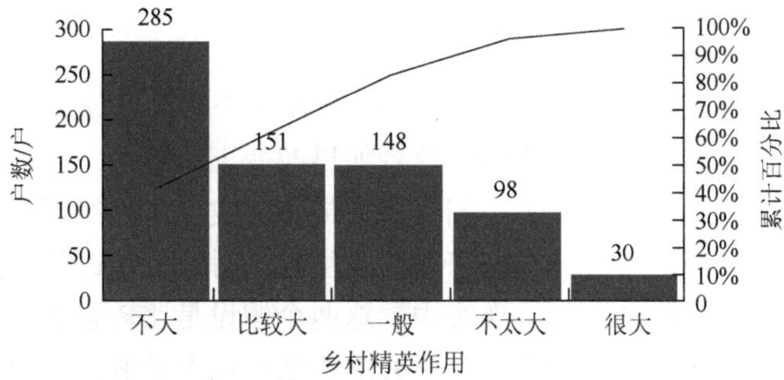

图 13-29　农地经营权流转过程中乡村精英的作用

13.3.2　农户土地控制权受损与农地经营权流转纠纷

1. 业主违约改变土地用途的激励与约束

假设转入土地的经营者（业主、委托人）有两种选择：①不改变土地的用途，相应农产品的价格为 p_1，生产函数为 $f_1(x)$，投入成本为 $c_1(x)$；②改变土地用途，相应农产品的价格为 p_2，生产函数为 $f_2(x)$，投入成本为 $c_2(x)$，其中 x 为土地投入量。设生产函数和成本函数满足：$f_i'>0$，$f_i''<0$，$c_i'>0$，$c_i''<0$。简单起见，设函数形式为柯布-道格拉斯生产函数，$f_i(x)=k_i x^{\theta_i}$，$i=1,2$，其中 k_i 为广义生产技术，$\theta_i\in(0,1)$ 为产出弹性；成本函数为二次型函数，$c_i(x)=a_i x^2$，其中 $a_i>0$，为成本系数。在委托代理分析框架下，为防止农地经营者（业主、委托人）未经同意强行改变土地用途以损害转出户（农户、代理人）的利益，经营者的最优生产决策可以表述为

$$\max_x\{U_1,U_2-C\}$$

$$\text{s.t.}\begin{cases}U_1=p_1k_1x^{\theta_1}-a_1x^2,\quad U_2=p_2k_2x^{\theta_2}-a_2x^2\\(\text{IR}):U_1\geqslant\bar{U},\quad U_2-U_1-C\leqslant 0\\(\text{IC}):U_1'=0,\quad U_2'=0\end{cases}\tag{13-8}$$

其中，U_1 和 U_2 分别为不改变和改变土地用途时的土地经营纯收益；$\bar{U}$ 为流转土地时的保留效用；C 为经营者违约而私自改变土地用途时的惩罚成本；k_i 为经营技术。IR 全称为 individual rationality，个体理性的意思；IC 全称为 incentive compatibility，激励相容的意思。$U_2-U_1-C\leqslant 0$ 表示由于惩罚成本的存在，改变土地用途不会增加收益。由 C 的外生性可知，只要惩罚力度足够大，且在处罚可以实施的条件下，经营者不会私自改变土地用途。在满足个体理性和激励相容约束的条件下，容易解得经营者的最优生产均衡为

$$x^*=\left[\frac{\theta_1p_1k_1}{2a_1}\right]^{\frac{1}{2-\theta_1}}\tag{13-9}$$

由规划（13-8）得到均衡（13-9）有两个非常严格的假设，一是信息是完全的，土地转出户可以在事前估计出经营者如果改变土地用途，自己将可能蒙受损失的大小，以便确认惩罚成本 C。同时，如果真的发生了违约行为，事后具体损失与事前评估差异不会太大。二是在违约发生时，对经营者进行惩罚的实施成本很低，即容易收回惩罚成本 C。现实中，这两个假设是比较强的，由于农地经营权转出农民的知识文化水平较低，对相关法律法规也不了解，对损失的估计以及维权成本均较高，而土地转入的经营者往往具有信息与知识的优势，使土地转出

户权益受损而无法得到补偿。因此，个体理性条件中$U_2-U_1-C\leqslant 0$往往得不到满足，如果去除此条件，经营者将根据效益最大原则选择土地的用途，一旦市场或经营技术变化使得改变土地用途变得有利可图，很可能导致违约事件随即发生。

为了进一步分析发生违约的情形，业主（代理人）最大化式（13-9）时，在约束条件下考虑U_1和U_2谁大谁小的问题，这一过程可以用图 13-30 进行分析。由U_1和U_2的表达式可知，其图形是过原点，开口向下的类似抛物线形的曲线，但由于$\theta_i \in (0,1)$，所以不是标准的抛物线。经营者变更土地用途的可能性由两种原因造成：一是市场价格p_i、投入成本$c_i(x)$变化或经营技术k_i的变化，导致收益的变化；二是由土地经营规模的变化导致收益的变化。前者可以由图 13-30（a）、（b）反映，后者则可由图 13-30（c）反映。在图 13-30（c）中，当经营规模超过$\hat{x}$时，业主有违约改变土地用途的激励。

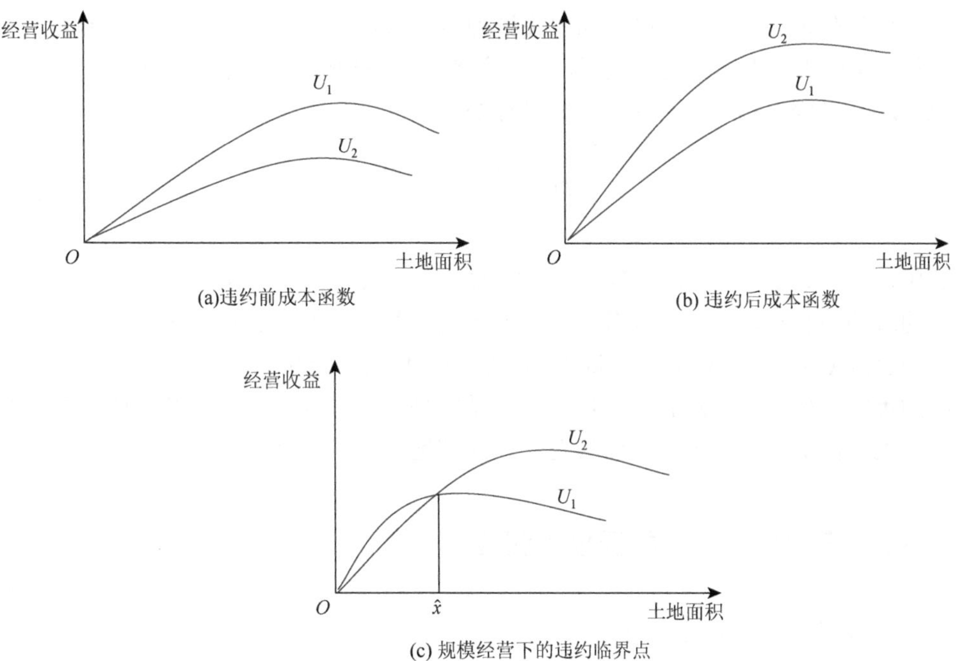

图 13-30　不同价格、技术与规模下收益变化与违约条件

由于农产品价格的波动具有较大的随机性，并无确定的规律可循，而投入成本、经营技术与土地的规模密切相关，因此，我们将以上违约的影响因素合并为规模因素，提出以下假设。

假设 1：农户流转土地的面积越多，规模越大，则越容易失去对土地的控制权，越容易产生纠纷。

2. 一般情况下违约的激励与决策

除了改变土地用途之外，农地经营权流转过程中产生纠纷的原因还有很多。例如，因经营不善，业主跑路，不能按时足额地交付租金；提前终止合同、抛荒不种、污染环境、损坏土地资源、过量施用化肥农药等，均有可能因此与农户产生纠纷。业主违约成本与农户获取信息、农户维权能力等因素有关，这些因素包括前文提到的市场结构、合约选择、村社及地方政府干预、农户对法律法规的了解和社会因素等，其他的包括不同的农地经营权流转的方式、对象和地域范围等，监督和惩罚成本存在差异，均可能对业主的机会主义行为产生影响，导致农地经营权流转过程中违约和纠纷的产生，综上所述，我们提出以下假设。

假设 2：市场信息越不完全，农民交易自主权越低，交易成本越高，则农户对土地的控制权越弱，农地经营权流转纠纷越多。

假设代理人 j 是否选择违约的决策为 D_j， $D_j=1$ 表示违约，则 $D_j=0$ 表示不违约。在违约与不违约之间选择，是一个考虑了违约成本-收益后最大化决策的结果，这一过程可用一个 Probit 模型进行描述：

$$D_j=\begin{cases}1, & Y_j^*>0\\0, & Y_j^*<0\end{cases}\tag{13-10}$$

其中， $Y_j^*=U_{j2}-U_{j1}-C$ ，为代理人收益； $U_{j2}-C$ 为违约时的净收益； U_{j1} 为不违约时的净收益，它们均受各种因素的影响。假设违约的影响因素为向量 X，则 $Y_j^*=U_{j2}(X)-U_{j1}(X)-C$ 。向量 X，包含了前述土地违约经营临界规模 $\hat{x}$，影响违约的市场结构、合约选择、政府干预、法律环境、社会因素，以及具体的农地经营权流转情况（流转方式、流转对象、流转地域）等因素。

13.3.3　农户土地控制权受损的测度

1. 变量说明与描述性统计

1）数据来源说明

本部分的数据仍然来源于课题组调研。

2）变量设计、描述性统计与因素概况

在已有农地经营权流转纠纷研究的基础上，问卷收集了农地经营权流转过程中农户与业主纠纷发生情况，以及违约和纠纷的影响因素，具体包括：农户家庭与土地确权颁证情况、农地经营权流转面积、市场结构、合约选择、政府干预、法律环境、社会因素以及具体的农地经营权流转方式、流转对象、流转地域等。综上所述，为了验证理论模型及相关研究假设，设置的被解释变量为 0-1 变量，即农户在农地经营权流转过程中，是否与业主产生过各种形式的纠纷，采用离散选择模型中的 Probit 模型，对农地经营权流转中纠纷的影响因素进行实证分析。

解释变量类别包含了从理论上影响农地经营权流转纠纷的主要因素：首先，我们控制农户家庭与土地确权颁证情况，具体变量设置包括户主的性别、年龄、教育水平以及农户的土地是否确权或颁证的情况。其次，针对研究假设 1，实证模型的核心解释变量为“农地经营权流转面积”，反映业主经营规模对农地经营权流转纠纷的影响。同时，除了经营规模，我们重点关注信息不对称因素对农地经营权流转纠纷的影响。关于农地经营权流转的市场结构因素，设置变量包括农地经营权流转方式（社队流转、谈判流转）、业主个数、流转难易、信息获取以及中介机构等。由于目前土地对于农户仍具有保障生存和发展生产的双重功能，部分进城农户宁愿撂荒也不愿意流转土地，因此，恰当而易于接受的农地经营权流转方式或途径则显得尤为重要。在问卷统计中，由于通过社队流转和农户自己谈判流转占总流转方式的 92.4%，因此只设置 2 个虚拟变量，其他方式为参照组①。流转业主个数设置 2 个虚拟变量，多个业主选择为参照组。土地流转难易程度、流转信息获取难易程度均按难至易，设置为利克特 5 点量表变量，而流转中介机构为二分虚拟变量。其次，合约选择因素的变量设置分为合同签订的方式和农民对业主流转土地的目的是否了解两个方面。在合同签订的方式中，设置格式合同、双方协商、第三方拟定 3 个虚拟变量，其他方式为参照组。是否了解业主流转土地目的设置为二分虚拟变量。在政府干预相关的因素中，根据农户是主动或被动参与农地经营权流转，设置 2 个变量，分别为主动参与和村社干预流转意愿，前者为虚拟变量，后者为利克特 5 点量表变量。关于法律环境因素，根据农民对农地经营权流转程序和相关法律法规的了解程度，设置 2 个变量，均为利克特 5 点量表变量。在社会因素方面，设置变量包括周边农户流转数量、周边农户流转意愿及乡村精英作用等 3 个解释变量，均为利克特 5 点量表变量。此外，根据农地经营权流转方式、流转对象及流转地域等按分类设置了相应的虚拟变量。最后，为了避免可能存在的农地经营权流转纠纷与农地经营权流转面积互为因果的内生性关系，引入农地经营权流转收入作为农地经营权流转面积的工具变量（instrumental variable，IV）。相关变量的说明及描述性统计见表 13-3。

① 农地经营权流转采用的组织方式包括通过社队流转、自行谈判流转、通过中介组织流转、通过交易平台流转、其他流转方式等 5 种，原本可设置 4 个虚拟变量，但由于前两种流转方式占总数比例达 92.4%，故只设置 2 个虚变量。

表 13-3　变量说明与描述性统计（$n=712$）

变量类别	变量名	变量定义与描述	均值	标准差
被解释变量	纠纷情况	虚拟变量，农地经营权流转过程中曾与业主产生争执或纠纷＝1，未曾产生争执或纠纷＝0	0.122	0.328
农民家庭与土地确权颁证情况	性别	户主性别，虚拟变量，男性＝1，女性＝0	0.692	0.462
	年龄	户主年龄，单位：年	55.030	11.230
	教育水平	户主受教育水平，小学及以下＝6，初中＝9，高中＝12，大专及以上＝16	7.555	3.536
	确权	土地是否确权，虚拟变量，是＝1，否＝0	0.744	0.437
	颁证	土地是否颁证，虚拟变量，是＝1，否＝0	0.544	0.498
农地经营权流转面积	转出面积	农民流转出去的耕地面积，单位：亩	6.612	9.863
市场结构	社队流转	虚拟变量，通过社队流转土地＝1，其他＝0	0.570	0.495
	谈判流转	虚拟变量，自行谈判流转土地＝1，其他＝0	0.354	0.479
	1 个业主	虚拟变量，只有 1 个业主＝1，其他＝0	0.722	0.448
	2 个业主	虚拟变量，只有 2 个业主＝1，其他＝0	0.103	0.304
	流转难易	利克特 5 点量表变量，很麻烦＝1，比较麻烦＝2，一般＝3，比较容易＝4，很容易＝5	3.987	0.987
	信息获取	利克特 5 点量表变量，很麻烦＝1，比较麻烦＝2，一般＝3，比较容易＝4，很容易＝5	3.593	1.023
	中介机构	虚拟变量，有＝1，没有或不知道＝0	0.145	0.352
合约选择	格式合同	业主提供的格式合同条款＝1，其他＝0	0.312	0.464
	双方协商	双方充分商量后拟定合同条款＝1，其他＝0	0.409	0.492
	第三方拟定	第三方机构拟定合同条款＝1，其他＝0	0.138	0.345
	目的了解	虚拟变量，了解业主流转土地的目的＝1，不了解＝0	0.848	0.359
地方政府干预	主动参与	虚拟变量，主动参与农地经营权流转＝1，否＝0	0.742	0.438
	村社干预流转意愿	利克特 5 点量表变量，没有影响＝1，少量影响＝2，一般＝3，较多影响＝4，完全影响＝5	2.381	1.483
法律环境	程序了解	利克特 5 点量表变量，不熟悉＝1，不太熟悉＝2，一般＝3，比较熟悉＝4，非常熟悉＝5	2.185	1.229
	法规了解	利克特 5 点量表变量，不熟悉＝1，不太熟悉＝2，一般＝3，比较熟悉＝4，非常熟悉＝5	1.721	1.035
社会因素	周边农民流转数量	利克特 5 点量表变量，没有＝1，较少＝2，一般＝3，较多＝4，很多＝5	4.132	1.117
	周边农民流转意愿	利克特 5 点量表变量，不强烈＝1，不太强烈＝2，一般＝3，比较强烈＝4，很强烈＝5	3.525	1.010
	乡村精英作用	利克特 5 点量表变量，不大＝1，不太大＝2，一般＝3，比较大＝4，很大＝5	2.358	1.308

续表

变量类别	变量名	变量定义与描述	均值	标准差
流转方式	转包	虚拟变量，转包 = 1，其他 = 0	0.396	0.489
	转让	虚拟变量，转让 = 1，其他 = 0	0.094	0.292
	出租	虚拟变量，出租 = 1，其他 = 0	0.471	0.499
流转对象	种养大户	虚拟变量，种养大户 = 1，其他 = 0	0.197	0.398
	企业	虚拟变量，企业 = 1，其他 = 0	0.197	0.398
	合作社	虚拟变量，合作社 = 1，其他 = 0	0.093	0.290
	普通农民	虚拟变量，普通农民 = 1，其他 = 0	0.244	0.430
	家庭农场	虚拟变量，家庭农场 = 1，其他 = 0	0.192	0.394
流转地域	本村内	虚拟变量，本村内 = 1，其他 = 0	0.511	0.500
	跨村本镇	虚拟变量，跨村本镇 = 1，其他 = 0	0.173	0.378
	跨镇本县	虚拟变量，跨镇本县 = 1，其他 = 0	0.133	0.340
	跨县本省	虚拟变量，跨县本省 = 1，其他 = 0	0.122	0.328

2. 模型估计与结果分析

由前文所述，理论上随着农地经营权流转规模的上升，产生纠纷的可能性增大，同时，不能排除纠纷可能对流转产生影响，表 13-3 显示，有超过一半农户在本村内流转土地，农地经营权流转纠纷不仅可能从时间上影响农地经营权流转的持续性，也可能从空间上对附近其他农户流转土地产生影响。我们发现，不同样本户中，农地经营权流转价格差异较大，具有充分的随机性。农地经营权流转收入由流转价格与流转面积相乘得到，因此，农地经营权流转收入与流转面积高度相关，但由于价格的随机流动，农地经营权流转收入与流转纠纷却不相关，农地经营权流转收入与流转纠纷的相关系数不显著，以流转纠纷为被解释变量，农地经营权流转收入为解释变量，其他外生变量为控制变量作回归，农地经营权流转收入对纠纷的影响也不显著（限于篇幅，省略了相关分析结果）。由于农地经营权流转收入只与流转面积相关，与流转纠纷不相关，符合工具变量的基本条件，我们在普通 Probit 模型估计的基础上，使用农地经营权流转收入作为农地经营权流转面积的工具变量，进行 IV-Probit 模型的估计，以检验农地经营权流转面积的内生性，同时也作为 Probit 估计的稳健性检验。

表 13-4 第 3 列给出了 Probit 模型的估计结果，第 4 列为基于极大似然估计（maximum likelihood estimate，MLE）的 MLE-IV-Probit 结果，第 5 列为 MLE-IV-Probit 工具变量估计的第一阶段结果，第 6 列为基于两步法 IV-Probit 的估计结果，第 7 列为普通 Probit 模型平均边际效应的估计结果。

表 13-4 农地经营权流转纠纷 Probit 模型估计结果

变量类别	解释变量	Probit 被解释变量：纠纷	MLE-IV-Probit 被解释变量：纠纷	MLE-IV-Probit 第一阶段被解释变量：转出面积	两步法 IV-Probit 被解释变量：纠纷	边际效应 被解释变量：纠纷
农民家庭与土地确权颁证情况	性别	0.303** (0.155)	0.304* (0.174)	0.264 (0.393)	0.304* (0.174)	0.049* (0.025)
	年龄	−0.033 (0.050)	−0.033 (0.050)	−0.081 (0.121)	−0.033 (0.050)	−0.005 (0.008)
	年龄平方	0.000 266 (0.000 451)	0.000 264 (0.000 458)	0.000 481 (0.001 100)	0.000 264 (0.000 458)	4.27×10^{-5} (7.25×10^{-5})
	教育水平	−0.005 (0.020)	−0.005 (0.023)	−0.066 (0.055)	−0.005 (0.023)	−0.001 (0.003)
	确权	−0.240 (0.180)	−0.240 (0.197)	−0.272 (0.482)	−0.240 (0.197)	−0.039 (0.029)
	颁证	−0.185 (0.169)	−0.184 (0.182)	0.915** (0.423)	−0.184 (0.182)	−0.030 (0.027)
农地经营权流转面积	转出面积	0.020*** (0.006)	0.019** (0.008)		0.019** (0.008)	0.003*** (0.001)
市场结构	社队流转	0.229 (0.287)	0.228 (0.298)	−0.004 (0.684)	0.228 (0.298)	0.037 (0.046)
	谈判流转	0.351 (0.327)	0.350 (0.336)	1.115 (0.741)	0.350 (0.336)	0.057 (0.053)
	1 个业主	−0.399** (0.187)	−0.398** (0.197)	1.405*** (0.483)	−0.398** (0.197)	−0.064** (0.030)
	2 个业主	−0.039 (0.269)	−0.040 (0.290)	1.062 (0.693)	−0.040 (0.290)	−0.006 (0.043)
	流转难易	0.039 (0.079)	0.039 (0.088)	0.162 (0.221)	0.039 (0.088)	0.006 (0.013)
	信息获取	−0.067 (0.084)	−0.067 (0.084)	−0.264 (0.210)	−0.067 (0.084)	−0.011 (0.013)
	中介机构	0.503** (0.206)	0.503** (0.219)	−0.555 (0.556)	0.503** (0.219)	0.081** (0.033)
合约选择	格式合同	−0.060 (0.225)	−0.060 (0.234)	0.979* (0.574)	−0.060 (0.234)	−0.010 (0.036)
	双方协商	0.053 (0.227)	0.054 (0.230)	1.898*** (0.567)	0.054 (0.230)	0.009 (0.037)
	第三方拟定	−0.063 (0.254)	−0.063 (0.268)	2.190*** (0.691)	−0.063 (0.268)	−0.010 (0.041)
	目的了解	−0.382** (0.173)	−0.381** (0.179)	1.158** (0.487)	−0.381** (0.179)	−0.061** (0.028)
地方政府干预	主动参与	−0.630*** (0.162)	−0.629*** (0.175)	0.261 (0.452)	−0.629*** (0.175)	−0.101*** (0.027)
	村社干预流转意愿	0.109** (0.055)	0.109** (0.055)	0.164 (0.138)	0.109** (0.055)	0.018** (0.009)

续表

变量类别	解释变量	Probit 被解释变量：纠纷	MLE-IV-Probit 被解释变量：纠纷	MLE-IV-Probit 第一阶段被解释变量：转出面积	两步法 IV-Probit 被解释变量：纠纷	边际效应 被解释变量：纠纷
法律环境	程序了解	0.081 （0.085）	0.082 （0.082）	0.440** （0.209）	0.082 （0.082）	0.013 （0.014）
	法规了解	−0.172* （0.099）	−0.172 （0.107）	−0.723*** （0.252）	−0.172 （0.107）	−0.028* （0.016）
社会因素	周边农民流转数量	0.077 （0.075）	0.077 （0.072）	0.517*** （0.176）	0.077 （0.072）	0.012 （0.012）
	周边农民流转意愿	−0.007 （0.076）	−0.007 （0.081）	0.091 （0.205）	−0.007 （0.081）	−0.001 （0.012）
	乡村精英作用	−0.024 （0.059）	−0.024 （0.063）	−0.793*** （0.149）	−0.024 （0.063）	−0.004 （0.009）
流转方式	转包	−0.300 （0.382）	−0.302 （0.415）	0.213 （0.939）	−0.302 （0.415）	−0.048 （0.061）
	转让	−0.370 （0.467）	−0.373 （0.481）	0.180 （1.099）	−0.373 （0.481）	−0.059 （0.075）
	出租	−0.267 （0.382）	−0.268 （0.401）	0.073 （0.920）	−0.268 （0.401）	−0.043 （0.061）
流转对象	种养大户	−0.462 （0.309）	−0.462 （0.315）	−2.239*** （0.800）	−0.462 （0.315）	−0.074 （0.050）
	企业	−0.560* （0.287）	−0.558* （0.330）	−0.736 （0.759）	−0.558* （0.330）	−0.090* （0.047）
	合作社	−0.243 （0.326）	−0.242 （0.378）	−0.618 （0.884）	−0.242 （0.378）	−0.039 （0.053）
	普通农民	−0.145 （0.304）	−0.144 （0.304）	−0.202 （0.774）	−0.144 （0.304）	−0.023 （0.049）
	家庭农场	−0.160 （0.329）	−0.156 （0.337）	2.596*** （0.831）	−0.156 （0.337）	−0.026 （0.053）
流转地域	本村内	−0.827*** （0.312）	−0.827** （0.337）	−0.342 （0.856）	−0.827** （0.337）	−0.133*** （0.051）
	跨村本镇	−0.625* （0.320）	−0.624* （0.347）	0.115 （0.889）	−0.624* （0.347）	−0.100* （0.051）
	跨镇本县	0.396 （0.304）	0.396 （0.318）	0.621 （0.907）	0.396 （0.318）	0.064 （0.049）
	跨县本省	0.005 （0.330）	0.006 （0.338）	0.926 （0.953）	0.006 （0.338）	0.001 （0.053）
工具变量	农地经营权流转收入			0.002*** （4.06×10^{-5}）		
常数项		1.032 （1.619）	1.024 （1.579）	−2.414 （3.816）	1.024 （1.579）	
Wald 外生性检验			0.010		0.010	

续表

变量类别	解释变量	Probit 被解释变量：纠纷	MLE-IV-Probit 被解释变量：纠纷	MLE-IV-Probit 第一阶段被解释变量：转出面积	两步法 IV-Probit 被解释变量：纠纷	边际效应 被解释变量：纠纷
ρ			0.006 （0.077）			
Wald 卡方值		144.820***	81.670***		81.750***	
判定系数		0.203		0.798		
样本数		712	712	712	712	712

注：括号内为异方差稳健标准差

***、**、*分别表示 1%、5%和 10%显著

从表 13-4 的估计结果可知，MLE-IV-Probit 估计、两步法 IV-Probit 估计与普通 Probit 估计系数的大小十分接近，显著性也基本未发生改变。Wald 外生性检验统计量只有 0.01，相伴概率为 0.9365，并不显著，说明转出面积不是内生变量。第一阶段方程与第二阶段方程误差项相关系数 ρ 的估计值为 0.006，并不显著，也表明不存在内生性。由于工具变量估计中第一阶段的拟合优度很高，所以普通 Probit 估计与 IV-Probit 估计的结果十分接近。总之，模型不存在内生性问题，普通 Probit 模型估计通过了计量经济学检验和稳健性检验。由各因素对纠纷影响的边际效应估计，结论如下。

第一，在农户特征、土地确权颁证以及农地经营权流转规模方面，农户家庭与土地确权颁证情况的相关变量中，户主为男性时纠纷产生的概率显著大于女性，边际效应显著，男性户主发生纠纷的概率比女性户主高 4.9%。而户主的年龄、教育水平、农户的土地是否确权或颁证等，对纠纷产生的概率均没有显著影响。由前文可知，样本地区农户确权比例接近 3/4，而颁证比例超过一半，可能是由于土地确权颁证工作已接近尾声，本书的结果并未支持较早的研究结果（Deininger and Jin，2005），即我们认为，随着土地确权颁证工作的完成，土地确权颁证对农地经营权流转纠纷的边际影响也趋于下降。但这并不意味着土地确权颁证工作不重要，比如有研究表明，农户的金融知识以土地确权颁证作为中介，对农地经营权流转行为产生了调节效应（李隆伟，2016），土地确权颁证通过提高地权的安全性、可交易性和信贷可得性等方式促进了农户的农业投资行为（林翊等，2009）。回归结果显示，农户流转出去土地每增加 1 亩，发生争执或纠纷的概率显著地上升 0.3%。统计显示，农户平均流转面积为 6.612 亩，标准差为 9.863 亩，随着农地经营权流转面积的增加，发生纠纷的概率将不断上升，研究假设 1 得到实证的支持。

第二，在市场结构与合约选择方面，农地经营权流转只有 1 个业主时，比有 2 个或多个业主选择的情形，产生农地经营权流转纠纷的概率显著下降 6.4%。有农地经营权流转中介机构比没有中介机构的情形，违约概率显著上升 8.1%。其原因可能为业主越少，对交易双方的了解程度越高，产生违约的可能性下降。而中介机构的存在，增加了农户与业主互相了解的链条，使得违约风险上升。在合约选择上，不同合同条款的确定方式对违约的影响没有显著差异，而农户了解业主流转土地的目的，比不了解时违约概率显著下降了 6.1%。虽然有研究显示，农户在有第三方机构存在下签订的农地经营权流转协议更加稳定，交易费用也较低（林文声等，2017），但同时存在大量农户之间农地经营权流转甚至连书面合同都没有的口头约定形式的合约选择（吕彦彬和王富河，2004），这可能与转出户在农地经营权流转出去后仍然保留着较强的对土地的控制权偏好有关（刘远风和伍飘宇，2018），可见，合约选择方式对农地经营权流转的影响较为复杂，对于特定的农户偏好有不同的影响，本章实证研究结果倾向于支持文献的研究结论。

第三，在地方政府干预、法律环境、社会因素方面，农户主动参与农地经营权流转时，比非主动参与农地经营权流转，纠纷显著下降 10.1%。而村社对农户农地流转意愿的干预程度，5 点量表得分上每上升 1 分，纠纷发生的概率显著上升 1.8%。可见，农户农地流转自主权是否受到地方政府的干预对农地经营权流转过程中的争执与纠纷有十分重要的影响。尊重农户在农地流转中的主体地位，以农户自身意愿作为农地经营权流转权益保障和收益分配的根本落脚点（吴一恒等，2018），是农地经营权流转必须遵守的根本原则。农户对农地经营权流转法规了解程度的 5 点量表得分每上升 1 分，纠纷概率显著下降 2.8%。农户对农地经营权流转程序了解程度则对农地流转纠纷影响不显著。社会因素包括周边农户流转数量、周边农户流转意愿及乡村精英作用等，对农地经营权流转纠纷影响不显著。

第四，在农地经营权流转方式、流转对象与流转地域方面，不同农地经营权流转方式对产生流转纠纷的影响并不显著。而在农地经营权流转对象上，农户将农地经营权流转给企业，则比流转给其他业主时，发生纠纷的概率显著下降 9.0%。在流转地域方面，流转地域范围越近，则发生纠纷的概率越低。土地在本村内流转以及跨村本镇内流转，相比跨镇、县、省等其他流转，发生纠纷的概率分别显著下降 13.3%和 10.0%。

综上所述，业主个数的变化、中介机构的介入与否、对农地经营权流转法规的了解程度以及流转地域的远近，均体现了农户获取交易过程中信息的成本和交易成本的不同。而农户是否主动参与或政府对农民流转意愿的干预，体现了交易的自主权，因此，交易成本越高，纠纷越多，提出的假设 2 也得到了实证分析的支持。

13.3.4　农户土地控制权保护的关键因素

农户土地控制权与农地经营权流转纠纷发生的机理及其实证研究表明以下内容。

（1）农户流转土地的面积越多，业主经营规模越大，发生争执与纠纷的概率越高。因此，应提倡土地适度规模经营，而并非追求规模越大越好。随着农地经营权流转规模的上升，纠纷发生风险也随之上升。

（2）农地经营权流转双方相关信息的充分程度对纠纷的产生起到关键的作用。无论是事前农户对业主流转土地目的的了解，还是事后农户对业主经营的监督，市场信息越充分，将越显著影响流转纠纷发生的概率。因此，降低农地经营权流转的交易成本，提升农地经营权流转信息的完全与充分，对降低土地纠纷的发生、维护农户承包权益起到重要作用。

（3）农户在农地经营权流转过程中的自主权是否得以保障，地方政府对流转意愿的影响，是农地经营权流转纠纷的又一重要影响因素。农户自主流转及受到地方政府干预较少的，发生农地经营权流转纠纷的概率则显著下降。因此，应加大力度保障农户农地流转的自主权，减少地方政府对农户流转土地意愿的干预，促进土地自由流转。

13.4　农户土地发展权与福利权保护问题的实证分析

13.4.1　农地经营权流转对农户土地发展权与福利权的影响假设

由前文分析，农户在减少或放弃务农的同时，虽然也减少了农业收入。但从机会成本的角度，由于农地经营权流转后农户拥有更多的劳动力用于非农活动，增加了非农收入。进城务工还增加了农户在非农劳动力市场的人力资本积累，因此，劳动力从土地中解放出来，稳定和受保护的农地经营权流转交易，使得农民可以安心在城镇务工，并无后顾之忧，农地经营权流转市场的健康发展，从长期看则保障了农户土地发展权。

此外，农户进行农地经营权流转后能获得租金收入。由于这部分收入具有稳定性，并且随着时间的推移还会随着经济增长、物价上升和平均地租的上升而上涨，只要土地不被征用或改变用途，流转后的土地租金相当于为农户未来提供了一份保值的年金，因此租金收入为农户提供了重要的福利保障，租金从短期看是农户的收益权，长期看则属于农户的福利权。

由于农户收入由农业收入、农地租金收入和非农务工收入三部分构成，农地经营权流转后农户总收入的变动趋于复杂，既有农业收入的减少，也有租金收入的增加，以及务工收入的增加。由于不同收入的影响因素不同，并且不同收入来源在农户收入中的份额也不尽相同，因此，本部分内容通过计量模型对影响农户各项收入变动的因素进行实证研究，便于厘清农地经营权流转在农户收入变动过程中的地位与作用，以考察农户土地发展权益和福利权益的实现情况和受影响情况。

基于前文的现状及理论分析，我们提出以下研究假设。

假设 3：农地经营权流转将减少农户的农业生产行为，从而减少农户的农业收入。

假设 4：农地经营权流转将增加农户的非农生产行为，从而增加农户的非农收入，有利于农户的发展权。

假设 5：由于非农收入往往高于农业收入，从而农地经营权流转将增加农户的总收入，有利于农户的福利权。

13.4.2　农户土地发展权与福利权的影响实证

1. 主要影响因素与描述性统计

根据经济学理论和已有研究成果，以及问卷调查和数据的可得性，本节设置的变量类别包括四个方面：①被解释变量，包括农地经营权流转收入、农地经营权流转前后农业收入变动、农地经营权流转前后非农收入变动、农地经营权流转前后总收入变动；②农户家庭情况，反映户主和家庭成员的主要情况，包括户主性别、年龄、教育水平、劳动力和耕地面积；③农地经营权流转情况，反映农地经营权流转的主要情况，包括土地确权和颁证的状况、转出面积、农地经营权流转收入（作为非农收入变动和总收入变动的解释变量）以及农地经营权流转过程中农户与业主产生争执或纠纷的情况；④虚拟控制变量，本质上也属于农地经营权流转情况，但由于都是多类别变量，故单独作一类，包括流转过程中价格决定方式、农地经营权流转方式、农地经营权流转对象和业主地域来源。其中，价格决定方式虚拟变量分为业主单方指定、第三方居中协商和双方协商，以其他方式为参照组；农地经营权流转方式虚拟变量分为转包、转让和出租，由于入股和其他流转方式只占总样本的 4%，将其合并作为参照组；农地经营权流转对象虚拟变量分为种养大户、企业、合作社、普通农户和家庭农场，农村集体经济组织为参照组；业主地域来源虚拟变量分为本村内、跨村本镇、跨镇本县、跨县本省，跨省流转为参照组。相关变量说明和描述性统计见表 13-5。

表 13-5　变量定义及描述性统计（$n = 701$）

变量分类	变量名	变量描述	均值	标准差
被解释变量	农地经营权流转收入	农户从农地经营权流转中获得的租金收入，单位：元	3 976	4 496
	农业收入变动	农户土地流转后农业收入减农地经营权流转前农业收入，单位：元	−2 708	9 838
	非农收入变动	农户土地流转后非农收入减农地经营权流转前非农收入，单位：元	9 463	15 828
	总收入变动	农户土地流转后总收入减农地经营权流转前总收入，单位：元	6 755	15 039
农户家庭情况	性别	户主性别，虚拟变量，男性 = 1，女性 = 0	0.698	0.460
	年龄	户主年龄，单位：年	55.070	11.220
	教育水平	户主受教育水平，小学及以下 = 6，初中 = 9，高中 = 12，大专及以上 = 16	7.544	3.541
	劳动力	农户家庭劳动力人数	2.397	1.365
	耕地面积	农户家庭拥有的耕地面积，单位：亩	9.437	16.876
农地经营权流转情况	转出面积	农户流转出去的耕地面积，单位：亩	6.608	9.887
	确权	土地是否确权，虚拟变量，是 = 1，否 = 0	0.745	0.436
	颁证	土地是否颁证，虚拟变量，是 = 1，否 = 0	0.542	0.499
	争执或纠纷	虚拟变量，农地经营权流转过程中曾经产生过争执或纠纷 = 1，否 = 0	0.121	0.327
价格决定方式	业主单方指定	虚拟变量，业主单方指定 = 1，其他 = 0	0.230	0.421
	第三方居中协商	虚拟变量，第三方居中协商 = 1，其他 = 0	0.321	0.467
	双方协商	虚拟变量，双方协商 = 1，其他 = 0	0.408	0.492
农地经营权流转方式	转包	虚拟变量，转包 = 1，其他 = 0	0.399	0.490
	转让	虚拟变量，转让 = 1，其他 = 0	0.094	0.292
	出租	虚拟变量，出租 = 1，其他 = 0	0.466	0.499
农地经营权流转对象	种养大户	虚拟变量，种养大户 = 1，其他 = 0	0.198	0.399
	企业	虚拟变量，企业 = 1，其他 = 0	0.194	0.396
	合作社	虚拟变量，合作社 = 1，其他 = 0	0.091	0.288
	普通农民	虚拟变量，普通农民 = 1，其他 = 0	0.245	0.431
	家庭农场	虚拟变量，家庭农场 = 1，其他 = 0	0.195	0.397
业主地域来源	本村内	虚拟变量，本村内 = 1，其他 = 0	0.511	0.500
	跨村本镇	虚拟变量，跨村本镇 = 1，其他 = 0	0.174	0.379
	跨镇本县	虚拟变量，跨镇本县 = 1，其他 = 0	0.133	0.339
	跨县本省	虚拟变量，跨县本省 = 1，其他 = 0	0.123	0.328

注：剔除了 11 个异常值样本后，计量分析使用的数据样本为 701

2. 模型估计与结果分析

分别以农地经营权流转收入、农业收入变动、非农收入变动及总收入变动为被解释变量，进行回归分析，结果见表 13-6。为排除异方差的影响，所有统计检验均采用异方差稳健标准误进行。

表 13-6　计量模型估计结果

变量类别	解释变量	被解释变量			
		农地经营权流转收入	农业收入变动	非农收入变动	总收入变动
农民家庭情况	性别	0.234 （0.150）	0.013 （0.701）	2.024* （1.090）	2.090* （1.125）
	年龄	0.105** （0.042）	0.652** （0.312）	−1.021 （0.649）	−0.343 （0.499）
	年龄平方	−0.000 82** （0.000 37）	−0.005 42* （0.002 79）	0.007 32 （0.005 79）	0.001 65 （0.004 52）
	教育水平	0.070*** （0.027）	0.231** （0.113）	−0.169 （0.173）	0.155 （0.169）
	劳动力	0.063 （0.064）	−0.048 （0.254）	0.296 （0.356）	0.385 （0.357）
	耕地面积		−0.077*** （0.026）		−0.210*** （0.034）
农地经营权流转情况	转出面积	0.393*** （0.031）	−0.238*** （0.052）		0.617*** （0.190）
	确权	0.047 （0.195）	0.919 （0.746）	1.960* （1.210）	2.322* （1.280）
	颁证	0.088 （0.158）	−0.896 （0.848）	2.748** （1.235）	2.093 （1.359）
	农地经营权流转收入			0.979*** （0.323）	−0.379 （0.485）
	争执或纠纷	−0.053 （0.260）	0.402 （0.879）	−1.518 （1.531）	−1.227 （1.644）
价格决定方式	业主单方指定	0.664 （0.514）		−3.233 （3.146）	−2.686 （4.478）
	第三方居中协商	0.876* （0.518）		−1.620 （3.255）	0.617 （4.571）
	双方协商	0.185 （0.518）		0.031 （3.168）	0.364 （4.518）
农地经营权流转方式	转包	−0.467 （0.336）		4.816* （2.600）	5.376** （2.347）
	转让	−0.744 （0.794）		15.520*** （4.562）	9.890** （4.133）
	出租	−0.404 （0.343）		5.453** （2.590）	4.036* （2.341）

续表

变量类别	解释变量	被解释变量			
		农地经营权流转收入	农业收入变动	非农收入变动	总收入变动
农地经营权流转对象	种养大户	0.531* （0.313）		−5.357** （2.583）	−6.690** （2.928）
	企业	0.734** （0.314）		−2.171 （2.223）	−2.337 （2.470）
	合作社	0.463 （0.371）		−6.955*** （2.456）	−5.152 （3.366）
	普通农民	−0.258 （0.318）		0.103 （2.493）	−3.482 （2.793）
	家庭农场	−0.965** （0.374）		1.660 （2.564）	−2.988 （2.667）
业主地域来源	本村内	0.760** （0.387）		3.578 （2.984）	2.461 （3.105）
	跨村本镇	0.260 （0.344）		0.149 （3.024）	−1.062 （3.002）
	跨镇本县	0.197 （0.383）		7.799** （3.532）	3.755 （3.390）
	跨县本省	0.175 （0.387）		0.902 （3.423）	0.109 （3.521）
常数项		−3.280* （1.762）	−20.990** （8.403）	29.150 （17.870）	11.010 （15.280）
判定系数		0.772	0.130	0.246	0.166
样本数		701	701	701	701

注：括号内为异方差稳健标准误差

***、**、*分别表示 1%、5%和 10%显著

从表 13-6 的估计结果可知以下内容。

1）关于农地经营权流转收入

在农户家庭情况方面，户主年龄对农地经营权流转收入有显著的倒“U”形影响关系，即随着年龄增长，先促进农地经营权流转收入的增加，而年龄高到一定程度后将不利于农地经营权流转收入的增长。其可能原因是，随年龄增长，户主的知识经验和人力资本积累不断上升，有利于农地经营权流转和收入增长，但进入老龄阶段，人力资本迅速折损，虽然农民不存在“退休”，但近年来农村养老问题也不断凸显。户主受教育水平也显著地与农地经营权流转收入呈正相关，文化程度每提高一级，农地经营权流转收入增加 70 元。户主的性别和家庭劳动力人数则对农地经营权流转收入无显著影响。

在农地经营权流转情况方面，农户转出的土地面积每增加 1 亩，流转收入将增加 393 元，即流转的土地越多，流转收入越高，土地的边际收益为每亩 393 元。

而土地是否确权颁证，对农地经营权流转收入无显著影响，农地经营权流转过程中是否与业主产生过争执或纠纷对农地经营权流转收入的影响也不显著。

在流转的价格决定方式上，由第三方居中协商的农户比其他方式流转土地的农户收入平均高出 876 元，显著性为 10%。而各种农地经营权流转方式对农地经营权流转收入的影响没有显著的差别。在农地经营权流转对象方面，流转给种养大户和企业的，分别比参照组显著高出 531 元和 734 元，流转给家庭农场的收入则显著低了 965 元，流转给合作社和普通农户的收入与参照组无显著差别。在业主地域来源方面，将农地经营权流转给本村内业主的农户的流转收入比流转给其他地域的流转收入高出 760 元，其他业主地域来源对流转收入影响的差别不显著。

2）关于农业收入变动

在农户家庭情况方面，年龄与农业收入变动存在显著的倒“U”形关系，即随着年龄的增长，农业收入先增加，后减少。这符合随年龄增长，获得非农就业机会减少，务农收入增加，但年龄过高则务农收入减少的规律。教育水平对农业收入变动有显著正影响，文化程度每提高一级，农业收入变动增加 231 元。家庭拥有的耕地面积对农业收入变动有显著的负影响，耕地面积每增加 1 亩，农业收入变动减少 77 元。需要注意被解释变量为农地经营权流转前后农业收入的变动，而非农业收入本身。即农户拥有耕地面积越多，流转出去的土地也越多，农业收入减少。

在农地经营权流转情况方面，农户每转出 1 亩土地，农业收入变动减少 238 元，研究假设 3 得到支持。而土地是否确权或颁证、流转过程中的争执或纠纷情况，则对农业收入变动均无显著影响。

3）关于非农收入变动

由于农地经营权流转收入属于非农收入的一部分，我们将农地经营权流转收入作为解释变量纳入回归方程，同时，非农收入变化主要受农地经营权流转后有更多人力和时间从事非农活动的影响。在农户家庭情况方面，男性户主显著地比女生获得更多的非农收入，年平均高出 2024 元。年龄、教育水平、劳动力等对非农收入变动的影响则不显著。

在农地经营权流转情况方面，土地确权和颁证对农户非农收入变动有显著影响，分别使非农收入年平均高出 1960 元和 2748 元。土地确权颁证将使农户土地权利得到保障，从事非农活动无后顾之忧，有利于提高非农收入。从表 13-5 可知样本农户土地确权和颁证比例分别为 74.5%和 54.2%，继续通过土地确权颁证促进农户非农收入增加还有较大的潜力。农地经营权流转收入对农户的非农收入变动有显著的正影响，农地经营权流转收入每增加 1000 元，农户非农收入增加 979 元，假设 4 得到支持。同时，农地经营权流转中争执或纠纷对农户非农收入变动的影响不显著。

农地经营权流转中价格决定方式的不同，对农户非农收入变动没有显著影响。在农地经营权流转方式中，转包、转让和出租则分别比参照组农户非农收入年平均增加了 4816 元、15 520 元和 5453 元，说明土地转包、转让和出租比土地入股和其他流转方式更能促进农户的非农收入增长。由于转包、转让和出租后，农户不用再过多关注土地的经营情况，有更多的精力从事非农活动，从而成为主要的农地经营权流转方式（总计占样本农户的 96%）。在农地经营权流转对象方面，相对于其他流转对象，转给种养大户和合作社的农户，非农收入变动显著减少，分别减少了 5357 元和 6955 元。在业主地域来源方面，将农地经营权流转给跨镇本县的农户非农收入增加显著多于流转给其他地区的农户。

4）关于农户总收入变动

在农户家庭情况方面，户主是男性的农户家庭总收入比户主为女性时显著增加 2090 元。而在控制了农地经营权耕地面积后，农户耕地面积每增加一亩，总收入显著下降 210 元。因此，土地越多，在扣除流转对收入的影响后，使得农民滞留于农业生产，反而降低了农户总收入的增长，引起了类似于“资源诅咒”的作用。年龄、教育水平和劳动力对农地经营权流转前后农户总收入变动的影响则不显著。

在农地经营权流转情况方面，农户每转出 1 亩土地，总收入显著增加 617 元，农地经营权流转显著地增加了农户总收入，假设 5 得到支持。土地确权的农户比未确权的总收入变动显著增加 2322 元。土地颁证情况和农地经营权流转收入则对农户总收入变动影响不显著。由前文可知，农地经营权流转收入平均只占农户总收入的 24.39%，不足 1/4，可见，农地经营权流转对农户增收所起的主要作用，在于农地经营权流转后增加的非农就业机会所取得的收入，而非农地经营权流转收入本身。农地经营权流转中的争执或纠纷情况对农户总收入变动的影响并不显著。

农地经营权流转价格决定方式、业主地域来源等均对农户总收入变动的影响没有显著差异。而不同农地经营权流转方式、流转对象对农户总收入变动影响的差异与对农户非农收入变动影响的差异基本一致，不再赘述。

13.4.3 农户土地发展权与福利权保护的关键因素

1. 主要实证结论

（1）计量分析结果表明，关于农地经营权流转对农户收入影响的 3 个假设均得到了支持：农地经营权流转将减少农户的农业收入、增加农户的非农收入、增加农户的家庭总收入。每转出 1 亩土地，农户流转租金收入将增加 393 元，农业收入减少 238 元，农户总收入增加 617 元。

（2）由于农地经营权流转收入只占农户总收入的不到 1/4，因此，虽然农地经营权流转所得显著增加了农户的非农收入，但并未直接增加农户的总收入。农户总收入的增长主要得益于农地经营权流转后，农户获得了更多非农就业机会所增加的收入。

（3）农地确权颁证情况对农户的非农收入和总收入变动存在一定的影响，而农地经营权流转过程中价格决定方式、农地经营权流转方式、农地经营权流转对象、业主地域来源等差异，对农地经营权流转收入、非农收入和总收入的变动均有一定的差异性影响。

（4）农地经营权流转过程中，农户与业主产生争执或纠纷情况，对农户各项收入的影响虽然与理论和常识保持一致，但统计上均未显著，其原因可能与争执或纠纷在样本中的比例较低有关。

2. 农户土地福利权保护的关键因素

（1）提高农民的文化素质水平，对于保障农户长期租金获取及保证租金价格合理具有重要意义。

（2）加强农地经营权流转市场化，完善农地经营权流转机制，提高土地流转中介机构的服务水平，加强第三方在农地经营权流转价格中的协商作用，对保障农户租金价格具有积极意义。

（3）完善农地经营权流转渠道，促使土地向种养大户和企业流转，特别是将农地经营权流转给本村业主，能保障农户获得相对高的租金收入，有利于农户长期福利权的保障。

3. 农户土地发展权保护的关键因素

由于土地确权和颁证均分别大幅提高了农户的非农收入，使年平均非农收入变动分别提高了 1960 元和 2748 元。可见，土地确权颁证将使农户土地发展权得到释放，农民从事非农活动无后顾之忧，提高了农民进城务工的效率，促进了农户非农收入增长。而农地经营权流转中介机构则没有充分实现其提高农地经营权流转效率的功能，不同的农地经营权流转价格决定方式，对农户非农收入没有显著影响。应加大力度培育农地经营权流转市场相关主体，促进农地经营权流转效率，保障农户非农就业和收入增长。

总之，目前农地经营权流转收入在农户总收入中占有一定的分量，但农户收入变动的主导性因素在于非农活动所带来的非农收入，因此，农地经营权流转除了提供流转收入外，更重要的意义在于将农户从土地和农业生产中解放出来，从事报酬更高的非农活动，即通过农地经营权流转，促进农户土地发展权益的实现。农地经营权流转从总体上对农户的土地福利权意义重大，保持农地经营权流转健康、稳定发展，实现土地可持续流转，是农户土地发展权和福利权的重要保障。

第 14 章　农户承包权益保护案例分析

14.1　案例一：农户承包权益受损案例

14.1.1　案例背景[①]

1975 年，范某与刘某结婚成为夫妻。婚后生育长女刘甲，次女刘乙。1998 年二人协议离婚，并约定长女刘甲由范某抚养，次女刘乙由刘某抚养。但是，二人离婚后仍生活在一起，所以未对宅基地、土地承包经营权及林权进行分割。2012 年，刘某将四人共有的土地出租并独占土地出租费，并且分户时不把土地经营权证、林权证拿出来，想自己独占土地经营权和林权。因此，范某向法院起诉请求将土地承包经营权（包括退耕还林地）、林权平均分割为三原告及被告各占 1/4；由刘某给付自己和两个女儿土地出租的收益即土地租用费 15 000 元。最后，法院判决刘某给付范某某、刘甲、刘乙土地租用费各 3480 元共计 10 440 元。

14.1.2　案例启示

通过案例分析发现农村妇女很难与男子享有平等的土地权益，妇女的土地权益很容易被男子（一般为户主）侵占。尽管案例中范某通过法律途径维护了自己的土地权益，但在现实中农村妇女土地权益往往会受到侵害，很多农村妇女很难维护自身正当权益。由于制度、法律、政策、文化、性别等多方面因素，农村妇女土地权益纠纷数量呈不断上升趋势，在农村妇女土地权益维权过程中，政府、村组织及农村妇女分别面临着治理缺位、失位、失语的困境。

以家户为基础的法律制度、村民自治规范、民间风俗、法律制度的缺失，导致农村妇女土地权益的法律失范问题比较突出，使得农村妇女土地权益很难得到法律保障。因此，对政府而言，应该制定和完善农村妇女土地权益的相关法律政策，加强对法院农村妇女土地权益保护的引导和监督。此外，应该加强法律维权的宣传，提高农村妇女通过法律维护自己权益的意识，通过行政手段为农村地区的妇女提供更多的法律援助。

村规民约对集体成员资格认定有重要影响，妇女在村民自治中参政不足，村

---

① 本案例来源于中国裁判文书网。

组织在保护农村妇女土地权益方面仍有待进一步规范。因此，应建立对村委会的民主监督和权利约束机制，并有效审查和纠正不当的村规民约，提高农村妇女参政意识和参与度，提高其土地权利意识和维权能力。例如，在法律层面完善村民代表会议制度和村委会选举制度，实施一系列保障女性参政议政的选拔和竞争机制，提高妇女参政的相对数和绝对数。

对于农村妇女本身而言，要有维护自身土地权益的意识，积极参与村民自治，积极监督和反馈土地权益保护过程中的问题和情况。社会媒体在妇女土地权益保护过程中可以发挥舆论监督作用，加强宣传督导力度，对基层政府、基层法院和村组织等土地权益保护过程和结果进行监督和舆论宣传，规范各主体的行为，维护妇女土地权益。

14.2　案例二：农地承包经营权流转合同纠纷案例

14.2.1　案例背景[①]

1998 年落实家庭联产承包责任制时，刘甲、刘乙两兄弟取得土地承包经营权，各自的承包面积为 1.1 亩。同年，刘乙去了上海，不久在上海买了车和房，开了一家装潢公司。2000 年，刘乙对刘甲说："算了，我常年不回来，地荒也是荒了，大哥，你就种吧。"随后，刘甲耕种了刘乙的承包地。每年春节期间，刘乙回家过年，在大哥家吃、住，走的时候还带点米和油，两兄弟关系很好。2008 年，政府推进"万顷良田"土地整治项目，给予每亩地每年 400 元的流转费。刘乙从邻居家获知这个信息，第二天就开车回家就找大哥要地。当时，刘乙只是口头答应将土地转给刘甲耕种，刘甲并没有找当地政府或农村集体经济组织进行公证，书面协议也没有。刘乙一直在外，耕地常年是由刘甲耕种，于情于理耕地的流转费都该刘甲获取。但是从法律上讲，刘乙具有二轮承包时土地的承包经营权。最后，通过镇政府、村民委员会主任、族长协调，刘甲将地还给了刘乙，刘乙适当给刘甲一些经济补偿。

14.2.2　案例启示

案例中的刘甲从刘乙手上流转耕地时只有口头协议，没有正式合同，也没有获得乡（镇）人民政府同意，因而没有刘乙流转给自己的土地的承包经营权的有效证据。实际上，在农村很多亲人邻里之间会出现这类情况，有不少农户通过口头约定甚至没有约定进行农地经营权流转。这种情况往往在刚流转的前几年没有

① 本案例来源于中国裁判文书网。

什么纠纷，但当涉及土地再流转、被征用，政府或企业赔偿或给予流转费用时，会发生纠纷。这类纠纷问题，有的流转合同中没有明确提及，很难找到法律依据，即使有的能够找到法律依据，处理过程中仍会遇到很多阻力。农村是一个乡土人情社会，法律并不是处理问题纠纷的唯一依据，邻里乡里之间的问题往往将人情、道德作为依据处理。

当前，农地经营权流转过程不规范、合同不规范纠纷越来越多。口头契约类土地承包经营权问题值得进一步探讨。在处理这类问题时，一方面应结合人情、道德、法律妥善处理；另一方面，规范农地经营权流转手续，逐步建立、完善土地承包经营权的备案登记制度，乡集体牵头建立土地承包经营权流转档案，规范农地经营权流转合同。另外，从案例中可知，刘甲和刘乙在土地经营上有纠纷，主要是由于政府给予的农地经营权流转费，涉及土地带来的收益。实际上，多数农民仍旧习惯性将土地作为生存的基础，仍将土地视为生活的依靠，当土地具有收益时，就容易产生纠纷。因此，应加快农村社会保障制度改革，建立多层次农村社会保障体系，逐步改善农村居民社会保障水平，降低农民对土地的依赖性，从而健康有序地推进农地经营权流转。

14.3　案例三：农户土地控制权受损案例（一）

14.3.1　案例背景[①]

孙某与王某来自同村，2009 年，两人签订土地承包协议。协议约定，孙某将自己承包的 5 亩水稻田转包给王某，每亩租金为 120 千克稻谷的价格（以当年国家晚稻最低收购价上浮 10%折现），转包期 10 年，转包费每年支付。协议签订后，孙某前往外地务工。2010 年，王某在这块承包地上从事红砖生产。孙某获悉后，认为王某擅自改变土地用途，破坏耕地，要求退还责任田，但王某不同意。2011 年，经过村委会调解，王某承诺不在这块承包地取土烧砖。然而，孙某外出务工后，王某继续取土进行红砖生产。孙某获悉后返回，在协商无果后向人民法院起诉王某，请求解除转包合同，要求王某恢复土地、培肥地力，赔偿经济损失 3000 元。法院支持了孙某的诉讼请求。

14.3.2　案例启示

案例中孙某将自己的承包地转包给王某，双方所签订的转包合同有效。《农村

① 本案例来源于中国裁判文书网。

土地经营权流转管理办法》规定：受让方应当依照有关法律法规保护土地，禁止改变土地的农业用途。禁止闲置、荒芜耕地，禁止占用耕地建窑、建坟或者擅自在耕地上建房、挖砂、采石、采矿、取土等。王某未按照法律规定用承包地进行农业生产，而是未经相关部门批准在耕地上从事红砖生产经营活动，造成土地的永久性损害，是明显的违法行为。孙某作为土地的转出方，在发现王某更改土地用途、损害土地权益时予以制止，是在合法使用土地控制权、履行土地保护义务，最终也通过法律途径解除了土地承包合同并获得了相应损失赔偿。实际上，大多数农民并没有耕地保护意识，遇到没有获得主管部门的批准擅自改变土地性质用作非农生产的情况时，便需要村委会等相关机构发挥管制作用，依据政策、法规履行土地保护义务。

在案例中，即使孙某允许王某在其责任田里取土烧砖，但没有获得相关部门申请土地用途变更的批准，也是不符合法律规定的。此时作为发包方的村委会则有权依据法律规定制止孙某和王某的行为，且可以要求涉事双方赔偿由此造成的损失，甚至收回这块承包地，重新发包给其他村民。村委会等监管机构在此过程中要凸显监管主体的身份，对管辖范围内不规范的土地使用进行制止，但很多情况下由于信息渠道狭窄、监管成本过高等问题，管理机构的监管效果是不够理想的。由此看出，在土地权益的保护过程中，农民作为土地经营主体，拥有土地保护的权利与义务，提高其自身权益保护意识才能从根源上遏制滥用土地的现象。与此同时，相关村、镇单位、各级政府应该充分发挥自身管理作用，辅以相应的监督管理手段，促进农村土地有序流转。

14.4　案例四：农户土地控制权受损案例（二）

14.4.1　案例背景①

A 村坐落在某市南部，全村 230 余人，主要以宗族组织为基础建立村落。受到农村劳动力流动的大趋势的影响，A 村内非农就业趋势明显。到 2012 年，A 村大多数村民在外务工或经商，仅有少部分老人及孩童留在村子，农业劳动力老龄化、农村空心化问题较为严重，土地撂荒问题逐渐凸显。A 村因为紧靠江边，泥沙资源丰富。在 2013 年，一些工商资本进入，以农地经营权流转的形式向村民征集土地用于建立作业基地，开发泥沙资源。

在这个过程中，有 7 家沙场公司计划在 A 村投资开发沙场，经与村民多次协

① 本案例来源于刘建和吴理财 2018 年发表于《江西财经大学学报》的论文《情景化博弈：农村土地流转的行动策略与分利秩序：基于赣南 G 村的案例分析》，内容有删改。

商，沙场公司与A村承包土地的家庭签订合同并约定，将A村沿河土地作为沙场建设用地，租期5年，租金每年1.2万元，后续要续租租金另定。租期内任何一方要终止协议，需双方协商解决，不得随意终止协议，甲方违约应付乙方0.2万元，并及时恢复土地原貌。然而，在经营过程中，7家沙场公司均破产撤资。沙场撤资后，A村沿河区域土地由于河水冲刷，大面积倒塌，沙化严重，无法耕作。之后，A村与沙场公司交涉，要求补偿，沙场公司最终只是按照合同赔偿0.2万元作为终止合同的违约费，却不对土地进行修整，导致这片土地变为荒地。

14.4.2 案例启示

《土地管理法》规定，“经批准的土地利用总体规划的修改，须经原批准机关批准；未经批准，不得改变土地利用总体规划确定的用途”。案例中农民与沙场公司的土地承包经过相关程序且签订承包合同，原则上是在法律允许范围内进行的流转土地用途变更。最终这一区域土地受到严重损害，农民控制权受到侵害，是由于沙场公司不按合同约定履行承诺。A村村民作为土地使用权的所有人，在与沙场公司签订土地承包合同中约定沙场公司在土地承包到期后需要将土地恢复原貌，可以看出村民在土地受到破坏时，具有一定的土地控制权保护意识，能够履行保护土地不受破坏的权利与义务，但本案例中农民最终只得到了每个沙场2000元的赔偿金作为合同终止的赔偿费用，而沙场老板却未履行将土地复原的承诺，土地的破坏已经形成。

不仅如此，通过分析案例还发现，村民在农地使用权受到破坏后，依据合约展开“合法化”利益诉求，虽获得赔偿金，但土地使用权仍受到侵害，土地未能恢复原貌。从农户角度来看，农户具有一定的维权意识，能够依据合约索赔，然而在农地经营权流转过程中往往处于弱势地位，由于政府监管不全面、农户维权成本高，农户并未进一步要求沙场老板将土地复原。通过进一步了解发现，农户未进一步维权，除维权成本高之外，主要原因是对沙场老板纠责动机并不强烈。沙场老板在A村办沙场时，带动了当地农户增收，对农户的态度积极，农户家要修建什么都是从沙场免费弄。可见，沙场老板和农民实际上存在“利益均沾”，道德、人情世故在农村农地经营权流转纠纷中实际也发挥了作用。从沙场老板角度来看，资本下乡能够快速地恢复农村的活力。从案例可知，办沙场给A村当地经济发展注入了活力，村民收入得以增加，但经营不善，最终导致土地纠纷，使得农民土地使用权受损。因此，在资本下乡过程中，要注意企业经营、创收，同时也要注意对当地的持续带动作用和对农户土地权益的保护。只有通过农地经营权流转能够获得收益，企业资本家才有动力带动农户增收，维护农户土地权益。对于政府来说，其在农地经营权流转过程中起着重要作用。一方面，要建立健全农地经营权流转市场和农地经营权流转管理和服务体系。另一方面，政府应依法加强对农地经营权流转市场的监督和管理，特别是对农地经营权流转中出现的农民土地权益受损问题，政府不能缺位，放任不管。政府在农地经营权流转过程中，要做好服务引导和市场监管，起到协调企业家和农户关系的作用。

14.5　案例五：农户土地控制权受损案例（三）

14.5.1　案例背景[①]

2010 年，重庆市大足区大力实施生态系统修复工程，筹集资金坚持在上游栽植竹柳、撑绿竹和速成林，建设河道绿化工程，同时沿国道两侧植树造林搞旅游开发，拟建一条长 20 公里、宽 1 公里的绿色生态屏障旅游观光带，观光带内主要种植新型的观赏性极强的速生竹柳等。竹柳是用于工业原料林、行道树、园林绿化、农田防护林的理想树种。以重庆天豪旅游开发有限责任公司为代表的工商资本企业认为“竹柳项目”具有较高的经济效益，投资回收期短，遂在大足引进“高峰竹柳”推广种植，通过农地经营权流转种苗育苗 1000 亩，并计划在两年内完成造林 5 万亩。这一做法顺应了当时政府关于建设森林重庆和生态低碳的决策，受到了重庆林业界及上级政府的嘉奖。随后，一批业主纷纷效仿，上马竹柳项目。当时，整个大足竹柳项目共计流转土地近万亩，原本用于种植粮食、蔬菜的土地经过流转用于种植竹柳，后来由于种种原因，竹柳市场销量一落千丈，最后变得无人问津，而转入土地发展竹柳项目的业主也大面积亏损，无力继续支付土地租金。承包农户重新收回土地后发现由于竹柳根系发达，侧根和须根广布于土层中，复垦难度非常大，再加上种植竹柳后土地肥力大大下降，难以耕种其他作物。

实际上这期间，大足区政府为了避免农户控制权受损等相关问题发生，积极出台了《大足区农村土地承包经营权流转规范化管理和服务试点工作方案》。其中明确规定了农村农地经营权流转审核预警制度和农村农地经营权流转保证金制度。然而在保证金制度实际执行中，由于农业投资长、见效慢、业主资金紧缺等原因，并未很好地发挥出效果。大足区“竹柳项目”导致农户控制权受损的问题，最终通过政府采取多种举措才得以解决。一是组成专项工作组，促成农户与公司依法签订解除租赁合同，回收竹柳复垦地。二是采取“自行复耕、统一复耕”两种形式进行复垦；共动用挖掘机、支出复垦费用数百万元；平整竹柳复垦地，成功通过验收并移交。三是协助村民引进产业，发展特色渔业养殖，种植水稻、蔬菜，复垦土地再利用率达 70%。

---

① 本案例源自课题组调研。

14.5.2 案例启示

在农地经营权流转过程中，承包方很容易改变土地用途、破坏土地性状及质量，从而影响到农户对土地的后续使用，侵犯农户对土地的控制权。利润差异是导致农地经营权流转中出现“非农化”“非粮化”的客观原因，土地的农业用途与其他用途相比较处于明显的弱势地位，同样的土地用于地产开发，可升值几倍、几十倍，甚至更多。因此，一些工商资本企业打着发展现代农业的旗号，将耕作的农地经营权流转成非农用地，导致农地“非农化”。虽然更多农地经营权流转后还从事“大农业”，仍然在农业用途的范围内，但种粮比较收益低，流转后原本种粮的土地不再种粮，而是种植果树、花卉等经济作物，甚至用来挖塘养鱼等，这些农地经营权流转改变了农地种粮用途，即农地经营权流转“非粮化”。原本种粮的土地无论是修房建屋等非农化使用，还是培育花卉园林、种植经济作物，发展养殖业，都会对土地造成一定程度的毁坏，有的毁坏难以修复，有的虽可修复但需要大量的资金和较长的时间。面临这些情况，承包农户未来依托土地得以发展的权利必然会遭受一定程度的损害。案例中为了维护农户的利益，“竹柳项目”最终由政府兜底。然而，在农村实际发展中，由于农地经营权流转操作程序不规范等原因，农户对土地的控制权往往会受到侵害，农户很难找到合理的途径进行维权。

14.6 案例六：农户土地发展权受损案例

14.6.1 案例背景①

杨某与姚某是夫妻关系，2001 年 3 月 23 日，G 村民委员会与二人签订《土地租赁合同书》，合同约定 G 村村委会将村中 60 亩土地租赁给杨某夫妇使用，二人将其用于建设大型养殖场，租赁期为 2001 年至 2028 年。合同双方约定土地租金定价为：2001 年至 2003 年每年每亩 100 元，2004 年至 2028 年每年每亩 130 元。但 2004 年后，杨某夫妇没有按照合同约定及时缴纳土地租金，2015 年 2 月 11 日，经过双方协商，杨某夫妇一次性补交了 2004 年至 2013 年间的租金，又预交了 2014 年至 2018 年的租金合计 39 000 元。G 村村委会在收取预交的土地租金时代表村民提出租金过低，协商要求上涨租金，但杨某夫妇未同意。但经过查证发现，近年来农村土地租金明显上涨，G 村当地农户之间现在的土地承包费用价格在 600～800 元，而合同双方原定价格则远低于市场水平，如若合同继续履行则农户土地发展权将会

① 本案例来源于中国裁判文书网。

受损。G 村村委会代表村民向当地人民法院提出诉讼，要求杨某夫妇提高地租价格。法院通过对案件的审理同意了 G 村村委会的上诉请求，判决杨某夫妇参照市场农地流转价格标准，将 2015～2028 年的土地租金增加至每年每亩 600 元。

14.6.2　案例启示

从案例中可知，G 村与杨某夫妇签订的农地经营权流转合同期限为 28 年，虽然双方在合同中约定了流转租金的价格随时间变化有所增加，但长期合同的不可预测性，导致约定租金价格与当前市场价格差异较大，致使 G 村流转土地农民的土地发展权受到损害。所幸的是，G 村村委会在本案中作为村民代表，积极向法院提出诉讼，有效维护了村民在农地经营权流转中的合法权益。实际上，在农地流转过程中，由于外界环境、市场价格、土地性质等长期变化的不可预测性，农户在土地租金的确定上容易产生大的变动，如果处理不当，其土地发展权就极易受到侵害，长期合同的弊端也就显露出来了。不仅如此，很多农村地区缺少农地经营权流转服务体系，没有统一规范的农地流转市场，也未形成土地托管中心、土地信托服务中心等中介服务组织，致使农民信息获取不及时、农地流转市场发育滞后，农户在农地经营权流转过程中处于信息弱势地位，缺乏对农地流转价格、土地供需、土地用途等信息的了解。因而，在流转土地过程中往往出现交易成本很高、效率低、农民权益被侵害。

针对本案例在农地经营权流转过程中出现的问题，可采取相应举措：一方面，对于流转主体而言，在土地承包时考虑市场、物价、土地性质等多方面的变化，尽量不对长期的租金价格进行约定，留下协商余地、减少流转合同的负面影响。另一方面，对于农户而言，流转的期限在三年到五年的流转合约使其更有机会在重新签约时获得土地价值增值，因此更能使其满意。此外，应建立和完善农地流转交易市场，形成市场作用下的合理的土地价格，及时更新农地经营权流转的转让信息、需求信息，包括土地价格、土地位置、土地面积、交易价格和出让年限等，以期为农户提供较为全面的信息渠道，维护其在农地经营权流转市场中的权益。各地政府及监管机构担负着为农地经营权流转交易市场的有效运作提供服务和对其进行监督的重要职责。

14.7　案例七：农户土地发展权和福利权受损案例

14.7.1　案例背景[①]

G 村坐落在河南省中部，全村耕地 1750 亩，承包地 1450 亩，农户 420 户，

① 本案例来源于中国裁判文书网。

共 1670 人。G 村紧邻国道，交通便利，村庄硬化公路 2 公里，人均约 1 亩地，主要种植小麦、玉米，小麦亩产 1000 斤，玉米亩产 800 斤。随着农业机械化的普及，农业劳动力剩余，大多青壮年外出务工，耕地主要由老人和妇女耕作。

2007 年，某公司承包 G 村 2000 多亩土地，并在邻村建成有机蔬菜出口基地，种植芥蓝、雪斗等高档蔬菜，主要向港澳地区销售。每年种植六季，亩均产值达到 2 万～4 万元，提高了土地产出率。公司以 900 元/亩的价格租种农户土地，并于 2010 年将租期延长 30 年。2010 年，有机蔬菜种植基地已达 5000 余亩。G 村土地被纳入基地后，多数农民无事可干，他们与公司交涉无效后，竟爆发了冲突，出现农户堵路上访，请求政府收回土地的情况。

14.7.2　案例启示

从案例中可看出，公司与农户产生冲突的原因在于以下两个方面。①土地租金未按约定上涨。公司与农户的合约中明确规定租金每十年上涨 10%，并以同期高于小麦价格的标准付给农民租金。然而，随着粮食价格的上涨，租金并没有上涨反而呈贬值趋势，租金购买力下降导致农民不愿出租土地。物价上涨、租金不变，导致农民更愿意自己耕作土地。同时，合同期限太长使得农民对未来生活保障担忧加重，大多不愿意长期流转土地。②G 村农民在初期愿意将土地租给公司进行规模化经营的原因除了经济因素外，还在于能够在公司谋得一份工作，从而获得更多的收入。与农民相比，企业具有资金、技术、销售和管理等各方面的优势，同时，企业能够实现土地经营规模化、集约化，更加能够提高土地产出率，在促进村庄经济发展和带动村民致富方面也具有优势。但公司在承包村民土地后，从早期雇用村庄少数人到最后完全雇用外省人，导致村庄存在大量闲散人员，不能就业、不能耕作土地，村民不满，企业和农民矛盾激化。

针对本案例在农地经营权流转过程中出现的问题，可采取以下相应举措。①完善土地租金方式，建立企业与农民利益共生体。G 村农户与企业的协议中，租金主要是货币。然而，货币购买能力容易受到物价影响，村民将农地经营权流转给企业后，租金涨幅往往小于物价上涨幅度，导致农民的利益受到侵害。相较于货币租金，实物地租更能保障农民利益，甚至建立租金与企业盈利相关的模式，真正将企业与农民的利益紧密相连在一起。因而，企业可与农民协商，按照农民意愿确定土地租金形式，减轻农民利益因物价而遭受侵害的风险，降低农户抵触农地流转的情绪，为企业长期稳定发展营造良好的环境。②制度创新，在规范农地经营权流转的同时，推进村企共融发展。要在尊重农民意愿的条件下适当推进农地流转，不断完善农地流转制度及相关法律法规。此外，农地经营权流转后，应当建立以农地承包权为依据的养老保险制度，农民依据土地承包权获取能够保障基本生活的收益，真正解除后顾之忧。同时，农地经营权流转过程应实行契约化管理，从而确保企业的经营权。③公司在发展过程中，除了追求利润外，应兼顾更多社会责任，带动农户一起致富。制订符合公司发展实际的培训方案，鼓励农户积极参加新型职业培养，提高农户种植技术水平，努力吸收农户进入公司就业，成为利益共同体，有助于解决农地经营权流转过程中的纠纷。

14.8　案例八：农户土地福利权受损案例

14.8.1　案例背景[①]

农户土地福利权是指承包农户基于土地享有相应福利，诸如社会保障、就业机会等。在农地经营权流转中，农户土地福利权容易受到侵害。镇江市莱村距丹徒区行政中心 4 公里，东邻 312 国道，南靠沪宁高速，上河、莱西公路穿村而过，区位交通优势明显。良好的区位优势吸引了企业家到此投资，促进了当地农地流转。在对莱村 100 户农户土地流转后从事的工作进行调查后发现，农地流转后继续从事农业生产的农户比例为 10%，无业人员比例为 25%，工作时间和场所不固定比例为 65%。村民 A 提到："我一直一边在建筑队干瓦工一边在老家种地，粮食除了够自己吃还可以卖一点，以前生活不好时，地能保我一家不会饿着，现在土地被征用了，补偿款就那么多，物价也一直在涨，自己也没有技术活，等年纪大了干不动活了，农地流转租金根本就不够养老，不知道咋办？"莱村的大多数农户会选择外出务工，但是由于没有较高的文化素质和技术水平，往往在劳动力市场中找不到有技术含量且收入高的工作，多数从事建房搬砖工作。农地流转后，农户的基本养老、医疗、就业等无法得到保障，农户福利权受到损害。

14.8.2　案例启示

实际上，我国是一个乡土社会，农村人离不开赖以生存的土地，土地不仅是生产资料，更是生活资料，承担了为农民提供基本生活保障的功能。农户将土地视为命根子，土地是农民能够生存下去的保障。农地经营权流转后，有部分农户能够脱离农业领域，在第二或第三产业获得就业机会，顺利就业。但是，中国城镇化水平仍旧不高，非农就业的机会有限，加上农民人力资本水平不高，很容易在市场竞争中被淘汰，被替代的风险比较大，这实际上是一种隐性失业。现实情

① 本案例来源于张静 2017 年发表的《农村土地流转中农民权益保障问题研究：以镇江市丹徒区谷阳镇莱村为例》，内容有删改。

况中，农户土地福利权特别容易受到侵害，保障农民福利权将是促进土地有序流转的重要方面。

在莱村案例中，农民返乡索要土地主要是由于农户土地福利权受到侵害，无法在第二、三产业顺利就业，很难获取基本的社会保障。因此，完善农村社会保障机制对于促进土地有序流转、保障农户福利权具有重要意义。具体来说，政府一方面应建立进城务工农民的社保体系，与城镇社保体系对接，避免进城务工农民失业后返乡产生农地承包权的纠纷；另一方面，应在农村建立养老保障制度，不断完善新型农村合作医疗，建立合适的社会就业和保障体制，提高保障能力。虽然当前国家针对农村老年人建立了新农合、新农保等保障制度，但农地流转的农村老人的养老服务需求更为复杂，应该特别将农地流转的影响因素纳入到相应的保障制度中，建立基于农地经营权流转的养老保障体系。另外，建议政府加大政策引导和劳动力培训，为农地流转后的农户提供相关的就业机会。养老方面，可建设养老院、福利院等，推动养老方式多元化。

第四篇　权 益 诉 求

〖内容摘要〗在深入讨论理论基础、概念范畴、分析框架后，本书使用调研数据描述了农地经营权流转和农户承包权益保护的面上情况，详细归纳了农地经营权流转与农户承包权益保护的相应模式。在此基础上进一步从地权结构细分、农地经营权流转、承包权益保护等维度揭示了当前存在的几类共性问题。本篇主要讨论农户承包权益诉求与现状，开发农户承包权益受损工具，以测度农地经营权流转过程中农户权益受损的情况。在此基础上，进一步讨论农地双重委托代理及其权利主体之间的利益冲突，基于效率和公平的角度探究农地经营权流转过程中三维主体的利益分配，为农地经营权流转中农户承包权益保护的政策体系构建奠定理论与实证依据。本篇内容分为四章，第 15 章界定了农地经营权流转中农户承包权益的内涵，以及相应的农户承包权益诉求，使用调研数据和案例讨论农户承包权益现状和权益保护。第 16 章在探讨农户承包权益损益表现基本情况之后，开发了农户承包权益受损工具，并对当前中国农村流转现实加以考察，提出了相应的收益补偿方案，最终探讨了农地经营权流转的环境特性与相应的风险应对。第 17 章辨析农地经营权流转过程中三维主体关系，并探究了农地经营权流转过程中三维主体间的利益冲突，挖掘了导致农户承包权益受损的根本原因。第 18 章基于效率和公平的角度，探究农地经营权流转过程中三维主体的互动关系及农地经营权流转过程中三维主体的利益分配，并使用黑龙江克山县仁发合作社“仁发模式”、四川成都市崇州市的职业经理人模式、安徽泗县大杨镇李庙村土地托管模式加以讨论。

第 15 章　农户承包权益诉求与现状

15.1　农地经营权流转中农户承包权益内涵

本节首先在梳理现有农户承包权益文献的基础上，对本书研究的农户承包权益进行概念界定；其次，从农村土地的功能价值视角出发，探讨农村土地功能蕴含的土地权益；最后，基于前文界定的概念，从土地功能角度对农户承包权益的内涵进行阐述。

15.1.1　农户承包权益界定

权益可分为“权”和“益”。“权”是权利，法学的基本概念之一，是法律赋予公民或法人实现利益的一种力量，是权益的根本属性；“益”是利益，指当事人获得的好处，侧重经济和物质层面获得的利益，是权益的物质基础和外在表现。因此“权益”首先是法律的范畴，是受到法律保护的个体或组织在法律规定范围内享有的一定社会权益。相对于“权利”而言，“权益”的内涵更为丰富，有更大的拓展性。

农地经营权流转中的农户承包权益保障是学界关注的重点问题，就目前的文献来看，学术界从不同角度对农户承包权益进行了不同界定，主要分为两类。一部分学者从产权角度出发，认为农民具有对土地的使用、占有、处置、收益等权益。陆蓉（2008）、李晓霞（2016）认为农地经营权流转中的农户承包权益体现在法定承包经营权、经济收益权、知情参与权、自主决策权、生存保障权以及救济权六个方面，李徐伟（2012）还将农村土地所有权纳入讨论。另外一部分学者从农户行使土地承包权所能获得的收益出发，对“权益”的内涵进行了拓展，认为农户承包权益是围绕土地经营而享有的生存、保障、收益、福利、发展等各方面的权益，按照经济权益、社会权益和政治权益的分析框架研究了农地经营权流转中的农户土地权益保障问题（纪昌品，2003；黄赟，2009；士贺丰，2011；姜欣桐，2014；谢丹华，2016）。

综合上述观点，本书从农户基于土地承包权获得的各项“权益”出发，重点研究农地经营权流转中的土地功能所衍生的各项附属权益，包括农地经营权流转后获得合理的土地租金，以及获得良好就业、养老等机会的权益等。

15.1.2 土地功能与农户承包权益

土地作为农业生产的重要组成要素，是农户最为基本的生产资料。现阶段，我国农村土地承担着多种功能：为农户提供收入来源，保证粮食供给，替代社会保障，甚至可以作为资产保值增值。现有文献对我国农村土地功能进行了大量深入的研究，得出了较为一致的结论。文献资料表明，土地功能是指土地资源被利用时或被改造后所发挥的功能，具体而言，可将我国农村的土地功能划分为生产功能、保障功能、财产功能与休闲功能四种（徐美银，2014；刘艳霓，2016）。

1. 生产功能

生产功能是农村土地最基本的功能。作为生产要素之一，土地与资本、劳动力共同构成投入要素，直接参与农业生产并获得相应的农产品产出，保证粮食供给，解决温饱问题，为农户提供生存的基本需要。

2. 保障功能

保障功能是指农村土地为农户提供基本生存保障的功能，其是在生产功能基础上形成的。在现阶段中国城乡二元分割结构下，农村社会保障体系和保障制度尚不完善，一方面，农户可以通过务农获得农业收入，支付家庭日常开销，保障基本生活；另一方面，作为“劳动力的蓄水池”，农村土地承担了进城务工人员失业后的就业保障，成为农民工最后的退路。另外，对于年长的农村居民，其劳动力在非农产业逐渐失去竞争力，而又无法享受城镇居民养老保险，农村土地同时又承担着绝大多数老龄化人口的养老保障功能。

3. 财产功能

财产功能是指土地资源因其稀缺性而具有价值且能为相关使用者或所有者带来经济利益的功能。在我国现行土地制度框架下，农户因享有土地承包权和经营权而有权对其进行承包、出租、转让等处置行为进而依法获得收益。随着工业化、城镇化进程的快速推进，农地非农化与农地经营权流转行为日趋普遍，农地增值潜力凸显，土地的财产功能带来的农户家庭财产性收入逐渐超过务农收入，成为现阶段研究关注的重点。

4. 休闲功能

休闲功能是指农村土地作为一种生态环境资源所发挥的保持农村生态系统稳

定与土壤的可持续利用，营造绿色优美的农村生活环境，提供休闲场所的功能。土地的休闲功能是在可持续发展理论基础上形成的更高层级的功能。随着经济发展水平的提高和物质需求的极大丰富，精神层面的追求也会相应提升，农村土地营造的自然优美的生态环境，将会成为未来休闲娱乐的重要场所，被赋予更多的土地价值，长期来看，会逐渐随物价和地价的上升而不断增值。党的二十大报告指出，“我们要推进美丽中国建设，坚持山水林田湖草沙一体化保护和系统治理，统筹产业结构调整、污染治理、生态保护、应对气候变化，协同推进降碳、减污、扩绿、增长，推进生态优先、节约集约、绿色低碳发展”。①

从对我国农村土地功能的分析来看，农户承包权益不仅包括获得维持生计、获得收益的经济权益，还包括就业、养老保障，休闲生态等方面的社会权益。不同经济社会发展阶段侧重的土地功能不同，不同类型的农户对土地承包权益重视程度有所差异。

15.2　农户承包权益诉求

本节在农户承包权益概念界定和内涵阐述的基础上，基于课题组的调研数据对农户承包权益诉求与表达的真实情况进行了报告，回答农户的承包权益诉求究竟“是什么”，以及不同类型农户的承包权益诉求“有没有差别”这两个问题。

15.2.1　农地经营权流转中农户承包权益内涵

农户对土地承包权的诉求从本质上基于其对土地功能和价值的认知（刘峨林，2011）。基于文献资料中对土地功能的分析，课题组通过设定农户土地“控制权”“福利权”“收益权”“发展权”四项权益来体现农户的承包权益诉求。其中，“控制权”的内容包括农地经营权流转后“土地用途变化”以及“土地合理使用”，对应农户对土地生产功能的重视程度，是农户将土地作为生产资料的基本经济权益诉求；“福利权”的内容包括农地经营权流转后自身“获得更多就业机会”以及“获得良好养老保障”，对应农户对土地保障功能的重视程度，是农户维持最基本生活状态的社会权益底线诉求；“收益权”的内容包括农地经营权流转的“收益或租金合理”以及“按时按量支付”，对应农户对土地财产功能的重视程度，是农地经营权流转后农户能否获得充足生活来源的经济权益诉求；“发展权”的内容包括农地

① 《习近平：高举中国特色社会主义伟大旗帜 为全面建设社会主义现代化国家而团结奋斗——在中国共产党第二十次全国代表大会上的报告》，https://www.gov.cn/xinwen/2022-10/25/content_5.0721685.htm[2023-10-16]。

经营权流转“租金随物价变动而变动”和“租金随地价增加而增加”，对应农户对土地休闲功能的重视程度，是农户对土地功能拓展和农村土地增值的更高社会权益诉求。土地功能与农户承包权益诉求的更直观对应如表 15-1 所示。

表 15-1　土地功能与农户土地承包权益诉求对应

土地功能	承包权益诉求	承包权益诉求的具体表现
生产功能	控制权	土地用途变化
		土地合理使用
保障功能	福利权	获得更多就业机会
		获得良好养老保障
财产功能	收益权	收益或租金合理
		按时按量支付
休闲功能	发展权	租金随物价变动而变动
		租金随地价增加而增加

15.2.2　农户承包权益诉求概况

为考察农户承包权益的相关情况，课题组进行了全国范围内的调研，在 2016～2017 年共收集农户问卷数据 1030 份，其中 2016 年数据 318 份，2017 年数据 712 份。调研地点分布在东中西部 3 个地区 11 个省市。问卷内容涉及农户基本特征、农地转出行为和流转过程中的权益保护三部分。在调研的样本数据中，是户主的占 64.6%，男性占 66.41%，年龄在 26～55 岁的占 50.09%，年龄在 55 岁以上的占 48.26%；受教育程度为高中和本科及以上的有 160 人，占 15.54%；政治面貌中，群众为大多数，占 82.23%，中共党员和民主党派各占 17.57%和 0.19%；农户类型中，纯农户、兼业户和离农户的比重分别为 32.23%、47.48%和 20.29%，兼业户比重较大，不利于农业专业化和农民职业化发展。

15.2.3　农户承包权益诉求概况[①]

如表 15-2 所示，在课题组考察的四项权益中，农户最重视的权益是收益权。不论是“收益或租金合理”还是“按时按量支付”，都有超过半数[②]的农户表示对

① 由于涉及本部分内容的 2016 年数据质量存在缺失和同质化，因此下文仅采用 2017 年调研数据进行分析。

② 非常看重“收益或租金合理”的农民占被调查群体的 52.4%，非常看重“按时按量支付”的农民占被调查群体的 51.5%。

此“非常看重”，分别有 78.3%和 77.9%的农户对“收益或租金合理”和“按时按量支付”的重视程度①较强，表现出了重视的态度。其次是福利权中的“获得良好养老保障”，30.3%的农户表示对此“非常看重”；然而福利权的另一体现——“获得更多就业机会”，则相对不被农户所重视，16.0%的农户并不看重农地经营权流转后能获得更多的就业机会。除此之外，农户对发展权和控制权的重视程度一般，处在收益权和福利权之间，但对发展权更为重视。发展权中，农户对“租金随物价变动而变动”“租金随地价增加而增加”的重视程度分别为 61.1%和 60.2%；控制权中，农户对“土地用途变化”和“土地合理使用”的重视程度分别为 48.5%和 50.1%。

表 15-2　农户的四项土地承包权益诉求

项目		不看重	不太看重	一般	比较看重	非常看重	合计
收益权	收益或租金合理	4.3%	5.2%	12.2%	25.9%	52.4%	100%
	按时按量支付	4.5%	5.1%	12.5%	26.4%	51.5%	100%
发展权	租金随物价变动而变动	6.2%	11.0%	21.7%	32.8%	28.3%	100%
	租金随地价增加而增加	6.8%	11.0%	22.0%	31.3%	28.9%	100%
控制权	土地用途变化	10.7%	16.0%	24.8%	27.6%	20.9%	100%
	土地合理使用	9.4%	15.1%	25.4%	28.6%	21.5%	100%
福利权	获得更多就业机会	16.0%	14.0%	24.8%	24.2%	21.0%	100%
	获得良好养老保障	11.6%	9.9%	28.7%	19.5%	30.3%	100%

综合分析农户承包权益诉求，可以看出农户最为看重的权益——“收益权”对应了土地的财产功能，直接体现于农地经营权流转过程中土地租金的合理确定与及时获得两个方面。

15.2.4　三种类型农户承包权益诉求与差异

随着社会经济的发展，农户群体在不断分化，异质性越来越明显，突出表现为农户对土地的依赖程度不同，对土地的价值认知和产权偏好都发生了改变。这些改变直接导致土地的不同功能对不同农户的重要程度发生了变化，借由这些功能而蕴含的承包权益诉求也会随之发生变化。具体说来，农户兼业程度越高，对土地的依赖程度越低，土地的生产功能和保障功能对其的重要性会下降，其对控制权益和福利权益的诉求也会下降。相反，农户离农程度越高，对土地的财产功

① 重视程度指“比较看重”与“非常看重”的百分比总和。

能和休闲功能会更加重视，对收益权和发展权的诉求会有所增加。

为分析不同类型农户的不同权益诉求，发现其对各项权益重视程度的差异，课题组将农户类型与四项权益分别进行交叉分析，得到表 15-3、表 15-4 和表 15-5。在课题组的调研样本中农户类型有三种，即纯农户、离农户和兼业户。在 2017 年的数据中，兼业户最多，共 322 户，占 2017 年样本总量的 45.2%；其次是纯农户，共 252 户，占 35.4%；离农户最少，共 138 户，仅占 19.4%。2017 年分样本农户结构数据与总样本基本保持一致。

表 15-3　纯农户的承包权益诉求

重视程度	纯农户户数及占比							
	收益权		发展权		控制权		福利权	
	收益或租金合理	按时按量支付	租金随物价变动而变动	租金随地价增加而增加	土地用途变化	土地合理使用	获得更多就业机会	获得良好养老保障
不看重	9	10	12	14	18	12	37	19
	3.57%	3.97%	4.76%	5.56%	7.14%	4.76%	14.68%	7.54%
不太看重	11	11	21	19	39	38	29	23
	4.37%	4.37%	8.33%	7.54%	15.48%	15.08%	11.51%	9.13%
一般	26	26	66	73	55	60	43	42
	10.32%	10.32%	26.19%	28.97%	21.83%	23.81%	17.06%	16.67%
比较看重	70	67	81	74	80	80	68	54
	27.78%	26.59%	32.14%*	29.37%*	31.75%*	31.75%*	26.98%	21.43%
非常看重	136	138	72	72	60	62	75	114
	53.97%*	54.76%*	28.57%	28.57%	23.81%	24.60%	29.76%*	45.24%*
合计	252	252	252	252	252	252	252	252
	100%	100%	100%	100%	100%	100%	100%	100%
看重比例	81.75%	81.35%	60.71%	57.94%	56.56%	56.35%	56.74%	66.77%

注：看重比例为“比较看重”“非常看重”的占比合计；表中数据进行过修约，存在合计不等于 100%的情况，合计处仍计为 100%

*代表其所在列中比例最高的一项

表 15-4　兼业户的承包权益诉求

重视程度	兼业户户数及占比							
	收益权		发展权		控制权		福利权	
	收益或租金合理	按时按量支付	租金随物价变动而变动	租金随地价增加而增加	土地用途变化	土地合理使用	获得更多就业机会	获得良好养老保障
不看重	14	16	20	23	38	37	50	49
	4.35%	4.97%	6.21%	7.14%	11.80%	11.49%	15.53%	15.22%

续表

重视程度	兼业户户数及占比							
	收益权		发展权		控制权		福利权	
	收益或租金合理	按时按量支付	租金随物价变动而变动	租金随地价增加而增加	土地用途变化	土地合理使用	获得更多就业机会	获得良好养老保障
不太看重	20	19	43	43	45	41	46	33
	6.21%	5.90%	13.35%	13.35%	13.98%	12.73%	14.29%	10.25%
一般	39	37	60	56	81	79	96	111
	12.11%	11.49%	18.63%	17.39%	25.16%	24.53%	29.81%*	34.47%*
比较看重	84	95	125	120	90	100	79	65
	26.09%	29.50%	38.82%*	37.27%*	27.95%*	31.06%*	24.53%	20.19%
非常看重	165	155	74	80	68	65	51	64
	51.24%*	48.14%*	22.98%	24.84%	21.12%	20.19%	15.84%	19.88%
合计	322	322	322	322	322	322	322	322
	100%	100%	100%	100%	100%	100%	100%	100%
看重比例	77.33%	77.64%	61.80%	62.11%	49.07%	51.25%	40.37%	40.07%

注：看重比例为“比较看重”“非常看重”的占比合计

*代表其所在列中比例最高的一项

表 15-5　离农户的承包权益诉求

重视程度	离农户户数及占比							
	收益权		发展权		控制权		福利权	
	收益或租金合理	按时按量支付	租金随物价变动而变动	租金随地价增加而增加	土地用途变化	土地合理使用	获得更多就业机会	获得良好养老保障
不看重	5	3	9	8	17	15	23	11
	3.62%	2.17%	6.52%	5.80%	12.32%	10.87%	16.67%	7.97%
不太看重	6	6	14	16	30	29	24	14
	4.35%	4.35%	10.14%	11.59%	21.74%	21.01%	17.39%	10.14%
一般	22	26	28	27	41	42	40	54
	15.94%	18.84%	20.29%	19.57%	29.71%*	30.43%*	28.99%*	39.13%*
比较看重	31	27	34	36	30	27	24	18
	22.46%	19.57%	24.64%	26.09%	21.74%	19.57%	17.39%	13.04%
非常看重	74	76	53	51	20	25	27	41
	53.62%*	55.07%*	38.41%*	36.96%*	14.49%	18.12%	19.57%	29.71%
合计	138	138	138	138	138	138	138	138
	100%	100%	100%	100%	100%	100%	100%	100%
看重比例	76.08%	74.64%	63.05%	63.05%	36.23%	37.69%	36.96%	42.75%

注：看重比例为“比较看重”“非常看重”的占比合计

*代表其所在列中比例最高的一项

对于纯农户而言，四项权益中，纯农户重视收益权和福利权中的“获得良好养老保障”中的养老保障，对发展权和控制权的重视程度差异不大，介于收益权和福利权之间，但对发展权更为看重。首先，分别存在 53.97%和 54.76%的纯农户表示农地经营权流转时对“收益或租金合理”和“按时按量支付”“非常看重”，45.24%的纯农户表示“非常看重”农地经营权流转后能够“获得良好养老保障”。此外，纯农户对收益权和福利权中“获得良好养老保障”的看重比例[①]均超过了三分之二，而其他几项权益的看重程度与这三项相比存在着较大差距。其次，纯农户对发展权和控制权看重程度的最大比例均在 30%左右，均落在“比较看重”的选项内，对发展权中的“租金随物价变动而变动”看重比例略高，达 60.71%。

对于兼业户而言，四项权益中，兼业户最重视收益权，其次是发展权，对控制权的重视程度一般，而相对不看重福利权。一方面，从看重比例而言，四项权益的看重比例依次是，收益权 77.33%和 77.64%，发展权 61.80%和 62.11%，控制权 49.07%和 51.25%，福利权 40.37%和 40.07%。其中，收益权和发展权的看重比例均超过 60%，与其他两项权益存在较大差距，成为兼业户最为看重的两项权益；控制权的看重比例在 50%左右，重视程度一般；而福利权的看重比例仅在 40%左右，对兼业户而言重视程度不大。另一方面，从重视程度最大比例而言，兼业户对收益权重视程度的最大比例为 51.24%和 48.14%，均落在“非常看重”这一区间；对发展权和控制权重视程度的最大比例分别为 38.82%和 37.27%，控制权 27.95%和 31.06%，落在“比较看重”这一区间；对福利权重视程度的最大比例为 29.81%和 34.47%，落在“一般”这一区间内。

对于离农户而言，四项权益中，离农户最重视收益权，其次是发展权，对控制权和福利权相对不太重视。首先，分别存在 53.62%和 55.07%的离农户表示“非常看重”“收益或租金合理”“按时按量支付”，离农户对收益权的看重比例也高达 76.08%和 74.64%。其次，离农户对发展权的重视程度也较大，仅次于收益权。38.41%和 36.96%的离农户“非常看重”租金随物价和地价而变化，对发展权的整体看重比例为 63.05%，低于收益权的看重比例。再次，离农户对控制权和福利权的重视程度一般，二者相差不大。离农户对二者重视程度的最大比例都落在“一般”区间内，比例保持在 30%左右。对控制权和福利权的看重比例也不高，在 40%左右，低于收益权约 35 个百分点，低于发展权约 20 个百分点。

纵向比较三种类型农户对四项土地承包权益的诉求，可以发现以下三个特点。第一，相对于兼业户和离农户，纯农户对四项权益普遍更为重视。纯农户中，四项权益重视程度的最大比例均落在“非常看重”和“比较看重”选项内，对四项权益的具体看重比例均超过 50%，分别为收益权 81.75%、81.35%，发展权 60.71%、

① 看重比例指表示“比较看重”和“非常看重”的农户数量占这一类型农户总数的百分比。

57.94%，控制权 56.56%、56.35%，福利权 56.74%、66.77%。这说明，纯农户因收入来源较为单一，农地经营权流转前仅仅依靠务农收入维持生计，土地是他们唯一的收入来源和生存保障，因此纯农户对承包权益的诉求更为强烈，应重点关注。

第二，在三种农户类型中，纯农户相对重视收益权、控制权和福利权；离农户相对重视发展权；兼业户对四项权益的看重比例介于纯农户和离农户之间。纯农户对收益权的看重比例超过兼业户和离农户约 5 个百分点，对控制权和福利权的看重比例远超过兼业户和离农户；离农户对发展权的看重比例高于纯农户约 3 个百分点，高于兼业户约 2 个百分点。这说明，纯农户依靠务农为生，土地之于纯农户更多地是承担生产、保障功能，因此纯农户更为重视收益权、控制权和福利权，更担心收入来源、土地用途以及社会保障方面的问题。离农户的收入途径多样，基本脱离农业生产，部分离农户已经被城市化，因此土地之于他们更多承担财产功能，是否能够保值增值是离农户更重视的土地权益。兼业户刚好介于二者之间，正在向城市化过渡，土地之于兼业户，是进城的退路和生活的保障，同时承担着多种功能，因此兼业户对各项权益的都很看重。

第三，三种类型农户对发展权的看重程度随离农程度提高而依次提高，对收益权、控制权和福利权的看重程度随离农程度降低而依次降低。从纯农户到离农户，其对发展权的看重比例递增，对收益权、控制权和福利权的看重比例依次降低。以发展权和收益权为例，发展权中，“租金随物价变动而变动”的看重比例从纯农户的 60.71%增长到离农户的 63.05%，“租金随地价增加而增加”从纯农户的 57.94%增长到离农户的 63.05%；收益权中，“收益或租金合理”的看重比例从纯农户的 81.75%下降到离农户的 76.08%，“按时按量支付”的看重比例从纯农户的 81.35%下降到离农户的 74.64%。具体见表 15-6。

表 15-6　三种类型农户对四项权益的看重比例

农户类型	看重比例							
	收益权		发展权		控制权		福利权	
	收益或租金合理	按时按量支付	租金随物价变动而变动	租金随地价增加而增加	土地用途变化	土地合理使用	获得更多就业机会	获得良好养老保障
纯农户	81.75%	81.35%	60.71%	57.94%	56.56%	56.35%	56.74%	66.77%
兼业户	77.33%	77.64%	61.80%	62.11%	49.07%	51.25%	40.37%	40.07%
离农户	76.08%	74.64%	63.05%	63.05%	36.23%	37.69%	36.96%	42.75%

通过分析调研数据，回答了农户承包权益诉求究竟“是什么”，以及不同类型农户的承包权益诉求“有没有差别”这两个问题，得出以下三个结论。第一，农户最重视的权益是收益权，其次是福利权中的“获得良好养老保障”，除此之外，

农户对发展权和控制权的重视程度一般，处在收益权和福利权之间，但对发展权更为重视。第二，对于纯农户而言，四项权益中，纯农户最重视收益权和福利权中的“获得良好养老保障”，对发展权和控制权的重视程度差异不大，介于收益权和福利权之间，但对发展权更为看重；对于兼业户而言，四项权益中，兼业户最重视收益权，其次是发展权，对控制权的重视程度一般，而相对不看重福利权；对于离农户而言，四项权益中，离农户最重视收益权，其次是发展权，对控制权和福利权相对不太重视。第三，三种农户纵向相比时，相对于兼业户和离农户，纯农户对四项权益普遍更为重视；纯农户相对重视收益权、控制权和福利权；离农户相对重视发展权；兼业户对四项权益的看重比例介于纯农户和离农户之间。

15.3　农户承包权益状况

15.2 节通过调研数据反映了农民承包权益诉求，利用数据回答了“承包权益是什么”“不同类型农户的土地承包权益诉求差异是什么”的问题。本节进一步通过数据阐述农民的承包权益现状，回答“承包权益怎么样”的问题。首先通过考察农地经营权流转后农业补贴获得情况、家庭收入情况以及就业和养老情况，了解农户最为关注的收益权和福利权现状。其次通过农户对四项权益的满意度，了解不同类型农户在农地经营权流转后的承包权益现状差异。

15.3.1　农地经营权流转后农户承包权益现状

对于农地经营权流转后的农户承包权益现状，课题组着重考察了农户最为关注的两项权益，即收益权和福利权，对应的指标分别为农业补贴、家庭收入情况以及就业和养老情况。

农业补贴方面，如表 15-7 所示，农地经营权流转后 71.75%的农户表示仍然还会获得农业补贴（指种粮补贴），这与课题组的政府和村集体访谈结果一致。当前即便大多数农户都参与了农地经营权流转，但种粮补贴却并未随承包权的流转而转移，仍由农地经营权流转前的承包户领取，而非“谁种田，谁补贴”。

表 15-7　农地经营权流转后是否有农业补贴

农业补贴属性		频数	百分比	有效百分比
有效	是	739	71.75%	74.95%
	否	243	23.59%	24.65%
	不清楚	4	0.39%	0.41%
	合计	986	95.73%	100%

续表

农业补贴属性	频数	百分比	有效百分比
缺失	44	4.27%	
合计	1030	100%	

家庭收入情况方面，如表 15-8 所示，农地经营权流转后有 85.59%的农户家庭收入都有所增加或至少和原来一样，其中，家庭收入“比原来增加很多”的占 9.07%，“比原来多”的占比最多，达 47.53%，家庭收入“和原来一样”的占 28.99%。这说明，农地经营权流转在一定程度上提高了农民的收入，使农户的收益权有所改善。

表 15-8　农地经营权流转后家庭收入情况

家庭收入属性		频数	百分比	有效百分比	累计百分比
有效	比原来增加很多	92	8.93%	9.07%	9.07%
	比原来多	482	46.80%	47.53%	56.60%
	和原来一样	294	28.54%	28.99%	85.59%
	比原来变差些	125	12.14%	12.33%	97.92%
	比原来变差很多	21	2.04%	2.07%	100%
	合计	1014	98.45%	100%	
缺失		16	1.55%		
合计		1030	100%		

就业和养老方面，如表 15-9 所示，近一半农户表示农地经营权流转后就业情况和养老情况都得到了一定改善，其中就业情况改善较好。8.12%和 45.64%的农户表示农地经营权流转后就业情况得到了“良好改善”和“一些改善”，41.39%的农户表示流转前后就业状况一样。6.07%和 41.59%的农户表示农地经营权流转后养老情况得到了“良好改善”和“一些改善”，48.06%的农户表示流转前后养老状况一样。这说明，农地经营权流转为农户创造了非农就业的机会，改善了农户的就业情况，同时，也让农户的养老情况有所好转。

表 15-9　农地经营权流转后就业情况和养老情况

分类		就业情况			养老情况		
		频数	有效百分比	累计百分比	频数	有效百分比	累计百分比
有效	良好改善	82	8.12%	8.12%	61	6.07%	6.07%
	一些改善	461	45.64%	53.76%	418	41.59%	47.66%

续表

分类		就业情况			养老情况		
		频数	有效百分比	累计百分比	频数	有效百分比	累计百分比
有效	一样	418	41.39%	95.15%	483	48.06%	95.72%
	变差些	46	4.55%	99.70%	40	3.98%	99.70%
	变差很多	3	0.30%	100%	3	0.30%	100%
	合计	1010	100%		1005	100%	
缺失		20			25		
合计		1030			1030		

15.3.2 农地经营权流转后四项权益满意度评价

1. 四项权益满意度评价概况

如表 15-10 所示，农户对农地经营权流转后四项权益普遍不太满意，满意程度仅在 20%左右。其中，收益权中“收益或租金合理”、发展权中“租金随物价而变动而变动”以及福利权中的“获得良好养老保障”满意程度相对较高，分别为 25.9%、25.5%和 25.5%。控制权中的“土地用途变化”满意程度最低，仅为 17.0%。这说明农地经营权流转后，能显著改善农户的收入、就业和养老状况，农民心理层面对四项权益的改善程度满意度却不高，保护农户的承包权益势在必行。对收益权和控制权，存在三分之一的农户表现出了“非常不满意”的态度，具体而言 33.9%和 38.5%的农户表示农地经营权流转后对收益权的“收益或租金合理”和“按时按量支付”情况非常不满意，31.1%和 28.6%的农户对控制权的“土地用途变化”和“土地合理使用”情况非常不满意。

表 15-10 所有农户的四项权益满意度概况

满意程度	收益权		发展权		控制权		福利权	
	收益或租金合理	按时按量支付	租金随物价变动而变动	租金随地价增加而增加	土地用途变化	土地合理使用	获得更多就业机会	获得良好养老保障
非常不满意	313	344	179	171	269	237	209	174
	33.9%	38.5%	20.8%	20.1%	31.1%	28.6%	24.8%	20.4%
不太满意	211	214	182	206	220	202	182	144
	22.8%	23.9%	21.2%	24.3%	25.4%	24.4%	21.6%	16.9%
一般	161	149	280	288	230	229	297	318
	17.4%	16.7%	32.6%	33.9%	26.6%	27.7%	35.2%	37.3%

续表

满意程度	收益权		发展权		控制权		福利权	
	收益或租金合理	按时按量支付	租金随物价变动而变动	租金随地价增加而增加	土地用途变化	土地合理使用	获得更多就业机会	获得良好养老保障
比较满意	141	81	135	106	70	71	96	127
	15.3%	9.1%	15.7%	12.5%	8.1%	8.6%	11.4%	14.9%
非常满意	98	106	84	78	77	89	60	90
	10.6%	11.9%	9.8%	9.2%	8.9%	10.7%	7.1%	10.6%
合计	924	894	860	849	866	828	844	853
	100%	100%	100%	100%	100%	100%	100%	100%
满意程度	25.9%	21.0%	25.5%	21.7%	17.0%	19.3%	18.5%	25.5%

注：①满意程度即对各项权益表示“比较满意”和“非常满意”农民的占比之和；表中数据进行过修约，故存在合计不等于 100%的情况，表中合计仍计为 100%

②表中样本合计不是 1030，是因为部分样本对四项权益满意度的回答不全面，最后分别以不同统计样本数反映大体情况，但不影响总体趋势判断

2. 三种类型农户的四项权益满意度及差异

对于纯农户而言，如表 15-11 所示，农地经营权流转后纯农户对自身最看重的收益权的满意程度不到三分之一，仅有 28.4%和 22.5%的纯农户对流转过程中的“收益或租金合理”和“按时按量支付”情况表示满意，反而存在 32.7%和 39.0%的纯农户分别表示对收益权中的两项表现“非常不满意”。纯农户对其他三项权益的满意程度也较低，有三分之一左右对农地经营权流转后发展权、控制权和福利权现状的满意度一般。

表 15-11　纯农户的四项权益满意度

满意程度	纯农户数量及占比							
	收益权		发展权		控制权		福利权	
	收益或租金合理	按时按量支付	租金随物价变动而变动	租金随地价增加而增加	土地用途变化	土地合理使用	获得更多就业机会	获得良好养老保障
非常不满意	100	113	55	54	80	80	78	77
	32.7%	39.0%	19.1%	19.2%	27.6%	28.6%	28.0%	27.1%
不太满意	69	66	55	55	67	53	49	41
	22.5%	22.8%	19.1%	19.6%	23.1%	18.9%	17.6%	14.4%
一般	50	46	102	101	85	90	90	89
	16.3%	15.9%	35.4%	35.9%	29.3%	32.1%	32.3%	31.3%

续表

满意程度	纯农户数量及占比							
	收益权		发展权		控制权		福利权	
	收益或租金合理	按时按量支付	租金随物价变动而变动	租金随地价增加而增加	土地用途变化	土地合理使用	获得更多就业机会	获得良好养老保障
比较满意	50	28	41	40	25	26	33	42
	16.3%	9.7%	14.2%	14.2%	8.6%	9.3%	11.8%	14.8%
非常满意	37	37	35	31	33	31	29	35
	12.1%	12.8%	12.2%	11.0%	11.4%	11.1%	10.4%	12.3%
合计	306	290	288	281	290	280	279	284
	100%	100%	100%	100%	100%	100%	100%	100%
满意程度	28.4%	22.5%	26.4%	25.2%	20.0%	20.4%	22.2%	27.1%

注：①满意程度即对各项权益表示“比较满意”和“非常满意”农民的占比之和；表中数据进行过修约，故存在合计不等于100%的情况，表中合计仍计为100%

②表中样本合计不是1030，是因为部分样本对四项权益满意度的回答不全面，最后分别以不同统计样本数反映大体情况，但不影响总体趋势判断

对于兼业户而言，如表15-12所示，控制权的满意程度在其他四项权益中相对最低，仅有16.4%和21.0%的兼业户对农地经营权流转后“土地用途变化”和“土地合理使用”表示满意，非常不满意和不太满意合计分别达57.7%和54.8%。此外，兼业户对收益权的满意程度也不高，存在32.5%和36.6%的兼业户表示对农地经营权流转后“收益或租金合理”和“按时按量支付”非常不满意。兼业户对发展权的满意程度不高，合计存在42.8%和43.8%的兼业户表示对农地经营权流转后“租金随物价变动而变动”和“租金随地价增加而增加”表示非常不满意和不太满意。

兼业户对福利权的满意度也不高，合计存在46.1%和37.1%的兼业户表示对农地经营权流转后获得“更多就业机会”和“良好养老保障”表示非常不满意和不太满意。有37.2%和38.9%的兼业户表示一般 。

表15-12 兼业户的四项权益满意度

满意程度	兼业户数量及占比							
	收益权		发展权		控制权		福利权	
	收益或租金合理	按时按量支付	租金随物价变动而变动	租金随地价增加而增加	土地用途变化	土地合理使用	获得更多就业机会	获得良好养老保障
非常不满意	134	148	84	76	116	101	82	63
	32.5%	36.6%	21.8%	19.8%	29.9%	26.9%	21.4%	16.6%
不太满意	89	92	81	92	108	105	95	78
	21.6%	22.8%	21.0%	24.0%	27.8%	27.9%	24.7%	20.5%

续表

满意程度	兼业户数量及占比							
	收益权		发展权		控制权		福利权	
	收益或租金合理	按时按量支付	租金随物价变动而变动	租金随地价增加而增加	土地用途变化	土地合理使用	获得更多就业机会	获得良好养老保障
一般	69	69	113	126	100	91	143	148
	16.7%	17.1%	29.4%	32.9%	25.8%	24.2%	37.2%	38.9%
比较满意	74	40	69	50	32	36	43	53
	18.0%	9.9%	17.9%	13.1%	8.2%	9.6%	11.2%	13.9%
非常满意	46	55	38	39	32	43	21	38
	11.2%	13.6%	9.9%	10.2%	8.2%	11.4%	5.5%	10.0%
合计	412	404	385	383	388	376	384	380
	100%	100%	100%	100%	100%	100%	100%	100%
满意程度	29.2%	23.5%	27.8%	23.3%	16.4%	21.0%	16.7%	23.9%

注：①满意程度即对各项权益表示“比较满意”和“非常满意”农民的占比之和；表中数据进行过修约，故存在合计不等于 100%的情况，表中合计仍计为 100%

②表中样本合计不是 1030，是因为部分样本对四项权益满意度的回答不全面，最后分别以不同统计样本数反映大体情况，但不影响总体趋势判断

对于离农户而言，如表 15-13 所示，满意程度最低的权益是发展权中的“租金随地价增加而增加”，仅有 12.9%的离农户表示对此满意，这说明农地经营权流转后租金并没有反映出经营业主的经营绩效，没有形成地租和业主效益的联动。当然满意度较低的还有控制权中的“土地用途变化”和收益权中的“按时按量支付”，这反映出经营业主有改变土地用途和拖欠农户租金的行为。除此之外，对收益权和控制权非常不满意的离农户占比较高，38.3%和 41.5%的离农户对农地经营权流转的“收益或租金合理”和“按时按量支付”表示非常不满意，另有 38.8%和 32.6%表示对农地经营权流转中“土地用途变化”和“土地合理使用”非常不满意。

表 15-13　离农户的四项权益满意度

满意程度	离农户数量及占比							
	收益权		发展权		控制权		福利权	
	收益或租金合理	按时按量支付	租金随物价变动而变动	租金随地价增加而增加	土地用途变化	土地合理使用	获得更多就业机会	获得良好养老保障
非常不满意	79	83	40	41	73	56	49	34
	38.3%	41.5%	21.4%	22.2%	38.8%	32.6%	27.1%	18.0%
不太满意	53	56	46	59	45	44	38	25
	25.7%	28.0%	24.6%	31.9%	23.9%	25.6%	21.0%	13.2%
一般	42	34	65	61	45	48	64	81
	20.4%	17.0%	34.8%	33.0%	23.9%	27.9%	35.4%	42.9%

续表

满意程度	离农户数量及占比							
	收益权		发展权		控制权		福利权	
	收益或租金合理	按时按量支付	租金随物价变动而变动	租金随地价增加而增加	土地用途变化	土地合理使用	获得更多就业机会	获得良好养老保障
比较满意	17	13	25	16	13	9	20	32
	8.3%	6.5%	13.4%	8.6%	6.9%	5.2%	11.0%	16.9%
非常满意	15	14	11	8	12	15	10	17
	7.3%	7.0%	5.9%	4.3%	6.4%	8.7%	5.5%	9.0%
合计	206	200	187	185	188	172	181	189
	100%	100%	100%	100%	100%	100%	100%	100%
满意程度	15.6%	13.5%	19.3%	12.9%	13.3%	13.9%	16.5%	25.9%

注：①满意程度即对各项权益表示“比较满意”和“非常满意”农民的占比之和；表中数据进行过修约，故存在合计不等于100%的情况，表中合计仍计为100%

②表中样本合计不是1030，是因为部分样本对四项权益满意度的回答不全面，最后分别以不同统计样本数反映大体情况，但不影响总体趋势判断

进一步将三类农户的四项权益满意度进行纵向对比，如表15-14所示，可以发现以下两个特点。第一，三类农户中，纯农户对承包权益的整体满意度相对较高，而离农户的整体满意度则相对较低。这表现在，纯农户对四项权益的满意程度都在20%以上，而离农户则大都在20%以下。满意程度对离农程度的边际效应明显，离农程度越低相对而言越容易满足。第二，三类农户中，相对而言纯农户对收益权最满意达到50.9%，兼业户对收益权最满意，离农户对福利权中的“获得良好养老保障”最满意。纯农户对控制权的满意程度比兼业户高3个百分点，比离农户高13.2个百分点；兼业户对收益权的满意程度比纯农户高约2个百分点，比离农户高23.6个百分点。

表 15-14　三类农户的四项权益满意度对比

满意程度	收益权		发展权		控制权		福利权	
	收益或租金合理	按时按量支付	租金随物价变动而变动	租金随地价增加而增加	土地用途变化	土地合理使用	获得更多就业机会	获得良好养老保障
纯农户	28.4%	22.5%	26.4%	25.2%	20.0%	20.4%	22.2%	27.1%
兼业户	29.2%	23.5%	27.8%	23.3%	16.4%	21.0%	16.7%	23.9%
离农户	15.6%	13.5%	19.3%	12.9%	13.3%	13.9%	16.5%	25.9%

本节进一步通过分析调研数据，阐述了农户的承包权益现状，回答了农户的“承包权益怎么样”的问题。首先，考察了农地经营权流转后农业补贴情况、家庭收入情况以及就业和养老情况，发现在农业补贴方面，当前即便大多数农户都参

与了农地经营权流转，但种粮补贴却并未随承包权的流转而转移，仍由农地经营权流转前的承包户领取，而非“谁种田，谁补贴”；家庭收入方面，农地经营权流转在一定程度上提高了农户的收入，使农民的收益权有所改善；就业和养老方面，农地经营权流转为农户创造了非农就业的机会，改善了农户的就业情况，同时，也让农户的养老情况有所好转。其次，分析了农户对四项权益的满意度，发现即便农地经营权流转后农户的收入、就业和养老状况有了明显改善，但农户心理层面对四项权益的改善程度满意度却不高，对农地经营权流转后四项权益普遍不太满意，满意程度仅在 20%左右，保护农户的土地承包权益势在必行。最后，分析了三类农户承包权益的满意度差异，发现三类农户中，纯农户对承包权益的整体满意度相对较高，离农户的整体满意度则相对较低。相对而言，纯农户对发展权最满意，兼业户对收益权最满意，离农户对福利权中的“获得良好养老保障”最满意。

15.4　农户承包权益保护

通过 15.3 节的分析，发现农户对农地经营权流转后的承包权益满意度较低，这是什么原因导致的？怎样保护农户的土地承包权益？本节通过分析农地经营权流转过程中的纠纷、农户承包权益表达以及农户承包权益的保护状况尝试回答上述两个问题。通过分析和借鉴具体案例，进一步阐明应如何对农户承包权益进行有效的保护。

15.4.1　农地经营权流转过程中的纠纷

农户承包权益受损是农地经营权流转发生纠纷的重要原因，了解纠纷发生率以及纠纷发生原因，是保护农户承包权益的有效途径，有利于制定措施提前防范各类纠纷的发生。

1. 纠纷发生率

如表 15-15 所示，在课题组的调研数据中，共发生了 162 起纠纷，纠纷发生率为 16.2%，这说明小部分农户的承包权益存在一定程度的受损。

表 15-15　纠纷发生率

问卷属性		频次	百分比	有效百分比
有效	是	162	15.7%	16.2%
	否	836	81.2%	83.8%
	合计	998	96.9%	100%
缺失		32	3.1%	
合计		1030	100%	

2. 纠纷发生原因

表 15-16 和表 15-17 分别按主体和纠纷类型考察了纠纷发生的原因。

表 15-16 纠纷发生原因（按主体分）

项目	自身原因	第三方原因	业主原因	家庭原因	合计
频数	18	16	125	3	162
百分比	11.1%	9.9%	77.2%	1.9%	100%

注：表中数据进行过修约，故存在合计不等于 100%的情况，表中合计处仍计为 100%；自身原因是指由自己的认知能力、脾气性格等原因造成的纠纷，而家庭原因主要是由家庭成员内部意见不一致或者家族恩怨等导致的纠纷

表 15-17 纠纷发生原因（按纠纷类型分）

原因类别/属性		频次	百分比	个案百分比
农地用途原因	强行改变用途	50	36.2%	36.2%
	没有同意	17	12.3%	12.3%
	无法复耕	50	36.2%	36.2%
	其他	21	15.2%	15.2%
	合计	138	100%	100%
	个案数	138		
农地收益原因	数额支付不足	58	30.9%	35.8%
	支付不及时	108	57.4%	66.7%
	其他	22	11.7%	13.6%
	总计	188	100%	116.1%
	个案数	162		
经营行为原因	提前终止合同	45	30.0%	33.8%
	抛荒不种	46	30.7%	34.6%
	污染环境	11	7.3%	8.3%
	损害土地	29	19.3%	21.8%
	其他	19	12.7%	14.3%
	总计	150	100%	112.8%
	个案数	133		

注：因为个案纠纷发生不止一个原因，所以出现了超过 100%的情况

表 15-16 表明，在主体层面，业主方是引起纠纷发生的主要主体，共 125 起纠纷是由业主引起的，占纠纷发生数量的 77.2%。除此之外，自身原因、第三方原因和家庭原因都会引起纠纷，但总体来说占比不高。

而在纠纷类型方面，主要原因分为三类，即农地用途原因、农地收益原因和经营行为原因。其中，农地收益原因中的“支付不及时”占比最大，达 57.4%，是导致纠纷发生的最大原因。另外，农地用途原因中的“强行改变用途”和“无法复耕”也是纠纷的重要原因，都在纠纷发生原因中占比 36.2%。在经营行为原因方面，“提前终止合同”和“抛荒不种”导致纠纷占比分别达 30.0%和 30.7%，也成为引发农地合同纠纷的不可忽视因素。

15.4.2　农户承包权益表达

农户承包权益表达是在承包权益诉求的基础上对自身所享有权益的正当维护，是农户自行维权的表现。农户在表达自身承包权益诉求时，最先体现为具有主动维权意愿，而后再通过寻求不同的方式表达承包权益诉求。为保护农户的土地承包权益不被侵害，有必要考察农户的主动维权意愿以及维权方式的选择。

如表 15-18 所示，农户在感知权益受损时，绝大多数（81.1%）的农户表示会主动维权，仅有 18.9%的农户表示不愿意主动维权。

表 15-18　主动维权意愿

是否主动维权	频数	百分比	有效百分比
是	732	71.1%	81.1%
否	171	16.6%	18.9%
合计	903	87.7%	100%
缺失	127	12.3%	
合计	1030	100%	

农户在感知权益受损时，通常可通过四种方式表达意愿并维权，分别是“流转双方协商”“通过非政府的第三方调解”“通过政府协商”和“通过法律诉讼（打官司）”。如图 15-1 所示，当感知自身的权益受损时，表示会主动维权的那部分农户中，超过半数（52.56%）希望通过流转双方协商的方式解决，35.76%的农户希望通过政府协商来维护自身权益，仅有不到 10%的农户希望通过非政府的第三方调解（3.89%）或通过法律诉讼（打官司）（7.79%）解决纠纷。

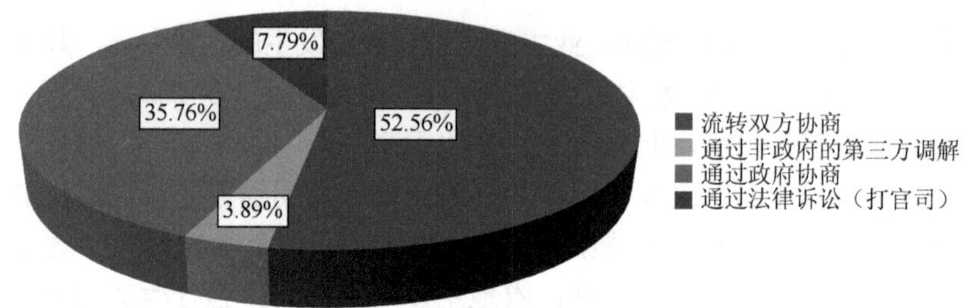

图 15-1　农户承包权益表达方式选择

15.4.3　农户承包权益的保护状况

农户承包权益受到侵害时，业主方、村集体以及政府都是保护农户承包权益的直接或间接主体。在课题组的调研数据中，当纠纷发生时，解决纠纷、维护农户承包权益的方式较为单一。如表 15-19 所示，四项权益的保护方式大都集中分布在“流转双方协商”和“通过政府协商”这两种途径上，其中“双方协商”占比最多，占 50%左右，“通过政府协商”占比次之，占 40%左右。“双方协商”模式下，农民群体因谈判能力较小而在双方谈判过程中占劣势，自身权益往往被侵害。因此农地经营权流转过程中，政府的调解、监督和保护作用显得尤为重要。

表 15-19　纠纷发生后四项权益的保护方式

类别	频数及占比			
	收益权保护方式	控制权保护方式	发展权保护方式	福利权保护方式
流转双方协商	86	83	86	77
	53.1%	51.2%	53.1%	47.5%
通过非政府的第三方调解	5	8	5	4
	3.1%	4.9%	3.1%	2.5%
通过政府协商	57	58	63	71
	35.2%	35.8%	38.9%	43.8%
通过法律诉讼（打官司）	14	13	8	10
	8.6%	8.0%	4.9%	6.2%
合计	162	162	162	162
	100%	100%	100%	100%

注：表中数据进行过修约，故存在合计不等于 100%的情况，表中合计处仍计为 100%

纠纷发生后四项权益的解决情况如表 15-20 所示，超过半数的农户认为权益保护情况良好，30%左右的农户认为四项权益保护情况一般，但仍存在 10%左右的纠纷未解决，农户的四项权益未得到保护。其中收益权的保护情况不太好，纠纷发生后，仍有 14.2%农户的土地收益权未受到保护。

表 15-20　纠纷发生后四项权益保护情况

类别	频数及占比			
	收益权保护情况	控制权保护情况	发展权保护情况	福利权保护情况
良好	94	93	93	94
	58.0%	57.4%	57.4%	58.0%
一般	45	47	54	52
	27.8%	29.0%	33.3%	32.1%
未保护	23	22	15	16
	14.2%	13.6%	9.3%	9.9%
合计	162	162	162	162

15.4.4　农户承包权益保护实例

本节以重庆市梁平区土地承包权退出为例，阐明在广义的农地经营权流转过程中如何通过制度设计来保护农户的土地承包权益。

2014 年 12 月，作为第二轮农村改革试验区，重庆市梁平区开始探索土地承包权有偿退出的试点工作，并在 2015 年初，制定了《梁平区农村土地承包经营权退出试点实施办法（试行）》，选定了屏锦镇万年村和礼让镇川西村两个地点进行封闭性试点探索。2016 年，国务院印发了《关于实施支持农业转移人口市民化若干财政政策的通知》，要求逐步建立进城落户农民在农村的相关权益退出机制，积极引导和支持进城落户农民依法自愿有偿转让相关权益。梁平区在保障农户利益的前提下进行制度设计，为进城农户退出土地承包权开辟通道，使土地要素更加高效配置，为推进新型城镇化和农民市民化进程提供了新的思路和选择。

1. 三项原则

重庆市梁平区按照“退得出、能利用、社会稳、低要求、退地不能荒废闲置”的思路，构建“发包方有退出通道，退出方有退出意愿，承接方有目的需求”的三方联动退地机制，并进行与之配套的制度安排，按照以下三条原则设计具体退地制度。

（1）农民自愿。2015 年农村土地“三权分置”后，土地承包权不仅代表了农户的集体成员权，还承载了农户获得土地收益、依靠土地保障的各项权益。“三权分置”的核心问题是要保护农民的土地承包权。《中华人民共和国农村土地承包法》第二十七条规定：国家保护进城农户的土地承包经营权。不得以退出土地承包经营权作为农户进城落户的条件。因此梁平区在进行退地制度设计时，始终将农民的利益和意愿摆在重要位置，把农民自愿原则作为退地工作开展的先决条件。

（2）退用结合，市场运作。放开承包地退出管制，本质上就是让土地资源进行市场化配置。退出方即农户是土地市场的供给方，承接方即业主是土地市场的需求方。退地应发挥市场在资源配置过程中的决定性作用，尽量避免退地后土地闲置、继续撂荒而造成的土地资源浪费。

（3）守住底线，把控风险。若假定农户是理性经济人，则其面临退地抉择时会充分考虑退地的效用，评估退地的风险，前者大于后者才会选择退出土地承包权。土地承包权有偿退出会使退出方在短期内一次性获得退地带来的收益，因此可能导致农户只寻求短期收益，不考虑退地带来的长期风险而盲目退出土地承包权的非理性行为。另外，若有大量农户退地，会导致土地供给量大幅上升，短期若未有与之相当的土地需求量则会导致土地价格下跌或土地大量抛荒闲置。梁平区考虑到上述两个原因，一方面守住退地底线，控制退地数量，另一方面把控风险，防止因农户不理性行为导致的退地大规模风险的发生。

2. 六项设计

重庆市梁平区为保障退地工作稳步推进，确保农户权益不受损失，从土地退出门槛设置、退出流程把控、退地补偿价格形成、退地补偿金筹措、退出土地的利用以及退地农户的保障六个方面进行了制度安排。

（1）土地退出门槛设置。明确退地农户的前提条件，退出分为法定退出和自愿退出。法定退出必须是承包方全家迁入本集体经济组织以外的农村落户，在新户籍地取得承包地的，或农户整体消亡的，以及法律法规规定应当收回的其他情形。自愿退出要符合三个前提条件：第一，农户在不依赖土地的前提下也有一定的收入，能保证退地后有稳定的生活来源；第二，农户除在本集体经济组织之外也有固定住所；第三，退出后的土地有其他业主或个人承包，保证集体经济的效率。

（2）退出流程把控。严格退地程序，法定退出按公示、初审、复核、审核、注销、备案的程序办理。自愿退出按农户申请、民主决策、村镇审核、张榜公示、签约交割、注销权证、上报备案的程序办理，每一个程序都设计有示范文本。

（3）退地补偿价格形成。退地补偿价格由集体经济组织与自愿退出农户协商，经集体经济组织成员会议民主讨论确定。应依据当地经济社会发展水平和不同地类、不同地理位置，结合此轮承包期（2027 年 12 月 31 日止）剩余年限和当地年均农地流转收益，适当考虑“长久不变”因素，形成合理的自愿退出补偿价格，原则上不超过同期征地土地补偿标准。在兼顾国家、集体、农民个人三者利益基础上，梁平区合理制定了退地价格，标准为不超过同期国家征补偿标准。

（4）退地补偿金筹措。采取集体经济组织自筹、银行融资和县镇财政借支办法，在乡镇财政所建立退地补偿周转资金池，将其全部用于支付退地补偿款。2017 年，区镇两级财政分别给两个村注入 30 万元、10 万元，并由集体经济组织成员会议民主确定采取一次性支付或分年度支付方式。

（5）退出土地的利用。退出的承包地不得擅自改变农业用途，所在集体经济组织经过成员会议民主决策，可统一经营，可通过其他承包方式公开竞价发包，可入股经济实体，原则上不再以家庭承包方式发包。退出承包地零星分散的，可通过承包地置换获得相对连片集中土地。退出的承包地已经流转的，在变更转出方后原流转合同继续履行，流转收益归集体经济组织。融资或向所在乡镇借资补偿的，其流转收益应优先用于归还借款。

（6）退地农户的保障。强化退地进城农民工的各项保障。将退地农民纳入就业创业政策扶持范围，在金融信贷、创业服务等方面给予支持。积极引导符合条件的退地农民参加城镇企业职工基本养老保险，解决退地农民后顾之忧。保留集体经济组织成员资格的退地农户仍可享受集体经济组织的分红。

重庆市梁平区构建了一套“三六”的退地体系，按照“三个原则”“六项设计”推行退地工作，经过“制度设计”“封闭试验”“全面推开”三个阶段，目前试点工作虽已停止，但退出承包地的相关制度设计为农地制度能够提供有益借鉴。退地试点改革在全区开展以来，没有一户农户上访，实现了农民增收、产业发展和社会稳定。经过课题组调研，我们发现重庆市梁平区退地改革起源于基层农村，这一改革是一种农民自发的自下而上的诱致性制度变迁，土地承包权退出的真正第一主体是承包农户，第二主体是村集体（发包方）。区农业农村委员会等职能部门仅仅起到引导和指导作用，区农业农村委员会重在通过调研，收集群众意见制定和完善退地方案，总结和整理农户退地的经验，宣传与引导基层干部结合当地实际情况开展退地工作，发挥农民和集体经济组织的参与、决策和监督权能，而不是替代其完成退地工作。区农业综合开发办公室重在打通退地准许渠道，把控退地制度和流程的设计，以保障退地农户的权益以及保证退地工作的有序开展，并未在农户层面强加意志。只有做到各方协调联动，才能在农地经营权流转的每个环节严格保护农户承包权益。

第 16 章　农户承包权益损益测度的工具开发与运用

“三权分置”政策具有促进适度规模经营，提高土地利用效率、农业生产率和农户收入等多重政策目标，核心是保障农户收入的提高和稳定农产品供给。同时，在中国经济社会进入新时代，实施乡村振兴战略的背景下，任何“三农”政策的出发点都应遵从“以人民为中心”的发展思路，服务中国式现代化建设的目标，解决城乡发展的不充分不平衡矛盾。因此，关于农村土地经营权流转的宏观政策研究需要同时落脚到农户收入逐步提高、农产品稳定供给和承包权益有效保护上。

分析宏观政策的微观绩效，需要重视微观调研。从当前实地调研情况分析，农民个体无论在客观实际的损益变化方面，还是在主观认识的损益变化方面都存在明显的差异。在主观认识方面，影响农户权益判断的主观因素颇为复杂，除经济收益外，诸多非经济因素在农民判断权益范围和损益变化时也会产生直接和间接影响；在客观实际方面，农户承包权益损益变化不仅部分取决于农地经营权流转市场，较大程度上也受到其他要素市场变化的影响（如劳动力市场增加非农就业机会），并且权益损益通常需要长期的观察和判断才能准确描述和分析。因此，无论从哪一维度审视农户承包权益损益变化，均会存在较大的差异性，难以具体化操作和分析。现实中最为典型的实践案例“悖论”是“农民对当前的农地经营权流转现状表达出一些不满，但同时仍愿意继续参与或不愿意退出土地流转”。这说明影响农地经营权流转的因素众多，农户往往存在多维权益诉求。农村农地经营权流转的本质虽然是产权交易，但是由于土地普遍存在的禀赋效应，土地的人格化财产特征较强，农地经营权流转不是单纯的要素市场，而是包含了地缘、亲缘和人情关系的特殊市场逻辑（罗必良，2014；林文声和罗必良，2015）。

因此，在现实中难以准确判断政策的微观绩效，农户的权益表达存在明显的不真实性。反映在研究中，表现农户权益损益测度的研究边界模糊，缺乏权益损益变化的基线值和参考值，理论研究和实证研究遭遇困境。因此，确定合理的研究范围，设定合适的研究基线，将影响较大的非经济因素量化，排除部分非经济因素的影响，将权益分析纳入经济学分析框架，能更准确地度量农户的经济行为。同时，农地经营权流转市场中存在大量的农民个体，个体权益在市场机制作用下必然同时面临获益和受损的可能，市场中也必定同时存在受益和受损的个体。任何一项政策施行或者资源再配置都难以让所有个体受益，完全实现帕累托最优。因此，单独评价农户承包权益损益变化难以进行，同时也是没有实践价值的。评判宏观政策的关键是科学预测权益受损的程度、波及范围，以及可能导致的系统性风险。因此，权益损益分析需要从个体尺度再次回归到群体尺度。就农地经营权流转下农户承包权益损益测度而言，在具体措施和环境变化背景下对特定范围、特定类型的农户群体的承包权益损益变化进行研究，将宏观政策、环境变化与微观行为纳入同一个分析框架，协同分析。

目前，学术界对土地权益的损益测度研究多集中在土地征用、集体建设用地、宅基地的权益研究上，使用的方法主要有三类，分别是田野调查法、计量分析法和主观满意度评价法。其中，田野调查法主要是通过实地调研对农民的生活、生产进行主观评价。计量分析法主要是通过建立计量经济学模型对被征地农民的经济权益进行测算，如肖屹等（2008）构建的土地增值收益空间解析模型，以建设用地价格作为参照，认为在当前的征地定价方式中，农户在土地增值中获益偏少，权益受损；消除价格扭曲及工农产品价格“剪刀差”等因素的影响之后，农户获得的土地收益比例将大幅度提升。主观满意度评价法主要是通过集中从福利、幸福感、满意度等主观指标进行测算，其中主要的计算方法是模糊评判法［高进云等（2007）；张丽（2011）；袁方和蔡银莺（2012）］。现有研究中，以失地农民为研究对象的比重较大，承包权益实证研究也更多关注于承包权的初始分配，或者其他原因所导致的权益受损，对农地经营权流转产生的权益损益变化研究偏少。相对于土地征用、集体建设用地、宅基地三个领域，农地经营权流转导致权益损益测度研究相对不足，相关的实证研究和工具开发尚待加强。从研究尺度看，偏重宏观研究，对微观主体的具体权益变化关注不够。土地在空间上具有不可移动性、稀缺性，交易条件各异，不同区域的市场环境和农户权益具有很大差异性，因此宏观尺度与微观尺度权益研究之间的联系亟须加强。从研究方法来看，无论是主观评价还是客观测量，都需要合理确定权益损失和保护的基线，基线过高或过低都不利于科学研究和政策实施，这正是研究难点。现有研究普遍引入了比较分析方法，部分研究以土地出让价格与征地价格对比来分析农民权益损失。高进云等（2007）将权益与福利水平挂钩，进行比较研究，更能够体现权益研究的本质。在确定权益损失规模、易损人群的特征、受损农户范围，以及风险应对和政策评估等方面还存在较大的进一步研究空间。

因此，本章试图在以下方面有所突破：理论研究方面，在明确农户承包权益的内涵基础上，基于有限理性、效用最大化、动态均衡等经济学基本概念和假设，构建理论分析框架，对经济行为选择和权益损益的基线和变化趋势进行判定。实证研究方面，基于理论分析，开发实证分析工具对权益损益进行测度，包括权益测度的量纲和指标、个体权益与群体权益的损益规模。政策研究方面，分析宏观政策导向对微观经济行为的影响，评估政策实施和流转实践的客观风险，结合政策目标和资源约束条件，探讨风险应对和政策调整的方向和前景。

16.1　农户承包权益损益表现

16.1.1　农地经营权流转对农户承包权益的正向影响

Binswanger（1986）的研究指出，土地租赁是经营业主扩大农地经营规模的主要方式之一，有利于提高农地要素的配置效率；同时，在土地买卖市场中，买卖农地会导致部分农户失去农地，产生不稳定因素，因而土地租赁更有效率（Fede，1998）。家庭承包经营是中国重要的制度变迁（张红宇，2002），但是随着农村劳动力的流出农地经营权流转成为常态。农地经营权流转可以缓解农地细碎化导致的问题（苏旭霞和王秀清，2002），扩大经营规模，降低成本（陈欣欣等，2000），对农户具有重要的效益（姚洋，1998）；同时，有利于提高农产品的国际竞争力（汪普庆等，2009）和农户收入（胡初枝等，2008；刘莉君，2013；何一鸣等，2014；江怡，2012；刘银妹，2014）。

16.1.2　农地经营权流转对农户承包权益的负向影响

从农户承包权益视角出发，农地经营权流转的负效应主要是农户的权益受到损害，本节基于调研案例和数据指出农户的权益受到损害的部分，从经济价值层面、社会价值层面和生态价值层面三个层面进行论述。经济价值层面主要是租金支付造成的经济发展权受损。不同的租金额度、支付方式以及支付时间，会对农户承包权益造成不同的影响。农民组织化程度较差，在上述谈判中往往处于不利地位，从而导致其利益受损。社会价值层面主要是弱化了土地的保障功能，损害了农户的社会福利。生态价值层面主要是放大了农业的负外部性，损害了农民户的生态权益。

1. 经济价值层面的损益表现

衡量农户经济价值层面的损益表现的核心指标是农户在农地经营权流转前后的家庭总收入的水平和结构变化。基于成本收益比较，农户在农地经营权流转过程中，流转后较流转前收入增加，是促进其转出农地的直接原因，也是评价其农地承包权益是否受损的核心经济指标之一。调研样本显示，当前我国老人农业特征开始显现[①]，老人因年龄、体力等因素，随着其年龄的增加，对空闲的偏好逐步

① 项目调研数据一共 1030 份，调研数据显示，调研对象的平均年龄为 55.23 岁，70 岁以上 93 人，占比 9.03%；60 岁以上 374 人，占比 36.31%；50 岁以上 658 人，占比 63.88%。

提高，劳动的偏好进一步降低。所以在老人农业中，农地经营权流转虽然可能导致农业收入有所降低，但是其整体效用并没有显著下降，甚至有所上升。调研数据表明（表 16-1），家庭总收入增加的有 591 人，不变的有 228 人，降低的有 211 人，分别占比 57.38%、22.14%、20.49%，且年龄越大组的收入降低比例越大。但是也有可能存在其他原因导致农户的收入降低。

表 16-1　农民年龄与收入变化交叉表（$n = 1030$）

项目	选项	收入增加	收入不变	收入减少
农民年龄	＜45 岁	118	41	36
		60.51%	21.03%	18.46%
	45～60 岁	289	90	95
		60.97%	18.99%	20.04%
	＞60 岁	184	97	80
		50.97%	26.87%	22.16%
	总和	591	228	211
		57.38%	22.14%	20.49%

注：表中数据进行过修约，存在合计不等于 100%的情况。收入增幅大于 1000 元时，认定为收入增加；收入变动在[−1000 元，1000 元]，认定为收入不变；收入减少超过 1000 元时，认定为收入减少。

农地经营权流转背景下农户总收入发生变化的同时，收入结构也发生变化。农户总收入的来源分为四类：经营性收入、工资性收入、财产性收入和转移性收入。基于收入视角，农地经营权流转的本质是由经营性收入向财产性收入转变，同时可能获得部分工资性收入，使农民的收入结构得到优化。一般而言，农地经营权流转下的农户收入结构的变动是原有的农业经营性收入降低，降低的部分由财产性收入的增长补充，但是财产性收入的增加略低于经营性收入的减少。所以，如果没有工资性收入，农民总收入必然出现降低，且降低程度与农民流转前的农业经营有关。调研数据表明，农地经营权流转的货币租金平均价格为 744.81 元；食物租金的平均价格为 618.14 斤谷子，按当年折算给农民的谷子价格范围 1.1～1.3 元计算，价格为 679.954～803.582 元。[①]农民种植大田作物的年净收入也在 800 元左右，所以影响农户总收入的核心不是农地租金本身，而是其他因素。但是也不能忽视租金额度的问题，毕竟有超过五分之一的农户的收入出现降低。

调研中存在经营业主对农户土地支付不及时，没有按照合同规定的时间支付相应的租金从而引发大量的矛盾和纠纷的情况。调研数据显示，农户与经营

① 取中间值 1.2 元计算，价格为 741.768 元，与货币租金差不多。

业主有过矛盾的，98.72%在原因中选择了“租金支付不及时”一项，即租金没有按时支付是引发农户与经营业主矛盾的重要原因。是否及时支付土地租金是影响农民评价的核心约束条件，也是实践中农户最为关心的部分。农户按时按量获得相应的土地租金的权利，在实践中较为容易受到侵害，农户在博弈中处于弱市场地位。

租金支付方式是一个较为重要的因素。现实经济获得中有以下两类租金支付方式：一类是“一年一付”，可进一步分为“先付钱、再用地”和“先用地、再付钱”两种；另一类是“多年一付”。调研发现如果在没有违约的情况下，农户对“先付钱、再用地”和“先用地、再付钱”两种方式均没有任何意见。但是伴随经济社会发展，出现经营业主因经营不善而破产和跑路的现象，或者因经济市场波动而出现资金运转困难的情况，导致农户不愿意“先用地、再付钱”的方式。所以“先用地、再付钱”的方式随着时间的演变逐步消亡，最终的博弈结果是“一年一付”和“先付钱、再用地”。

【专栏 16-1】

在多地的农地经营权流转实践中，均出现过“先用地、再付钱”的支付方式的案例。最终都是因经营业主经营不善、破产，从而导致当年租金不能及时支付，引发相应的矛盾。

“多年一付”的租金支付方式从主观上对农户没有什么损害和不利，但是依旧存在两点问题：第一，经营业主在短期内一次性将租金全部支付给农户，虽然在租金支付违约方面有利于农民，但是可能会使经营业主资金周转困难，从而增加经营风险，资金链断裂的可能性增强。从长期来看，不利于农户获得长期稳定租金。

【专栏 16-2】

某地的一起案例中，经营业主一次性支付农户 5 年的土地租金，第二年的农产品市场波动从而导致经营业主资金周转不开，资金链断裂，进而导致经营业主破产、跑路，农业规划进行一半，缺乏后续资金不得不停工，农户土地边界也因农业规划被打乱，土地也不能按流转前分给农民，土地被抛荒。

“多年一付”的租金方式，每年租金是既定的，即租金是不会随着地价的上升和物价上升而变化。从长期看，会损害农民的承包权益。最终博弈的均衡结果是“一年一付”和“先付钱、再用地”。

【专栏 16-3】

在一起案例中，经营业主与农户签订的是确定的土地价格，后期农产品（玉米）价格上涨，导致农户对确定的土地价格存在不满，出现矛盾纠纷。

租金从支付标的物角度可分为实物租金和现金租金，且目前这两类均广泛存在全国各个地区，以现金租金为主，各有优点和劣势。实物租金是以确定的农产品为标的，如黄谷、玉米等，确定相应的数量，而价格则以某年确定时间的价格为标准，如每年 9 月 1 日农产品的市场价，最终折算成相应的租金支付给农民；现金租金则是以确定的金额，如 800 元、1000 元等，支付给农户。调研数据显示，有 897 户农户选择现金租金，占比 87.09%；133 户农户选择实物租金，占比 12.91%。实物租金存在以下两个方面的优点：第一，保障农户的土地租金随市场变动，确保了农户的承包权益；第二，保证经营业主的成本随市场价格变动而变动，市场机制可适时发挥相应的作用。在实践中，存在以下问题：当农产品价格上升时，农户要求上调土地租金；当农产品价格下降时，经营业主很难将租金再降下来，有损经营业主的权益。

【专栏 16-4】

在一起案例中，经营业主与农户签订的是确定的土地价格，后期农产品（玉米）价格上涨，导致农户对确定的土地租金价格存在不满，最终迫使经营业主答应如果农产品价格上涨，则增加 1%～5%的租金；如果出现农产品价格下降，则按比例降低 1%～5%的租金。但是，后期遇到农产品价格下降时，经营业主的土地租金并没有按合约规定下降。

现金租金比较方便，直接依据耕地规模向农民支付租金，但是因价格刚性，从长期看不利于农户，从而可能会产生较多的矛盾和不满。

【专栏 16-5】

在一起案例中，经营业主与农户签订的合同期限是 5 年，其中租金在这 5 年中是固定不变，而恰恰在这 5 年内，农产品的价格在上涨，最终导致农户不满，要求租金上调。

实践中解决的路径是经营业主承诺每隔几年重新确定一次土地租金，或者承诺每隔几年土地租金上涨百分之多少，以提高农户的土地租金。实物租金和现金租金均有相应的优点和不足，在市场中两者均广泛存在，并不断发展、演变，但是趋势均是市场作用在土地租金中的影响越来越大。

2. 社会价值层面的损益表现

理论与实践共同指出，中国农村的土地具有重要的社会保障功能。现阶段，农村人口老龄化已经成为约束农村发展的主要因素，其直接引发的问题就是农民养老问题，这一问题使社会保障服务在城乡和区域间的巨大差别越发突出，土地成为农民重要的养老保障。换句话说，随着时间的演变，农村土地的社会保障功能的重要性没有发生变化，变化的是具体保障内容，其在前期属于就业保障，在后期则属于养老保障。

农地经营权流转的本质是农户将农地经营权让渡给其他业主经营，自己退出土地经营，从而获得较以前更多的空闲时间和相应租金，即农地经营权流转会增加农民的空闲时间。这一时间存在以下两个去向：休闲和就业。从休闲的维度看，主要是在农地经营权流转前从事农业生产的年龄较大的农民。流转后，这类农民退出家庭生产环节，同时也难以进入城乡的劳动力市场。这一类农民的生活方式发生巨大转变，空闲时间大量增加，对农村基本公共服务体系提出新的要求，特别是在文化娱乐休闲设施方面。从就业的维度看，主要的是在农地经营权流转前从事农业生产且同时可在城乡劳动力市场就业的农民。流转后，其退出农业经营环节，但是对其他就业有需求，从而产生以下两类引致需求：农村职业教育设施和就业工作机会。当前的中国农村基本公共服务供给水平难以满足农民的需求。

【专栏 16-6】

在一起案例中，部分农户将土地经营权让渡给农民合作社后，因缺乏工作机会只能赋闲在家，对当前的农地经营权流转表现出不满；另一部分农户退出农业经营后却主动寻找非农就业机会，努力增加家庭收入。

3. 生态价值层面的损益表现

农地经营权流转后生态环境是恶化还是进一步优化，朝着哪个方向发展，主要可以从农民生活的空气质量、生产垃圾、生产污水等方面的变化进行说明。良好的环境能够促进人的身心达到良好的状态，居住在空气质量低、拆迁扬尘较高的地区居民较为不幸福。所以农地经营权流转后，是否污染农村生态环境、产生大量的农业生产垃圾和生产污水，从而导致水、路、空三个层面的环境恶化，是评价农民生态层面权益的重要评价指标。现实调研中，引起环境较大程度变化的主要是农业经营主体从种植业转变为畜牧业，这也会引起农民的不满。

【专栏 16-7】

有一个村庄的农户将土地租给养殖户养猪。养殖生猪导致的空气环境和水质环境恶化，引发农户的不满，要求经营业主退出生猪养殖，或者提高相应的租金以获得补偿。

另外，耕地本身的物理形态和化学形态变化对农户承包权益的影响也是生态价值层面的负外部性表现。其中化学形态的变化与物理形态的变化有着显著的关系，物理形态的变化，也会引起化学形态的变化。

【专栏 16-8】

农业经营主体或将耕地用来种植苗木，或者深挖鱼塘进行水产养殖，或者投资农业基建设施推动路面硬化，或者进行土地整治破坏原有的土地边界，或者建设农业发展设施等。

当然，以上破坏农村耕地的物理形态的行为均受到农户的非议，显著影响农户评价。在实践中的约束条件主要有两条：第一，在合同中表明不改变耕地的种植结构，即物理形态；第二，在合同中或者口头中承诺即使改变物理形态，退还给农户时最终也会对耕地进行复垦。

16.2　农户承包权益损益测度工具开发

农地承包经营权流转大致可分为两个方向，一种是耕地在农业产业内流转，另一种是耕地转为非农用地，被征地或作为其他建设用地使用。农户承包权益的保护主要集中于耕地在农业用途内部流转过程中权益的保护。非农用地的情形更为复杂，与地权结构细分有关，但与农地经营权流转（指农业用途农地经营权流转）关系不大。农地经营权流转的分析只限于农用范围之内，农户承包权益的保护也主要限于农业范畴之内，对于征地和耕地非农化的研究，不作为本书研究的主要内容。本节就上述界定的农地经营权流转，开发农户承包权益损益测度的工具。

16.2.1　工具开发的前提

1. 概念界定

（1）承包权益与权益解构。对承包权益的界定决定了研究的边界。农地是重要的生产生活资料，承包权益包含一系列权利束。根据农地在农业农村生产生活中发挥的作用，可将其解构为控制权、福利权、收益权、发展权。

（2）经济行为与量化分析。权益是权力和利益的总称，理论研究和模型设计的起点都是收益最大化。将农地经营权流转定义为“经济行为”，核心是提升生产资料收益或效用，从而将权益分析纳入经济学分析框架。将承包权益结构与农户经营性收入、工资性收入、财产性收入以及转移性收入有机结合，量化测度权益损益变化。

（3）行为选择与权益损益。在不同的客观环境下，经济人如果能够动态调整经济行为选择，形成动态均衡，则能够较好实现权益保障。但由于有限理性和合同刚性，农户行为选择的均衡点在一定期限内被固化在一个稳定的范围。通过静态和动态均衡比较分析，结合权益量化测度，就能够反映出承包权益损益变化。

2. 研究假设

（1）经济人与有限理性。将农户视为经济人，农户是否参与和如何进行农地经营权流转主要取决于是否能够实现收益最大化。从调研的情况看，尽管农地经营权流转仍受到血缘、地缘、亲缘关系的影响，但租金等经济因素仍是主导因素；众多的非经济因素也在农户的预期判断中内化为收益的影响因素。流转双方对流转前后的收益变化进行权衡比较，决定签订流转合约的价格和规模，达到行为选择的均衡状态，流转双方都实现了资源约束和行为约束下的“预期收益”最大化。舒尔茨（1964）提出“理性小农”在资源约束下进行了高效率的生产。新制度经济学派将不完全信息和交易成本视为有限理性的主要致因。行为经济学彻底改变了传统经济学中静止的、理想化的理性经济人假定，代之以演化的、有限理性的现实当事人假定（Thaler，2016）。有限理性是主观追求理性目标与客观有限能力之间的差异性（李振远和郑传芳，2011）。受限于“有限理性”，流转双方都无法对未来情境完全理性预期，无法在谈判和合约中对所有可能性进行约定。在签订合约后，政策、市场、环境风险的存在，使得合同执行存在不确定性，农户参与流转的实际收益与预期收益背离，可能导致权益损益和收入变化。

（2）合同刚性和柔性约束。签订合同是减少不确定性和风险的必要措施。合法性是流转合同的第一要求，无论是现实实践和理论研究，都要求个体的经济行为选择出于自主判断和决策，不存在“强买强卖”等非市场行为。基于程序合法性原则，流转过程经过承包权人授权、村民小组（或村民委员会）商议投票、流转信息公示、承包权人签字等基本法定程序，以及项目备案审查、提交风险保证金、采用格式合同等附加政策程序，可认为流转程序和流转合同具备合法性。调研中发现，土地作为集体资产，基层政府和村社干部在农地经营权流转中具有较强的话语权，但多数农户主观上希望参与流转，将客观的地缘、亲缘、血缘关系的影响内化到收益变化中进行比较。由于农业和农地的特性，流转双方需要协调规模经营与土地细碎的矛盾、长期投资与短期分配的矛盾。经营业主为开展规模经营，进行必要投资，需要较长的投资回报期，倾向于签订长期合同。农户出于减少谈判成本，确保收益和锁定风险的考虑，也倾向于签订长期合同；基层政府或村社集体出于农业长期稳定发展的考虑，同样倾向于促成长期合同。长期合同在降低总体不确定性的同时，也产生了合同刚性。作为经济人，合约双方若能够动态调整经济行为，基于实际“机会成本”形成动态均衡，有望实现动态收益最大化和权益保障。但由于合同刚性，均衡点在规定期限内被固化在一个稳定的范围内，因无法及时调整经济行为，产生权益损益变化。初始均衡点和动态均衡点之间的比较均衡分析，为权益损益研究提供了一条路径。在现实情境中，“柔性约束”通常对业主更为有利，使农户面临更大的权益受损风险。在合同完全执行的情况下，刚性合同是中性的，对流转双方行为同时产生约束，使流转双方都可能面对权益损益。但行为能力的差异，导致刚性合同对不同主体的约束存在差异性。在资本更为稀缺的情况下，流转业主往往具备了更强的行为能力。现实中，广泛存在长期合约锁定流转价格，土地租金“一年一付”的现象；事实上赋予了流入方可视情况提前终止合同的权利，流入方在合同执行出现不利情况时，具备更为灵活的退出方式，而流出农户在面对不利情况时难以调整合同，从而更容易面临权益长期受损。除此之外，合同中通常包括对流入方更为有利的其他“柔性”条款，如根据生产情况雇佣适龄劳动力、无正式劳动合同、雇佣时间和雇佣价格不确定；流转合同结束后，流入方具备优先续约权。

（3）收入异质性与正态分布。农户收入决定于政府政策、人力资本、土地制度等多重因素（陈乙酉和付园元，2014）。在一个群体内部，即使面对近似的自然气候条件、土地制度和农业发展模式，不同的农户个体在资源禀赋、社会网络、技能水平、健康状况等方面仍存在明显差异，农户收入存在天然的异质性。生产资料重新配置之后，经济行为选择可能进一步多元化，基于乘数效应原理，收入的动态变化可能导致收入异质性进一步扩大。与董静和李子奈（2004）的研究相同，本章假设收入分布为正态分布，这一假设也得到陈承明和安翔（2003）、段景辉和陈建宝（2010）、李建伟（2015）等的研究的证实。本节以农户家庭为研究对象，假设流转前后家庭收入均服从于正态分布，构建数理分析模型。在实证研究中可通过数据检验判断正态分布假设是否成立，在出现严重偏离的情况下，可补充调研数据或进行分层抽样划分子群体，在满足正态分布假设的前提下开展数理模型分析。

16.2.2　工具开发的模型设计

农户作为经济人，经济行为选择与权益损益变化都是基于收益变化的均衡（trade-off），可构建静态均衡分析、比较静态均衡分析和动态均衡分析的分析框架。静态均衡分析反映特定环境下经济行为选择的结果，农户对农地经营权流转前后的经济收益进行比较，从而确定是否或如何参与农地经营权流转才能够实现承包权益的最大化，达到个人经济行为选择的均衡点。若干个体的行为选择构成群体行为选择，在达到静态均衡时，农户群体中各个个体选择最佳的农地经营权流转参与方式（包括不参加流转），并调整自身其他经济行为，实现收益最大化，承包权益得到了较好的实现与保护。当环境发生改变时，比较静态均衡分析可以通过均衡点的变化反映经济行为选择与权益损益变化情况。环境变化时，农户个体和群体参与农地经营权流转的规模和方式将发生改变，在"调整均衡点"上，农户作为经济人仍会做出利益最大化的选择，从而保障承包权益。比较均衡分析聚焦于不同均衡点之间的差异性，如流转规模、租金价格等，是经济行为调整的外在表现，也体现了农户承包权益的损益变化。在现实当中，农地经营权流转合同多属于长期合同，在合同刚性的约束下，农户难以调整经济行为达到"调整均衡点"，从而可能导致承包权益受损。"初始均衡点"和"调整均衡点"之间的差异性，为测度权益受损创造了条件。不同的资源禀赋、初始条件、环境变化、群体特征，都可能导致不同的"调整均衡点"，从而为多维度综合分析承包权益受损创造了条件。动态均衡分析进一步将时间要素纳入到均衡分析之中，政策的制定和实施在较长时间内具有延续性，而经济行为的调整同样也不是一蹴而就的，承包权益的损益变化需要予以跟踪关注，因此动态均衡分析可以应用于合同修订、政策调整、风险对冲等后续研究中。

1. 情境设定

根据均衡分析，需要设定不同的环境情境，分析不同情境下的收益情况；通过均衡比较判断经济行为选择的均衡点，进而通过比较均衡分析测度权益损益和收入变化。因此，需要设定环境情境，将农地经营权流转前后的状态分别设定为初始情境和后续情境。为反映有限理性和合同刚性对农户权益的影响，将农户对参与流转的预期情况设定为预期情境。

初始情境（情境 0）：农户未参与农地经营权流转，权益状态和收入结构维持原状。普遍特征是农户维持较小的农业生产规模，家庭主要劳动力仍部分被束缚在农业生产经营之中，农业经营性收入仍是家庭的主要收入来源之一。初始情境根据现实情况和研究目的设定，一般具有唯一性，以情境 0 表示。

后续情境（情境 1）：农户参与流转后，农地全部或部分流出，经济行为调整导致的收入总量和结构发生变化，以情境 1 表示。农地经营权流转和农户收入受到诸多因素的影响，存在多种可能性，以情境 1-i 表示，以此类推。

预期情境（情境 e）：农户在签订流转合同之初，会对未来收入和权益变化进行预判，以此估计参与农地经营权流转的机会成本，选择如何进行经济行为调整。预期情境反映了农户对未来收益的最大合理预期，具有唯一性，以情境 e 表示。有限理性、不确定性等均可能导致预期情境与现实情境出现偏离，导致农户权益损益变化。

2. 行为选择与均衡状态

农户群体由特定规模的农户个体组成，每个个体都基于收益最大化选择经济行为和资源配置方式；个体行为集合为群体行为，反映流转的总体状况。不同情境下的个体农户收益服从于正态分布，经济行为选择的机会成本也服从于正态分布。通过数学模型将权益变化与行为选择、个体选择和群体行为、个体权益和群体权益统一到一个分析框架之中。

基于初始情境（情境 0）和后续情境（情境 1）的均衡分析，判断个体农户和群体农户的经济行为和收益分布。通常而言，收益变化至某一特定阈值时，流转行为才能启动。将机会成本阈值设置为 0，即流转前后收益相当。设 ω 为个体农户经济行为转换的机会成本：当 ω 小于 0 时，流转前的收益小于流转后的收益，农户选择参与流转；反之，当 ω 大于 0 时，参与流转之前的收益更高，农户选择不参与流转。根据收入呈正态分布假设，农户行为转换的机会成本分布曲线 $\varphi(\omega)$ 也服从于正态分布，如图 16-1（a）所示。

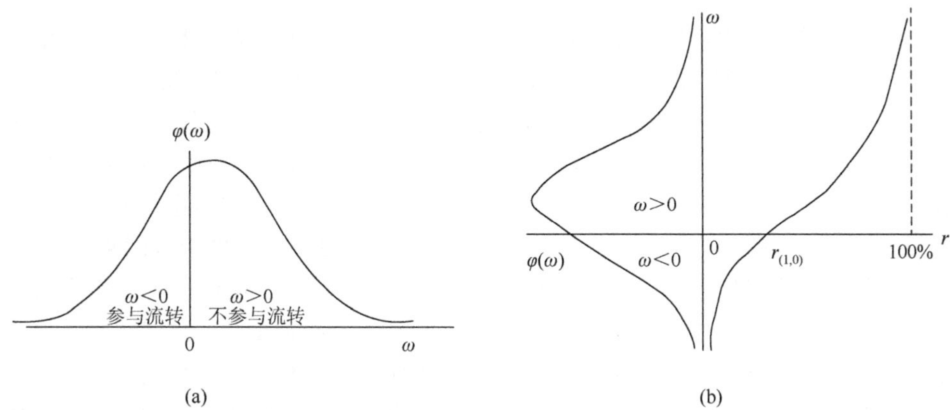

图 16-1　农户行为的机会成本分布

正态分布的参数为：$E(\omega)=v_0-v_1$，$\sigma_\infty^2=\sigma_0^2+\sigma_1^2-2\sigma_0\sigma_1\rho_{0.1}$。$v_0$、$v_1$为农地经营权流转前后农户收益的数学期望；$E(\omega)$为机会成本的数学期望。$\sigma_0$、$\sigma_1$、$\sigma_\infty$分别为流转前后农户收益标准差和机会成本分布曲线$\varphi(\omega)$的标准差；$\rho_{0.1}$为流转前后农户收益的相关性。相关参数根据抽样调查数据计算，通过推断统计方法予以估计，可通过模型训练进行验证和修订。基于机会成本分布曲线$\varphi(\omega)$，可进一步推断经济行为转换的累积曲线，更为明确地反映个体与群体行为之间的联系。如图 16-1 所示，$\varphi(\omega)$反映不同类型农户参与流转所对应的机会成本。基于收益最大化目标，不同农户会自主选择是否参与农地经营权流转。

根据正态分布的性质，曲线下方的面积代表概率，机会成本分布曲线可进一步转化为累积曲线，反映机会成本变化所对应的农户行为调整，如图 16-1（b）所示。左侧仍然为机会成本分布曲线$\varphi(\omega)$，以 0 为阈值，机会成本分布曲线在 0 值两侧与坐标轴之间的面积表示自愿参与流转农户和未参与流转农户所占的比例。右侧为累积曲线，在不同的机会成本ω阈值下，农户行为调整的占比为r，r介于(0, 100%)，并随ω阈值的变化而变化。$r(1, 0)$为累积曲线与阈值 0 值线的交点，代表当机会成本阈值为 0 时，选择情境 1 的农户比例（根据情境 1 设置，即为自愿参与农地流转的农户比例），$r(1, 0)$的值等于机会成本分布曲线$\varphi(\omega)$与坐标轴之间的面积（$\omega<0$）。仍有部分农户选择不参与农地经营权流转而获益更高，比例为机会成本分布曲线$\varphi(\omega)$与坐标轴之间的面积（$\omega>0$）。此时，个体农户经济行为选择和群体农地经营权流转规模处于均衡状态，实现收益最大化，不同类型农户的权益均得以有效实现。

3. 群体经济行为选择与均衡状态

基于经济人假设，在签订流转合约时，农户基于当前状况和合理预期的比较，完成行为决策，以期实现收益最大化。此时行为选择构成了预期均衡（均衡 e），

“预期均衡”状态的流转行为和收益状态构成了农地经营权流转和权益变化的基线值。基于有限理性假设，预期情境与现实情境出现偏离。在新的环境特性下，农户参加流转的收益和机会成本发生变化；作为经济人，希望根据新的环境条件修正经济行为，调整流转参与方式，达到新的调整均衡状态。由于合同刚性假设，农户的经济行为难以调整，流转收益和机会成本变化后，行为无法从“预期均衡”调整至“调整均衡”，无法实现收益最大化，导致权益损益变化。这时可根据农户收益正态分布假设和均衡分析范式，确定“预期均衡”和“调整均衡”状态下的流转规模和收益状态；通过比较均衡分析，对权益损益变化进行量化测度。具体见表 16-2。

表 16-2　均衡状态与机会成本分布

均衡状态	机会成本分布	参数	对比情境
预期均衡（均衡 e）	$\varphi(\omega_e)$	$E(\omega_e)=v_0-v_e$ $\sigma_{\omega_e}^2=\sigma_0^2+\sigma_e^2-2\sigma_0\sigma_e\rho_{0,e}$	情境 0：均值 v_0、方差 σ_0^2 情境 e：均值 v_e、方差 σ_e^2
调整均衡（均衡 $1-i$）	$\varphi(\omega_{1-i})$	$E(\omega_{1-i})=v_0-v_{1-i}$ $\sigma_{\omega_{1-i}}^2=\sigma_0^2+\sigma_{1-i}^2-2\sigma_0\sigma_{1-i}\rho_{0,1-i}$	情境 0：均值 v_0、方差 σ_0^2 情境 1-i：均值 v_{1-i}、方差 σ_{1-i}^2

预期均衡是比较均衡分析的基线，现实情境与预期情境背离后，经济行为调整后形成新的调整均衡，表现为机会成本分布的均值与方差变化。根据情境设定，现实情境（情境 1-1）与预期情境（情境 e）相比，平均收入变化，收入方差保持不变；根据机会成本定义和计算公式，$\varphi(\omega_e)$、$\varphi(\omega_{1-1})$ 均值不同而方差相同。

如图 16-2 所示，比较调整均衡（均衡 1-1）和预期均衡（均衡 e）。当流转之后，现实收入不如预期，$v_{1-1}<v_e$，$E(\omega_e)<E(\omega_{1-1})$，此时机会成本曲线整体向上平移。预期均衡与调整均衡（均衡 1-1）对应的均衡点分别为 r_e 和 r_{1-1}。分别代表在预期收入和实际收入状况下，农户经济行为选择的均衡状态。预期情境下，能够通过农地经营权流转获益的农户比例为 r_e，从而签订流转合同；现实情境下，收入不如预期，这一比例下降至 r_{1-1}。若农户行为可及时调整，将有部分农户选择退出流转，比例为 r_e-r_{1-1}；此时，农户依然可以实现权益最大化。但由于合同刚性或行为能力所限，难以进行行为调整，此部分农户将面临权益损失。

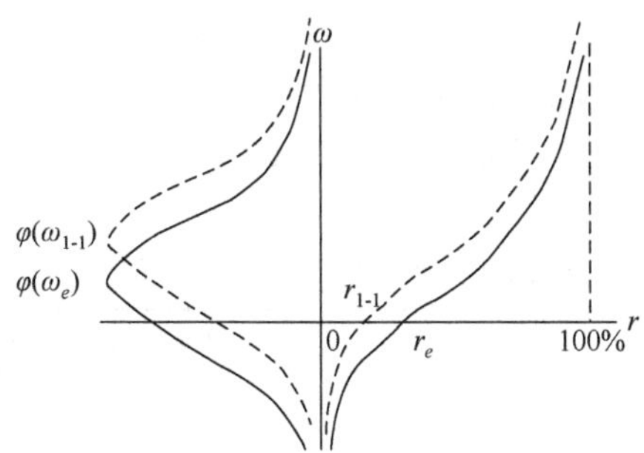

图 16-2　机会成本均值变化与均衡调整

16.2.3　开发工具的实证分析

1. 数据来源

本章测算数据来源于北京大学中国社会科学调查中心主持的 CFPS 项目，这个项目系统、全面地收集了含个体、家庭和社区的多层次嵌套数据，数据调查内容含有本章需要的指标。具体而言，本章采用的是 CFPS 2016 年的数据库，该数据库中一共有 14 019 份家庭样本数据，本章仅保留“基于国家统计局资料的城乡分类”中“农村”的样本，剩下 6791 份样本。本章研究的是农村居民流转农地的权益受损测度，删去这一变量存在缺失值、回答不知道或拒绝回答的样本后，最终剩余 2709 份样本数据。其中，华东地区、华北地区、华中地区、华南地区、西南地区、西北地区、东北地区样本数分别为 363 份、444 份、648 份、169 份、199 份、567 份、319 份。依据数据，样本中有土地租金的为 682 户，土地租金均值为 1854.44 元，标准差为 4830.44 元。本章还分别计算出各地区农业经营性纯收入、农业生产投入、农业生产自我消耗产值的均值和标准差。

2. *数据分析*

依据样本数据计算得出，在现有土地租金水平下，全国层面的农户自愿流转率为 46.14%；华南和西南地区较高，有超过 50%的自愿流转率（表 16-3）。目前，我国农地经营权实际流转率超过 35%，但是还没有到达理论值，表明当前中国农地经营权流转市场还有较大的空间。进一步分析发现，当租金没有及时发放时，在全国层面，农地经营权流转率为 17.25%，下降 28.89 个百分点，下降比例达 62.61%。为何农户此时未全部退出流转？究其原因，第一，实际生产生活中，农地经营权流转存在大量的租金为零的情况，所以即使没有租金，那部分农户也愿意流转农地，并不会转变农地经营权流转的意愿；第二，当农地经营权流转的租金对该农户家庭收入的影响不大的时候，延迟发放农地租金，并不会影响其农地经营权流转的行为；第三，当家庭劳动力全部流出后，家庭剩余劳动力并不能从事农业生产时，农地流出还存有预期收入，而不流出则没有收入。综上，即使租金没有及时发放，也会存有部分农户流转其农地。

表 16-3　租金变化下农户受损比例

区域	流转率	转换率	最终流转率	流转率下降百分点/个	下降比例
全国	46.14%	62.61%	17.25%	28.89	62.61%
华东	39.51%	55.13%	17.73%	21.78	55.13%
华北	48.43%	57.93%	20.37%	28.06	57.94%
华中	42.68%	65.85%	14.58%	28.10	65.84%
华南	51.07%	57.91%	21.49%	29.58	57.92%
西南	50.15%	58.73%	20.70%	29.45	58.72%
西北	49.57%	57.45%	21.09%	28.48	57.45%
东北	45.29%	68.52%	14.26%	31.03	68.51%

复垦费用下农户受损比例见表 16-4，假定每亩耕地农户需要承担的复垦费用为 500 元。农户因此存在 13.76%的农户转换流转意愿，从而导致流转率下降 6.35 个百分点，下降比例为 13.76%。因为合同刚性约束，农户不能及时退出农地经营权流转市场，从而损害部分农户的流转意愿。分区域看，复垦费用对华中、东北地区的农户损害最大，下降比例高达 23.17%和 20.11%，其次是华南和西南地区，最终是西北、华东、华北地区。

表 16-4　复垦费用下农户受损比例

区域	流转率	转换率	最终流转率	流转率下降百分点/个	下降比例
全国	46.14%	13.76%	39.79%	6.35	13.76%
华东	39.51%	5.47%	37.35%	2.16	5.47%
华北	48.43%	5.12%	45.95%	2.48	5.12%
华中	42.68%	23.17%	32.79%	9.89	23.17%
华南	51.07%	7.22%	47.38%	3.69	7.23%
西南	50.15%	7.05%	46.61%	3.54	7.06%
西北	49.57%	6.61%	46.29%	3.28	6.62%
东北	45.29%	20.11%	36.18%	9.11	20.11%

16.3　农地经营权流转的现实考察与收益补偿

16.3.1　农户权益受损的现实考察

在理论分析基础上，进行现实考察。众多农户往往面对少数业主，大多签订同样的格式合同，因此权益损益的边际变化通常是同质的或较为接近的。现实中典型的致因包括：违约毁约，流入方未足额兑付土地租金，提前终止合同；复垦成本高，合同未约定或流入方未按合同约定缴纳复垦保证金，在流转合同到期或事实终止时，农户须自行投入才能恢复农业生产；固定租金：合同约定名义租金，未考虑合理物价上涨和市场行情变化，导致实际租金减少；合同长期执行后，租金价格明显低于市场价格，农户无法合理分享经营收益，导致权益损失；转移性收入流失，经营权流转后，合同条款无明确约定情况下，部分农业补贴从按承包权分配转变为按经营权分配，农户收入低于预期，导致权益损失。

无论是何种致因，都会导致流转的实际收入低于预期。可根据机会成本分析模型测算收益损失规模，并进一步探讨补偿规模和途径。例如，收益权中土地租金的大小，可直接作为经济因素代入模型，而对于能否按时获得土地租金，一个可行的办法是模拟贴现率方式进行折算，并设定贴现率是一个关于时间的函数，时间越长，贴现率越大，折算得出的耕地租金就越低。发展权中关于土地租金能否保持相应的增长率，其量化办法与能否按时获得土地租金相同，将物价和地价的增长幅度作为平减率，折算相应的耕地租金，代入模型。控制权主要有两类变量，一类是土地用途变化，另一类是土地质量变化，其量化的方式是，将土地还原为原始状态所需要的费用除以合同约定的流转期限，将这部分费用以成本概念计入流转农户的机会成本的公式中，代入模型。福利权是一个较难衡量的变量，解决措施是农户期望得到的最低工资水平就业和最低基本公共服务水平的期望与现阶段的差距，用这一差距的投资额除以所在地区所有流转农地的农民人数，将这一数值代入模型，作为福利权的量化指标。

16.3.2 收益补偿的规模估计

农户群体由 N 个农户组成，在预期均衡中，平均收入为 v_e，参与流转农户为 r_eN；在现实均衡中，平均收入减少至 $v_{1\text{-}1}$，参与流转农户为 $r_{1\text{-}1}N$。就农户群体而言，所有农户都面临同质的损失，损失金额为 $v_e - v_{1\text{-}1}$，因此所有农户面临的损失：$L=(v_e - v_{1\text{-}1})N$。

1. 补偿方案一：基于损失整体补偿

根据收益损失金额，对每个农户个体进行补偿，总补偿规模为 $S_1 = L = (v_e - v_{1\text{-}1})N$。获得补偿后，农户实际收入与预期收入相同，承包权益得以保障。机会成本分布曲线 $\varphi(\omega_{1\text{-}1})$ 向下平移，与 $\varphi(\omega_e)$ 重合。

2. 补偿方案二：基于损失部分补偿

受损农户数为 $(r_e - r_{1\text{-}1})N$，对每个受损农户按照损失额进行补偿，总补偿规模为 $S_2 = (v_e - v_{1\text{-}1})(r_e - r_{1\text{-}1})N$。获得补偿后，受损农户实际收益与预期收益相同。$\varphi(\omega_{1\text{-}1})$ 曲线在 X 轴上方部分，向下平移，与原机会成本曲线 $\varphi(\omega_e)$ 重合；$\varphi(\omega_{1\text{-}1})$ 曲线在 X 轴下方部分保持不变，此部分农户即使在收益不足的情况下，依然会自主选择参与农地经营权流转，承包权益已得到基本实现和保障。

3. 补偿方案三：基于阈值部分补偿

对每个受损农户按照经济行为调整的阈值进行补偿，参与流转的阈值使流转前后收入相等，即通过补偿后，保证任何农户的收益不低于流转之前，补偿总规模为 $S_3 = \int_0^{(r_e - r_{1\text{-}1})N} \varphi(\omega_{1\text{-}1})d(\omega)$。补偿后，$\varphi(\omega_{1\text{-}1})$ 曲线在 X 轴下方部分保持不变，此部分农户即使是在收益不足的情况下，依然会自主选择参与农地经营权流转，承包权益得到有效实现和保障。

16.3.3　收益补偿的路径选择

补偿路径选择包括确定补偿方案和补偿来源。

整体补偿方案的优点在于保障所有受损农户都获得了全额补偿，所有受损农户按照合同约定获得收益，并且与预期相吻合。此时，流转规模的均衡点依然保持在 r_e，农地经营权流转可能进一步持续开展。但这一方案的补偿规模最大，应注重在合同中明晰条款，明确责任义务，严格执行，减少因合同条款和合同执行所导致的权益受损，将补偿成本内化到流转合同中，让流入业主承担责任。出现合同违约时，通过诉讼、仲裁等方式寻求权益保护，可以通过收缴风险保证金、复垦保证金等方式，预备风险资金池，由第三方保管并实施补偿。

部分补偿方案的优点在于，补偿规模明显下降。当流入方无法承担全额补偿，又缺乏风险准备金时，需要基层政府动用公用资金予以补偿。政府作为第三方，补偿行为可以不受合同约束，但会更多地关注资金来源和持续的社会影响。部分补偿方案对于在流转中获得超额“红利”，收益下降后仍能获益的个体不再进行补偿。按照补偿方案二，获得补偿后，部分受损个体的收益将超过未受损个体，存在超额补偿，也易导致后续问题。按照补偿方案三，受损个体的收益全部回归至流转之前或转换阈值，而未受损个体收益情况仍全部高于受损个体。此时，流转规模介于 $(r_e, r_{1\text{-}1})$ 之间。

在方案具体实施时，应兼顾农户诉求、业主责任、资金约束和可操作性。在农户诉求上，兼顾合同约定和个体农户收益现状。在资金来源上，应遵循合同约定、风险准备、公共资金的顺序；在必要情况下，整合多方资金应对风险。在操作实施上，事前风险管控优先于事后风险补偿。在出现最为不利的情况时，以补偿方案三为基础，采用“固定 + 浮动”的补偿方式。固定补偿面向所有农户，补偿额度小于收益减少额度。浮动补偿仅针对受损农户，根据调查资料，将受损农户个体分为若干组别，进行差异化浮动补偿。这一方案能够保证所有农户收益均高于流转之前，最大程度地提高了补偿资金的使用效率。

16.4　农户权益变化的分布特性与风险应对

16.4.1　农地经营权流转的分布特性

农地流转相关的农户权益变化有别于一系列农业生产与农户收益影响因素，包括自然因素和社会因素。自然因素包括土地面积、坡度、生产力、区位位置等自然资源禀赋；社会因素包括基础设施、社会化服务、流转准入政策等。自然因素与社会因素交织影响，体现为农户机会成本分布的差异化表现，作用于农户总体收益和收益分配。

1. 少数受益的分布状态

如图 16-3 所示，当$E(\omega)>0$，即$E(v_0-v_1)>0$时，左侧机会成本分布曲线主要位于阈值 0 值线上方；右侧累积曲线显示，达到行为选择均衡状态时，$r<50\%$；农地经营权流转并不能使大多数农户获益，只有少部分农户能够通过流转增加收益，从而主动进行经济行为调整。环境特性的影响不仅体现在平均收入上，由于农户收益存在异质性，还会通过影响收入差异体现到机会成本方差上，同样对农地经营权流转的均衡状态产生影响。如图 16-3 所示，机会成本方差变化，农户行为选择的调整均衡随之变化。当$\sigma^2_{\omega_{1\text{-}2}}>\sigma^2_{\omega}$时，$r_{1\text{-}2}>r$，更多农户能够通过流转获益。当$\sigma^2_{\omega_{1\text{-}3}}<\sigma^2_{\omega}$时，$r_{1\text{-}3}<r$，通过流转获益的农户比例减少。极端情况下，当$\sigma^2_{\omega_{1\text{-}4}}$趋近于 0 时，机会成本高度集中，$r_{1\text{-}4}$趋近于 0；因流转后的平均收益低于流转前，几乎没有农户选择参与流转。

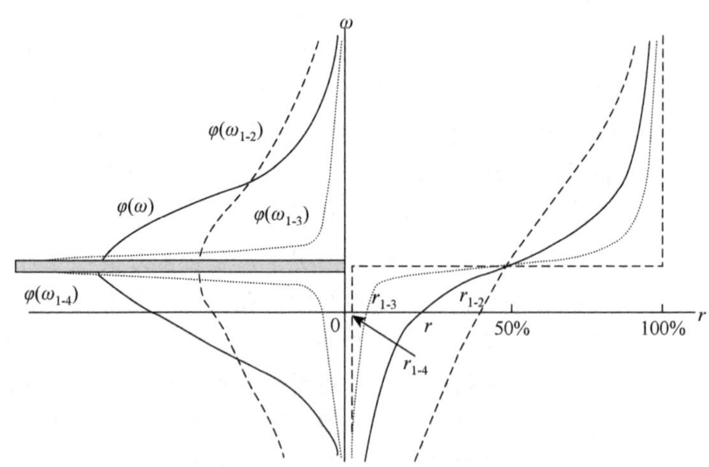

图 16-3　机会成本方差变化与收入调整（$E(\omega)>0$）

2. 多数受益的分布状态

如图 16-4 所示，当$E(\omega)<0$，即$E(v_0-v_1)<0$时，左侧机会成本分布曲线主要位于阈值 0 值线下方；右侧累积曲线显示，达到行为选择均衡状态时，$r>50\%$；农地经营权流转能够使大多数农户获益，从而主动进行经济行为调整。考虑收益分配对机会成本和行为均衡的影响，当$\sigma^2_{\omega_{1\text{-}2}}>\sigma^2_{\omega}$时，机会成本方差大于预期，$r_{1\text{-}2} < r$，农地经营权流转的均衡状态时，参与农户比例减少；当$\sigma^2_{\omega_{1\text{-}3}} < \sigma^2_{\omega}$时，$r_{1\text{-}3} > r$，更多农户能够通过流转获益。极端情况下，当$\sigma^2_{\omega_{1\text{-}4}}$趋近于 0 时，机会成本高度集中；$r_{1\text{-}4}$趋近于 100%，农户群体普遍获益。

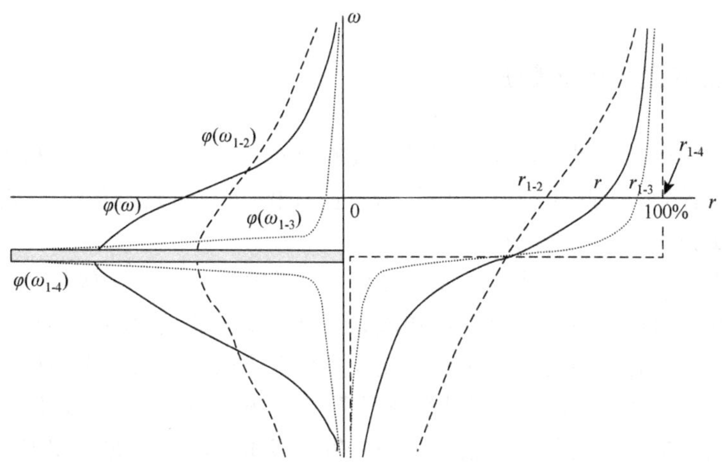

图 16-4　机会成本方差变化与收入调整（$E(\omega) < 0$）

3. 半数受益的分布状态

如图 16-5 所示，特殊情况下，当$E(\omega) = 0$，流转前后农户平均收益相同，机会成本沿阈值 0 值线为对称轴对称分布。当处于均衡状态时，参与流转和未参与

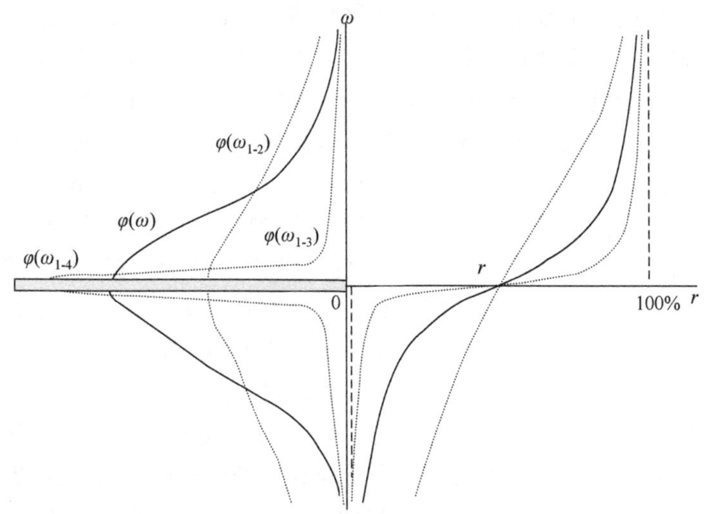

图 16-5　机会成本方差变化与收入调整（$E(\omega) = 0$）

流转的农户各占一半，均处于收益最大化状态。同时，无论机会成本方差如何变化，参与比例无变化，r 均保持不变。值得注意的是，随着方差的减少，显著受益农户占比明显缩小；当存在转换成本，转换阈值不再为 0 时，方差变化将重新对农户收益和行为选择产生影响。

16.4.2　权益变化的风险应对

从模型分析的结果看，在不同机会成本分布状态下，农地经营权流转对农户收益的影响各异。因此在制定、实施、推进农地经营权流转政策时，需因地制宜，避免不当实施对农户权益的损害。

现实中，部分地区农业生产条件较好，特色产业发展较为成熟，基础设施条件较好，邻近市场集散地，或有特殊政策鼓励农地经营权流转。客观表现为土地租金价格较高，农地经营权流转能够使大多数农户获益，农户参与积极性高。这类地区属于农地经营权流转“较成熟地区”。与之相对应，一部分地区在农地经营权流转中处于劣势，农业生产条件欠佳，生产成本高，远离城市和市场集散地，农地经营权流转配套政策不健全等。土地租金市场价格较低，农地经营权流转只能使少数农户获益，农户参与积极性不高。这类地区属于农地经营权流转“待发展地区”。

1. 合理规范流转价格

当前的实践中，为规范农地经营权流转市场，保护农户承包权益，基层政府或村社通常制定统一指导价格，在一定区域内实施。在部分试点地区，村社经过社员大会同意，将农地经营权集中，统一对外流转，增强农户群体在流转市场上的谈判能力，并通过这一方式做大做强集体经济。无论是在“较成熟地区”还是“待发展地区”，都必须避免指导价格明显偏离市场价格，指导价格明显高于市场价格，农户无法顺利实现流转，未能实现收益最大化；指导价格明显低于市场价格，农户参与积极性不高，承包权益同样面临受损。统一价格还在一定程度上减少了农户收入差异，进而对农地流转的收益分配产生影响。在“较成熟地区”，机会成本方差越小，获益农户的比例越高，越能够有效实现农户承包权益。因此在条件成熟的地区，可逐步推行“土地合作社”，获得谈判优势，统一流转价格，通过集体收入的二次分配进一步缩小收入差距，以实现全体农户收益的整体提升。现实情况也能够印证这一分析，“土地合作社”发展较好的地区往往处于经济发达、农业生产条件好的地区，当地政府出台配套政策予以扶持，农地经营权流转有望进一步良性循环。在“待发展地区”，整体而言，农户平均收入并未因农地经营权流转增加，仅少部分农户受益。若制定统一的指导价格，一方面可能“过高”，流转规模无法达到农户收益最大化的均衡点；另一方面，人为控制机会成本差异性，会产生进一步的抑制流转行为，不利于农户权益实现与保护。此时，有限度地扩大农户之间的收入差异和机会成本差异，能够使得更多农户受益，主动参与农地经营权流转。

2. 控制流转规模

“待发展地区”市场环境不成熟，农业生产条件受限，大规模农业生产的经营风险较大，大规模基础设施建设和复垦成本高；采用统一合同的大规模流转客观上能降低流转之后的农户的收入差距。从模型分析的结果看，盲目推进农地经营权流转和扩大流转规模，均不利于农地经营权流转和农户权益保护。因此，从短期来看，应依照法律法规对流转合约和行为进行必要监管，在防止违法行为和明显导致农户权益受损的同时，尊重市场机制作用和流转双方的意愿，让流转双方自行选择参与流转对象、方式和规模。在增强流转市场活跃度，优化配置资源的同时，有效实现和保护农户承包权益。

3. 壮大集体经济

在“较成熟地区”，由于流转收益提升和集体经济发展存在相互促进的耦合机制，尤其需要重视政策性补贴所致的“泡沫”；一旦政策性补贴退出，租金收入大幅下降，集体经济和二次分配都不能补偿农户收益损失，可能诱发更为严重的系统性风险。为避免出现系统性风险的累积，应合理制定激励政策，明确退出方式和时限；合理实施农地规划，围绕农地经营权流转和适度规模经营发展多种经营，推进农业社会化服务，拓展农业产业链创造就业机会和利润空间。鼓励集体经济成员以市场化方式参与农地经营权流转和农业经营，在集体成员内部培养新型农业经营主体。在充分发挥集体经济优势的同时，逐步完善风险应对机制，尽可能避免系统性风险对农地经营权流转和农民权益的冲击。在“待发展地区”，从长期来看，应全面改善当地的环境要素，通过提升农业经营效率提高土地租金，改变农户经济行为选择的均衡点。开展基础设施建设、完善法律法规、出台激励性政策，创造更好的外部环境；提升新型经营主体、合作经济组织和集体经济的经营能力，持续推进农地经营权流转和农户承包权益保护。

第 17 章　农地经营权流转双重委托代理及其权利冲突

农地经营权流转主要涉及农村集体经济组织、承包农户及经营业主三维权益主体。不同权益主体具有不同的行为特征及利益诉求。三维权益主体之间的委托代理问题是农户承包权益受损的根本理论缘由。提高农地经营权流转绩效，维护和保障特别是农户权益亟须系统地研究农地经营权流转中以承包农户为中轴的双重委托代理关系及各利益主体间的利益捆绑、利益冲突及利益连接关系。

17.1　农地经营权流转过程中三维主体关系辨析

17.1.1　三维权利主体的关系识别

1. *农地经营权流转中的多维权利主体*

地权结构细分框架下农地经营权流转涉及的主要权利主体有农村集体经济组织、承包农户及经营业主。

1）农村集体经济组织

农村集体经济组织产生于我国 20 世纪 50 年代初的农业合作化运动，指在自然乡村范围内，由农民自愿联合，将其各自所有的生产资料（土地、较大型农具、耕畜）投入集体所有，由集体组织农业生产经营，农民实行集体劳动，各尽所能、按劳分配的农业经济组织[①]。相比企业法人、社会团体或行政机关，农村集体经济

① 农村集体经济组织是除国家以外对土地拥有所有权的唯一组织。1958 年中央作出《关于在农村建立人民公社问题的决议》，号召将高级合作社合并转为人民公社。至此，人民公社作为中国农村集体经济的一种组织形式，以“政社合一”和集体统一经营为特征，成为当时中国计划经济体制下农村政治经济制度的主要组织。1962 年，《农村人民公社工作条例（修正草案）》正式颁布，明确规定“人民公社的基本核算单位是生产队”，实行“三级所有，队为基础”，生产队实行独立核算，自负盈亏，直接组织生产和收益的分配。十一届三中全会之后，家庭联产承包责任制逐步建立，交由集体统一生产经营的大型牲畜、农具、耕地等生产资料全部分配到以家庭为单位的农户。随之，农业经营形式转为一家一户模式，集体从事农业生产经营基本不复存在。人民公社时代以集体统一经营为特征的各级经济组织名存实亡。公社、生产大队、生产队进入有名无实状态。截至 1984 年底，全国绝大多数农村地区已不存在集体生产活动，所以乡农业合作经济联合组织一直没有成立。同时，针对生产大队一级，在生产大队的地理基础上，设立自然村，在村设立村民自治组织——村民委员会。由于农村改革不彻底，农村集体经济组织的规范性政策法规不健全，农村集体经济组织的管理及其活动处于由村民委员会代管理状态。近年来随着农村集体经济组织的改革，尤其是伴随新型农村集体股份合作经济组织的产生，农村集体经济组织的活动有了更为明确的范围。2024 年 6 月 28 日第十四届全国人民代表大会常务委员会第十次会议通过的《中华人民共和国农村集体经济组织法》将推进农村集体经济组织改革的法治化。

组织具有独特的政治和法律属性。农村集体经济组织按照农民集体的所属可分为三种形式。①村民小组。村民小组是村民委员会设立的行政编组，中华人民共和国成立后分别对应有“初级农业社”（土地改革至“大跃进运动”之前）、“生产队”（人民公社时期）和“村民小组”（家庭联产承包责任制以后）等不同称谓。人民公社解体以后，许多地方由村民小组暂代行农村集体经济组织（即原生产队）职能，形成村内集体经济组织。“村改居”后，同时期城市街道、镇区划社区的编组称为“居民小组”。村民小组拥有组内农户全部耕地、林地、水域和集体建设用地等土地的所有权，约占农村集体所有土地面积的 90%以上。②村委会（大队）。许多地方的村办小学、村办企业、村委会办公场所等土地属于全村农民所有，村农民集体拥有土地所有权。村或大队是村级层面的集体经济组织形式。农村集体所有土地面积的近 5%归属村（大队）。③乡镇（公社）。乡镇（公社）也是集体经济组织的一种表现形式，主要指对乡镇医院、电站、学校、乡镇企业等拥有的土地所有权。因此，我们的调研中也发现，农地经营权流转过程中作为签约主体的农村集体经济组织，既有村委会、村民小组，也有乡镇（公社）。村民小组（生产队）、村委会（大队）、乡镇（公社）三级集体经济组织所有权三者之间互不重复、相互并列、清晰明确。这就是“三级所有，队为基础”的农村集体土地所有权。

尽管农村集体经济组织拥有的土地面积远远低于村民小组或生产队，但在农地经营权流转过程中，村委会是农村社会中与村民利益关系最密切、最直接的组织，农村土地承包、集体经济收益分配、宅基地审批和公共基金等事项几乎均由村委会管理，在外来资本与农户农地流转的交易中，村委会作为最基层政府的代理人发挥的作用是村民小组无法替代的。同时，农地经营权流转前农地所有权在很大程度上是一种物权，流转土地形成后的土地所有权从经济学意义上讲是一种产权。物权是法律赋予某物的归属标志，产权则是交易主体间相互利益关系的权利界定。“产权不仅是支配物的权利，更是支配有价值的利益的权利”，从这个意义上讲，村委会取代村民小组或乡镇作为农村集体经济组织的代表不仅不会影响地权结构细分框架下的农户承包权益保护问题分析，更可能具备较后两者而言的更好的分析意义。因而，本章所研究的农村集体经济组织主要指村委会。

2）承包农户

《中华人民共和国户口登记条例》第五条对“户”作出界定：“户口登记以户为单位。同主管人共同居住一处的立为一户，以主管人为户主。单身居住的自立一户，以本人为户主。居住在机关、团体、学校、企业、事业等单位内部和公共宿舍的户口共立一户或者分别立户。户主负责按照本条例的规定申报户口登记。”《中华人民共和国民法典》第五十五条规定：“农村集体经济组织的成员，依法取得农村土地承包经营权，从事家庭承包经营的，为农村承包经营户。”《中华人民共和国民法典》五十六条规定：“农村承包经营户的债务，以从事农村土地承包经营的农户财产承担；事实上由农户部分成员经营的，以该部分成员的财产承担。”以上两条可以算作对承包农户的法律界定。由于乡村地区内的国家机关、团体、学校/企业、事业单位的集体户与农村集体经济组织并不存在所属关系，不属于我们的研究范畴。在统计汇总农户总数时，只统计与农村集体经济组织有所属关系的农户。

3）经营业主

经营业主是指在家庭联产承包责任制基础上、农地经营权流转中与一家一户的分散农户相对应、具有农地经营权的农地流入方的农业经营组织。主要包括专业大户、家庭农场、农民合作社、工商企业等经营主体。①专业大户。专业大户主要从事某种单一的农产品的初级生产，其规模及专业化程度均高于分散经营的农户。其与一般农户的区分，主要有两个维度，即规模和专业化。特点就是所生产的农产品较为单一，生产效率和普通农户相比有所提高。②家庭农场。家庭农场是以家庭成员为生产主体、具有法人性质的经营单位。相比专业大户，家庭农场以家庭为生产单位，其产业链较长，集约化、专业化程度相对较高。这种模式集农产品生产、加工、流通、销售于一体，可涵盖到第一、二、三产业，如家庭农场既种植大规模的土地，又开办农产品加工厂，还从事乡村旅游等。特点就是商品化水平、生产技术和装备、规模化和专业化程度相对较高。③农民合作社，即农户之间通过土地、劳动力、资金、技术或者其他生产资料采取一定合作方式的经营联合体。这种模式是一种互助性质的农业生产经营组织，是农民自愿组织起来的联合经营体。④工商企业。2015 年中央一号文件《关于加大改革创新力度加快农业现代化建设的若干意见》提出：“鼓励工商资本发展适合企业化经营的现代种养业、农产品加工流通和农业社会化服务。”工商资本下乡发展的现代农业规模化程度和专业化都比较高，所经营的内容可以涵盖整个产业链条，形成“企业＋基地＋农户”“企业＋专业合作社”“基地＋农户”等多种经营模式。截至 2016 年 6 月底，流转入工商企业的耕地面积由 2010 年的 1508 万亩上升为 4638 万亩，约占全国承包地流转总面积的 10%，增长速度逐年加快。2010～2016 年农地经营权流转去向分布情况如图 17-1 所示。

2. 农地经营权流转中权利主体的行为特征及利益诉求

农地经营权流转涉及的权利主体主要有农村集体经济组织、承包农户及经营业主，三维权利主体的属性、成员角色及利益诉求各不相同。

1）农村集体经济组织

村委会作为农村中包括成员最多的组织，在农村社会发展中发挥着多种功能并扮演着多重角色。①集体财产法定代理人，指以集体土地所有者的身份对农民集体财产进行管理所担负的角色。《中华人民共和国土地管理法》明确规定，“农

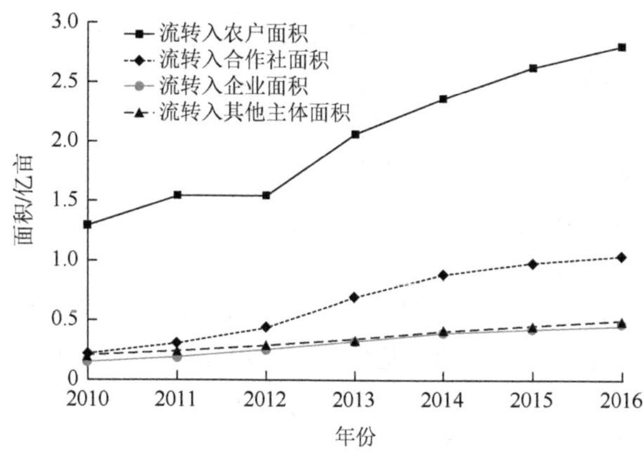

图 17-1　2010～2016 年农地经营权流转去向分布情况

资料来源：土流网

村和城市郊区的土地，除由法律规定属于国家所有的以外，属于农民集体所有”“农民集体所有的土地依法属于村农民集体所有的，由村集体经济组织或者村民委员会经营、管理”。②政府代理人，即按照上一级政府要求完成一些行政性事务，向人民政府反映村民的意见、要求并提出建议，是国家基层政权在农村领域延伸的主要机构。③公共事务管理者，即对本村的人口流动、纠纷调解、社会治安维护等公共事务和公益事业进行协调和管理。基于农村集体经济组织的不同角色与功能，其主要的利益诉求必然表现有以下三个。①经济诉求。作为农村集体资产所有者，拥有集体土地所有权，对法律规定的耕地、林地、草地、山岭、河滩地以及其他土地行使占有、使用、收益和处分的权利。农地经营权流转能否提高集体资产运行效率，实现农村集体资产所有者的合法权益，为当地经济注入活力是其最基本的经济利益诉求。②政治诉求。作为政府代理人，能否成功通过推动农地经营权流转推动当地经济发展，直接影响到上级政府对其工作的认可，进而影响到干部的晋升。③社会诉求。如果将工商资本引入农业并使广大群众都能获取应有的利益，村庄经济发展良好、人民安居乐业，则农户会对来自农村集体经济组织的决策行动越来越支持，村委会在农民群体中的形象会越来越好，社会认同感与个人满足感会得到极大满足。

2）承包农户

农户行为理论的不同学派及代表对农户有不同的认识。组织与生产学派代表恰亚诺夫（1996）认为，农户生产以家庭消费为主，追求低风险而非利润最大化为其最终目标。理性小农学派代表舒尔茨（1964）则认为可以用分析资本主义企业的经济学原理来解释农户的经济行为，小农是贫穷而有效率的。历史学派代表人物黄宗智（1992）则认为，耕地不足时，小农为了维持生存在劳动力边际报酬极低时会继续投入劳力，形成了一种特别顽固、难以发生质变的小农经济体系。斯科特（2001）认为农民是回避风险的，“安全第一”是支配小农行为的根本动机，承包农户的经济决策往往关注生存优先于利润赚取；偏好于提供最低生存保障的规避风险模式。承包农户是农地经营权流转中最直接的利益主体。①承包农户作为农村集体经济组织成员，在现有“长久不变”土地承包政策下，依法享有承包地使用、收益及经营权流转等权利，有权自主决策农业生产及处置农产品；依法享有承包地被征用、占用时获得相应补偿，在农地经营权流转中是最主要的交易主体。②农户以家庭契约为基础（尤小文，1999），家庭与农业生产相互作用。农户不仅是一种经营组织，通常还是以家庭形式而存在的社会组织。家庭是农民最重要、最基本、最核心的精神家园。家庭经营、家庭的伦理规则就是其生产经营制度，生产成本很高，但组织成本较低，普遍存在着家庭的利他主义（李培林，1994）[①]。③农户家庭不同演变阶段对土地的诉求不同。处于贫困时期的农户，耕种土地主要是为了维持自身生存、满足生计，考虑的只是如何“养家”。农户基本生计得到满足，土地收入也不再是其唯一来源时，农户更多将土地视为城市生存压力较大时一种退路，或年老时的一种养老保障。农户返乡创业，经营土地更多体现的是其“自我价值实现”。一般来讲，农户需求层次由低到高呈台阶式上升，同一时期农户可能多种需要并存，占主导优势的需要将对其行为动机产生决定性影响，各类层次的需要既相互依赖又彼此重叠。因此，农户对土地的诉求主要包括以下几点。①经济性诉求。其主要是指农户获取基本土地经济收入或物质报酬以满足其基本生计的需求。②社会性诉求。其主要指土地的养老、就业等社会保障功能及农户通过经营土地，获得事业成功来体现自我价值的实现。③生态性诉求。其主要指土地在普惠民生福祉，构建良好的生态环境方面所体现的价值与功能。大量农户选择回归农村居住或生活，与大自然赋予土地的生态价值有很大关系。④文化性诉求。其主要指土地于农户而言，承载着农户对传统农耕生活方式、农耕文明及其所蕴含的农业社会文化习俗的向往与回归。

3）经营业主

经营业主通过多种渠道与方式进入农村领域参与农业经营，是以成本收益比较为基本逻辑，以利润最大化为最终追求的生产性组织。①生产属性，主要指经营业主在农地经营权流转过程中，其生产行为符合新古典经济学的完全竞争条件

① 农户作为生产经营与家庭合一的单位，在家庭的生产经营中，户主同时也是家长，在劳动力过剩时不可能解雇作为子女、妻子的家庭劳动力，也不可能因为他们没有投入足够的劳动而减少抚养他们生活的责任。所以，对于农户来说，只要是能够维持家庭的稳定和生计，即便是生活很贫苦，劳动的投入产出比很低，家庭经营也会继续下去，农户在生产中追求的是最大的“效用”，而不是最大的“利润”。户主和其他家庭劳动者无须讨价还价，也不需要合同契约，家庭的伦理规则就是经营制度，其生产成本很高，但其组织成本却很低，不需像其他企业那样付出大量的“监督”成本。

下的生产者行为。经营业主将劳动力、土地、资本等生产要素组织于生产过程之中，生产要素间相互依赖，以成本收益分析为基础，以利润最大化为目标。②交易属性。经营业主作为一个生产性组织，不仅是物质资产的简单聚合，还是一组合约关系的联结，或人们之间产权交易关系的一种规制方式。经营业主为了组织生产，需要将特定的生产要素组织于农业生产中，由于每一种生产要素都有其特定的产权主体，任一产权主体也必然要求其所拥有的产权能够实现其经济价值。所以，经营业主投资农业的生产过程同时也是不同产权主体间的交易过程，这时强调的就是其交易属性。经营业主必须在各要素产权主体间达成契约，才能把相应的生产要素纳入到一定的生产函数中。契约是交易的结果，也是交易关系的规制结构，契约的目的就是在承认参与企业活动的各产权主体具有平等权益要求的基础上，动态地调整它们之间的权利关系（田永峰，2012）。因而，企业是生产属性与交易属性的统一，二者相辅相成、缺一不可。因此，经营业主的利益诉求应包括以下几点。①效率性。效率性主要指企业通过生产要素最优配置实现产量最大化或在目标产量一定时成本最小化。西方制度学派的主要代表人物凡勃伦在其《企业论》中精辟地指出："企业的动机就是金钱利益……它的目的和通常的结果是财富的积累。"②契约性。契约性是指参与农业生产活动的各利益主体应具有明确的产权关系及较为完备的合约制定。明确的产权关系与合约制定是交易的前提，也是生产的基础。三维权利主体的利益诉求及成员角色如表 17-1 所示。

表 17-1　三维权利主体的利益诉求及成员角色

权利主体	要素禀赋	利益诉求	成员角色
农村集体经济组织（村委会）	原始产权 社会关系（制度）	①经济诉求 ②政治诉求 ③社会诉求	①公共事务管理者 ②政府代理人 ③集体财产法定代理人
承包农户	承包权 土地、劳动力	①经济性②社会性 ③生态性④文化性	土地经营权让渡
经营业主	经营权 资本、技术、企业家才能	①生产属性：效率性 ②交易属性：契约性	专用性资产的提供者

17.1.2　三维权利主体的关系梳理

1. 农地经营权流转中的三维权利主体之间的内在关系

农地经营权流转不仅是一种简单利用土地进行生产的行为，还是各权利主体共同协作与利益交换的经济行为。土地是各权利主体行使权利的唯一客体，同一块土地，各主体拥有的权利不同。农村集体经济组织拥有多重角色与身份，作为农村基层政府代理人及公共事务管理者，为经营业主进入农村领域提供多种社会服务，为经营业主与承包农户流转土地搭建公共平台，协调与处理农地经营权流转纠纷等公共事务。作为集体财产法定代理人，拥有土地的所有权，追逐土地的所有者权益，农村集体经济组织在农地经营权流转中不仅是一个利益的协调者，还是利益创造的驱动者与利益分配的参与者。经营业主作为企业家才能、技术、资本等专用性资产的提供者，是农地经营权流转的主要经营主体。经营业主的"逐利"目标能否实现除依靠自身的优秀管理能力、良好的技术外，还依赖于农村集体经济组织构建的良好的社会关系，以及与承包农户签订相对稳定的合作协议及当地劳动力、土地等基本生产要素的供给。承包农户是农地经营权流转发展系统中的内生变量，也是主要构成要素，承包农户将源于承包土地的经营权让渡给经营业主，其利益实现程度主要取决于与经营业主的合约条件下的业主经营行为及与集体经济组织间的契约关系[①]（图 17-2）。

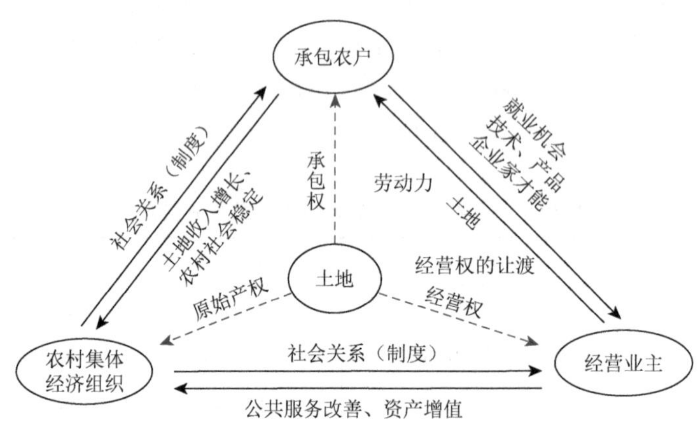

图 17-2　资本下乡三维利益主体间的利益交换关系图

因而，农村集体经济组织、经营业主、承包农户三维权利主体，任何一方的利益实现均受制于与其他利益主体间的持久合作，任意一方的随意退出或机会主义都可能使其他各方利益遭受损失。某种意义上，农地经营权流转实质就是以土

① 如果农地经营权流转所带来就业机会并不能实质性地解决当地农民的生计问题，就可能削弱承包农户参与农地经营权流转的积极性，降低他们支持资本下乡和彼此合作的热情。同样，传统公有制运作模式下的农村集体经济组织实际上在农地经营权流转中扮演着比承包农户更为重要的角色，承包农户所从事的经济活动绝大多数是在集体组织的许可或组织下进行的。在农地转让与经营等资源使用的谈判交易中最终成了地方政府与工商业主之间的合作博弈，承包农户一旦发现其权利受到损害，必然会强烈反对。

地为纽带，以独立、平等的产权主体为前提的各利益主体相互作用、相互制衡又有机整合的利益均衡实现过程。同时，由于三维权利主体具有不同的利益诉求，各权利主体权利边界不清、权能关系模糊、权益交易受限，权益的分割便会发生相应的改变，权利或利益冲突就会出现。

2. 三维权利主体间的委托代理关系

委托-代理理论最早源于公司所有权和公司经营权分离引起的公司治理问题研究。委托-代理理论实质是现代企业契约理论的发展。

1）委托代理关系的建立

非对称信息交易中，有信息优势的一方通常称为代理人，另一方称为委托人（张维迎，2004），当代理人代表委托人的利益行使某些决策权时，相应的委托代理关系便形成。由于委托人无法准确观测到代理人的行为，在信息非对称条件下，委托人只有通过合理设计相应的机制来诱使代理人显示其私人信息并按委托人的意愿产生行动，从而达到双方利益的协调与平衡。

2）委托代理关系的构成条件

构成委托代理关系需要满足以下条件。①委托方与代理方相互独立，且目标均为约束条件下效用最大化。委托人可以通过签约契约决定付给代理人的报酬。②委托人和代理人信息非对称，且面临市场的不确定性和风险。委托人无法直接观察并根据代理人努力程度来判断代理人的努力结果。③代理人由于隐藏知识或行动影响了委托人的利益，委托人不得不为代理人的决策或行为承担相应风险。委托代理行为主要围绕委托人如何根据观测到的信息来奖惩代理人，以激励其选择采取对委托人更有利的行为。

3）委托-代理理论的基本分析框架

设 A 为代理人可选择的行动组合，$a \in A$ 表示非农业主的一个特定行动，a 为代表其工作努力水平的一维变量。令 θ 为外生随机变量（或称作为“自然状态”），Θ 是 θ 的取值范围，θ 在 Θ 上的分布函数和密度函数分别为 $G(\theta)$ 和 $g(\theta)$（一般我们假定 θ 是连续变量；如果 θ 只有有限个可能值，$g(\theta)$ 为概率分布）。在代理人选择行动 a 后，a 和 θ 共同决定一个可观测的结果 $x(a, \theta)$ 和一个货币收入（“产出”）$\pi(a,\theta)$，其中 $\pi(a,\theta)$ 的直接所有权属于承包农户。我们假定 π 是 a 的严格递增的凹函数（即给定 θ，经营业主工作越努力，产出越高，努力的边际产出率递减），π 是 θ 的严格增函数（即较高 θ 的代表较有利的自然状态）。委托人的行为是设计一个激励合同 $s(x)$，根据观测到的 x 对代理人进行奖惩。

假定委托人和代理人的期望效用函数分别为 $v(\pi - s(x))$ 和 $u(s(\pi)) - c(a)$，其中 $v' > 0$，$v'' \leqslant 0$；$u' > 0$，$u'' \leqslant 0$；$c' > 0$，$c'' > 0$。委托人和代理人都是风险规避者或风险中性者，努力的边际负效用是递增的。委托人和代理人的利益冲突首先来自假设$\partial\pi/\partial a>0$和$c'>0$：$\partial\pi/\partial a>0$意味着委托人希望代理人多努力，而$c'>0$意味着代理人希望少努力。因此，除非委托人能对代理人提供足够的激励，否则，代理人不会如委托人希望的那样努力工作。

委托人的期望效用函数可以表示如下：

$$(P)\int v(\pi(a,\theta)-s(x(a,\theta)))g(\theta)\mathrm{d}\theta \tag{17-1}$$

委托人的问题就是选择 a 和 $s(x)$最大化上述期望效用函数。同时，委托人面临着来自代理人的两个约束。

（1）参与约束。参与约束又称个人理性约束，即代理人从接受合同中得到的期望效用不能小于不接受合同时能得到的最大期望效用。代理人“不接受合同时能得到的最大期望效用”由他面临的其他市场机会决定，可以称为保留效用，用$\overline{u}$代表。具体表述如下：

$$(\mathrm{IR})\int u(s(x(a,\theta)))g(\theta)\mathrm{d}\theta-c(a)\geqslant\overline{u} \tag{17-2}$$

（2）激励相容约束。给定委托人不能观测到代理人的行动 a 和自然状态 θ，在任何的激励合同下，代理人总是选择使自己的期望效用最大化的行动 a，因此，任何委托人希望的行动 a 都只能通过代理人的效用最大化行为实现。换言之，如果是 a 委托人希望的行动，$a'\in A$ 是代理人可选择的任何行动，那么，只有代理人从选择 a 中得到的期望效用大于从选择 a' 中得到的期望效用时，代理人才会选择 a。激励相容约束的数学表述如下：

$$\begin{aligned}&(\mathrm{IC})\int u(s(x(a,\theta)))g(\theta)\mathrm{d}\theta-c(a)\\&\geqslant\int u(s(x(a',\theta)))g(\theta)\mathrm{d}\theta-c(a'),\ \forall a'\in A\end{aligned} \tag{17-3}$$

因此，委托人的问题是选择 a 和 $s(x)$最大化期望效用函数（P），满足约束条件（IR）和（IC），即

$$\max_{a,s(x)}\int v(\pi(a,\theta)-s(x(a,\theta)))g(\theta)\mathrm{d}(\theta)$$

$$\mathrm{s.t.}(\mathrm{IR})\int u(s(x(a,\theta)))g(\theta)\mathrm{d}\theta-c(a)\geqslant\overline{u}$$

$$\begin{aligned}&(\mathrm{IC})\int u(s(x(a,\theta)))g(\theta)\mathrm{d}\theta-c(a)\\&\geqslant\int u(s(x(a',\theta)))g(\theta)\mathrm{d}\theta-c(a'),\ \forall a'\in A\end{aligned} \tag{17-4}$$

以上的模型化方法被称为“状态空间模型化方法”。莫里斯（Mirrlees，1974，1976）和霍姆斯特姆（Holmstrom，1979）开始使用另一种等价的“分布函数的参数化方法”。将上述自然状态 θ 的分布函数转换为结果 x 和 π 的分布函数，这个新的分布函数通过技术关系 $x(a,\theta)$和 $\pi(a,\theta)$ 从原分布函数 $G(\theta)$导出。我们用 $F(x,\pi,a)$

和 $f(x,\pi,a)$分别代表所导出的分布函数和对应的密度函数。效用函数对观测变量 x 取期望值，委托人的问题可以表述如下：

$$\max_{a,s(x)}\int v(\pi-s(x))f(x,\pi,a)\mathrm{d}x$$

$$\text{s.t.(IR)}\int u(s(x))f(x,\pi,a)\mathrm{d}x-c(a)\geqslant\bar{u}$$

$$\begin{aligned}&(\text{IC})\int u(s(x))f(x,\pi,a)\mathrm{d}x-c(a)\\&\geqslant\int u(s(x))f(x,\pi,a')\mathrm{d}x-c(a'),\quad\forall a'\in A\end{aligned}\tag{17-5}$$

参数化方法可以说已成为标准方法。我们假定产出是可观测变量，并且只有 π 是可观测的，因此 $x=\pi$ 。此时，委托人对代理人的奖惩只能根据观测的产出 π 作出，委托人的问题变成：

$$\max_{a\cdot s(\pi)}\int v(\pi-s(\pi))f(\pi,a)\mathrm{d}\pi$$

$$\text{s.t.(IR)}\int u(s(\pi))f(\pi,a)\mathrm{d}\pi-c(a)\geqslant\bar{u}$$

$$\begin{aligned}&(\text{IC})\int u(s(x(a,\theta)))g(\theta)\mathrm{d}\theta-c(a)\\&\geqslant\int u(s(x(a',\theta)))g(\theta)\mathrm{d}\theta-c(a'),\quad\forall a'\in A\end{aligned}\tag{17-6}$$

3. 地权结构细分框架下农地经营权流转的双重委托代理关系

农地经营权流转中，基于双方利益均衡结构基础的契约关系，农村集体经济组织、承包农户、经营业主三方利益主体间存在着双重委托代理关系。

（1）第一层委托代理关系的形成。家庭联产承包责任制度下，土地所有权和承包经营权分设，极大地调动了农民积极性。村委会作为农村集体经济组织的主要代表，拥有土地所有权，将土地发包给农户承包经营，承包农户依照合同承包经营农村土地。村委会与承包农户之间存在着第一层委托代理关系。村委会为委托人，承包农户为代理人。

（2）第二层委托代理关系的形成。当前，随着我国农村土地制度改革的不断深入，承包农户拥有的土地承包经营权被分立为土地承包权和经营权，实行农村土地所有权、承包权、经营权“三权”分置。作为继家庭联产承包责任制后农村改革又一重大制度创新，“三权”分置条件下，承包农户保留承包权，将土地承包经营权基础上的经营权让渡给经营业主，承包农户与经营业主间存在着第二层委托代理关系。承包农户是委托人，经营业主为代理人。因而，在资本下乡中存在着以承包农户为中轴的双重委托代理关系（图 17-3）。

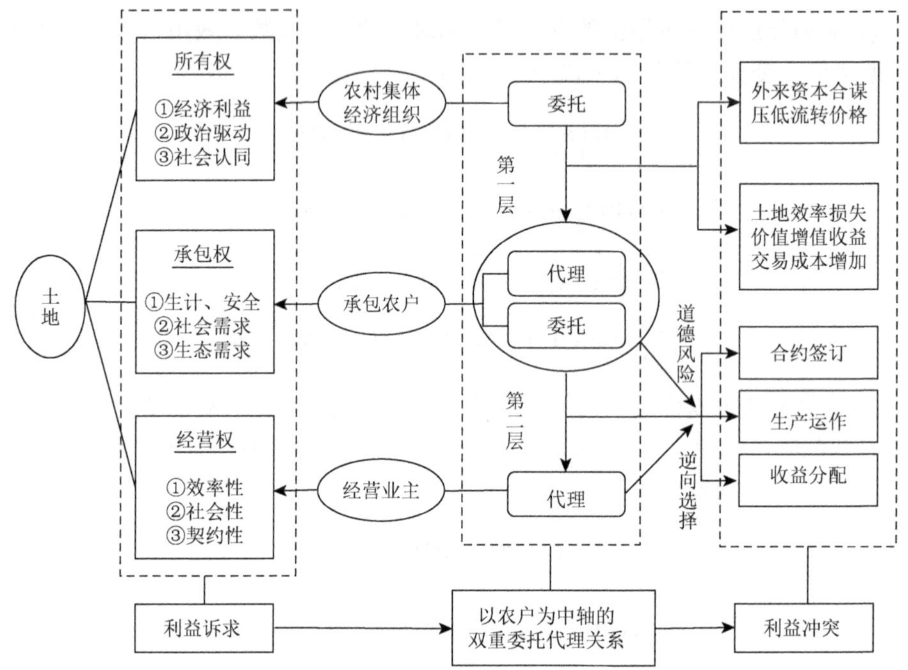

图 17-3　农地经营权流转中的双重委托代理行为及利益冲突分析框架

17.2　农地经营权流转过程中三维主体间的利益冲突

17.2.1　第一层委托代理利益博弈

第一层委托代理关系中的利益博弈表现为拥有土地所有权的农村集体经济组织与拥有农地承包经营权的农户在行使权利中引发的利益差别。①集体产权不明晰引发的利益差别。明晰、无争议、有法律保障的土地产权是土地进入市场交易行为的首要前提。由于“农民集体所有”是个模糊的概念（皮特，2008），法律中的“集体”到底指谁？谁代表集体组织支配集体所有的土地，谁才是集体所有者的真正代理人？土地的集体所有是否意味着集体的每个成员都天然平等地享有对土地的使用权利，集体每一位成员的收益界定和有效实施该如何进行？土地虽然为农民集体所有，作为委托人的农村集体经济组织在资本下乡中可能存在以发展地方经济为名介入土地开发与流转的情况，从而对农户承包权益产生影响。农地产权不完整，在使农户主体地位得不到保障的同时，给有关主体带来了寻租的机会。②农户承包经营权产权不完整引致农户权益受影响。农地承包经营权对激发承包农户土地投资欲望、提高土地边际产出效率至关重要。农地产权清晰才能够激发承包农户投资农业设施、改善土地肥力以提高土地产出率的动力。农户土地承包经营权在经济学意义上依然是不完整的，承包经营权的权能、范围界定不明，经营权可不可以进行抵押、入股、退出等产权交易，对农地抛荒、撂荒等行为承包农户有没有受到约束等仍不明确。明晰的产权安排有助于承包农户形成稳定的预期。否则，产权排他性软弱，必然引起承包农户对土地经营的懈怠。粗放式、掠夺式的短期经营方式会导致农地出现效率损失。承包经营权产权不完整导致承包农户并不能真正享受到通过市场交易而获取土地的转让收益等土地增值收益，承包农户收益受到影响。农地承包经营权不完全，导致交易价格无法真正反映农地资源的稀缺程度。同时，产权缺失增加了承包农户的市场交易成本。交易双方为达成流转协议而进行的讨价还价等谈判成本增加，对于人口变动导致的成员权的变化，法律也缺乏清楚的界定，交易双方并不能签订长期的契约合同，维持契约的稳定性和可靠性难度加大，保持契约的长期性和稳定性必将付出较大成本。

17.2.2　第二层委托代理利益冲突

第二层委托代理中的利益冲突主要表现为作为委托人的承包农户与作为代理人的经营业主在行使土地承包权与经营权时产生的利益冲突。

1）承包农户与经营业主间的逆向选择

地权结构细分框架下的农地经营权流转，承包农户由于缺乏投资农业的专门技术与资本，将土地委托给业主经营，希望经营业主通过资本与土地的有效结合，实现资本的保值增值。承包农户总希望能有资质好、有诚信的经营业主经营农业，事实上却并不能完全掌握经营业主的管理水平及诚信程度等相关信息。许多经营业主为了筹集到更多资本，往往隐瞒对自身不利的信息，导致承包农户常常被动接受一些对农业不甚了解的经营业主。如果经营业主隐藏自身信息，逆向选择问题就会产生。

【专栏 17-1】

通过调研发现，某地的农地经营权流转合同中就明确规定，甲方（经营业主）原则上不与丙方（承包农户）单独接触往来。承包农户对经营业主的了解程度几乎为零。

2）承包农户与经营业主之间的道德风险

经营业主与承包农户或农村集体经济组织达成协议，获得了土地进行农业项目的选择和投资之后，承包农户无法监控业主每个农业投资项目的具体操作及经营行为，经营业主利用对资本与土地的实际控制权，摆脱承包农户与农村集体经济组织的控制和监督，使得承包农户的利益受到损害，这就是道德风险问题。事实上，由于经营业主占有信息优势，即使是优秀业主也不一定按照承包农户的要求经营农地。基于资本参与农业产业链条的不同环节，利益冲突主要表现为农地经营权流转利益、生产经营、收益分配三个环节的利益冲突（李云新和王晓璇，2015）。

（1）农地经营权流转利益冲突。有的经营业主违反农地经营权流转合同条款，私自改变农地用途，将土地用于投机性交易或高风险项目，使承包农户土地复耕更为困难，严重影响了承包农户的土地收益及农业的可持续发展。2017 年 8 月课题组在某地调研发现农地经营权流转中“以租代征”现象十分突出，这对承包农户利益造成极大损害。

（2）农地生产经营利益冲突。有的经营业主取得农地经营权后，对土地的运营效益漠不关心，运营敷衍，致使许多农业投资项目不能实现盈利。2018 年 12 月我们调研发现，某农业园区的 32 家经营业主，24 家亏损。对某区的调研也显示，“资金跟着项目走”，有的经营业主拿到政府配套资金后投资于房地产等领域，蔬菜种植敷衍，并没有将农业项目的经营与运作当作投资的重心。

（3）收益分配利益冲突。有的经营业主利用承包农户不了解实际情况的信息缺陷，谎称投资亏损，私吞投资收益。除了通过“以租代征”，减少对承包农户的经济偿付外，有的经营业主股份分红和利润返还等方式流于形式，并未让承包农户分享农地经营权流转带来的经济利益。

17.2.3　三维权利主体间利益冲突成因

1. 交易信息的不对称

农地经营权流转中承包农户与农村集体经济组织、承包农户与经营业主之间的交易行为存在信息不对称。承包农户对国家农地经营权流转政策，对业主的经营能力、资质、融资能力等交易信息掌握十分有限。调研中也发现，绝大多数承包农户对业主流转土地的目的不清晰，也没有过多的担忧，对农村农地经营权流转中发生的“以租代征”问题及对国家相关的土地政策其实根本不清楚。这在一定程度上导致第二层的委托代理关系的承包农户，作为“委托人”无法获得更多的土地利益，委托人也不可能更精心地选择合适的代理人，“自愿”放弃作为委托人的权益。同时，由于承包农户掌握的信息有限，在签订农地经营权流转合同时，经营业主以稀缺资源的供给和预期收益为条件，向承包农户或农村集体经济组织提出有利于自身的代理条件，形成对经营业主有利的合约，从而损害委托人承包农户的利益。

2. 权利主体的利益目标函数不一致

农地经营权流转中的利益相关者，有着差异显著的行为动机和利益目的。农村集体经济组织作为委托人，其利益目标不仅包括经济、政治还有一定的社会诉求，其最终能否及多大程度上参与农地经营权流转取决于多种利益目标的取舍。对经营业主而言，资本的逐利性是其主要的利益诉求，其投资行为的基本逻辑就是在符合效率性基础上的利润最大化。承包农户对土地也存在着的多种功能诉求。纯粹生存农业者考虑的只是如何“养家”，而不是经营农业，有些承包农户在寻求经济安全或风险最小化，家庭农场者则集家庭管理者和企业经营者的双重角色于一身，不断平衡谋生和谋利。多目标的追逐可能导致各利益主体所关注的利益交错混乱，也为无法达成目标的利益主体提供了掩饰其行为的借口，最终各利益相关者在自身需要与目标平衡的重压下分崩离析。通过农地经营权流转实现农村经济的持续发展取决于各权利主体的利益协调程度和行为协作方式。

3. 产权结构及其权能不清晰

农地经营权流转实质就是以土地为纽带，以独立、平等的产权主体为前提的各利益主体相互作用、相互制衡又有机整合的利益均衡实现过程。各利益主体具有明晰的产权并达成契约，才能完成农地经营权流转行为。尽管《中华人民共和国农村土地承包法》规定，“农民集体所有的土地依法属于村农民集体所有的，由村集体经济组织或者村民委员会发包”。然而，究竟是农村集体经济组织还是村委会却并没有给出明确的界定，这就使农地“所有者”并没有形成真正人格化，因而也不可能真正形成完整意义的处置权与收益权。同时，承包农户作为代理人同时也是第一层委托代理关系中的委托人，其土地承包权也出现了产权不完整。流转权、使用权、收益权和处置权的范围、排他性、安全性和可转让性等并没有清晰的界定。农地产权边界的不清晰，将导致部分产权处于公共领域。

17.2.4　承包农户在双重委托代理关系治理中的地位与作用

农村集体经济组织作为基层的政府代表，资本下乡进程中的目标既有地方发展的经济目标也有作为政府代理人对工作业绩的追逐，也有获得社会认同感与个人满足感的社会目标，多重目标相互交织，综合作用。以工商企业为代表的经营业主的目标是实现经济利润最大化，实现自身资本增值。承包农户基于不同的发展阶段表现出差异化的需求，以实现其利益最大化。双层委托代理行为中，各委托人企图影响代理人行为以增加自身的利益，而代理人也存在机会主义，会寻求自身利益最大化，引发道德风险及逆向选择问题。置身于地权结构细分框架下的农地经营权流转这一经济体系中，三维利益主体既需要相互合作又存在着非合作博弈。静态条件下三维利益主体的努力程度均由各自的契约安排共同决定，承包农户在双重委托代理中处于核心地位，既是形式上的代理人（第一层），又是实际上的委托人（第二层），但由于其弱势地位，承包农户利益受到了挤占与损害。

为此，基于地权结构细分的现实背景，以农户承包权益保障作为目标，制定农地经营权流转进程中农村集体经济组织、经营业主和承包农户之间利益冲突的治理措施，防范委托代理风险，提高农地经营权流转绩效，最终使承包农户成为农地经营权流转的积极参与者和真正受益者就必须建立相应的激励与约束兼容机制。

（1）以农村土地确权登记为契机，深化农地产权制度改革。农户土地承包权、经营权及集体所有权，不同于简单的物权，也并非简单的人对物的关系。因而保护农民权益就需要厘清各项权利的属性、基本构成及其权能。尽快拟定农户承包权益的评价与计量标准体系，开发农户承包权益受损的监测工具，针对不同类别、不同情形农户承包权益受损程度进行测量与评价，为农户权益保障提供可行的实践操作平台。例如，农户承包权具体分为哪几类，用哪些指标刻画，每一项的权重应是多少，若能制定相对具体的参照标准，我们可根据实际情况对其作出评估，标示出其差距，用以反映其权益是否受损或受损程度。如果土地承包权的这些内容没有一个具体的量化依据，农户权益保护仍会是一个模糊的问题，也不可能真正实现对农户权益的保护。

（2）建立农村农地经营权流转业务信息管理平台，加强政府对农地经营权流转中经营业主和承包农户之间的信息披露。政府是推动农地经营权流转的关键力量，可以通过建立农村农地经营权流转业务信息管理平台，加强信息披露以改变承包农户交易的信息弱势地位，减少委托代理中的信息不对称引致的承包农户利益受损。平台建设应将农地经营权流转相关法规及政策依据、农地经营权流转工作与管理制度、农地经营权流转信息数据库，尤其将关于转入农地的家庭农场、种养大户、合作社、经营业主等各类主体及其基本信息登记入库，将其性质、注册条件、运作优势、经营形式等信息纳入平台系统。同时，尽快制定以农地经营权流转的基准地价为基础的流转价格体系，对农村土地进行分等定级、科学评估，为农地经营权流转双方的公平交易提供合理参考。

（3）充分尊重承包农户农地经营权流转意愿与市场逻辑，严格界定政府权力边界，建立三方主体的利益平衡与协调机制。作为资本下乡的利益相关者，农村集体经济组织、经营业主与承包农户之间既存在着利益冲突又存在着利益联结，相互矛盾又相互依存。如果经营业主的力量远远强于承包农户，承包农户的博弈能力不足，土地会过度向资本集聚，可能导致承包农户在农业经营中的主体地位下降，在土地利益分配中的作用边缘化，经济利益受损；反过来，如果承包农户力量过于强大，也可能导致资本进入成本过高，工商资本投资农业难以获利，资本会被迫退出农业生产领域（杨鹏程和周应恒，2016）。因此，资本下乡投资农业，在尊重农民的优先经营权与自主意愿，确保在土地集中和利益分配中承包农户利益不受损的同时，要尊重市场逻辑，建立兼顾经营业主和承包农户之间的利益平衡机制。严格界定政府的权力边界，通过正确引导、宣传农地经营权流转对农村经济发展的作用、制定农地经营权流转法律，建立健全土地承包经营权流转交易市场，发挥政府在农地经营权流转中的作用，真正促进工商资本下乡有序进行，保障农村农地经营权流转的健康有序发展。

（4）促进农民组织化，增强承包农户利益博弈能力，降低委托代理成本。分散、弱小的承包农户在声势浩大的资本下乡中维护自身权益不受损害非常困难。农民在与资本等强势主体博弈中处于弱势地位，在农地经营权流转过程中要及时组建代表农民自己利益的合作组织以破解个体农民力量分散、博弈能力不足，抵制利益损害以提高农民的对话地位。

17.3　案例分析：农地经营权流转中的委托代理及农户承包权益保护

通常，农地经营权流转合同具有较强的法律效力，是实现农地经营权流转、维护农民合法权益的根本保障。课题组于 2016～2017 年赴重庆大足区、潼南区，河南新乡市，四川成都市，贵州遵义市等地区展开项目调研，收集到不同类型的土地经营权流转合同资料，将典型的经营权流转合同进行了梳理（表 17-2 和表 17-3）。农地经营权流转合同要素主要包括流转方式、流转期限、流转价格、签约主体、合同解除约定等内容。调研显示，样本区农地经营权流转方式绝大多以出租为主，流转期限也有 1 年、5 年、10 年、29 年等，流转价格绝大多地区以当地谷物折算为基点上下浮动。

表 17-2　调研区土地承包经营权流转合同内容描述（一）

要素	重庆大足区	重庆潼南区				河南新乡市			
	盐河	龙滩	中渡	中渡	中渡	延津县	延津县	延津县	长垣县
流转方式	出租	转包	出租	出租	转包	出租	出租	转包	出租
流转期限	29 年	10 年	1 年	12 年	30 年	15 年	5 年	1 年	10 年
流转价格	800 斤	400 元	550 元	600 元	630 元	1000 斤	1000 元	±1000 元[①]	1000 斤

续表

要素		重庆大足区	重庆潼南区				河南新乡市			
		盐河	龙滩	中渡	中渡	中渡	延津县	延津县	延津县	长垣县
签约主体		村委会 公司	承包 农户[2] 承包 农户	村委会 农户	合作社 公司	承包 农户 承包 农户	承包农户 公司 合作社	承包 农户 合作社	承包农户 承包农户	村委会 办事处
保证金		无	无	无	无	无	无	无	无	无
违约金		20 万元	无	无	无	1%	无	无	无	无
合同解除约定	非农化	×	×	×	×	×	×	×	×	×
	复耕	×	×	×	√	×	×	×	×	×
	抛荒	×	×	×	×	×	×	×	×	×
	掠夺经营	×	×	×	×	×	×	×	×	×

资料来源：根据课题组调研区农地经营权流转合同整理而得，行政区划以 2016 年调研时为准

注：①±1000 元：合同约定当年每亩租金 1000 元，以后按国家小麦保护价每市斤增加或减少一角，每亩租金分别增加或减少 100 元，但最低不低于 1000 元

②表达的意思就是承包农户与承包农户之间签约

③合同解除约定中："√" 表示合同中有针对乙方出现非农化、复耕、抛荒等行为时有实施合同变更或解除合约的行为；"×" 表示无

表 17-3　调研区土地承包经营权流转合同内容描述（二）

要素		贵州			四川
		湄潭县天城镇	湄潭县复兴镇	清镇市红枫湖	成都市崇州市
流转方式		出租	反租倒包	退出	出租
流转期限		15 年	2 年	/	30 年
流转价格		650 元	300 元	37 000 元	780 斤
签约主体		天城镇人民政府 公司	承包农户 村委会	村委会 承包农户	小组 公司
保证金		10 万	无	无	无
违约金		50 万	无	1%	无
合同解除约定	非农化	×	×	×	√
	复耕	×	×	×	×
	抛荒	×	×	×	√
	掠夺经营	×	×	×	×

资料来源：根据课题组调研区农地经营权流转合同整理而得

注：合同解除约定中："√" 表示合同中有针对乙方出现非农化、复耕、抛荒等行为时有实施合同变更或解除合约的行为；"×" 表示无

17.3.1　案例背景

贵州省遵义市湄潭县天城镇人民政府，为了加快改善集镇容貌步伐，推动湄潭县天城镇生态文明“六线九图”彩湄工程建设工作，使彩色苗圃基地建设有序推进，决定将天城镇境内公路两侧土地统一流转给贵州军鞍花木有限责任公司打造彩色苗圃基地，项目投资总额为 3000 万元，项目建设时间为 2015 年 9 月 30 日至 2030 年 8 月 31 日，2016 年 5 月底前必须将项目区域内流转的土地按规划实施完毕。天城镇人民政府与公司签订农地经营权流转协议。

17.3.2　农地经营权流转方式

公司与天城镇人民政府直接签订框架协议，之后围绕项目建设框架性协议天城镇人民政府与所涉及的村委会、村委会与承包农户再分别签订土地进行流转合同（图 17-4）。

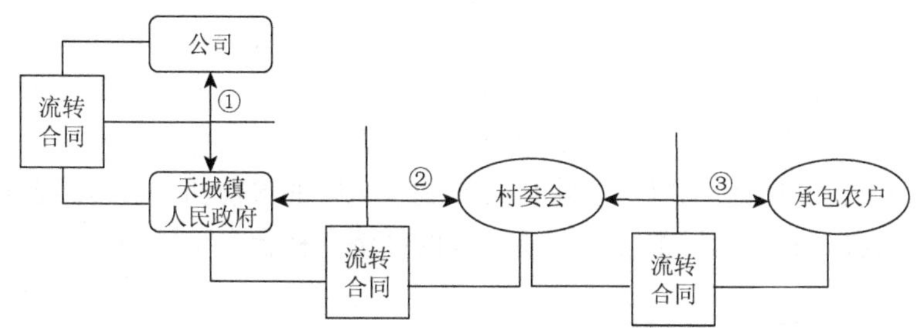

图 17-4　天城镇人民政府、公司、村委会、承包农户间的农地经营权流转方式

17.3.3　效果及问题

第一，关于农村集体经济组织的多元化及其多重身份问题。农地经营权流转存在两种委托代理模型（图 17-5、图 17-6）。图 17-5 为承包农户直接与经营业主之间的农地经营权流转模式。农村集体经济组织与承包农户及经营业主间存在着以承包农户为中轴的双重委托代理关系。图 17-6 是农地经营权流转中的较为复杂的委托代理模式。由于农地经营权流转市场不健全，承包农户流转信息不完全，承包农户将土地承包经营权流转行为委托给农村集体经济组织，由农村集体经济组织作为承包农户的代理人与经营业主签订流转合同。此类模式中，存在着三层委托代理关系。第一层委托代理关系中农村集体经济组织作为集体产权主体的代

表，将农地发包给农户承包经营，农村集体经济组织是委托人，承包农户是代理人。第二层委托代理关系中，承包农户为委托人，农村集体经济组织是承包农户利益的代理人，代表承包农户寻找适合的、有实力的经营业主。当农地流入经营业主后，作为签约主体的农村集体经济组织与公司等经营业主间存在着第三层委托代理关系，此时，农村集体经济组织是委托人，经营业主为代理人。我们的调研合同资料显示，涉及 9 个村镇的 13 份流转合同中显示的农地经营权流转的签约主体是村委会的占了 6 份，因此，这种农地经营权流转模式在农村十分常见。这种流转模式中，村委会为代表的农村集体经济组织具有两种委托人、一种代理人身份等多重身份。农村集体经济组织作为农村土地的集体产权代表，既是承包农户的委托方又是承包农户的代理方，在农地承包经营权流转中几乎完全取代承包农户成为农地经营权流转主体。当然，农村集体经济组织作为合同一方，凭借其良好的公信力和经营业主签订流转合同在一定程度上降低了交易的谈判成本，其在减少风险方面所发挥的作用有目共睹，也大大增强了承包农户对于流转土地收益未来预期的信任。但不可否认的是，许多地方基层政府的深层参与使其成为一个市场主体参与到农地经营权流转市场中来，这对承包农户利益的影响是不可小觑的。调研中我们也发现，农地经营权流转费、工作经费及农地经营权流转时间等涉及承包农户土地权益的合同条款均由天城镇人民政府与公司约定，承包农户被边缘化。农村集体经济组织作为农地经营权流转的第三方，应尽可能创造条件保障经营业主和承包农户双方交易市场完备。否则村委会作为合同一方在赢得经营业主和承包农户信任同时，也将自身推到了风险的最前面。一旦经营业主经营失败或承包农户违约，村委会将面临巨大的经济和社会舆论压力。

图 17-5　农地经营权流转中的一般委托代理模型

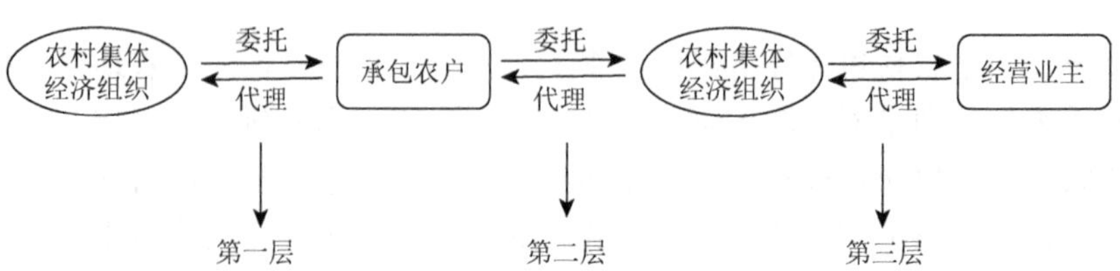

图 17-6　农地经营权流转中的多重委托代理关系模型

除农村集体经济组织多重身份外，农村集体产权主体还存在着多元化及其归并问题。调研合同显示，作为承包农户的代理人，农地所有权主体的农村集体经济组织既有村委会，也有村社小组，还有乡镇基层政府。谁才是真正的农地所有者？村社小组还能否发挥其真正所有者的作用？

第二，农地经营权流转保证金制度是在农地流转中为防范经营业主农地使用风险，向受让方收取一定额度的资金作为保证金，以确保承包农户的利益而建立的一种制度。保证金制度既是对经营业主的一种督促，也是对地方经济发展的一种保护。调研显示，在所签订的 13 份合同中，仅有 2 份合同作出规定。其中一份是在项目投资总额近 3000 万元的湄潭县（天城镇境内）公路沿线彩色苗圃基地项目建设框架协议中，对履约保证金作出规定，“经双方座谈达成协议且签订时，乙方就缴纳履约保证金 10 万元到镇财政账户，待履约结束无违约且将承包农户的耕地恢复至方便耕种状态下方可退还”。另一份是重庆市潼南区的柏梓镇中渡村 10 社与潼南温氏畜牧有限公司的农地经营权流转合同中作了规定，“乙方应按照本合同约定的期限足额支付租金，如乙方逾期 60 日未支付租金，甲方有权索取延缴期后每天 1%的滞纳金”。

第三，非农业主的流转期限问题。许多经营业主以较长租赁期限承租大面积耕地，给承包农户的生存和发展保障带来重要影响。土流网数据显示，截至 2016 年底农地经营权流转 10 年以上的占 82%，20 年以上流转期限的占 68%，30 年以上的占 38%。我们的调研合同资料也显示，在来自重庆、成都、河南、贵州四地的 13 份流转合同中，农地经营权流转期限为 10 年内的只有 4 份合同，约占 30%（图 17-7）。

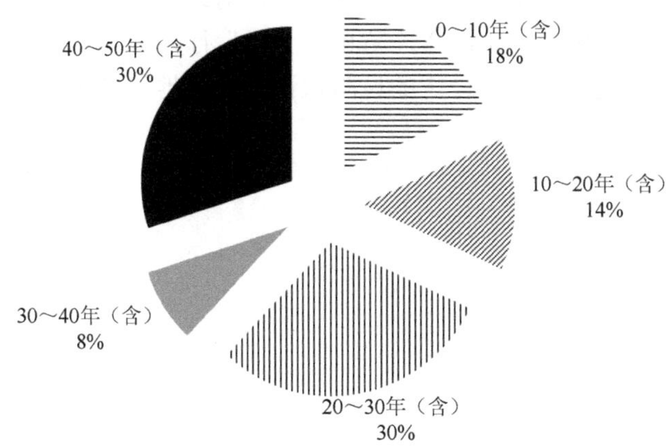

图 17-7　截至 2016 年底农地经营权流转期限分布情况

第四，流转合同中对经营风险防控的约定。《农村土地经营权流转管理办法》明确规定，不得破坏农业综合生产能力和农业生态环境，不得改变承包土地的所有权性质及其农业用途，确保农地农用，优先用于粮食生产，制止耕地“非农化”、防止耕地“非粮化”；受让方应当依照有关法律法规保护土地，禁止改变土地的农业用途。禁止闲置、荒芜耕地。同时，《中华人民共和国土地管理法》规定，禁止占用耕地建窑、建坟或者擅自在耕地上建房、挖砂、采石、采矿、取土等。禁止占用永久基本农田发展林果业和挖塘养鱼。事实上，我们调研的来自四个地区的13 份流转合同中，仅有重庆市潼南区及成都市崇州市 2 个样本就农地的使用作出了详细的规定。流转土地收益分配中，也是基层政府与经营业主共同获取绝大多数的土地增值收益，承包农户均仅享有土地的种植收益，增值福利割裂不均。同时，农地经营权流转也缺乏合理的价格评估体系与完善的价格标准，农地经营权流转价格的依据一般以粮食收购价格。

17.3.4 管理建议

一是加快农地经营权流转市场机制的建立。坚持承包农户、经营业主在农地经营权流转中的主体地位。充分发挥市场尤其是租赁市场在农地资源配置中的作用。

二是尽快完善农地经营权流转市场交易平台，建立农地经营权流转服务中介组织，改变由村委会或基层政府在农地经营权流转中的包办行为，发挥流转中介组织应有的效率和公正。

三是建立农地经营权流转风险预警机制，减少对承包农户权益的损害。对于规模租赁土地的，应实行申请制、风险预警制，对经营业主的经营范围、管理能力、诚信度等进行严格的资质审查，防止“圈地”行为。

四是在流转土地前应缴纳一定的风险保证金和土地复垦金，保护农民土地权益不受侵害。

第 18 章　农地经营权流转过程中三维主体的利益分配：基于效率和公平的角度

从 1984 年的中央一号文件开始，农地转让就逐渐进入到人们的视野。农地经营权流转是土地制度变迁的时代产物，目前已基本形成出租流转、股份制合作、土地信托、托管代耕等多种具有地方特色的农地经营权流转方式。2014 年《关于全面深化农村改革加快推进农业现代化的若干意见》提出了“在落实农村土地集体所有权的基础上，稳定农户承包权、放活土地经营权”，可以说“三权分置”的制度已然落成。

农地是农业生产中一种不可移动的，也是最特殊、最重要的基础要素。通过农地经营权流转，一方面能解决农地经营细碎化的低效率问题，提高农业适度规模经营的生产效率，实现农业的集约化生产；另一方面能有效培育新型农业经营主体，提高农户收入（孙宪忠，2016；Ye，2015；冒佩华和徐骥，2015）。据统计，2017 年耕地流转面积已超过了 4.7 亿亩，仅占到家庭承包耕地总面积的 35.1%，2.3 亿个农户还是农地承包者，但接近 7000 万个的农户将属于自己的经营权部分或者全部转移出来，270 多万个农业合作社、家庭农场等新型经营主体成为真正的农业生产经营者。围绕农地经营权流转，也就形成了农地经营权流转双方。但是在耕地流转高潮的背后，出现了的非农业化和非粮食化倾向，农民的合法利益受到损害，出现资源错配、权力腐败等现象，其根源之一是农地经营权流转中相关主体利益分配不合理（王俊沣等，2011；宋宜农，2017）。

一般来说，农地经营权流转过程中涉及政府、农村集体经济组织、承包农户、中介组织、经营业主等多个参与主体，具体如图 18-1 所示。其中较为特殊的是中介组织，在目前的实践中中介组织形式多样，一般情况下村委会都或多或少地充当了中介者的角色。地权结构细分框架下的农地经营权流转主要涉及农村集体经济组织、承包农户及经营业主等主体，值得注意的是农地经营权流转过程中经营业主的短视与自利行为会损害承包农户利益，还会由此导致承包农户主动或被动损害集体组织的共同利益。三者之间由于信息不对称及利益目标不一致，利益冲突问题十分凸显。因此本书从博弈的视角来重新设计农地经营权流转中的利益分配机制，并以此达到保护承包农户等弱势群体权益的目的。

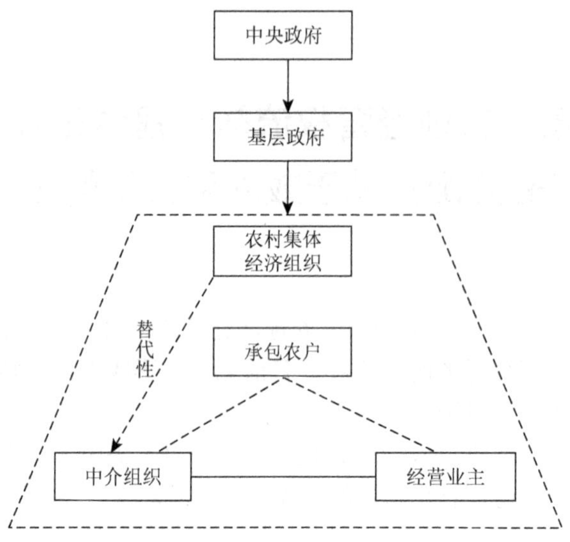

图 18-1　农地经营权流转中相关主体

当前研究已有如下几方面的进展。

一是关于农地经营权流转的影响。土地租赁被认为是有利于土地资源配置效率提高的有效方式，分散的农地所有权并不适合现代农业，要想使中国新兴市场经济持续发展就必须保持转让农地使用权的稳定性（Binswanger，1986；Burger，2001；Otsuka，2007）。因此农地经营权流转形成的适度规模经营是发展我国农业现代化的基础，土地制度的变迁导致农业生产方式及经营主体等也随之改变，我国的地域性问题也导致各地农地经营权流转模式和进度均有所差异，一般来说在农村集体经济组织主导下的农地经营权流转比农户自发形成的更有效率，同时农地收益的剩余索取权很大程度上会影响农户的生产决策，证据表明长期持有农地经营权的行为会刺激节约型农地投资行为的产生（北京天则经济研究所《中国土地问题》课题组和张曙光，2010；张建和诸培新，2017）。何一鸣和罗必良（2012）在制度逻辑的基础上识别了约束农地经营权流转的内生性和外生性交易费用。程令国等（2016）指出土地确权制度在巩固产权的基础上不仅有效促进了农地经营权流转，还降低了农地经营权流转的交易费用。

二是有关学者对农地经营权流转后的利益分配进行了研究。冯玲玲等（2008）通过建立流转过程中经营大户与农户的利益分配博弈模型，认为二者应结成利益共享、风险共担的利益联合体。Vidican（2009）通过调查罗马尼亚两个最大的农业地区的家庭调查数据发现，组成农业协会是一个很好的土地重新分配选择。陶银球和杨珑（2010）借鉴谈判理论及进化博弈理论分析了利益集团内农户之间以及不同利益集团内农户间的谈判行为及由此形成的利益分配机制。曹阳等（2011）、卫春江和张少楠（2017）剖析了农地经营权流转中农户、地方政府、中央政府三重框架下的农户经济决策与利益分配机制。温修春等（2014）从对称互惠共生的角度，在要素贡献率的基础上建立了人力资本要素贡献分配和非人力资本要素贡献分配两种分配博弈设计。李太平等（2015）发现农产品价格升高的同时会带动农地经营权流转租金上涨，而农地租金作为农地经营权流转过程中农业生产者和土地所有者双方联系的重要经济纽带，其上涨进而会影响双方的收入分配，长期来看对农户增收的效果有限且最终分配结果不利于农业生产者。

三是在农地经营权流转中承包农户经常处于博弈的弱势地位，由此导致其权益受损严重。保障农民权益是维护国家粮食安全、建设和谐社会的必然要求（刘振勇，2011）。李长健和刘磊（2014）认为保护目前农户权益的关键就是保障农户的发展权和生存权，同时这也是后代农民权益的关注重点。一般来说生产率的提高导致更大的土地回报率，有助于增加实际的农地租金和农地价格，进而增加了所有拥有农地的农户的财富（Renkow，1993）。有研究指出，在农地经营权流转中农户经常处于弱势地位。例如，经营业主因灾害、经营不善等多种因素而出现单方面毁约或跑路现象；退回的农地改变原有性质影响再次流转；个别基层政府侵占农民合法权益；流转过程中多以口头契约等约束力较弱的形式出现，一旦发生纠纷农户较难维权等现象（洪名勇和钱龙，2016；吕军书和贾威，2017；张建等，2017）。在众多观点中，部分学者认为农地经营权流转过程中的利益分配不合理、不公平是农户合法权益受到损害的重要原因之一，如在农地经营权流转过程中经常出现以当时流转价格一次性支付或规定长期的农地使用费用，将农户排除在持续利益的分配之外（苗洁，2015；何沙和曾宇，2016；陈丽琴，2017）。因此通过合同等形式来明确对农地利益的合理分配，不仅能够切实有效地维护农户权益，也可以实现农地利益的多元共享（孙德超和曹志立，2018）。

通过对现有文献的梳理可以看出：现有研究主要从非合作博弈的角度出发，这样先天地假定了农地经营权流转中参与主体的关系是对立的，于是在利益分配时就会出现追求个体利益最大化的现象，事实上，承包农户、农村集体经济组织、经营业主等主体间的关系绝不是孤立的，它们是相互联系的整体；同时已有文献对农地经营权流转中农户承包权益受损的原因进行了解释，却无法回答为何在农地“三权分置”改革中，在农地承包权和经营权已经相对明确的情况下承包农户的合法权益还是无法得到保障。因而基于上述现实背景和文献基础，本章试图从合作博弈视角来梳理农地经营权流转过程中的三维主体关系，打破多方权利主体由于存在利益冲突而减少合作的可能，进而通过构建多方利益主体的合作联盟，兼顾效率与公平等多重目标，在共同扩大流转农地价值增值的基础上，重新设计利益分配机制，使农民等真正成为农地经营权流转和规模经营的积极参与者和受益者，并探讨在此过程中相关主体的利益变化，以完善农地经营权流转中参与主体权益保护的机制设计。

18.1　农地经营权流转过程中三维主体的互动关系

近几年通过土地产权改革，已基本形成“所有权、承包权、经营权”的“三权分置”局面，而三权归属的背后是其主体发挥作用。农地所有权归属于农村集体经济组织，农地承包权归属于农民，而农地经营权在农地经营权流转的情况下归属于业主，即三维主体。在博弈的视角中，每个参与主体都有自己的得益，因此本节先梳理三维主体的权益诉求，然后基于非合作博弈和合作博弈的区别，分析参与主体走向协作的前提与可能。

18.1.1　三维主体权益的集中体现：经济利益

随着社会变迁中群体的分化，每个群体都会在产权维度下衍生出诸多主体类型，如农民分化为农民工、传统农民等，经营业主的类型有工商资本、专业合作社、家庭农场等，农村集体土地所有权主体有乡（镇）、村和村民小组等。不同类型的所有权主体、承包农户、经营业主均有不同的权益诉求，在参与三维主体博弈的过程中，均会通过自己所掌握的信息优势、资本优势等途径对权益等产生影响。在农地经营权流转中，承包农户一般都是处于弱势地位，其权益受损情况较为常见，更多的学者是从保护承包农户权益等角度出发。但不能否认的是在现实中也时常发生经营业主等的合法权益受损的情况，因此在“三权分置”的制度框架下，不仅要保护承包农户的合法权益，也要保护其他各方的权益，基于这个角度及为了便于分析，本节通过简化农地经营权流转过程中参与主体的类型，用以下较为典型的参与主体作为三权的代表，简单梳理它们的利益诉求痛点：农地所有权主体——村委会，农地承包权主体——承包农户，农地经营权主体——经营业主。三维主体的利益诉求见表 18-1。

表 18-1　三维主体的利益诉求

主体类别	利益诉求
村委会	利益分配最大化
承包农户	净利益最大化
经营业主	利润最大化

村委会在农地经营权流转过程中作为农地所有权的代表，自身具有很强的行政属性，是村民自治的基础和联系基层政府与承包农户的纽带，因此在流转过程中会追求业绩最大化，如完成上级交代的农地经营权流转指标等。但这点与推进农地经营权流转并不冲突，因此在此过程中村委会也会追求集体经济利益最大化，这既有利于集体设施建设等，又能使村委会获得潜在的利益。承包农户作为农地承包权的所有者，依法享有对农地承包权的实际控制权以及农地集体所有所带来的福利权。在追究这些权益的表现形式时可以发现，这些权益诉求还是以实现经济利益作为基础的，尤其以收益权最为典型，而诸如发展权、控制权等的最终目的仍然是为了享有农地所带来的经济利益。在农地经营权流转后，经营业主取得农地经营权，但其最终目的是实现资本增值，因此其参与农地经营权流转的动机是获取农地经营产生的剩余收益。在此过程中为了保证其目的的实现，经营业主对政策的稳定性、农地经营权流转的稳定性等均有一定的需求，否则将无法保证农地经营的持续有效进行，也会影响其对农业固定资产等的投资。在理性经济人假设下，业主会尽可能地追求利润最大化，在此过程中可能会采取一些合法乃至非法的途径予以实现。

通过分析三维主体的权益诉求，可以发现利益尤其是经济利益是所有参与主体权益诉求的集中体现。以承包农户为例，众多学者在研究农民农地权益保护时就将征地补偿满意度、经济利益等作为考量指标（彭素和罗必良，2013；刘小锋等，2013）。“用益物权”使得农村农地承包经营权成为独立的财产权，承包农户对其承包地依法享有占有、使用、流转、收益等权利（刁怀宏，2009）。杨钢桥等（2016）指出承包农户对经济权益的诉求强度最大，随着非农收入在家庭总收入中所占比例的上升，承包农户经济权益诉求的主导地位在农地经营权流转中才有所下降。因此本章将以利益分配为出发点进行分析，进而满足三维主体合理的权益诉求。此外，在农地经营权流转过程中三维主体的权益诉求均为效用可转移的利益诉求，主要表现形式为经济利益。效用可转移的特点是进行利益划分，这是本章的重要基础。

18.1.2　三维主体利益冲突化解的可能

前文指出，各方主体信息不对称及利益目标不一致等，使得参与主体间的利益冲突十分突出。在不同的博弈方式下，三维主体的利益分配有所不同，而这种不同又是由博弈的内在属性决定的。在非合作博弈中三者各自追求个体利益最大化，而这些利己行为可能具有负的外部性，会损害整体效益，进而导致最终博弈均衡时的低效率分配。当参与主体形成一个合作联盟时，也就是说从非合作博弈的状态转向合作博弈的情况，此时参与主体在集体理性约束下追求集体利益最大化，在此基础上再进行合理、公平的利益分配。但是要实现这个目标必须满足两个条件：一是存在具有约束力的协议，二是制订合理可行的分配方案。

一般来说，在农地经营权流转中一个有约束力的协议即指具有法律效力的农地经营权流转合同。目前全国各地已经相继制定农地经营权流转中的合同范本并进行推广，但是在此过程中值得注意的是政府应当保证农地经营权流转合同的法律效力，尤其是在参与主体发生纠纷时。当参与主体从非合作博弈状态转向合作博弈状态时，即便存在具有约束力的协议，利益分配方案也有可能不存在，或者说在合作博弈的公理化过程中可能无解。因为在合作联盟中的分配方案必须考虑到每个参与主体的分配所得和每个小联盟的分配情况，Bondareva-Shapley 定理（简称 B-S 定理）明确指出平衡博弈时核是非空的，即在可转移效用联盟博弈 $v \in G^N$ 中，在 $\sum_{i \in S} x_i \geqslant v(S)$ 和 $\forall S \in 2^N \setminus \{\Phi\}$ 的约束条件下，$\min(x)\sum_{i \in N} x_i$ 在核非空时至少存在一个解。也有学者在一般情况下将解判定条件放松为超可加博弈是存在解的。

如想证明合作博弈的解存在，一般有两个思路。一是将合作博弈采取公理化方法，使用数学逻辑推导证明，在实际操作中找到博弈的一个核配置是较容易的，但只要找到一个解，那么根据 B-S 定理我们就可以说这个合作博弈是平衡的；二是采用建模以及算例，通过建立具体模型推导出合作博弈的解是存在的，较有代表性的是温修春和何芳（2012）通过建立农地经营权流转过程中的“农户—中介组织—种植企业”的供应链模型，分析了局中人均不合作、农户与中介组织组成小联盟、中介组织与种植企业结成小联盟以及结成大联盟四种情景下各参与主体的利益分配情况，并比较了供应链的总体利益变化。这个案例说明了在农地经营权流转中合作联盟是能够稳定存在并具有可行的利益方案的，同时也从侧面证明了合作博弈能够使农地经营权流转的价值实现增值。

18.2　农地经营权流转过程中三维主体的利益分配

前文指出，村委会利益的特殊性在于其由具备不可转移属性的业绩追求和具备可转移属性的利益追求组成，所以村委会为了独享业绩追求会积极推动农地经营权流转，在此基础上村委会会尽可能地追求多的利益分成，为此本章在利益分配中仅针对具有可转移属性的经济利益提出划分方案。同时为方便研究，也是为了契合研究主题，本章将寻求农地经营权流转信息等费用转化为村委会、承包农户与经营业主所付出的交易成本，将村委会类化为“中介组织”，即作为服务承包农户和经营业主的平台。

正常情况下所有权的拥有者，享有剩余利益的索取权。但在农地经营权流转中，承包农户作为承包者享有经营权和剩余索取权，在承包农户将经营权流转出去后，对于剩余利益的分配是研究重点，而村委会作为承包农户和经营业主两者的服务平台参与农地经营权流转过程中的利益分配[①]。具体如图 18-2 所示。

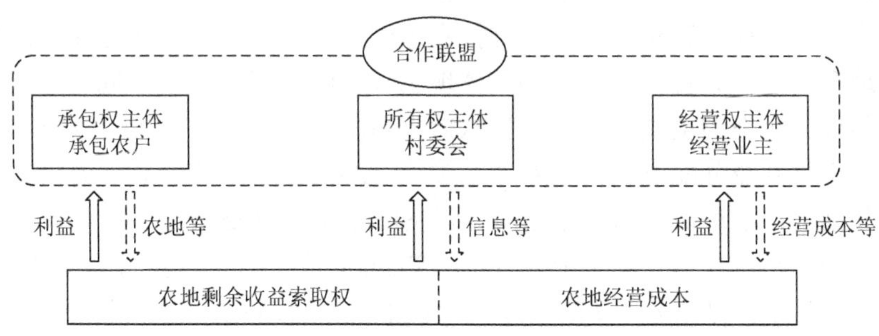

图 18-2 农地经营权流转主体权益关系

18.2.1 效率与公平标准的三维主体利益分配

农地承包权不变意在追求社会公平和保障承包农户权益，而经营权流转则是崇尚经济效率，因此在“三权分置”框架下对三维主体进行利益分配应考虑效率和公平，体现在合作博弈解中就是不同目标会有不同的分配方案，但效率与公平并不是鱼与熊掌之分，仅具有潜在冲突的可能（肖卫东和梁春梅，2016；Page，1997）。本章将根据农地经营权流转不同阶段下的要求与目标差异分别提出优先效率的 Shapley 值法、兼顾效率与公平的修正 Shapley 值法及优先公平的 Owen 法对三维主体的利益分配机制进行设计。在这之前，本章假定三维主体均为理性人，在现有信息条件下自由决策，其目标都是追求自身利益最大化，而在形成大联盟后都会遵循集体理性约束，尽最大努力去最大化联盟收益；同时基层政府与中央政府作为政策的提供者，不参与利益分配。

1. 基于效率的利益分配

在合作博弈中参与人直接关注博弈结束时的效用或盈利，即合作博弈中的特征函数 $v(s)$ 。本章中的大联盟利益为 $v(N)$ ，虽然在不同的情景下利益界定会有所不同，本章假定大联盟利益 $v(N)$ 为农地经营产出[②]。在联盟达成的基础上，即

---

① 虽然有部分地区是承包农户直接和经营业主联系，但普遍来说村委会还是作为二者的服务平台参与农地经营权流转过程并参与农地收益分配的，这样能有效保证承包农户的合法利益和预防纠纷的产生，因此在本章中将村委会作为二者的“中介组织”来看待。

② 部分地区会对达到一定规模的流转面积进行补贴，本章从全局性和长久性出发，并没有将补贴纳入农地收益。

参与主体做大了蛋糕，但是在分蛋糕过程中联盟参与主体出于理性都会想自己尽可能多地占有剩余利益。在合作博弈的解中有集值解和一点解之分，集值解由于其包含不止一种合理解的特性，在实际情景中并不能很好地应用，而一点解由于其无争议和合理的属性，被大家广泛接受。

在农地经营权流转初期，只有维持农地生产产出与生产投入之比的高效率才能更好地在“三权分置”的政策初期体现出政策的良好延续性。同时基于联盟间参与主体分配合理的重要性，本章先从效率角度出发来设计农地经营权流转过程中的三维主体利益分配方案。在参考施锡铨（2012）及温修春和何芳（2012）等学者的基础上，本章认为从效率角度来说 Shapley 值法更适合于我国农地经营权流转中初期的利益分配。基于上述分析，Shapley 值法的计算步骤具体如下。

（1）计算某一排列 σ 下 i 的边际利益 $m_i^{\sigma}(S,v)$，计算公式如下：

$$m_i^{\sigma}(S,v)=v\left(S\cup\{i\}\right)-v(S)\text{，}\quad i=f,v,b \tag{18-1}$$

（2）计算边际利益 $m_i^{\sigma}(S,v)$ 的算术平均值，即 Shapley 值 $\Phi_i(v)$。计算公式如下：

$$\Phi_i(v)=\frac{1}{n!}\sum_{\sigma\in\pi(N)}m^{\sigma}(v)\text{，}\quad i=f,v,b$$

为方便计算和理解可以进一步改写为

$$\Phi_i(v)=\sum_{S:i\notin S}\frac{s!(n-1-s)!}{n!}\left(v\left(S\cup\{i\}\right)-v(S)\right),\quad i=f,v,b \tag{18-2}$$

其中，小写字母均表示联盟中的参与者人数，如 n 为大联盟 $N=\{f,v,b\}$ 的参与者人数；S 为大联盟中的小联盟分割；$v(S)$ 为联盟利益（即特征函数）；$\Phi_i(v)$ 为联盟参与人 i 的利益分配（即 Shapley 值）。

2. 兼顾效率与公平的利益分配

一方面，在初期分配中 Shapley 值法具备计算简单等优点，但是也忽略了一些在利益分配中必须考虑的因素；另一方面，在农地经营权流转初期追求效率以达到政策的延续性，但随着流转规模的扩大和政策的完善，当农地经营权流转进入中期，如果继续追求以效率为主的分配方式，则会损伤联盟中弱势群体的积极性，并不利于农地流转的发展，同时在只强调效率的情况下也不利于承包农户等合法权益的保障，因此有必要在此基础上进一步改善。但是在此阶段追求公平并不意味抛弃效率，而是不以牺牲效率而追求公平，进而达到两者的和谐统一。于是本章在兼顾效率和公平两者统一的基础上来重新设计农地经营权流转过程中的三维主体利益分配方案。

传统 Shapley 值法假定所有参与人的性质一样，在农地经营权流转中承包农户、村委会、经营业主所处地位及角色均不一样，修正 Shapley 值法是在传统 Shapley 值法的基础上进行改进。在农地利益分配中修正 Shapley 值法考虑了农地要素的特殊性与重要性，从而在利益分配时对承包农户等弱势群体进行一定补偿。在刘自敏和杨丹（2014）的研究的基础上，本章提出了同时考虑农地、信息以及资本等生产要素在农业生产中的重要性的修正 Shapley 值法的农地利益分配方案，具体计算步骤如下：

（1）计算每个参与主体的传统 Shapley 值：

$$\Phi_i(v) = \frac{1}{n!}\sum_{\sigma\in\pi(N)} m^{\sigma}(v), \quad i = f,v,b \tag{18-3}$$

（2）采用专家评分法，评判三维主体在农业经营中付出的诸如农业、信息、资本等生产要素在农业生产中的重要性，并予以相应比重 k_i，$\sum_{i}^{3} k_i = 1$，$i = f,v,b$，同时为保障承包农户权益，可以适度考虑增加农地要素重要性比例。

（3）计算修正 Shapley 值 $\Phi_i(v)^*$，公式如下：

$$\Phi_i(v)^* = \Phi_i(v) + \Delta\Phi_i(v) \tag{18-4}$$

$$\Delta\Phi_i(v) = \Phi(v)\cdot\Delta k_i = \Phi(v)\cdot\left(k_i - \frac{1}{3}\right) \tag{18-5}$$

其中，$\Phi(v)$ 为大联盟利益，有 $\Phi(v) = \sum_{i}^{3}\Phi_i(v)$，$i = f,v,b$。

3. 基于公平的利益分配

农地经营权流转发展到后期，此时农地经营权流转模式和政策已经成熟，农地经营的效率也有了一定的保障，为了进一步保障弱势群体的利益，分配方式应该倾向于公平化。追求利益分配的公平既是保障承包农户等弱势地位群体权益的重要措施，也是社会主义制度的内在要求。本章接着从公平的角度出发来设计农地经营权流转过程中的三维主体利益分配。

绝对公平主义是一个典型代表，但由于其只看重事后利益的绝对平均化分配，而不注重事前的付出，具有局限性和不合理性。Owen 值法作为 Shapley 值法的一种延伸，是在考虑存在同盟系统时对多人可转移效应合作博弈的优化分配结果。一般来说平均主义的解是将整体按照地位等标准划分为若干小同盟，然后在不同同盟中进行合理分配，以达到尽可能平均分配的目的。在董保民等（2008）、孙红霞和张强（2013）等的研究的基础上，本章认为采用 Owen 值法可以考虑在三维主体间利益分配时的局部联盟对大联盟的影响，其联盟对称性和商对称性的特点能够反映出在农地利益分配时的公平性，同时 Owen 值也是帕累托最优的分配结果。基于上述分析，Owen 值 $\Psi_i(N,v,P)$ 的计算公式为

$$\varPsi_i(N,v,P)=\sum_{Q\subseteq P\setminus\{P^a\}}\sum_{S\subseteq P^a\setminus\{i\}}\frac{s!(p^a-s-1)!(p-q-1)}{p^a!p!}\cdot M_i(Q,S) \tag{18-6}$$

与大多数 Shapley 值具有同样的属性，Owen 值也可以进一步简化。本章在农地利益分配中将其写为

$$\varPsi_i(N,v,P)=\sum_k^i\frac{v(Q\cup T\cup\{i\})-v(Q\cup T)}{\left|A_{\geqslant k}\right|\left|N_{\geqslant k}^a\right|} \tag{18-7}$$

从式（18-7）可以看出，Owen 值法可以较为方便地计算出核中利益分配，同时也能在一定程度上避免交叉补贴等不公平现象的出现。

18.2.2　博弈视角下三维主体利益的动态变化

为更好地表示博弈视角下参与主体利益动态变化，本章通过图 18-3 来区分合作博弈前后及合作博弈时大联盟不同分配方案下参与主体利益的差异。X_1 中灰色区域为非合作博弈下的农地利益，此时由于利益冲突等负外部性行为并不能获得农地价值的增值利益（即同心圆白色区域），X_2 和 X_3 表示形成合作联盟时不同情况下的利益分配方案，此时由于合作能够获得农地价值的增值利益（即白色区域）。其中 A 及 a、B 及 b、C 及 c 分别表示参与主体：村委会、经营业主、承包农户。

在非合作博弈 X_1 中，参与主体只在个体理性指导下为获得个人利益最大化而采取行动，一般情况下这些具有负外部性的行为会损害整体效益，所以无法获得农地价值的增值利益。此时三维主体的利益划分仅在灰色区域，而且其分配比例在选择行为之初就已经决定，正常情况下，村委会在农地经营权流转过程中占据较少的利益分配额且为基本所得，承包农户和经营业主也无法夺取。承包农户和经营业主共同占据较大份额，并且为了获得更多利益只能彼此间争取，而这也能很好地解释了为什么在农地经营权流转中农地纠纷大多是在承包农户和经营业主间产生的。

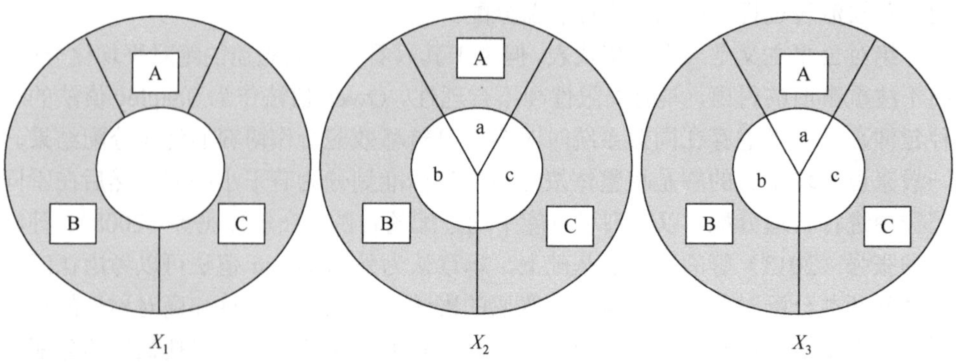

图 18-3　博弈视角下的参与主体利益变化

当形成大联盟时，由于在集体理性约束下能够获得农地价值的增值部分。在实际利益分配中，为了维持联盟的存在，参与主体在大联盟中获得的利益必须要大于在其他任何情况下所能得到的利益。例如，对于承包农户来说，必须要在白色区域占据一部分面积，这样才能使得自身利益变大，从而留在联盟中，以此类推。只要主体能够取得白色区域的分配（留在大联盟中有利可图）就不会脱离大联盟。在灰色区域划分已定的情况下，通过对白色区域进行一定规划下的划分，就是合作博弈的不同标准下的解，而这也是 X_2 和 X_3 所要说明的。

当采取效率优先的分配方案时，其可能结果如 X_2 所示，采取原有比例来分配农地增值利益。当采取更加公平或倾向于承包农户等弱势群体的分配方案时，其结果将变成 X_3，此时每个参与主体仍会获得比其他联盟更多的利益从而留在大联盟中，而承包农户则能分得比前一个方案中更多的利益，从而在一定程度上促进了农民增收。

18.3　案例分析

基于合作博弈视角，本章以效率与公平等多重目标作为出发点，从理论层面分析了农地经营权流转过程中三维主体的利益分配问题。在打破多方利益主体因存在利益冲突而减少合作的可能而过渡到合作博弈时，参与主体将在集体理性约束下共同扩大流转农地的增值价值，然后在个体理性约束下重新设计利益分配机制。本章为此通过几个我国农地经营权流转的典型案例来说明流转过程中三维主体的利益分配状况，需要指出的是：部分数据来源于课题组调研且调研时间跨度较长，故无法及时更新与保持一致；同时诸如文中分析的在高效率条件下转而追求公平等情景虽然在现阶段并没有达到，但是部分地区的农地经营权流转情况已有这种趋势和雏形，在案例分析中将予以说明。

18.3.1　黑龙江克山县：土地租金随生产效率的提高而增长

克山县位于黑龙江西部，是国家现代农业示范区、第一批农村改革试验区。其农业农村改革工作全国闻名，已经形成多种规模经营主体同步协调发展的局面，并且总结出“仁发模式”在全国部分地区推广。

（1）农地经营权流转情况。2003 年农村税费改革之后，克山县通过反租倒包的形式开始尝试农地经营权流转，把农地集约化，整村推进，逐步实现从小户经营到新型主体经营。2009 年后，开始引入大机械并成立千万元级农机合作社，开始建立县乡村三级农地流转体系。2017 年克山县总耕地面积 302 万亩，其中 280

万亩已达到规模经营的水平；新型农业经营主体中合作社经营达到 264 户（其中，农机合作社 44 户），龙头企业 12 户，家庭农场 12 户，剩下的都是大户，其中合作社仍然是规模经营的主体（189 万亩）。

（2）农地利益分配。承包农户通过出租农地获得固定农地租金，但是农地租金会由承包农户和经营业主根据以往的农地租金和每年的农地利益状况进行调整。例如，农地租金在 2009 年时为 230～240 元/亩，2010 年为 330～340 元/亩，2012 年以后，克山县的农地租金一直在逐步增加，最高达到 400 元/亩。究其原因是农地规模经营降低了成本，提高了产出，增加了利益，通过租金增加的方式把经营主体得到的效益一部分返补给农民。政府则搭建并完善县乡村三级服务平台，帮助农民流转农地，重点是监管农地权益纠纷问题。新型经营业主的利益是在农地利益的基础上扣除农地租金、流转服务费、经营成本等支出的剩余利益。

（3）克山县的“仁发模式”。仁发合作社于 2009 年由李凤玉与仁发村其他 6 名农民自筹资金 850 万元组建。在成立之初为吸引承包农户的参与出台了“七条承诺”。经过“农地经营权流转→带地入社，保底分红→取消保底”的发展流程，目前已经发展为“风险共担、利益共享”的模式。

这个案例很好地说明了当承包农户选择农地经营权流转后，经营业主进行集约化生产可以在一定程度上有效提高农业适度规模经营的生产效率，从而实现农地价值有效增值的目标。在实际操作中，承包农户通过提供农地要素参与农业生产，并收取农地租金来分享农地利益；村委会作为服务平台参与农地经营权流转，并监管农地纠纷等问题，为经营业主和承包农户解决了后顾之忧，从而实现了自己的既定目标；经营业主则是在支出租金及生产成本后独享剩余的农地收益。

生产效率的提高带来整个农地经营权流转环节的利益增加。承包农户手中的农地作为农业生产的基础，在价值增值中的贡献也是增加的，因此在农地利益分配中承包农户理应获得更多的份额，而这点在农地租金的历年增加中得到很好的体现。与此同时也能够很好地保障承包农户自身权益，不会发生承包农户因为利益不合理退出联盟而产生整个农地经营权流转环节崩塌的情形。“仁发模式”的产生则是农地利益分配进一步的合理化探索。通过对克山县农地经营权流转的考察发现，这一地区农地利益分配以效率为主，但是已经有进一步改进的趋势。

18.3.2 四川省成都市崇州市的职业经理人模式：农地、管理等要素均参与分配

崇州市位于川西平原西部，是国家乡村振兴示范县、全国农作物全程机械化示范县，同时也是国家级农村改革试验区。

（1）农地经营权流转情况。2016 年崇州市耕地面积 58.78 万亩，其中确权颁证

面积 52.12 万亩，统一口径面积 48.49 万亩。针对传统农业“地碎、人少、钱散、缺服务”的缺点，崇州市很早就开始进行适度规模经营探索。早在 1998 年崇州市就开始引入种粮大户，2007 年探索农民专业合作社，并且在 2005～2008 年达到农地经营权流转的高峰期。2010 年后，崇州市推行农村土地股份合作改革，具体有引导隆兴镇黎坝村 15 组 30 户农民以 101.27 亩农地承包经营权入股的形式成立农地承包经营权股份合作社。以每亩农地折价入股，如上等田 100 股、中等田 90 股、下等田 80 股等。从实测面积和农地质量两个方面确定股份，以产定股，利润按股份来分红。2010 年 9 月份开始全市范围逐步推广农地承包经营权股份合作社。鉴于缺少生产能人的问题，从 2011 年开始成立生产能人培训班，解决了谁来种田和经营的问题。最终发展成“合作社 + 职业经理人 + 综合服务”的农业共营制度。

（2）农地利益分配。从 1998 年后农地出租的租金以实物计算价格，不同区域价格不同，价格调整由内部协商处理。发展到土地股份合作社阶段，就不存在租金的问题，其利益分配方式具体有三种：一是除本后纯利益按比例分红（实际中这一方式效果不理想）；二是保底分红，有 500 元/亩的保底费用，剩余二次分红（具体为经营费用∶入股分红∶经理人薪资 = 2∶3∶5，这一方式较为普遍）；三是基本佣金 + 超奖短赔，经理人 50 元/亩的基本工资，设定目标产量，超奖短赔均为 50%。再到后来合作社要求职业经理人出成本的 30%以上，以保证职业经理人与合作社、承包农户可以风险共担、利益共享。

崇州市从初期采用农地租金的方式发展到现在“风险共担、利益共享”的股份合作制度下的职业经理人模式，这个模式也是土地入股制度、规模化经营、专业化管理相结合的产物。

在利益分配中很好地区分了农地要素的不同性质，如上等田折价 100 股、中等田 90 股、下等田 80 股等措施，并且改良后的分配方式采用保底分红的办法保证了承包农户的基本利益，并且农村集体经济组织的工作经费、入股分红等进行调整后将更适应生产的需要。职业经理人由初期的仅提供管理职能发展到现在的经理人入股，在一定程度上能够保护承包农户等群体的利益。职业经理人的基本佣金是其基本的利益分成，“超奖短赔”的奖惩方法能够激励职业经理人为壮大联盟利益、避免自身损失而努力。同时调整后的分配方式能够增加职业经理人的实际收入，进一步激励其在实际工作中壮大整个联盟利益。本章根据此模式的运作及分配效果判断，崇州市的职业经理人模式已经进入到了农地经营权流转利益分配中的兼顾效率与公平的阶段，此时可以参考修正 Shapley 值法进行进一步的改良。

18.3.3　安徽泗县大杨镇李庙村土地托管：分配中以农地要素为主

泗县位于安徽省东北部，是国家级农民工等人员返乡创业试点县。大杨镇李庙村位于泗县县城西北，当地主要种植小麦、玉米和大豆，一年两茬，还有少量的蔬菜和樱桃。其中玉米和大豆种植的机械化程度已达到 80%。

1. 农地经营权流转情况

截至 2017 年，李庙村共有承包农户 1028 户，4700 人，人均耕地 2.75 亩，户均耕地 12.5 亩，劳动力占比 50%。李庙村开展农地经营权流转的时间较短，截至 2016 年，全村流转面积不到 1000 亩，流转价格为 800 元/亩。从农业生产的情况来看，如果流转后继续从事小麦 + 大豆轮作，地租价格偏高。目前，针对粮油作物，土地托管经营的方式，可行性更高。经营业主在不改变原有农地性质的基础上，以土地托管和土地入股为切入点，将农村零散的农地集中起来，实行规模化种植、机械化作业。经营业主首先与村、乡、镇合作单位签订土地托管合同，再由村级合作单位与承包农户签订合同。合同一季一签，约定种植品种、托管费用，托管事项以及双方的责任等事项。2016 年托管面积为 1000 亩，加强宣传后，托管面积逐年增大。

2. 农地利益分配

以农村集体经济组织为中介和承包农户签订合同基本能保证农地连片。签订合同后承包农户预交合作意向保证金（每亩 100 元），托管方用于采购种子、化肥等，待收获后统一结算，产品归承包农户所有。托管方根据合同规定每完成一项服务以后承包农户缴纳相应的服务费用。在合同中事先承诺粮食最低产量，且按事先协议价（一般高于市场收购价）全部收购，若低于目标产量则按照托管协议由托管方补足差量。同时经营业主还提供两项附加服务，一是帮助从农业生产中脱离的劳动力联系用工企业解决其就业，二是为承包农户介绍新型农业金融机构获得金融服务。土地托管能够使各方受益：对于承包农户来说，一方面，承包农户的粮食产量提高了，另一方面，种植成本更低；对于村委会来说，实现了农地经营权流转的指标增长以及基本的中介费用；对于托管方来说，经营业主实现了 10%的投资回报率，其利润来源主要是农资采购差价以及规模化经营的服务供给。

从这个案例中可以看到，泗县李庙村的土地托管模式中经营业主以村委会为服务中介，通过为承包农户提供农业服务的方式来达到适度规模经营农地的目的。土地托管模式有效化解了青壮年劳动力大量外出务工导致农村劳动力短缺，但承包农户又不愿意放弃农地利益这一困境。

在农地利益分配中，承包农户需要付出托管费用，并将农地产出售出以获得最终的农地利益，并得到经营业主承诺的粮食产量来保证自身的利益不受损，在此环节中承包农户将成为最大获益方；村委会则在托管过程中充分发挥中介的职能作用；经营业主则主要通过收取服务费以及规模采购下的农资差价补贴来分配联盟利益。承包农户及经营业主的选择多样，让双方均能根据自身情况加以控制以获得更好的利益。需要指出的是，自然灾害等外在因素可能对整个流程产生影响并最终导致体系崩溃，实际操作中没有采用农业保险等的方式来消除影响，本章认为保险费用的摊派是没有成功实行的主要原因。综述这一案例可以看出，农地要素在整个利益分配中占据主要比例，多方权益得到了很好的保障，虽然还并不能算是公平分配，但已是现阶段中较为典型的分配案例。

本章通过梳理农地经营权流转过程中三维主体的利益诉求及关系，打破多方利益主体由于存在利益冲突而减少合作的设想，进而构建多方利益主体的合作联盟，并在兼顾效率与公平等多重目标约束下，在共同扩大流转农地价值增值的基础上，重新设计农地利益分配机制，使得承包农户等弱势群体成为农地经营权流转和规模经营的积极参与者和真正受益者。本章还探讨了在此过程中相关主体的利益变化，以完善农地经营权流转中权益保护的机制设计。

一方面，农地经营权流转能够解决传统小农经济下的农地经营细碎化的问题，提高农业适度规模经营的生产效率，这在一定程度上反映了农地经营权流转政策的合理性。另一方面，当农地经营权流转过程中参与主体联合时，能够有效放大农地要素的贡献，实现农地价值的更大增值，进而为大联盟形成提供了坚实基础。即当农地经营权流转过程中的参与主体达成合作联盟时，能够使得农地经营权流转实现价值增值，从而也让参与主体有动力去构建大联盟。但在实际中口头契约仍然占据相当大的比例，而这不仅不能保证承包农户与经营业主的合法权益，还将阻碍农地经营权流转政策的实行（洪名勇和钱龙，2016），因此为保证合作联盟的稳定性，应该要制定规范化的流转合同，加大推进农地经营权流转合同范本的覆盖范围，针对特定模式制订不同的参考文本，并且保障流转合同的法律效力与执行效果。当形成合作联盟后，在农地经营权流转的不同时期及不同目标下，选择合适的利益分配方案，保障并最大化各方合法权益。为让承包农户享受农地经营权流转所带来的更多获得感，保障承包农户等弱势群体的合法权益，需要逐步引入更加公平合理的分配方案。

农地经营权流转是中国土地制度变迁下的时代产物，也是发展现代化农业的有效途径，政府担任着不可或缺的角色和责任，政府仍需做更多的保障性工作以推进农地经营权流转。农地经营权流转过程中三维主体利益分配合理与否的问题，则是当前农地“三权分置”政策能否顺利进行的关键因素之一。因此设计利益分配机制时需要兼顾各方利益，在保证三维主体中的其他主体的合法利益不受损的同时，使农民成为农地经营权流转和规模经营的积极参与者和真正受益者。

第五篇　政 策 设 计

〖内容摘要〗中国未来的农地制度如何发展，在“三权分置”制度背景下如何保障所有权、承包权和经营权三方的权益从而实现稳步发展的目标，仍然需要进一步思考。发达国家和地区的农地制度安排和变迁也是一个重要的参考对象，韩国、日本与中国的资源禀赋相似，其农业现代化发展对中国实现农业农村现代化具有重要的参考价值和指导意义。中国香港的土地所有权和使用权分离、中国台湾的“小地主大佃农”计划、韩国的土地征收制度以及日本的农协制度对于中国推进“三权分置”制度改革，实现所有权、承包权和经营权层次分明、结构合理、平等保护具有重要的启示。

在课题前期调查设计、理论分析、实证研究和经验借鉴的基础上，本篇从“三权分置”的现实问题出发，根据所有权、承包权、经营权之间的逻辑联系和关系强度，进一步梳理“三权分置”与农户承包权益保护之间的现实困境，抓住当前农户承包权益保护的主要矛盾，针对“落实集体所有权和稳定农户承包权”“稳定农户承包权与放活土地经营权”的矛盾冲突和现实困境，以保护农户承包权益为出发点和立足点，以“稳定农户承包权”为中心，围绕保障农户土地收益权、控制权、发展权、福利权提出政策建议。

立足于第二轮土地承包延长三十年的政策初衷，运用马克思主义认识论方法原理，将承包关系解构为主体、客体和载体，对不同元素在未来发展中的动态变化，对保持承包关系长期稳定的发展矛盾进行科学分析。根据乡村振兴战略的实施规划，以乡村振兴战略阶段性时间点为基准，划分出 2020 年至 2035 年、2035 年至 2050 年、2050 年之后三个时间段，具体分析承包关系主体、载体和客体的动态变化，辩证分析动态变化和保持稳定之间的关系，提出三种稳定类型的政策设计思路，构建以“地”为中心的“地—人—权”静态稳定（第一阶段）、以“人”为中心的“人—地—权”暂态稳定（第二阶段）、以“权”为中心的“权—人—地”动态稳定（第三阶段）。

随着我国城镇化水平的进一步提升，以及乡村振兴战略的稳步实施，更多农村青壮年劳动力向第二、三产业及城镇转移，但城乡二元结构仍将持续很长一段时间。聚焦中国农村，土地是农民生存之源，也是农民发展之本。土地产权改革是促进农村生产力发展的内在要求和必然选择。新中国成立之初的土地改革以“打土豪、分田地”为核心内容，实现了“耕者有其田”，巩固了国家政权；之后实行的初级社、高级社和人民公社，是在特殊时期以最低交易成本实现工业化原始资本积累的必然途径。改革开放之后，为了优化农村土地资源配置，中国农村的土地制度通过“二权分离”的制度安排，转变为家庭联产承包责任制，极大地调动了农民的积极性，释放了农村农业生产力。1984 年，中央“一号文件”就开始鼓励农地向种田能手集中；自 20 世纪 90 年代以来，国家提出一系列政策和措施放活土地承包经营权，多维利益驱动下催生的农地经营权流转是中国经济建设不断取得成就的重要法宝。2008 年中共十七届三中全会首次提出“现有土地承包关系要保持稳定并长久不变”①的政策之后，党的十九大报告指出“保持土地承包关系稳定并长久不变，第二轮土地承包到期后再延长三十年”②，反映出国家高度重视新时期农村土地制度变革中承包关系“长久不变”的基础性地位。党的二十大报告指出“巩固和完善农村基本经营制度，发展新型农村集体经济，发展新型农业经营主体和社会化服务，发展农业适度规模经营。深化农村土地制度改革，赋予农民更加充分的财产权益”③。2014 年，中央一号文件正式提出农地“三权分置”改革，也就是地权结构细分即实现“所有权”归集体、“承包权”归农户、“经营权”归新型农业经营主体的制度安排，并且允许农户以承包土地经营权向金融机构抵押融资，至此“三权分置”的体系已构建完善。中国农村土地制度实现由“二权分离”向“三权分置”

---

① 《中共中央关于推进农村改革发展若干重大问题的决定》，https://www.gov.cn/jrzg/2008-10/19/content_1125094.htm[2023-08-15]。

② 《习近平：决胜全面建成小康社会 夺取新时代中国特色社会主义伟大胜利——在中国共产党第十九次全国代表大会上的报告》，https://www.gov.cn/zhuanti/2017-10/27/content_5234876.htm[2023-08-15]。

③ 《习近平：高举中国特色社会主义伟大旗帜 为全面建设社会主义现代化国家而团结奋斗——在中国共产党第二十次全国代表大会上的报告》，https://www.gov.cn/xinwen/2022-10/25/content_5721685.htm[2023-08-15]。

的过渡，是农村基本经营制度的自我完善，是继家庭联产承包责任制后农村改革又一重大制度创新。“三权分置”又被称为中国农村经营制度上的第三次变革。2016 年《关于完善农村土地所有权承包权经营权分置办法的意见》中明确指出，完善“三权分置”办法，不断探索农村土地集体所有制的有效实现形式，落实集体所有权，稳定农户承包权，放活土地经营权，充分发挥“三权”的各自功能和整体效用，形成层次分明、结构合理、平等保护的格局。“长久不变”和“三权分置”是政策目标一致的关系，“长久不变”是“三权分置”得以实现的前提和基础，而“三权分置”的实现巩固和完善了“长久不变”的制度基础。土地承包关系“长久不变”和“三权分置”，能够促进农地经营权流转顺畅，为现代农业发展提供载体基础，为新型农业经营体系培育制度条件；能够提高土地资源的配置效率，促进农村经济发展，消融城乡二元结构；能够赋予农户稳定的土地权益，解决进城农民的后顾之忧，消除留守农民的经营之困。但是，未来的中国农地制度具体如何转变，以及在“三权分置”制度背景下如何实现所有权、承包权、经营权的权益协同，如何实现“三权分置”与“长久不变”的良性互动，仍然需要进一步思考。

第 19 章　韩国和日本土地制度安排及启示

发达国家的农地制度安排和变迁也是一个重要的参考对象。中国的基本国情农情是“人均一亩三分地，户均不过十亩田”，典型的人多地少。韩国、日本与中国的资源禀赋相似，其农业现代化发展对中国实现农业农村现代化具有重要的参考价值和指导意义。韩国的土地征收制度、日本的农协制度对于中国推进“三权分置”制度改革实现所有权、承包权和经营权层次分明、结构合理、平等保护具有重要的启示。

19.1　韩国的土地制度安排

19.1.1　韩国土地制度及其变迁

韩国位于东北亚朝鲜半岛南部，北部以北纬 38°线为界与朝鲜相邻，其余三面均为海岸线。在自然条件上，韩国国土中，山地与丘陵占到 66.6%左右，属于温带季风性气候，四季分明，春秋短，夏季气温较高且多雨，冬季则气温较低且干燥。在人口方面，截止到 2018 年，韩国总人口为 5164.00 万人[①]，是世界人口密度较高的国家之一。在农业方面，韩国与中国有着较为相似的要素禀赋——人多地少，因此，为了保护耕地和本国粮食安全，韩国政府制定了一系列的制度对耕地资源进行保全和利用，保障农民权益。

1. 韩国农地所有制度

在日本殖民统治时期，韩国被日本发展为农业生产基地，成为日本的主要粮食供应地，到日本投降前夕，仅占韩国人口 3%的地主拥有超过 60%的土地，81%的农民只拥有总耕地的 10%，在这一阶段，韩国的土地租金越发高昂，每年平均负担租金往往要超过收成的 60%（姜万吉，1997）。第二次世界大战后，在国内日益紧张的土地矛盾、美国的推动以及朝鲜土地改革的刺激下，韩国推行了以消灭地主和佃农制度为目的的土地改革，建立了“耕者有其田”自耕农制度。这一土地制度可以以改革土地对象为依据，分为两个阶段。①1948 年，韩国首先没收了

① 数据来源：世界银行。

日本殖民者手中的“归属土地”，有偿分配给本国农民。②1949 年，韩国颁布了《土地改革法》，开始了以本国人占有的农地为对象的第二阶段的土地改革。政府以低廉的价格收购地主超过 3 公顷的其余土地，以更低的价格卖给佃农。经过两个阶段的土地改革，韩国自耕农比例由 1945 年的 13.8%上升到了 1965 年的 69.5%，而佃农的比例由 1945 年的 48.9%降到了 1965 年的 7%，韩国基本实现了“耕者有其田”的目标。在此轮土地改革中，韩国《土地改革法》将农地的所有权主体严格限定为“农户”，即将农业生产经营作为主要生计来源的家庭，并对于农地拥有最高面积进行了限定（户均不超过 3 公顷），并且对农地所有权和使用权的流转进行严格限制。

20 世纪 60 年代，韩国经济开始进入快速增长期，在此阶段，韩国工业化和城市化快速发展，因此，相关工业用地和城市建设用地的需求也不断增大，并且由于建设用地的价格相较于农地而言更高，韩国当时出现了较为严重的土地投机倒卖的现象。为了妥善解决这一问题，韩国对农地所有权进行了一些限制，韩国颁布了包括《土地征用法》《国土利用管理法》《国土建设综合计划法》等在内的法律法规。其中 1962 年颁布的《土地征用法》对于土地征用的相关要求和流程进行了严格规定，其主要内容有：第一，规定了征购土地的用途，主要包括国防、政府政务需求、科研机构、政府计划的工厂和公园等公共设施；第二，在征购管理方面，土地征购必须得到建设部行政长官的许可；第三，在土地补偿方面，征购土地人必须对所征购地块的原土地所有人进行补偿。为了进一步对土地合理科学进行规划与利用，韩国在 1972 年颁布了《国土利用管理法》，这部法律将韩国土地分为城市地域、准城市地域、农林地域、准农林地域和自然环境保全地域等五类地域，在上述土地划分的基础上，根据各类土地特点分别制定不同的限制条款，使其能够严格按照法律所规定的用途发挥作用。在价格方面，若当地有《国土利用管理法》公布的基准地价，则以此价格为基准，若没有，则一般由双方协商，并要参考同一地区的土地价格。

随着现代化进程的加快，韩国农业现代化对农业规模化经营提出了新的要求。为保障农业现代化，1994 年，韩国发布了新的《农地法》，放开了农地所有权流转，并取消了获得耕地的人必须居住在所获得耕地 2 公里以内的条件，鼓励土地集中和规模化经营。韩国政府于 1997 年制定了“农民退休支付计划”，鼓励年龄超过 65 岁的农民将土地流转给专业农民。2002 年韩国农林部提出了《土地法》的修正案，通过吸引非农部门的投资，废除以农业经营为目的的农田拥有上限制度，促进农场规模的扩大。

2. 韩国农地利用制度

在土地利用用途方面，《国土利用管理法》制定了包括“国土建设综合计划”

等在内的国土利用计划体系，旨在对韩国国内土地依据其自然条件、区位因素等进行分类合理利用，对于被确定为耕地的土地，将适用农地的保全及利用的相关法律法规，对于相关区域的土地所有人来说，其土地利用开发行为受到严格限制，不得违规开发。1981 年，韩国修订了农地保护与利用的相关法律，设立了由农渔村振兴公社管理的农地基金，为土地拥有者提供用以开发农地的资金。1990 年 4 月，韩国出台了《农渔村发展特别措施法》，其将一部分农地按照一定条件划分为农业振兴区，农业振兴区的土地以农业生产经营为目的，适用区域（圈域）保全方法。在此基础上，韩国 1993 年调整了土地用途规划，将农业振兴地区外的农地划入了准农林地区，完善了土地利用要求。1996 年，为了对农地进一步进行保护，韩国对《农地法》中有关农地转用许可的相关条款进行了修订，降低其最高转用面积，此外，此次修订还规定，农民申请将农地转为住宅用地和农用设施用地，需要事先向有关部门申报。

在土地租赁方面，韩国自完成土地改革之后，建立了自耕农制度，依据当时的宪法和《农地改革法》，土地租赁行为是被法律所禁止的。但是，在现实情况中，农地租赁的行为是十分普遍的，并且土地租赁也在持续上升，在 1950 年，参与农地租赁的农户仅占到总农户的 8.0%，到 1960 年，这一比例就上升到了 26.4%。随着第二次世界大战后韩国经济的恢复，韩国进入快速城市化发展阶段，大量农村人口被城市所吸纳，农村出现大量闲置农地，为土地租赁行为提供了客观条件。此外，农业生产经营条件的变化和日益激烈的国际竞争，对农业生产率提出了更高要求，规模化经营的重要性越发凸显，也就为土地租赁提出了需求。为此，韩国在 1980 年对宪法进行了修订，在此次修订中，虽仍然坚持自耕农制度，但对于有关农业经营的土地租赁行为，进行了一定程度上的解禁。

在规模化经营方面，除了上述关于农地所有权和使用权流转的放宽，韩国在 1989 年出台了《农渔发展综合对策》，在这一政策中明确提出要为从事规模化经营的农户提供便利实惠的融资服务。为了进一步促进农业规模化经营，韩国在 1990 年出台了《农渔村发展特别措施法》，这部法律明确提出要促进适度规模化经营。为更好地适应现代农业发展要求，韩国又于 1993 年对《农渔村发展特别措施法》进行了修订，将农地所有规模上限提高到 20 公顷。与此同时，韩国还实施了新的农地利用计划制度和经营规模扩大计划。1994 年，韩国修订了《农地法》，在农业振兴地区直接取消了关于农地所有面积上限，但与此同时，为了控制土地投机行为，此部法律还是继续对农业振兴区外的农地所有面积进行了限制（每户不得高于 3 公顷）。同时，韩国还在《农渔村公社及农地管理基金法》中规定了农地租赁委托—受托制度，具体而言，在农业生产经营过程中存在困难的农户可以将其土地出售或租赁给公社，公社可以将这一土地的经营权或所有权流转给其他农户。此外，对于撂荒的农地，政府可以将土地指派给其他农户进行种植，被指派的农户对土地的使用期为 1 年，其所需要支付的土地使用费为其当年收入的 10%。

3. 韩国农地保护制度

考虑到韩国人多地少，粮食自给率低的现实情况，韩国对于农地的保护一直是不遗余力，在耕地的非农占用等方面设计了一系列的制度。韩国在 1994 年修订的《农地法》中全面规定了农地利用及保护制度，严格规定了在耕地保护区域内各项以非农目的占用土地的最高规模，如公用住宅面积就严格限制在 2000 平方米以下，并且对于农地变更使用用途的行政程序进行了收紧，规定若要将农地变更为非农用地，必须向主管部门申请并获得许可。

19.1.2　韩国土地制度安排对中国的启示与借鉴

1. 农地利用许可制度借鉴

与韩国类似，我国同样面临着人均耕地面积少的问题，因此我国政府也是历来重视关于耕地的保护，我国制定的相关制度包括土地用途管制制度、基本农田保护制度等，并且在《中华人民共和国刑法》中也有土地资源保护的相关条款。我国土地用途管制制度主要体现在《中华人民共和国土地管理法》中，我国政府通过制定土地利用规划，规定各类土地用途，并划分土地利用区，实行分区管理，并严格限制农地转为建设用地的规模，严守 18 亿亩耕地红线。但在实践中存在擅自改变土地用途的现象，这一现象主要体现在两个方面：一是将基本农田更改为一般农田，甚至是未利用土地，用来规避中央政府的审批；二是将征用的耕地面积分批次报批，使得耕地变更用途的审批制度失灵。对此，我国可以参考借鉴韩国的相关做法，对耕地保护进行单独立法，在此方面韩国就单独制定了《农地法》《耕地保护及利用法》《农渔村发展特别措施法》等法律法规，在法律层面加强了对农地保护的制度建设。

2. 农地租赁制度的借鉴

在我国现有的制度背景下，土地经营权流转是实现农业适度规模经营的重要途径，目前我国制定了《农村土地承包经营权流转管理办法》，对流转的基本原则、方式等方面都做了详细规定，但是我国农地经营权流转率仍然不高。在此方面可以借鉴韩国政府的相关做法，通过设立农渔村振兴公社对农业规模化经营进行管理，并在韩国各地设立分社，主要是对各类耕地的买卖和租赁等行为进行管理审查，并不参与实际经营，采用市场化模式运作，更有利于资源的合理配置。

3. 耕地征收补偿制度的借鉴

《中华人民共和国土地管理法》中规定，国家为了公共利益的需要，可以依法对土地实行征收或者征用并给予补偿。也就是说土地征收行为必须是基于公共利益，然而关于何为“公共利益”，并没有明确界定，因此就很容易出现以公共利益为名，侵害农民利益的情况。在这一方面，可以参考借鉴韩国的做法，对于在何种情况下可以征收农民土地进行具体界定，并明确相关行政审批程序和补偿标准，切实保障农民利益。在土地征收补偿纠纷解决方面，按照《中华人民共和国土地管理法》的相关规定，是由当地政府进行协调和裁决，也就说在此过程中，地方政府既是运动员也是裁判员，并且司法途径没有得到重视，这就可能导致在出现补偿纠纷时，农户的利益受到侵害。在韩国，当出现了类似土地补偿纠纷时，农户除了可以向有关部门提出异议，申请增加补偿款外，还可以直接通过行政诉讼的方式，利用司法手段保护自己的合法权益。因此，为了更好地保护处于弱势地位的农户的合法权益，我国可以考虑在出现土地征收补偿纠纷时，允许农户或者村集体作为原告提起行政诉讼，保护自身权益。

19.2　日本的土地制度安排

19.2.1　日本土地制度及其变迁

1. 1945～1960 年：《农地法》下的“权利移动规制”阶段

从过去的经验来看，日本也进行了土地改革，日本的民主化改革是在第二次世界大战失败后，在美军司令部的指挥下进行的。日本在经过两次土地改革之后开始改变运行手段，表现为日本政府强制性购得廉价土地，然后将其转手卖给佃农和自耕农，最终实现“耕者有其田”。日本政府从地主手里购买了 174 万公顷土地，再加上原来的国有土地，一共将约 190 万公顷的土地以极低的价格卖给了日本佃农和自耕农。同时制定《自耕农创设特别措施法》，一直到 1950 年，自耕农所有的土地面积超过了总土地面积的九成，正是因为这样的形势，家庭农场经营的农业经营方式开始盛行。在这之后，日本政府为了解决农民所有制问题，出台了相应的《农地法》，它以保护自耕农为主旨，以“权利移动规制”为指导思想，主要内容是农地权利移动和允许农地转为非农用地、租赁合同解约和租种地面积的限制。总体上来说，佃农和自耕农的权益得到了保护，压制农民的地主制度基本销声匿迹，维护了农村社会稳定。

2. 1961～1968 年:《农业基本法》制定和依靠“所有权”流转扩大经营规模阶段

随着日本《农地法》的制定以及实施，日本经济腾飞，产业结构也得到了很快的调整。日本的二三次产业推进，增加了更多的就业机会，促进了农民转移。同时，正是因为人员的流动，一些农民获得了更好的工作，放弃了以农业为主的工作；农业内部的收入开始出现差距，而且农业与非农收入之间差距也在不断扩大。同时，由于农业兼业化问题，农民不再重视农业。为了促进农民增收，以降低农业与非农之间的收入差距，在这一阶段日本政府的主要政策目标是通过土地所有权流转以扩大农业经营规模实现农民经营收入的提高。

为了降低农业经营成本和提高农业生产率，使土地向专业农户集中，日本政府在 1961 年制定了《农业基本法》。1962 年日本对《农地法》进行了第一次修改[①]，以培育“自立经营农户”、推进土地所有权向专业农户集中和解决农业兼业化的问题。日本政府为了解决农地细碎化，在赠与税的纳税期限上专门设置了相应的制度。日本政府还通过设立农业生产法人制度、放宽以耕作为核心目的的农户土地所有最高限制度、修改《农业协同组合法》来进一步完善土地制度，虽然法律在形式上做了相应的修改，但是结果并不尽如人意：由于农业生产技术的提高、农业机械化的不断推广，大大缩短了农业经营劳动的时间，农户拥有了更多的时间，农户兼业现象因此更加严重。这一阶段地价涨幅较大，农民倾向于将土地作为资产保有而不是转让土地。因此，由于外部经济环境和技术变迁等原因，预期通过土地所有权流转来扩大农业经营规模的政策目标在这一时期并未有效实现。

这个阶段可提供给我们的教训有如下两点。①农地流转与规模经营是源于日本始终保持农户土地所有权不变。鉴于此，中国可以修改并完善属于自己的农地制度体系，这个农地制度体系可以从流转经费支持、农业保险等方面着手。②改革中应该重视土地的使用权能而不能过于依赖土地的所有权能。日本政府为了提高农业的生产率而重视土地所有权的流转，忽略了农地使用权在农业生产中的特性，因此没有达到规模经营的政策目的，并导致农户依靠所有权而将土地资产化。在保证农民的土地权利时，不能简单地采取赋予农民所有权能的方式来保护农民权益，而更应该着眼于使用权能，强化使用权对农户的生产经营作用。

3. 1969～1992 年:《农振法》制定和促进农地经营权流转的“综合农政”阶段

1969～1992 年，日本的经济势头迅猛，城市化和工业化快速推进，并成为世

① 修改后这项法律又称《改正农地法》。

界第二大经济体。然而，伴随经济快速发展的青壮年农业人口非农转移，以及就地非农化，部分农村地区人口过疏化、人口老龄化以及农业兼业化等问题较为严重。同时，随着科技的进一步发展和推广，农业机械化基本普及，在此期间，日本农产品国内市场对外放开，农产品贸易自由化得以推进，农产品进口量迅速提高，对国内农业农民的冲击较大，农民阶层迅速分化。在当时农村和城市经济结构剧烈变动的情境下，土地价格暴涨，并伴随农地大量土地撂荒和土地非农使用的现象。在此背景下，转变农业经营方式被提上日程。

在“综合农政”的制度框架下，随着国内外形势的变化，原有的农地制度已经不再适应日本经济的发展，于是日本政府结合国情又一次推出了改革农地制度的一系列措施：1969 年出台了《农振法》，主要是通过设立“农业振兴区域”，严控非农化土地，达到保护土壤肥沃的土地用于农业生产的目的；1970 年修改《农地法》，对自耕农体制下的一些规定进行了修订；为解决农业经营的细碎化问题进一步修正了继承税制度；1980 年又颁布了《农用地利用增进法》。为了促进农村地区的产业发展，日本政府制定了农民退休金制度和工业引入政策。[①]这次改革的核心是实现从所有制让渡制度向使用权让渡制度转变，鼓励引导农村土地使用权从所有权中分离出来让渡给专业经营者，实现农业兼业化和小规模家庭经营转向规模经营和农业协作发展。日本通过土地改革实现了土地所有权、经营权与耕种权的分离，这种方式提高了经营效率，农地制度的核心开始转向“效率”，第二次世界大战后所形成的自耕农制度开始瓦解。

此阶段给我们的启示是应着力完善农村土地经营权流转体制。在我国，土地流转行为不尽规范。第一，一些农民对法律的认知少；第二，在土地流转中不知如何利用法律来保障自己的利益，“一刀切”严重损害了农民利益；第三，农民的流转收益不能够得到有效的持续增长，并且没有在经济的不断发展中得到相应增长。在这里我们可以借鉴日本在土地流转方面经验。一是要进一步界定“三权”属性。农民集体土地所有权、农民土地承包权为农村集体和农民永久性物权，不能进入市场流通。但农民集体股份权、土地经营权、房屋所有权可以作为要素入市流通，促进农民增收。二是要搭建土地交易平台，通过建立农村的土地登记、土地使用权交易、土地流转合同等方面的制度以及建设土地交易市场法律法规等来实现。三是要以控制农村土地集中面积和地租价格为重点，建立农村土地流转审批制度。农村土地市场不能完全市场化，需要政府的干预。政府要加强对农村土地流转环节的管理，制定标准地租，控制地租的过快上升，以有利于农地合理

① 这一阶段的相关措施包括：取消了农户或农业生产法人购买或租用土地最大面积和雇佣劳动力的限制；放宽了土地流转管制，重新设立了参考性的地租价格，不再承认村地主的合法性，租赁双方的协商解约和 10 年以上的租赁解约等事项不再需要当地知事的许可；开设农地保有合理化促进事业，允许市町村的农地委员会提供土地中介服务；放宽农业生产法人的成立条件等。

流转，同时也要控制土地经营规模，防止土地过度集中在少数人手里，引起农业效益下降风险。

4. 1993～2004 年：培育“农业经营体”推进规模经营阶段

为迎合越来越完善的国际市场，提高日本农业竞争力，日本政府在培育和发展“农业经营体”、推进农业规模经营方面做了很多的政策努力，其大体方向是从控制到开放，从规制到自由。1993 年日本政府出台的《农业经营基础强化促进法》提出了“农业者”的概念，放松了对农业领域内生产法人的规制条件，为社会组织或社会机构进入农业领域做了法律支撑。修改后的《农地法》明确了公司可以参股等形式进入农业领域，官方对社会力量进入农业领域的管控渐渐放松。随后 1999 年出台的《食品、农业、农村基本法》突出了对农业生产环境保护的意识，同时还极大推进了农业技术扩散和农业技术推广，对改善农业生态环境和提高农业生产效率具有重要意义。

我们可以看到，为了发展日本农业，适应逐步优化的国际国内竞争市场，日本政府对工商资本进入农业的管制呈逐步放松的态势，渐渐放宽了农业领域对工商资本的吸纳能力，在一定限度内最大化工商资本下乡的效益。因此在处理我国农业与工商资本的关系中，我们不能一味排斥工商资本进入农业进行生产经营，但也不能盲目引进工商资本、任其发展，应该要对其加强监管，在准入条件和种植过程中均要设立条件和相应的门槛，既要发挥工商业者在资金和技术上的强大优势，又要谨防工商资本将农地非农化，侵害农户利益。

5. 2005 年至今：推进农地集约利用和重构农地政策阶段

21 世纪以来日本国际国内发生了深刻的变化，随着工业化和城镇化的深入推进，农业经营的相对利润不断下降，虽然政府放宽了社会资本进入农业的种种限制，同时发展机械化、重视农业生产环境。但是仍然没有完全解决“谁来种地”“如何种好地”等问题。农业劳动力流失、生产成本上升、农地撂荒等现实问题逼迫日本政府重新审视现行农地制度。

2005 年日本政府颁布的《食品、农业与农村基本计划》将“谁来种地”问题的答案瞄准骨干农户和村落营农组织，出台一系列优惠政策和扶持政策支持他们的发展。另外，其设立的“特定法人农地租赁事业”开创了非农业生产法人参与农地流转的先河，土地的利用效率得到提升。2009 年日本政府继续修改《农地法》，对农业生产法人实行“原则自由化”，极大地放宽了社会参与农业经营的条件。值得一提的是，此次农地改革依旧只是放开了农地的使用权，而并未涉及土地所有权，即社会农业经营者通过集中土地耕种权来实现农业规模经营，而土地所有权依旧属于农民或农业生产法人。

从以上日本农地制度的改革中可以看出，日本政府作为改革的主导者在保护农民的权益时始终发挥强有力的主体性作用，日本拥有职能完备的土地管理机构，无论是从制度层面上看还是从组织层面上看，日本农地的司法体制、监督机制和管理体制都十分健全。农业经营者对土地的使用包括了土地开发、土地利用、土地保护等一系列环节，且每一个环节都涉及农民、集体、国家权益，再加上农业的弱质性和农地的特殊性，这都对政府在农业经营中整合信息资源、协调各方利益、掌控国家大局方面提出了要求。因此，在我国农民利益保护的问题上，政府势必要在制度顶层设计、地方执行以及司法保障上发挥主体作用。

19.2.2　日本政府对农民权益的保护

1. 坚持农民所有制的永久性地位不动摇，不断赋予自耕农更多土地财产性权利

第二次世界大战之前，日本实行的是封建地主土地所有制，地主手中掌握了大量土地，对资本主义发展造成了阻碍，也为农村爆发革命埋下伏笔。第二次世界大战后，由于同盟国的压力，日本政府于 1945 年进行了首轮农村土地改革，但这次改革由于维护了地主土地利益保留了封建土地制度残余而以失败告终。1946 年再次进行改革，这次改革取得重大突破，农民获得了更多的土地财产权利。经过第二轮“土改”，各类耕地比重变化巨大。为保证改革顺利进行，日本制定了《自耕农创设特别措施》，1952 年又制定了《农地法》，以巩固农地改革成果，保护农地耕作者土地权利。通过两次土地改革以及对法律的调整，绝大多数农民获得了耕地，这为农民增收、提高社会地位和推进农民就近就地城镇化提供了重要的土地基础。

2. 保障农民耕地收益增值权，使农民收入得到持续提高

耕地对于农民既是生产资料，也有社保属性，征地对农民生产和生活影响巨大。日本明治政府于 1989 年正式制定并公布《土地征收法》，确立了按“价值相当”补偿原则对农民进行完全、充分及合理的补偿。为保证被征地农民知情权、参与权和异议权，日本多次修订《土地征收法》，既体现了不断完善的立法，又切实保护了农民土地合法权益。《土地征收法》从概括式公共利益界定到列举式界定，以及严格土地征收程序都较好体现了这一点。保护好农民的土地，对激发农民土地财产价值持续增长的潜力，保证农民在工业化城市化进程中能够通过土地的增值分享到经济增长的实惠和现代化的成果，保证职业农民收入赶上甚至超过其他产业收入，进而实现发展农业、繁荣农村、富裕农民的美好就近就地城镇化蓝图都有积极作用。

19.2.3 日本土地制度安排对中国的启示与借鉴

1. 完善农地制度，维护土地承包权稳定并长久不变

虽然两国的土地所有制不同，但农业都是两国的基础。日本在尊重农民意愿的前提下，通过完善土地政策，来适应国家发展的需求。为了保护农户土地权益，日本颁布了一系列详尽的法律和制度，如创建农民认证制度、合理化土地所有制度、农民退休制度等，以实现培育专业农户、促进土地流转和促进农业经营年轻化。可以看出，为了实现促进土地流转的政策目的，需要构建一整套互相配合的政策体系。日本顺利通过土地流转实现规模经营的前提，是维护农民的土地产权稳定。借鉴其经验，中国应创建自己的包括农地流转资金支持、农业保险制度等在内的制度体系。

2. 创新组织形式，充分体现农户在流转中的作用

日本通过创立一些组织机构，依托这些组织的管理，提高土地集约利用水平。比如，农户加入农业委员会，可以对农地进行调查评估，发挥行政监督的职能，也可以将土地流转给托管机构等，减少土地撂荒，同时还能享受这些组织提供的农业生产服务。

借鉴其经验，中国可以在《中华人民共和国村民委员会组织法》下，依法设立村域内土地管理组织，负责本集体土地的征用、流转、规划等。同时可以成立一些中介服务组织，承担宣发政策信息等职责，解决信息不对称问题，降低交易成本。另外，鼓励农民通过多种方式流转土地，引导农户多样化参与管理。兼业农户的土地可以纳入托管组织统一管理。同时政府应重视流转价格和后续保障机制的建设。

3. 建立准入制度，严格把控工商资本进入农业

日本“土改”过程始终伴随着对企业等主体的不断放宽准入。企业的目的往往不是真正从事农业，而是为了土地，因此以防农用地转为非农用地，日本政府采取了大量措施对企业进行严格筛检。

在中国，诸如“公司 + 农户”等形式在各地得到普遍推广，工商资本进入农业没什么阻碍。如今，工商资本在各地投资了大量的土地，且呈现投资主体数量大、金额多的特点。借鉴其经验，一方面需要企业开展农业经营，另一方面需要注重对企业的监督，防止发生占地、损害农民利益的行为发生，如可以设置农业经营能力核准制度，考察企业的资质水平和盈利能力，为其匹配恰当的流转项目。

4. 完善流转机制，保护职业农民耕地收益增值权利

农户缺少必要的法律知识，加之我国土地流转中仍有相当部分的不规范行为，导致农户利益受损。一些简单化的流转操作方式、欠缺收益增长机制等问题的存在，也使农民的耕地收益增值权利得不到保障。借鉴日本经验：首先要明确“三权”属性。所有权、承包权不能入市流通，但集体股份权、土地经营权和房屋所有权可以流通。其次要搭建土地交易平台，完善土地登记、流转、交易制度等。最后要完善土地审批制度，加强政府对农地的监管，在流转环节紧盯地价上涨，引导土地合规、合理、有效流转，防止土地过于集中。

第 20 章　土地制度的现实困境与潜在矛盾

土地资源市场化再配置的现实实践优先于理论发现和制度设计，“三权分置”是社会经济发展，农地承包地流转常态化的结果。“二权分离”向“三权分置”的土地制度变迁过程，实质是农村承包地权利的解构与重构的过程。在确保“所有权”归集体所有的基础上，通过“三权分置”的制度设计，以相互独立“承包权”和“经营权”替代原有的“承包经营权”。实现“所有权”归集体，“承包权”归农户，“经营权”归新型农业经营业主的制度安排，是微观层面上对土地经营制度再一次优化和调整。通过这一制度设计，赋予农业经营业主相对独立的土地权利和稳定的收益预期，一方面可通过土地流转实现生产要素的优化配置，提高土地规模化经营程度，降低农业生产成本；另一方面，促进农业生产性投资，引入新的生产要素，提高农业劳动生产率和土地产出率，促进传统农业转型升级。上述两个方面，都有助于提高我国农业产业的竞争力，改善我国农业生产流通中所面临的农产品产量增加、进口量增加和库存量增加的“三量齐增”问题，通过从规模化发展转向高质量发展保障国家粮食安全。

稳定农户承包权是“三权分置”的重中之重，是保障农户承包权益的关键抓手。在地权结构细分制度框架下，对土地所有权主体农村集体经济组织、承包权主体农户、经营权主体经营业主三维主体进行权益重构，土地的占有、收益、使用、处分等权能在三维主体之间进行分配和匹配。从本书研究的结果来看，总体而言，农户最重视的权益是收益权；其次是福利权中的养老保障，但福利权中就业机会，则相对不被农户所重视；农户对发展权和控制权的重视程度一般，相比较而言，对发展权更为重视。随着社会经济的发展，大量农民进城务工，农户群体不断分化，纯农户、兼业户及离农户等应运而生，农户异质性越来越明显，突出表现为其对土地的依赖程度、对土地的价值认知以及产权偏好都发生了改变；随之，农户承包权益诉求也发生变化。从研究结果看，无论是纯农户、兼业户和离农户，在四项权益中，农户都最为看重收益权，而控制权相对不太受重视。相比较而言，纯农户更为重视收益权、控制权和福利权；离农户相对重视发展权；兼业户对四项权益的态度介于纯农户和离农户之间。农地经营权流转后，农户土地收益权和福利权都得到了改善。但从农户土地流转后对四项权益满意度来看，四项权益满意程度都比较低，以 100%计算，四项权益满意程度都仅在 20%左右。其中，收益权和控制权，存在 1/3 的农民表现出了“非常不满意”的态度。农地经营权流转过程中，农户承包权益满意度较低，主要是因其相关权益受损，主要表现为：①获得的土地收益低；②农地经营权流转存在“非粮化”“非农化”“土地过度化使用”等现象；③无法获取土地增值收益或土地受到一定程度的毁坏；④农村社会保障体系不完善，农地经营权流转出现少部分人将多数农民挤出农业的现象。

现实中，农户承包权益受损来源于农村集体经济组织和经营业主。农户土地收益权受损主要表现为：流转价格不合理，缺少有效的保护措施；流转合同不规范，维权困难。农户土地控制权受损主要表现为：农地用途约定条款相对模糊且不严格；经营权人独立行使作物品种选择权、土地再流转权等权能；部分地区土地经营权入股使农户对土地收回权受到丧失。农户土地发展权受损主要表现为：难以获得充分的收益增长权；土地经营权的抵押融资功能难以有效实现；农户之间存在不公平问题。农户土地福利权受损主要表现为：补贴对象错位；未获得新的就业机会；存在非自愿流转，无法得到有效救济。

农地经营权流转实质就是以土地为纽带，以独立、平等的产权主体为前提的各利益主体相互作用、相互制衡又有机整合的利益均衡实现过程。农地经营权流转进程中，三维权利主体间存在双重委托代理关系。因交易信息的不对称、权利主体的利益目标函数不一致、产权结构及其权能不清晰促使三维权利主体间利益冲突。第一层委托代理关系中的利益博弈，表现为拥有土地所有权的农村集体经济组织与拥有农地承包经营权的农户在行使权利中引发的利益差别。具体为：集体产权的不明晰引发的利益差别；农户承包经营权产权不完整引致农户权益损失。第二层委托代理关系中的利益冲突，主要表现为作为委托人的农户与作为代理人的工商业主等在行使土地承包权与经营权时产生的利益冲突，具体为农户与工商业主等经营主体间的逆向选择和农户与经营业主等经营主体之间的道德风险。可见，在农地流转中，矛盾主要存在于农村集体经济组织与农户及农户与经营业主等经营主体中。

在地权结构细分框架下，涉及农村集体经济组织、农户及经营业主三维权利主体。三方利益相关者通过利益连接构成了一个有机的共生体，保护其他主体权益，也是为了从根本上保护农民的承包权益。把握好农村集体土地“三权分置”改革，落实集体所有权是根本，稳定农户承包权是基础，放活土地经营权是关键。在推进地权结构细分过程中，以保护农民的承包权益为中心，则相关冲突主要体现在农村集体所有权与农户承包权之间，以及农户承包权与经营主体的经营权之间。因此，保护农户承包权益主要就是要解决落实集体所有权与稳定农户承包权、放活土地经营权与稳定农户承包权之间的现实困境。

党的十九大报告指出，“完善承包地‘三权’分置制度。保持土地承包关系稳定并长久不变，第二轮土地承包到期后再延长三十年”[①]。党的二十大报告指出，“深化农村土地制度改革，赋予农民更加充分的财产权益。保障进城落户农民合法土地权益，鼓励依法自愿有偿转让”[②]。2018 年中央一号文件强调“完善农村承包地‘三权分置’制度，在依法保护集体土地所有权和农户承包权前提下，平等保护土地经营权”[③]。2019 年中央一号文件强调“完善落实集体所有权、稳定农户承包权、放活土地经营权的法律法规和政策体系”[④]。2023 年中央一号文件强调，“深化农村土地制度改革，扎实搞好确权，稳步推进赋权，有序实现活权，让农民更多分享改革红利。研究制定第二轮土地承包到期后再延长 30 年试点工作指导意见”[⑤]。长期来看，存在承包权稳定与人口流出之间的矛盾，承包权稳定与集体成员和土地变动的矛盾，承包权的稳定关系法律界定不明确等问题。保持承包关系稳定并长久不变，需要以持续的改革来解决发展中的矛盾。

20.1　落实集体所有权与稳定农户承包权的现实困境

2016 年 10 月《关于完善农村土地所有权承包权经营权分置办法的实施意见》指出，始终坚持农村土地集体所有权的根本地位。农村土地农民集体所有，是农村基本经营制度的根本，必须得到充分体现和保障，不能虚置。但在理论研究和实地调研中发现，农村土地集体所有权存在主体不明晰、所有权权能受损、土地收益分配机制不完善等虚置现象，不利于振兴集体经济组织、壮大集体经济实力、公共服务供给以及规范农地经营权流转过程，将损害农户的土地收益权、发展权、福利权与控制权。

20.1.1　农村集体土地所有权主体不明晰

农村土地集体所有是我国农村基本经营制度的根本，也是一项具有我国特色的原创性制度安排，在实践过程中也得到了不断的完善，但是在理论研究和实践

① 《习近平：决胜全面建成小康社会 夺取新时代中国特色社会主义伟大胜利——在中国共产党第十九次全国代表大会上的报告》，https://www.gov.cn/zhuanti/2017-10/27/content_5234876.htm[2023-08-15]。

② 《习近平：高举中国特色社会主义伟大旗帜 为全面建设社会主义现代化国家而团结奋斗——在中国共产党第二十次全国代表大会上的报告》，https://www.gov.cn/xinwen/2022-10/25/content_5721685.htm[2023-08-15]。

③《中共中央 国务院关于实施乡村振兴战略的意见》，https://www.gov.cn/zhengce/2018-02/04/content_5263807.htm?eqid=f55ab0c600056b6200000006645a1138[2023-08-15]。

④《中共中央 国务院关于坚持农业农村优先发展做好“三农”工作的若干意见》，https://www.gov.cn/zhengce/2019-02/19/content_5366917.htm?trs=1[2023-08-15]。

⑤《中共中央 国务院关于做好 2023 年全面推进乡村振兴重点工作的意见》，https://www.gov.cn/zhengce/2023-02/13/content_5741370.htm[2023-08-15]。

探索的过程中，农村土地集体所有权虚置的现象一直普遍存在，主要是因为集体所有权主体具体指向不清。就目前而言，许多的集体经济组织在具体形式上已将村委会小组、村民小组和村民代表等组织形式囊括了进去。然而在我国现行法律当中，并未对集体经济组织做出明确规定，“组织”具体指哪一层面的组织呢？

我国自然资源部的统计资料显示：到 2013 年 5 月底为止，我国有 6 个省份农村集体土地所有权的登记发证率在 90%～95%，更有 24 个省份的登记发证率在 95%之上，全国总体发证率在 97%左右。这些数据表明我国大多数的地区已经进入到了成果检验阶段，同时也进入到了阶段性总结阶段。基于国内基本上完成了农村集体土地确权登记发证的工作，我们似乎可以对“集体所有权主体是谁”这个问题做出明确的答复。然而经过调研等实践调查，我们会发现一个奇怪的现象：有一部分的集体土地所有权证确认到了农户，但同时也有一部分确认到了农村集体经济组织。事实上，在学术界，对集体所有权归属的问题，也一直有不同观点的交锋。

我国颁布的各项法律和相关政策文件中对于集体所有权主体的认定也存在一些不一致。例如，《中华人民共和国土地管理法》规定“农民集体所有的土地依法属于村农民集体所有的，由村集体经济组织或者村民委员会经营、管理”。《中华人民共和国民法典》第二百五十条规定：森林、山岭、草原、荒地、滩涂等自然资源，属于国家所有，但是法律规定属于集体所有的除外；第二百六十二条规定，对于集体所有的土地和森林、山岭、草原、荒地、滩涂等，依照相关规定行使所有权。中共中央、国务院发布的《关于加大统筹城乡发展力度进一步夯实农业农村发展基础的若干意见》明确提出“把农村集体土地所有权证确认到每个具有所有权的农民集体经济组织”；2011 年 5 月《关于加快推进农村集体土地确权登记发证工作的通知》明确规定“把农村集体土地所有权确认到每个具有所有权的农民集体”。

目前学术界的主流观点认为，农民集体是农村土地集体所有权的主体，而村民小组、村民委员会和农村各级集体经济组织，则是农村土地集体所有权的管理经营主体。但是仍然存在以下问题。第一，“农民集体”不是严格意义上的法律术语，既非自然人也非法人，无法清晰界定其法律形态，也就无法对其合法权益进行强有力的法律保障。第二，农村集体土地所有权的经营管理主体——村民小组、村民委员会、农村各级集体经济组织，谁更适合代表农民集体行使集体所有权？第三，“农民集体成员资格”如何认定？产权不明确不利于资源的配置，无论是发展集体经济，还是公共服务供给，都离不开明晰的产权界定。

20.1.2　农村集体所有权权能受损

“三权分置”将原有的农村土地承包经营权分为了农村土地承包权和农村土地

经营权，旨在解决土地利用无法达到规模经济的问题，这是“重利用、轻所有”的农村土地改革思想的延续，有可能进一步弱化集体所有权。地权结构细分政策可能从两个方面对集体所有权造成一定的冲击。第一，对于成员集体而言，地权结构细分会加剧弱化其在集体土地所有权、集体经济发展、基层社会服务等方面的功能。这不仅会使集体内部成员的凝聚力和心理认可受到极大的影响，还会使集体土地调整和整合的难度大大增加；第二，集体土地所有权会因农村土地利用权力的固化，使集体成员很难获得在收益方面应当享有的分配权，这又进一步对集体成员之间的“二次分配”和集体公共产品的供给产生影响。

在“两权分离”阶段，集体所有权就已经存在权能受损。在“三权分置”推行的过程中，对于农户承包权、业主经营权的保护事实上进一步弱化了集体所有权的各项权能。具体表现为以下几个方面。

1. 统一经营权受限

《中华人民共和国宪法》明确规定“农村集体经济组织实行家庭承包经营为基础、统分结合的双层经营体制”。然而，长期实践表明这种“双层经营”实际变成了“单层经营”。过分强调发挥家庭经营积极性，使得村集体在提供农业社会化服务和产业化经营等方面的能力减弱，最终导致村集体的统一经营功能不断被削弱。在调研过程中，发现很多村集体经济组织流于形式，作用发挥不明显，而有些村甚至没有建立农村集体经济组织。集体统一经营权的权能受限，直接导致了村集体统一服务功能的弱化。

2. 收益权受损

农户承包权的“用益物权”优先于集体所有权，而农村税费改革以后，村级三项提留取消，集体收益权权能在实践中较难实现。原则上来讲，村集体收入是村集体资金来源的主体，而补助性收入（财政转移支付）是村集体收入的重要补充。在调研过程中发现，很多村集体并没有实现“一生一变”，即村集体资源生成资产，资产转变为资金。这里的资源包括各种集体所有的自然资源，如水面、草原、土地、荒地、山岭、滩涂、森林等；这里的资产是指包括流动资产、固定资产、长期资产、无形资产和其他资产在内的集体所有的资产。由于这些村集体只靠上层政府的财政拨款和社会各界的捐助，因而无法更好地提供公共服务，从而无法维持村集体的正常运转，村集体的力量会不断被削弱。

3. 集体处置权虚置

我国法律明确规定，农民集体享有对土地发包、调整、监督、收回等处置权利。然而在实际操作中，发包权、调整权受到限制，监督权和收回权也很难真正实现。例如，《中华人民共和国农村土地承包法》第二十七条规定：“承包期内，发包方不得收回承包地。承包期内，承包农户进城落户的，引导支持其按照自愿有偿原则依法在本集体经济组织内转让土地承包经营权或者将承包地交回发包方，也可以鼓励其流转土地经营权。承包期内，承包方交回承包地或者发包方依法收回承包地时，承包方对其在承包地上投入而提高土地生产能力的，有权获得相应的补偿。”然而在实际调查过程当中，发现有些村集体对于此类情况行使了收回权，而一些因为承包期未满、矛盾比较尖锐的村集体并未行使收回权。《中华人民共和国土地管理法》第三十八条规定，禁止任何单位和个人闲置、荒芜耕地。然而在实际工作当中，村集体并没有对弃耕抛荒的行为行使相应的权利。《关于完善农村土地所有权承包权经营权分置办法的意见》中明确指出，农民集体“有权对承包农户和经营主体使用承包地进行监督，并采取措施防止和纠正长期抛荒、毁损土地、非法改变土地用途等行为。承包农户转让土地承包权的，应在本集体经济组织内进行，并经农民集体同意；流转土地经营权的，须向农民集体书面备案”。但在实际调查过程中发现：在农地经营权流转上，村集体往往对经营业主毁损土地的行为缺乏监督和纠正；经营业主对土地经营权随意进行再流转，也并未向农民集体书面备案。集体处置权的虚置，导致村集体在农地经营权流转过程中的统筹功能难以有效实现。

20.1.3　农村集体的土地收益分配机制不完善

农民集体土地收益的分配指的是这样一种分配关系：在农民集体成员之间分配集体土地所有者获得的土地收益。我国现行的法律文件当中，诸如《中华人民共和国民法典》和《中华人民共和国农村土地承包法》等都做出了明确规定，集体土地收益分配权作为农民法定的私权利，农民有权对相关集体土地收益进行分配，在行使集体土地收益权过程中必须得到权利人——农民的认可。虽然实现这一权利必须通过集体决议，但并不是说别人的决定可以剥夺集体土地收益权这一权利。

然而，迄今为止，各地农村集体都缺少合理的且具体的内部分配机制。《中华人民共和国土地管理法》第二十六条明确规定：农村集体经济组织拥有土地补偿费的所有权。我国有关法律法规并没有明确规定内部集体土地的收益分配标准是什么，只是象征性规定了集体土地收益的内部分配应具体在村民自治的基础上依照法律规定的民主议定程序予以进行。此外，我国法律法规也鲜有规定各地试点办法对集体内部的分配规则。虽然明确规定了分配的方向（在农村社会保障或公共建设等领域将一定数量的土地收益作为专款），但是并没有规定具体的收益分配比例，这一现象在佛山市和广州市以及湖北省等地区的试点办法中尤为突出。

现行集体土地收益分配没有置换出土地中还存在着的社会保障功能，对那些依赖于土地生存的失地农民，并没有提供基本的就业、生活和社会保障。同时，现行集体土地收益分配主要采用农民个人一次性货币支付和农村集体提留的方式，因而并没有使农村集体所有权收益的经济形式得到充分体现，表现为单一的形式。

20.1.4　农村集体经济发展面临诸多困境

农村集体经济发展会伴随着社会主义市场经济的发展和完善呈现出三个特点，即实践模式的多元化、发展形式的多样性、发展水平的多层次性。农村集体经济的发展凭借着国家一系列重大政策的支持和方针的指引，取得了显著的效应和成果，但是也面临着“集体行动困境”、可持续发展动力不足、管理制度不完善等方面的问题。这些问题的有效解决，有利于提高农民的收入水平和福利水平，加强乡村建设，有利于农村集体经济组织的发展和壮大，有利于增强农村集体经济实力。农村集体经济发展有助于更好地保障农户承包权益。

1. 农村集体经济组织陷入“集体行动困境”

一是农户缺乏集体行动意识。家庭联产承包责任制打破了人民公社“三级所有，队为基础”的管理体制，经营形式由高度集中的集体经营转变为“统分结合”的双层经营体制。部分人产生了“集体行动”“畏难”情绪，同时因小农经济的深刻影响，以及面对集体行动时，部分人存有“等靠要”的心理，在“集体行动”中很容易产生个人理性至上，从而陷入“集体行动困境”。二是农村干部队伍活力不足。村干部从事最基层的管理工作，然而，当前农村干部队伍整体素质不高，其领导能力欠佳，集体执行力不足；另外，村干部并不能享受国家公职人员所具有的医疗、退休、养老保障等福利待遇，村干部获得的工资收入与劳动付出不匹配，影响基层干部的工作热情，进而影响了农村基层工作的有效开展。三是农村本身人才资源匮乏。集体行动的困境很大程度上由农村人力资源匮乏所致，农村优秀人才留不住，同时农村集体经济组织不具备物质环境优势，无法吸引外来的优秀人才。

2. 农村集体经济可持续发展动力不足

一是资金短缺，债务负担沉重。虽然近年来，中央对“三农”的支出不断加大，但支农资金是具体到每个农业职能部门的，资金利用分散。同时支农资金分摊到个人，人均占有量很少。另外，村级债务负担沉重，往往呈现拆西墙补东墙的现象。二是农村集体经济发展实体后劲不足。我们在调研中发现，许多集体统一经营收益较低，主要分布在经济发展水平较低的地区，主要由于资本不足、技术落后、人才短缺及管理不善等。三是新型合作经营方式发展存在障碍。由于多方面因素的影响，农村集体经济的可持续发展遇到了最大、最难突破的瓶颈——农民合作经营缺乏稳定的契约精神。四是农村集体经济基础薄弱。我国农村集体经济发展水平由于地理位置、交通设施、资源丰裕程度等差异，呈现出明显的区域差异。具体表现为呈现出高速发展的农村集体经济组织往往布局在发达、沿海地区，与之形成鲜明对比的是，我国内陆地区特别是一些偏远山区的农村集体经济，由于自然资源比较贫乏，加之通信不佳、信息不畅、交通设施较差等，基础十分薄弱，同时持续增收面临着巨大挑战，缺乏资金、人才、农业科技和产业等支撑手段，收入来源渠道较狭窄。

3. 农村集体经济管理制度不完善

一是农村集体经济组织明显存在着“政经合一、政社合一”的现象。在调研过程中发现，很多地区的农村集体经济组织与村两委会的职能交叉不清，村党组织、村自治组织、村经济组织的交织，削弱了农村集体经济扩大再生产的能力。二是资源、资产管理欠佳。具体表现为村办企业受资金、人才、规模等多方面限制，可持续发展能力不足，资源保值增值空间不大；很多行政村未对集体资产进行规范性管理，集体资产的流失普遍。部分非经营性资产盘活，如荒山、荒坡、荒水、荒滩等“四荒”资源长期闲置，农村集体资产使用力不够强。三是集体经济组织内部治理机制不健全，很多农村集体经济组织在集体资产的经营管理过程中，没有建立规范的治理结构，没有建立有效的监督约束机制，没有建立有效的激励机制，不利于村集体经济组织的健康有序发展。

20.2　放活土地经营权与稳定农户承包权的现实困境

乡村振兴战略背景下，探讨放活土地经营权的改革路径，对“农村的产业兴旺，农民的生活富裕，农业的提质增效”等目标实现具有重要的现实意义。其基本价值目标是实现土地资源的优化配置，促进农地的科学有效利用。明晰、无争议、有法律保障的土地产权是土地进入市场交易行为的首要前提。完备的市场有利于资源的优化配置。在稳定农户承包权的基础上，放活土地经营权，在一定程度上，有利于农户承包权益的实现。

在“三权分置”政策的框架下，全国各地广泛开展了土地经营权流转的试点工作，做出了一些创举，取得了一些经验，但也存在诸多问题。从现有的实践来看，还存在农户承包权与土地经营权之间的边界界定矛盾、农地经营权流转的市场机制不健全、农地经营权价值实现的困难等现实困境，不利于延伸农地价值链、强化业主社会责任、丰富流转形式、防范流转风险，将损害农户的土地收益权、发展权、福利权与控制权。

20.2.1 农户承包权与土地经营权之间的边界界定矛盾

“三权分置”不仅发展了家庭联产承包责任制，更是实现农村改革又一重大创新。制度强调所有权、承包权、经营权可以分离设置，所有权归集体，农户享有承包权，经营业主享有经营权，并赋予经营权新的权能。其中，将承包经营权分为承包权和经营权是“三权分置”的创新要义，同时对原承包经营权不具备的抵押融资权能赋予经营权。地权结构细分制度不仅改变了原有的承包地的产权结构，还增加了承包地权利主体。所以，农村承包地“二权分离”制度向“三权分置”制度的变迁过程，实质是农村承包地权利的解构与重构的过程。但是现阶段提出的“承包权”与“经营权”分置的办法存在一些问题和矛盾，主要表现为权能层次不清、权能结构混乱。

1. 承包权与经营权之间的权能层次不清

《关于完善农村土地所有权承包权经营权分置办法的意见》指出承包权是保障农民的承包地财产性收益不受侵犯，即保障农民在经营权转让或被征收，以及退出承包权时获得流转或补偿费用为内容的权利，将保障农户家庭的财产性权利界定为承包权。经营权的市场主体是“经营权人”。“经营权人”的承包地经营权是通过市场交易从农户手中获得的，而非法律的原始赋予。“经营权人”与农户家庭之间是市场契约关系，而市场契约关系是平等的。所以，对经营权的保护，既是对“经营权人”的权利的保护，也是对承包农户承包地财产性权利的保护，而后者却被归类到承包权的权能中，权利赋予存在重复，权能安排层次不清。换句话说，基于市场交易的农村承包地经营权，可以依托市场契约的缔结同时保护“经营权人”和承包农户的双向权益，而不需要再一次赋予承包权保护承包农户的权益的权能。

“三权分置”中经营权至少包含以下具体权能。一是占有权。占有权主要针对依据承包合同或流转合同而取得土地的承包人，在事实上明确其管理和控制土地的权利。二是使用权。使用权主要指赋予土地经营权人享有直接占有农地，并进行耕作的权利，是人对物支配关系内容的体现。三是收益权。收益权主要指土地经营权人依法获得土地的相应物质利益的权利。四是处置权。处置权主要指土地经营权人依法享有以流转等方式变动其土地经营权的权利。但现有政策文本关于土地经营权的权能尚未体现土地经营权的权利内容，导致依据权利属性衍生而来的经营权权能范围难以确定，权利价值难以估测，权利后续效益难以保障，权利赋能时效整体偏低。可见，放活土地经营权工作在全国范围内全面推进亟待国家层面统领性政策文本出台。

2. 承包权与经营权之间的权能结构混乱

《关于完善农村土地所有权承包权经营权分置办法的意见》指出承包土地被征收的，承包农户有权依法获得相应补偿，符合条件的有权获得社会保障费用等。问题是，在“三权分置”制度下，农户家庭的农村承包地被征收的是农地的经营权而非承包权，一方面在于承包权是农户作为集体经济组织成员而天然获得的权利，不会因征地而丢失承包权；另一方面在于征地并不能改变农户的成员性质，但是却会因为征地丢失某块承包地的经营权。所以，承包农户获得补偿款的实质是本轮承包期到期日内承包地经营权的收益，基于交易的视角，农户补偿权应该依托的是承包地经营权而非承包权。现行规定下，承包经营权、承包权、经营权三权并存，在管理上存在混乱，同时在法律上也难以同时表达，从而难以形成层次分明、结构合理的格局。

20.2.2　农地经营权流转的市场机制不健全

就流转规模而言，据统计，2007 年全国土地经营权面积仅为 0.64 亿亩，占承包地面积的 5.2%；2012 年、2014 年和 2016 年三年的土地经营权流转面积分别占承包地面积 20%、30%、35.1%，截至 2017 年底全国土地经营权流转面积为 5.12 亿亩。流转中，出现合同规范程度较低、交易成本高、某些地方政府干预过度等现象。

1. 农地经营权流转合同规范程度较低

课题组通过在全国 11 个省市发放 1030 份问卷发现，当前农地经营权流转中，口头协议、无效合同等现象依然普遍，24.66%的农地经营权流转为口头协议，签订正式合同的约占 75.34%，其中河南、黑龙江以口头契约形式流转方式达 50%以上（附表 2）。合同内容不完整，普遍缺乏复垦金、风险准备金等相关内容，可能存在不平等合同订立情况；合同签订程序不规范，缺少合同订立双方资格审查环节、未建立规范的第三方鉴证人机制、合同备案制度执行效果较差；合同法律效益低下，对相关责任主体的约束力较弱，流转纠纷一旦发生，农户利益诉求难以通过正常法律途径获得保护。

2. 农地经营权流转交易成本高

从调研的总体情况来看，在当前的农地经营权流转过程中，业主和农户均面临着较高的交易成本，容易挫伤两者的流转积极性。在业主层面，短时间内流转大量土地难以实现，流转交易周期长，时间成本较高。比如，在重庆、黑龙江等地的调研中发现，对于种植（粮）大户来讲，由于经营规模、辐射带动能力等方面远不如工商企业，面对分散小农户，很难争取村两委的协调，业主需要一一对接、协商，在这一过程中谈判成本急剧增高；部分地区，村两委在流转中扮演协调者角色，业主需支付相应协调费用，当面临少数“插花地”时，更需要做一定妥协，如重庆、河南、山东等地均存在类似情况。在农户层面，由于流转合同期限较长，土地租金波动较大，农户流转土地后的机会成本较高，加之农地经营权流转法律保障体系不健全，协调和仲裁机制缺失，一旦业主违约，农户正当权益的维护成本也较高。

3. 某些地方政府干预过度

当前农村干部工作存在的“任务式推进”“留痕化免责”“高压式考核”等问题，致使基层政府在农地经营权流转中常处于尴尬境地。在全国 11 省市的各乡镇调研中也发现，许多业主认为地方政府在农地经营权流转工作中存在错位、越位、缺位问题，如在某两省的业主问卷访谈中发现，许多业主认为，要想有效有序地流转土地，需要和当地的村两委建立良好关系，否则流转后的经营管理工作很难有效展开。这些问题的存在不仅会增加农地经营权流转的交易成本，还会挫伤业主流转土地的信心和对未来的预期，更会阻碍农地经营权流转的进程，也会损害农户在农地经营权流转中的合法权益，破坏地方政府在土地经营权活化工作中的公益形象。

4. 因地制宜的农地经营权流转局面尚未形成

我国幅员辽阔，全国各地的自然资源禀赋、经济发展水平、农业现代化程度差异较大，这就要求农地经营权流转工作分阶段、分批次、分区域有序推进。各地在放活土地经营权工作中要做到因地制宜，精准施策。但在实践过程中，由于土地经营权创新的试错、容错、纠错机制不健全，各地在工作展开过程中，容易按全国统一政策要求执行。这种“一刀切”的农地经营权流转方式，既忽视了农户流转意愿的异质性，又忽视了业主经营能力上的差异，无法有效激发业主与农户参与流转的积极性，致使土地经营权活化工作的可持续性开展乏力。在与各县乡村两委的基层工作人员访谈中，普遍发现基层工作人员在农地经营权流转中都依据政策风险最小化来处理各项流程，宁可土地不发生流转，也不要大胆创新，稳住就是最大的工作艺术。

5. 本地化健全的农地经营权流转市场未形成

由于外部多元主体的干预，经营权流转中的市场资源配置作用被削弱，农地经营权流转市场价格被扭曲，部分地区的土地租金虚高不下，而部分地区却低迷不前，造成农地经营权流转市场秩序混乱，要素配置低效。同时，农户的市场意识和独立的决策能力较弱，在农地经营权流转过程中易受“短视”行为影响，无法与业主在土地经营权价值延伸过程中达成共识和实现共赢。加之，受业主的逐利动机和地方政府狭隘政绩观的影响，有些地方农地经营权流转工作忽略了市场规律，造成了资源的浪费。在各乡镇调研中发现，我国土地经营权活化的机制还处在探索阶段，政府、企业、农户三方的知识储备不足，政府顶层设计的政策运行基础薄弱，对活化的方向和目标还不了解，具体的活化的路径和方式也还在摸索之中；加之各地经营权活化的政策保障、物质保障、组织保障、人员保障等必备要素还不健全，各主体对经营权活化的预期较低，企业、农户和政府参与活化创新工作的积极性也不高。在调研中还发现，县域内统一的农地经营权流转交易台建设落后，从全国的 46 个县域的资料来看，平台建设率还不足 30%。这些问题的存在，不仅阻碍了土地经营权活化的进程，还限制了流转市场的健康发育。

20.2.3　农地经营权价值实现的困难

1. 创新思路不清

在“三权分置”的框架下，如何有效地放活土地经营权，各地还处于摸索阶段。但从调研的现状来看，许多地方对政策的认知比较模糊，政策宣传不到位，致使许多农户成为农地经营权流转过程中信息不对称的弱势方，权益容易遭到侵害。即使有些地区在土地经营权价值实现方面做出了一些创新，但现实中，这些尝试都是业主和农户自发的，比较零碎，许多地方未从县域层面设计清晰的经营权价值实现创新方案，也没有成立统一的农地经营权流转协同指挥中心，地方领导干部对土地经营权流转的思路不清晰，系统规划缺失，纲领性的文件未出台，农地经营权流转的长效机制不健全，致使整个区域内农地经营权流转工作仓促上马，造成了许多浪费。经营权流转后的使用效率低。调研中发现，当前大多业主流转土地后，仍停留在初级农产品生产阶段，农业收益空间狭小；加之土地租金与劳务开支普遍上涨，流转过来的土地的价值增值面临巨大挑战。

2. 创新胆识不足

在新时代背景下，随着全面深化改革工作在全国范围各行业深入开展，我国农村土地制度改革也进入了全面推进阶段。在此境遇下，各地应该以“壮士断腕”的魄力展开农地经营权流转的创新工作。但在调研中发现，由于国家层面农地经营权活化的细则未出台，出于求稳、怕犯错误的心理，有的地方干部的工作热情不高，推动农地经营权价值实现方式的创新力度不够，胆识也不足，“不愿作为、不敢作为”的问题较突出。甚至有些地方的村干部眼看着土地大量撂荒、乡村衰败也无动于衷，任其自然发展，在创新工作方面没有担当意识，更谈不上拥有乡村振兴的使命感。如此下去，农地经营权流转工作无人问津，经营权价值实现受阻，整个区域内农地经营权流转工作的创新空间拓展乏力。

3. 创新方式不多

在当前乡村振兴战略的推动下，如何加快土地制度改革，放活土地经营权，壮大集体经济组织，实现乡村产业兴旺，已成为当前学术界研究的热点话题，也是政界会议研讨的焦点事项，但就如何放活土地经营权，实现农地经营权的价值增值，许多地区还未探索出行之有效的路径。

就土地经营权流转而言，流转形式单一，仍以出租为主。据国家宏观数据统计，2017 年我国土地经营权流转合同签订 5536 万份，涉及流转土地面积 3.5 亿亩，两项数据比 2016 年增长 7.5%左右，在流转规模和规范化程度不断提高的情况下，土地经营权形式仍然比较单一，主要以出租形式为主。在微观层面上，课题组在全国 11 个省市通过 1030 份问卷得出与宏观层面一致结论。调研数据显示，在转包、转让、出租、互换、入股、土地信托、土地托管等 7 种主要流转方式中，出租约占总体的 54%，转包约占 34%，两者合计占比 88%左右。而其他形式占比不足 12%，尤其是土地信托形式占比不足 0.3%。

尤其在广大中西部地区，乡村集体经济实力薄弱，集体组织空转，农地经营权流转的农村集体经济组织引领力量不足，加之乡村优质的人力、物力资源都流向了城市，在自然禀赋较差的情况下，农地撂荒严重，流转难度较大。针对这些地区，在用足国家各项涉农政策的基础上，如何大胆创新，吸引工商资本和社会力量参与农地经营权流转，发展特色农业，盘活沉睡的土地资源，成了当前村级组织在推行农地经营权流转工作中亟待解决的问题。

4. 农地经营权激活农村金融市场乏力

首先，农户面临失地风险，配合业主融资的积极性不高。放活土地经营权，发挥农地财产性功能，应广泛拓展经营权的融资渠道，这就要求在农地经营权流转过程中，农户与业主应积极配合，共同促成经营权财产性功能的发挥。但调研中发现，由于信息不对称，能力素质不匹配，业主在以农地经营权进行抵押融资时，无视农户的知情权，私下交易，一旦违约发生，农户将面临租金落空、土地不能复原，甚至承包权被剥夺的风险。因此在业主进行经营权抵押融资过程中，农户为了风险规避，大多消极应对，不愿配合业主完成融资事宜。长此以往，这种零和博弈阻碍了农地经营权价值延伸，削弱了“经营权激发农村金融市场活力”这一功能。

其次，业主通过经营权融资难度大。众所周知，农地经营权流转后集约经营需要大规模资金来维持运营，需要获得各类金融的支持。但从目前各地实情来看，业主以经营权抵押获取银行资金的方式很难行得通。业主在访谈中反映业主流转土地资金的 70%来自民间渠道，即通过求助于亲友和民间借贷等非正规信贷市场完成融资。尤其在自然禀赋较差的西南地区，经营业主农地经营权流转资金的来源以自有资金为主，银行贷款和政府扶持的资金比例极小，尤其是经营大户和家庭农场等弱质型企业很难获得正规金融贷款。尽管全国现有多地同时开展农地经营权抵押融资试点工作，但其条件严苛、程序烦琐、创新力度不足，导致经营业主通过这一渠道获取资金难度大、融资成本高，进一步影响业主对农业生产投资的力度和信心，阻碍农业生产的长期稳定发展。

最后，金融机构正当权利难以实现。受经营权信息不对称、权属不统一、管理不规范、抵押物处置难、道德风险较高等因素的影响，大多涉农的政策性金融机构也是谨慎推行投融资工作，致使经营权撬动资本市场的杠杆功能弱化。

20.2.4　业主在农地经营权流转中的社会责任有待强化

在城乡二元保障结构条件下，农地仍然还承担着基本养老和医疗等保障功能，这种社会保障功能在中部和西部等地区表现得尤为突出。当前，全国耕地流转面积超过三分之一，在大规模农地经营权流转中，土地纠纷事件时有发生。农业农村部统计数据显示，截至 2017 年底，农地经营权流转率达到 37%，农村各类型纠纷总数为 366 961 件，其中农地经营权流转纠纷占比 28.2%，农户与新型农业经营主体的纠纷占比 10.3%，并呈现逐步上升的态势，主要是因为土地收益分配、经营行为损害土地以及改变土地用途。要形成经营业主和农户和谐共生的局面，需强化业主在农地经营权流转中的社会责任。然而在实际中，还存在以下不足。

（1）业主农业情怀不足。乡村振兴的实施关键在人，培养一支“懂农业、爱农村、爱农民”的“三农”工作队伍是当前乡村建设和农业强国的重中之重。

（2）农地经营权流转农户就业不足。农户参与农地经营权流转后，部分人选择外出务工，然而也有部分人因孩子上学或照顾老人不愿外出，如何帮助这部分农地经营权流转的农户就业，需要国家财政和业主的大力相助。在调研中发现，部分农地经营权流转的农民因业主不雇佣自己而产生不满，更有甚者，与业主产生纠纷。

（3）参与乡村公益事业不足。调研发现，当前流转纠纷依然主要归因于经营业主，且纠纷产生主要围绕利益。

20.3　保持承包关系长期稳定的潜在矛盾

20.3.1　农村土地承包关系稳定与人口流出之间的矛盾

20 世纪 80 年代中期中国改革重心从农村转向城市，同时严格的户籍制度限制了农村人口流动，从而构成特有的城乡二元结构。同时，城乡之间的经济利益差异，以及城市经济发展对劳动力的大量需求，促进农村劳动力向城市转移。特别是经济发展越快的城市的拉力，以及农村农业利益的相对下降而形成的推力，促进越来越多的农村人口外出，以寻求更好的经济机会和获取更多的社会资源。其中，有部分农村人口成功在城镇安家落户，生计与农村分离。1995 年中国农村人口达到最高峰，为 8.6 亿人。统计数据表明 2018 年中国农村人口为 5.6 亿人，中国农村人口减少了 3 亿人。就目前的趋势而言，农村人口向城镇转移的趋势并不会降低，甚至会进一步扩大。中国农村人口流出是经济发展不可逆转的趋势，同时这种趋势在未来一段时间内还将扩大。

《中华人民共和国农村土地承包法》第三条明确规定“国家实行农村土地承包经营制度。农村土地承包采取农村集体经济组织内部的家庭承包方式”；第九条明确规定“承包方承包土地后，享有土地承包经营权，可以自己经营，也可以保留土地承包权，流转其承包地的土地经营权，由他人经营”。同时，还明确规定“家庭承包的承包方是本集体经济组织的农户。农户内家庭成员依法平等享有承包土地的各项权益”。正如前面所述，中国农村人口流出伴随着农村人口变动，结合户籍制度，人口流出主要表现出以下三类形式：家庭所有成员全部迁出，户口同时迁移至城镇，完成“农转非”；家庭部分成员迁出，且部分成员户口迁移至城镇，部分“农转非”；家庭部分成员转移出农村，户籍并未同时迁移，未进行“农转非”。

第一类形式的人口流出带来的农村集体经济组织内部家庭户籍结构变迁，那么，在这一背景下如何实现承包权稳定？当家庭所有成员全部转移出农村，同时也将户口迁移到城镇，这一行为是否能够理解为其主动退出农村集体经济组织，同时也是主动退出农村土地承包经营权？换句话说，集体经济组织有权直接将已经完全转移出去的家庭的土地收回。但是《中华人民共和国农村土地承包法》第二十七条规定“国家保护进城农户的土地承包经营权。不得以退出土地承包经营权作为农户进城落户的条件”。由此，农户已经不具备农村户口，导致农村集体经济组织内部的户籍结构发生转变时，处理农户的承包权稳定问题将十分必要。如果收回完全迁移出去家庭的土地，将违背《中华人民共和国农村土地承包法》第二十七条规定；如果不收回，将无法解释城镇户口也可获得农村土地的承包经营权。

第二类形式的人口流出带来的农村集体经济组织家庭内部户籍结构变迁，那么，在这一背景下如何实现承包权稳定呢？当家庭部分成员转移出农村，且那部分成员户口迁移到城镇。最为典型的表现是家庭中的老人留在农村，子女们流出农村。完全迁移到城镇的那部分成员（子女）是否能视为主动退出农村集体经济组织？在承包期内，当留在农村的老人过世，老人所拥有的土地如何处理？是集体收回？还是户口在城镇的子女继承？在这种情况下，承包权稳定又该如何理解和操作？

第三类形式的人口流出带来的农村集体经济组织内部出现大量不在村人口，那么，在这一背景下如何实现承包权稳定？当家庭部分成员转移出农村，同时成员的户口留在农村，没有迁移。这部分农村居民外出务工，同时留在农村的老人也退出农业劳动力。那么，农户家庭的土地要么抛荒，要么让渡经营权获得收益。第三类形式在中国农村是最为典型的一种形式，当不在村人口规模进一步扩大时，农村土地适度规模经营如何实现？在效率和公平之间，承包权充当什么角色？这种情况下，承包权稳定又该如何操作？同时，人口大量流动还会带来自然村的消亡，这一消亡伴随原集体经济组织的消亡。1990 年中国拥有自然村 377.3 万个，到了 2017 年只剩下 244.9 万个，27 年间减少了 132.4 万个。未来自然村还会进一步消亡，相应的农村土地又该如何处理，农村土地承包权稳定又该如何理解和操作呢？

如何在理论上阐述清楚“稳定”和“流动”的协同性，如何处理承包权稳定与人口流动之间的矛盾是当前理论界和政策制定部门急需解决的问题。

20.3.2 农村土地承包关系稳定与集体成员和土地变动的矛盾

除了农村人口流出之外，新增人口、人口流入等也会导致农村集体成员变动，从而与承包权稳定之间产生矛盾。在 20 世纪 90 年代，中国农村实施土地第二轮承包后，为了解决农村土地频繁调整导致的农村居民的收入预期不稳定、不愿意提高土地投资等现实问题，中央提出在二轮承包期内，不因人口的增减变化而调整承包土地，即“增人不增地、减人不减地”。但是实际操作中，在二轮承包期间依旧有部分村庄进行“大调整”或者“小调整”，以实现集体经济组织内部土地的公平分配。新生儿童是导致集体成员变动的主要原因之一，而在当前规定下，新生儿童不分土地。中国农村大量的实践案例表明“增人不增地、减人不减地”是有市场的，且《中华人民共和国农村土地承包法》第二十八条规定“承包期内，因自然灾害严重毁损承包地等特殊情形对个别农户之间承包的耕地和草地需要适当调整的，必须经本集体经济组织成员的村民会议三分之二以上成员或者三分之二以上村民代表的同意，并报乡（镇）人民政府和县级人民政府农业农村、林业和草原等主管部门批准”。由此，三分之二以上村民同意重新分配土地时，集体经济组织应该重新发包。承包权稳定与新增人口之间的悖论如何解决，在这种背景下，承包权稳定的概念与内涵又是什么？

同时，现阶段的人口流动呈现新的趋势，即城乡人口的对流，出现城镇人口向农村转移。特别是“大众创业、万众创新”提出以后，农村创业成为热点。在市场化的今天，农业创业者具备企业家精神，是推进农村经济发展和农业产业融合的重要人才，同时也是提高农民收入的领头羊。农村创业是农村改革的必然结果，同样也是现代农业和农村经济发展中必不可少的经济行为。农村创业的本质是农村要素和城镇要素的整合。中国农村拥有的生产要素有限，主要是土地要素、劳动力要素和传统技术；较为稀缺的是资本要素、现代科技和企业家才能。农村创业要引进稀缺要素，并将各类要素纳入到某一具体产业中生产经营，实现资源配置。从产权角度看，资源配置是资源产权的有效转让和配置，资源产权从低效率者转移至高效率者手中，实现农业经济效率的提高。农村重要的资源是土地，吸引着农村以外的人才。由此，大量人才进入农村以后，与农村集体经济组织之间的关系是什么？这部分从城市吸引来在农村创业的人才，是否属于农村集体经济组织成员？农村集体经济组织又如何避免这些人才的流失？在这一背景下，农村土地承包权稳定又该如何实现？

除了承包权稳定与集体成员变动之间的矛盾外，还有承包权稳定和集体土地变动之间的矛盾。有学者指出，通过土地整治可以获得大量的新增地，很可能打破原有的农村土地的边界。在推进城镇化和发展基础设施时，国家为了公共利益的需要，可以按照法定程序征收农民集体所有土地，并根据补偿标准一次性给予被征地者一定的货币补偿。土地被征收后，其所有权属于国家，不再属于农民集体。国家既可以通过土地整治增加农村的土地数量，又可以通过土地征用减少农村土地数量。农村集体土地变动的背景下，承包权稳定如何解释和操作呢？进一步指出的是，国家征地是将农村居民所承包的土地征收了，并没有废除农村土地被征收的农村居民的承包权。这一承包权稳定的概念和内涵如何理解，在理论上需要进一步研究和阐述。

第 21 章　地权结构细分与农户承包权益保护的对策建议

在农村土地承包关系“长久不变”政策与土地“三权分置”改革实践中，落实集体所有权面临一系列困境。基于此，分别针对落实集体所有权、稳定农户承包权、放活土地经营权的现实困境，提出相应政策建议。

21.1　关于落实集体所有权与稳定农户承包权的对策建议

“三权分置”必须始终坚持农村土地集体所有权的根本地位。农村土地农民集体所有，是农村基本经营制度的根本，必须得到充分体现和保障，不能虚置。“三权分置”必须严格保护农户承包权。农户享有土地承包权是农村基本经营制度的基础，要稳定现有土地承包关系并保持长久不变。本章将从落实集体所有权的角度，对保障农民的收益权、控制权、发展权、福利权提出具有可操作性的政策建议。

21.1.1　振兴集体经济组织，保障农户土地收益权

农民集体是农村土地集体所有权的主体，农村各级集体经济组织、村民委员会、村民小组在实践中成为农村土地集体所有权的经营管理主体。《中华人民共和国民法典》第九十九条规定：农村集体经济组织依法取得法人资格。赋予农村集体经济组织特殊法人的地位，使得农村集体经济组织能够更好地实现集体所有权经营管理主体的市场化，释放出更大的动能。农民享有农村集体经济组织的成员权，完善农村集体经济组织的成员权，对于保障农民的土地权利，坚持土地承包制度的稳定性具有重要意义。所以，本章主要从振兴农村集体经济组织，做好农村集体经济组织成员资格认定等方面，对保障农户土地收益权提出对策建议。

1. 经济组织与自治组织分离

调研过程中发现，很多地区的农村集体经济组织与村两委的职能交叉不清，村两委代行了村集体经济组织职能。村党组织、村自治组织、村经济组织的交织，

不利于农村集体经济组织按照市场经济规律运行，也不利于村自治组织管理职能的专业化和精细化，而且行政权和经济权不分开，也容易滋生腐败。

2. 明确农村集体经济组织的主体地位

《中华人民共和国民法典》第五十五条规定：农村集体经济组织的成员，依法取得农村土地承包经营权，从事家庭承包经营的，为农村承包经营户。明确村集体经济组织的主体地位，才能切实解决集体所有权主体虚位的问题，而只有明晰产权关系，尊重农村集体经济组织依法独立进行经济活动的自主权，才能更好地盘活集体资产，激发农村各生产要素的活力，发展壮大集体经济。

3. 完善村集体经济组织内部治理机制

为了促进村集体经济组织规范健康发展，建议参考现代企业制度，完善农村集体经济组织的内部治理机制。农村集体经济组织可以建立经济组织成员代表大会、董事会、监事会。经济组织成员代表大会是农村集体经济组织的最高权力机构，由集体经济组织的全部成员组成，负责决定集体经济组织经营管理的重大事项，负责选举产生农村集体经济组织的董事会成员和监事会成员，农村集体经济组织的重大人事任免和重大经营决策须经过经济组织成员代表大会通过；董事会对经济组织成员代表大会负责，执行经济组织成员代表大会的决策，负责农村集体经济组织的日常运营和管理，负责农村集体经济组织管理团队的招聘和选拔，可以通过建立有效的激励约束机制，吸引返乡创业的优秀人才、乡贤能人等进入经济组织的管理团队；监事会对经济组织成员代表大会负责，是农村集体经济组织的内部监督机构，不仅负责财务监督，还负责业务监督，董事会和管理团队均要接受监事会的监督。建立健全村集体经济组织的各项规章制度，规范经营管理，严格遵循《农村集体经济组织财务管理制度》（财农〔2021〕121 号），加强村民对集体经济组织的民主监督，促进农村集体经济组织高效、廉洁、健康发展。

4. 因地制宜做好农村集体经济组织成员资格认定

农村集体经济组织成员的资格认定是农民参与集体经济收益分配的前提，也是农村集体产权制度改革中必须解决好的一个基础性问题。做好农村集体经济组织成员资格认定，有利于村集体资产的统一经营，促进收益合理分配，进而达到明确产权主体的目的。但因为我国农村各地的情况复杂多样，乡规民俗各有不同，目前并没有法律法规对农村集体经济组织成员的资格认定标准做出统一规定，在实践操作中，各地区可以在认真调研的基础上，综合考虑户籍、土地承包关系、生产生活经历、经济组织权利义务关系等因素，因地制宜制定农村集体经济组织成员资格认定的标准。

农村集体经济组织成员的资格认定虽然没有统一标准，但需要注意一些基本原则：①成员资格认定标准的制定既要尊重国家法律政策，也要尊重乡土逻辑，充分听取和吸纳群众意见；②成员资格认定的标准和程序应该公开，保障村民群众的知情权和监督权；③在成员资格认定工作过程中，既要坚持少数服从多数的民主集中原则，又要注意保护少数人的利益，尤其是一些农村弱势群体；④妥善处理集体成员资格认定过程中出现的问题和矛盾。农村集体经济组织成员资格认定直接涉及农民的生存利益，在实践操作中，土地承包权的分配、征地补偿款的发放、经济组织的收益分红等都与农村集体经济组织的成员权密切相关。所以，在农村集体经济组织成员资格的认定过程中，如果遇到矛盾和问题，一定要认真调研、民主协商、公平公正、妥善处理。

21.1.2　规范土地流转过程，保障农户土地控制权

调研过程中发现，大多数农户在农地经营权流转过程中，控制权意识比较淡薄，经营业主改变土地使用用途甚至导致土地无法复垦的现象时有发生。即使有些农户关注了土地控制权，但由于自身谈判力较弱，也很难真正维护自身的权益。问卷和访谈调查显示，大多数农户在农地经营权流转过程中对村集体有不同程度的依赖，尤其在遇到权益受损时，表现出较强的对村集体的倚重。很多成功的农地经营权流转案例中，农村集体经济组织都发挥了重要的作用。所以，本节主要从促进村集体在农地经营权流转过程中作用的发挥、规范农地经营权流转过程的角度，对保障农户土地控制权提出对策建议。

1. 农村集体经济组织整合信息资源

在农地经营权流转过程中，农户和经营业主可能存在供求信息不对称的现象，部分农户想要流转出土地，但是找不到合适的经营业主；部分经营业主因为对当地情况不了解，在找寻农户、与农户沟通谈判方面困难比较大，最终使得部分农户和经营业主有农地经营权流转的意愿，但是没能真正实现农地经营权流转，或者在农地经营权流转过程中花费了高额的交易费用。多地的实践调研表明，很多农地经营权流转开展较为顺畅的地方，农村集体经济组织都在农地经营权流转过程中充当了“信息员”的角色，通过宣传农地经营权流转的相关政策，解读农地经营权流转的相关制度，建立各级产权交易中心，整合农地经营权流转多方的信息资源，有效地推进了农地经营权流转的顺利开展。例如，山东邹城市齐鲁农村产权交易中心，在农地经营权流转的实践中摸索总结了一系列的工作方法：在县、镇、村各级，都有农地经营权流转信息员，最基层的村一级的信息员一般由村会计担任，信息员会定期搜集整理农户和业主的需求

信息，并反馈到产权交易中心，产权交易中心会定期到基层现场办公，受理农户和业主双方的资料。

2. 农村集体经济组织审核业主资源

农户个体因为受到能力、资源、信息等各方面条件的限制，很难对业主进行资质审查和评估。农村集体经济组织可以在农地经营权流转前期，担当好“审核员”的角色，对经营业主进行资格审查，对经营的农业产业项目进行评估，判断经营项目是否符合当地资源现状、产业发展规划、环境保护政策，对于违反相关规定的项目，农村集体经济组织要及时进行干预或阻止。例如，重庆市大足区建立了农地经营权流转审核预警制度。镇街、区农地经营权流转中心为规模经营业主农业经营能力的审核机构。行政村（流转协会）收到业主意向性流转本辖区 5 亩以上农村土地申请后，预先审核其身份证或工商营业执照原件是否与复印件一致，在 5 个工作日内提交业主身份证或工商营业执照复印件、投资项目计划书、资信证明等材料给当地镇街的农地经营权流转中心。流转中心需在 10 个工作日内对业主的资质情况和项目的合规情况进行考查评估、形成意见；若镇街的农地经营权流转中心不能审核或对业主经营能力有怀疑的，可提交区农地经营权流转中心审核，由区农地经营权流转中心形成意见。对无经营能力、履约能力的业主，向行政村（流转协会）及农户发出警示；对不符合当地产业发展规划、不符合法律法规、对当地环境有重大影响的投资项目，劝阻双方签订流转合同；流转后经营项目不符合法律法规、对当地环境有重大影响的，由农业、工商、国土房管、环保等部门按各自的职能职责对业主进行相关处罚。

3. 农村集体经济组织发挥监管职能

在农地经营权流转过程中，可能存在流转合同不规范，业主拖欠土地租金、改变土地用途、污染环境等现象。农村集体经济组织作为农地所有权的主体，应该更好地发挥监督管理职能，规范农地经营权流转合约，建立农地经营权流转备案制度，监督业主生产经营过程：业主是否提前终止经营时间、是否抛荒不种、是否污染生活环境（如动物粪便处理不当，生产垃圾处理不当）、是否损害土地资源（如过多使用化肥、农药等）、是否及时足额支付土地租金等。例如，重庆市大足区建立了农地经营权流转保证金制度。镇街、区农地经营权流转中心审核同意业主流转土地后，提出适合当地的农地经营权流转价格，指导流转双方签订由区农地经营权流转中心制定的标准流转合同。在合同内容中，明确标的物流转年限，在农民专业合作社或农业企业成片租赁农村土地之初，凡是要改变土地原貌，或在所租赁的土地上修建临时厂房、仓库的，在合同签订时必须先缴纳流转保证金，用于土地的复垦或者恢复地形原貌，所缴纳保证金金额按所种植植物、地上附着物等的面积，由流转双方具体协商确定。所商定的保证金由流转方的专业合作社、农业企业存入指定银行，流转方、村流转协会（或村委会）、流出方农户代表三方联合签章，以保障保证金的安全，流转合同到期后，按合同条款恢复土地原貌后，保证金退还经营业主；建立了农地经营权流转备案制度。镇、街农地经营权流转中心要认真审查、鉴证合同签订内容是否完善。农地经营权流转合同需要一式五份，农户和业主各一份，村、镇、区三级农地经营权流转中心各一份。对规模经营 5 亩及以上的业主，要按年份将详细内容登记在《大足区农村土地流转登记簿》上，规模经营在 50 亩以上的必须登记业主的联系电话，以便查证。村、镇、区三级农地经营权流转中心均需要对农地经营权流转相关文件的电子版和纸质版进行存档备案，确保农地经营权流转过程的规范化、合法化。

4. 农村集体经济组织调解矛盾纠纷

在农地经营权流转过程中，可能会发生经营业主和农户的纠纷，而不管是经营业主还是农户，维权的成本都会比较高，问卷和访谈调查的统计结果显示，大多数经营业主和农户在面临纠纷时第一选择是向农村集体经济组织进行诉求。在农地经营权流转的工作实践中发现，农村集体经济组织在农地经营权流转纠纷中担当“调解员”的角色，可以获得较好的成效。一方面，基层干部更熟悉当地农户的特征、业主的实际经营状况，能够更准确地把握双方的矛盾点和利益诉求；另一方面，由农村集体经济组织先行介入调解，更符合农村这种“熟人社会”的治理形态，更容易低成本、高效率地解决农地经营权流转中的纠纷问题。例如，山东省滕州市南沙河镇在推广农地经营权流转的过程中，各级农经站的工作人员都担任了调解员的角色，有效解决了农地经营权流转过程中的一些矛盾和纠纷，提高了业主和农户农地经营权流转的满意度。

21.1.3　盘活农村集体资产，保障农户土地发展权

调研数据显示，在农地经营权流转过程中，农户对于土地的发展权感知不明显，农民作为个体，很难享受到农业经济效益增加带来的收益增长，而作为农村集体经济组织成员时，农民可以通过成员权享受到农村集体经济组织发展带来的收益增长。所以，本节主要从盘活农村集体资产的角度，对保障农户土地发展权提出对策建议。

1. 推进集体资产量化确权改革

农村集体资产主要分为三类：土地等资源性资产；用于科教文卫等公共服务的非经营性资产；集体经营的企业、房屋等经营性资产。推进集体资产量化确权

改革，可以更好地盘活农村集体资产，壮大农村集体经济，增加农民财产性收入。2015 年，我国开展了农村集体资产股份权能试点改革，取得了很好的成效，一部分地区通过对集体经营性资产进行股份合作制改革，盘活了集体资产，提高了各生产要素的利用效率，壮大了集体经济实力。

推进集体资产量化确权改革，要做好清产核资工作。通过规范的流程对集体资产，尤其是闲置资产进行全面盘查。清产核资程序一般包括以下内容：由社区干部、小组成员、居民代表，严格按照有关规定对相关的资产、资金、债权、债务、权益进行审核处理，并登记入册，资产清查结果及处理意见要经集体经济组织成员（代表）大会审议通过，并进行公示，报镇政府备案。之后要对农村集体经济组织成员的资格进行认定，并在农村集体经济组织成员资格认定的基础上，将集体资产量化确股，各级农村集体经济组织的股份所有权属于各级农村集体经济组织成员，股份数量量化到人，确权到户。关于股份的设置、转让、继承等事项，需要经过农村集体经济组织成员（代表）大会讨论决定。

2. 推进土地股份合作制改革

2015 年开展的农村集体资产股份权能改革试点主要是对经营性资产进行量化，而对于一些缺乏经营性资产的地区，则需要在更普遍的资源性资产方面做文章。经过多地的实践探索表明，土地入股，农户入社，建立土地股份合作社，可以有效解决土地细碎化和农业生产效率较低等问题，也是盘活资源性资产，壮大集体经济实力，增加农民收入的有效途径。

推进土地股份合作制改革，将农民的承包权转化为股权，土地入股后由股份合作社统一经营，提高了农业社会化服务水平；农民入社后可以凭股权获得收益分红，如果参与土地经营，还可以获得相应的劳动收益。土地股份合作社是一种创新的农地经营权流转方式，有利于发展农地适度规模经营，培育新型职业农民，也让农民以股权的形式真正获得了土地的发展权益。例如，四川省崇州市白头镇五星土地股份合作社，在发展过程中探索出了“土地股份合作社＋农业职业经理人＋社会化服务”的经营模式。合作社选举产生理事会和监事会，理事会负责合作社的日常经营管理，监事会负责对理事会的经营管理进行业务监督和财务监督，合作社公开招聘职业经理人进入管理层。五星土地股份合作社不仅实现了粮食的规模经营，提高了农业生产效率，也极大地提高了入社农民的财产性收入。黑龙江省克山县仁发现代农业农机专业合作社，2009 年成立之初只有 7 户农民入社，截至 2017 年 7 月，已拥有社员 1014 户，规模经营土地 5.6 万亩。仁发合作社在发展过程中，探索出了“均等化分配、规范化管理、高效化种植、组织化层次、精深化加工、市场化销售”的“六化”发展模式，也走出了三产融合的创新之路，带领合作社社员实现了共同富裕。

3. 探索集体反租倒包经营模式

集体反租倒包也是农村土地集体经营的一种实践模式。农民获得土地承包权后，村集体向农民支付土地租金，把土地再从农民手中反租过来。村集体可以对反租回来的土地进行统一整治、统一规划。新型经营主体可以从村集体手中承包土地，但需要在村集体的统一规划下进行生产经营。

对于反租倒包模式，理论界一直有反对的声音，主要是基于：反租倒包使农地经营权流转的法律关系更加复杂；在实践操作中，容易出现村集体利用行政权力“强行赎买”；村集体倒包收取的土地租金一般高于支付给农民的反租租金，农民的经济利益可能被损害。但是在农地经营权流转的实践操作中，反租倒包模式在全国很多地方都有新的发展，通过反租倒包，可以实现土地的规模经营，也能提高资源的配置效率，也有利于当地农业产业结构的调整。例如，贵州省遵义市湄潭县永兴镇茅坝村于 2007 年通过村集体成立专业合作社，反租农户的承包地。将农地进行统一平整，完善农田基础设施，并出租给有能力的经营业主，签订统一的收购合同，并由合作社下属贵州湄潭茅坝龙脉皇米有限公司统一打造“茅贡米”品牌，“茅贡米”多次获得优质稻米金奖，市场销售供不应求。这种模式不仅盘活了土地资源，提升了农业生产效率，而且促进了当地农业的产业化经营。

21.1.4　壮大集体经济实力，保障农户土地福利权

发展壮大农村集体经济，有利于改善农村基础设施，有利于提升农村公共服务能力，有利于提高农民福利水平，有利于实现共同富裕。实践证明，集体经济实力较强的农村，能够更好地提供农村社会公共服务，能够更好地改善农民生活水平。我国农村集体经济发展整体上呈现了不平衡的态势，一部分东部发达地区的农村依托地理位置、资源禀赋等方面的优势，较好地实现了三产融合，集体经济实力不断发展壮大，如比较典型的江苏华西村、广东南海区等；但是很多地处中西部内陆地区的农村，区位优势不明显，缺乏可依托资源，集体经济收入来源长期依靠财政转移支付，无法有效提供农村各项公共服务供给，不仅留不住村民，甚至留不住村干部。本节主要从壮大集体经济实力的角度，对保障农户土地福利权提出对策建议。

1. 合理利用财政补助资金

2016 年，中央财政就安排资金在 28 个省份和 4 个计划单列市开展扶持村级集体经济发展试点。2018 年 11 月 19 日，中央组织部、财政部、农业农村部印发了《关于坚持和加强农村基层党组织领导扶持壮大村集体经济的通知》，计划“到

2022 年，中央财政资金在全国范围内扶持 10 万个左右行政村发展壮大集体经济，示范带动各地进一步加大政策支持、资金扶持和统筹推进力度，除了一些确不具备发展条件的村以外，基本消除集体经济空壳村、薄弱村,逐步实现村村都有稳定的集体经济收入，进一步增强村级自我保障和服务群众能力，提升农村基层党组织的组织力”。

从国家到地方，都在不断加大对农业的财政补贴，村集体应深入了解各项涉农的财政补助政策，统筹规划财政资金使用用途，合理利用财政补助资金，不断发展壮大村级集体经济。例如，贵州省湄潭县，有效利用国土整治项目资金，改善农业基础设施，提高村集体土地的利用率和产出率，也改善了生产和生活条件；河南省长垣市每年拿出 1000 万元，用来支持设施农业、规模农业、高效农业的发展，推动主导产业的形成和发展。

2. 有效利用集体机动地

《中华人民共和国农村土地承包法》第六十七条对预留机动地作了限制性和禁止性的规定:“本法实施前已经预留机动地的，机动地面积不得超过本集体经济组织耕地总面积的百分之五。不足百分之五的，不得再增加机动地。本法实施前未留机动地的，本法实施后不得再留机动地。”

实地调研显示，大部分村集体都没有保留集体机动地，或者保留了很少的机动地，主要用于集体内部的调整和置换。但是，在一些缺乏经营性资产的村集体，集体机动地成为除财政转移支付外，村集体经济的主要收入来源；一些村集体在实践操作过程中，也增加了一些村集体机动地，如一些未承包的“四荒地”和其他不宜以家庭承包方式承包的土地；在确权颁证过程中，实测面积大于二轮承包面积的土地，收回作为集体机动地；因沟渠、坡坎、道路等整治后增加的面积，收回作为集体机动地。在健全集体经济组织内部治理机制的前提下，保留部分村集体机动地，并有效利用村集体机动地，也能够扩大村集体经济收入的来源。

3. 设置公积金和公益金

在农村集体产权制度改革中，股权设置是关键环节，而在股权设置中，是否设置集体股成为各地实践操作中面临的一个重要问题。2016 年 12 月 26 日，中共中央、国务院发布《关于稳步推进农村集体产权制度改革的意见》指出，股权设置应以成员股为主，是否设置集体股由本集体经济组织成员民主讨论决定。目前，各地在改革过程中存在不同的做法，一些集体经济比较薄弱的村，设置了一定比例的集体股；一些村不设置集体股，而是设置公积金、公益金代替集体股。

设置集体股主要的考虑是保障村集体的基本公共服务功能，但是股权本身是存在风险的，股份合作社盈利，村集体可以凭借集体股获得收益分红，但是如果股份合作社亏损了，村集体的经济收入就没有保障了。由于集体股的特殊性，在利益分配过程中也容易产生矛盾。相比于设置集体股，设置公积金和公益金是更好的壮大集体经济的方式。

《中华人民共和国民法典》将农村集体经济组织法人确定为特别法人，可以参照公司法律要求的公积金制度设置公积金和公益金。设置公积金可以促进集体资产保值增值，增强集体经济抵御风险的能力，建立符合市场经济要求的集体经济运行机制。设置公益金可以更好地保障农村公共事业和公益事业的投入，如农村公共设施的建设、公共教育和卫生、社会优抚工作、文化娱乐活动等。此外，公积金和公益金的提取比例，不宜过低，以致无法有效保障集体经济收入，也不宜过高，影响集体成员的利益分配，一般比例大致在 10%～20%。例如，山东省滕州市西岗镇东王庄村，与市供销社联合开展“村社共建”模式，在利益分配机制中，提取 20%作为集体公益金，用于村庄公共事业建设。东王庄村改造了原有废弃池塘，修建了栈道、湖心亭，建立了民俗博物馆，修建了“孔子学堂”，打造了富裕、美丽、生态、和谐、文明的村庄风貌，被评为山东省美丽宜居乡村、全国文明村镇。

4. 激发村基层干部的主动性和创造性

村基层干部奋斗在农村工作的第一线，从事的工作范围广、复杂性强、需要兼顾原则性和灵活性，很多工作的开展过程中，特别需要村干部的主动性和创造性。在实地调研过程中，课题组切实感受到了村干部工作的困难和辛苦，也能够清晰地看到主动性高、创造性强的村干部在各项工作开展过程中起到了最为关键的作用，很多创新的工作模式、高效的执行方案都源于村干部。

但是，因为村干部身份的双重性，村干部是农民，又不是纯粹的农民；是干部，又不是标准的干部。村干部不能享受国家公职人员所具有的医疗、退休、养老保障等福利待遇。在实地调研过程中，也能够看到一些基层干部工作热情不高、主动性不强、保守畏缩、缺乏创造性，直接影响了农村各项基层工作的开展和成效。

前面提出的若干方面的政策建议，最后都离不开村干部的具体工作。激发村干部的主动性和创造性可以从以下三个方面入手。①调动村干部的政治热情。加强农村基层党建工作，筑牢基层战斗堡垒，提高村干部的政治思想素质，树立服务意识、奉献意识，调动村干部的政治热情。②解决村干部的社保问题。很多村干部在基层岗位上兢兢业业，但退休后却无法保障基本生活。解决村干部的社会保障问题，才能给基层干部吃一颗“定心丸”，才能增强基层干部的获得感，才能让越来越多优秀人才愿意担任基层干部，充实基层力量。建议由上一级政府作为用人单位，为村两委干部办理医疗保险和养老保险，用人单位依法应承担的部分由上一级政府财政安排专项资金解决，个人社保费用由村干部自己解决。③完善物质激励机制。村干部的工作重、任务繁，而工资收入普遍不高，村干部一般是村里的能人，本身具有获得更高经济收入的能力。建立和完善物质激励机制，可以更好地激发基层干部工作的主动性和创造性。例如，贵州省湄潭县天城镇在推进农地经营权流转的过程中，村集体承担了大量"中介"任务，降低了农户和业主的交易费用，也规范了农地经营权流转过程，镇里统一规定，在农地经营权流转过程中，每亩有 50 元作为农地经营权流转工作经费，即业主出钱 650 元/亩，其中农户获得土地租金 600 元/亩，村集体获得农地经营权流转工作经费 50 元/亩。有了专项工作经费的支撑，村干部就有更大的动力去完成专项项目，也更能够发挥主动性和创造性。

21.2 关于放活集体经营权与稳定农户承包权的对策建议

自古以来，农地是农民最重要的生产资料和生活保障，也是乡村社会多元主体生存和发展的物质基础。为此，在乡村振兴战略的引领下，依据地权结构细分框架，一方面，要放活土地经营权，加快农地经营权流转，优化资源配置，激发农业要素市场活力，推动农业提质增效，另一方面也要遵从市场和自然规律，尊重农民意愿，依据法律法规和流转契约，切实保护农户的收益权、控制权、发展权和福利权，在坚持农地集体所有的前提下，稳定农户承包权，放活土地经营权，推动农地有序流转。

21.2.1 延伸农地价值链，保障农户土地收益权

"三权分置"和承包期再延长 30 年不变的制度设计，不仅稳定了农户的承包权，也有效放活了经营权，给业主和农户都吃了颗定心丸，一方面可以消除农地经营权流转障碍，激发农户流转积极性，逐步剥离农地传统的生计保障和社会保障功能，还原土地的生产功能、财产功能；另一方面，可以鼓励业主增加土地投入，改善现代农业经营，创新经营权价值实现方式，促进经营权的价值延伸。为此，在乡村振兴的机遇期，在承包期再延长 30 年的政策环境下，要稳固经营权延伸所形成的价值链，在产权制度改革进程中持续拓展农业功能，保障农民的收益权。具体而言，可从以下三方面着手。

1. 理清发展思路，做好创新的系统设计

在创新经营权价值实现方式时，各地政府要了解当地实情、设计出统领性文

件，精雕细琢地指导乡镇开展农地经营权活化工作。具体而言，一方面，要广泛展开基本情况调研工作，全面掌握当地农地经营权流转规模、流转方式、流转价格、业主资质、产业类型等基本信息。同时，摸清农户的政策认知、流转意愿、关注焦点和业主的政策认知、流转动机、社会信用等情况，夯实经营权价值实现方式创新的信息基础。另一方面，由县级党政一把手牵头，从涉农部门抽调部分骨干，组建县级农地经营权流转“专项工作领导小组”。专项小组成员要尽职履责，定期组织国内外专家学者、基层工作人员、经营业主、社会人士等召开农地经营权价值实现方式的研讨会议，在参考当地“市情、农情、民情”的基础上，制定出适宜当地现代农业发展的经营权价值实现方案，以此作为各乡镇开展农地经营权流转工作的纲领性指导文件。总之，在地权结构细分的框架下，各地要结合乡村振兴战略实施要求，坚守国家法律法规，灵活运用计划与市场两种力量，深入推进农村产权制度改革，以推进现代农业三产融合发展为依托，以经营权活化和细化为目标，持续拓展土地经营权增值空间，延伸经营权价值链，全面释放农业要素市场活力，助推农地经营权流转可持续推进。

2. 鼓足改革勇气，大胆拓展创新的空间

放活土地经营权，应集聚多方力量，齐心开拓经营权价值实现的创新空间。在基层管理者层面，针对当前部分干部在农地经营权流转中“不愿为、不敢为、不作为”的问题，一方面要加强考核和问责，督促地方干部因地制宜地开展经营权价值实现方面的创新工作；另一方面要制定出干部工作的容错、试错机制，消除他们的工作顾虑、鼓励他们大胆尝试，勇于创新，为经营权的价值实现贡献力量与智慧。同时在基层树立干部工作典范，加大对表现突出者的物质奖励，并在职位晋升中适当优先考虑，激发他们的创新活力。在经营业主与农户层面，大力释放民间智慧，鼓励业主与农户在创新经营权价值实现方式中的自发行为，广泛征集业主与农户的宝贵建议，有效整合官方和民间力量，全面总结具有创新价值的地方性模式和经验，通过不断地研讨与打磨，形成地方性的土地经营权价值实现新型智慧文本，并在区域内全面推广。具体而言，各地在推进农地经营权流转工作时，要依据供给与需求的原理，合理配置农地经营权流转的相关要素，达成动态化的经营权流转供需平衡，形成有效的供需匹配，提高农地经营权流转效率；依据价值规律，建立规范的农地经营权流转的价格机制，充分考虑当地农业平均产值和农户生活水平，因地制宜地定价土地经营权，在全国范围内形成差异化的农地经营权流转价格体系；依据农户和业主的异质性，设计农地经营权流转的精准指导机制，在考虑地区发展差异、农户与业主异质性的基础上，创新农地经营权流转指导方式，力争土地经营权流转工作有效有序运行。例如，在落后地区可采取保底分红的农地经营权流转方式；在集体经济较弱的地区可采用入股的流转方式；在经济基础较好的地区可采用租赁等流转方式。

3. 敢于大胆尝试，推陈出新保值增值

我国广大农村区域发展水平差异较大，各地农地的自然禀赋与级差地租不同，农地经营权价值实现的方式自然要因地制宜推进。首先，各县（区、市）要整合国家、省市级涉农政策，在深刻理解国家政策的基础上，用足国家政策空间，遵循“非禁即可”的原则，借助乡村振兴的时代机遇，大胆设计区域性农地经营权流转具体办法和效果评价机制，给足乡镇农地经营权流转创新空间，指导村级组织因地制宜地开展农地经营权价值实现和增值方式的创新。其次，要有农地经营权流转的大格局意识，不断拓展经营权价值实现的空间。一方面，围绕“高效种地”的目标，聚焦农地经营权活化和细化问题，展开机制、方式和路径的创新，培育农地经营权流转的内生力量，推动经营权的快速流转；另一方面，围绕“长效运行”的目标，优化农地经营权流转的外部环境，健全社会保障体系，创新农业保险制度，优化社保服务，解决农户和业主的后顾之忧，做实农地经营权流转的社会支撑。最后，在充分利用现代农业技术，吸取各地农地经营方式变革经验的基础上，科学灵活地运用“股份制”“共营制”“三变改革”等方式的功能，围绕现代农业三产融合发展的产业布局，以农地经营权价值链管理为手段，因地制宜地开展区域内农地经营权价值实现方式的创新，不断拓展经营权的价值拓展空间，实现价值的保值和增值。

21.2.2 防范流转风险，保障农户土地控制权

在地权结构细分的框架下，要积极总结农村土地制度改革经验，科学分析土地经营权流转中的风险，切实保障农户的农地控制权。防范经营权流转风险需要从法律支撑、制度支撑、工作体系支撑等方面入手。

1. 构建系统化的“三权分置”法律支撑体系

从当前土地制度改革的实情出发，进行法律层面的适应性调整，在坚持农地所有权集体拥有原则不变的前提下，努力探索承包权与经营权的立法正当性，保障农地经营权流转过程中农户与经营业主的合法权益。纵向而言，从上位法调整入手，依据权利的传递层次，完善各级法律保障，实现政令统一；横向而言，整合涉农部门的职责与功能，依据协同联动的原则，创新土地经营权活化的方式，达成多元主体的协作。除此之外，各地应加强基层干部权力清单管理，有效规范基层干部的公务行为，避免“精英俘获”等行为的发生，缩小经营权放活过程中的寻租空间，营

造“风清气正”的农地经营权流转政务环境。其一，做实集体所有权，创新实现形式。在稳定土地承包关系的基础上做实集体所有权，一方面法律应进一步明确农民集体选择统一经营的权利及行使的具体细则，另一方面应在维系家庭承包经营方式基本不变的前提下对“动账不动地”等实践做法予以制度化。其二，放活土地经营权、稳定预期可以提高效率。具体可以从以下三个方面予以规定。首先，在承包经营权的土地上，土地经营权人可以设立土地经营权。其次，土地经营权人有权以转让、出租等方式依法流转土地经营权。最后，为进一步稳定土地经营人的预期，可允许其继承人在承包期内继续经营，土地被征收的应予以土地上附着物及青苗、土壤改良等补偿。

2. 健全制度层面上的农地经营权抵押融资政策体系

首先，规范农地经营权抵押融资程序的实施。严格遵守农地经营权融资程序，建立事前资格审查、事中多方鉴证、事后政府备案的规范融资程序，尤其须保证村集体、承包农户的绝对知情权，发挥主体间相互监督的积极作用，最大程度防范流转风险发生，有效保障流转农户权益。《中华人民共和国农村土地承包法》，明确规定承包方可以用承包地的土地经营权向金融机构融资担保，并向发包方备案。受让方通过流转取得的土地经营权，经承包方书面同意并向发包方备案，可以向金融机构融资担保。设立县、乡、村农地经营权流转服务机构，并明确职能，为农村土地经营权流转提供优质配套服务。建立健全农村土地经营权价值评估专业机构，合理确定农村土地价值。建立和完善农村土地流转中介机构，为抵押的土地经营权进行流转变现提供服务。其次，推行农地经营权抵押融资托底政策。在经营权抵押融资过程中，为保障农户权益，帮助业主可持续性经营，通过市县两级财政配资，设立农村土地经营权抵押融资风险补偿资金专用账户，对到期未能按时偿还的抵押融资事项，金融机构等债权人可递交申请，由专用账户分档代偿，缓解业主资金压力，之后从借款人处追回资金，按代偿比例归还专用账户，使财政风险补偿金起到循环托底功效，保障农地经营权融资功能有效发挥。再次，逐步扩大农地经营权活化方式试点范围。总结现有经营权抵押融资试点经验，探索扩大试点范围，选取条件成熟、意愿较高的市县试点，鼓励有意愿、有能力的银行等金融机构参与试点；探索开展经营权“再流转再抵押”试点工作，针对部分经营权流转后难以维持或提前终止的情况，尝试土地经营权“再流转再抵押”，增强经营权流转可持续性；开展农地经营权“再盘活试点”工作，针对土地经营搁置且无人问津，或土地难以复原、再变现等问题，试点成立以市场为导向的农村资产经营管理公司或土地经营权收储公司，主要对农村土地经营权抵押贷款产生的不良资产进行处置、管理和运作，由其集中收购、集中处理问题农地，通过“政府＋市场”的方式盘活沉没的农地经营权。最后，完善农地经营权抵押融资风险分摊机制。在试点地区可以从一般公共预算收入中逐年提取一定比例的资金，并建立农村土地经营权抵押贷款风险补偿基金。首次注入风险补偿金的金额可以设定最低额度，到试点工作结束时，风险补偿金总额不得低于最低额度的两倍。鼓励试点地区开设特色农业保险，分散农村土地经营权抵押融资风险。

3. 优化操作层面上的农地经营权流转工作体系

首先，提升农地经营权流转服务规范化程度。按照“人事匹配、权责明确”的原则，精细化设计农地经营权流转流程，节约业主与农户的经营权交易成本。在基层做好法律常识与国家政策的宣传教育工作，一方面，帮助农户了解政策要义，培养其在农地经营权流转工作方面的法律维权意识；另一方面，帮助地方政府培养起依法行政的习惯，提升其为民服务的法治能力。尤其要防止农地用途改变和掠夺性使用，积极推行农地经营权流转保证金或复垦金制度，规范业主的土地经营行为，保护农户的合法权益，保障土地经营权的可持续流转。其一，完善土地经营权流转人事服务体系，通过“大数据”和人力资源规划、招聘与配置、培训与开发、员工绩效管理、薪酬福利管理、劳动关系管理等人力资源六大管理模块为中小农地经营者服务；其二，完善土地经营权流转产业服务体系，通过金融服务、技术服务等提高土地经营者的抗风险能力，提高投资信心；其三，完善土地经营权流转“智库建设”服务，整合各机构专家学者智慧与才能，为农地经营权流转提供技术信息支持。其次，构建种类多样的中介服务平台。围绕农地高效流转的目标，着力搭建三大服务平台。一是建立市、县、乡三级土地交易信息公开平台，搜集经营权交易信息，快速匹配供需双方，促成经营权高效流转。二是建立互联网信息交流平台，吸纳众多业主和农户参与农地经营权流转问题的讨论，畅通大众建言献策渠道，充分发挥民间智慧，优化农地经营权流转制度设计。三是建立纠纷调解和法律仲裁平台，成立农地经营权流转纠纷专项工作小组，制定农地经营权流转纠纷的预防与化解制度，维护农地经营权流转过程中受损方的合法权益，协调土地经营权流转中的冲突，化解农户与业主间的矛盾，凝聚二者参与农地经营权流转的积极性。最后，建立农地经营权流转监督服务体系。加强对农村土地流转期限和用途的监管。农村土地流转期限应充分尊重流转双方意愿，依据农村流转土地使用情况，由双方平等协商确定。加强对业主土地用途的监督检查，确保农地农用，不得改变农业用途，依法查处违反规定的行为。若流转土地被征为建设用地，农村集体经济组织享有征地补偿费中的土地补偿费、安置补助费，并在集体内部合理分配，以被征地农户为主要补偿对象；地上随着物、青苗补偿及农田水利等设施，按“谁投资、谁所有”的原则分配。流转双方应在流转合同上予以明确相关问题。为切实防止农村承包土地“非粮化”“非农化”经营，应探索建立严格的工商企业租赁农户承包耕地、“四荒”地、林地的准入和监管制度。加强动态监测，按照“转一宗、录一宗”的原则，逐一将流转项目名称、受让方、流转期限、面积、流转价格、生产经营等内容制作项目信息卡，并确定流转项目跟踪责任人，动态监管流转土地的利用情况和流转合同履约情况，及时发现和化解流转矛盾，报告风险预警，并提出改进措施。

21.2.3　创新土地流转形式，保障农户土地发展权

在乡村振兴战略机遇期，结合农村产权制度改革的要求，全国各地积极开展土地确权和流转工作。在城市工商资本下乡的推动下，土地经营权流转市场日趋活跃，全国各地涌现出来一些典型模式和优秀案例。但从全国农地经营权流转整体规模和质量来看，农地经营权流转工作的创新空间还较大。各地应因地制宜创新农地经营权流转形式，切实保障农民的农地发展权。

1. 加快多元化的经营主体培育，为保障农户土地发展权提供组织基础

把培育多元化的农地经营权流转经营主体作为推动农地经营权流转形式创新的重要抓手。一方面，因地制宜地选择好产业，培育壮大和规范新型农业经营主体的发展，鼓励社区合作社、股份合作社、信托合作社等主体的发展。鼓励农民以承包土地经营权入股各类经营主体，分享产业链增值收益，在合法合理的基础上，发展多种形式的农地经营权流转方式，鼓励农户以出租、转让、股份合作等方式将农地经营权流转给新型经营主体。另一方面，创新财政资金配置机制，整合相关项目和资金，用好国家政策，发挥整体合力。其一，完善对新型经营主体的支持和保护政策，鼓励农地经营权流转经营主体承担农业综合开发、基础设施建设等涉农项目，提升农地经营权流转经营主体的综合运营和盈利能力。允许在不改变资金性质及用途的前提下，将财政支农资金投入到各类农地经营权流转经营主体，同等条件下予以重点倾斜。其二，保障农地经营权流转的受让方经营主体农业生产配套设施用地，对于农地经营权流转规范且经营正常的受让方经营主体，在符合土地利用总体规划和不破坏耕作的前提下，对其附属设施用地按照《国土资源部 农业部关于进一步支持设施农业健康发展的通知》进行相关支撑。其三，在农地经营权流转经营主体配套经营性建设用地方面，在符合土地利用规划和土地用途管制的前提下，对农地经营权流转经营主体达到一定规模，经营正常的，可按照国家有关政策及规定提供经营建设用地。其四，加快农地经营权流转服务体系建设。建立市、县、乡、村四级农地经营权流转服务平台，促进农地经营权流转市场发育。其五，建立和完善农地经营权流转纠纷协调机制。对于当事人申请办理土地承包经营权流转登记的，应依法按照有关规定及

时予以办理；对于发生纠纷或者争议的，当事人可依法向中心申请协商解决，也可以向农村土地承包仲裁机构申请仲裁，除此之外，应为农地经营权流转工作提供指导和监管服务及其他必要服务。

2. 建立合理的利益分摊机制，为保障农户土地发展权提供合作基础

实现利益分成最大化替代个人或组织收益最大化，是促进农地经营权流转形式创新的目标。加快推进多方参与、多方受益的多元利益互动局面的形成。其一，实施股份合作联结。推动新型经营主体，尤其实力较强的龙头企业通过双向入股的方式进行利益联结，鼓励农民通过农地经营权入股企业；鼓励企业以多种要素入股到农民专业合作社，通过“二次盈利返还”和“按股份分红”的方式，使农民分享加工和流通环节的利润。其二，推行订单合同联结。推动农民与龙头企业或者中介组织订立购销合同，建立相对稳定的产品供求关系，农民根据合同组织生产，企业或中介组织按照合同要求收购农产品，促进农民稳定增收。一方面可以解决农产品产能过剩的问题，实现适量投入生产，稳定农产品价格，另一方面有助于企业减少搜寻成本，降低企业的交易成本。其三，构建服务协作联结。采取村社联结的协作模式，把基层组织力量融入生产经营链条，按照一定比例参与利润分成。发挥农村党组织在农业生产经营的中介作用，依靠乡村能人和乡贤为农业生产的产前、产中、产后出谋划策，鼓励他们在村级合作社中担任重要职位，引领农民创业致富。其四，流转聘用联结。鼓励和引导农民将农地经营权流转给农业经营主体，用于扩大生产经营规模，在每年获得稳定的流转费用基础上，返聘到经营主体基地务工，赚得相应的劳动报酬，从而获得比较稳定的收入。

3. 维护经营主体可持续发展权，保障农户远期发展利益

把维护好多元化流转经营主体的可持续发展权作为保障农民发展权的政策基础。其一，进一步加大对农业保险的支持力度，针对各地各类特色农产品的发展情况，建立创设各级财政支持开发。通过扩大特色农产品保险品种、保费补贴品种、补贴区域、补贴水平等方式，不断增强新型经营主体的抗风险能力。同时，增强新型经营主体间的互保能力和风险承担能力。比如，针对有条件的区域，鼓励成立农业互助保险组织，增强经营组织间的互保能力。引导商业保险机构开发面向农户的小额信贷保证类保险产品，通过与银行共同制定合理的风险分摊机制，提高农户的抗风险能力。其二，增强股权的监管和处理机制。对于债务到期或违约的贷款人，在保证农户承包权前提下，允许金融机构依法采取多种方式处置抵押的经营权。其三，建立和完善合同备案机制。完善合同备案机制，引导农户与经营主体依法按照协商内容签订合同，并履行相应的权利和义务。在保障农户的基本权利的基础上，明确农地经营权流转年限、租金以及解散、破产等处理办法。

其四，探索筹建农业资产经营公司，健全风险防控机制，建立法律顾问机制，组织律师和法律服务工作者对法律文书进行审核把关，并全程指导农民签订合同。其五，应把维护好和保护好农户的发展权列为重大事项进行督查。一方面，既要确保农地经营权流转的合法性，又要维护好农民群众的切身利益。另一方面，应加强对工商企业租赁土地的监管和风险防范，在经营主体的资格审查、项目审核、风险保障金制度等方面应做出严格规定。

4. 发挥好市场和政府双重作用，为保障农户土地发展权提供双重保险

首先，坚持问题导向和政策底线思维。在坚持农村土地集体所有和家庭联产承包责任制的基础上，利用市场驱动土地经营权流转，使土地资源配置到效益更高的地方。当然在市场面前既要维护好企业、银行的利益，也要维护好农民的利益。但大多数情况下政府应该保护处于弱势位置的农民。其一，政府需要遴选好和培育好经营主体这个"代言人"，才能保证农民的长远发展权。因地制宜，选择适合当地农户的经营主体，通过构建完整的利益链接纽带和完善的公共服务供给促进企业与农户良性互动。其二，政府需要为经营主体选择好和搭建好经营主体产业发展所需要的软环境和硬环境，通过提供良好的公共服务促进经营主体良性发展，从而带动农户持续增收。其三，充分尊重农民意愿和主体地位。在农地经营权流转的过程中，应充分尊重市场规律和农民意愿，实现我国土地经营权流转事业长足有效发展。维护好农民合法权益，不断增强农民的主动性和创造性。

其次，加大农业支持保护力度，建立农业农村投入稳定增长机制。逐步扩大新型农业经营主体承担农业综合开发、基础设施投资等涉农项目的规模。其一，在不改变资金性质及用途的前提下，允许将财政支农资金量化为村集体的股金并投入到村集体经济组织，农户与村集体按股比获得收益。除此之外，鼓励农民以经营权入股家庭农场、合作社等新型经营主体，分享产业链增值收益。其二，完善农业补贴和支持政策。继续实行农业支持保护政策，新增补贴向粮食等重要农产品的新型农业经营主体倾斜。其三，稳步推进从财政预算编制环节清理和归并整合涉农资金，整合和统筹使用各级各部门的涉农资金。改革项目审批制度，创造条件逐步下放中央和省级涉农项目审批权限，并进一步改革项目管理办法、项目实施办法和预算执行办法，切实提高监管水平。加强巩固脱贫攻坚成果专项资金监管，强化省、市两级政府对资金和项目的监督责任，县级政府切实管好用好支农资金。盘活农业结余资金和超规定期限的结转资金，由同级预算统筹限时用于农田水利等建设。

最后，坚持因地制宜，循序渐进。在充分认识农村土地制度改革的长期性和复杂性的基础上，保持足够的历史耐心，逐步将实践经验上升为制度安排。在考虑各地区资源禀赋和经济发展形势的差异的情况下，结合当地气候、水源、地理

位置等实际情况，鼓励进行符合实际的实践探索和制度创新，总结形成适合不同地区的地权结构细分具体路径和办法。农村改革要取得成功，必须把市场和政府"两只手"结合起来，充分发挥党委总揽全局，协调各方的核心作用，加强顶层设计，统一思想认识，强化政策把关，落实督查考核，加强组织领导，统筹好产业发展、风险防范、产权明晰、平台搭建、机制完善等工作，确保改革始终沿着有利于农民权利维护的方向发展。

21.2.4 强化经营业主社会责任，保障农户土地福利权

在乡土中国，土地历来被认为是农民安身立命之本，也是农村社会的"稳压器"。在地权结构细分框架下，土地的社会保障功能将会随着土地经营权的流转而发生形式和样态上的改变，国家和地方政府不仅要从公共服务的角度加大农户社会保障，作为工商资本的业主也要发挥其在农地经营权流转中的社会责任，在土地经营获利的同时，也要加强农户的福利改善，保障农户农地经营权流转后延伸的福利权，充分调动农户参与农地经营权流转的积极性，推动二者和谐共生局面的形成。

1. 加强业主农业情怀的多重培育

在农地经营权流转过程中，培养业主的"爱农村、爱农民"的情感，促使其扎根农村，安心务农，也是当前农地经营权流转工作中亟待解决的问题。其一，强化业主对当前农村社会和现代农业发展的认知，加强"三农"政策学习的重要性，深化其农业公益性认知，夯实这一群体现代农业基础知识，提升其从事现代农业经营的能力，通过农业经营能力的提升和"三农"认知的改变，系统化培育其"爱农、务农、乐农、兴农"情怀，引导其主动承担"帮助农户增收，振兴乡村产业"的社会责任。其二，培育业主艰苦奋斗、敢为人先的创业精神。业主流转土地，在乡村创业，不仅需要懂农业，更要适应农村创业发展环境，克服资金、市场、劳动力和基础设施等方面的困难，秉持"服务基层、建功'三农'"的使命，沉下去，稳得住，以创业者和守业者的心态安心踏实地务农，充分发挥自身在资金和技术方面的优势，整合国家政策和乡村资源，创建适度规模的现代农业组织，带领农户走出传统农业发展困局，推动农业转型升级。其三，评选优秀雇主，树立先进典型，构建农户与业主在农地经营权流转中的和谐关系。地方政府每年度组织县乡村三级组织和农户代表评选优秀业主，从经营状况、劳资关系、社会责任、公益志愿等维度评选出当地的优秀农业雇主，通过农户口碑、社会认同、诚信档案等方式引导业主积极参与农地经营权流转，自觉承担乡村建设的时代使命。

2. 鼓励经营业主帮助农户解决就业难题

农户参与农地经营权流转后，有部分人选择外出务工，也有部分人因孩子上学或照顾老人不愿外出，促进这部分留守农户就业，不仅需要国家财政的大力支持，也需要经营业主的鼎力相助。其一，鼓励业主优先安排其流转户的就业岗位，通过分析整理农户的技能和素养资料，结合经营岗位的要求，有针对性地安排工作，帮助农户实现打工挣钱与照顾家人两不误，确保农户享受农地经营权流转带来的就业福利。基于当前农村劳动力水平不适应现代农业发展需求的现实困境，各地除了加大公益性职业教育投入外，也要积极鼓励业主参与流转农户现代农业技能提升的培育和培训工作，一方面可以以政府购买公益服务的方式鼓励业主增强农户职业教育投入，增强财政资源的配置效益；另一方面可以以享受社保优惠政策或减免税收的方式鼓励业主积极参与农户在岗培育工作。其二，建立和规范适合农地经营权流转的农户社会保险管理办法。根据业主的经营状况，因地制宜制定业主对流转农户的社保义务，尽快建立“国家＋业主＋农户”联合发力的成本合理分摊社保制度，保障农户的合法、合理、合规的福利权。其三，鼓励业主加大对流转农户中妇女和老人的帮扶力度，着重关注这部分就业困难的特殊人群的就业。有研究表明，在阻碍农地经营权流转的诸多要素中，妇女和老人的就业问题所占比较高，许多农户不愿参与农地经营权流转的后顾之忧在于这一群体的生计问题。为此，从农地经营权流转的效率来讲，业主也应该主动承担部分责任，依据现代农业分工的不同，结合农业经营管理工种的差异，主动供给适合妇女老人就业的岗位，一方面帮助他们就业，解决生计问题，另一方面提升他们的综合素质和职业化水平，为农村人力资本的积累贡献智慧和力量。

3. 号召经营业主积极参与乡村公益事业

乡村公益事业具有较强的正外部性，鼓励业主积极投入乡村公益事业，不仅有利于美丽乡村建设，也有利于农户福利的提升。其一，鼓励经营业主积极参与乡村教育事业，以捐赠或购买服务的形式提升乡村中小学的教育水平。经营业主热心所在乡村教育发展事业，是德润乡里的善举，为流转农户的孩子提供了福利。为此，在镇党委和政府的号召下，各地业主要积极投身到农村教育“物质条件改善、师资队伍建设、孩子营养保障”等事宜中，确保孩子们在农地经营权流转中获得教育上的福利。其二，积极号召业主参与农村人居环境改造和品质提升。一方面要加强业主的环保意识，强调应用环保的生产方式，生产绿色健康的农产品，杜绝一切污染、破坏农地行为的发生；另一方面要以乡村振兴战略为背景，依据美丽乡村建设目标，遵从共建共治共享原则，积极参与农村污水处理和厕所革命，改善农户居住环境，培育其环保意识，增强农户农地经营权流转带来的绿色公益福利。其三，积极引导业主参与乡村社会治理，提升农户的公益福祉。各地政府要立足村社实情，坚持高标准，规范好程序，积极引导农户把自身信得过、有威望的优秀业主选出来，代表自身参与乡村事务的商讨与建议，并鼓励优秀业主在壮大农村集体经济组织、推动三产融合发展、释放土地要素市场活力、推进三变改革、三社融合和两化发展等方面建言献策，提供一线扎实的智慧支撑。同时，支持业主积极参与村庄共同体建设。在土地制度改革和农地经营权流转工作推进过程中，乡村社会原有的利益格局和社会秩序会发生改变。经营业主要积极参与社会公益事务，全力支持村庄共同体建设，广泛连接社会资源，团结流转农户，共谋乡村社会发展，助推村庄多主体和谐共生社会样态的形成。

第 22 章　保持承包关系长久不变的政策设计

以家庭联产承包经营为基础、统分结合的双层经营制度构成了我国农村的基本经营制度。1982 年，中央以一号文件的形式，对家庭联产承包经营制度予以正式肯定。1984 年中央一号文件明确了土地承包期，十五年以上的土地承包期对稳定农业生产起到了积极作用。进入 20 世纪 90 年代，双层经营体制写入宪法，农地承包经营的法律地位得到进一步提升。与此同时，中共中央、国务院印发《关于当前农业和农村经济发展的若干政策措施》土地承包期明确将再延长 30 年。2008 年 10 月颁布的《中共中央关于推进农村改革发展若干重大问题的决定》中明确提出“赋予农民更加充分而有保障的土地承包经营权，现有土地承包关系要保持稳定并长久不变”。2014 年中央一号文件明确提出了“三权分置”制度改革，“在落实农村土地集体所有权的基础上，稳定农户承包权、放活土地经营权”[①]，力图进一步解放农业生产力。党的十九大报告指出“保持土地承包关系稳定并长久不变，第二轮土地承包到期后再延长三十年”[②]。保护农户权益是中国共产党农村土地政策推进的出发点和落脚点，而保护农户权益的核心是巩固和完善农村基本经营制度。其中，稳定农村集体与农户之间的承包关系则是稳定农村基本经营制度的重中之重。

农地承包关系指的是农村集体与农户之间的土地承包关系；土地承包源自“丰衣足食”和“耕者有其田”的朴素逻辑，不仅反映了农民诉求，也是人地基本矛盾的现实体现。随着国民经济发展与城乡人口流动，虽然人多地少的基本国情没有发生显著的变化，但是中国农村人地关系和人民诉求都发生较大变化，因此稳定承包关系具有差异化的政策内涵和政策目标。由此，在中国农村农地关系发生变化的背景下，设计相关政策以保持土地承包关系稳定并长久不变是当前政府推进农村土地制度改革的重要任务。

① 《关于全面深化农村改革加快推进农业现代化的若干意见》，https://www.gov.cn/zhengce/202203/content_3635152.htm[2024-01-04]。

② 《习近平：决胜全面建成小康社会 夺取新时代中国特色社会主义伟大胜利——在中国共产党第十九次全国代表大会上的报告》，https://www.gov.cn/zhuanti/2017-10/27/content_5234876.htm[2023-08-15]。

22.1 关系结构：元素构成与动态变化

22.1.1 承包关系的主体、客体和载体

主体、客体是哲学认识论的概念。根据马克思主义认识论，事物之间存在主体和客体的辩证关系。主体是指社会实践中认识和改造世界的人；客体是主体相对应的客观事物、外部世界，是主体认识和改造的一切对象。人作为认识主体，既可以个体面貌出现，也可以群体一员面貌出现，还可以人类整体一员面貌出现。因此，主体的存在形式可区分为个人主体、群体主体和人类整体主体。主体、客体概念同样存在于法学概念之中。法律关系中的主体是指构成法律关系的参与者，不同的参与主体在法律关系中享有权利或承担义务。法律关系的主体称谓是“人”，主要包括自然人和法人。自然人是指有生命并具有法律人格的个人，根据法律管辖范围，可分为公民、外籍人和无国籍人等。法人指具有法律人格，能够以自己的名义独立享有权利或承担义务的组织。法律关系客体是指权利和义务所指向的对象，又称权利客体、义务客体或权利客体。

借鉴上述概念具体分析，土地承包关系中包括所有权人和承包经营权人，农村集体经济组织和承包农户之间存在发包和承包的关系，是承包关系的当然主体。承包关系的主体类型包括个体主体和群体主体。“农村集体经济组织”作为所有权人，集体对应群体主体，也属于法人主体。承包经营权人则同时对应着个体主体和群体主体，承包关系既存在于集体与农户个体之间，也存在于集体与农户群体之间。

承包权益是承包关系中最为重要的权利义务指向，可视为承包关系的客体。承包权益由一系列子权益构成，基于农地农业生产的使用价值与农地市场流转的交换价值，将农户承包权益重构为土地控制权、土地收益权、土地发展权和土地福利权四维权益。我国农村土地按其功能划分为生产功能、保障功能、财产功能与休闲功能四种，土地功能蕴含着农户承包权益。处于不同经济社会发展阶段，农民对土地的需求功能不同，对承包权益的侧重有所差异。

从法律法规和承包流程来看，“地权结构细分”框架中的经营权人并不属于承包关系中的当然主体。但是，从制度设计的初衷来看，创建农村基本经营制度的目的就是有效地提高土地生产力和经营效益，并在承包关系权利义务中，对承包人的生产经营行为进行了明确的约定。从客体角度分析，承包权益的实现依赖于土地资源的经营，经营权主体所创造的土地经营性收益是构成承包权益的基础。在农地农用的总体原则下，当土地经营性收益不存在时，承包关系的客体也成为“无本之木”。对主体进一步分析，在土地经营权流转未发生时，承包权人与经营权人统一，自然成为承包关系的主体；经营权流转发生后，所有权主体和承包权

主体可视为承包关系的当事人，经营权主体可视为承包关系的重要关系人，共同构成“三权分置”的三维主体。

承包权益的界定和实现需要依托于特定的载体，承包权益需要由特定的“标的”来体现。最为典型和常见的标的物即是土地，可通过确定土地的面积、数量和四至，明确承包权利义务的有形范围和权益边界。产权证书同样是重要的标的物，承包经营土地的面积、数量和四至以法律文书的形式确定下来，更具备法律效力，更能够体现对承包权益的保护。承包合约也是承包关系的载体，依据《中华人民共和国农村土地承包法》，所有权主体与承包经营权主体签订土地承包合同，除对承包土地的面积、数量和四至等自然属性进行约定外，还应对承包年限、承包权利义务等社会属性进行约定。通常而言，载体并不唯一，多种形式的承包关系“标的”相互印证，共同保障承包权益的实现。

22.1.2　承包关系构成元素的动态变化

随着时间推移和环境变化，承包关系主体、客体和载体必然发生动态变化，从而影响承包关系的稳定性。

就主体而言，承包农户作为个体自然人主体，社会流动和自然变动都可能导致承包关系中断或解除，也可能导致新的承包关系产生，从而使得承包关系处于不稳定状态中。在特定的历史阶段，这种不稳定状态并不利于农业生产和农业投资，因此通过实施“生不增、死不减”政策，减少主体变化的不稳定性，保证承包关系的稳定性。考虑到在相当长的时期内，小农户仍是我国农业的主要经营主体，以农户群体作为承包经营权主体稳定性更高。所有权人主体作为群体法人主体，具备较高的稳定性。农村集体经济组织对应于农户群体，群体规模和结构的内部动态变化通常不影响群体的整体存在，农村集体经济组织自然得以稳定延续。在特殊情况下，所有权人主体因行政区划变动而变化，原有承包关系的转隶和存续通常能够得到较好的保障。但是在现实当中，农村集体经济组织的复杂性客观上造成了所有权人主体的不稳定性。同时，在所有权虚化，集体经济弱化时，集体经济组织的行为能力不足以承担相应的服务、管理职能，所有权主体“失活”也将影响到承包关系的稳定性。

就客体而言，承包权益的动态变化更为活跃。承包权益可分为主观评价和客观评价。其一，从主观上讲，在不同时期、不同区域，不同主体对权益的偏好和排序存在时空差异，同时还存在区域之间、主体之间相互比较的“心理差异”，稳定性波动较大。其二，从客观上讲，承包权益与生产力发展高度相关，在乡村振兴和农业现代化的大背景下，农业生产力必然大幅度提升，土地收益和承包权益也必然发生结构性的变化。由此可见，无论是主观还是客观，承包权益将显现出动态变化的状态。保持承包关系稳定的出发点和立足点都是保证承包权益；在承包权益自身动态变化时，保持承包关系长久不变的关键是建立承包权益的持续保障机制，一种“以人民为中心”的、符合实际和意愿的动态保障机制。

就载体而言，由于不可移动性，土地具有天然的稳定性；由于使用用途和交易对象限制，再加上耕地红线约束，农地的稳定性进一步提高。因而，以土地作为载体，有利于构成稳定的承包关系，此时“主体—载体—客体”之间形成了自洽的稳定关系；当前的土地承包关系正是基于稳定的土地地块而构建的。土地作为重要的农业生产要素，在生产力快速发展的情况下，不可能保持一成不变。随着生产力的发展，人类开发利用土地的能力增强，土地开发和土地整治等手段使得总体耕地面积发生双向变化；规模化集约化农业生产经营模式对单位土地地块面积提出了更高的要求。土地地块四至将随生产力的发展而发生变化，就个体承包农户而言，以地块为基础的承包关系面临失稳；此时，针对群体承包农户的集体土地规模和四至仍趋于稳定，以“确权确股不确地”的产权证书或合约体现个体农户的承包权益更为符合实际，承包关系的载体发生转变。随着生产力和环境的持续变化，承包权益的指向可能与土地进一步剥离，由具体权益转变为抽象权益，此时需要找寻新的载体重新构建新的稳定关系。

从更为宏观的层面来看，承包关系本身也属于生产关系的范畴，在生产力持续进步的情况下，生产关系不可能一成不变，而需顺应生产力的变化而变化，并积极地反作用于生产力，推动生产力的发展。在这一过程中，承包关系自然而然无法始终处于不恒定稳定状态。稳定承包关系不应是僵化静态的稳定，而应以发展和实现承包权益为目标，着眼于生产力和社会环境的变化，依据各构成元素协同变化，不断形成更高层次的承包关系，实现动态稳定。

22.2　政策设计：稳定类型与动态调整

根据乡村振兴战略的目标规划和第二轮承包期延长的政策安排，将全面实现现代化分为三个阶段。在不同阶段，农业生产的外部条件约束和内部要素配置将表现出不同的特征，进而对农地资源的利用产生影响，从而形成差异化的承包关系稳定状态。

第一阶段：2020～2035 年。2035 年是乡村振兴战略的关键节点，到了 2035 年乡村振兴取得决定性进展，农业农村现代化基本实现。土地政策进一步调整和优化的外部条件更为充分。至 2038 年，第二轮土地承包延长期将完成第一个十年，客观环境会发生变化，有必要根据乡村振兴战略进程对土地政策进行必要的调整和优化。第一阶段覆盖了第二轮承包期到期的前后十年，属于第二轮承包期与延长期之间的过渡期，这一阶段的主要政策设计目标是实现平稳过渡。

第二阶段：2036～2050 年。第二阶段位于延长期中期，农业现代化和城镇化进程进一步推进，土地资源配置和承包关系优化将进一步围绕生产效率、经济效率、生态效率协同发展的目标演进，实现家庭经营与现代农业的进一步有机融合。2050 年是乡村振兴战略的收官之年，这一阶段的政策设计目标是助推乡村振兴战略目标的顺利完成。

第三阶段：2051～2058 年。2050 年后，乡村全面振兴，农业强、农村美、农民富全面实现，为农业农村的下一步发展奠定了坚实的基础。同时，第二轮土地承包延长期进入最后阶段，新旧矛盾的发展更迭和未来发展对土地政策调整优化有了新的要求。这一阶段的政策设计目标是进一步巩固和发展乡村振兴的成果，为第二轮土地承包延长期之后的制度政策进行预判和试点，巩固乡村振兴的伟大成就。

22.2.1　第一阶段（2020～2035 年）："地—人—权"静态稳定

党的十九大报告指出："保持土地承包关系稳定并长久不变，第二轮土地承包到期后再延长三十年。"①从 2023 年开始，二轮承包就开始陆续到期，也就要开始土地延包，延包的高峰期集中在 2026 年到 2028 年。到期后再延长土地承包期 30 年。《乡村振兴战略规划（2018—2022 年）》指明，到 2035 年基本实现农业农村现代化。在此时期，小农仍是农业生产的主力，承包关系的主体未发生结构性的变化。在现有的农业生产方式未被现代化的生产方式完全替代时，小农的"恋土情节"还将保持土地的基本稳定。另外，承包农户对土地延包政策的观望心态在客观上也限制了土地的整治和集中经营。因此，这一阶段承包关系将从大体上继承现有的状态，呈现出以"地"为中心的"地—人—权"静态稳定。

1. *确保第二轮土地延包的平稳过渡*

第二轮承包期到期后，土地延包总的原则应保持现有土地关系不变，土地农民集体所有与家庭承包经营的基本制度并未改变，农民承包组织成员依法享有承包集体土地的基本权利也不会变。第二轮承包期间，继续依据"增人不增地、减人不减地"的原则，保持现有人地关系不变，赋予农民更为稳定、更有保障的土地承包权益，为延包工作奠定坚实基础。2018 年底，基本完成了承包地确权登记颁证工作，以此为基础，因地制宜地探索不同的形式平稳过渡。一是对于长期实行"增人不增地、减人不减地"模式的地区，延续现有土地承包关系，以家户为

① 《习近平：决胜全面建成小康社会 夺取新时代中国特色社会主义伟大胜利——在中国共产党第十九次全国代表大会上的报告》，https://www.gov.cn/zhuanti/2017-10/27/content_5234876.htm[2023-08-15]。

单位，实现农村土地承包经营权稳定，家庭成员变动（如外嫁女、入赘婿、新生儿等）所引起的土地余缺问题原则上由农户户内解决。二是长期实施“大稳定、小调整”模式的地区，可基于现有的土地承包关系，经过充分商量，由集体统一调整，针对历史遗留问题和个别特殊情况做最后一次小调整，在此基础上稳定农户土地承包关系。三是对于个别土地承包关系频繁大范围调整的地区，或土地长期数量不清、分配不均的地方，要下大力气摸清底数，在群众充分认可的条件下公平分配，并以此为基础稳定土地承包关系（刘灵辉，2015）。土地承包时限沿用《中华人民共和国农村土地承包法》，“耕地的承包期为三十年。草地的承包期为三十年至五十年。林地的承包期为三十年至七十年”，及时研究出台配套政策，明确延包的有关办法，确保政策衔接，有利于二轮延包平稳过渡，形成总体静态稳定态势。同时应加大宣传力度，做好政策解读，使基层干部与农民群众准确、充分了解农村土地承包的相关政策。

与此同时，相关部门应围绕土地承包期的延续，及时修订相关法律法规的细则，尽快建立健全推进事关农民土地承包权益的相关制度。特别是土地承包权继承问题与土地征用补偿问题。在土地承包权的继承方面，相关法律法规可明确规定农村土地承包权不能向集体成员之外转让，可采取以户为基准，“家庭延续”的方式实现土地承包关系的延续，保持土地承包关系长期有效。集体成员外迁人员去世后，若其对承包地有长期投资或种植了多年生经济作物，应当给予其继承人合理的补偿。

在土地征用补偿方面，修改国家征地补偿标准和办法的过程中，仍应按照“占谁补谁”的原则来分配征地补偿费，确保农民失“地”不失“利”。承包期延续后，赔偿标准自然延续，不得以第二轮承包期结束作为赔偿标准的起止点，而将本属于农户的补偿费转移至集体。同时，补偿机制可参照水库移民的长效补偿机制，将土地征收一次性补偿改为逐年长期补偿。

2. 妥善解决土地延包的历史遗留问题

稳定承包关系不仅依赖于权利界定和法律作用发挥，同样依赖于稳定的社会关系。唯有妥善解决了土地延包历史遗留问题，才能减少贯彻落实稳定农户承包关系及“长久不变”政策过程中的阻力，并妥善应对可能诱发的利益冲突及社会矛盾，为稳定农户承包权及土地承包关系“长久不变”打下坚实的基础。

2018 年底，土地确权基本完成，部分历史遗留问题得到良好解决，但同时仍然存在复杂多样的土地历史遗留问题有待解决。无论是实行“增人不增地、减人不减地”模式的地区，还是实行“大稳定、小调整”模式的地区，人口变化都使得政策初衷与现实状态发生了局部背离；在坚持历史原则的基础上，公平原则也应予以特殊考虑。

解决失地少地农民问题可从以下几个方面入手。一是建立面向失地少地农民的土地保障制度。主要是完善对农村土地整理开发所形成的新增土地、未发包地、预留机动地、交回和收回的承包地等土地的管理政策，将这部分土地等优先安排给失地少地的农民。二是农村社会保障向失地少地农户倾斜。对于个别因缺地、少地导致生活困难的家庭，优先将其纳入农村社会保障覆盖范围。三是保证失地少地农户在集体经济中的收益获取（刘灵辉，2015）。伴随农村集体经济发展，可通过集体经济形成的收益进行货币化补偿，如提高对属于集体经济组织成员的无地农民的收益分红，或通过农村经济组织所派生的岗位进行就业转换。

解决农户土地资源细碎问题可从以下几个方面入手。一是针对不同的细碎化程度，在保持现有土地承包关系不变的条件下，制订相应土地规整规划，实施相应规整措施。大力引导土地集中经营的农业合作社，鼓励农户以土地入股方式参与规模化、专业化粮食生产，也可以通过“一村一品”方式引导农户实现“联耕联种”，最大可能地集约土地资源，减轻土地细碎化问题。二是建立完善及规范的农地经营权流转市场。对于相邻地块，农地经营权流转服务中心应积极引导连片流转，尽量减少土地分散流转；同时政府和村级组织应给予扶持，鼓励地块相邻的农户连片流转土地。

3. 保障好农村弱势群体的土地承包权益

农村弱势群体主要包括妇女、儿童以及鳏寡老人与残疾人等，保障好农村弱势群体的土地承包权益，有利于确保现有土地承包关系的稳定，有利于农村社会的稳定，有利于保障和巩固全面小康社会建设。

（1）保障好农村妇女的土地承包权益。城乡融合的速度加快，家庭成员变化，劳动力流动，使得妇女在农业经营中作用越发显著，有研究表明农村女性从事农业生产的比重达到60%以上，日益成为中坚力量。在社会转型期，保护好妇女在土地承包中的合法权益，是稳定农户土地承包关系的重要方面。在当前，维持现有人地关系不变的情况下，应当明确家庭承包土地在女性结婚、离婚等情形下的承包关系，保障其土地承包权益。

家庭内部协商解决农村妇女出嫁后的承包关系。农村妇女出嫁后其承包土地的处理方式以法律法规为依据，以公平合理为原则。《中华人民共和国农村土地承包法》第六条规定：“农村土地承包，妇女与男子享有平等的权利。承包中应当保护妇女的合法权益，任何组织和个人不得剥夺、侵害妇女应当享有的土地承包经营权。”家庭承包经营是以户为基本单位，女性作为家庭中的成员，其对家庭承包的土地，拥有与其他家庭成员同等的承包权利，不能因女性外嫁，而收回其在原家庭内拥有的承包土地。妇女出嫁后，其土地承包经营权该如何处置，应在家庭内部协商解决，不应由外部的组织或个人作出决定。就是说，应由结婚的男女双方两个家庭协商决定女孩的承包地是否转到男方家庭。

农村妇女离婚后依法获取其家庭承包土地收益。妇女与家庭其他成员对承包土地享有同等权利，妇女的土地承包经营权不能因为离婚而受到剥夺。不论妇女嫁入前土地是否已经确权，以户为单位的土地承包权涵盖的是家庭中的全部成员，妇女嫁入后与其他家庭成员享有的利益是均等的。妇女离婚时，可按承包户各成员的份额对家庭土地财产权利的让渡收益进行分割，离婚妇女取得其应得份额。必须为离婚妇女办理相应的股权证书及土地承包经营权证，并签订土地承包经营合同。

出嫁妇女继承父母的承包土地方面，《中华人民共和国农村土地承包法》第三十二条规定，“承包人应得的承包收益，依照继承法的规定继承。林地承包的承包人死亡，其继承人可以在承包期内继续承包”。但对家庭土地承包经营权能否继承没有明确规定。就土地承包经营权作为“用益物权”而言，其是农户家庭的合法产权。按照一般法理，对于家庭的合法财产权利，家庭的合法继承人原则上都拥有继承权。出嫁女作为家庭成员，在老人过世后享有与其他成员平等的继承权，有权继承家庭承包的土地。不能因为土地是集体所有，妇女出嫁到外村就不可以继承家庭的土地承包经营权。相关法律法规应明确规定，如果出嫁妇女对父母尽了应尽的赡养义务，则可以继承其父母的土地承包经营权。

（2）保障好农村儿童的土地承包权益。《中华人民共和国农村土地承包法》第五条规定：“农村集体经济组织成员有权依法承包由本集体经济组织发包的农村土地。”第十六条规定：“家庭承包的承包方是本集体经济组织的农户。农户内家庭成员依法平等享有承包土地的各项权益。”儿童是集体组织中的成员，依法享有土地承包权，儿童作为家庭成员，依法享有承包土地的各项权益。在当前阶段，“地—人—权”静态稳定，新增儿童土地承包权益在家庭内部分配，即就整体而言，按照“增人不增地、减人不减地”模式实施，若家庭耕地占有较少，则国家或者集体给予适当的补贴。

（3）保障好农村鳏寡老人与残疾人的土地承包权益。土地是农村鳏寡老人与残疾人的重要资源，也是主要的生活资料来源。相关部门应当切实维护好这部分群体的土地承包权益。一方面，尽量改善农业基础设施（如交通、农田水利设施等），同时土地发包方尽可能地协调，为他们提供交通便利、地块相对集中、土地相对平整的承包地，并积极、主动地依照承包合同约定为他们提供生产、技术、信息等方面的服务。另一方面，在当前农地经营权流转市场逐渐完善的背景下，引导其流转土地，盘活其土地资源，改善其家庭福利水平。若出现土地征用，要通过多种形式保障他们最基本的生活水平的需要。

22.2.2　第二阶段（2036～2050年）：“人—地—权”暂态稳定

经过了第一阶段静态稳定的平稳过渡，延续性的政策实施能够让承包农户在主观上形成对一系列政策的认可和肯定，为进一步的政策优化调整奠定基础。至 2035 年，乡村振兴实现阶段性目标，农业农村现代化基本实现。农业生产方式发生根本性变化，资本、技术对劳动力要素的替代日益明显。农业生产对土地规模化、集约化的要求将成为常态，土地经营将进一步向高生产效率的生产者集中。土地有形边界的逐步消失意味着“地”的动态调整与变化，以“地”为中心的静态稳定状态将因失去稳定载体而失稳。新稳定状态的形成需要依托新的载体。

市场机制将在资源配置中发挥更重要的作用，制度性障碍将进一步被破解，城乡要素流动成为常态。但由于第二轮承包期的政策继续执行，以户为单位看，承包农户仍保持相对稳定。一方面，仍有部分家庭成员坚持农业生产；另一方面，即使是“人地分离”，在法律层面，其承包人的角色仍未变化；客观上，“人”成了更稳定的要素。主观上，随着城镇化的推进，“人地分离”现象越发明显，离地农户对承包权益的关注点由“实”转“虚”，从控制土地经营转向参与权益分配。因此，主客观可达成统一，这一阶段的承包关系由以“地”为核心转向以“人”为核心，承包权人因土地承包资格的延续而继续享有承包权利和权益，形成以“人”为中心的“人—地—权”稳定状态。随着城镇化和乡村振兴的进一步推进，承包人的个体选择与集体的成员资格认定也会继续动态调整，这一稳定状态是一种“暂态”稳定。

1. 坚持以市场机制和农户意愿为中心促进生产要素流动

建设和发展市场经济，就是要发挥市场机制在资源配置中的基础性作用。无论是劳动力要素和土地要素，都将根据要素市场价格进行区域流动和优化要素配置。同时，农民问题是关系国计民生的根本性问题，农业农村改革必须体现以人民为中心的发展思想。在城乡要素流动加快的情景下，土地政策的调整必须尊重农户在市场规则下自由配置劳动力和土地生产要素的意愿。

在“法无禁止即可为”的原则下，农户可根据收益和偏好，在空间和时间上配置生产要素，选择自主生产、农地经营权流转、土地托管等多种形式的土地资源配置方式。为应对日益突出的“人地分离”问题，在多年实践的基础上，在保持总体稳定的前提下，继续稳步推进农村土地承包经营权退出试点。为保持承包关系稳定，消除农户疑虑，可试点构建临时性退出机制，弥补单一性的永久性退出的刚性弱点，降低政策试点的门槛，扩大适用范围。允许农户在第二轮承包期的延长期内选择临时性退出，退出时间最长不超过整个延长期，临时性退出结束后，农户与村集体经济之间的承包关系将恢复。临时性退出后，土地交由集体重新配置，最短期限不宜少于五年，以便土地经营重新配置，减少转换成本对经营活动的过度影响。临时性退出政策将农户与经营业主之间的不稳定交易关系转变为农户与集体经济组织的稳定交易关系，退出收益由交易双方根据市场价格协商确定，农户能够更为自由地配置劳动力获得更高劳动报酬，同时无须担忧失去承包权，并且，临时性退出政策能够为远期承包经营权退出机制建设提供宝贵的实践经验。无论采用何种方式，都需要尊重农户的自主选择，体现以人为中心的稳定承包关系。

2. 坚持以农户经营和承包权益为中心优化土地资源配置

实现农业农村现代化的过程是人类开发利用自然能力不断加强的过程，以土地整治为代表的开发行为能够增加可利用耕地的绝对面积；多种形式的退出模式，可使部分原已分配土地短期或长期“回流”至农村集体经济组织，可进行承包经营权分配的相对土地面积增加。无论是绝对面积还是相对面积的增加，农村集体经济组织作为所有权人，都将获得一定时期内可支配的“待分配土地”。一方面，《中华人民共和国农村土地承包法》对预留机动地作了限制性和禁止性的规定，机动地面积不得超过本集体经济组织耕地总面积的5%。另一方面，在《关于全面深化农村改革加快推进农业现代化的若干意见》等纲领性文件中多次提及发展壮大村集体经济，并全面推进农村集体资产股权量化工作，增强村集体经济的“造血”功能。大多数农村集体经济组织缺少发展所必需的资源和资产，土地资源的重要性毋庸赘言。因此，稳定承包关系，就是要处理好发展与平衡、集体与个体的关系。

一方面，坚持以农户经营为中心的土地资源分配方式，明确农户是土地资源承包的当然主体。无论是土地规模的绝对增加还是相对增加，都应依法依规地将土地再次分配给集体经济组织成员，体现土地承包经营在农业经营组织形式中的主导地位。另一方面，根据现实环境条件变化，因地制宜地制定实施土地再分配政策。2035 年前后，不同地区在陆续完成阶段性目标后，陆续进入乡村振兴的第二阶段，“人地”资源矛盾缓解，据测算，2035 年我国城镇化将进入成熟期，城镇化率达到70%～75%，农村劳动力将较2020年下降50%。在特定地区，个体农户基于农业生产的土地需求有望逐步下降，当人均经营土地规模达到特定阈值时，再征得集体成员同意，完善规定流程，报送土地主管部门审批备案后，将集体经济组织能够自主使用的机动地面积占比加大，用于支持发展壮大农村集体经济，所获收益根据相关规定和集体内部约定，实施分红，保障农户个体的承包权益。

3. 保证以农业生产和永续经营为中心主导土地开发利用

无论经营主体采用何种经营方式，土地的核心价值都在于农业生产。土地疏于管理或过度开发、破坏性地使用土地，都可能导致生产力下降；生产力“失稳”，必然导致生产关系“失稳”。土地合理使用和经营是承包关系有效延续的关键点。

"人地"分离的大趋势下，劳动力要素逐渐成为土地经营中的稀缺生产要素，决定着土地生产能力和经营规模的边界。从自然属性来看，若土地处于长期撂荒或管理不善，受自然规律影响，土地生产力受损将导致难以有效恢复农业生产。从社会属性来看，《中华人民共和国土地管理法》第三十八条规定："禁止任何单位和个人闲置、荒芜耕地。"《中华人民共和国农村土地承包法》《最高人民法院关于审理涉及农村土地承包纠纷案件适用法律问题的解释》《国务院办公厅关于妥善解决当前农村土地承包纠纷的紧急通知》等文件又明确发包方不能以土地撂荒为由，收回农户承包地。政策法规的冲突说明了现实问题的复杂性，但在人地矛盾缓解后，随意处置土地资源仍面临着失去承包权的威胁。

因此，要稳定承包关系，必须要实现土地资源的持续有效利用。保证土地资源的稳定生产经营能力的核心是发展稳定的农业生产经营主体，增强农业的内生增长动力，可通过以下三条路径实现。其一，通过培育新型经营主体，促进内部流转，增强内生发展动力，通过内部流转或者内部再分配，实现集体土地资源的优化配置，集体成员之间、集体成员与集体经济组织之间的"关系机制"有利于降低交易成本和维护成本。其二，当内生发展动力不足，或集体内部生产力不足以有效经营全部土地时，引入外部生产要素，以市场化机制对内部土地生产要素和外部生产要素进行匹配，稳定和发展农业生产。其三，在土地经营收益不足，内外部流转都面临困境的情况下，可通过临时性退出将土地有限集中至农村集体经济组织，在法律形式上保持承包关系的可延续性。一方面，在短期内对符合条件的地块整体实施退耕还林等政策，保证土地的有效利用；另一方面，在必要情况下，经集体成员大会同意，农村集体经济组织需要转变角色，以"所有权人"兼"经营权人"的角色，保证土地承包经营制度的延续，从而保障农户个体承包权的存续。

22.2.3　第三阶段（2051～2058 年）："权—人—地"动态稳定

2050 年，乡村振兴战略目标实现，乡村全面振兴，农业强、农村美、农民富全面实现。城乡之间的资源流动趋于常态化、稳定化，城乡之间的收入差距和资源配置差距得到根本性缓解。随着人口年龄自然变动和社会流动，具备土地承包经营权的集体成员也将相应发生变化。根据"增人不增地、减人不减地"的原则，按第二轮承包期开始时间计算，由于自然规律原因，具备土地承包经营权的集体成员规模将大幅缩减。农业生产经营模式已发生根本性变化，仅就农业生产而言，各类生产要素按照现代农业发展的需要进行紧密结合，集体成员和非成员之间的清晰界限已然模糊。非成员在资金、技术方面的投入已成为必不可少的生产要素。一方面，承包农户规模进一步自然缩减，集体成员将继续向非农产业和非农地区转移；另一方面，非集体成员深度参与农业生产经营。集体成员和非集体成员对成员资格和权益的诉求发生了错配。就农村集体经济组织而言，当集体成员流失达到一定阈值时，集体经济组织的生存和发展也将成为亟待解决的难题。建立在以人为中心的“人—地—权”稳定状态逐渐失去稳定基础，承包权和承包关系面临再次失稳的威胁。

与此同时，土地的“用益物权”并不发生根本性的变化，尤其是在坚持农业生产导向的约束下，土地的保障属性逐渐褪去，将进一步回归生产属性，“用益物权”的特征简单化稳定化，可以支撑以“权”为中心的“权—人—地”的稳定状态。稳定的“用益物权”可以根据农业生产经营和农村社会发展的需要，切分并赋予特定的个体。根据个体身份的不同，部分个体可获得直接权利，从事农业生产获益；部分个体可获得间接权利，参与权益分配。土地承包经营权因农村基本经营制度的存在而长期稳定存在，权利内涵边界和个体身份存在动态变化，这一稳定状态是一种“动态”稳定。

1. 厘清权利边界，保护承包权利

土地产权是一系列权利束，在“三权分置”框架下，承包经营权被进一步划分为承包权和经营权，当出现经营权流转时，“三权”将分别对应不同的主体。在现有的政策和法律框架下，仅对各子权利进行了原则性的划分，权利之间的边界存在模糊区间，依靠不同主体之间的博弈和协调保持“三权分置”的总体稳定。这一稳定是建立在主体、客体和载体稳定的基础之上。第二轮土地承包期延长期进入到第三个十年，上述的稳定元素都将因农业生产组织形式的变化而动态变化，权利边界的变化将更加复杂化。土地地块和承包权人都不再是稳定元素，承包关系的稳定必须围绕“承包权益”为中心构建。

从承包关系静态稳定向暂态稳定、动态稳定转变的过程，是承包权由“实物化”向“虚拟化”转变的过程。乡村振兴战略的实施，农村集体经济组织的行为能力已大为增强，所有权主体除土地发包和监管利用之外，应具备多项经济职能，包括农业产业化经营能力、土地规模经营能力，从而同时具备“所有权人”和“经营权人”的兼职角色。所有权与经营权的直接联系将可能侵占承包权的权力空间。即使是不存在上述情况，当承包权人长期处于“人地分离”的缺位状态，所有权人与承包权人之间将可能形成委托代理关系，代为行使流转经营权，若所有权人与经营权人之间出现“合谋”或“不作为”，承包权的权力空间也仍然面临威胁。

为稳定承包关系，保护承包权益，必须建立严格的经营权流转和管理程序机制，明确土地经营权流转的前置条件必须是承包权人的同意和认可，承包权授让是经营权获取的必由之路。农户个体若提出申请，集体经济组织须落实土地，确保农户行使经营权的优先权。农户个体也仍可在集体经济组织落实土地的基础上，自主选择经营权流转对象。农户个体与集体经济组织建立委托代理关系，代为流转经营权时，集体成员大会或代表大会具有决策权和监督权，同时接受地方土地管理部门、农业管理部门的监督。

2. 厘清权益边界，优化资源配置

在“两权分离”模式下，土地承包经营权是一种典型的“用益物权”，承包农户对承包土地享有占有、使用和收益的权利。进入“三权分置”模式后，承包权和经营权分离，其本身不再具有“用益物权”的典型特性，现实中承包权不单独具备抵押担保功能。学界就承包权的内涵存在争议，包括成员权说、物权说、收益权说等观点。但无论何种观点，都肯定了承包权对应的集体收益分享权、土地经营的剩余获取权。当前承包权所承担的部分社会保障功能，其基础也同样来自收益权。无论是“两权分离”还是“三权分置”，大多数情况下，由于所有权虚置现象突出，所有权应获得的收益分配被留置，体现为承包权和经营权的收益。

相对于承包权的收益，承包权的成本受关注程度较低。在初始分配时，具有资格的集体成员凭借成员权自动获得承包权，并且是无偿获得。我国已长期实行免征农业税和农业支持政策，形成了土地资源占用使用的“负地租”现象，土地资源的利用效率仍有待提升。同时，政策冲突和执行成本高昂，弃耕抛荒土地难以收回承包权再行分配，导致了土地利用效率的进一步下降。随着现代农业和市场经济的进一步发展，对土地的过度开发利用也成为潜在的隐患。无论从哪个方面看，无偿的权利获取和收益分配都不符合资源可持续开发利用的原则和市场规律。

进入动态稳定阶段后，随着乡村振兴战略目标的实现，各方面条件日趋成熟，在厘清权利边界，切实保护承包权的同时，也应厘清权益边界，做到权责对等，优化土地资源配置。随着乡村振兴战略目标的实现，完善的城乡社会保障体系建立了起来，剥离了土地的社会保障功能，回归土地的农业生产经营导向，严格执行弃耕撂荒收回承包经营权、破坏土地收回承包经营权的规定。土地经营性收益应在经营权、承包权、所有权中公平分配，以自然资源使用费的形式进入专用账户，由所有权主体管理；通过有偿使用形成承包权的使用成本。为体现承包权的优先权，培育集体内部内生发展动力，承包农户自行行使承包经营权和集体内部成员转入土地开展规模经营时，可相应减免部分费用，但仍需坚持资源有偿使用的导向。权责对等和资源有偿使用，不仅体现了土地资源的经济社会价值，还体现了其自然生态价值，可促进土地资源可持续利用开发。

3. 完善退出和进入机制，整合生产要素

“三权分置”框架之下的土地承包权，实质上是一种以成员权为基础所获取的

权利，其产生的要件正是集体成员身份；通过确保“承包权始终属于集体经济组织内部的农户”来稳定承包关系。从逻辑上，成员权是承包权的必要条件，当集体成员不再具备成员资格时，则会失去获取土地承包权的资格。在第二轮承包期及延长期内，长期执行“增人不增地、减人不减地”的稳定政策，人口自然增减而致的成员变动未能起到调节作用，受其影响，其他条件所致的成员资格变化也未能在承包权资格上得以体现。以稳定成员权来稳定农户承包权的政策实践存在着“稳定有余而活力不足”的不足，不仅会影响到集体内部的资源配置，也会影响到集体内外部生产要素的配置。第二轮土地承包延长期进入第三个十年后，内部成员流动和内外部要素配置会成为常态，着眼于第二轮土地承包结束后土地政策调整，固定成员权和承包权的权利配置方式已经与农业生产实际不相匹配，需要逐步构建动态调整机制。

在集体内部，须根据《中华人民共和国民法典》等上位法律法规修订《中华人民共和国农村土地承包法》，明确承包经营权的“用益物权”性质，加强政策宣传，明确其不具备可继承性，在土地承包期结束后将由集体经济组织重新予以分配。

由村集体成员大会组织对集体成员身份和资格的认定工作，以促进农业生产和集体发展为导向，综合考虑出生、居住、生产等要素，确定成员资格。突破以地缘、亲缘、血缘关系为依据的固定标准，吸纳对农业生产和集体发展作出公认贡献的外部成员。成员资格界定由静态边界转变为动态边界。

由村集体成员大会组织对集体成员资格的定期审核工作。统筹处理“动态调整”与“长久不变”的关系，可根据农业生产和集体发展需要，建立长期成员与临时成员制度，动态化配置土地资源和生产要素。临时成员在规定的期限内，享有与长期成员同等的权利，可通过公开参与土地发包，竞争性获得长期或临时的承包权，获得土地经营的优先权和支持政策。成员资格界定由静态时限转变为动态时限。

参考文献

安希伋. 1988. 论土地国有永佃制. 中国农村经济，（11）：22-25.

包宗顺，徐志明，高珊，等. 2009. 农村土地流转的区域差异与影响因素：以江苏省为例. 中国农村经济，（4）：23-30，47.

北京天则经济研究所《中国土地问题》课题组，张曙光. 2010. 土地流转与农业现代化. 管理世界，（7）：66-85，97.

边学芳，吴群. 2005. 再论农村集体土地产权主体. 广东土地科学，（1）：36-39.

蔡昉. 1987. 农村经济发展特征与下一步改革. 经济研究，（8）：63-67.

蔡立东，姜楠. 2015. 承包权与经营权分置的法构造. 法学研究，37（3）：31-46.

蔡立东，姜楠. 2017. 农地三权分置的法实现. 中国社会科学，（5）：102-122，207.

曹阳，王春超，李鲲鹏. 2011. 农户、地方政府和中央政府决策中的三重博弈：以农村土地流转为例. 产经评论，（1）：80-88.

柴华. 2004. 从经济增长模型的演变看制度对经济增长的影响. 科技进步与对策，（6）：45-47.

陈朝兵. 2016. 农村土地“三权分置”：功能作用、权能划分与制度构建. 中国人口·资源与环境，26（4）：135-141.

陈承明，安翔. 2003. 居民收入分布的偏态格局及其矫正. 经济理论与经济管理，（8）：17-20.

陈和午，聂斌. 2006. 农户土地租赁行为分析：基于福建省和黑龙江省的农户调查. 中国农村经济，（2）：42-48.

陈红岩，尹奎杰. 2012. 权利思维方式视阈下的中国农民土地权利：基于农村征地纠纷的思考. 兰州学刊，（11）：174-177.

陈会广，刘忠原，石晓平. 2012. 土地权益在农民工城乡迁移决策中的作用研究：以南京市 1062 份农民工问卷为分析对象. 农业经济问题，33（7）：70-77，111-112.

陈剑波. 1994. 人民公社的产权制度：对排它性受到严格限制的产权体系所进行的制度分析. 经济研究，（7）：47-53.

陈丽琴. 2017. 旅游经济发展中的土地流转研究综述. 广西社会科学，（10）：114-119.

陈利根，陈会广. 2003. 土地征用制度改革与创新：一个经济学分析框架. 中国农村观察，（6）：40-47.

陈明. 2006. 农地产权制度创新与农民土地财产权利保护. 武汉：湖北人民出版社.

陈荣卓，陈鹏. 2013. 现代农业进程中的农民土地权益保障机制建设：基于豫中 L 市涉农企业参与农地流转的调查. 华中农业大学学报（社会科学版），（5）：55-60.

陈卫平，郭定文. 2006. 农户承包土地流转问题探讨. 经济问题探索，（1）：70-74.

陈欣欣，史清华，蒋伟峰. 2000. 不同经营规模农地效益的比较及其演变趋势分析. 农业经济问题，（12）：6-9.

陈乙酉，付园元. 2014. 农民收入影响因素与对策：一个文献综述. 改革，（9）：67-72.

陈振，欧名豪，郭杰，等. 2018. 农户农地转出满意度影响因素分析. 西北农林科技大学学报（社会科学版），18（5）：112-120.
陈志刚，曲福田. 2003. 农地产权制度变迁的绩效分析：对转型期中国农地制度多样化创新的解释. 中国农村观察，（2）：2-9，13-80.
陈志刚，曲福田. 2006. 农地产权结构与农业绩效：一个理论框架. 学术月刊，（9）：87-92.
陈志刚，曲福田，黄贤金. 2007. 转型期中国农地最适所有权安排：一个制度经济分析视角. 管理世界，（7）：57-65，74，171-172.
程令国，张晔，刘志彪. 2016. 农地确权促进了中国农村土地的流转吗?. 管理世界，（1）：88-98.
程志强. 2008. 对我国土地信用合作社实践的思考：以宁夏平罗为例. 管理世界，（11）：1-8.
迟福林. 2002-04-06. 我国产权制度改革的十大问题. 中国经济时报，（3）.
崔建远. 2003. 再论土地上的权利群：以准物权为中心的比较分析//中国土地学会. 21 世纪中国土地科学与经济社会发展：中国土地学会 2003 年学术年会论文集. 北京：中国大地出版社：340-346.
崔新蕾，吴丽娜. 2018. 农牧交错区土地流转意愿研究：基于农户和牧户层面对比. 农业现代化研究，39（4）：626-634.
党国英. 1999. 完善家庭联产承包制 再创新世纪中国农业辉煌. 甘肃省经济管理干部学院学报，（3）：23-26.
刁怀宏. 2009. 佛山市农户土地承包经营权益保护研究. 中国土地科学，23（9）：67-71.
丁文. 2015. 论土地承包权与土地承包经营权的分离. 中国法学，（3）：159-178.
丁文. 2017. 论“三权分置”中的土地承包权. 法商研究，34（3）：15-26.
董保民，王运通，郭桂霞. 2008. 合作博弈论. 北京：中国市场出版社.
董静，李子奈. 2004. 修正城乡加权法及其应用：由农村和城镇基尼系数推算全国基尼系数. 数量经济技术经济研究，（5）：120-123.
段景辉，陈建宝. 2010. 基于家庭收入分布的地区基尼系数的测算及其城乡分解. 世界经济，33（1）：100-122.
冯华，陈仁泽. 2013-12-05. 农村土地制度改革，底线不能突破（权威访谈·学习贯彻十八届三中全会精神）：专访中央农村工作领导小组副组长、办公室主任陈锡文. 人民日报，（2）.
冯玲玲，邱道持，赵亚萍，等. 2008. 农地流转中二维主体的博弈研究：以重庆市璧山县为例. 农村经济，（11）：18-21.
冯秀萍，林翊. 2010. 论我国农地使用权流转中的农民权益保护. 哈尔滨商业大学学报（社会科学版），（4）：80-84.
冯宇，李政. 2010. 改革开放以来农民土地权益变迁过程考察. 财贸研究，21（2）：46-51.
付振奇，陈淑云. 2017. 政治身份影响农户土地经营权流转意愿及行为吗?——基于 28 省份 3305 户农户调查数据的分析. 中国农村观察，（5）：130-144.
高洁. 2012. 基于农民权益保护的集体土地流转研究. 北京：中国地质大学.
高进云，乔荣锋，张安录. 2007. 农地城市流转前后农户福利变化的模糊评价：基于森的可行能力理论. 管理世界，（6）：45-55.
高珊，徐元明. 2005. 江苏省失地农民权益保障研究. 南京财经大学学报，（3）：58-63.
郜永昌. 2013. 分离与重构：土地承包经营权流转新论. 经济视角（下），（5）：137-139.
葛永明. 2002. 在农村工业化、城市化进程中必须高度重视和关心“失土农民”. 调研世界，（3）：

37-39.
耿飙，潘亚茹，罗良国，等. 2018. 农户土地转出意愿影响因素实证研究：基于洱海流域上游调查分析. 中国农业资源与区划，39（5）：103-109.
谷树忠，王兴杰，鲁金萍，等. 2009. 农村土地流转模式及其效应与创新. 中国农业资源与区划，30（1）：1-8.
顾钰民. 2009. 论土地承包经营权流转. 复旦学报（社会科学版），（5）：86-92.
关谷俊作. 2004. 日本的农地制度. 金洪云，译. 北京：生活·读书·新知三联书店.
郭嘉，吕世辰. 2010. 土地流转影响因素实证研究. 经济问题，（6）：68-70，74.
郭玉田，李少华. 2000. 征地补偿安置怎样处理三个关系. 中国土地，（8）：21-23.
韩春虹，张德元. 2018. 市场化运作的农地流转模式：一个分析框架. 内蒙古社会科学（汉文版），39（5）：62-67.
韩俊. 1999. 中国农村土地制度建设三题. 管理世界，（3）：184-195.
韩松. 2016. 论农民集体土地所有权的管理权能. 中国法学，（2）：121-142.
韩志才. 2007. 土地承包经营权研究. 合肥：安徽人民出版社.
何沙，曾宇. 2016. 农地流转中农民权益保障研究. 宏观经济管理，（2）：43-46.
何一鸣，罗必良. 2012. 农地流转、交易费用与产权管制：理论范式与博弈分析. 农村经济，（1）：7-12.
何一鸣，罗必良，高少慧. 2014. 产权强度、制度特性与农地权益. 贵州社会科学，（2）：37-43.
何一鸣，罗必良，高少慧. 2014. 地权配置效率与地权经济学：一个学科型构的探讨. 学习与实践，（3）：5-10.
贺书霞. 2014. 外出务工、土地流转与农业适度规模经营. 江西社会科学，34（2）：60-66.
衡爱民. 2016. 被征地农民土地发展权益的思考. 社会科学家，（2）：90-94.
洪名勇. 1998. 农地制度的创新与继承. 农业经济，（6）：24-25.
洪名勇. 2012. 中国农地产权制度变迁：一个马克思的分析模型. 经济学家，（7）：71-77.
洪名勇，钱龙. 2016. 农地流转口头契约自我履约对农户未来合作意愿的影响研究. 贵州社会科学，（4）：145-150.
胡初枝，黄贤金，方鹏，等. 2008. 农户资源禀赋对劳动力转移行为的影响分析：基于常熟市、如东县和铜山县农户调查的分析. 江南大学学报（人文社会科学版），（4）：72-76.
胡初枝，黄贤金，张力军. 2008. 农户农地流转的福利经济效果分析：基于农户调查的分析. 经济问题探索，（1）：184-186.
胡霞，丁浩. 2015. 农地流转影响因素的实证分析：基于 CHIPS 8000 农户数据. 经济理论与经济管理，（5）：17-25.
胡玉贤. 2003. 关于创建集体建设用地流转新制度的若干思考. 资源·产业，（2）：3-5.
黄河. 2007. 农业法视野中的土地承包经营权流转法制保障研究. 北京：中国政法大学出版社.
黄少安. 2004. 产权经济学导论. 北京：经济科学出版社.
黄少安，孙圣民. 2009. 1950—1962 年中国土地制度与农业经济增长的实证分析. 西北大学学报（哲学社会科学版），39（6）：61-68.
黄少安，孙圣民，宫明波. 2005. 中国土地产权制度对农业经济增长的影响：对 1949—1978 年中国大陆农业生产效率的实证分析. 中国社会科学，（3）：38-47，205-206.
黄韬. 2007. 和谐产权关系与农村集体产权制度分析. 经济社会体制比较，（2）：82-87.

黄贤金，尼克·哈瑞柯，鲁尔特·卢本，等. 2001. 中国农村土地市场运行机理分析. 江海学刊，(2)：9-15.
黄贤金，濮励杰，尚贵华. 2001. 耕地总量动态平衡政策存在问题及改革建议. 中国土地科学，(4)：2-6.
黄小虎. 2002. 征地制度改革的经济学思考. 中国土地，(8)：22-24.
黄源，谢冬梅. 2017. “三权分置”背景下农村土地经营权抵押贷款难点和破解思路. 四川师范大学学报（社会科学版），44（2）：51-56.
黄赟. 2009. 农民土地权益保护研究：以南通市H村为例. 法制与社会，(36)：104-105.
黄宗智. 1992. 中国农村的过密化与现代化：规范认识危机及出路. 上海：上海社会科学院出版社.
黄祖辉，陈欣欣. 1998. 农户粮田规模经营效率：实证分析与若干结论. 农业经济问题，(11)：2-7.
纪昌品. 2003. 农地制度创新与农民权益保障研究. 南京：南京农业大学.
冀县卿，钱忠好. 2009. 农地产权结构变迁与中国农业增长：一个经济解释. 管理世界，(1)：172-173.
冀县卿，钱忠好，葛轶凡. 2015. 交易费用、农地流转与新一轮农地制度改革：基于苏、桂、鄂、黑四省区农户调查数据的分析. 江海学刊，(2)：83-89，238.
贾生华. 1996. 论我国农村集体土地产权制度的整体配套改革. 经济研究，(12)：57-62.
江怡. 2012. 我国农村土地流转机制的实践意义及其反思. 江汉论坛，(12)：74-77.
姜万吉. 1997. 韩国现代史. 陈文寿，金英姬，金学贤，译. 北京：社会科学文献出版社.
姜欣桐. 2014. 城镇化过程中我国农民权益保障问题研究. 哈尔滨：黑龙江省社会科学院.
金丽馥，卢学锋. 2006. 构建和谐社会进程中的农地产权制度. 宏观经济管理，(12)：51-54.
孔祥智. 2017. “三权分置”的重点是强化经营权. 中国特色社会主义研究，(3)：22-28.
匡远配，周丽. 2018. 农地流转与农村减贫：基于湖南省贫困地区的检验. 农业技术经济，(7)：64-70.
赖平. 2010. 毛泽东思想和中国特色社会主义理论体系概论精选原著导读. 湘潭：湘潭大学出版社.
兰世惠. 2012. 农村集体土地流转中农民权益保护探析. 农业经济，(8)：106-108.
雷爱先. 2001. 重构收益分配关系：谈怎样推进集体土地制度创新. 中国土地，(3)：23.
黎霆，赵阳，辛贤. 2009. 当前农地流转的基本特征及影响因素分析. 中国农村经济，(10)：4-11.
李昌平. 2003. 慎言农村土地私有化. 农村经济与科技，(2)：13-15.
李长健. 2005. 论农民权益的经济法保护：以利益与利益机制为视角. 中国法学，(3)：120-134.
李长健，梁菊，杨婵. 2009. 农村土地流转中农民利益保障机制研究. 贵州社会科学，(7)：38-42.
李长健，刘磊. 2014. 代际公平视域下农村土地流转过度集中的风险防范. 上海财经大学学报，16（1）：46-53，61.
李长健，伍文辉. 2006. 基于农民权益保护的社区发展权理论研究. 法律科学（西北政法学院学报），(6)：33-40.
李长健，张巧云. 2013. 我国农村妇女土地权益保护制度的完善. 华中农业大学学报（社会科学版），(2)：77-83.
李德彬. 1986. 中华人民共和国经济史的理论基础和研究方法. 经济科学，(6)：46-53.

李钢. 2009. 农民土地权益受损的原因. 经济研究参考，(30)：26-27.
李国祥. 2013. 新型城镇化与农村土地制度. 新视野，(5)：29-32.
李昊，李世平，南灵. 2017. 中国农户土地流转意愿影响因素：基于29篇文献的Meta分析. 农业技术经济，(7)：78-93.
李建伟. 2015. 居民收入分布与经济增长周期的内生机制. 经济研究，50（1）：111-123.
李锦宏. 1999. 制度变迁中的路径依赖：兼论我国农地产权制度的创新. 农业技术经济，(5)：20-23.
李炯，邱源惠. 2002. 征地“农转非”人员安置问题探析：以杭州市为例. 中国农村经济，(6)：63-66.
李隆伟. 2016. 土地承包经营权确权对农民土地流转行为的影响研究. 北京：中国农业大学.
李明，周庆祝. 2012. 土地承包经营权流转中的农民权益保护问题研究. 社会主义研究，(4)：98-101.
李培林. 1994. 中国农户家庭经济：资源基础配置单位. 中国农村经济，(11)：28-32，50.
李全伦. 2007. 土地直接产权与间接产权：一种新农村土地产权关系. 中国土地科学，(1)：10-16.
李韶杰，万桃涛. 2010. 新农村建设中农民权益保障问题探析. 山西财经大学学报，32（S1)：42-43.
李太平，聂文静，李庆. 2015. 基于农产品价格变动的土地流转双方收入分配研究. 中国人口•资源与环境，25（8)：26-33.
李伟伟，张云华. 2015. 土地经营权流转的根本属性与权能演变. 改革，(7)：91-97.
李晓霞. 2016. 土地承包经营权流转过程中的农民权益保障研究：以滨海县为例. 陕西：西北农林科技大学.
李徐伟. 2012. 土地流转中农民权益保护之探讨. 上海：复旦大学.
李云新，王晓璇. 2015. 资本下乡中利益冲突的类型及发生机理研究. 中州学刊，(10)：43-48.
李振远，郑传芳. 2011. 推进土地管理制度创新，破解开发区土地制约难题. 福建农林大学学报（哲学社会科学版)，14（3)：16-20.
厉以宁. 1989. 农产品市场与宏观调节. 农业经济问题，(2)：3-8.
梁发芾. 2014-01-22. 喜见农地“三权分离”. 甘肃日报，(6).
梁双，邹汝林. 2018. 四川眉山市彭山区创新土地流转机制的实践与启示. 中国工程咨询，(11)：78-79.
梁爽. 2009. 土地非农化过程中的收益分配及其合理性评价：以河北省涿州市为例. 中国土地科学，23（1)：4-8.
梁亚荣. 2004. 土地承包经营制度研究. 南京：南京农业大学.
廖皓杰，曾鸣. 2019. 新时代下土地银行发展研究：以广西壮族自治区恭城瑶族自治县为例. 改革与战略，35（3)：115-124.
林文声，罗必良. 2015. 农地流转中的非市场行为. 农村经济，(3)：27-31.
林文声，秦明，王志刚. 2017. 农地确权颁证与农户农业投资行为. 农业技术经济，(12)：4-14.
林翊，林卿，巫极. 2009. 农地制度变迁与农民土地权益保护：基于中国与匈牙利的比较分析. 华东经济管理，23（9)：65-69.
林毅夫. 1994. 90年代中国农村改革的主要问题与展望. 管理世界，(3)：139-144.
刘峨林. 2011. 农村土地功能认知及其制度改良：以重庆市地票交易制度为考察对象. 重庆：西

南政法大学.
刘恒科. 2017. “三权分置”下集体土地所有权的功能转向与权能重构. 南京农业大学学报（社会科学版），17（2）：102-112，153.
刘莉君. 2013. 农村土地流转的国内外研究综述. 湖南科技大学学报（社会科学版），16（1）：95-99.
刘灵辉. 2015. 土地承包关系“长久不变”政策的模糊性与实现形式研究. 南京农业大学学报（社会科学版），15（6）：107-116，139-140.
刘士宣. 2009. 促进土地使用权流转工作存在问题与对策. 北京农业，（9）：66-67.
刘守英. 2003. 按照依法、自愿、有偿的原则进行土地承包经营权流转. 求是，（5）：36.
刘淑俊，张蕾. 2014. 土地流转对农民收入影响的经济效应分析. 东北农业大学学报（社会科学版），12（6）：20-24.
刘双良，孙钰，马安胜. 2009. 论农村集体建设用地流转与农民权益保护. 甘肃社会科学，（4）：69-72.
刘水林. 2010. 农民组织法律问题研究. 法商研究，27（3）：101-110.
刘思阳，张丹. 2014. 转型期完善农民利益表达机制的法律问题研究. 河北法学，32（9）：138-145.
刘卫柏，陈柳钦，李中. 2012. 农村土地流转问题新思索. 理论探索，（2）：96-99.
刘文勇，孟庆国，张悦. 2013. 农地流转租约形式影响因素的实证研究. 农业经济问题，34（8）：43-48，111.
刘小锋，周小华，林卿，等. 2013. 农民土地权益状况的调查研究：来自福建省 A 县 15 个行政村 300 户农户的抽样调查. 农村经济，（4）：46-50.
刘艳霓. 2016. 土地社会功能分类及其评价的实证研究. 长沙：湖南农业大学.
刘燕萍，程烨，王军. 1998. 市场经济体制下我国农村集体土地产权制度构建思路. 中国土地科学，（4）：11-14.
刘银妹. 2014. 土地流转与农业规模经营：以甘蔗种植为例. 广西民族大学学报（哲学社会科学版），36（3）：78-82.
刘玉铭，刘伟. 2007. 土地制度、科技进步与农业增长：以 1952—2005 年黑龙江垦区农业生产为例. 经济科学，（2）：52-58.
刘远风，伍飘宇. 2018. 三权分置下“确权悖论”的制度破解. 经济学家，（5）：89-97.
刘云生. 2007. 集体土地所有权身份歧向与价值悖离. 社会科学研究，（2）：74-80.
刘振勇. 2011. 论农地流转博弈中农民权益的诉求与保障. 经济问题，（12）：79-81.
刘自敏，杨丹. 2014. 基于成员异质性的农民股份合作社收益分配研究：双边专用性投资的视角. 南京农业大学学报（社会科学版），14（1）：59-67.
柳萍. 2015. 失地农民权益受损的归因分析. 兰州学刊，（2）：198-203.
龙新民. 2019. 中国共产党历史重要事件辞典. 北京：中共党史出版社，党建读物出版社.
陆道平，钟伟军. 2010. 农村土地流转中的农民权益保障. 探索与争鸣，（9）：45-47.
陆蓉. 2008. 农地流转中农民土地权益问题研究. 苏州：江苏大学.
罗必良. 2011. 农地产权模糊化：一个概念性框架及其解释. 学术研究，（12）：48-56，160.
罗必良. 2014. 农地流转的市场逻辑：“产权强度-禀赋效应-交易装置”的分析线索及案例研究. 南方经济，（5）：1-24.
罗必良. 2015. 农业共营制：新型农业经营体系的探索与启示. 社会科学家，（5）：7-12.

罗必良. 2019. 从产权界定到产权实施：中国农地经营制度变革的过去与未来. 农业经济问题，(1)：17-31.

罗必良，邹宝玲，何一鸣. 2017. 农地租约期限的“逆向选择”基于9省份农户问卷的实证分析. 农业技术经济，(1)：4-17.

骆东奇，周于翔，姜文. 2009. 基于农户调查的重庆市农村土地流转研究. 中国土地科学，23(5)：47-52.

吕晨光，杨继瑞，谢菁. 2013. 我国农村土地流转的动因分析及实践探索. 经济体制改革，(6)：73-77.

吕军书，贾威. 2017. “三权分置”制度下农村土地流转失约风险的防范机制研究. 理论与改革，(6)：181-188

吕彦彬，王富河. 2004. 落后地区土地征用利益分配：以B县为例. 中国农村经济，(2)：50-56.

马茹萍，孙放. 2009. 土地承包经营权流转中的农民权益保护. 农业经济，(4)：44-45.

马晓茗，曾向阳. 2002. 我国征地制度及其改革问题的几点思考. 华中农业大学学报（社会科学版），(4)：68-71.

毛飞，孔祥智. 2012. 中国农业现代化总体态势和未来取向. 改革，(10)：9-21.

冒佩华，徐骥. 2015. 农地制度、土地经营权流转与农民收入增长. 管理世界，(5)：63-74，88.

冒佩华，徐骥，贺小丹，等. 2015. 农地经营权流转与农民劳动生产率提高：理论与实证. 经济研究，50（11）：161-176.

蒙敬泽. 2008. 农村土地承包纠纷成因及对策. 河北农业科技，(18)：58.

苗洁. 2015. 土地流转过程中农民权益保障的新思维新举措. 中州学刊，(8)：45-49.

穆瑞丽. 2016. 农村集体土地收益功能分析与平等分配机制构建. 经济论坛，(1)：81-85.

牛喜霞. 2005. 农村土地交易中社会资本运作研究：以宁夏T县杨村为个案. 上海：上海大学.

潘俊. 2014. 农村土地“三权分置”：权利内容与风险防范. 中州学刊，(11)：67-73.

潘俊. 2015. 新型农地产权权能构造：基于农村土地所有权、承包权和经营权的权利体系. 求实，(3)：88-96.

庞东，杨灿. 2006. 中国经济周期波动的制度冲击效应分析. 财经问题研究，(3)：3-9.

彭素，罗必良. 2013. 基于农户视角的农民土地权益保护机制研究. 财贸研究，24（6)：27-35.

皮特H. 2008. 谁是中国土地的拥有者？：制度变迁、产权和社会冲突. 林韵然，译. 北京：社会科学出版社.

蒲实，袁威. 2018. 政府信任对农地流转意愿影响及其机制研究：以乡村振兴为背景. 北京行政学院学报，(4)：28-36.

普金霞. 2015. 农村土地三权分离法律思考：基于权能分割和成员权视角. 人民论坛，(26)：118-120.

恰亚诺夫 A. 1996. 农民经济组织. 萧正洪，译. 北京：中央编译出版社.

钱龙，袁航，刘景景，等. 2018. 农地流转影响粮食种植结构分析. 农业技术经济，(8)：63-74.

钱文荣. 2002. 浙北传统粮区农户土地流转意愿与行为的实证研究. 中国农村经济，(7)：64-68.

钱忠好. 1998. 土地所有制功能与农村土地所有制创新：再论农村土地的复合所有制. 扬州大学学报（人文社会科学版），(3)：11-13.

钱忠好. 2002. 农村土地承包经营权产权残缺与市场流转困境：理论与政策分析. 管理世界，(6)：35-45，154-155.

钱忠好，冀县卿. 2016. 中国农地流转现状及其政策改进：基于江苏、广西、湖北、黑龙江四省（区）调查数据的分析. 管理世界，（2）：71-81.

秦晖. 2000. 根本问题在地权配置. 中外房地产导报，（20）：21.

秦晖. 2007. 农民地权六论. 社会科学论坛（学术评论卷），（5）：122-146.

曲福田，马恒运. 1989. 土地使用制度改革问题的若干思考. 农村经济与社会，（2）：55-60.

曲昊月，肖金波. 2013. 政治效率、经济效率与农村土地产权制度变迁. 河南城建学院学报，22（3）：68-72.

屈学书. 2014. 我国家庭农场发展问题研究. 山西：山西财经大学.

阮小莉，彭嫦燕. 2014. 农地流转与农村土地银行互动持续发展模式探析：基于四川省彭州市土地银行实践. 农业经济问题，35（6）：54-59，111.

施锡铨. 2012. 合作博弈引论. 北京：北京大学出版社.

舒尔茨 T W. 1964. 改造传统农业. 梁小民，译. 北京：商务印书馆.

史卫民. 2012. 农地流转视角下农民土地权益的法律保护. 山西财经大学学报，34（S3）：207.

士贺丰. 2011. 土地流转中的农民权益保障研究. 石河子：石河子大学.

斯科特 J C. 2001. 农民的道义经济学：东南亚的反叛与生存. 程立显，刘建，等译. 南京：译林出版社.

宋辉，钟涨宝. 2013. 基于农户行为的农地流转实证研究：以湖北省襄阳市 312 户农户为例. 资源科学，35（5）：943-949.

宋宜农. 2017. 新型城镇化背景下我国农村土地流转问题研究. 经济问题，（2）：63-67.

苏旭霞，王秀清. 2002. 农用地细碎化与农户粮食生产：以山东省莱西市为例的分析. 中国农村观察，（3）：22-28，80.

孙德超，曹志立. 2018. 农地三权分置改革的理论内涵与价值意蕴. 经济问题，（1）：1-7.

孙鹤. 1999. 中国农地产权制度分析与设计. 中国农村观察，（2）：24-30.

孙红霞，张强. 2013. 具有联盟结构的限制合作博弈的限制 Owen 值. 系统工程理论与实践，33（4）：981-987.

孙圣民. 2007. 游说、权力分配与制度变迁：以 1978 年中国农村土地产权制度变迁为例. 南开经济研究，（6）：17-32.

孙宪忠. 2016. 推进农地三权分置经营模式的立法研究. 中国社会科学，（7）：145-163，208-209.

孙兆明，李新阳，李树超. 2019. 农村土地银行在中国：文献回顾与研究范式反思. 青岛农业大学学报（社会科学版），31（2）：13-22.

陶银球，杨珑. 2010. 土地流转过程中农户博弈的分析框架. 统计与决策，（8）：64-66.

田传浩，贾生华. 2004. 农地制度、地权稳定性与农地使用权市场发育：理论与来自苏浙鲁的经验. 经济研究，（1）：112-119.

田先红，陈玲. 2013. 农地大规模流转中的风险分担机制研究. 中国农业大学学报（社会科学版），30（4）：40-47.

田永峰. 2012. 制度的均衡与演化：企业制度安排与制度环境双向选择的动态均衡关系研究. 广州：世界图书出版广东有限公司.

万朝林. 2004. 失地农民权益流失与保障. 理论与改革，（1）：65-68.

万菲. 2015. 中国农村土地信托流转模式比较研究. 上海：华东政法大学.

汪普庆，周德翼，吕志轩. 2009. 农产品供应链的组织模式与食品安全. 农业经济问题，（3）：

8-12，110.
王海娟. 2016. 农地确权政策的供需错位. 云南行政学院学报，18（5）：17-23.
王恒. 2016. 我国土地流转影响因素浅析. 改革与开放，（14）：22-23.
王虎学. 2022. 新时代“人民中心论”五题. 河北学刊，42（2）：14-22.
王俊沣，张云华，伍振军. 2011. 城市周边农地承包经营权流转参与主体行为研究：基于成都市的案例研究. 农业经济问题，32（4）：36-41.
王民忠. 2002. 历史的重任：征地制度改革进展述略. 中国土地，（12）：11-14.
王品潮. 1991. 当前几种土地经营形式的利弊分析. 中国农村经济，（2）：39-41.
王万茂，臧俊梅. 2006. 试析农地发展权的归属问题. 国土资源科技管理，（3）：8-11.
王选庆，彭小辉. 2007. 农村土地流转：实物流转还是价值流转. 贵州财经学院学报，（3）：61-64.
王亚，魏玮，刘瑞峰，等. 2017. 组织方式视角下农户土地流转决策行为分析：基于大样本农户调研. 农业技术经济，（4）：38-49.
王延强，陈利根. 2008. 基于农民权益保护的宅基地权益分析：从不同流转模式对农户集中居住影响的角度. 农村经济，（3）：6-10.
王祎，伍崇辉. 2015. 浙江湖州农村集体建设用地流转的动因分析. 现代商业，（9）：281-282.
王莹滢. 2017. 农村土地流转的制约因素及应对策略. 农业经济，（10）：125-126.
王运梅. 2011. 农地流转中的农民权益保障研究. 武汉：华中师范大学.
王泽鉴. 2000. 物权法上的自由与限制. 岳麓法学评论，（1）：21-45.
韦青松. 2010. 新中国 50 年代农业互助组研究. 桂林：广西师范大学.
卫春江，张少楠. 2017. 我国农村土地流转中利益主体的进化博弈分析. 经济经纬，34（2）：49-55.
温世扬. 2014. 农地流转：困境与出路. 法商研究，31（2）：11-16.
温铁军. 2008. 靠“土地私有化”解决农村问题是南辕北辙. 学习月刊，（21）：10-11.
温修春，何芳. 2012. 不同治理模式下的我国农村土地流转利益均衡分配：基于“中介组织”视角. 软科学，26（9）：69-74.
温修春，何芳，马志强. 2014. 我国农村土地间接流转供应链联盟的利益分配机制研究：基于“对称互惠共生”视角. 中国管理科学，22（7）：52-58.
文贯中. 2004-08-16. 中国农村的逆淘汰趋势. 21 世纪经济报道，（6）.
吴克宁，马素兰. 2005. 中国农村土地产权制度改革探讨. 中国土地科学，（4）：38-42.
吴丽梅. 2004. 集体建设用地流转要保障农民的根本利益. 广东土地科学，（5）：12-15.
吴利生. 2002. 论农村土地征用制度的缺陷及其改革. 中共杭州市委党校学报，（4）：49-52.
吴一恒，徐砾，马贤磊. 2018. 农地“三权分置”制度实施潜在风险与完善措施：基于产权配置与产权公共域视角. 中国农村经济，（8）：46-63.
吴志刚. 2012. 基本权利：保障农民土地权益的新视角. 中国土地科学，26（11）：9-14，39.
吴志刚. 2013. 农地征收中的精神损害补偿问题研究. 浙江学刊，（1）：151-156.
夏玉莲，匡远配，曾福生. 2017. 农地流转、农村劳动力转移与农民减贫. 经济经纬，34（5）：32-37.
肖鹏. 2018. “三权分置”下的农村土地权利结构研究. 中国土地科学，32（4）：24-29.
肖卫东，梁春梅. 2016. 农村土地“三权分置”的内涵、基本要义及权利关系. 中国农村经济，（11）：17-29.

肖屹，曲福田，钱忠好，等. 2008. 土地征用中农民土地权益受损程度研究：以江苏省为例. 农业经济问题，(3)：77-83，111-112.
肖轶，魏朝富，尹珂，等. 2009. 重庆市两种典型农地流转模式比较分析. 中国农村观察，(3)：19-25，35，94.
谢丹华. 2016. 农地流转中的农民土地权益保障研究：以福建闽西北地区为例. 福州：福建农林大学.
徐超. 2017. “三权分置”下土地经营权注销登记的功能解析及制度完善. 农村经济，(6)：52-58.
徐凤真. 2011. 农村土地流转纠纷及其解决机制. 理论学刊，(3)：72-76.
徐汉明. 2004-08-05. 创新农民土地持有产权制度. 湖北日报，(3).
徐美银. 2014. 土地功能偏好、保障模式与农村土地流转. 华南农业大学学报（社会科学版），13（1）：1-10.
徐强. 2011. 土地流转与农民养老的经济保障研究. 经济管理，33（12）：164-172.
徐勇. 2007. 现代国家建构与土地制度变迁：写在《物权法》讨论通过之际. 河北学刊，(2)：58-63.
许月明. 2003. 中国农地制度变迁绩效评述. 经济问题，(7)：30-33.
薛凤蕊，乔光华，苏日娜. 2011. 土地流转对农民收益的效果评价：基于DID模型分析. 中国农村观察，(2)：36-42，86.
薛继斌，吴次芳，徐保根. 2003. 对农村土地承包经营权流转问题的探讨. 价格理论与实践，(3)：47-48.
薛建良. 2018. 流转土地经营权稳定性评价：基于新型农业经营主体的视角. 西北农林科技大学学报（社会科学版），18（2）：63-70.
薛建良，朱守银. 2018. 转型中的“仁发农业经营模式”：压力与突破：基于克山县仁发现代农机专业合作社的分析. 当代经济管理，40（2）：34-40.
颜信顺. 2011. 建国以来中国农地制度的变迁及绩效分析. 济南：山东大学.
杨德宏. 2006. 关于北京市农户土地承包经营权流转的调查. 北京农业职业学院学报，(1)：3-6.
杨钢桥，李岩，马广超，等. 2016. 农地整治过程中不同类型农户权益诉求研究：以湖北省和湖南省部分县区为例. 华中农业大学学报（社会科学版），(2)：104-110，138.
杨璐璐. 2017. “三权分置”与“长久不变”政策协同的保障机制：自稳定承包权观察. 改革，(10)：132-139.
杨鹏程，周应恒. 2016. 工商资本投资农业的经济分析. 广西社会科学，(8)：62-66.
杨小凯. 2002. 中国改革面临的深层问题——关于土地制度改革——杨小凯、江濡山谈话录. 战略与管理，(5)：1-5.
杨小凯. 2003-05-22. 土地产权与宪政共和. 南方周末，(5).
杨晓达. 2004. 我国农地产权制度创新的一种设想. 农业经济问题，(7)：29-33，79.
杨学成，曾启. 1994. 试论农村土地流转的市场化. 管理世界，(4)：183-186.
杨友才. 2008. 制度与经济增长：一个数理模型分析. 山东大学学报（哲学社会科学版），(1)：97-103.
杨友才. 2009. 引入制度因素的经济增长模型与实证研究. 济南：山东大学.
杨友才. 2010. 包含产权制度溢出性的经济增长空间面板模型的实证研究. 经济科学，(4)：27-37.

杨玉珍. 2016. 传统农区三权分置政策执行的风险及影响因素. 中州学刊，（12）：36-41.
杨子，马贤磊，诸培新，等. 2017. 土地流转与农民收入变化研究. 中国人口·资源与环境，27（5）：111-120.
姚洋. 1998. 农地制度与农业绩效的实证研究. 中国农村观察，（6）：3-12.
姚允柱. 2006. 现代产权理论与我国农村土地产权制度改革. 乡镇经济，（8）：5-7.
叶兴庆. 2013-12-05. 合理界定农地所有权、承包权、经营权. 中国经济时报，（5）.
叶兴庆. 2014. 从“两权分离”到“三权分离”—我国农地产权制度的过去与未来. 中国党政干部论坛，（6）：7-12.
叶兴庆. 2015. 集体所有制下农用地的产权重构. 毛泽东邓小平理论研究，（2）：1-8，91.
易纲，樊纲，李岩. 2003. 关于中国经济增长与全要素生产率的理论思考. 经济研究，（8）：13-20，90.
尤小文. 1999. 农户：一个概念的探讨. 中国农村观察，（5）：39-40.
余新民，丁家钟. 2004. 农村土地流转和农民权益保护. 苏州大学学报，（4）：18-22，54.
袁方，蔡银莺. 2012. 城市近郊被征地农民的福利变化测度：以武汉市江夏区五里界镇为实证. 资源科学，34（3）：449-458.
岳意定，刘莉君. 2010. 基于网络层次分析法的农村土地流转经济绩效评价. 中国农村经济，（8）：36-47.
翟优子，王斌. 2015. 新农地制度下农地流转与农村“土地银行”互动发展研究：以信阳江湾“土地银行”为例. 经济研究导刊，（20）：53-54.
张安录. 1999. 城乡生态经济交错区农地城市流转机制与制度创新. 中国农村经济，（7）：43-49.
张安毅. 2009. 中国农民土地权益保护路径分析. 中国土地科学，23（8）：13-17.
张安毅. 2015. 户籍改革背景下农民集体经济组织成员权制度立法变革探讨. 理论与改革，（6）：180-183.
张富良. 2006. 农联盟：法国最重要的农民权益保护组织. 中国农村经济，（6）：72-80.
张光宏. 2005. 农地产权制度效率：历史分析与启示. 农业经济问题，（6）：61-65，80.
张红宇. 2001. 中国农村土地制度变迁的政治经济学分析. 重庆：西南农业大学.
张红宇. 2002. 中国农地制度变迁的制度绩效：从实证到理论的分析. 中国农村观察，（2）：21-33，80.
张红宇. 2013-07-26. 构建以“三权分离”为特征的新型农地制度. 中国经济时报，（1）.
张建，王敏，诸培新. 2017. 农地流转政策执行偏差与农民土地权益保护：以江苏省某传统农业大县S县为例. 南京农业大学学报（社会科学版），17（2）：82-91，152.
张建，诸培新，王敏. 2016. 政府干预农地流转：农户收入及资源配置效率. 中国人口·资源与环境，26（6）：75-83.
张建，诸培新. 2017. 不同农地流转模式对农业生产效率的影响分析：以江苏省四县为例. 资源科学，39（4）：629-640.
张锦华，刘进，许庆. 2016. 新型农村合作医疗制度、土地流转与农地滞留. 管理世界，（1）：99-109.
张克俊. 2016. 农村土地“三权分置”制度的实施难题与破解路径. 中州学刊，（11）：39-45.
张力，郑志峰. 2015. 推进农村土地承包权与经营权再分离的法制构造研究. 农业经济问题，36（1）：79-92，111-112.

张丽. 2011. 农地城市流转中的农民权益保护研究. 武汉：华中科技大学.

张琳，冯开文. 2017. 农地流转模式的经济效率分析：以山东枣庄为考察对象. 科技与经济，30（4）：61-65.

张汝立. 2004. 从农转工到农转居：征地安置方式的变化与成效. 城市发展研究，（4）：5-7.

张时飞，唐钧，占少华. 2004. 以土地换保障：解决失地农民问题的可行之策. 红旗文稿，（8）：32-35.

张守夫，张少停. 2017. "三权分置"下农村土地承包权制度改革的战略思考. 农业经济问题，38（2）：9-15，1.

张维迎. 2004. 博弈论与信息经济学. 上海：上海人民出版社.

张先贵，王敏. 2010. 农村土地承包经营权征收补偿制度之构建：基于类型化分析之框架. 西安财经学院学报，23（3）：108-112.

张艳玲. 2016-08-09. 见招拆招化解流转风险：四川省眉山市彭山区土地流转"四步机制"调查. 农民日报，（7）.

张忠明，钱文荣. 2014. 不同兼业程度下的农户土地流转意愿研究：基于浙江的调查与实证. 农业经济问题，35（3）：19-24，110.

章伟国，刘红. 2007. 关于农民土地权益若干问题的思考. 复旦学报（社会科学版），（4）：118-123.

赵丙奇，贾日斗. 2011. 农村集体土地流转的公平和效率研究. 经济体制改革，（3）：77-80.

赵德起. 2007. 中国农村土地产权制度效率分析：国家视角. 农业技术经济，（6）：72-80.

赵佩. 2016. 浅析我国农村土地流转市场形成的动因. 中国集体经济，（15）：1-2.

赵锐敏. 2016. 山区农村土地流转的制约因素与应对策略. 新视野，（4）：118-121.

赵淑兰. 2016. 失地农民权益受损的原因、影响与对策探讨. 云南行政学院学报，18（6）：15-20.

赵万一，汪青松. 2014. 土地承包经营权的功能转型及权能实现：基于农村社会管理创新的视角. 法学研究，36（1）：74-92.

赵晓秋，李后建. 2009. 西部地区农民土地转出意愿影响因素的实证分析. 中国农村经济，（8）：70-78.

赵阳，王学峰. 2007. 有效解决"三农"问题 全面构建和谐社会. 吉林省经济管理干部学院学报，（3）：9-11.

周诚. 2003. 农地征用中的公正补偿. 江苏农村经济，（11）：16-17.

周春芳. 2012. 经济发达地区农户土地流转影响因素的实证研究. 西北农林科技大学学报（社会科学版），12（6）：37-43.

周其仁. 2002-07-19. 产权与制度变迁. 国际金融报，（2）.

朱道林. 2017. "三权分置"的理论实质与路径. 改革，（10）：115-119.

朱广新. 2015. 土地承包权与经营权分离的政策意蕴与法制完善. 法学，（11）：88-100.

诸培新. 2005. 农地非农化配置：公平、效率与公共福利：基于江苏省南京市的实证分析. 南京：南京农业大学.

Akerlof G A. 1970. The market for "lemons"：quality uncertainty and the market mechanism. The Quarterly Journal of Economics，84（3）：488-500.

Alchian A A，Woodward S. 1987. Reflections on the theory of the firm. Journal of Institutional and Theoretical Economics，143（1）：110-136.

Alston L J，Libecap G D，Schneider R. 1996. The determinants and impact of property rights：land titles on the Brazilian frontier. The Journal of Law，Economics，and Organization，12（1）：25-61.

Alston L J，Mueller B. 2008. Property rights and the state[M]//Ménard C，Shirley M M. Handbook of New Institutional Economics. Berlin：Springer：573-590.

Ansoff H I. 1965. Corporate Strategy：An Analytic Approach to Business Policy for Growth and Expansion. New York：McGraw-Hill.

Assane D，Grammy A. 2003. Institutional framework and economic development：international evidence. Applied Economics，35（17）：1811-1817.

Barzel Y. 1982. Measurement cost and the organization of markets. The Journal of Law and Economics，25（1）：27-48.

Barzel Y. 2001. A Theory of the State. Cambridge：Cambridge University Press.

Berle A A，Means G C. 1932. The Modern Corporation & Public Property. New York：Routledge.

Besley T，Burgess R. 2004. Can labor regulation hinder economic performance? Evidence from India. The Quarterly Journal of Economics，119（1）：91-134.

Binswanger H. 1986. Agricultural mechanization：a comparative historical perspective. The World Bank Research Observer，1（1）：27-56.

Bogaerts T，Williamson I P，Fendel E M. 2002. The role of land administration in the accession of Central European countries to the European Union. Land Use Policy，19（1）：29-46.

Brandt L，Huang J K，Li G，et al. 2002. Land rights in rural China：facts，fictions and issues. The China Journal，47：67-97.

Brandt L，Turner M A，Rozelle S. 2004. Local government behavior and property right formation in rural China. Journal of Institutional and Theoretical Economics，160（4）：627-662.

Burger A. 2001. Agricultural development and land concentration in a central European country：a case study of Hungary. Land Use Policy，18（3）：259-268.

Charkham J P. 1992. Corporate governance：lessons from abroad. European Business Journal，4（2）：8-17.

Chen J，Yang S L. 2014. Rural social security system of China：problems and solutions. Studies in Sociology of Science，5（1）：32-37.

Clarkson M E. 1995. A stakeholder framework for analyzing and evaluating corporate social performance. Academy of Management Review，20（1）：92-117.

Clarkson M，Starik M，Cochran P，et al. 1994. The Toronto Conference：reflections on stakeholder theory. Business and Society，33（1）：82-131.

Coase R H. 1937. The nature of the firm. Economica，4（16）：386-405.

Crookes T J，Lyne M C. 2003. Efficiency and equity gains in the rental market for arable land：observations from a communal area of KwaZulu-Natal，South Africa. Development Southern Africa，20（5）：579-593.

de Schutter O. 2010. The emerging human right to land. International Community Law Review，12（3）：303-334.

Deininger K，Jin S Q. 2005. The potential of land rental markets in the process of economic development：evidence from China. Journal of Development Economics，78（1）：241-270.

Deininger K，Jin S Q. 2006. Tenure security and land-related investment：evidence from Ethiopia.

European Economic Review，50（5）：1245-1277.

Deininger K，Savastano S，Xia F. 2017. Smallholders' land access in Sub-Saharan Africa：a new landscape?. Food Policy，67：78-92.

Dong X Y. 1996. Two-tier land tenure system and sustained economic growth in post-1978 rural China. World Development，24（5）：915-928.

Dong X Y，Dow G K. 1993. Monitoring costs in Chinese agricultural teams. Journal of Political Economy，101（3）：539-553.

Doucouliagos C，Ali Ulubasoglu M. 2006. Economic freedom and economic growth：does specification make a difference?. European Journal of Political Economy，22（1）：60-81.

Eggertsson T. 1990. Economic Behavior and Institutions. Cambridge：Cambridge University Press.

Eggertsson T. 2003. Chapter three. open access versus common property//Property Rights. Princeton：Princeton University Press：73-89.

Fede A T. 1998. The bondsman' s burden：an economic analysis of the common law of southern slavery. American Journal of Legal History，42（4）：433-434.

Freeman R E. 2010. Stakeholder management：framework and philosophy//Strategic Management. Cambridge：Cambridge University Press：52-82.

Gibbard A. 1973. Manipulation of voting schemes：a general result. Econometrica，41：587-601.

Gobin A，Campling P，Feyen J. 2001. Spatial analysis of rural land ownership. Landscape and Urban Planning，55（3）：185-194.

Harsanyi J C. 1967. Games with incomplete information played by "Bayesian" players，I–III：Part I. The Basic Model. Management Science，50（12）：1084-1817.

Hayami Y，Aoki M. 1998. The Institutional Foundations of East Asian Economic Development. New York：Palgrave Macmillan.

Hodge I D，Adams W M. 2014. Property institutions for rural land conservation：towards a post-neoliberal agenda. Journal of Rural Studies，36：453-462.

Hoffman M. 2013. Why community ownership? Understanding land reform in Scotland. Land Use Policy，31：289-297.

Holden S T，Ghebru H. 2005. Kinship，transaction costs and land rental market participation. Department of Economics and Management，Norwegian University of Life Sciences，4（1）：98-93 .

Holmstrom B. 1979. Moral hozard and obserabillty. The Bell Journal of Economics，10（1）：74-91.

Huang J K，Gao L L，Rozelle S. 2012. The effect of off-farm employment on the decisions of households to rent out and rent in cultivated land in China. China Agricultural Economic Review，4（1）：5-17.

Hurwicz L. 1977. Optimality and informational efficiency in resource allocation processes//Arrow K J，Hurwicz L. Studies in Resource Allocation Processes. Cambridge：Cambridge University Press：393-460.

Hurwicz L. 1977. On informationally decentralized systems//Arrow K J，Hurwicz L. Studies in Resource Allocation Processes. Cambridge：Cambridge University Press：425-459.

Jacoby H G，Li G，Rozelle S. 2002. Hazards of expropriation：tenure insecurity and investment in rural China. American Economic Review, 92 (5): 1420-1447.

Ji X Q, Qian Z H, Zhang L X, et al. 2018. Rural labor migration and households' land rental behavior: evidence from China. China & World Economy, 26 (1): 66-85.

Key N, Sadoulet E, de Janvry A. 2000. Transactions costs and agricultural household supply response. American Journal of Agricultural Economics, 82 (2): 245-259.

Kreps D M, Wilson R. 1982. Reputation and imperfect information. Journal of Economic Theory, 27(2): 253-279.

Kung J K S. 2002. Off-farm labor markets and the emergence of land rental markets in rural China. Journal of Comparative Economics, 30 (2): 395-414.

Larbi W O, Antwi A, Olomolaiye P. 2004. Compulsory land acquisition in Ghana—policy and praxis. Land Use Policy, 21 (2): 115-127.

Li G, Rozelle S, Brandt L. 1998. Tenure, land rights, and farmer investment incentives in China. Agricultural Economics, 19 (1/2): 63-71.

Libecap G D. 1989. Distributional issues in contracting for property rights. Journal of Institutional and Theoretical Economics (JITE)/Zeitschrift Für Die Gesamte Staatswissenschaft, 145 (1): 6-24.

Lin Y F. 1992. Rural reforms and agricultural growth in China. The American economic review, 82 (1): 34-51.

Lohmar B, Zhang Z X, Somwaru A. 2001. Land rental market development and agricultural production in China//2001 Annual Meetings of the American AgriculturalEconomics Association. Chicago: American AgriculturalEconomics Association.

Markussen T. 2008. Property rights, productivity, and common property resources: insights from rural Cambodia. World Development, 36 (11): 2277-2296.

Maskin E. 1999. Nash equilibrium and welfare optimality. The Review of Economic Studies, 66 (1): 23-38.

McMillan J, Whalley J, Zhu L J. 1989. The impact of China's economic reforms on agricultural productivity growth. Journal of Political Economy, 97 (4): 781-807.

Mirrlees J A.1974. Notes on welfare economics, imfornation and uhcertainty//Balch M, McFadde D ,Wu S Y. Essays on Econcmic Behaviour under Uncertainty.Amsterdown: North Huand.

Mirrlees J A.1976. The optinal structure of incentives and authority within an organization. The Bell Journal of Economics, 7 (1): 105-131.

Munch P. 1976. An economic analysis of eminent domain. Journal of Political Economy, 84 (3): 473-497.

Muth R F. 1961. Economic change and rural-urban land conversions. Econometrica, 29 (1): 1.

Myerson R B. 1979. Incentive compatibility and the bargaining problem. Econometrica, 47 (1): 61.

Nash J. 1951. Non-cooperative games. The Annals of Mathematics, 54 (2): 286-295.

Nash J F. 1950. Equilibrium points in N-person games. Proceedings of the National Academy of Sciences of the United States of America, 36 (1): 48-49.

North D C. 1990. A transaction cost theory of politics. Journal of Theoretical Politics, 2(4): 355-367.

North D C. 2018. Institutional change: a framework of analysis//Social Rules. London: Routledge:

189-201.

North D C. 2000. Needed：a theory of change//Meier G M，Stiglitz J E. Frontiers of Development Economics：The Future in Perspective. New York：World Bank and Oxford University Press：491.

Olson M. 1992. The hidden path to a successful economy// Clague C，Rausser G C. The Emergence of Market Economies in Eastern Europe. Cambridge：Blackwell：49.

Otsuka K. 2007. Efficiency and Equity Effects of Land Markets// Evenson R，Pingali P. Handbook of Agricultural Economics Volume 3：Agricultural Development：Farmers，Farm Production and Farm Markets：2671-2703.

Page T. 1997. On the problem of achieving efficiency and equity，intergenerationally. Land Economics，73（4）：580.

Pašakarnis G，Morley D，Malienė V. 2013. Rural development and challenges establishing sustainable land use in Eastern European countries. Land Use Policy，30（1）：703-710.

Pejovich S. 1992. A property rights analysis of the inefficiency of investment decisions by labor-managed firms. Journal of Institutional and Theoretical Economics（JITE）/ Zeitschrift Für Die Gesamte Staatswissenschaft，148（1）：30-41.

Polanyi K. 1992. La gran transformacin.[2023-12-22].https://www.proglocode.unam.mx/sites/proglocode.unam.mx/files/Polanyi_Karl_-_La_gran_transformacion.pdf.

Prosterman R L，Hanstad T，Ping L. 1996. Can China feed itself ?. Scientific American，275（5）：90-96.

Renkow M. 1993. Land prices，land rents，and technological change：evidence from Pakistan. World Development，21（5）：791-803.

Rozelle S，Huang J K，Zhang L X. 2002. Emerging markets，evolving institutions，and the new opportunities for growth in China's rural economy. China Economic Review，13（4）：345-353.

Rozelle S，Taylor J E，de Brauw A. 1999. Migration，remittances，and agricultural productivity in China. American Economic Review，89（2）：287-291.

Rubinstein A. 1982. Perfect equilibrium in a bargaining model. Econometrica，50（1）：97-109.

Selten R. 1975. Reexamination of the perfectness concept for equilibrium points in extensive games. International Journal of Game Theory，4：25-55.

Sikor T. 2006. Politics of rural land registration in post-socialist societies：contested titling in villages of Northwest Vietnam. Land Use Policy，23（4）：617-628.

Skoufias E. 1995. Household resources，transaction costs，and adjustment through land tenancy. Land Economics，71（1）：42-56.

Sundqvist S I，Rhenman E. 1964. Företagsdemokrati och företagsorganisation. Ekonomisk Tidskrift，66（2）：161.

Teklu T，Lemi A. 2004. Factors affecting entry and intensity in informal rental land markets in southern Ethiopian highlands. Agricultural Economics，30（2）：117-128.

Thaler R H. 2016. Behavioral economics：past，present and future. American Economic Review，106（7）：1577-1600.

van Dijk T. 2003. Scenarios of Central European land fragmentation. Land Use Policy，20（2）：

149-158.

van Zyl J，Binswanger H，Thirtle C. 1995. The relationship between farm size and efficiency in South African agriculture//The World Bank. Policy Research Working Paper. Washington：World Bank Group.

Vidican G. 2009. Assessing land reallocation decisions during transition in Romania. Land Use Policy，26（4）：1080-1089.

von Neumann J，Morgenstern O. 1944. Theory of Games and Economic Behavior. Princeton：Princeton University Press：55-58.

Wang H，Riedinger J，Jin S Q. 2015. Land documents，tenure security and land rental development：panel evidence from China. China Economic Review，36：220-235.

Wegren S K. 2002. Russian agrarian policy under Putin. Post-Soviet Geography and Economics，43（1）：26-40.

Yan X H，Huo X X. 2016. Drivers of household entry and intensity in land rental market in rural China：evidence from North Henan Province. China Agricultural Economic Review，8（2）：345-364.

Yao Y. 2000. The development of the land lease market in rural China. Land Economics，76（2）：252-266.

Ye J Z. 2015. Land transfer and the pursuit of agricultural modernization in China. Journal of Agrarian Change，15（3）：314-337.

附　　录

附表　课题组 11 省市农地经营权流转中农户与业主合同签约方式

省市	样本量/户	正式合同	口头合同
安徽省	86	75.58%	24.42%
贵州省	22	100%	0
河南省	42	48.89%	51.11%
黑龙江省	117	40.85%	59.15%
湖南省	110	84.55%	15.45%
江苏省	111	65.77%	34.23%
山东省	119	89.66%	10.34%
山西省	60	84.81%	15.19%
陕西省	196	71.94%	28.06%
四川省	65	93.85%	6.15%
重庆市	102	85.29%	14.71%
总计	1030	75.34%	24.66%